미학 강의 1

Georg Wilhelm Fridrich Hegel
Vorlesungen über die Ästhetik I-III
Volumes 13, 14 and 15 from: Werke in 20 Bänden mit Registerband
Redaktion Eva Moldenhauer und Karl Markus Michel
ⓒ Suhrkamp Verlag Frankfurt am Main 1970.
All rights reserved by and controlled through Suhrkamp Verlag Berlin.

Korean Translation Copyright ⓒ 2021 by Sechang Publishing Co.
Korean edition is published by arrangement with Suhrkamp Verlag, Berlin through BC Agency, Seoul.

이 책의 한국어판 저작권은 BC에이전시를 통한 저작권사와의 독점 계약으로 세창출판사에 있습니다.
저작권법에 의해 보호를 받는 저작물이므로 무단 전재와 복제를 금합니다.

세창클래식 001

미학 강의 1 —예술미, 상징적 예술형식

초판 1쇄 발행 2021년 4월 30일

초판 2쇄 발행 2024년 8월 20일

—

지은이 게오르크 빌헬름 프리드리히 헤겔

옮긴이 이창환

펴낸이 이방원

책임편집 정조연 **책임디자인** 손경화

마케팅 최성수·김 준 **경영지원** 이병은

—

펴낸곳 세창출판사

　　　신고번호 제1990-000013호 **주소** 03736 서울시 서대문구 경기대로 58 경기빌딩 602호

　　　전화 02-723-8660 **팩스** 02-720-4579 **이메일** edit@sechangpub.co.kr **홈페이지** http://www.sechangpub.co.kr

　　　블로그 blog.naver.com/scpc1992 **페이스북** fb.me/Sechangofficial **인스타그램** @sechang_official

—

ISBN 979-11-6684-015-9 94100

　　　979-11-6684-014-2 (세트)

미학 강의 1
– 예술미, 상징적 예술형식

게오르크 빌헬름 프리드리히 헤겔 지음

이창환 옮김

세창클래식 001

세창출판사

역자 서문

예술이 인간의 영원한 동반자임은 굳이 수만 년 전 동굴벽화를 떠올리지 않더라도 충분히 짐작 가능하다. 어느 때이든, 어느 곳에든 인간의 삶에는 예술이 있었다. 개인의 것으로서든, 집단의 것으로서든, 창작되고 향유된 예술에는 그들이 속한 민족 공동체의 혼이 스며들어 있다. 이러한 민족혼이 특유의 미적 정조美的 情操를 통해 예술로 변용되어 후대로 전승되었다 할 수 있다. 예술에 불어넣어진 민족혼은 구성원들의 생활감정 및 삶의 지혜와 다름이 없다. 민족 특유의 공통된 예술 정신은 당대 그 민족 구성원에 의해서든, 아니면 후대 그 민족 혹은 다른 민족 구성원에 의해서든, 예술적으로 표表했든, 아니면 논리적으로 설設했든, 그 어떤 형식으로든 거듭 음미되었고 상찬되었다. 그 가운데 당대의, 혹은 선대의 예술에 대한 성찰과 숙고를 담은 일련의 성과들을 우리는 예술철학이라 부를 수 있겠다. 예술 없는 민족이 없듯 예술철학 없는 민족 또한 없으리라.

예술에 대한 고금古今의 철학적 사유 가운데 특히 헤겔의 성과는 특기할 만하다. 서술 방법의 엄정함 면에서나 서술 범위의 방대함 면에서나 그의 예술철학은 타의 추종을 불허할 정도이다. 근대에 이르러 순수 예술의 체제가 확립되고 예술 제작 및 수용 본연의 의미가 승인되는 과정에서 태어난 『미학 강의』는 예술이 철학을 통해 논구될 가능성을 질적으로나 양적으로나 가장 건실하게 실현한 고전으로 평가받을 만하다.

다만 예술에 대한 헤겔의 철학적 사유가 집대성되어 있다고 알려진 이 책이 헤겔에 의해 직접 출간된 것이 아닐 뿐만 아니라 헤겔이 직접 작성한 원고로만 이루어진 것도 아니라는 사실을 접한 독자는 다소 당황스러울 수도 있겠다. 또한 이 저작에 "강의"라는 제목이 붙어 있다는 사실은 이 저서를 논고論考라기보다는 일종의 교본敎本 정도로 받아들여야 할 것 같은 인상을 독자에게 안긴다. 헤겔은 예술철학을 다루는 단행본 저서를 출간할 의향이 있었던 것으로 보이지만, 급작스러운 서거로 인해서든 다른 이유에서든 그 계획을 실행에 옮기지는 못했다. 『미학 강의』는 베를린 대학에서 "미학 혹은 예술철학"을 강의하기 위해 헤겔이 직접 작성한 원고와 수강생의 필기록 등을 그의 수강생이기도 한 미술사학자 호토H. G. Hotho가 헤겔 사후에 편집한 결과물이다. 편집 과정에서 호토가 참조했던 헤겔의 친필 원고를 직접 확인할 수 없는 우리로서는 이 저작의 편집자가 한 편의 '작품'을 만드는 과정에서 부지불식간에 헤겔 고유의 사상과 궤를 달리하는 관점을 삽입했을지 모른다는 의혹을 가질 수도 있다. 그러니까 분량 면에서라면 몰라도 순도 면에서까지 『미학 강의』를 헤겔의 미학 주저라 부를 수 있는지 한 번쯤 되묻는 독자가 생길 수도 있겠다. 어찌 보면 자연스러운 이러한 의문에 귀 기울이기 위해 호토에 의해 편집된 이 '베를린 미학 강의'를 헤겔 철학의 전개 과정과 견주어 살펴볼 필요가 있다.

예나 대학에서 본격적인 연구자의 길로 접어든 헤겔은 다년간 강의를 계기로 고유한 철학체계의 구상을 구체화해 나갔으며, 그 결과 "학문의 체계. 제1부"인 『정신현상학Phänomenologie des Geistes』(1807)을 출간하면서 이 체계의 제2부에 해당하는 형이상학(논리학) 및 실재철학(자연철학 및 정신철학)을 다루는 저작의 출간을 예고하였다. 이후 뉘른베르크에 있는 한 김나지움Gymnasium의 교장이 되어 중등교육과정을 직접 설계하고 교본을 작성함은 물론, 자신의 체계 기획에 부응하는 사변철학 저서 『논리학Wissenschaft der Logik』세 권

(「존재 논리」, 「본질 논리」, 「개념 논리」)을 차례대로 출간하였다(1812-1816). 그러나 헤겔 철학 체계의 최종적 형태는 그가 하이델베르크 대학에 재직할 때 펴낸 『철학적 학문의 백과사전Enzyklopädie der philosophischen Wissenschaften』(일명 『엔치클로페디』, 1817)에 표명되었다. 철학의 학문적 체계를 공고히 함과 동시에 고등교육과정에 요구되는 철학적 사유의 방법과 범위를 소개하기 위해 출간된 이 저서는 논리, 자연 및 정신을 망라하는데, 여기에서 헤겔은 예술을 이른바 "절대적 정신"의 첫 번째 항목에 배치한 후 이에 대해 간명하게 서술하였다.

헤겔 경력의 정점이라 할 베를린 대학 교수 시절 총 네 차례(1820/21년 겨울학기, 1823년 여름학기, 1826년 여름학기, 1828/29년 겨울학기) 실시된 예술철학 강의는 두 차례 개정되어 출간된 『엔치클로페디』(1827, 1830)와 긴밀한 연관을 갖는다. 말하자면 헤겔의 '베를린 미학 강의'는 절대정신의 '체계' 내에 속하는 예술의 위상을 전제하면서 인류 정신사의 무한광대한 저변에서 목격되는 예술의 '현상'을 구체적으로 논설論說하고 예증例證한다. 그러니까 '강의'란 본래 그 뜻이 그러하듯 단순히 가르칠 내용의 모음이라기보다는 배워야 하는 그 내용의 구성 요소와 이에 대한 접근 방법을 명확하게 제시하는 체계적 구조물이라 하겠다. 헤겔의 『미학 강의』는 『엔치클로페디』를 전제하면서 이에 속하는 요소 가운데 하나인 예술을 총체적으로 다룬 체계적 저작이다.

물론 『엔치클로페디』의 "객관적 정신"을 상술한 단행본인 『법철학 강요 혹은 자연법 및 국가학 요강Grundlinien der Philosophie des Rechts oder Naturrecht und Staatswissenschaft im Grundrisse』(1821)처럼 '예술'이라는 '절대정신'을 상술한 단행본 저서가 헤겔에 의해 출간되지는 않았기 때문에 헤겔 미학 텍스트의 진본성에 대한 의혹이라든가, 호토의 편집본 출간 이후 발굴된 여러 '베를린 미학 강의' 필기록에 대한 열렬한 관심은 충분히 납득이 가는 일이다. 하지만 『미학 강의』의 원본적 가치를 재평가하기에 앞서, 더 정확하게는 올바르게 재평가하기 위해서라도 우리는 문헌 비평적 작업을 통해 밝혀진 최근의 성과를 충분히 수용하고 새로 공개되고 있는 개별 강의 필기록에 각별히 주목함과 동시에 『미학 강의』를 보다 면밀하게 살필 필요가 있다. 그간 근대 미학의 성과가 비판적으로 수용되는 과정에서 호토의 저 편집본이 헤겔의 예술철학을 대변하는 텍스트로 이해되어 왔고 헤겔 미학의 현재성은 어떤 방식으로든 이 텍스트를 고려하지 않고는 논의될 수 없기 때문이다. 아울러 『미학 강의』에서 헤겔의 '진정한' 생각을 가려내는 작업 못지않게, 『미학 강의』의 서술 내용을 그의 다른 논편들, 그러니까 비단 『엔치클로페디』뿐만이 아니라 『정신현상학』, 『논리학』을 비롯해서 우리가 접할 수 있는 다른 수많은 그의 사상적 자취에 견주어 보며 예술을 둘러싼 헤겔 사유의 정수를 찾는 노력 또한 필요하다.

이 책은 바로 그러한 문제의식에서 출발하여, 할 수 있는 한 정확한 번역을 내놓고자 적지 않은 시간 동안 진력한 산물이다. 이 책이 역서인 까닭에 너무나 당연한 소리인 줄 알지만, 역자는 '술이부작述而不作'을 되뇌며 번역 작업에 매달려 왔다. 개념 하나, 어구 하나를 대함에 있어 이를 통해 헤겔이 말하고자 하는 바가 무엇인지 곱씹기를 거듭해 왔다. 강단에 서서 학생들을 가르치게 되면서부터 갖고 있던 번역 계획을 여러 이유로 인해 완수하지 못하다가 이제야 그 성과를 내놓으면서 두려운 마음이 없지 않으나 적어도 지난했던 작업 과정에서 헤겔의 말을 옮겨 적을 뿐 결코 지어내지는 않겠노라는 다짐을 지키고자 노력했다는 점은 밝히고 싶다.

총 세 권으로 구성된 이 책은 주어캄프 출판사에서 펴낸 헤겔 전집(G. W. F. Hegel, *Werke in 20 Bänden*, hrsg. v. E. Moldenhauer und K. M. Michel, Frankfurt am Main, 1969-1971) 13-15권에 수록된 『미학 강의 I-III *Vorlesungen über die Ästhetik I-III*』의 번역서이다. 13권에는 제1부인 "예술미의 이념 혹은 이상"과 제2부 "예

술미의 특수한 형식들을 향한 이상의 전개" 가운데 "상징적 예술형식"까지, 14권에는 "고전적 예술형식"과 "낭만적 예술형식"은 물론, 제3부 "개별 예술들의 체계" 가운데 "건축"과 "조각"까지, 그리고 15권에는 "회화", "음악" 및 "시문학"이 수록되어 있다. 헤겔 미학의 이 세 부문별로 번역서를 구성할 수도 있었겠으나 그렇게 하지 않은 것은 단지 정식으로 저작권 계약을 맺은 출판사의 판본을 준수하겠다는 생각 때문만은 아니다. 주어캄프사 판본이 헤겔 사후에 나온 최초의 전집인 '고인 친우회Verein der Freunden des Verewigten' 판(1832-1845)을 현대 정서법에 맞게 다시 재출간한 것이기에 저 '베를린 미학 강의' 또한 이 판본의 세 권(Bd. 10.1-3, 2. Auflage, 1842-1843)을 그대로 반영하고 있다는 정황을 고려했기 때문이다. 이 책의 가치를 인정해 주어 판권 계약과 출판을 흔쾌히 맡아 준 세창출판사 관계자분께 심심한 사의를 표한다.

책을 내놓는 이 순간, 고마움을 표할 이들이 너무나 많이 떠오른다. 처음 대학에 부임했을 때 역자의 헤겔 강의를 들었던 학생들이 어느덧 대학에서 자신의 학생들을 가르치고 있다. 수업에서, 세미나에서, 또한 일대일 번역 검토 자리에서 열과 성을 다한 그 모든 학생들에게 감사한 마음을 전한다. 무엇보다도 공부하는 사람의 길을 이해해 주고 모든 것을 감내해 준 가족에게 더없는 감사의 마음을 전한다.

이 책을 통해 역자는 독자들을 즐거운 대화의 장으로 초대하고 싶다. 원래 잘 알고 있던 이든, 이 책을 계기로 처음 만나게 될 이든, 사유의 길을 함께할 벗을 만나는 일은 기껍고 또 기꺼운 일이 아닐 수 없다.

"벗이 멀리서 찾아 주니 또한 즐겁지 아니한가有朋自遠方來不亦樂乎?"

2021년 봄
남해 亦樂齋에서 역자

제1부

예술미의 이념 혹은 이상

일러두기

- 본문 중 대괄호 [　] 속에 표시된 숫자는 원서(*Vorlesungen über die Ästhetik I-III*, Volumes 13-15: *Werke in 20 Bänden* mit Registerband, Frankfurt am Main: Suhrkamp Verlag, 1970)의 쪽수를 가리킨다.
- 본문 중 대괄호 [　] 속에 서술된 부분은 역자가 원문의 원활한 이해를 위해 임의로 추가한 것이다. 단, 원서의 편집자가 추가한 대괄호도 이와 구분 없이 표기하였다.
- 본문의 각주는 주어캄프판 편집자의 주이며, 그 외에 추가한 것은 역자의 주이다.

서문

[13] 이 강의들은 미학에 헌정된 것이다. 그 대상은 드넓은 미의 왕국이며, 더 자세히는 기술, 그것도 미적 기술이 그 영역이다.

물론 이러한 대상에 대해 미학Ästhetik이란 이름이 정녕 꼭 적합한 것은 아닐 터이니, 까닭인즉 '미학'은 더 자세히는 감각과 감응Empfindung의 학學을 가리키며 또한 이 의미에서라면 하나의 새로운 학문으로서 혹은 차라리 이제야 하나의 철학 교과가 될 법한 그 어떤 것으로서 볼프 학파에 기원을 두었기 때문인데, 당시 독일에서는 예술작품의 고찰을 그것이 환기하기 마련인 감응들, 가령 즐거움, 경이, 공포, 연민 등의 관점에서 행하였다. 그리하여 이 이름의 부적합성, 좀 더 짚어 말해 그 피상성으로 인해 사람들은 예컨대 미론Kallistik 등 다른 이름을 지으려고도 시도했지만, 우리가 뜻하는 바의 학문은 미 일반이 아닌, 순전히 예술의 미만을 고찰하는 까닭에 이 이름 역시 불충분해 보인다. 그러므로 우리는 미학이라는 명칭을 그대로 두고자 하는 바, 까닭인즉 단순한 명칭이라면 그것은 우리에게 어떻든 별 차이가 없으며 게다가 어언간 상용어가 되어 명칭으로 통용될 수 있기 때문이다.

그렇긴 해도 우리의 학문을 위한 적절한 표현은 '기술의 철학', 더 정확히는 '미적 기술의 철학[예술철학]'일 것이다.

I. 미학의 경계설정 및 예술철학에 반대하는 몇 가지 반론들에 대한 반박

이제 예술철학이라는 표현을 씀으로써 자연미는 즉시 배제된다. 각 학문들은 자신의 범위를 임의로 구획하는 권한을 갖는다고 일컬어지는 점을 감안하면, 우리의 대상에 대한 그러한 경계설정이 일면 자의적 규정인 듯 비칠 수도 있겠다. [14] 그러나 미학을 예술미에 제한하는 것이 이런 의미에서 받아들여져서는 안 된다. 일상생활에서 사람들은 아름다운 꽃들, 아름다운 동물들, 나아가 아름다운 사람들은 물론이고 아름다운 색깔, 아름다운 하늘, 아름다운 강이란 것을 말하곤 하는데, 이 대상들에 대해 어느 정도까지 미라는 특질을 부여해도 좋을지, 그리하여 자연미를 도대체 어느 정도까지 예술미와 나란히 세울 수 있을지에 대한 논쟁에 개입하려는 것은 아니지만, 이에 대해 일단 예술미가 자연미보다 한층 고차적이라는 점만은 주장할 수 있다. 왜냐하면 예술미는 정신으로부터 태어나고 또 거듭 태어난 미이며, 정신과 그 산물들은 그만큼 더 자연과 그 현상들보다 고차적이며, 또 그만큼 더 예술미가 자연미보다 우월하기 때문이다. 기실 형식적으로 보면, 인간의 머리를 스치는 어떠한 저급한 착상이라도 그 어떤 자연 산물보다 우월하다. 왜냐하면 그러한 착상에는 항상 정신성과 자유가 현전하기 때문이다. 내용적으로 보면 빗나간 착상은 물론 우연적, 일시적인 것으로서 사라져 버리는 반면, 가령 태양 같은 것은 절대 필연적인 계기로서 나타남이 사실이다. 그러나 태양과 같은 자연존재는 그 자체로서는 무차별적이며, 내적으로 자유롭거나 자의식적이지 않으며, 또한 우리가 태양을 다른 것과의 필연적 관계 속에서 고찰한다면, 우리는 태양을 자체로서 고찰하는 것이 아니며 따라서 아름다운 것으로 간주하지도 않는다.

이제 정신과 정신의 예술미가 자연미보다 우월하리란 점을 대략 말했다고는 하나, 이로써 분명해진 것은 아직 전무한 것이나 진배없으니, 까닭인즉 우월하다는 것은 매우 모호한 표현으로서 자연미와 예술미를 여전히 표상의 공간 속에 병렬하는 것으로 묘사하며 또한 다만 양적인, 이로써 외적인 차이만을 진술하기 때문이다. 그러나 정신과 그 예술미가 자연에 대해 갖는 우월성은 상대적 우월성에 그치지 않는다. [15] 참된 것은 모름지기 정신이며 또한 정신은 모든 것을 자신 속에 포괄하는 것이기에, 일체의 아름다운 것은 오로지 이러한 우월성을 나누어 갖고 또 이를 통해 산출됨으로써만 참되게 아름답다. 이러한 의미에서 자연미는 다만 정신에 속한 미의 반사로서, 불완전하고 불충분한 양태로서 나타나니, 이 양태의 실체는 정신 자체에 들어 있다. ― 그 밖에도 [고찰의 대상을] 예술로 제한함은 우리에게 매우 자연스럽게 보일 것이다. 왜냐하면 자연미에 대해 제아무리 많은 이야기가 있었다고 해도 ―우리보다는 고대인들의 경우가 덜하지만―, 아마 아직 어느 누구도 자연물의 미에 대한 관점을 부각하고 또 이러한 미의 학문을, 즉 그 체계적인 서술을 하려는 생각에는 미치지 못한 것 같기 때문이다. 사람들은 유용성의 관점을 채택하여, 가령 병에 효험이 있는 자연물들에 관한 학문, 즉 치료에 유용한 광물이나 화학물질, 식물, 동물 등에 관한 서술인 약학과 같은 것을 정립하긴 했으나, 미의 관점에서 자연의 영역을 분류하고 판단하지는 않았다. 자연미의 경우 우리는 판단기준이 없다는 모호성을 너무도 절감하는 까닭에 그런 식의 분류는 거의 관심을 끌지 못했을 것이다.

자연미, 예술미, 양자의 관계, 그리고 우리의 본격적 대상 영역에서 자연미를 제외시키는 것에 대한 이 같은 예비적 언급들은 학에 대한 경계설정이 단지 자의와 임의에서 비롯된 것인 양 여기는 우리의 생각을 불식할 것이다. 이 관계의 고찰은 우리의 학문 자체의 내부에 속하며 따라서 나중에야 비로소 상세히 논구·입증될 것이기에, 여기서는 아직 그 증명이 없을 것이다.

그런데 우리의 고찰이 잠정적으로 이미 예술미에 한정되었다지만, 우리는 벌써 이 첫걸음에서 즉각 새로운 난관들에 봉착한다.

[16] 첫 번째로 생각할 수 있는 것은 예술이 과연 학적으로 취급될 만한 가치가 있는가 하는 의구심이다. 왜냐하면 미와 예술이 제 관계들의 심각성과 현실의 혼란을 완화하고, 즐거움을 주어 무료함을 없애며, 실행할 만한 그 어떤 선도 없는 곳에서 적어도 늘 악보다는 선하게 악의 자리를 대신함으로써, 마치 우호적 수호신처럼 삶의 제반사를 두루 관할하여 모든 내적, 외적 환경들을 밝게 꾸며 주기는 해도, 또 예술이 제아무리 그 즐거운 형식들로써 야만인의 조잡한 치장에서부터 갖가지 부로 장식된 사원의 화려함에 이르기까지 온갖 곳에 개입한다고 해도, 이 형식들 자체는 삶의 참된 궁극목적의 외부에 속하는 듯 보이기 때문이다. 그리고 설령 예술형상이 이러한 진지한 목적에 해가 되지는 않을지라도, 아니 심지어 최소한 악을 멀리함으로써 때로는 그 목적을 촉진하는 듯 보일지라도, 예술은 차라리 정신의 완화나 이완에 속하는 데 반해, 실체적 관심은 외려 정신의 노고를 필요로 한다. 이 때문에 그 자체로서는 진지한 본성이 아닌 것을 학적으로 진지하게 다루려 함은 부적절하며 현학적인 짓인 듯 보일 수 있다. 이 같은 견해에 따르면, 미에 몰입함으로써 생겨날 수 있는 심정의 유연화가 꼭 유약화와 같은 해를 끼치지는 않더라도, 예술은 어떠한 경우든 잉여로 나타난다. 이런 사정으로 인해 일종의 사치로 여겨지는 예술을 실천적 필연성 일반과의 관계 속에서, 더 자세히는 도덕성이나 경건성과의 관계 속에서 옹호하고, 또한 예술의 무해성이 입증될 수는 없다 해도 최소한 이 정신의 사치가 손해보다는 이득을 더 많이 보장한다고 믿게끔 만드는 일이 다분히 필요하게 되었다. 이러한 관점에서 예술 자체에 진지한 목적들이 부여되었고, 예술은 누차 [17] 이성과 감성 사이의, 경향과 의무 사이의 매개자로서, 매우 격렬한 투쟁과 저항으로 상충하는 요소들의 화해자로서 천거되었다.

그러나 그 같은 한층 진지한 예술의 목적에도 불구하고, 사람들은 이성과 의무가 예의 매개의 시도를 통해서는 아무것도 얻지 못하는 양 여길 수 있다. 까닭인즉 이성과 의무는 바로 그 본성상 [감성이나 경험과] 뒤섞일 수는 없는 것으로서 그러한 매개에 자신을 맡기지 않으며, 또한 그들이 자신의 내면에 지니는 순수성과 꼭 같은 순수성을 요구하기 때문이란 것이다. 게다가 그러한 순수성이 있다손 쳐도 예술이 학적 논구에 좀 더 걸맞게 되지는 않을 것이라고들 하니, 까닭인즉 예술은 항상 두 가지 측면에 소용되어 보다 높은 목적을 촉진시키는 것 이외에 무위와 경박함도 마찬가지로 조장하며, 실로 대개 이러한 용도로 인해 그 자체로서 목적이라기보다 단지 수단으로서 나타나기 때문이란 것이다. ― 마지막으로 이 수단의 형식에 관해서 보자면, 예술이 제아무리 실로 한층 진지한 목적에 자신을 맡기고 한층 진지한 효과를 야기한다고 해도, 이를 위한 예술 자신의 사용 수단이 기만이라는 사실은 항상 불리한 측면으로 남는 듯 보인다. 미는 가상 속에서 자신의 삶을 갖는다. 그런데 쉽게 수긍하겠거니와 내적으로 참된 궁극목적은 기만을 통해 실현될 수 없으며, 또한 설령 그 목적이 때때로 기만을 통해 촉진될 수는 있다고 해도 이는 단지 제한적으로만 그럴 뿐이고, 그때조차도 기만이 정당한 수단으로 간주될 수는 없을 것이다. 왜냐하면 수단은 응당 목적의 존엄에 상응해야 하는바, 오로지 참된 것만이 참된 것을 산출할 뿐, 가상이나 기만은 그럴 수 없기 때문이다. 학문도 이 점에서는 마찬가지이다. 즉 학문도 역시 정신의 참된 관심을 현실의 참된 방식 및 그 표상의 참된 방식에 따라 고찰해야 하는 것이다.

예술은 이렇듯 단지 하나의 즐거운 유희에 그친다는 등, 아무리 한층 진지한 목적을 추구할지라도 이러한 목적의 본성에 [18] 모순된다는 등, 무릇 예의 이러저러한 유희나 진지함에 봉사할 뿐이라는 등, 자신의 현존재의 요소 및 그 작용의 수단으로 기만과 가상만을 사용할 수 있다는 등 이야기되는 까닭에, 학적으로 고찰할 만한 가치가 없는 양 보일 수 있다.

그런데 더 나아가 둘째 예술 일반이 아무리 철학적 반성을 제공할지라도, 예술은 학문 본연의 고찰에 대해 적합한 대상이 아닐 것이라는 관점이 가능하다. 왜냐하면 예술미는 감각, 감응, 직관, 상상력에 제시되고, 사상과 다른 영역을 가지며, 또한 그 활동과 산물들의 이해는 학적 사유와 다른 기관을 요구하기 때문이다. 더욱이 우리는 예술미에서 제작과 형상화의 자유를 만끽한다. 우리는 그 형상물을 산출하고 관조함에 있어 규칙과 규제의 모든 사슬에서 벗어나는 것으로 보인다. 법칙적인 것의 엄격함과 사상의 어두운 내면성에 눌린 우리는 예술형상 속에서 안정과 활기를 찾고, 또 이념의 그림자 왕국에 대응하여 밝고 힘찬 현실을 찾는다. 끝으로 예술작품의 근원은 판타지의 자유로운 활동인바, 이 활동의 구상은 그 자체가 자연보다 더욱 자유로운 것이다. 예술의 사명은 대단히 풍부한, 다채로운 가상을 갖는 자연형상에만 그치는 것이 아니다. 창조적 상상력은 이를 능가하여 자신만의 생산 활동에 무한정 몰입할 능력이 있다. 판타지와 그 자유로운 산물들이 지니는 이렇듯 가늠할 수 없는 충일함 앞에서, 사상은 이것들을 완벽하게 자신 앞으로 가져오고, 판단하고, 또 자신의 보편적 정식定式하에 편입시키려는 용기를 잃을 수밖에 없는 것으로 보인다.

이에 반해 학문은, 보통 인정되거니와, 그 형식상 수많은 개체성들을 사상捨象하는 사유와 관계하며 이로써 한편으로 상상력과 그 우연 및 자의는, 즉 예술 활동과 예술 향유의 기관은 학문으로부터 제외된다고들 한다. [19] 다른 한편 개념이 갖는 무색의 메마른 건조함에 밝은 생기를 부여하고 그 추상과 이분화를 현실과 화해시키며 개념을 현실에 의거해 보완하는 것이 바로 예술이라면, 다만 사유적일 뿐인 고찰은 이러한 보완 수단 자체를 다시금 지양·폐기하며, 개념을 현실성이 결여된 단순함과 어두운 추상으로 환원시키는 것이라고들 한다. 나아가 학문은 내용의 면에서 보면 내면 그 자체로서 필연적인 것과 관계한다고들 한다. 이 점을 고려할 때, 이제 미학이 자연미를 제외한다면, 일견 우리가 얻는 것은 전무全無할뿐더러, 오히려 필연성에서 더욱 멀리 떨어지는 듯도 하다. 왜냐하면 자연이라는 표현은 이미 우리에게 필연성과 법칙성을, 그러니까 학적 고찰에 한층 가까이 있는, 그리고 이 고찰에서 드러날 법한 사태를 떠올리게 만들기 때문이다. 그런데 보통 정신 속에는, 특히 상상력 속에는 본래 자연과 비교하여 여하한 학적 설명으로부터도 분명히 벗어나는 무법칙성과 자의가 터 잡고 있는 듯 보인다.

따라서 이 모든 측면에 비추어 볼 때, 예술은 근원의 면에서나 효과와 범위의 면에서나 학적 노고에 적합한 것으로 보이기보다 오히려 독립적으로 사유의 규제에 저항하는 것이자 또한 본연의 학적 논구에 적절치 않은 것으로 보인다.

예술을 진정 학적으로 취급하려는 것에 반대하는 이 같은, 그리고 이와 유사한 의구심들은 일군의 통상적인 생각, 관점, 고찰에서 유래하는데, 이런 것을 담은 다소 장황한 상론들을 우리는 미와 예술에 관한 조금 앞선 시대의 —특히 프랑스의— 저술들에서 신물 나게 읽을 수 있다. 그런데 부분적으로는 그 안에 나름대로 올바른 사실들이 포함되어 있으며, 또 부분적으로는 그럴듯해 보이는 추론들도 그로부터 도출되어 있다. 그리하여 예컨대 미의 현상이 편재遍在하는 만큼이나 미의 형상은 다양하다는 사실을 들어서, [20] 이로부터 인간 본성의 보편적 미충동이란 것이 멋대로 추론될 수도 있고, 또한 미의 표상들은 무한히 다양하며 이로써 일단은 뭔가 특칭적인 것Partikuläres인 까닭에 미와 취미의 보편적 법칙이란 있을 수 없다고 하는 더 나아간 결론이 내려지기도 한다.

이제 이런 부류의 고찰에서 벗어나 우리 본연의 대상으로 방향을 돌릴 수 있으려면, 그 전에 먼저 우리는 제기된 의구심과 의혹을 서론에서 간략하게나마 해명해야 할 것이다.

첫째, 예술이 학적으로 고찰될 만한가 하는 가치문제에 관해 보자. 물론 예술은 오락과 여흥에 봉사하고 우리의 환경을 치장하며 생활환경의 외면에 쾌적함을 부여하고 장식을 통해 그 밖의 대상들을 부각하는, 그러한 일시적 유희로 사용될 수 있다. 이런 식의 예술은 기실 독립적이거나 자유로운 예술이 아니라 봉사적인 예술이다. 그러나 우리가 고찰하고자 하는 것은 그 목적이나 수단에 있어 자유로운 예술이다. 더욱이 예술 일반이 다른 목적에도 봉사하며 이 경우에는 한갓 부수적 유희일 수 있다는 이러한 사정을 예술은 사상과 공유한다. 왜냐하면 학문은 유한한 목적과 우연적 수단을 위한 봉사적 오성으로서 사용될 수 있으며, 이 경우 자신의 규정을 자신으로부터가 아니라 여타의 대상들 및 관계들을 통해 얻게 됨이 사실이기 때문이다. 그러나 다른 한편 학문은 이러한 봉사로부터 벗어나 자유로운 독자성 속에서 진리로 고양되기도 하니, 이 속에서 학문은 독립적으로 오직 그 자신의 본연의 목적으로만 채워진다.

이제 예술은 이러한 자유 속에서 비로소 참된 예술로 존재하니, 예술이 종교 및 철학과 공통의 권역에 자신을 위치시켜 [21] 신적인 것, 인간의 가장 심오한 관심, 정신의 가장 포괄적 진리들을 의식게 하고 표명하는 하나의 방식으로 존재할 경우, 그때야 비로소 예술은 자신의 지상 과제를 해결한다. 제 민족들은 그들의 가장 알찬 내적 직관과 표상을 예술작품에 맺히도록 했으며, 예술은 종종, 그리고 많은 민족에게는 예술만이 유일하게, 지혜와 종교를 이해하는 열쇠가 되어 왔다. 예술은 이러한 규정을 종교 및 철학과 공유하지만, 지고의 것조차도 감각적으로 표현하여 자연의 현상방식, 감각, 감응에 가까이 가져가는 특유의 방식으로 그 규정을 지닌다. 사상은 초감성적 세계의 심연으로 뚫고 들어가 우선은 이 세계를 직접적 의식과 현재적 감응에 대응하는 하나의 저편Jenseits으로서 정립한다. 감각적 현실과 유한성이라고 불리는 이편Diesseits으로부터의 이탈이 바로 사유적 인식의 자유인 것이다. 그러나 정신은 자신이 향해 가는 이러한 단절을 또한 치유할 줄도 안다. 정신은 스스로 예술작품을 산출하니, 이것은 단순히 외적·감각적·일시적인 것과 순수한 사상 사이의, 자연 및 유한한 현실과 개념적 사유가 갖는 무한한 자유 사이의 최초의 화해적 중개인 것이다.

이제 예술적 요소 일반의 몰가치성, 즉 가상과 기만의 몰가치성이란 것에 관해 보자. 이러한 항변은 만일 가상이 있어서는 안 되는 것이라고 말할 수 있다면 물론 정당성을 지닐 게다. 그러나 가상 자체는 본질에 본질적이니, 진리가 만일 가상하거나 현상하지 않는다면, 진리가 만일 일자에 대해서, 자기 자신에 대해서뿐만 아니라 정신 일반에 대해서도 역시 존재하지 않는다면, 진리는 존재하지 않을 것이다. 그러므로 비난의 대상이 될 수 있는 것은 가상작용 전반이 아니라, 다만 예술이 내적으로 참된 것에 현실성을 부여하는 하나의 특수한 방식의 가상이다. 이런 관계에서 [22] 예술이 그 구상들을 현존재화하는 가상을 기만으로 규정하려 든다면, 이러한 비난은 일단 현상과 그 직접적 질료성이라는 외적 세계와의 비교하에서, 그리고 우리 고유의 감응세계, 즉 내감적 세계와의 관계하에서 그 의미를 지니겠는데, 우리는 경험적 삶과 우리의 현상 자체의 삶 속에서 이 두 세계 모두에 현실성, 실제성, 진리라는 가치와 이름을, 그러한 실제성과 진리가 결여되어 있다고들 하는 예술과 대립시켜, 부여하곤 한다. 그러나 경험적인 내적, 외적 세계의 이러한 모든 영역이야말로 참된 현실성의 세계가 아니라 오히려 예술보다 더욱 엄밀한 의미에서의 한갓된 가상으로, 더욱 심한 기만으로 불릴 수 있다. 참된 현실성은 감응과 외적 대상들의 직접성 너머에서 비로소 발견된다. 왜냐하면 오로지 즉자대자적 존재자와 자연과 정신의 실체만이 참으로 현실적이기 때문인바, 이 실체는 자신에게 현재와 현존재를 부여하되 이 현존재 속에서 즉자대자적 존재자로 머물며 그리하여 비로소 참으로 현실적으로 존재하는 것이다. 예술은 바로 이러한 보편적 힘들의 주재主宰를 부각하고 현상시킨다. 일상적인 외적, 내적 세계에서도 본질성이 현상하긴 하나, 그것은 우연성들의 혼돈이라는 형태 속에서 현상하며 또한 감각적인 것의 직접성에 의해, 또 상황, 사건, 성격 등의 자의를 통해 훼손된다. 예술은 이러한 저열하고 덧없는 세계의 가상과 기만을 현상들의 저 참된 내용에서 제거하여 그것에 정신으로부터 태어난 한층 높은 현실성을 부여한다. 따라서 [예술이] 단순한 가상이라는 것은 얼토당토않으며, 예술의 현상들에는 일상적인 현실과 대립하여 더 높은 실제성과 더 참된 현존재가 속할 수 있는 것이다.

마찬가지로 역사 편찬을 더욱 참된 서술이라고 부르고 이에 대해 예술의 서술을 기만적 가상이라고 부를 수도 없다. 왜냐하면 역사 서술 역시 직접적 현존재가 아닌 그 정신적 가상을 [23] 서술의 요소로 삼되, 그 내용은 일상적 현실과 그 사건들, 분규들, 개별성들이라는 전적인 우연성에 매여 있는 반면, 예술작품은 감각적인 현재와 그 덧없는 가상이란 부속물을 뺀 채로 역사 속에 주재하는 영원한 힘들을 직접 우리와 조우시키기 때문이다.

그런데 예술형상들의 현상방식이 철학적 사유나 종교적, 인륜적 명제들과 비교해서 하나의 기만으로 불릴진대, 한 내용이 사유의 영역에서 얻는 현상형식이 가장 참된 실재성인 것은 물론이다. 하지만 감각적인 직접적 실존의 가상이나 역사 편찬의 가상과 비교하면 예술의 가상은 철저하게 자신을 통해 자신을 해명하며 그를 통해 표상되어야 할 정신성을 자신으로부터 적시하는 장점을 갖는 데 반해, 직접적 현상은, 참된 것이 직접적 감각성을 통해서는 불순해지고 은폐되는 것임에도, 기만적이기보다는 오히려 현실적이고 참된 것인 체한다. 이념을 향해 매진함에 있어 정신에게 더욱 어려움을 주는 것은 예술작품이 아니라 자연과 일상세계의 단단한 겉껍질들인 것이다.

그러나 이제 우리는 한편 예술에 이렇듯 높은 지위를 부여하지만, 다른 한편 예술은 그럼에도 내용상으로나 형식상으로나 정신에게 그의 참된 관심사를 의식하게 만드는 최고의 절대적 방식이 아님을 그만큼 더 유념해야 한다. 왜냐하면 예술은 바로 그 형식으로 인해 또한 특정 내용에 제한되기 때문이다. 예술작품의 요소들 속에 표현될 수 있는 것은 다만 특정 범위와 단계의 진리일 뿐이다. 예술을 위한 진정한 내용일 수 있으려면, 가령 그리스 신들의 경우가 그러하듯, 감각성으로 나아가 그 속에서 적절하게 존재할 수 있다는 점이 진리 본래의 규정에 여전히 들어 있어야만 한다. 이에 반해 진리에 대한 보다 깊은 이해가 있으니, [24] 여기서는 진리가 이러한 질료에 의해 적절히 수용, 표현될 수 있을 정도로 더 이상 그렇게 감각성과 비슷하지도 또 친근하지도 않다. 이런 종류로는 기독교적 진리 이해가 있으며, 또한 무엇보다 금일의 세계정신은, 더 자세히 말해 우리의 종교정신과 이성문화의 정신은 예술이 최고의 방식을 이루는 단계를 넘어서 절대자를 의식하는 것으로 보인다. 예술생산과 그 작품의 특유한 방식은 더 이상 우리의 최고의 욕구를 충족시키지 못한다. 우리는 예술작품을 신적으로 공경하고 숭배하는 단계 너머에 존재한다. 예술작품이 주는 인상은 한층 더 사려 깊은 종류의 것으로 변했으며, 또한 그것을 통해 우리 안에 자극되는 것은 한층 고차적인 시금석과 다른 관점의 검증을 필요로 한다. 사상과 반성이 예술 위로 날아올랐다. 불평과 비난을 즐기는 자라면 이런 현상을 타락으로 간주하고, 이를 예술의 진지성과 명랑성을 몰아내는 열정 및 사리사욕의 과잉 탓으로 돌릴 수도 있을 것이다. 또 혹자는 사소한 관심에 매인 심정이 예술이라는 한층 높은 목적을 향해 해방되는 것을 허락하지 않는 현재의 궁핍과 시민적·정치적 삶의 복잡다단한 상태를 탓할 수도 있을 것이다. 까닭인즉 지성 자체가 이러한 궁핍과 이해관계에 봉사하며, 오로지 그런 부류의 목적들에만 효과적인 학문을 행하며, 또한 이러한 메마름 속에 자신을 가두어 두려는 유혹을 용납하기 때문이란 것이다.

　이제 이런 저간의 사정이야 어쨌든 간에, 확실히 예술은 이전의 시대와 민족들이 그 속에서 추구하고 발견했던 정신적 요구에 대한 만족, 즉 적어도 종교적 측면에서 예술과 매우 내밀하게 결부되었던 만족을 더 이상 보장할 수 없게 된 것이 사실이다. 그리스 예술의 아름다운 시절과 중세 후기의 황금시대는 지나갔다. [25] 오늘날 삶의 반성문화는 의지에 대해서뿐만 아니라 판단에 대한 관계에서도 보편적 관점을 견지하고 이에 따라 특수자를 규제하여 보편적 형식, 법칙, 의무, 권리, 격률들이 규정 근거로서 통용될 것을, 그리고 그것들이 주된 지배자로 존재할 것을 우리에게 요구하고 있다. 그러나 예술적 관심 및 예술생산에 더욱 요구되는 것은 생명성인바, 여기서는, 마치 상상력 속에 보편성과 합리성이 구체적이고 감각적인 현상과 통일되어 있듯, 보편자가 법칙과 격률로서 현전하는 대신 심정 및 감응과 하나가 되어 작용한다. 그러므로 우리의 현재는 일반적 상황의 면에서 예술에 호의적이지 않다. 영향력 있는 예술가조차도 주위에서 목청을 높여가는 반성 따위나 예술에 관한 통상적 행태의 사념私念과 판단을 통해 자신의 작업 자체에 더 많은 사상을 투입하도록 오도·감염될 뿐만 아니라, 전반적 정신문화의 유형을 볼진대 그는 자청하여 그러한 반성적 세계와 그 관계들 내부에 서 있으니, 의지와 결단 같은 것을 통해 그로부터 멀어질 법하지도 않고, 특수한 교육을 통해서나 혹은 삶의 관계들로부터의 거리 두기를 통해서 그가 상실한 것을 되돌리려는 특수한 고독을 꾀하거나 실행할 법하지도 않다.

　이러한 제반 관계들로 인해 예술은 그 최상의 규정이란 면에서 보면 우리에게 과거의 것으로 존재하며 또 그렇게 남아 있다. 이로써 예술은 우리에 대해 진정한 진리와 생명성도 역시 상실했으며, 현실에서 예전의 필연성을 주장하여 한층 높은 지위를 점하기보다는 외려 우리의 표상 속으로 그 자리를 옮겼다. 우리가 예술작품의 내용과 표현 수단 및 그 양자의 적합성과 부적합성을 사유적 고찰의 하위에 두는 까닭에, 이제 예술작품을 통해 우리에게는 직접적 향유 이외에도 동시에 우리의 판단이 자극된다. 그러므로 예술에 대한 학은 [26] 예술이 독립적으로 예술로서 이미 충분한 만족을 보장해 주었던 시대보다 우리 시대에 훨씬 더 필요하게 되었다. 예술은 우리를 사유적 고찰로 초대하거니와, 그것도 예술을 다시 소생시키려는 목적에서가 아니라, 예술이 무엇인가를 학적으로 인식하려는 목적에서 초대하는 것이다.

그런데 우리가 이러한 초대에 응하고자 할 때, 이미 앞에서 다루었던 의혹, 즉 예술이 혹 철학적인 반성적 고찰에 대해서는 적합한 대상을 제공할지 모르나, 체계적인 학적 고찰에 대해서는 정녕 그렇지 않으리라는 의혹이 우리와 마주친다. 그러나 여기에는 우선 철학적 고찰 역시 혹 비학문적일 수 있지 않을까 하는 그릇된 생각이 깔려 있다. 이 점에 관해 여기서 간략하게나마 언급할 것은, 사람들이 철학과 철학하기에 대해 보통 어떠한 생각을 갖든 간에 나로서는 철학하기를 단연코 학문성과 분리될 수 없는 것으로 간주한다는 사실이다. 왜냐하면 철학은 대상을 그 필연성에 따라 고찰해야만 하거니와, 그것도 단순히 주관적 필연성이나 외적 질서, 분류 등에 따르는 필연성이 아니라, 그 고유한 내적 본성의 필연성에 따라 대상을 전개·증명해야만 하기 때문이다. 무릇 이러한 설명이 비로소 하나의 고찰이 갖는 학문성을 형성하는 것이다. 하지만 대상의 객관적 필연성은 본질적으로 그 논리적-형이상학적 본성 속에 들어 있는 만큼, 아무리 예술을 따로 떼어 고찰한다고 해도 예술은 한편으로는 내용 자체의 관점에서, 다른 한편으로는 예술로 하여금 동시에 항상 우연성을 띠게 하는 그 질료와 요소들의 관점에서 수많은 전제들을 갖기에 학적인 엄밀성은 말하자면 경감될 수 있으며, 아니 그럴 수밖에 없고, 또한 예술의 내용 및 그 표현 수단의 본질적, 내적 진행과 관련해서만 필연성의 형성이 환기될 수 있는 것이다.

그러나 예술작품이 규칙 없는 판타지와 심정에서 자신의 근원을 취하며 또한 감응과 상상력에 대해서만 그 효력을 무궁무진 발휘한다는 이유를 들어, 예술작품은 학적으로 사유하는 고찰과는 거리가 멀다고 하는 반론이 있는데,[27] 이 난제는 지금도 여전히 무게를 갖는 듯 보인다. 왜냐하면 사실상 예술미는 사상에 분명히 대치하는 형식, 사상이 자신의 방식대로 활동하기 위해서는 파기할 수밖에 없는 형식 속에서 현상하기 때문이다. 이 생각은 실제적인 것 일반, 곧 자연과 정신의 삶이 개념화를 통해서는 왜곡되고 죽임을 당한다고들 하는 의견, 개념에 적합한 사유를 통해서는 그것이 우리에게 가까워지는 대신 한층 더 멀어진다고들 하는 의견, 그 결과 인간은 생명체를 파악하기 위한 수단인 사유를 통해 오히려 이러한 목적 자체를 잃는다고들 하는 의견과 연결되어 있다. 이 점에 관해 이 자리에서 모든 것을 전부 언급할 수는 없고, 단지 이러한 어려움이나 무지 내지 서투름을 제거할 법한 관점만을 제시할 것이다.

우선 스스로를 고찰하는 정신은 의식을, 그것도 자기 자신과 자신으로부터 출현하는 모든 것에 관해 사유하는 의식을 소유할 수 있으리란 사실 정도는 인정될 것이다. 왜냐하면 사유는 바로 정신의 가장 내밀한 본질적 본성을 이루기 때문이다. 자신과 자신의 산물들에 대해 사유하는 이러한 의식에서는, 이 산물들이 통상적으로 제아무리 많은 자유와 자의를 갖는다고 해도, 그 속에 정신이 참되게 존재하기만 한다면, 정신은 자신의 본질적 본성에 적합하게 행동한다. 이제 예술과 예술작품은 정신으로부터 출현하고 산출된 것으로서, 비록 그 표현이 감성의 가상을 자신 안에 취하고 정신을 감각적인 것에 배어들게 하지만, 그 자체는 정신적 종류의 것이다. 이런 만큼 예술은 그저 외적인, 정신이 결여된 자연보다 이미 한층 더 정신과 그 사유에 가까이 있다. 정신은 예술산물들에서 오로지 정신 자신의 것과 관계할 뿐이다. 그리고 비록 예술작품이 사상과 개념이 아니라 [28] 개념의 자기 자신으로부터의 전개, 감각적인 것을 향한 외화라고 할지라도, 정신은 외화된 것을 사상으로 변환하고 또한 그것을 자기 자신에게로 환원시키는 것이기에, 사유하는 정신의 힘은 비단 스스로를 사유로서의 자신의 고유한 형식 속에서 파악한다는 점에 있을 뿐만 아니라, 이에 못지않게 감응과 감성에로의 자신의 외화 속에서 스스로를 재인식한다는 점, 다시 말해 자신의 타자 속에서 스스로를 개념화한다는 점에도 있는 것이다. 또 사유하는 정신은 이렇게 타자에 몰두하는 속에서 혹 스스로에게 불성실하여 그 결과 그 속에서 스스로를 망각하거나 포기하지 않고 또한 자신과 구별되는 것을 포착할 수 없을 만큼 무기력하지도 않으며, 도리어 자기 자신과 자신의 대립자를 개념화한다. 왜냐하면 개념은 보편자이며, 이는 자신의 특수들 속에서 자신을 보존하고, 자신과 자신의 타자를 넘어 번져 가며, 그리하여 개념이 향해 가는 외화를 마찬가지로 다시금 지양하는 힘이자 활동이기 때문이다. 따라서 사상이 외화된 예술작품도 역시 개념파악적 사유의 영역에 속하며 또한 정신은 예술작품을 학적 고찰하에 둠으로써 그 속에서 자신의 가장 고유한 본성의 욕구를 만족시킬 따름이다. 왜냐하면 사유가 정신의 본질이자 개념인 까닭에, 정신은 그 활동의 모든 산물에 사상이 또한 관류케 하고 그리하여 비로소 그 산물을 진정 자기 자신의 것으로 만들 경우에만 궁극적으로 만족하기 때문이다. 그러나 예술은, 더 분명히 보게 되겠지만, 정신의 최고 형식에는 멀리 못 미치기에 학문에서 비로소 진정으로 추인된다.

마찬가지로 예술은 무규칙적인 자의를 구실로 삼아 철학적 고찰을 거부하지도 않는다. 왜냐하면, 이미 시사되었듯, 예술의 참된 과제는 정신의 최고 관심을 의식화하는 것이기 때문이다. 이로부터 내용의 면에서 예술은 판타지의 마구잡이 날뜀 속에서 떠돌아다닐 수 없다는 사실이 즉각 밝혀지니, 형식과 형상들이 제아무리 다양하고 무진장할지라도 예술에게 그 내용을 위해 특정한 거점들을 확보해 주는 것은 이러한 정신적 관심들인 까닭이다. [29] 마찬가지의 것이 형식들 자체에도 적용된다. 형식들도 역시 단순한 우연의 탓으로 돌릴 수는 없다. 모든 형상이 그러한 관심들을 표현·서술하거나 또는 그것들을 자신 속에 받아들여 재현할 수 있는 것은 아니며, 한 특정한 내용에 의해 그에 적합한 형식도 역시 규정되어 있는 것이다.

이러한 측면이 있기에 일견 가늠할 수 없을 듯한 다량의 예술작품과 형식들 속에서 사상을 위주로 한 방향설정이 또한 가능한 것이다.

이로써 우리는 한정 짓고자 했던 우리의 학의 내용을 처음으로 제시한 셈이며, 또한 예술이 철학적 고찰에 몰가치하지도, 또 철학적 고찰이 예술의 본질을 인식함에 무능하지도 않음을 보았다고 하겠다.

II. 미와 예술에 대한 학문적 취급방식들

이제 학적 고찰방법에 대해 물어본다면, 우리는 여기서도 또한 각기 서로를 배척하는, 그리고 어느 하나도 참된 결론에 도달할 수 없을 듯 보이는 두 가지의 대립된 취급방식과 마주친다.

한편으로 우리가 보는 것은 예술학이니, 이것은 말하자면 실제 예술작품들의 바깥만을 맴돌며, 그것들을 예술사가 되게끔 나열하며, 현전하는 예술작품들을 관찰하며, 혹은 평가 및 예술적 생산을 위한 일반적 관점을 줄 만한 이론들을 기획한다.

다른 한편 우리가 보는 것은 학이 자체로서 독립적으로 미에 대한 사상을 위임받는다는 점, 그리고 단지 보편적인 것, 예술작품의 특이성과 상관없는 것, 추상적 미의 철학을 산출할 뿐이라는 점이다.

1. 경험적인 것을 출발점으로 삼는 첫 번째 취급방식에 관해 보자면, [30] 이 방식은 예술의 식자가 되고자 하는 사람들에게는 필수적인 길이다. 오늘날에는 누구든 스스로가 물리학에 전념한 바가 없음에도 불구하고 아주 본질적인 물리학적 지식으로 무장해 있고자 하듯이, 일정한 예술지식을 소유하는 것이 다소간 교양인의 요건이 되었으며 또한 자신을 호사가나 예술 감정가로 보이려는 허세가 상당히 일반화되어 있다.

a) 그러나 이러한 지식이 정말로 학식으로서 인정받으려면, 그것은 다종의 광범위한 것이어야 한다. 왜냐하면 고금의 개별 예술작품들의 무한정한 영역에 대한 정확한 숙지, 즉 한편으로는 현실적으로 이미 몰락한 나라, 먼 나라 혹은 먼 대륙에 속하는 예술작품들, 그리고 다른 한편으로는 불운한 운명에 의해 응분의 주목을 받지 못한 예술작품들에 대한 정확한 숙지가 첫 번째 요구사항이기 때문이다. 다음으로 각 예술작품은 자신의 시대, 자신의 민족, 자신의 환경에 속하고, 또한 특수한 역사적 내지 기타 생각들이나 목적들에 의존하며 이 때문에 예술적 학식도 마찬가지로 넓고 풍부한 역사적인, 그것도 동시에 매우 전문적인 지식을 요구하니, 까닭인즉 예술작품의 개체적 본성은 개별 사항과 연관되어 있고 또한 그 이해와 설명을 위해서는 전문성이 필수적이기 때문이다. ― 마지막으로 이러한 학식은 예술형상화의 이미지들을 온갖 그 특징에 따라 그 자체로서 견지하고 또한 그것들을 무엇보다 다른 예술작품들과의 비교에 활용하기 위해 기타 모든 학식들과 마찬가지로 지식의 기억뿐만 아니라 날카로운 상상력을 필요로 한다.

b) 우선은 역사적인 이 고찰 내부에서도 이미 여러 관점들이 밝혀지는데, 이것들은 이로부터 여러 판단들을 끌어내기 위해 예술작품의 고찰에서 간과될 수 없다. [31] 경험적 출발점을 갖는 다른 학문들의 경우와 마찬가지로, 이제 이러한 관점들은 그 자체로서 강조되고 조합됨으로써 일반적 판단기

준 및 명제들을 형성하며, 더욱 광범위한 형식적 일반화를 거치면서 예술에 관한 이론들을 형성한다. 여기는 이런 종류의 문헌들을 상론할 자리가 아니므로, 몇몇 글을 아주 일반적으로 상기하는 것이면 충분하다 할 것이다. 예컨대 그 비극론이 오늘날에도 여전히 흥미를 끄는 아리스토텔레스의 『시학』을 환기해 볼 수 있다. 그리고 좀 더 자세히 보자면, 고대인들 중에서는 호라티우스의 『시작술』과 숭고에 대한 롱기누스의 글이 그러한 이론화가 능숙하게 다루어진 표본이 될 수 있다. 그들이 추상화했던 보편규정들은 주로 시와 예술이 타락하는 시대에 예술작품을 산출하기 위한 처방이자 규칙들인 것으로서 여겨졌다고 한다. 하지만 이러한 예술의藝術醫들이 예술의 치유를 위해 내렸던 처방은 의사들이 건강의 회복을 위해 내린 처방보다 훨씬 불확실하였다.

내가 이러한 부류의 이론들에 관해 다만 언급하려는 것은 그것들이 비록 개별 항목들에서는 교훈적인 것을 많이 담고 있지만 그럼에도 그 언명들은 매우 제한된 범위의, 곧 순미純美한 것으로 여겨지긴 했으나 여하튼 좁은 범위의 예술영역만을 형성했었던 예술작품들로부터 추상된 것이라는 점이다. 다른 한편 그러한 규정들은 부분적으로 아주 진부한, 즉 그 보편성에 머물러 정작 문제시되어야 할 특수성의 확립으로 전혀 나아가지 못하는 반성들이다. 예를 들어 앞서 지적한 호라티우스의 서간문은 그러한 반성들로 가득 차 있고 그 결과 전 세계인의 책이 되었지만, 바로 그 때문에 그것은 "그는 대단한 갈채를 받는다"[1] 등의 허다한 무용지사無用之辭를 포함하는바, 이는 "시골에 머물러 겸허하게 살라"[2] 따위의 수많은 교훈적 잠

---

1 역주: 『시작술(Ars Poetica)』 343: "omne tulit punctum." 이 구절의 전문은 다음과 같다. "유용성과 즐거움을 하나로 혼합하는 사람은 … 대단한 갈채를 받는다."
2 역주: 『구약성서』 시편 37:3 참조.

언과 유사하게 보편적으로는 아마 타당하겠으나 행위에서 정작 문제시되는 구체적 규정들을 결여하고 있다. ― 또 다른 방향의 관심은 순수한 예술작품의 산출을 직접 결과로 낳으려는 분명한 목적에서 성립하지는 않았으나, [32] 대신 아래의 이론들을 통해 예술작품들에 대한 판단, 요컨대 취미를 양성하려는 의도를 부각시켰던바, 이러한 관계에서는 홈[3]의 『비평의 기본 *Elements of criticism*』[1762], 바퇴[4]의 저술들, 라믈러의 『미학입문*Einleitung in die schönen Wissenschaften*』[전 4권, 1756~1758][5] 등이 당대에 탐독된 작품들이었다. 이런 의미에서의 취미란 예술작품의 외적 현상에 속하는 것의 정리와 취급, 적합성과 완성도에 관한 것이다. 나아가 그러한 취미의 근본 명제들에는 그것들이 어떻게 이전의 심리학에 속했는지, 또 그것들이 어떻게 영혼능력과 활동들, 열정과 그 개연적 고조 및 결과 등의 경험적 관찰에서 도출되었는지에 관한 견해들이 첨가되었다. 그러나 이제 모든 사람이 예술작품을, 즉 성격, 행위 그리고 사건을 자신의 통찰 및 심정의 척도에 따라 판정한다는 것은 언제나 사실이지만, 그러한 취미양성이란 것이 단지 외적이며 또한 빈약한 것만을 안중에 두었고 게다가 그 지침이란 것들도 단지 좁은 범위의 예술작품이나 오성과 심정의 제한적인 양성으로부터 유래되었기 때문에, 그 국면은 내적이며 참된 것을 포착하고 또한 그 이해를 도모하는 안목을 가다듬기에는 부족불능이었다.

일반적으로 그 같은 이론들은 기타의 비철학적 학문들과 똑같은 방식을 취한다. 이러한 이론들이 고찰하는 내용이란 현전하는 것 및 우리의 표상에서 취해진 것이다. 이제 나아가 이러한 표상의 성질에 대해 묻게 되니, 까

---

3   Henry Home(1696~1782). 스코틀랜드의 철학자.
4   Charles Batteux(1713~1780). 프랑스의 미학자.
5   Karl Wilhelm Ramler(1725~1798). 이 저작은 바퇴의 *Cours de belles-lettres, ou principes de la littérature*(전 5권. Paris, 1747~1750)의 번역이다.

닭인즉 우리의 표상 속에서도 마찬가지로 발견되며 또한 표상을 벗어나 정의로 정착되기도 하는 좀 더 상세한 규정들의 필요성이 부각되기 때문이다. [33] 그러나 이와 더불어 즉시 우리는 논쟁이 한창인 불안정한 기반 위에 서 있는 자신을 발견하게 된다. 왜냐하면 물론 처음에는 미가 아주 단순한 표상인 듯 보일 수도 있겠으나 그 속에는 다양한 측면들이 있다는 사실이 곧 밝혀져, 한 사람은 이 측면을, 다른 사람은 저 측면을 강조하거나, 혹은 설혹 같은 관점을 염두에 둔다고 해도, 이제는 어떤 측면이 대체 본질적인 측면으로 간주되어야 하는가에 관한 문제를 두고 다툼이 벌어지기 때문이다.

이런 관점에서는 미에 대한 여러 정의를 거론하고 비판해 보는 것이 학적 완벽성을 기하는 일에 속한다. 우리는 이 일을 역사적 완벽성을 기하기 위해, 즉 정의의 갖가지 세부사항을 알기 위해 하려는 것도, 또는 역사적 관심 때문에 하려는 것도 아니며, 최근의 비교적 흥미로운 고찰방식들 중 몇몇을 예로서 제시하여 사실상 미의 이념 속에 들어 있는 것을 좀 더 가까이 겨냥하고자 할 뿐이다. 이러한 목적을 위해서는 마이어가 그의 『그리스 조형예술의 역사』[6]에서 구체화한 괴테의 미의 규정을 우선 상기할 수 있는데, 이 기회에 마이어는 그 이름을 거명하지는 않지만 히르트의 고찰방식도 마찬가지로 인용하고 있다.

우리 시대의 가장 위대하고도 진정한 예술감정가 중 하나인 히르트[7]는 예술미에 대한 그의 논문에서(*Die Horen*, 1797, 제7호)[8] 여러 예술에 들어 있

---

6 Johann Heinrich Meyer, *Geschichte der bildenden Künste bei den Griechenland* (fortgesetzt von Fr. W. Riemer), 전 3권, Dresden, 1824~1836.

7 Aloys Hirt(1759~1839), 예술학자. 그는 베를린 대학의 고고학 교수이며 헤겔의 친구였다.

8 역주: 이 정기간행물은 실러의 주도하에 1795~1798년에 발행된 것으로서 호렌(Horen)은 그리스 신화에 나오는 계절과 질서의 여신들을 뜻한다.

는 미에 대해 언급한 후, 특징성이라는 개념Begriff des Charakteristischen이 예술미에 대한 올바른 판정의 기초이자 취미양성의 기초임을 결론적으로 요약한다. 즉 그는 미를 "눈, 귀 혹은 상상력의 대상이거나 대상일 수 있는 완전성"으로 단언한다. 계속해서 그는 완전한 것이란 "자연이나 예술이 대상을 [34] 그 유와 종으로 형성함에 있어 마음에 품었던 목적에 상응하는 것"이라고 규정하며, 고로 이 때문에 우리는 미적 판단을 형성하기 위해 하나의 본질을 구성하는 개별적인 징표들로 가급적 눈길을 돌려야만 한다는 것이다. 그 까닭은 이러한 징표들이 바로 그것의 특징성을 형성하기 때문이다. 이에 따라 그는 예술법칙으로서의 특징이라는 것을 "특정한 개별성"으로 이해하는데, 이를 통해 "형식, 움직임과 몸짓, 용모와 표정, 지역적 특색, 빛과 그림자, 명암과 색조 등등이 ―그것도 미리 머릿속에 그려 본 대상이 그런 요구라도 하는 듯이― 구분된다." 이미 이 규정은 기타의 다른 정의들보다 더욱 많은 것을 시사한다. 즉 우리가 특징성이 무엇인가를 더 묻는다면, 여기에는 첫째, 예를 들어 특정 감응, 상황, 사건, 행위, 개인 등과 같은 내용이 속하며, 둘째, 내용을 표현하는 방식이 속한다. 이런 식의 표현에 특징성이라는 예술법칙이 관계하는 까닭은, 표현양식상의 모든 특수자는 내용의 특정 묘사를 위해 소용되어야 하며 또한 내용표현의 한 마디이어야 하리란 점을 특징성이 요구하기 때문이다. 고로 특징성의 추상적 규정은 합목적성과 관계하는바, 예술형상의 특수자는 그것이 표현해야 할 내용을 이 합목적성에 맞춰 현실적으로 부각한다. 이 생각을 아주 평범하게 설명하자면, 그 속에는 다음과 같은 한계가 있다. 예를 들어 극시작품에 있어서 내용을 형성하는 것은 행위이다. 극시는 행위가 어떻게 일어나는가를 표현해야 한다. 그런데 사람들은 갖가지 행위를 한다. 그들은 서로 권하고, 때때로 먹고, 자고, 옷을 입고, 이런저런 이야기 등을 한다. 그러나 이제 이 모든 것들 중에서 본격적 내용으로서의 특정한 행위와 직접적으로 관계 맺지 않는 것은 배제되어야 하며, 그리하여 그 내용과의 관계에서 어떠한 것도 무의미하게 남아서는 아니 된다. 이와 마찬가지로 복잡다단한 세상사 중 일군의 환경, 인물, 상황이나 기타 사건들이, 즉 바로 이 순간 특정 행위와 전혀 무관하며 또한 행위의 독특한 특징을 위해 소용되지도 않는 그러한 것들이 그러한 행위의 오직 일순一瞬만을 포착하는 회화에 수용될 수 있을 법도 하지만,[35] 그러나 특징성이라는 규정에 따를 때 예술작품 속에 등장할 수 있는 유일한 것은 이 내용의 현상에, 그것도 본질적으로 오직 이 내용의 표현에만 속하는 것뿐이다. 왜냐하면 어떠한 것도 객쩍거나 불필요한 것으로 보여서는 안 되기 때문이다.

일정한 관계에서 보면, 이것은 정당화될 수 있는 매우 중요한 규정이다. 하지만 마이어는 앞서 인용한 책에서 이 견해는 흔적도 없이, 그리고 그가 간주하기에는 예술을 위해 매우 다행스럽게도, 소멸되었다고 여긴다. 짐작건대 그는 그러한 생각이 우리를 회화적인 것으로 인도했다고 본 것 같다. 이 판단은 미에 대한 그러한 단언이 마치 인도引導를 위주로 삼기라도 하는 양 보는 점에서 곧바로 잘못되었다. 예술철학은 예술가들을 위한 지침을 마련하고자 노력하지 않으며, 미 일반이 무엇이며 또 그것이 어떻게 현전하는 예술작품들 속에서 보였는가 하는 것을, 그러한 규칙들을 제공하려는 의도 없이 밝혀야만 하는 것이다. 이 외에도 이제 앞서의 비판을 두고 보자면, 희화화된 대상도 특징적일 수 있으니 히르트의 정의가 희화적인 것을 포함함은 물론이다. 하지만 이에 대해 즉시 말할 수 있는 점은 희화에서는 특정한 성격이 과장되어 있다는, 말하자면 특징성의 과잉이 있다는 사실이다. 그러나 과잉은 특징성을 위해 본래 요구되는 것이 더 이상 아니며, 오히려 특징성 자체를 변질시킬 수도 있는 부담스러운 중복이다. 그 밖에도 희화적 요소는 나아가 추의 특징으로도 나타나는데, 추도 물론 하나의 회화화이다. 추는 나름대로 내용에 비교적 밀접하게 관계하므로, 특징성의 원

리에서는 추와 추의 표현도 역시 근본규정으로서 수용되고 있다고 이야기
될 수 있다. 히르트의 정의는 예술미에서 특징화되어야 하는 것과 되어서
는 안 될 것에 관해, 무엇보다 미의 내용에 관해 좀 더 상세한 어떤 정보도
주지 않으니 [36] 이러한 점에서는 다만 순전히 형식적인 규정만을 제공할
뿐이지만, 이 규정은 비록 추상적 방식을 취할망정 참된 것을 내포한다.

  그렇다면 마이어는 히르트의 예의 예술 원리에 무엇을 대립시키며 무엇
을 선호하는가 하는 더 나아간 문제가 발생한다. 그는 일단 고대 예술작품
의 원리에 관해 다룰 뿐인데, 이 원리가 미 일반의 규정을 포함하는 것임
에는 틀림없다. 이 기회에 그는 멩스[9]와 빈켈만[10]의 이상Ideal에 대한 규정을
언급하며, 또한 그가 이 미의 법칙을 비난하지도, 완전히 받아들이려 하지
도 않는다는 점과, 이에 비해 한 깨인 예술재판관(괴테)의 의견에 동참함에
는 아무 거리낌이 없다는 점까지 표명하는데, 그 이유는 괴테의 생각이 결
정적인 것이자 좀 더 자세히 말해 수수께끼의 해결책으로 보이기 때문이
란 것이다. 괴테는 "고대인들의 최고 근본 원리는 의미성이었지만, 그 성공
적 취급의 최고 결과는 아름다움이었다"고 말한다. 이 진술에 담겨 있는 바
를 면밀히 살펴보면, 그 속에서 우리는 다시금 내용, 사태와 표현방식이란
두 가지의 점을 발견한다. 예술작품의 경우 우리는 우리에게 직접 현시된
것에서 출발하며, 그런 다음 비로소 그 의미나 내용이 무엇인가를 묻는다.
전자의 외면성은 우리에게 직접적으로 가치를 갖지 못하며, 오히려 우리는
외적 현상에 영혼을 부여하는 하나의 내면성, 하나의 의미를 여전히 그 배
후에 상정한다. 외면성이 암시하는 것은 이러한 자신의 영혼이다. 즉 무언

---

9   Anton Raphael Mengs(1728~1779), 화가이자 예술이론가.
10   역주: Johann Joachim Winckelmann(1717~1768), 고대 그리스의 문화를 연구한 독일의 미학자·미
     술사가. 주요 저서로는 『회화 및 조각에 있어서의 그리스 미술품의 모방에 관한 고찰』(1755)과 『고대미
     술사』(1764)가 있다.

가를 의미하는 하나의 현상이 표상케 하는 것은 그 자신이나 그것이 갖는 외적 현상으로서의 요소가 아니라, 상징의 예에서, 보다 분명하게는 도덕과 교훈을 그 의미로 삼는 우화의 예에서 보듯이, 그것과는 다른 어떤 것이다. 그렇다, 벌써 모든 단어가 하나의 의미를 지시하는 것이지, 홀로 통용되는 것이 아니다. 마찬가지로 인간의 눈, 얼굴, 살, 피부, 전체적 용모는 자신을 통해 정신과 영혼을 발현케 하니, 여기에서 의미는 직접적 현상에서 나타나는 것보다 항상 무언가 더욱 광범위한 것이다. [37] 예술작품은 이런 식으로 의미를 지녀야 하며, 또한 단순히 이 직선, 이 곡선, 이 표면, 이 홈, 돌의 이 양각, 이 색, 이 음조, 이 음향, 혹은 기타의 사용된 질료 속에서 그 의미가 다하는 것으로 현상해서는 안 되며, 오히려 내적 생명성, 감응, 영혼, 내용, 그리고 우리가 예술작품의 의미라고 부르는 정신을 전개해야 할 것이다.

따라서 작품의 의미성에 대한 이러한 요구는 히르트의 특징성의 원리보다 그다지 더 발전된 것, 혹은 그다지 더 다른 것을 언급하는 것이 아니다.

그러므로 우리는 이 견해에 따라 내적인 것, 내용, 그리고 그러한 내용을 의미하는 외적인 것을 미의 요소로서 특징지었다. 외적인 것이 자신을 넘어 내적인 것을 지시함으로써, 내적인 것은 외적인 것 속에서 비치며 또한 그것을 통해 인식되는 것이다.

c) 그리하여 이전 행태의 이러한 이론화 및 예의 실천적인 규칙들은 이미 독일에서 ―특히 참되고 생동적인 시의 등장을 통해― 격렬하게 주변으로 밀려났으며, 또한 천재의 권리와 작품들 그리고 그 작품들의 영향이 예의 법칙성들의 월권과 중구난방의 이론들에 맞서 역설되었다. 그 자체가 순수하며 정신적인 예술의 이러한 기초 및 그 공감과 확산으로부터 근대, 중세 또는 고대의 아주 낯선 민족들의 오래전부터 있어 온 위대한 예술작품들(가령 인도의 예술작품들)을 ―그 연대나 낯선 민족성으로 인해 우리에게는 소

원한 측면을 갖지만, 여하한 소원함도 넘어서는, 만인에게 공통적인 그 내용에도 불구하고 단지 이론의 편견에 의해 야만적이며 조악한 취미의 산물로 낙인찍힌 작품들을— 향유하고 인정하는 감수성과 자유가 출현하였다. [38] 특히 이론의 추상을 위한 근거였던 예술작품들의 권역과 형식에서 벗어나는 예술작품들의 이러한 인정은 무릇 우선 독특한 종류의 예술의 —낭만적 예술의— 인정으로 인도되었으니, 미의 개념과 본성을 그러한 이론들이 할 수 있었던 것보다 한층 깊이 있게 파악하는 일이 긴요하게 되었다. 이것과 동시에 결부되었던 것은, 대자적 개념, 사유하는 정신이 이제 그 나름으로도 철학 안에서 자신을 한층 깊이 인식했으며 또한 이로써 예술의 본질을 더욱 근본적으로 취하는 일에도 직접적으로 동기가 부여되었다는 사실이다.

그리하여 이 같은 비교적 일반적인 추세의 계기에 따를 때도 예의 예술에 관한 숙고, 예의 이론화는 그 원리의 면에서든 원리의 실행의 면에서든 모두 골동품이 되었다. 다만 예술사적 박식博識만이 지속적 가치를 유지했을 뿐인데, 정신적 감수성이 예의 발전을 통해 시야를 각 방면으로 넓혀 갈수록 그 가치는 그만큼 더 보존되어야 한다. 박식의 소임과 소명은 개별 예술작품 및 예술작품을 외적으로 조건 짓는 역사적 사정들의 지식을 미적으로 평가함에 있다. 감각과 정신에 의해 내려지며 역사적 지식을 통해 뒷받침되는 이 평가는 한 예술작품의 개별성 일체를 파고들게끔 한다. 예를 들면 괴테가 이런 식으로 예술과 예술작품에 관해 많은 것을 서술했는데, 비록 이 고찰방식이 곧잘 추상적 원리들과 범주들을 동원하기도 하고 또한 무의식적으로 이론화에 잘못 빠져들 수는 있지만, 본격적 이론화가 그 목적은 아니므로 우리는 여기에 괘념하지 말고 주안점을 예의 구체적 서술들에만 두면서 여하튼 하나의 예술철학의 성립을 위해 철학이 천착할 수 없는 역사적 특수 세부항목들의 가시적 증빙과 확증들을 그로부터 얻으면 되는 것이다.

이것이 바로 특칭적인 것과 현전하는 것에서 출발하는 예술 고찰의 첫 번째 방식이라 할 것이다.

[39] 2. 이와 본질적으로 구분되는 대립적 측면으로서는 완전히 이론적인 반성이 있으니, 이 반성이 힘써 온 바는 미 자체를 자신에서 비롯하여 인식하는 일이자 또한 미 이념을 정초하는 일이다.

주지하듯 플라톤은 진眞이란 개별적인 선한 행위, 참된 의견, 아름다운 인간 혹은 예술작품이 아니라 선, 미, 진 그 자체라고 주장했던바, 그는 대상이 그 특수성이 아니라 보편성 속에서, 그 유類 속에서, 즉자대자적 존재 속에서 인식되어야 하리라는 요구를 철학적 고찰에 대해 한층 깊게 제기하기 시작했다. 그런데 사실상 미가 그 본질과 개념에 따라 인식되어야 한다면 이는 오직 사유적 개념을 통해서만 가능하니, 이를 통해서는 이념 일반 및 미라는 특수한 이념의 논리적-형이상학적 본성이 사유적으로 의식화된다. 하지만 미 자체의 이념에 대한 이러한 고찰은 그 스스로가 또다시 추상적 형이상학이 될 수 있으며, 또한 이 경우 아무리 플라톤이 그 근거이자 지도자로 여겨진다고 해도, 플라톤적 추상은 미의 논리적 이념을 위해서조차도 우리에게 더 이상 충분한 것이 못 된다. 플라톤적 이념에 점착되어 있는 몰내용성은 오늘날 우리 정신의 한층 풍부한 철학적 욕구를 더 이상 만족시키지 못하므로, 우리는 미 이념 자체를 좀 더 깊게 그리고 좀 더 구체적으로 파악해야만 한다. 그런즉슨 우리도 역시 예술철학에서 미 이념으로부터 출발해야 하지만, 미에 대해 철학하기가 처음 출발하는, 플라톤적 이념이라는 예의 추상적 방식에만 매달려서는 아니 될 것이다.

3. 미의 철학적 개념의 진정한 본성을 잠정적으로 간략하게나마 언급하자면, 그 개념은 형이상학적 보편성을 실제적 특수성의 규정성과 통일하는 것이므로 앞서 거론된 두 극단을 자신 속에 매개하여 포함해야만 한다. 이

러할 때 비로소 개념은 즉자대자적으로 그 진리 속에서 파악된다. 이 경우 한편으로 개념은 [40] 일면적 반성의 불모성과 대조적으로 스스로로부터 결실을 맺을 수 있는데, 이유인즉 개념은 자신의 고유한 개념에 따라 규정들의 총체성으로 발전되어야만 하며 또한 개념 자체 및 그 분화는 개념의 특수성들의 필연성 및 이들의 상호 진행과 상호 이행의 필연성을 포함하기 때문이다. 다른 한편, 이행된 특수성들은 개념의 보편성과 본질성을 내포하니, 그들은 개념 고유의 특수성들인 것으로 현상한다. 이 두 측면은 지금까지 다루었던 고찰방식들에서 벗어나며, 그런 까닭에 오직 예의 완전한 개념만이 실체적, 필연적, 총체적인 원리들로 향하는 것이다.

Ⅲ. 예술미의 개념

이러한 예비논의를 거친 지금 우리는 우리의 본래 대상인 예술미의 철학에 한층 가까이 접근해 있다. 그리고 그 대상을 학적으로 취급하고자 하는 이상 우리는 예술미의 개념에서 출발해야만 한다. 이 개념을 확립한 후에야 우리는 비로소 학문 전체의 분류와 아울러 그 전체 기획을 설명할 수 있다. 왜냐하면 분류란 것이 비철학적 고찰에서처럼 순전히 피상적으로 행해져서는 안 될진대, 그것은 대상 자체의 개념에서 자신의 원리를 발견해야만 하기 때문이다.

이러한 요구를 함에 있어 우리에게는 이 개념을 어디서 끌어낼 것인가 하는 물음이 곧바로 닥친다. 우리가 예술미 자체의 개념에서 시작한다면, 그 개념은 이를 통해 직접 하나의 전제이자 단순한 가정이 된다. 하지만 철학적 방법은 단순한 가정을 용납하지 않으며, 그 방법에 합당한 것의 진리는 증명되어야만, 즉 필연적인 것으로 밝혀져야만 한다.

독립적으로 그 자체로서 논구되는 모든 철학적 교과의 도입부가 처한 이 어려움에 관해 짤막하게나마 이해를 구해 보도록 하자.

[41] 모든 학문의 대상에서는 우선 두 가지 점, 즉 첫째, 그러한 대상이 존재한다는 점과 둘째, 그 대상이 무엇인가 하는 점이 고려된다.

보통의 학문에서는 첫 번째 점에 관해 거의 어려움이 제기되지 않는 것이 상례이다. 그렇다, 만약 천문학과 물리학에서 태양, 성좌, 자기磁氣현상 등이 있다는 것을 증명하라는 요구가 제기되었더라면, 그것은 일단 우습게까지 보였을 것이다. 감각적으로 현전하는 것과 관계하는 이러한 학문들에서는 대상이 외적 경험에서 얻어지며, 또한 그것을 증명하는 대신 가리키는 것으로 충분하다고 여겨진다. 하지만 대상의 존재에 관한 의심은 비철학적 교과들에서도 떠오를 수 있다. 예컨대 심리학, 즉 정신에 관한 학설에서는 영혼, 정신이 있는지, 다시 말해서 물질적인 것과는 다른 그 자체로 독립적인 주관적 대상이 있는지에 관한 의심이, 혹은 신학에서는 신이 존재하는지에 관한 의심이 떠오를 수 있다. 나아가 대상이 주관적 종류로서 현전한다면, 즉 오직 정신 속에서만 현전할 뿐 외적, 감각적 객체로서는 현전하지 않는다면, 우리는 정신이 자신의 활동을 통해 산출한 것은 오직 정신 속에서만 존재함을 인지한다. 이로 인해 사람들이 이러한 내적 표상이나 직관을 자신 속에서 산출했는가, 혹은 아닌가 하는 우연성, 그리고 실제로 전자의 경우라고 해도, 그들이 그러한 표상을 재차 망실忘失하지는 않았는가, 혹은 적어도 그것을 그 내용에 여하한 존재도 즉자대자적으로 귀속하지 않는, 단순히 주관적일 뿐인 표상으로 격하시키거나 않았는가 하는 우연성이 즉시 문제시된다. 예컨대 미가 종종 표상 속에 필연적으로 존재하는 즉자대자적인 대상으로 간주되지 않고 단순히 주관적인 쾌로서, 다만 우연적일 뿐인 감각으로서 간주되는 경우가 그것이다. 이미 우리의 외적 직관, 관찰과 지각이 종종 기만적이며 오류투성이지만, 그러나 내적 표상들은, 아무리 그것들이 대단히 큰 생동성을 내포하고 또 우리를 저항할 수 없을 만치 열정으로 휘몰아 간다고 해도, 훨씬 더 오류투성이이다.

이제 내적 표상과 직관의 대상이 [42] 도대체 존재하는지 아닌지에 관한 앞서의 의혹 및 주관적 의식이 그 대상을 자신 속에서 산출하는지 그리고 대상을 의식화하는 방식이 대상의 즉자대자적 존재의 측면에도 부합하는지에 관한 앞서의 우연성은 우리에게 즉시 한층 고차적인 학문적 욕구를 자극하는바, 아무리 우리에게 한 대상이 마치 존재하는 듯, 혹은 실제로 존재하는 것으로 나타날지라도, 그럼에도 이 욕구는 그 대상이 필연성에 따라 개진되거나 혹은 증명되어야 할 것을 요구한다.

이 증명이 참되게 학적으로 전개된다면, 이와 더불어 동시에 대상이 무엇인가에 관한 다른 하나의 물음도 만족스럽게 다루어진다. 그러나 이것을 설명하려면 이 자리에서 너무 멀리 나아가야 하므로, 이에 관해 다만 다음의 사항만을 간략히 언급하겠다.

우리의 대상인 예술미의 필연성이 밝혀지려면, 예술이나 미가 한 선행 과정의 결과임을, 그리고 이 과정은 그 참된 개념의 면에서 볼 때 학적 필연성에 의해 예술의 개념으로 이행한 것임을 밝힐 수 있어야 할 것이다. 그러나 우리는 지금 예술에서 출발하여 예술의 개념과 그 실제성을 다루고자 하는 것이지 고유한 개념의 면에서 예술에 선행하는 것의 본질을 다루고자 하는 것은 아니므로, 지금 우리에게 특수한 학문적 대상으로서의 예술은 하나의 전제, 즉 우리 고찰의 바깥에 놓여 있는, 그리고 학적으로 다른 내용으로서 다루어지며 다른 철학적 교과에 속하는 전제를 갖는다. 따라서 우리는 예술의 개념을 이른바 전제로서 받아들일 수밖에 없으며, 이러한 사정은 여하한 특수한 철학적 학문들의 경우에도 그것들이 별개로 고찰될 경우라면 마찬가지이다. 이유인즉 우주는 종합적 철학에 의해 비로소 내적으로 하나인 유기적 총체성으로 인식되기 때문인바, 이 총체성은 스스로를 자신의 고유한 개념으로부터 전개하며, 또한 자기연관적 필연성 속에서 전체를 향해 내면으로 회귀하는 가운데 자신을 하나의 진리세계로서의 자신과 융합시키는 것이다. 이러한 학적 필연성의 정점에서 [43] 모든 개별적 부분은 한편으로는 자신 속으로 회귀하는 원환圓環이자, 다른 한편으로는 동시에 다른 영역들과 필연적인 연관성을 갖는 것이다 ─ 그 부분들은 자신이 유래한 후경後景과, 또한 타자를 다시 자신으로부터 열매 맺어 그것을 학적 인식에 대해 제출하는 한에서는 자신이 내적으로 계속 지향해 가는 전경前景을 갖는다. 따라서 우리가 출발하는 미의 이념을 증명하는 일, 즉 미의 이념을 학적으로 선행하는 전제들로부터 ─이 전제들을 모태로 삼아 미의 이념이 탄생한다─ 필연성에 따라 도출하는 일은 우리의 당면한 목적이 아니라 종합적 철학과 그 특수 교과들의 철학체계적enzyklopädisch[11] 전개의 소임인 것이다. 우리에게 있어 미와 예술의 개념은 철학체계를 통해 주어진 전제이다. 그러나 이 체계를, 그리고 예술이 그와 맺는 관계를 여기에서 해명할 수는 없기에 우리는 미의 개념을 아직 학적으로 소유하는 것은 아니며, 우리에게 다만 현전하는 것은 미와 예술에 관한 다양한 생각들 속에서 이미 통념적으로 발견되거나 혹은 언젠가 파악된 바 있는 요소들과 측면들뿐이다. 우리는 여기에서 시작할 것이며, 그런 뒤에야 비로소 앞서 말한 견해들에 대한 좀 더 근본적인 고찰로 넘어가고자 하는데, 그것은 이를 통해 우선은 우리의 대상에 대한 통념을 상기하고 간략한 비판을 통해 추후 다루게 될 보다 높은 규정들에 대한 예비적 식견을 마련하는 이득을 얻기 위함이다. 이렇게 하여 우리의 마지막 서론적 고찰은 말하자면 주제 자체의

---

11 역주: 'Enzyklopädie'는 보통 백과전서라는 의미로 이해되지만 헤겔은 그의 저서 *Enzyklopädie der philosophischen Wissenschaften*에서 자신의 철학체계를 전개하고 있고, 또한 여기에서도 그런 의미로 이 단어를 사용하고 있으므로 '철학체계적'이라고 옮겼다.

강의를 위한 시작종을 울릴 것이며, 또한 본격적인 대상을 다루기 위한 일반적 지식의 축적과 그리로 나아갈 방향설정을 목표로 삼을 것이다.

예술에 대한 통념들 [44]

예술작품에 관해 우선 인구에 회자될 만한 생각은 다음의 세 가지 규정과 관계한다:

1. 예술작품은 자연산물이 아니며 인간의 행위를 통해 생겨났다는 규정.
2. 예술작품은 본질적으로 인간을 위해 제작되었으며, 그것도 인간의 감관을 위해 다소간 감각적인 것에서 끌어내었다는 규정.
3. 예술작품은 자체 내에 목적을 갖는다는 규정.

1. 인간 행위의 산물로서의 예술작품

예술작품이 인간 행위의 산물이라는 첫 번째 점에 관해서 볼 때, 이 견해로부터 나타나는 생각은

a) 외형물의 의식적 제작으로서의 이러한 행위가 인식·설명될 수 있기도 하고, 타인에 의해 습득·추종될 수 있기도 하다는 것이다. 왜냐하면 누군가가 만드는 것은 그 절차의 방식을 알기만 한다면 타인도 역시 만들거나 모방할 수 있는 것으로 보일 법하기 때문이다. 그렇게 되면 예술생산의 규칙들을 전반적으로 숙지할 경우 동일한 방식으로 절차를 수행하여 예술작품을 산출한다는 것은 단지 일반적인 임의 사안이 될 것이다. 위에서 거론된

규칙의 제정을 목표로 삼는 이론들과 그 이론들의 실제적 준수를 위해 산정된 지침들은 이런 식으로 생겨났다. 그런데 그런 부류의 지침에 따라 실행되는 것은 단지 형식적 규칙성 내지 기계성에 불과하다. 왜냐하면 그렇듯 외적인 종류의 것은 기계성에 불과할 뿐으로, 이것을 표상 속에 받아들여 작품으로 옮기기 위해서는 완전히 빈 의지의 행위와 숙련만이, 즉 자기 자신 속에 어떠한 구체성도, 일반적 규칙을 통해서는 주어지지 않는 어떠한 지침도 수반할 필요가 없는 행위와 숙련만이 요구되기 때문이다. 이 사실은 그 같은 지침들이 외적, 기계적인 것에만 한정되지 않고 [45] 내용으로 가득 찬 정신적, 예술적 행위로까지 확대될 때 가장 선명하게 드러난다. 이 영역에서 규칙들이 포함하는 일반성이 있다면, 그것은 예컨대 주제는 흥미로워야 한다든가, 각 인물은 자신의 신분, 나이, 성별, 처지에 알맞은 어투를 써야 한다는 따위의 모호한 일반성일 뿐이다. 여기서 규칙들이 충분한 것이라고 말할 수 있으려면, 그 지침들은 더 이상의 고유한 정신 활동 없이도 표현된 꼭 그대로 또한 실행될 수 있는 그러한 규정성을 동시에 구비해야할 것이다. 그러나 그러한 규칙들은 내용상 추상적이며, 그런 까닭에 예술가의 의식을 채우기에 적합한 척하여도 그에 아주 부적합한 것으로 밝혀진다. 왜냐하면 예술적 생산은 주어진 규정성에 따르는 형식적 행위가 아닌 정신적 행위로서 스스로 우러나 작업해야만 하며 또한 [형식적 지침들에 의해 제공되는 것과는] 전혀 다른 한층 풍부한 내용과 한층 포괄적인 개별 형상들을 정신의 눈앞에 가져와야 하기 때문이다. 그러므로 정말 그 규칙들이 규정적인, 따라서 실제로 유용한 뭔가를 내포한다손 쳐도, 그것들은 기껏 지극히 외적인 주변을 위한 규정들 따위를 제공할 뿐이다.

b) 그리하여 사람들은 위에서 시사된 방향에서 완전히 등을 돌렸지만, 대신 꼭 그만큼 다시 반대의 잘못에 빠졌다. 왜냐하면 예술작품이 더 이상 일반적인 인간 행위의 산물로 간주되지 않고 극히 독특한 재능을 타고난 정

신의 작품으로 간주되기는 했으나, 이제 이러한 정신도 역시 모름지기 자신의 특수성만을, 마치 그것이 특수한 자연력이나 되는 양, 보장받고자 할 뿐, 보편타당한 법칙으로의 지향으로부터 그리고 자신의 본능적인 제작에 의식화된 반성이 개입하는 것으로부터 —정신의 산물은 그러한 의식을 통해 다만 불순해지고 훼손될 뿐이라고 하여— 완전히 벗어나고자 하는, 아니 그로부터 보호받고자 하는 것이기 때문이다. 사람들은 이러한 측면에서 출발하여 예술작품을 재능Talent과 천재의 산물이라 공언하고 주로 재능과 천재가 속에 지니는 자연적 측면을 부각했다. 부분적으로는 옳다. 왜냐하면 재능이란 [46] 천재에게 보편적인 특수 능력으로서, 인간은 단순히 자신의 자의식적 행위를 통해서는 이 능력을 스스로에게 부여할 힘이 없기 때문이다. 이 점은 추후 좀 더 자세히 언급될 것이다.

여기서는 이러한 견해, 즉 예술적 생산에서는 자신의 행위에 관한 일체의 의식이 불필요할 뿐만 아니라 해가 되어 왔다는 견해의 잘못된 측면을 언급하는 것으로 족하다. 이때 재능과 천재의 발현은 요컨대 다만 하나의 상태, 좀 더 정확히 말해 영감靈感의 상태로서 나타난다. 천재는 한편으로는 대상에 의해 자극되어 그 상태에 이르고, 다른 한편으로는 자의에 의해 스스로 그 상태로 옮겨 갈 수 있다고들 하는데, 이 경우라면 샴페인 병의 훌륭한 보조도 빼놓을 수 없다. 독일에서 이러한 견해가 등장한 것은 소위 천재 시대인데, 이 시대는 괴테의 초기 시작품들을 통해 인도되었고, 후일 실러의 작품들에 의해 뒷받침되었다. 이 시인들은 초기 작품들에서 당시 기존하던 모든 규칙을 제쳐 둔 채 새로 시작했으며, 의도적으로 그 규칙들에 역행하여 작업했으며, 이 점에서 그들은 실로 다른 시인들을 훨씬 능가하였다. 그러나 영감과 천재의 개념 위에 군림했던, 영감이면 이미 모든 것이 다 가능하다는 생각 위에 오늘날에도 여전히 군림하고 있는, 그러한 혼란을 나는 이 이상 상세히 논하지 않겠다. 다만 근본적으로 분명히 해 두어야 할 점이 있다. 즉 그것은 예술가의 재능과 천재가 아무리 자연적 계기를 내포할지라도, 그 계기는 본질적으로 사상을 통한 도야, 자신의 생산방식에 대한 반성, 제작의 연습과 숙련을 필요로 한다는 견해이다. 왜냐하면 예술작품은 가히 수공업적이라 할 만큼 순수 기술적인 측면을 지니며, 그런 관계로 외적 노동이 어차피 이 생산의 한 주요 측면으로 존재하기 때문이다. 이러한 사정은 건축과 조각에서 가장 심하고, 회화와 음악에서는 조금 덜하며, 시문학에서 가장 덜하다. [47] 여기서 숙련에는 어떠한 영감도 도움이 되지 못하며 다만 반성, 근면, 연습이 도움을 줄 뿐이다. 예술가는 외적 질료를 능란하게 다루고 또 그 가공의 어려움으로 인한 지장을 받지 않기 위해 그러한 숙련을 꼭 필요로 하는 것이다.

이제 나아가 예술가의 경지가 높아질수록 그는 심정과 정신의 깊이를 그만큼 더 근본적으로 표현해야 하는데, 이 깊이는 직접 알려지는 것이 아니라 그의 정신이 내적, 외적 세계를 향함으로써만 해명된다. 그러므로 예술가가 이러한 내용을 의식화하고 또 자신의 구상의 소재와 내용을 얻는 길이 있다면 그것은 결국 연구이다.

물론 이 점과 관련해서 한 장르의 예술이 다른 장르의 예술보다 그러한 내용의 의식과 인식을 더욱 필요로 함은 사실이다. 예컨대 음악, 즉 정신적 내면의 완전히 비규정적인 운동과 관계할 뿐인, 말하자면 사상이 결여된 감응의 음조와 관계할 뿐인 음악은 의식 속에 정신적 소재를 거의 혹은 전혀 필요로 하지 않는다. 따라서 음악적 재능은 대부분 벌써 아주 어린 나이에, 머리가 아직 비어 있고, 심정이 거의 움직이지 않는 상태에서 예고되며, 아직 정신과 삶이 자신을 체험하기 이전에 이미 매우 상당한 경지에 도달해 있을 수 있다. 그러므로 또한 우리는 작곡과 연주에 있어서의 대가적 솜씨가 정신과 성격의 심각한 빈곤과 병존함을 흔히 보는 바이다. ― 이에 대해 시문학은 사정이 다르다. 시문학의 관건은 인간, 그의 한층 깊은 관심들, 그를 움직이는 힘들을 내용 및 사상으로 가득 차게 표현하는 것이며, 그렇기 때문에 천재가 무언가 성숙하고 내용으로 가득 찬, 그리고 내적으로 완성된 것을 성취하려면, 그에 앞서 그의 정신과 심정 자체는 삶, 경험 그리고 숙고를 통해 풍부하고 깊이 있게 도야되어 있어야 한다. 괴테와 실러의 초기 작품들은 미성숙의 소산이자, 정말이지 심지어는 경악할 만한 조야와 야만의 소산이다. 이러한 현상, 즉 그 대부분의 시도에서 철저히 산문적인, 부분적으로는 차갑고 무미건조한 요소들이 다량으로 발견되는 현상은 [48] 마치 영감이 청춘의 불꽃이나 청년기에 결부되어 있는 양 여기는 통념과 각별히 상충한다. 만년의 호메로스가 비로소 자신의 영원불멸의 노래들을 떠올려 내놓았던 바와 같이, 우리 민족에게 처음으로 시적 작품들을 줄 줄 알았으며 또한 우리의 국민시인이라고 말할 수 있는 이 두 천재는 성숙한 연령에 이르러서야 비로소 심오하고 제대로 된, 참된 영감으로부터 발현하면서도 형식적으로도 잘 갖춰진 작품들을 우리에게 선사하였다.

c) 예술작품이 인간 행위의 산물이라는 생각에 관한 세 번째 견해는 자연의 외적 현상들에 대해 예술작품이 갖는 지위와 관련된다. 이와 관련해서는 인간의 예술적 산물이 자연산물에 못 미치리라는 생각이 일상적 의식에게 그럴듯했다. 왜냐하면 예술작품은 그 속에 어떠한 감정도 갖고 있지 않으며, 속속들이 삶을 갖는 것이 아니라 외적 객체로서 죽어 있는 것이기 때문이다. 그런데 우리는 통상 산 것을 죽은 것보다 높이 평가한다. 예술작품이 자체적으로 살아 움직이지 않는다는 점은 물론 시인될 수 있다. 자연생명체는 안팎으로 극히 미세한 부분까지 합목적적으로 구성된 유기체인 반면, 예술작품은 단지 겉으로만 생명성의 가상을 획득할 뿐 자체로서는 흔한 돌이거나, 나무와 캔버스이거나, 혹은 시에서와 같이 말과 철자 속에서 드러나는 표상이다. 그러나 작품을 미적 기술의 산물로 만드는 것은 이러한 외적 실존의 측면이 아니다. 한 작품이 예술작품이려면, 그것은 필히 정

신으로부터 기원해야 하며, 정신의 기반에 속해야 하며, 정신적인 것의 세례를 받아야 하며, 또 정신의 울림에 맞추어 형성된 것만을 표현해야 한다. 인간적 관심사, 즉 한 사건, 개인적 성격, 행위가 얽히고설키어 생겨나는 정신적 가치는 예술작품 속에 포착되며, 또한 여타의 비예술적 현실의 기반 위에서 가능한 것보다 더욱 순수하고 투명하게 부각된다. [49] 이를 통해 예술작품은 정신을 통과하는 이러한 과정을 겪지 못한 일체의 자연산물보다 높이 위치하게 되니, 이유인즉 일체의 정신적인 것은 여하한 자연의 소산보다 우월하기 때문이다. 일례로 회화에서 한 풍경의 표현이 감응과 통찰에서 비롯된다면, 이를 통해 이 정신의 작품은 단순한 자연경관보다 한층 높은 지위를 얻는 것이다. 아무튼 어떠한 자연물도 예술작품만큼 신적 이상理想을 표현할 수가 없는 것이다.

이제 정신은 자신의 고유한 내면에서 얻어 낸 것, 바로 그것에 외적 실존을 갖는 하나의 지속성을 부여하며, 또한 이를 통해 예술작품들을 만든다. 즉 예술작품은 지속적인 반면, 개별적인 자연생명성은 일시적이고 소멸되며 또한 외관의 면에서도 가변적이다. ― 비록 자연적 현실에 대한 예술작품의 참된 우위를 형성하는 것은 단순한 지속이 아니라 정신적 영활Beseelung, 靈活의 발현이긴 하지만 말이다.

그렇긴 해도 예술작품의 이러한 한층 높은 지위는 통상적 의식이 갖는 또 다른 생각에 의해 재차 논박당한다. 말인즉슨 자연과 그 산물은 선과 지혜를 통해 창조된 신의 작품이며, 반대로 예술작품은 단지 인간의 통찰에 따라 인간의 손에 의해 만들어진 인간의 작품에 불과하기 때문이란 것이다. 신적 창조로서의 자연산물과 유한할 뿐인 인간적 활동의 이러한 대립에는 바로 신이 마치 인간 속에서는, 그리고 인간을 통해서는 작용하지 않고, 이러한 작용의 영역을 자연에만 제한하고 있는 듯 여기는 오해가 개입해 있다. 예술의 참된 개념을 천착해 보면 이러한 잘못된 속견은 완전히 배척될 수 있으니, 그렇다, 이 견해에 대립하여 신은 자연의 소산과 형상물보다 정신이 제작하는 것에서 더 큰 영예를 갖는다는 반대 견해가 확립될 수 있는 것이다. 왜냐하면 신성은 인간 안에 그냥 있는 것이 아니라, 그 안에서 자연에서와는 완전히 다르게 한층 고차적으로 신의 본질에 어울리는 형식으로 활동하기 때문이다. [50] 신은 정신이며, 신성이 통과하는 매체는 오직 인간에게서만 자신을 능동적으로 산출하는 의식적 정신의 형식을 지닌다. 하지만 자연에서는 이 매체가 무의식적, 감성적, 외적인 것으로 있으니, 그것은 가치의 면에서 의식에 훨씬 뒤처진다. 이제 신은 자연현상과 예술생산에 마찬가지로 작용하지만, 예술생산의 경우에는, 예술작품에서 드러나듯이, 정신으로부터 산출된 신성이 자신의 실존을 위한 걸맞은 통로를 얻은 반면, 의식 없는 감각성에 잠긴 자연의 현존재는 신성에 적합한 현상방식이 아니다.

d) 이제 예술작품이 정신의 소산으로서 인간에 의해 만들어진다고 할 때, 지금까지의 논의로부터 더욱 깊은 결과를 이끌어 내기 위해 마지막으로 물어야 할 것은 예술작품을 생산하려는 인간의 욕구가 무엇인가 하는 것이다. 한편으로 이러한 생산은 해도 좋고 말아도 좋을 단순한 우연과 착상의 유희로 간주될 수 있다. 왜냐하면 예술이 목적하는 바를 구현하는 또 다른, 심지어는 더 나은 수단들이 있으며, 인간은 예술이 충족시켜 줄 수 있는 것보다 더 높고 중요한 관심사를 지닌다고들 이야기되기 때문이다. 그러나 다른 한편 예술은 모든 시대와 민족들의 가장 보편적인 세계관과 종교적 관심에 결부되어 있으며, 그런 까닭에 상대적으로 높은 충동으로부터 출현하며, 또한 좀 더 높은, 아니 때로는 최상의 절대적인 욕구를 충족시키는 것으로 보인다. ─ 우연적이 아닌, 절대적인 예술의 욕구에 대한 이러한 물음은 그 답이 여기서 내려지기에는 너무도 구체적인 까닭에 아직 완벽하게 답변될 수 없다. 그래서 지금은 다만 다음을 단언하는 것으로 만족할 수밖

에 없다.

　(형식적 측면에 따를 때) 예술이 발원하는 보편적, 절대적 욕구의 원천은 인간이 사유하는 의식이라는 점, 즉 [51] 인간이 자신의 본질과 존재 일반의 본질을 스스로로부터 대자화한다는 점에서 발견된다. 자연물은 단지 직접적이고 일회적이지만, 정신으로서의 인간은 우선은 자연물처럼 존재하나 다음으론 이에 못지않게 대자적으로도 존재함으로써, 즉 자신을 직관하고, 자신을 표상하며, 사유하고, 오직 이러한 능동적 대자존재를 통해서만 정신으로 존재함으로써 스스로를 이중화한다. 인간은 자신에 대한 이러한 의식을 두 가지 방식으로 획득한다: 첫째는 이론적인 것이니, 인간이 내면에서 자기 자신을 스스로 의식해야만 하는 한에서, 즉 인간이 그의 가슴속에서 동요하며 그 속에서 헤집듯 몰아대는 것을, 요컨대 자신을 직관하고 표상해야 하고, 사상이 본질인 것으로 발견한 것을 스스로 확신해야 하고, 자기 자신으로부터 불러낸 것과 외부로부터 수용한 것에서 오로지 자기 자신을 인식해야 하는 한에서, 그러하다. ― 두 번째로 인간은 실천적 활동을 통해 대자적이 되는데, 그 까닭은 그에게 직접적으로 주어진 것, 그에 대해 외적으로 현전하는 것에 자신을 표출하며, 또한 거기서도 마찬가지로 자기 자신을 인식하려는 충동을 갖기 때문이다. 인간은 외물들에 그의 내면의 인장을 찍어 변형을 가하고, 그런 뒤에 그 사물들에서 자신의 고유한 규정들을 재발견함으로써 이 목적을 완수한다. 인간이 이를 행함은 자유로운 주체로서 외부세계에서도 그 서먹한 낯섦을 제거하기 위함이며, 사물들의 형태에서 오로지 자신의 외적 실재만을 향유하기 위함이다. 이미 어린아이가 갖는 최초의 충동이 외물들의 이러한 실천적 변형을 내포하고 있다. 소년은 물결 속에 돌을 던지고, 물에서 퍼져 가는 동그라미를 이제 자신의 모습이 드러나는 작품인 양 경탄한다. 이러한 욕구는 극히 다양한 형태의 현상들을 거쳐, 예술작품에서 보이듯 외물들 속에서의 자기산출이라는 방식으로

까지 나아간다. 그리고 인간은 단지 외물에 대해서뿐만 아니라 자기 자신에 대해서도 마찬가지로 이런 태도를 취하여, 자신의 자연적 모습을 있는 그대로 두지 않고 의도적으로 변형한다. 이것이 모든 장식과 치장의 원인이며, 게다가 혹여 인간이 대단히 야만적이며 몰취미하다면, 중국 여인들의 전족纏足이나 귀 뚫기와 입술 뚫기처럼 그것은 완전히 기형적이거나 [52] 심지어 해롭기까지 하다. 왜냐하면 오직 문화인의 경우에만 형상과 행동 및 각종 표현방식의 변형이 정신적 교양으로부터 나오기 때문이다.

그러니까 예술을 향한 보편적 욕구는 인간이 내적, 외적 세계를 정신적 의식으로, 즉 자신의 고유한 자아를 재인식하는 대상으로 제고해야 한다는 이성적 욕구이다. 인간은 한편으로는 존재하는 것을 내적으로 대자화하되 그에 못지않게 이 대자존재를 외적으로도 현실화하며, 그리하여 이러한 이중화 속에서 자신 안의 본질을 자신과 타자에 대해 가시화하고 인식시킴으로써 이러한 정신적 자유의 욕구를 충족한다. 이것이 인간의 자유로운 합리성으로서, 일체의 행위와 앎이 그렇듯 예술도 역시 이 속에서 그 근거와 필연적 원천을 갖는다. 하지만 기타의 정치적·도덕적 행위, 종교적 표상, 학문적 인식과 구분되는 예술의 특수한 욕구는 추후 살펴볼 것이다.

2. 인간의 감관을 위해 감각적인 것에서 이끌어 낸 예술작품

지금까지 우리는 예술작품이 인간에 의해 제작되었다고 하는 측면을 고찰했는데, 이제는 그것이 인간의 감관을 위해 산출되며 따라서 또한 다소간 감각적인 것으로부터 조달된다는 두 번째 규정으로 넘어가야만 한다.

a) 이러한 반성은 예술이 감응을, 그것도 더 자세히 말해 우리에게 적합한 쾌적의 감응을 자극하도록 규정되어 있다는 식의 고찰을 유발했다. 이런 고려에서 예술의 연구는 감응의 연구가 되었고, 도대체 어떤 감응들이

예술을 통해 자극될 수 있는지, 그것이 예를 들어 공포와 연민이라 하면, [53] 이런 것들이 도대체 어떻게 쾌적할 수 있는지, 불행의 관찰이 어떻게 만족을 보장할 수 있는지 등을 묻게 되었다. 이런 방향의 반성은 특히 모제스 멘델스존Moses Mendelssohn의 시대부터 나타나며, 그의 저술들에서는 그러한 고찰을 많이 볼 수 있다. 하지만 감응은 정신의 모호하고 무딘 영역인 까닭에 그러한 연구는 크게 진척되지 못했다. 감응되는 것은 매우 추상적이고 개별적인 주관성의 형식에 휩싸여 있으며, 따라서 감응의 차이들도 역시 전적으로 추상적일 뿐 사태 자체의 차이들은 아니다. 예를 들어 공포, 불안, 근심, 경악은 물론 하나의 동일한 감응방식에서 나타난 변양들이긴 하지만, 이것들은 한편으로는 단지 양적 증가일 뿐이고, 다른 한편으로는 그 내용 자체와는 무관한, 내용에 무차별적인 형식이다. 예를 들어 공포의 경우, 주체가 관심을 갖는 어떤 존재가 현전하나 동시에 주체는 이 존재를 파괴하려 위협하는 부정적인 것이 다가옴을 보는바, 이때 주체는 직접 자신 안에서 이러한 관심과 부정적인 것 양자를 자신의 주관성의 모순적 감정으로서 발견한다. 그러나 그러한 공포는 자체로서는 아직 어떠한 의미내용도 조건 짓지 않으며, 오히려 지극히 상이한 것, 지극히 대립적인 것을 자신 안에 수용할 수 있다. 감응 그 자체는 주관적 감정의 형식이되 철저히 빈 형식이다. 이러한 형식은 한편으로는 희망, 고통, 기쁨, 만족과 같이 내적으로 다양할 수 있고, 다른 한편으로는 이 상이성 속에 여러 가지 내용을 담을 수 있으니, 그렇게 하여 법감정, 인륜적 감정, 숭고한 종교적 감정 등이 있는 것이다. 그러나 그러한 내용이 여러 형식들의 감정으로 현전한다고 해서 아직 그 본질적이며 규정된 본성이 현시되는 것은 아니며, 그것은 그저 주관적일 뿐인, 구체적 사태가 극히 추상적인 권역으로 끌려들어 가듯 사라지는, 나의 감정으로만 머문다. 그러므로 예술이 자극하는, 혹은 자극한다는 감응들의 연구는 완전히 비규정적이며 또한 정녕 본연의 내용과 그 구체적 본질 및 개념을 사상捨象하는 고찰이다. [54] 왜냐하면 감응에 대한 반성은 사태 속으로, 즉 예술작품 속으로 침잠·몰입하거나 또는 단순한 주관성과 그 상태들이 그 위를 지나게 하는 대신 주관적 감정과 그 특수성의 관찰에 만족하기 때문이다. 하지만 감응의 경우에는 바로 이 내용 없는 주관성이 단지 보존되는 것에 그치지 않고 오히려 주안점이 되니, 이런 연유로 사람들은 느낌이라는 것을 그토록 좋아하는 것이다. 그러나 이는 또한 그러한 고찰이 그 비규정성과 공허로 인해 지루해지는 이유이자, 사소한 주관적 특수성들에 주목하는 까닭에 역증을 일으키는 이유이다.

b) 그러나 이제 예술작품은 혹여 아무 감응이나 자극하는 것이어서는 안되며 ―왜냐하면 이 경우 예술작품은 이러한 목적을 웅변술이나 역사 서술, 종교적 교화 등과 특별한 차이 없이 공유할 것이기 때문에― 다만 미적인 한에서의 감응을 자극해야 하므로, 반성은 미를 위해 이제 미의 고유한 감응을 또한 찾아내고 미를 위한 특정한 감각을 발견하는 일에 탐닉하게 되었다. 그럼에 있어 그러한 감각은 본성적으로 확정된 맹목적 본능이 ― 이 본능이 이미 즉자대자적으로 미를 식별한다고들 하는데― 아니라는 사실이 바로 드러났으며, 그리하여 그러한 감각을 위해 교양이 요구되었고 또한 교양 있는 미감이 취미로 불리게 되었으며, 또한 취미는 비록 미를 교양 있게 파악하고 발견하지만 직접적 감응의 방식에 머물 도리밖에 없다고들 이야기되었다. 추상적 이론들이 어떻게 그러한 취미감각을 육성하려 시도했는지, 그리고 그 자체가 어떻게 하여 피상적, 일면적인 것에 머물렀는지에 대해 우리는 이미 언급한 바 있다. 그런 입장들의 시대에는 한편으로 보편적 명제들에 결함이 있었거니와 다른 한편 개별 예술작품에 대한 특수한 비판도 좀 더 규정적인 판단을 정초하는 방향보다는 ―왜냐하면 이를 위한 수단이 아직 없었으므로― 오히려 취미 일반의 계발을 촉진하는 방향을 취했었다. 그러므로 이러한 교양도 또한 비규정적 상태에 머물러 있었

으며, [55] 다만 미가 어디에 어떻게 현전하든 직접 발견될 수 있도록 미감으로서의 감응을 반성을 통해 무장시키려 노력했을 따름이다. 그런데 취미에는 사태의 깊이가 은폐된 채 남았으니, 까닭인즉 그 깊이는 감각과 추상적 반성에 그치지 않는, 충만한 이성과 견실한 정신을 요구하는 반면, 취미는 외적 표면에만 ―감응들은 이 주위를 유희하며 또한 여기서는 일면적 명제들이 통용될 수 있다― 의존하기 때문이다. 그 때문에 소위 좋은 취미라는 것은 좀 더 심오한 일체의 작용들 앞에서 공포를 느끼며, 사태가 언표되고 외면성과 부수성이 사라지는 곳에서 침묵한다. 왜냐하면 심오한 영혼의 위대한 열정과 움직임이 열리는 곳에서는 취미의 미세한 차이나 개별적인 것에 얽매이는 잡동사니 취향은 더 이상 문제시되지 않기 때문이다. 취미는 천재가 그러한 바닥을 성큼 넘어감을 느끼며 그의 힘 앞에서 뒷걸음치면서 안절부절 더 이상 어찌할 바를 모르게 된다.

c) 그러므로 사람들은 예술작품을 고찰할 때 단지 취미의 육성만을 안중에 두고 오로지 취미만을 가리키려 하는 일로부터도 돌아섰다. 취미를 지닌 사람들이나 취미에 의거하는 예술재판관 대신 전문가가 등장했다. 예술 전문지식이 한 예술작품에 속하는 개별 사항의 전 범위에 대한 철저한 숙지와 관계하는 한, 우리는 이미 그 긍정적인 측면이 예술 고찰에 필수적임을 언급한 바 있다. 까닭인즉 예술작품은 질료적인 동시에 개별적인 본성으로 인해 본질적으로 극히 다양한 종류의 특수한 조건들로부터 생겨나기 때문인바, 여기에는 우선 생성의 시기와 장소, 다음으로 예술가의 특정한 개성, 그리고 주로 예술의 기술적 발전이 속한다. 한 예술산물을 규정적이며 근본적으로 보고 알기 위해서는, 아니 그것을 향유하기 위해서조차, 우리는 전문가들이 각별히 전념하는 이 모든 측면을 [56] 필히 유념해야 하며, 또한 그들이 나름의 방식으로 성취한 일체의 것을 고맙게 받아들여야 한다. 그런데 그러한 해박함을 뭔가 본질적인 것으로 간주함이 정당할지라

도, 그것을 정신이 예술작품 및 예술 일반에 대해 취하는 유일·최상의 관계로 간주해서는 안 된다. 왜냐하면 전문성이란 단지 외적인 면, 기술적인 면, 그리고 역사적인 면 등의 지식에만 머물 뿐 예술작품의 참된 본성에 대해서는 별반 예감하지 못하거나 심지어 아무것도 알지 못할 수 있기 때문인 바, 이것이 바로 전문성의 결함이다. 아니 심지어 그것은 순전히 실증적, 기술적, 역사적일 뿐인 지식들과 비교해서 한층 심오한 고찰의 가치를 과소평가할 수조차 있는 것이다. 하지만 그 경우에도 전문성은 참되기만 하다면 적어도 확실한 근거와 지식, 그리고 분별 있는 판단을 향해 가니, 그럴진대 이 판단에는 비록 부분적으로는 외적일망정 예술작품에 속한 다양한 측면들의 구분과 그 평가도 역시 결부되어 있다 할 것이다.

d) 스스로도 감각적 대상인 예술작품이 감각적 존재로서의 인간에게 본질적 관계를 갖는다는 측면에서 유발된 고찰방식들에 대한 위의 언급에 이어, 이제 우리는 이 측면이 예술 자체에 대해 갖는 좀 더 본질적인 관계를, 그것도 α) 한편으로는 대상으로서의 예술작품과 연관하여, β) 또 한편으로는 예술가의 주관성, 그의 천재, 재능 등과 연관하여 고찰하고자 하지만, 이와 관련하여 오로지 예술의 보편적 개념의 인식에서만 드러날 수 있는 것은 논하지 않겠다. 왜냐하면 여기서 우리는 아직 학문적 기반 위에 제대로 처해 있지 못하며 다만 겨우 외적 반성의 영역에만 서 있기 때문이다.

α) 그러니까 예술작품은 물론 감각적 파악을 위해 제공되는 것이다. 그것은 감각적 감응에 —자연에도 우리를 둘러싼 외적 자연과 우리의 고유한 내면적 감응으로서의 자연이 있듯이 감각적 감응도 외면적인 것과 내면적인 것이 있다— 대해, 감각적 직관과 표상에 대해 제시된다. [57] 하물며 이를테면 연설마저도 감각적 표상이나 감응에 대해 존재할 수 있음에랴. 하지만 그렇더라도 예술작품은 단순히 감각적 파악에 대해서만, 감각적 대상으로서만 존재하는 것이 아니니, 그것은 감각적인 것이되 동시에 본질적으로

정신에 대한 것이며 정신은 그에 의해 촉발되어 그 속에서 일정한 만족을 찾아야 하리란 점이 예술작품의 지위를 이룬다.

이제 예술작품에 대한 이러한 규정이 곧바로 깨닫게 해 주는 바는, 자연산물이, 폄하하는 의미로 흔히 표현하듯, 단순한 예술작품보다 더 낮게 혹은 높게 평가될 수는 있지만 어쨌든 예술작품은 자연산물일 수 없으며 그 자연적 측면에 따르더라도 자연생명성을 가질 수는 없다는 사실이다.

왜냐하면 예술작품은 그 자체가 감각적이라 하여 독자적으로 존재하는 것이 아니며 오로지 인간의 정신에 대해 존재하는 한에서 그 감각성은 현존재를 갖기 때문이다.

감각적인 것이 인간에 대해 어떻게 현존하는지를 좀 더 자세히 고찰해 본다면, 감각적으로 존재한다는 것은 정신에 다양하게 관계할 수 있음이 발견된다.

αα) 가장 저열한, 정신과 거의 관계없는 방식은 그저 감각적일 뿐인 이해이다. 그것은 우선 단순히 보고 듣고 손으로 느끼는 일 따위에서 성립하니, 그러기에 정신적 긴장해소의 시간에는 생각 없이 배회하거나 여기서 멍하니 듣고 저기서 두리번거리고 하는 등속의 일이 많은 이들에게 얼추 위로가 될 수 있는 것이다. 정신은 시각과 청각을 통한 외물들의 단순한 파악에 머물지 않으며, 그것들을 자신의 내면성의 대상으로 삼으니, 이 내면성은 우선은 스스로 또다시 감성의 형식으로 자신을 사물들 가운데 실현하려는 충동을 느껴 사물들에 대해 욕구로서 관계한다. 외부세계에 대한 이렇듯 욕구 충만한 관계 속에서 감각적 개체로서의 인간은 그 또한 개체적인 것으로서의 사물들과 대면한다. 인간은 사유하는 존재로서 보편적 규정들을 갖고 사물들로 향하는 것이 아니라, [58] 개체적 충동과 관심에 따라 그 자체 개체적인 대상들과 관계하며 그것들을 사용하고 소모하며 그 희생을 통해 자기만족을 확인하는 가운데 그것들 속에서 자신을 보존한다. 이러한 부정적 관

계에서 욕구는 자신을 위해 단순히 외물들의 표면적 가상을 요구하는 것이 아니라, 그들의 감각적-구체적 실존 자체를 요구한다. 사용하고자 하는 나무나 먹어 치우고자 하는 짐승들의 단순한 그림은 욕구에 아무 소용이 없을 것이다. 욕구는 객체를 자유롭게 둘 수도 없는데, 그 까닭은 욕구의 충동이 외물들의 이러한 자립성과 자유를 지양하여 그들이 파괴되고 소모되기 위해 존재할 뿐임을 보여 주는 데까지 뻗어 가기 때문이다. 그러나 동시에 개별적, 제한적이며, 허망한 욕구의 관심에 사로잡힌 주체 역시 그 의지의 본질적 보편성과 합리성에 준하여 규정되지 않는 까닭에 내적으로 자유롭지 못하며, 또한 욕구가 본질적으로 사물들을 통해 규정되고 그들에 연루된 채 남아 있는 까닭에 외부세계와 관련해서도 자유롭지 못하다.

그런데 인간은 예술작품에 대해 그러한 욕구의 관계를 갖는 것이 아니다. 인간은 예술작품을 대상으로서 독자적으로 자유로이 존재하도록 두며, 또한 정신의 이론적 측면에 대해서만 존재하는 대상으로서의 예술작품에 무욕구적으로 관계한다. 그러므로 이렇게 보면 예술작품은 비록 감각적 실존을 갖는다지만 그렇다고 감각적-구체적 현존재와 자연생명성을 필요로 하는 것이 아니며, 아니 심지어 예술작품은, 오로지 정신적인 관심들만을 만족시키고 또한 일체의 욕구를 자신으로부터 배척해야 하는 한에서, 그러한 기반에 머물러서는 안 되는 것이다. 분명 실천적 욕구는 유기적이든 비유기적이든 간에 그가 사용할 수 있는 개개의 자연물을 그의 용도에는 무용한 것으로 증명된, 다만 그와는 다른 정신의 형식들에 의해서만 향유 가능한 예술작품보다 한층 더 높이 쳐주는데, 그 까닭이 대체 무엇이겠는가.

ββ) 외적 현존물이 정신에 대해 존재할 수 있는 두 번째 방식은 개체적, 감각적 직관 및 실천적 욕구의 경우와는 대조적인, [59] 지성에 대한 순수 이론적 관계이다. 사물의 이론적 고찰은 그 하나하나를 소모하고 그것을 통해 감각적 만족을 구하여 자신을 보존하려는 관심을 갖는 대신, 그 보편성

을 인지하고 그 내적 본질과 법칙을 발견하여 개념에 따라 그것을 파악하려는 관심을 갖는다. 그러므로 이론적 관심은 개별 사물을 온존케 하며 감각적 개체적인 것으로서의 사물들로부터 물러서는데, 까닭인즉 그러한 감각적 개체성은 지성이 고찰하려는 것이 아니기 때문이다. 왜냐하면 이성적 지성은 욕구와 달리 개체적 주관 그 자체에 속하는 것이 아니라, 개체적이면서 동시에 내적으로 보편적인 것에 속하기 때문이다. 인간이 이러한 보편성에 따라 사물들과 관계함으로써 그의 보편적 이성은 자연 속에서 자신을 발견하고, 이를 통해 감각적 실존이 자신의 근거에 두긴 하되 직접 보여줄 수는 없는 사물의 내적 본질을 다시 드러내고자 노력한다. 그런데 예술은 단지 실천적일 뿐인 욕구의 충동과 공통의 관심을 공유하지 않듯이, 학문을 통해 만족되는 이 이론적 관심을 이러한 학문적 형식으로 공유하지도 않는다. 왜냐하면 학문이 감각적인 것의 개체성에서 출발하고 직접 개체적 색채, 형상, 크기 등으로 현전하는 바의 이 개체성의 표상을 소유할 수 있음이 사실이지만, 지성이 보편성, 법칙, 사상 그리고 대상의 개념을 향해 출발하며 그런고로 대상의 직접적 개체성을 떠날 뿐만 아니라 내적으로 변화시켜 감각적 구체성으로부터 추상 개념, 사유물 그리고 객체의 감각적 현상과 본질적으로 다른 어떤 것을 만드는 한에서, 앞의 개체화된 감각성 그 자체는 정신에 대해 더 이상의 관계를 갖지 않기 때문이다. 예술적 관심은 학문과는 달리 이러한 일을 하지 않는다. 예술작품이 [60] 색채, 형상, 음향의 측면에 따라 직접적 규정성과 감각적 개별성을 갖는 외적 객체로서 혹은 개별적 직관 등으로서 자신을 알리듯이, 예술 고찰도 마찬가지로 학문이 하는 바와는 달리 그에 제공되는 직접적 대상성을 넘어 이러한 객체성의 개념을 보편적 개념으로 파악고자 하는 데까지 나아가지 않는다.

예술적 관심은 자신의 대상을 자유로이 그 자체로 있게끔 두는 반면 욕구는 대상을 자신의 효용을 위해 파괴적으로 사용한다는 점에서 전자는 후자의 실천적 관심과 구별된다. 이에 반해 학문적 지성의 이론적 고찰과 예술 고찰은 역으로 구분되는데, 까닭인즉 예술 고찰은 대상의 개별적 실존에 관심을 품으며 또한 그것을 그 보편적 사상과 개념으로 변화시키려 행동하지 않기 때문이다.

γγ) 이로부터 이제 감각성은 예술작품 속에 물론 현존해야 하되 단지 표면으로서만 그리고 감각성의 가상으로서만 현상해야 한다는 사실이 결과한다. 왜냐하면 예술작품의 감각성에서 정신이 찾는 것은 구체적 질료성, 즉 욕구가 요구하는 유기체의 경험적인 내적 완결성 및 그 전개가 아니며 보편적이며 다만 추상관념적ideell일 뿐인 사상도 아니고, 감각적이긴 하되 또한 작품의 단순한 질료성의 굴레로부터 해방되어야 하는 감각적 현재이기 때문이다. 그러므로 예술작품의 감각성은 자연물의 직접적 현존재와 비교할 때 단순한 가상으로 고양된 것이며, 그래서 예술작품은 직접적 감각성과 추상관념적 사상의 중간에 있는 것이다. 그것은 순수한 사상이 아직 아니지만 그 감각성에도 불구하고 돌, 식물, 유기적 생명과 같은 단순한 질료적 현존재도 역시 더 이상 아니며, 예술작품의 감각성은 그 자체로 하나의 추상관념적인 감각성, 그러나 동시에 사상의 추상관념성으로서가 아니라 사물로서 여전히 외적으로 현존하는 감각성이다. [61] 정신이 대상의 본질적 내면으로 내려가지 않으면서도 (만일 내려가게 된다면 대상은 정신에 대해 개별자로서 외적으로 존재하기를 완전히 그칠 것이다) 대상을 자유롭게 놔둔다면, 감각성의 이러한 가상은 이제 외부에서 보면 사물의 형상, 외관 혹은 음향으로서 정신에 대해 등장한다. 따라서 예술의 감각성은 시각과 청각이라는 두 가지의 이론적 감관에만 관계하고, 반면 후각, 미각, 촉각은 예술향유에서 제외된다. 왜냐하면 후각, 미각, 촉각은 물질성 그 자체 및 그것의 직접적이며 감각적인 성질에 관계하기 때문이다. 후각은 공기를 통한 물질적 발산과, 미각은 대상의 물질적 용해와, 촉각은 따뜻함, 차가움, 매끄러움 등

과 관계한다. 이러한 이유에서 이 감관들은 예술의 대상들, 즉 그 실제적 자립성을 보존해야 하며 또한 다만 감각적일 뿐인 관계를 허용하지 않는 대상들과는 무관할 수 있다. 이러한 감관들에게 쾌적한 것은 예술의 미가 아니다. 따라서 예술은 감각성의 측면으로 인해 의도적으로 형상, 음향, 외관과 같은 그림자 세계를 산출할 뿐이니, 예술작품을 존재케 함에 있어 인간이 단순한 무기력이나 그의 한계성 때문에 겨우 감각성의 표면만을, 도식만을 제공할 줄 안다는 것은 완전히 어불성설이다. 이러한 감각적 형상과 음향은 의식의 가장 깊은 곳으로부터 정신 속에 공명과 반향을 일으킬 힘이 있는 까닭에, 그것들은 단순히 그 자신이나 그 직접적 형상 때문이 아니라 이러한 형상 속에서 좀 더 높은 정신적 관심의 만족을 보장하려는 목적 때문에 예술 속에 등장한다. 정신성이 예술에서 감각화되어 현상하는 까닭에, 이렇듯 감각성은 예술에서 정신화되어 있는 것이다.

β) 그러한즉 예술산물은 정신을 통과하는 한에서, 그리고 정신적 제작 활동으로부터 나타나는 한에서 현존할 뿐이다. 이 점은 우리가 대답해야만 할 또 다른 물음, 즉 [62] 예술에 필연적인 감각적 측면이 생산적 주관성으로서의 예술가에게서 어떤 작용을 하는가 하는 물음으로 이어진다. — 주관적 활동으로서의 이러한 생산 양태는 우리가 객관적으로 예술작품에서 발견했던 규정들과 전적으로 같은 규정들을 내포한다. 그것은 정신적 활동이되, 동시에 감각성과 직접성의 계기를 내포하는 것이다. 하지만 그것은 한편으로 단지 감각적 솜씨에서 보이는 단순한 무의식적 숙련으로서의, 혹은 규격화되고 습득될 수 있는 규칙들에 따르는 형식적 활동으로서의 단순한 기계적 노동이 아니고, 다른 한편으로 감각성으로부터 추상적 표상이나 사상으로 이행하거나 혹은 전적으로 순수사유의 요소 속에서 활동하는 학문적 생산도 아니니, 정신적인 것과 감각적인 것의 측면은 예술적 제작 속에서 하나로 되어야만 한다. 예컨대 시작詩作의 경우 사람들은 표현대상을 사

전에 미리 산문적 사상으로 파악하고, 다음으로 이것을 이미지와 각운 등으로 옮기고, 그리하여 이미지적인 것이 단순히 장식물이나 치장으로서 추상적 반성에 부가되도록 하는 식의 태도를 취하려 할 수도 있겠다. 하지만 그러한 태도는 조악한 시만을 양산할 뿐이니, 이유인즉 예술적 생산성의 경우에는 오로지 그 분리되지 않은 통일로서만 타당한 것이 여기서는 분리된 활동으로서 작용할 것이기 때문이다. 이러한 순수한 제작이 예술적 판타지의 활동을 이룬다. 이 판타지는 이성적인 것이니 오로지 자신을 능동적으로 의식화해 가는 한에서만 정신으로서 존재하되 그 속에 담지된 것을 감각적 형식으로 비로소 자신 앞에 제시하는 것이다. 그러므로 이 활동은 정신적 내용을 지니되 그것을 오직 감각적으로만 의식할 수 있기에 감각적으로 형상화한다. 이와 비교될 수 있는 것은 인생 경험이 많고 기지 또한 풍부하며 재치 있는 사람, 즉 인생에서 무엇이 중요한지, 무엇이 실체로서 사람들을 결합하는지, 또 그들을 움직이며 그들을 주재하는 힘이 무엇인지에 대해 완벽하게 알지만, 이 내용을 스스로 보편적 규칙으로 파악하지 못하며 그것을 다른 사람에게 보편적 반성을 거쳐 설명할 줄도 모르고, [63] 자신의 의식 내용을 현실적이든 허구적이든 항상 특수한 사례로, 적절한 실례 등으로 자신과 타인에게 해명하는, 그런 유형의 사람이다. 왜냐하면 그런 이의 생각에 모든 것이 구체적이며 시공간상에 규정된 이미지로, 이때 어쨌든 고유명사들이나 기타 갖가지 외적 정황들이 빠질 수 없는 이미지로 형상화되기 때문이다. 그런데 그러한 종류의 구상력은 스스로가 생산적이기보다는 외려 체험된 상황이나 겪은 경험들의 기억에서 기인하는 것이다. 기억은 그러한 사건들의 개별성 및 외적 발생 여건을 갖가지 정황들과 함께 보존하고 되살리는 반면 보편적인 것이 그 자체로서 출현하도록 하지는 않는다. 그러나 예술적, 생산적 판타지는 위대한 정신과 심정의 판타지이며, 표상과 형상을, 그것도 가장 심오하고 가장 보편적인 인간적 관심을 이미지적이며 완전히 특정한 감각적 표현으로 파악하고 산출하는 것이다. 여기서 곧바로 나오는 결론은 판타지란 한 측면에서 보면 그 생산 활동이 감각성을 필요로 하는 까닭에 무엇보다 자연의 선물, 재능에서 한껏 기인한다는 사실이다. 사람들은 그에 못지않게 학문적 재능이라는 것도 말하긴 하지만, 학문은 판타지와 같이 자연스럽게 활동하는 대신 바로 그 모든 자연 활동성을 사상抽象하는 사유를 위한 보편적 능력만을 전제하는 것이므로, 단순한 자연의 선물이라는 의미에서의 특수한 학문적 재능이란 없을 것이란 말이 더욱 옳바를 수 있다. 이에 반해 판타지는 동시에 본능적이기도 한 생산 양태를 갖는바, 까닭인즉 예술작품에 본질적인 이미지성과 감각성은 자연소질이자 자연충동으로서 예술가에게 주관적으로 현존하며 또한 인간의 자연적 측면에도 역시 무의식적 작용으로서 속함이 틀림없기 때문이다. 예술생산은 정신적, 자의식적인 종류이기도 한 까닭에, 자연능력이 재능과 천재의 모든 것을 채우는 것은 아니지만, 어쨌거나 정신성에는 자연적 조형과 형상화의 계기가 내포되어 있음이 틀림없다. [64] 그러므로 거의 모든 사람이 어느 정도까지는 예술 활동을 할 수 있음이 사실이다. 하지만 예술은 이 지점에서 본격적으로 겨우 시작할 뿐이며, 이를 넘어서기 위해서는 타고난 한층 높은 예술적 재능이 필수적이다.

그럴진대 자연소질로서의 그러한 재능은 대개 비교적 이른 청소년기에 이미 예고되기도 하며 또한 단번에 특정한 감각적 질료 속에서 생생하고 감동적인 형상화를 이루고자 하는, 그리고 이 방식의 표현과 전달을 유일무이하거나 최적·최상의 것으로 붙들고 있으려 하는, 충동적 조바심으로 드러나기도 한다. 어쨌든 간에 기술적인 면에서 일찌감치, 어느 정도 수월하게 얻는 솜씨는 천부적 재능의 한 표징이다. 조각가에게 있어 일체의 것은 형상으로 변하며, 어릴 적부터 그는 형상화를 위해 점토를 움켜쥔다. 그리고 무릇 그러한 재능이 표상하는 것, 그러한 재능을 내면에서 자극하고 움직이게 하는 것은 곧바로 형상, 소묘, 멜로디 또는 시가 된다.

γ) 이제 세 번째, 마지막으로 예술에서는 내용 또한 어떻게 보면 감각적인 것, 곧 자연에서 취해진다. 즉 내용이 아무리 정신적인 경우라 해도, 그럼에도 내용은 인간관계들과 같은 정신적인 것을 외적으로, 실제적 현상의 모습으로 묘사하도록 취해질 뿐이다.

3. 예술의 목적

인간이 그러한 내용을 예술작품의 형식으로 산출함에 있어 마음에 품는 관심과 목적은 어떤 것인가 하는 물음이 이제 생겨난다. 이것은 우리가 예술작품에 관해 세웠던 세 번째 관점이었거니와, 이에 대한 좀 더 자세한 논구는 드디어 우리로 하여금 예술 자체의 참된 개념으로 건너가도록 할 것이다.

이러한 관계에서 일상적 의식을 주시해 본다면, 우리에게 떠오를 수 있는 가장 통념적인 표상은,

a) 자연의 모방이라는 원리이다. [65] 이 견해에 따르면, 자연형상을 현전하는 모습 그대로 꼭 일치하도록 모사하는 숙련으로서의 모방이 예술의 본질적 목적을 이루어야 할 것이며, 또한 자연에 일치하는 이러한 표현의 성공은 완전한 만족을 주어야 할 것이다.

α) 이러한 규정에 들어 있는 것은 일차적으로 단지 전적으로 외형적인 목적, 즉 보통 이미 외부세계에 있는 것 및 그 현존방식이 이제 인간에 의해서도, 그의 수단으로써 가능한 한 훌륭하게, 다시 한번 모방적으로 제작된다는 목적뿐이다. 그러나 이러한 반복은 즉시 αα) 불필요한 수고로 간주될 수 있는데, 까닭인즉 우리는 회화, 연극공연 등이 모방적으로 표현하는 것, 즉 동물, 자연정경, 인간사를 보통 이미 우리의 정원이나 자택에서 혹은 멀

고 가까운 친지들이 당하는 사건들에서 대면하기 때문이다. 그리고 좀 더 정확히 말해, 이러한 불필요한 노력은 심지어 ββ) 주제넘고 자연에 뒤쳐지는 유희로 간주될 수도 있다. 왜냐하면 예술은 표현 수단의 면에서 제한되어 있으며, 그저 일면적인 기만들만을, 예컨대 단지 하나의 감관에 대해서만 유효한 현실성의 가상을 산출할 수 있고, 또한 단순한 모방이라는 외형적 목적에 그칠 경우 실로 현실적 생명성보다는 그저 삶의 껍데기만을 제공하기 때문이다. 주지하듯 터키인들이 회교도로서 인간의 그림이나 모사 등을 용납하지 않는 것이나, 제임스 브루스[12]가 아비시니아를 여행하던 중 한 터키인에게 물고기 그림을 보여 주어 우선은 그를 놀라게 했으나 곧바로 다음의 대답을 들은 것도 그런 연유이지 않겠는가: "이 물고기가 최후의 심판 날 당신에게 반기를 들고 일어나, 당신은 나에게 몸은 만들어 주었지만 살아 있는 영혼은 만들어 주지 않았다고 말한다면, 당신은 이 고발에 대해 어떻게 스스로를 정당화하겠습니까?" 순나Sunna[13]에 써 있는 바와 같이, 옴미 하비바와 옴미 셀마라는 두 여인에게서 에티오피아 교회의 그림들에 관해 설명을 들었던 예언자도 역시 그들에게 이미 다음과 같이 말했다: [66] "심판의 날 이 그림들은 그 작가를 고발할지어다." — 완벽하게 기만적인 모사의 실례들이 있는 것도 사실이다. 제욱시스가 그린 포도송이는 살아 있는 비둘기가 그것을 쪼았다고 하여 예로부터 예술의 승리인 동시에 자연 모방 원리의 승리로 일컬어졌다. 이러한 옛 사례에다 우리는 뷔트너[14]의 원숭이에 관한 비교적 최근의 사례를 추가할 수 있을 터, 그 원숭이는 뢰젤[15]의 『곤충들의 축제들』[1741년부터의 연작]에 나오는 딱정벌레 그림을 물어뜯

---

12   James Bruce(1730~1794), 영국의 탐험가.
13   회교 정통파의 종교적 계율.
14   Christian Wilhelm Büttner(1716~1801), 자연학자.
15   August Johann Rösel von Rosenhof(1705~1759), 동물학자이자 화가.

어 값진 작품의 매우 아름다운 견본을 망가뜨렸지만, 동시에 이것이 모사의 탁월함을 증명한 까닭에 주인의 용서를 받았다. 그러나 그런 따위의 사례에 있어 적어도 즉시 함께 떠올려야 할 생각은 비둘기와 원숭이조차 기만했다 하여 예술작품을 찬양하는 대신에, 예술작품의 그런 낮은 효과만을 최종이자 최상의 것이라고 서술할 줄밖에 모르면서 예술작품을 돋우려 하는 바로 그런 사람들은 모름지기 비난을 받아야 한다는 사실이다. 전반적으로 꼭 말해 두어야 할 것은, 단순한 모방의 경우 예술은 자연과의 경쟁에서 존속할 수 없으며 코끼리 뒤를 따라 기어가는 벌레의 모습을 갖는다는 사실이다. — YY) 자연이라는 원형에 비해 모사는 그같이 항상 상대적으로 실패하므로, 목적으로 남는 것은 자연과 비슷한 무언가를 산출하는 재주부리기에서 얻는 만족밖에 없다. 그런데 물론 인간은 그렇지 않아도 이미 현전하는 것을 이제 자신의 노동, 숙련, 그리고 근면을 통해서도 또한 산출한다는 사실에 기뻐할 수 있다. 그러나 이러한 기쁨과 경탄도 역시 모상이 자연의 원형과 유사하면 할수록 바로 그만큼 더 그 자체로 빨리 식어 버리거나 또는 싫증과 반감으로 뒤바뀐다. [67] "지겹게 닮은 초상화들이 있다"라고 하는 우스개가 있다: 그리고 칸트는 모방된 것 그 자체에서 얻는 이러한 만족에 관해 또 다른 실례를 인용하고 있는데, 즉 우리는 나이팅게일의 울음을 완벽하게 모방할 줄 아는 사람들에게 —그리고 그런 사람들이 있다— 곧 신물을 내며, 또한 그 소리를 낸 것이 사람이라는 사실이 드러나는 순간 즉시 그러한 노래에 싫증을 느낀다는 것이다. 그 경우 우리는 거기에서 자연의 자유로운 산물도, 예술작품도 아닌 오로지 재주부리기만을 인식한다. 왜냐하면 우리가 인간의 자유로운 생산능력에서 기대하는 것은 그런 음악과는 전혀 다른 것, 즉 나이팅게일 울음소리의 경우처럼 무의도적으로, 인간적 감응의 음향과 유사하게, 독특한 생명성에서 터져 나올 경우에만 흥미를 끄는 그런 음악과는 전혀 다른 것이기 때문이다. 대체로 모방 솜씨에서 오는 이러한 기쁨은 언제나 제한되어 있을 따름이니, 인간에게는 자기 자신에게서 우러나 생산한 것에서 얻는 기쁨이 더욱 잘 어울린다. 이런 의미에서 아무리 보잘것없는 기술적 제작물이라 할지라도 그 고안은 모방 재주를 부리는 것보다 더욱 높은 가치를 지니며, 그래서 인간은 망치, 못 등을 고안한 것을 더욱 자랑스럽게 여길 수 있다. 왜냐하면 이렇듯 추상적 모사에 열중함은 불콩을 실패 없이 작은 구멍 속으로 던지는 법을 익혔던 사람의 재주부리기와 같을 수 있기 때문이다. 그는 알렉산더 앞에서 이 솜씨를 선보였으나, 알렉산더는 무용무실無用無實한 이 기술에 대해 보상으로 불콩한 말을 하사했다.

β) 나아가 모방 원리는 전적으로 형식적이므로, 그것이 목적이 될 경우 거기서는 객관적 아름다움 자체가 사라진다. 까닭인즉 그 경우 중요한 것은 모사되어야 할 것의 본질이 어떤 성질을 갖는가 하는 점이 아니라 그것이 정확하게 모방되었는가 하는 점일 뿐이기 때문이다. 아름다움의 대상과 내용은 전혀 무관한 것으로 간주되고 있다. 우리는 즉 그 밖에도 동물, 인간, 지역, 행위, 성격을 두고 미추의 차이를 논하긴 하지만, 앞의 원리에 준하면 이것은 원래 예술에 속하지 않는 차이로 머물며, 또한 우리는 그러한 예술을 위해 추상적 모방만을 유일하게 남겨 둔다. [68] 그렇게 되면 여기서는 대상의 선택과 그 미추의 차이라는 관점에서 볼 때 언급된 바와 같이 자연의 무수한 형식을 위한 판단기준의 결여로 인해 오로지 주관적 취미, 그 규칙이 확정될 수 없고 그에 관한 논쟁을 허락하지 않는 취미만이 최후의 판단기준이 될 수 있다. 그리고 실제로 만일 표현할 대상을 선택함에 있어 우리들이 아름답거나 추하다고 보는 것에서, 또한 그 때문에 예술을 위해 모방할 가치가 있다고 보는 것에서, 즉 우리의 취미에서 출발한다면, 자연 대상들 중 어느 하나도 쉽사리 그 애호가가 없을 법하지 않으므로, 자연대상의 모든 영역은 열려 있다. 그런 만큼 예컨대 사람들 사이에서도 모든 남

편이 그의 부인을 그렇게 여기지 않을지는 몰라도 적어도 모든 신랑은 그의 신부를 —그것도 그의 신부밖에 모를 정도로— 아름답다고 느끼는 것이 사실이며, 게다가 주관적 취미가 이러한 미를 위해 어떠한 정해진 규칙도 갖지 않는다는 것은 양측을 위해 다행이라고 할 수 있을 것이다. 더 나아가 개개의 개인들과 그들의 우연적 취미를 완전히 넘어 민족들의 취미를 살펴보자면, 이것 역시 대단한 상이성과 대립을 지닌다. 흑인과는 전혀 다른 미 개념이 중국인에게, 유럽인과는 전혀 다른 미 개념이 흑인에게 있는 한에서, 유럽적 미가 중국인이나 혹은 심지어 호텐토트인들에게도 마음에 들지 않으리라는 식의 말을 우리는 얼마나 자주 듣는가. 그렇다. 우리가 그러한 비유럽적 민족들의 예술작품들, 예컨대 섬기고 떠받들게끔 판타지로부터 나타난 그들의 신상을 고찰할 경우, 그것은 우리에게는 매우 소름 끼치는 우상으로 보일 수 있으며 그들의 음악은 우리 귀에 매우 혐오스럽게 들릴 수 있지만, 반면 그들은 나름대로 우리의 조각, 회화, 음악을 무의미하거나 추한 것으로 간주할 것이다.

[69] γ) 그러나 이제 미가 주관적이고 특칭적인 취미에 맞춰져야 한다니, 예술을 위한 객관적 원리라는 것도 또한 사상捨象해 보자. 그렇더라도 우리는 예술 자체의 측면을 살펴볼 때 하나의 일반적인 —그것도 위대한 권위를 통해 보장된— 원칙인 듯 보였던 자연물의 모방이 이러한 일반적이고 극히 추상적인 형식으로는 취해질 수 없다는 사실을 곧 발견하게 된다. 왜냐하면 여러 예술을 살펴볼 때, 설령 회화와 조각이 자연적 대상들과 유사해 보이거나 혹은 그 전형이 본질적으로 자연으로부터 취해진 대상들을 표현한다손 쳐도, 반면 그 역시 미적 기술에 속하는 건축작품은, 단순한 묘사에 그치지 않는 한에서의 시문학 작품과 마찬가지로, 자연의 모방이라고 불릴 수 없음을 곧바로 시인할 것이기 때문이다. 이러한 관점을 건축과 시문학에도 여전히 통용시키고자 했더라면, 이 명제를 여러 가지로 조건 짓고 이른바

진리를 적어도 개연성으로 끌어내려야만 했을 것이기에, 최소한 긴 우회가 불가피했을 것이다. 그러나 개연성이라고 해도 무엇이 개연적이며 무엇이 아닌지를 규정함에 있어 또다시 커다란 어려움이 나타났을 것이고, 게다가 우리는 극히 자의적이며 완전히 판타지적인 일체의 허구를 시문학으로부터 배제하려고 하지 않았을 것이며 또 그럴 수도 없었을 것이다.

그러므로 예술의 목적은 현전하는 것의 단순한 형식적 모방, 즉 여하튼 예술작품이 아니라 단지 기술적 재주부리기만을 내놓을 수 있는 모방과는 다른 어떤 것에 놓여 있음이 틀림없다. 물론 예술작품은 외적인, 따라서 동시에 자연적이기도 한 현상의 형식으로 표현되기 때문에, 그 근거에 자연형상이 있다는 사실은 예술작품에 본질적인 계기이다. 예컨대 회화에 있어서 색채들 상호 간의 관계, 빛의 효과, 반사 등등과 대상의 형식 및 형상을 극히 미세한 뉘앙스에 이르기까지 정확히 알고 모사하는 것은 중요한 연구이며, [70] 그런고로 주로 최근에 자연과 자연성 일반에 대한 모방의 원리가 허약과 몽매에 되잠긴 예술을 자연의 강건함과 판명함으로 다시 인도하기 위해, 또는 다른 한편 예술이 길을 잃고 빠져 들어가 버린, 도무지 예술도 자연도 아니고 단지 자의적일 뿐인, 작위와 관습성에 대항하여 합법칙적이고 직접적이며 그 자체로 확고한 자연의 수미일관성을 주창하기 위해 다시 대두되었다. 그런데 이러한 노력에 아무리 올바른 측면이 있다 할지라도, 요구되는 자연성 자체는 예술의 근거가 되는 실체적인 것도 제일의 것도 아니며, 따라서 외적으로 현상하는 자연성이 아무리 하나의 본질적 규정을 이룰지라도, 그럼에도 현전하는 자연성은 예술의 규칙이 아니며 또한 외적 자연성으로서의 외적 현상의 단순한 모방은 예술의 목적이 아니다.

b) 그러므로 나아가 예술을 위한 내용은 도대체 어떤 것이며 무엇 때문에 이 내용이 표현될 수 있는가 하는 물음이 생겨난다. 이와 관련하여 인간정신 속에 자리하는 모든 것을 우리의 감관, 감응 그리고 감흥에로 가져오는

일이 예술의 과제이자 목적이라는 일상적인 견해가 우리의 의식에 떠오른다. "나는 인간적인 어떤 것도 나와 무관하다고 생각하지 않는다Nihil humani a me alienum puto"는 주지의 명제를 예술은 우리 속에 실현해야 한다. — 고로 예술의 목적은 다음으로 정립된다: 모든 종류의 잠자는 감정, 경향성 및 열정을 일깨워 활성화하고 가슴을 채우며, 계발되었든 아직 계발되지 않았든 간에 인간으로 하여금 인간 심정의 가장 내밀한 부분이 지니고 경험하며 산출할 수 있는 모든 것, 인간 가슴의 심연과 그 다양한 가능성과 측면을 움직이고 자극할 수 있는 모든 것, 그리고 그 밖에 정신이 사유와 이념 속에 갖는 본질적이고 고차적인 모든 것을 절감케 하며, [71] 고귀하고 영원하고 참된 것의 찬란함을 감정과 직관이 향유하도록 제공하고. 마찬가지로 불행과 재앙을, 다음엔 악함과 죄를 파악할 수 있게 하고, 일체의 공포와 참담 및 일체의 즐거움과 열락을 가장 깊은 내면에서 알게 하며, 마지막으로 판타지를 구상력의 한가로운 유희 속에 풀어놓아 감각적으로 매력적인 직관과 감응들의 유혹적인 마력 속에 빠져들게 하는 것 등이다. 예술은 한편으로는 우리의 외적 현존재의 자연적 경험을 보충하기 위해 모든 면에 걸친 이러한 풍부한 내용을 포용해야 하며, 다른 한편으로는 삶의 경험들이 우리를 그냥 지나치지 않도록 하기 위해, 그리고 우리가 이제 모든 현상들에 대한 수용력을 얻도록 하기 위해 앞서 말한 열정 일반을 자극해야 한다. 그러나 예술의 제작은 현실을 기만적으로 대체하기 때문에, 이 영역에서 그러한 자극은 현실적 경험 자체가 아니라 다만 그 가상을 통해 발생한다. 가상을 통한 예술의 이러한 기만 가능성은, 인간에게 있어서 모든 현실은 직관과 표상의 매체를 거쳐야만 하며 이러한 매체를 통해 비로소 심정과 의지 속으로 파고든다는 점에서 기인한다. 그런데 이 경우 직접적인 외적 현실에서 가상이 나타나는가 아니면 이것이 다른 길을 통해, 즉 현실의 내용을 내포하며 표현하는 이미지, 기호 그리고 표상을 통해 발생하는가는 어째도 상관없는 일이다. 인간은 현실적이지 않은 사물들을 마치 현실적인 양 표상할 수 있다. 그러므로 그러한 내용의 본질에 따라 슬퍼하고 기뻐하며 감동하고 경악하며 또한 분노, 증오, 동정, 불안, 공포, 사랑, 존경과 경탄, 명예와 명성의 감정과 열정을 겪기 위해서라면, 어떤 상황, 관계, 그 어떤 삶의 내용 일반이 우리에게 주어지는 통로가 외적 현실이든 아니면 단지 그것의 가상이든 우리의 심정에는 마찬가지이다.

[72] 이렇게 볼 때, 우리 안의 모든 감응을 이렇듯 일깨우고 우리의 심정이 삶의 모든 내용을 통과하도록 이끌며 다만 기만적인 외적 현재를 통해 이러한 모든 내적 움직임을 실현하는 것이 무엇보다 예술의 독특하면서도 탁월한 힘으로 간주된다.

그러나 이제 예술이 이런 식으로 선과 악을 심정과 표상에 각인하고 이것들을 극히 고귀한 것으로 강화하거나 또는 극히 감각적이고 이기적인 쾌의 감정으로 약화시키는 규정을 가져야 한다면, 이와 함께 예술에 제기된 것은 여전히 전적으로 형식적인 과제일 것이며, 또한 이 경우 독자적으로 확고한 목적이 없다면 예술은 가능한 모든 종류의 내용에 대해 단지 빈 형식만을 제공할 것이다.

c) 예술은 기실 일체의 가능한 소재들을 직관과 감응 앞으로 가져와 치장할 수 있는 이러한 형식적 측면도 또한 갖고 있으니, 이는 추론적 사상이 일체의 가능한 대상과 행동방식들을 다듬고 또한 그들을 근거와 정당성으로 무장시킬 수 있는 바와 마찬가지이다. 그러나 내용의 그러한 다양성의 경우에는 예술이 촉발하거나 확립해야 할 여러 감응과 표상이 서로 교차·대립하며 또한 서로를 지양한다는 언급이 곧바로 제기된다. 그렇다. 이 측면에서 보면 정녕 예술이 대립적인 것에 열광할수록, 예술은 단지 감정과 열정들의 모순을 증폭시키는 것에 불과하며 또한 우리를 취한 듯 비틀거리게 만들거나 혹은 알맹이 없는 사유가 그렇듯 궤변과 회의로 나아간다. 그

러므로 소재 자체의 이러한 다양성은 그러한 외형적 규정에 머물지 말 것을 우리에게 강요하니, 까닭인즉 이 다채로운 상이성 속으로 파고드는 이성원리Vernünftigkeit가 그토록 모순적인 요소들로부터 한층 고차적이며 내적으로 한층 보편적인 목적의 출현을 볼 것을, 또 그것을 달성할 줄 알 것을 요구하기 때문이다. [73] 인간들의 공동생활과 국가에 대해서도 우리는 일체의 인간적 능력들과 일체의 개인적 힘들이 모든 측면과 방향으로 전개되고 표명되어야 한다는 것을 궁극목적으로 거론할 것이다. 그러나 이와 같은 형식적 견해에 대해서는 이 잡다한 구성들이 어떤 통일성으로 총괄되며 또한 그것들이 어떤 하나의 목표를 그 근본 개념과 최종 목적으로 삼을 것인가 하는 물음이 즉각 제기된다. 국가 개념의 경우가 그렇듯 예술 개념의 경우에도 역시 한편으로는 특수한 측면들에 공통적인 목적을 추구하려는 욕구와 다른 한편으로는 좀 더 높은 실체적 목적을 추구하려는 욕구가 성립한다.

이제 그러한 실체적 목적으로서 우선 반성에 부쳐진 것은 예술이 욕구의 야만성을 완화하는 능력과 사명을 갖는다는 고찰이다.

α) 이러한 첫 번째 견해의 관점에서 밝혀질 수 있는 것은 도대체 예술에 어떤 고유의 측면이 있기에 조야성을 지양하고 충동, 경향성 그리고 열정을 조절·교화하는 것이 가능한가 하는 점뿐이다. 조야성 일반은 더도 덜도 아닌 자신의 탐욕만을 채우려는 충동의 직접적 아집에 근거를 둔다. 그러나 욕구는 개별적이고 제한된 것으로서, 그것이 한 인간의 전체를 사로잡을수록 더욱더 조야해지고 횡포를 부리게 되어 그는 이러한 규정성으로부터 벗어나 보편자로서 독립적으로 될 만한 힘을 갖지 못한다. 그리고 인간이 또한 그 경우 "열정이 나보다 더 강력하다"는 따위를 말한다면, 의식의 면에서는 추상적 자아가 특수한 열정으로부터 분리되어 있겠으나, 이러한 분리와 더불어 진술되는 것은 자아가 열정의 폭력에 반대되는 보편적 자아

로서는 전혀 고찰되지 않고 있다는 사실뿐이기 때문에, 그 분리는 완전히 형식적이다. 따라서 열정의 야만성은 보편자로서의 자아를 그의 욕구의 제한된 내용과 하나로 보는 가운데서 성립하므로 인간은 이러한 개별적 열정 이외에는 어떠한 의지도 더 이상 갖지 못한다. [74] 이제 예술은 우선 인간이 그러한 상태에서 느끼고 행하는 것이 무엇인가를 떠오르게 함으로써 이미 그러한 열정에 휩싸인 조야성과 분방함을 완화한다. 그리고 아무리 예술이 열정의 그림을 직관에게 내보이는 일에만 그칠 경우라도, 아니 심지어 열정에 아첨해야 할 경우라도, 이를 통해 예술은 적어도 인간에게 자신이 늘 그저 직접적으로 존재하는 바를 의식시킴으로써 완화의 힘은 여기서조차 이미 놓여 있는 것이다. 왜냐하면 이제 인간은 자신의 충동과 경향성을 고찰하며, 이것들이 보통은 인간을 무반성적으로 헤집어 놓았다면 지금은 자신의 외부에서 이것들을 보며, 또한 이미 이것들이 객관적인 것으로서 그에게 마주 서 있기에 자유롭게 그로부터 벗어나기 시작하는 까닭이다. 그러므로 고통에 사로잡혀 있을 때 표현을 통해 자신의 감응의 강도를 스스로 완화 내지 약화시키는 것은 예술가에게 흔한 일이다. 과연 눈물 속에도 이미 위안은 있다. 우선은 고통에 완전히 잠겨 집착하더라도, 인간은 적어도 그런 후에는 이렇듯 오직 속에만 담고 있었던 것을 직접 표출할 수 있으며, 또한 속에 담고 있는 것을 말, 그림, 음조 그리고 형상으로 표현해 낸다면 한결 편안해질 것이다. 그러므로 초상이나 장례의 경우 고통의 표출을 눈에 보이게끔 만들고자 상곡喪哭꾼을 고용하는 좋은 옛 풍습이 있었다. 또한 조위弔慰를 통해서도 사람에게는 그의 불행의 내용이 눈앞에 놓이는데, 그는 많은 이야기를 나눔으로써 그 일에 관해 반성할 수밖에 없으며 이를 통해 마음이 가벼워진다. 그리하여 실컷 울거나 털어놓고 이야기하는 것은 예로부터 근심의 무거운 짐에서 해방되거나 또는 적어도 마음을 편안케 하는 수단으로 간주되어 왔다. 그런 까닭에 열정의 폭력을 완화하는 것은 인간이 감응에 직접적으로 사로잡힌 상태에서 벗어나 그 감응을 그에게 외적인 것으로, 이제는 그가 추상관념적으로 관계해야만 하는 것으로 의식하게 되는 점에서 보편적인 근거를 갖고 있다. 예술은 그 표현을 통해 감성적 영역 내부에서 동시에 감성의 힘으로부터 해방된다. [75] 인간은 자연과 직접적으로 통일되어야 한다는 말이 거듭 애용되는 것은 사실이다. 그러나 그러한 통일의 추상성은 바로 조야성과 야만성에 불과할 뿐이며, 예술이야말로, 그것이 인간을 위해 이러한 통일성을 해체시키는 한에서, 그를 부드러운 손길로 이끌어 자연에 사로잡힌 상태 너머로 올려 주는 것이다. 예술적 대상들에 대한 종사는 순수 이론적으로 머무는 것이며, 이를 통해 처음에는 아무리 표현 일반에 대한 주의력만을 육성한다고 해도, 나아가선 그 의미에 대한 주의력, 다른 내용과의 비교, 그리고 고찰 및 그 관점들의 보편성에 대한 열린 마음도 못지않게 육성하는 것이다.

β) 이제 이 점과 당연지사 직결되는 것은 열정의 정화, 교화, 그리고 도덕적 완성을 예술의 본질적 목적으로서 깔아 두는 두 번째 규정이다. 왜냐하면 예술이 조야성을 제어하고 열정을 교양해야 한다는 규정이 너무도 형식적이며 일반적인 것에 그쳤었기에, 어떤 종류의 교양인지, 그 본질적 목적이 무엇인지가 재차 문제시되었기 때문이다.

αα) 열정의 정화라는 견해가 욕구의 완화라는 앞의 견해와 동일한 결함을 지니기는 하지만, 적어도 그것은 이미 예술의 표현이 그 품위와 비속함을 가늠할 척도를 필요로 한다는 사실을 좀 더 가까이 부각시킨다. 이 척도란 열정 속에서 순수한 것을 순수하지 않은 것과 갈라내는 바로 그 효용성이다. 그러므로 이 효용성은 이러한 정화력을 표현할 수 있는 내용을 필요로 하며, 또한 그러한 효용을 낳는 일이 예술의 실체적 목적을 이루는 한, 정화작용을 하는 내용은 그 보편성과 본질성에 따라 의식화될 수 있을 것이다.

ββ) 이러한 후자의 측면에서 교화라는 것이 예술의 목적으로 언명되었다. [76] 이에 따르면 예술의 고유성은 한편으로 감정의 움직임과 이러한 움직임 속에 들어 있는 만족에서, 심지어는 공포, 동정, 고통스러운 감동과 전율 속에 — 다시 말해 감정과 열정을 만족시키는 관심사 속에, 또 그런 한에서 예술대상과 그 표현 및 효과로부터 얻는 쾌감, 기쁨 그리고 환희 속에 들어 있는 만족에서 성립하지만, 다른 한편 이 목적은 자신의 한층 높은 척도를 오직 교화적 요소에, 이야기의 가르침fabula docet에, 그리고 이와 함께 예술작품이 주관에게 보여 줄 수 있는 유용성에 두어야 한다. 이러한 관점에서

> 시인들은 유익함뿐만 아니라 즐거움도 주고자 한다
> Et *prodesse* volunt *et delectare* poetae[16]

라는 몇 마디 안 되는 말로 집약된 호라티우스의 금언은 후일 한없이 장황하게 설명되어 본뜻이 퇴색하고 예술의 극히 외적인 말단에서 나타난 매우 진부한 견해가 되어 버렸다. — 이제 그러한 교화와 관계하여 그것이 예술작품 속에 어떻게 포함되어야 하는가, 직접적인가 아니면 간접적인가, 명시적인가 아니면 함축적인가 하는 물음이 즉시 제기된다. — 무릇 보편적인, 우연적이지 않은 목적이 문제시될 경우, 이러한 궁극목적은 예술의 본질적 정신성에 비추어 볼 때 그 자체가 오로지 정신적인 것, 그것도 다시 우연적이 아닌, 즉자대자적으로 존재하는 것일 수밖에 없다. 가르침을 염두에 둔 이러한 목적은 즉자대자적인 본질적, 정신적 내용을 예술작품을 통해 의식

---

16 『시작술(*De arte poetica*)』, V. 333: "시인들은 유익함이나 즐거움을 주고자 한다(aut prodesse volunt aut delectare poetae)."

화시키는 점에서만 발견될 뿐이다. 이러한 측면에서 주장되는 것이 있으니, 예술은 올라가면 갈수록 그만큼 더 그러한 내용을 자신 속에 취택해야 하며, 또한 그 내용의 본질 속에서 비로소 표현된 것의 적합성 여부를 판정하는 척도를 발견한다는 것이다. 실제로도 예술은 여러 민족의 최초의 교사가 되었다.

그러나 교화라는 목적이 너무도 목적으로 취급되어, 표현된 내용의 보편적 본성이 [77] 다만 간접적으로 구체적 예술형상 속에 함축되어 있는 것이 아니라 그 자체로서 곧바로 추상적 문장, 산문적 반성, 일반적인 교훈으로 드러나 명시되어 있을 경우라면, 그러한 분리로 인해 예술작품을 명실공히 예술작품이게끔 만드는 감각적, 이미지적 형상은 이 경우 단지 하릴없는 들러리, 그저 덮개에 불과한 덮개, 명백히 단순한 가상으로 정립된 가상으로 있게 된다. 그러나 이와 함께 예술작품의 본성 자체가 왜곡된다. 왜냐하면 예술작품은 한 내용의 보편성을 그 자체로서보다는 그것을 모름지기 개별화하고 감각적으로 개체화하여 눈앞에 가져와야 하기 때문이다. 예술작품이 이러한 원리로부터 출현하지 않고 보편성을 추상적 교훈이라는 목적에서 부각한다면, 감각적, 이미지적 요소는 단지 피상적이고 불필요한 장식에 불과하며 또한 예술작품은 더 이상 형식과 내용이 상생하는 것으로 나타나지 않고, 그 자체에서 분열된 것으로 존재한다. 감각적 개별성과 정신적 보편성은 그 경우 상호 외적으로 된다. ― 이제 나아가 예술의 목적이 이러한 교훈적 효용에 제한된다면, 다른 측면, 즉 만족, 기쁨, 환희의 측면은 그 자체로 비본질적인 것으로 일컬어져 자신의 실체를 자신이 따라다니는 교훈의 효용성 속에 두어야 할 따름이다. 그러나 이와 동시에 이야기되는 것이 있으니, 예술은 이에 따를 때 자신의 규정과 궁극목적을 자신 속에 지니지 않으며, 그 개념은 그것이 수단으로서 이바지하는 다른 어떤 것 속에 놓여 있다는 점이다. 이 경우 예술은 단지 교화라는 목적을 위해 유용한 것으로 증명·응용되는 여러 수단 중 하나일 뿐이다. 그러나 이를 통해 우리는 하나의 경계에 이르렀으니, 이 경계에서 예술은 오락이라는 단순한 유희나 교화라는 단순한 수단으로 전락함으로써 스스로가 목적이기를 그쳐야만 하는 것이다.

γγ) 열정의 순화 및 인간의 교화에 필요한 최고의 목표와 목적이 무엇인가에 대해 다시 묻게 될 때, 저 경계선이 가장 첨예하게 부각된다. [78] 근래에는 이러한 목표로서 종종 도덕적 개선이 거론되니, 예술의 목적은 경향성과 충동을 도덕적 완전성을 위해 다듬어 이 궁극목표에 이르도록 인도해야 하는 것으로 정립되었다. 이러한 생각에는 교화와 정화가 통일되어 있는데, 이는 예술이 참된 도덕적 선의 통찰을 통해, 그리고 이와 함께 교화를 통해 동시에 정화에 이르도록 권고하고 그리하여 비로소 인간의 개선을 그 효용이자 최고의 목적으로서 일구어 내야 하기 때문이란 것이다.

이제 도덕적 개선과 관련해서 예술을 보자면, 우선 교화라는 목적에 관해 이야기했던 것과 같은 것을 말할 수 있다. 예술의 원칙이 비도덕적인 것과 그 조장을 의도해서는 안 되리라는 사실은 쉽게 수긍된다. 그러나 표현의 명시적 목적이 비도덕성이라는 점과 도덕성이 아니라는 점은 다른 이야기이다. 모든 참다운 예술작품으로부터 훌륭한 도덕이 도출되지만, 이때 그것은 해석에, 그러니까 도덕을 이끌어 내는 사람에 달려 있는 일이다. 그래서 도덕적으로 행위하기 위해서는 악과 죄를 알아야만 하리라는 말로 지극히 반인륜적인 묘사가 변호되는 것을 들을 수 있다. 거꾸로도 이야기되었으니, 참회를 한다는 것이 예술을 그토록 아름답게 보이게 하며 여기에는 사전에 죄를 지었다는 사실이 속하므로 후일 참회를 한 아름다운 죄인 마리아 막달레나의 묘사는 이미 많은 사람을 죄악으로 유혹했다는 것이다. ― 그러나 도덕적 개선이라는 이설은, 철저히 논리적으로 밀고 나간다면, 한 예술작품에서 어떤 도덕이 석명釋明될 수 있으리라는 사실에 만족하지 않을 것이며, 반대로 도덕적 이설을 분명하게 예술작품의 실체적 목적으로서 부각하고자, 아니 심지어 오로지 도덕적 대상, 도덕적 성격, 행위, 사건만을 명시적으로 용인하고자 할 것이다. 왜냐하면 예술은 그 소재가 주어져 있는 역사 서술이나 학문과 달리 대상의 면에서 선택권을 갖기 때문이다.

[79] 이러한 측면을 염두에 두고 예술의 도덕적 목적에 관한 견해를 근본적으로 판정할 수 있으려면, 무엇보다 이러한 견해에 의해 제시되는 도덕성의 특정한 입장이 무엇인가를 묻게 된다. 오늘날 사용되는 도덕이라는 말의 최고의 의미를 두고 볼 때, 도덕의 입장을 좀 더 자세히 살펴보면 그 개념이 우리가 평소 대개 덕성, 인륜, 정직 등으로 부르는 것과 직접 일치하지 않으리란 사실이 곧 밝혀진다. 인륜적인 면에서 덕성 있는 인간이라고 해서 꼭 도덕적이기도 한 것은 아니다. 왜냐하면 도덕에는 반성과, 의무적인 것의 본질에 대한 분명한 의식과, 이러한 선행의식으로부터 나타나는 행위가 속하기 때문이다. 의무 자체는 의지의 법칙이되 인간은 이 법칙을 자유로이 자신으로부터 확립하며 그런 후 인간은 의무와 그 이행을 위해 이 의무를 향한 결단을 당위적으로 내리니, 그가 선을 행함은 오로지 선이 존재한다는 신념을 얻은 점에서 연유하는 까닭이다. 그러나 이제 이러한 법칙, 즉 자유로운 신념과 내적 양심으로부터 의무를 위한 규준으로 선택·실행되는 의무는 그 자체로서는 의지의 추상적 보편성이며, 이것은 자연, 감각적 충동, 이기적 관심, 열정 그리고 우리가 통칭 심정과 가슴이라고 부르는 모든 것에 직접적으로 대립한다. 이러한 대립에서 한 측면은 다른 측면을 지양하는 것으로 간주되며, 양자는 대립된 것으로서 주관 속에 현전하므로 스스로 결단하는 주관은 이것을 따를 것인가 저것을 따를 것인가를 선택해야만 한다. 그러나 이 입장에서 보면 그러한 결단과 그에 따르는 행위는 한편으로는 의무에 관한 자유로운 확신을 통해서, 다른 한편으로는

특수한 의지, 자연적 충동, 경향성, 열정 등의 정복뿐만 아니라 또한 고상한 감정과 한층 더 고차적인 충동의 정복을 통해서만 도덕적이 된다. [80] 왜냐하면 근대의 도덕적 견해는 의지의 정신적 보편성과 그 감각적인 자연적 특수성의 경직된 대립에서 출발하며, 또한 이러한 대립적 측면들의 완전한 매개보다는 의무와 반목하는 충동이 의무에 길을 비켜 주어야 한다는 요구를 수반하는 양자의 상호 투쟁에서 성립하기 때문이다.

　이제 이러한 대립은 단순히 도덕적 행위라는 제한된 영역에서만 의식에 대해 나타나는 것이 아니라, 즉자대자적인 것과 외적 실제이자 현존재로 있는 것 사이의 철저한 균열과 대립으로서 드러난다. 아주 추상적으로 보자면, 그것은 보편자가 그 자체로 특수자에 대항해 고정되는 대립이자, 마찬가지로 특수자가 나름대로 보편자에 대항해 고정되는 대립이다. 그것은 자연에서는 구체적으로 추상적 법칙이 개개의, 그 자체로 특유하기도 한 현상들의 풍부함에 대해 갖는 대립으로 비교적 구체적으로 나타나고, 정신에서는 인간이 갖는 감각성과 정신성으로, 육체에 대한 정신의 투쟁으로, 특수한 이해, 따뜻한 심정, 감각적 경향성과 자극, 개별적인 것 일반에 대한 의무를 위한 의무, 냉철한 사명의 투쟁으로, 내적 자유와 외적 자연필연성의 경직된 대립으로, 나아가 충만한 구체적 생명성의 견지에서 보면 죽은, 내적으로 공허한 개념, 이론, 주관적 정신이 객관적 현존재와 경험에 대해 갖는 모순으로 나타난다.

　이러한 대립들은 이른바 반성의 기지나 철학에 대한 강단의 견해가 고안해 낸 것이 아니며, 또한 아무리 최근의 문화를 통해 비로소 가장 날카롭게 상론되고 가장 경직된 대립의 정점으로 밀려 올라갔다고는 해도, 그것들은 여느 때고 다양한 형식으로 인간의 의식을 휘어잡고 불안케 해 왔다. 정신적 문화, 근대적 오성이 인간에게서 이러한 대립을 야기하니, 인간은 이제 서로 모순되는 두 세계에서 살아야만 하는 까닭에 이 대립은 인간을 양서류로 만들며, 그리하여 이제는 의식 역시 이러한 모순 속에서 한 측면에서 다른 측면으로 건너뛰는 방황을 하지만 어느 측면에서건 그 자체로서 만족할 수가 없는 것이다. [81] 왜냐하면 한편으로 우리는 범속한 현실과 현세적 시간성 속에 사로잡힌 인간, 필요와 궁핍에 의해 짓눌린 인간, 자연으로부터 핍박받는 인간, 질료, 감각적 목적 및 그 향유에 휩쓸린 인간, 자연충동과 열정에 지배되어 찢긴 인간을 보기 때문이며, 다른 한편으로 정신이 자신의 권리와 존엄을 이제는 오로지 자연의 무법성과 학대 속에서 주장하고 또한 자연으로부터 경험한 궁핍과 폭력을 자연에 되돌려줌으로써, 인간은 영원한 이념, 사상과 자유의 왕국에로 자신을 고양시켜 보편적 법칙과 규정을 자신에게 의지로서 부여하며, 세계를 생명이 깃들어 만발하는 현실성으로부터 떼어 내어 추상으로 해체하기 때문이다. 그런데 삶과 의식의 이러한 균열과 더불어 근대의 문화와 그 오성에게는 그러한 모순이 해소되어야 한다는 요구가 현전한다. 그럼에도 오성은 대립의 경직성으로부터 벗어날 수 없다. 그리하여 해결책은 의식에 대해 단순한 당위로 남으며, 현재와 현실은 화해를 구하나 끝내 찾지 못한 채 우왕좌왕하는 불안 속에서 움직일 뿐이다. 그럴진대 해소의 단순한 당위와 요청을 넘지 못하는 그러한 전면적이며 철저한 대립이 과연 즉자대자적 참이자 최고의 궁극목적인가 하는 물음이 나온다. 일상의 문화가 그러한 모순에 빠져 있다면, 철학의 과제는 바로 그 대립들의 지양, 즉 대립의 추상성도 혹은 그에 못지않은 일면성도 진리를 가질 수 없다는 점, 양자는 자기해소적이라는 점, 진리는 양자의 화해와 매개 가운데 비로소 있다는 점, 이러한 매개는 단순한 요청이 아니라 즉자대자적으로 완성된 것이자 항상 완성되어 가는 것이라는 점을 보여주는 것이다. [82] 이러한 통찰은 바로 이러한 해소된 대립을 늘 생각하고 또한 그것을 행위의 목적으로 정립하여 실행하는 무애無碍의 믿음 및 의지와 직접적으로 일치한다. 철학은 진리의 본질이 어째서 오로지 대립의 해소인가를 보여 주는 한에서, 그것도 흔히 이르듯 대립과 그 측면들은 전혀 존재하지 않는다는 식이 아니라 그것들이 화해 속에서 존재한다는 식으로 보여 주는 한에서만, 대립의 본질에 대한 사유적 통찰을 제공한다.

이제 도덕적인 개선이라는 바로 전의 궁극목적이 좀 더 높은 입지를 가리키고 있기에, 우리는 이러한 좀 더 높은 입지를 예술을 위해서도 마찬가지로 반환받아야 할 것이다. 이에 의해 예술이 교화와 정화를 통해 도덕적 목적이자 세계 일반의 도덕적 궁극목적을 위한 수단으로서 봉사해야 하며 이로써 자신의 실체적 목적을 자신이 아닌 타자 속에 갖는다는 이미 언급한 잘못된 입장은 즉시 폐기된다. 그러므로 지금도 여전히 궁극목적에 관한 논의를 계속할진대, 목적에 대한 물음 속에 효용에 대한 물음이라는 부수적 의미를 붙들고 있는 잘못된 생각은 우선적으로 제거될 수 있다. 여기에서 잘못은, 예술작품이 그럴 경우 의식에 대해 본질성, 존재 당위성으로 제시된 타자에 연계되어 이제 예술영역 외부에서 독자적으로 타당한 목적의 실현을 위한 유용한 도구로서만 가치를 가지리라는 점에 있다. 여기에 반대해서 예술이 감각적 예술형상의 형식으로 진리를 드러내고, 앞서 말한 화해된 대립을 표현하기 위해 소명받았으며 따라서 자신의 궁극목적을 자신 안에, 이러한 표현과 드러냄 자체 속에 갖는다는 주장이 있다. 왜냐하면 교화, 정화, 개선, 축재, 명예욕과 같은 다른 목적들은 예술작품 그 자체와 하등 관계가 없으며 또한 그 개념을 규정하지도 않기 때문이다.

진정한 예술 개념의 역사적 연역 [83]

반성적 고찰이 해체되는 이러한 관점에서 보면 예술의 개념은 그 내적 필연성에 따라 파악되어야 하며, 역사적으로도 예술에 대한 참된 존경과 인식은 이 관점으로부터 출발했다. 왜냐하면 앞서 논의했던 대립은 반성문화 전반에서뿐만 아니라 철학 자체에서도 마찬가지로 대두되었으며, 철학은 이 대립을 근본적으로 극복할 줄 안 후에야 비로소 자신의 고유한 개념을, 이로써 또한 자연과 예술의 개념을 파악했기 때문이다.

그리하여 이러한 관점은 철학 일반의 재각성이자 아울러 예술에 관한 학문의 재각성이다. 그렇다, 실로 이 덕분에 학문으로서의 미학은 이제야 자신의 참된 성립을, 그리고 예술은 그 격상을 보는 것이다.

그런고로 나는 의중에 두고 있는 이러한 이행의 역사적 측면을 간략히 다루고자 한다. 그것은 한편으로는 역사적 측면들을 위해서이고, 다른 한편으로는 관건이 되는, 그리고 그 기반 위에서 우리가 앞으로 발전시키려는 관점들이 이와 더불어 한층 자세하게 그려지기 때문이다. 가장 평범하게 규정해 본다면, 이 기반은 예술미가 한편으로는 자신에게서 추상적으로 기인하는 정신과 다른 한편으로는 —외적으로 현상하는 자연이든 주관적 감정과 심정이라는 내적 자연이든 간에— 자연 사이의 전술한 대립과 모순을 해소하여 통일로 환원시키는 중심점 중 하나로서 인식된다는 점에서 성립한다.

1. 칸트 철학

이미 칸트의 철학은 이러한 통일의 필요성을 감지했을 뿐만 아니라 그것을 또한 분명히 인식하고 표상했다. [84] 무릇 칸트는 자기연관적 이성원리, 자유, 내면에서 자신을 무한히 발견하고 깨닫는 자의식을 지성과 의지를 위한 기반으로 삼았다. 그리고 제아무리 사람들이 칸트 철학을 불충분한 것으로 설명하더라도 근래 철학의 전환점을 불러온 이성 내면의 절대성에 대한 이러한 인식, 이러한 절대적 출발점은 인정되어야 하며 또한 반박될 수 없다. 그러나 칸트는 재차 주관적 사유와 객관적 대상의, 의지의 추상적 보편성과 감각적 개별성의 경직화된 대립으로 후퇴하고, 게다가 정신의 실천적 측면을 이론적 측면 위로 끌어올림으로써, 무엇보다 바로 앞서 다루었던 도덕성의 대립을 최상의 것으로 부각시킨 인물이 되었다. 그래서 오성적 사유를 통해 인식된 대립의 이러한 경직성으로 인해 그에게 오로지 남아 있었던 것은, 그에 일치하는 현실성이 증명될 수 없다고 일컬어지는 이성의 주관적 이념들의 형식 속에서 통일을 언표하는 일과, 실천이성으로부터 연역될 수는 있되 그 본질적 즉자성이 사유를 통해 인식될 수는 없는, 그리고 그 실천적 충족이 항상 무한히 유예되는 단순한 당위를 언표하는 일뿐이었다. 그럴진대 칸트는 화해된 모순을 표상하기는 했으나, 그 참된 본질을 학적으로 발전시킬 수도, 그렇다고 참되고 유일한 현실태로 제시할 수도 없었다. 물론 칸트는 요청되는 바의 통일을 그가 직관적 오성intuitiver Verstand이라고 불렀던 것에서 재발견할 정도로 더욱 진전하기는 했다. 그러나 여기서도 역시 그는 주관성과 객관성의 대립에 머물러 있으며, 그리하여 개념과 실재, 보편성과 특수성, 오성과 감성 사이의 대립의 추상적 해소를 거론하고 이로써 이념을 거론하기는 하지만, 이러한 해소와 화해 자체를 다시금 [85] 단지 주관적인 것으로 만들 뿐, 즉자대자적으로 참되고 현실적인 것으로 만들지는 않는다. 이러한 연관에서 보면, 미적 판단력과 목적론적 판단력을 고찰하는 그의 『판단력 비판』은 교훈적이면서도 또한 기이하다. 칸트는 자연과 예술의 미적 대상들, 그로 하여금 유기체성과 생명성의 개념에 더욱 가까이 다가가게 만드는 합목적적 자연물들을 오로지 주관적으로 판정하는 반성의 측면에서만 고찰한다. 게다가 칸트는 판단력 일반을 "특수자가 보편자 아래 포섭되어 있는 것으로 사유하는 능력"으로 정의하며, "특수자만이 주어져 있고 이에 대해 판단력이 보편자를 찾아야 할 경우라면" 그러한 판단력을 반성적이라고 부른다.[17] 이를 위해 판단력은 법칙, 즉 자신이 스스로에게 부여해야만 하는 원칙을 필요로 하며, 이러한 법칙으로서 칸트는 합목적성을 설정한다.

실천이성의 자유 개념에서는 목적의 충족이 단순한 당위에 머문다. 그러나 이제 생명체에 관한 목적론적 판단에서 칸트에게 문제시되는 것은 생명력 있는 유기체를 다음과 같이 고찰하는 것인바, 여기서는 개념, 보편자가 여전히 특수자를 포함하되 목적으로서의 개념은 특수하며 외적인 것, 지절들의 성상性狀을 외부가 아닌 내부로부터, 그것도 특수자가 그 자체로서 목적에 부합한다는 식으로 규정하는 것이다. 하지만 그러한 판단으로는 여전히 대상의 객관적 본성이 인식되지 않으며 다만 주관적 반성 양태만이 언표될 뿐이다. 이와 유사하게 칸트는, 미적 판단이 개념들의 능력으로서의 오성 그 자체나 혹은 감성적 직관과 그 다채로운 다양성 자체로부터가 아니라, 오성과 상상력의 자유로운 유희로부터 출현한다고 파악한다. 인식능력들의 이러한 일치 속에서 대상은 주관과 주관이 갖는 쾌와 만족의 감정에 연관된다.

[86] a) 하지만 이제 이 만족은 첫째로 모든 관심이 배제된, 즉 욕구능력과의 연관성이 없는 것이어야 한다. 우리가 이를테면 호기심과 같은 관심 혹은 감각적 욕구를 위한 감각적 관심, 소유와 사용의 욕구를 갖는다면, 대상이 중요해지는 까닭은 그 자체 때문이 아니라 우리의 필요성 때문이다. 이 경우 현존하는 대상은 그러한 필요성을 고려할 때만 가치를 지니며, 또한 그 관계의 한편에는 대상이, 다른 한편에는 규정이 있는데, 이 규정은 대상과 구분되는, 그러나 우리가 대상에 연관시키는 것이다. 내가 예컨대 대상을 영양 섭취를 위하여 먹을 경우, 이 관심은 내 안에만 있는 것이며 대상 자체에는 이질적이다. 그런데 미에 대한 관계는 이런 것이 아니라고 칸트

---

17 『판단력 비판(Kritik der Urteilskraft)』, 서문(Einleitung), IV.

는 주장한다. 미적 판단은 외적으로 현존하는 대상을 자유롭게 독자적으로 존재하게 두며, 또한 그 대상이 자신으로 말미암아 주는 쾌로부터 나타나는데, 이러한 쾌는 대상이 자신의 목적을 자신 속에 지니게끔 허용한다. 이것은 이미 위에서 살펴보았듯이 하나의 중요한 고찰이다.

b) 둘째로 미는 개념 없이, 즉 오성의 범주 없이 보편적 만족의 대상으로서 생각되는 것이라고 칸트는 말한다. 미의 진가를 인정하기 위해서는 소양을 갖춘 정신이 요구된다. 누항陋巷의 인간은 미에 관한 판단을 하지 못한다. 왜냐하면 이 판단은 보편적 타당성을 요구하기 때문이다. 일단 보편이 그 자체로 하나의 추상체인 것은 사실이다. 그러나 즉자대자적으로 참인 것은 보편적으로도 또한 타당해야 한다는 규정과 요구를 내포한다. 이러한 의미에서 미 역시, 비록 미적 판단이 단순한 오성 개념들에 귀속하지는 않는다고 해도, 보편적으로 인정되어야 한다. 예를 들어 개별적인 행위에 있어서의 선과 정의는 보편적 개념들 아래 포섭되며, 그 행위가 이 개념들에 상응할 경우라면 그것은 선하다고 여겨진다. 이에 반해 미는 그러한 연관성 없이 직접적으로 하나의 보편적인 만족을 일깨워야 한다. [87] 이는 다름이 아니라, 미를 고찰할 경우에는 우리가 개념 및 개념에 의한 포섭을 의식하지 않으며, 또한 보통은 판단 속에 현존하는 분리, 즉 개별적 대상과 보편적 개념 간의 분리를 발생케 하지 않음을 일컫는다.

c) 셋째로 미는, 대상에서 합목적성이 목적의 표상 없이 지각되는 한도에서 합목적성의 형식을 가져야 할 것이다. 이것은 근본적으로 조금 전 설명했던 것의 반복일 따름이다. 이를테면 동물이나 식물과 같은 자연산물은 합목적적이게끔 조직화되고 이런 합목적성 속에서 우리에게 직접적으로 현존하는 까닭에, 우리는 어떠한 목적도 그 자체로 목적의 현재적 실제와 분리된 것으로 상정하지 않는다. 미도 역시 이렇게 우리에게 합목적성으로서 나타난다는 것이다. 유한한 합목적성에서는 목적이 그 실행을 위한

수단과 본질적, 내적 관계를 갖지 않음으로 해서, 목적과 수단은 상호 외적인 것으로 머문다. 이 경우 목적의 표상 그 자체는 그것이 실현된 것으로서 현상하는 대상과 구분된다. 이에 반해 미는 그 자체로서 합목적적으로 존재하며, 수단과 목적이 서로 구별되는 두 측면으로 분리되어 나타나는 법이 없다. 예를 들어 유기체의 지절들의 목적은 지절들 자체 속에서 현실적인 것으로 실존하는 생명성이다. 양자가 분리된다면, 지절들은 지절들이기를 그친다. 왜냐하면 생명체에 있어서는 목적과 목적의 물화Materiatur가 극히 직접적으로 통일되어 있어서, 질료의 목적이 질료 속에 내재하는 한에서만 실존이 가능하기 때문이다. 이러한 측면에서 보면, 미는 합목적성을 외적인 형식으로서 지니는 것이 아니며, 내면과 외면의 합목적적 상응이 미적 대상의 내재적 본성이어야 한다는 것이다.

d) 넷째로 칸트의 고찰은 결국 미가 개념이 없음에도 필연적 만족의 대상으로 인정된다고 천명한다. [88] 필연성은 추상적인 범주로서, 두 측면 사이의 내적으로 본질적인 관계를 시사한다. 일자가 있을 경우, 그리고 일자가 있기 때문에, 타자 또한 있다. 예를 들어 결과가 없다면 원인이 아무런 의미를 갖지 않듯이, 일자는 그 규정 속에 동시에 타자를 포함한다. 미는 개념, 즉 오성 범주에 대한 관계가 전혀 없어도, 만족의 그러한 필연성을 자신 속에 갖는다. 그리하여, 비록 칸트가 즐거움에 대해 그러한 오성 개념의 통일성과 동일성 이상의 것을 요구하긴 하지만, 예컨대 오성 개념에 따라 만들어진 규칙적인 대상도 족히 우리를 즐겁게 할 것이다.

이제 칸트의 이러한 모든 명제에서 발견되는 사실은, 우리의 의식에서는 보통 분리되어 있다고 전제된 것의 불가분성이다. 이러한 분리는 미에서는 보편자와 특수자, 목적과 수단, 개념과 대상이 완벽하게 상호 삼투함으로써 지양되어 존재한다. 그럴진대 칸트는 예술미를 특수자 자체가 개념에 합당하게 존재하는 화합으로 간주하기도 한다. 특수자 그 자체는 일차적으로 서로에 대해서뿐만 아니라 보편자에 대해서도 우연적으로 존재한다. 그리고 바로 이러한 우연자, 감각, 감정, 심정, 경향성은 이제 예술미 속에서 단순히 보편적 오성 범주 아래 포섭되거나 혹은 자유 개념의 추상적 보편성에 의해 지배되는 것이 아니라, 보편자와 결부되어 그것이 내적이며 즉자대자적으로 보편자에 합치되게끔 나타난다. 이를 통해 예술미 속에서 사상은 구체화되고 질료는 사상에 의해 외적으로 규정되는 대신 스스로 자유롭게 존재하게 되는데, 그 까닭은 자연성, 감각성, 심정 등이 그 자체 내에 척도, 목적, 그리고 조화를 지니기 때문이며, 또한 사상이 자연에 대한 적대성에서 벗어날 뿐 아니라 그 속에서 즐기고, 감응, 쾌, 그리고 향유를 정당화 내지 신성화하기 때문이며, 또한 그런 만큼이나 직관과 감응도 마찬가지로 정신적 보편성으로 고양되어 있기 때문이다. 그리하여 자연과 자유, 감성과 개념은 하나 속에서 그 권리와 만족을 발견한다. 그러나 [89] 그럼에도 이처럼 완성된 듯 보이는 화해조차 궁극적으로는 판정이나 제작의 관점에서 볼 때 다만 주관적일 뿐, 결코 즉자대자적 참이나 현실태 자체로 존재할 수 없다.

이상이 여기서 우리에게 관심거리가 되는 한에 있어서의 칸트적 비판의 주요 결론들일 것이다. 이 비판이 예술미의 참된 파악을 위한 출발점을 이루긴 하지만, 이러한 파악은 오로지 칸트의 결함을 극복함으로써만 필연성과 자유, 특수자와 보편자, 감각성과 합리성의 참된 통일의 한층 고차적인 이해로서 이야기될 수 있었던 것이다.

2. 실러, 빈켈만, 셸링

이럴진대 여기서는 다음의 사실이 인정될 수 있겠다. 즉, 심오하면서도 동시에 철학적인 정신의 예술감각은 우선 앞서 말한 사상의 추상적 무한성, 의무를 위한 의무, 형상 없는 오성에 —이 오성은 자연과 현실성, 감각과 감응을 단지 한계로서, 그저 적대자로서 파악하여 자신에 거스르는 것으로 본다— 대립하여 총체성과 화해를, 이것이 철학 그 자체로부터 인식되기 전에, 이미 요구하고 언표했다는 사실이다. 사유의 칸트적 주관성과 추상성을 돌파하고, 이를 넘어 사유를 통해 통일과 화해를 진리로 파악하고 예술적으로 실현하려는 시도를 감행했던 그 위대한 공적은 실러에게 부여되어야 한다. 왜냐하면 실러는 미적 고찰을 함에 있어 본격적인 철학에 대한 관계에 개의함이 없이 그저 예술 및 그와 결부된 관심에만 집착하였던 것이 아니라, 예술미에 대한 그의 관심을 철학적 원리들과 비교하고, 이러한 원리들로부터 그리고 이 원리들과 함께 비로소 미의 한층 깊은 본성과 개념 속으로 파고들었기 때문이다. 더욱이 우리는 그가 그의 저작들의 한 시기에서 사상에 몰두했음을, 그것도 작품의 정순貞純한 미를 위해 필요한 것보다 한결 더 몰두했음을 감지한다. [90] 추상적 반성을 향한 의도와 심지어는 철학적 개념에 대한 관심이 그의 여러 시들에서 인지된다. 이로 인해 그에게는 비난이 가해졌는데, 이는 특히 늘 한결같고 개념에 의해 물들지 않은 괴테의 정순함과 객관성에 대비해서 그를 비난하고 폄하하기 위함이었다. 그러나 이 점에서 실러는 시인으로서 다만 시대의 채무에 대한 대가를 지불했을 따름이지만, 이러한 채무에 휘말리게 된 것은 이 숭고한 영혼과 심오한 심정에게는 모름지기 영예로 귀착되고, 학문과 인식에게는 모름지기 이득으로 귀착되었다. — 이와 같은 학문적 자극은 동시대에 괴테조차도 그의 본령인 시문학에서 멀어지게끔 만들었다. 그러나 실러가 정신의 내면적 깊이의 고찰로 침잠했다면, 괴테는 자신의 고유한 관심을 예술의 자연적 측면, 외적 자연, 식물 및 동물 유기체, 결정체, 구름의 형성, 색채로 끌고 갔다. 이러한 학문적 연구를 위해 괴테는 자신의 위대한 감각을 동원했으며 또한 이 영역들에서 단순한 오성적 고찰 및 그 오류를 폐기하였다. 그런가 하면 실러는 의지와 사유의 오성적 고찰에 반대하여 미라는 자유로운 총체성의 이념을 언표할 줄 알았다. 실러의 일련의 작품들은, 특히 『미적 교육에 관한 서한』은 예술의 본성에 대한 이러한 통찰에 속한다. 여기서 실러는 모든 개별적 인간은 이상적 인간을 위한 소질을 자신 안에 지닌다는 중심사상에서 출발한다. 이러한 참된 인간은 객관적이며 보편적인, 세칭 규범적 형식인 국가를 통해 재현된다고 하는데, 이 형식 속에서 개별적 주관들의 다양성은 하나로 통합·결속되고자 노력한다는 것이다. 이제 시간 속의 인간이 이념의 인간과 어떻게 만나게 되는가에 대해 두 가지 방식이 생각된다고 한다. 즉, 한편으로는 인륜성, 사법성, 지성의 유類로서의 국가가 [91] 개별성을 지양하는 식이거나, 다른 한편으로는 개인이 유로 고양되어 시간의 인간이 이념의 인간으로 승화된다는 식이다. 이성은 이제 통일성 그 자체, 즉 유와의 합치를 요구하나, 자연은 다양성과 개별성을 요구하는데, 인간에게는 이 두 가지 입법이 똑같이 요청된다고 한다. 이러한 대립적 측면들의 갈등에도 불구하고 이제 미적 교육은 바로 그들의 매개와 화해에 대한 요구를 실현해야 하는바, 그 까닭은 실러에 따르면 미적 교육은 경향성, 감성, 충동, 그리고 심정을 도야하는 방향으로 나아가, 이들이 내면 그 자체로서 이성적이 되며 이와 함께 이성, 자유 그리고 정신성도 역시 그 추상에서 벗어나, 내적으로 이성적인 자연 측면과 통일되어 그 속에서 피와 살을 얻어야 하기 때문이란 것이다. 고로 미는 합리성과 감각성의 융합으로서, 그리고 이 융합은 참된 현실태로서 언표된다. 일반적으로 이러한 실러의 견해는 이미 『우미와 존엄』 및 그의 시들에서, 그가 특히 여인네들에 대한 상찬을 대상으로 삼아 그들의 특성 가운데서 정신성과 자연성의 자명한 통일을 꼭 집어 인식·부각시켰던 점에서 알 수 있다.

그런고로 이제 보편자와 특수자, 자유와 필연성, 정신성과 자연성의 이러한 통일은, 즉 실러가 학적으로 예술의 원리이자 본질인 것으로 파악했던, 그리고 예술과 미적 교육을 통하여 현실적인 삶 속으로 불러들이고자 간단없이 애썼던 이념 그 자체로서의 이러한 통일은 인식과 현존재의 원리가 되었으니 이념은 유일하게 참이자 현실적인 것으로 인식되었다. 이를 거쳐 셸링에 이르러 학은 그 절대적 입장을 드높혔다. 그리고 예술이 일찍이 자신의 고유한 본성과 존엄을 인간의 최상의 관심과 연계하여 주장하기 시작했을진대, 이제는 예술의 개념과 학적 지위도 역시 발견되었고 또한 예술은, 어떤 한 측면에서는 여전히 잘못되었다 하더라도 [92] (여기는 이것을 설명할 자리가 아니다), 자신의 높고 참된 규정 가운데서 받아들여졌던 것이다. 그렇지 않아도 이전에 이미 빈켈만은 고대 그리스인들의 이상관을 통해 고무되어 예술 고찰을 위한 새로운 의미를 열고, 예술 고찰을 범속한 목적이나 단순한 자연모방이라는 관점에서 탈피시켜 예술작품과 예술사에서 예술 이념을 발견하도록 강력히 촉구하였다. 그런 만큼 빈켈만은 예술 분야에서 정신을 위해 하나의 새로운 기관과 완전히 참신한 고찰방식을 열어줄 줄 알았던 사람 중의 하나로 간주될 수 있다. 하지만 그의 견해가 예술의 이론과 학문적 인식에 끼친 영향은 거의 없었다.

이제 철학적 이념의 재각성과 이웃하여 (그 밖의 발전의 경과를 간략히 다루자면) 특이하고 기이한 것을 찾기 위해 새로운 것에 게걸스러웠던 아우구스트 빌헬름 폰 슐레겔과 프리드리히 폰 슐레겔은 대체로 전혀 철학적이지 않은, 본질적으로는 비평적인 그들의 본성이 취할 수 있는 한도에서 철학적 이념을 자신의 것으로 만들었다. 왜냐하면 두 사람 중 누구도 사변적 사유의 외침을 주창할 능력이 없기 때문이다. 그러나 그들은 자신들의 비평적 재능과 더불어 이념적 입장에 가까이 위치하였으며, 비록 빈약한 철학적 함량에 의해서이긴 하지만 대단한 진솔함과 혁신을 위한 대담성을 가지고 종래의 고찰방식에 대해 영감 깃든 반론을 폈으며, 그리하여 무엇보다 적대자들에 비해 한층 높은 판정과 관점의 새로운 척도를 예술의 다양한 지류 속으로 도입했던 사람들이었다. 하지만 이제 그들의 비평은 그들 척도의 철저한 철학적 인식을 수반하지 못했기 때문에 이 척도는 무언가 애매하고 흔들리는 요소를 갖고 있었으며, 그래서 그들은 때로는 지나치게, 때로는 못 미치게 행동했다. 그렇기 때문에 그들이 비교적 오래지 않은 시대의 이탈리아와 [93] 네덜란드 회화, 『니벨룽엔의 노래』와 같은 과거의, 당시엔 과소평가되었던 것을 애정을 갖고 다시 발굴하여 돋우고, 인도의 시문학과 신화 등속의 거의 알려지지 않은 것을 열성적으로 숙지하고 가르치고자 한 점이 제아무리 그들의 공적으로 인정된다고 해도, 그들은 그 시대들에 너무 높은 가치를 부여했던 것이다. 연이어 그들은 예를 들어 홀베르크의 희극과 같은 속된 것을 경탄하고 또한 다만 상대적 가치를 갖는 것에 보편적 존엄을 부여하거나 혹은 심지어 후안무치하게도 어긋난 방향이나 저급한 입장들이 최고의 것인 양 열광하는 모습을 보여 줄 정도로 전락하였다.

3. 반어

이러한 경향, 특히 프리드리히 폰 슐레겔의 생각과 이설로부터 소위 반어란 것이 다양한 모습으로 계속 발전해 나갔다. 반어反語는, 그중 한 측면에서 보자면, 피히테의 철학에 ―이 철학의 원칙들이 예술에 적용된다고 할 때― 한층 깊은 근거를 두고 있었다. 프리드리히 폰 슐레겔은 셸링과 마찬가지로 피히테의 입장에서 출발하였는데, 셸링이 그를 철저히 극복하기 위해 그리하였다면, 프리드리히 폰 슐레겔은 그를 자기 방식으로 발전시켜 그로부터 떨어져 나가기 위해 그리하였다. 이제 피히테의 명제들과 반어의 한 특정 방향 간의 관계를 좀 더 자세히 보자면, 이 관계에서는 다만 다음의 점, 즉 피히테가 자아를, 그것도 완전히 추상적, 형식적으로 머물러 있는 자아를 일체의 지식과 일체의 이성 그리고 인식의 절대적 원칙으로서 설정하였다는 점을 부각하는 것이면 족하다. 이로써 이제 두 번째로 이 자아는 내적으로 다만 단순할 뿐인데, 그것도 한편으로는 모든 특수성과 규정성, 그리고 모든 내용이 ―모든 사태가 이러한 추상적 자유와 통일성으로 매몰되기 때문에― 그 속에서는 부정되어 있으며, 다른 한편으로는 자아에게 타당해야 할 모든 내용들은 단지 자아를 통해서만 정립되고 인정될 뿐이다. 존재하는 것은 오로지 자아를 통해 존재하며, 나는 나를 통해 존재하는 것을 또한 마찬가지로 다시 파기할 수도 있는 것이다.

[94] 만약 이제 추상적 자아의 절대성으로부터 자신의 근원을 취하는, 이러한 완전히 공허한 형식들에 그치게 된다면, 그 어떤 것도 즉자대자적으로 그리고 내면 그 자체에서 가치 있는 것으로 고찰되지 않고, 매사가 다만 자아의 주관성을 통한 것으로서만 등장한다. 그러나 그렇게 된다면 또한 자아는 모든 것 위에 군림하는 주인이자 대가大家로 남을 수 있으며, 그리하여 인륜성, 합법성, 인간성과 신성, 속됨과 성스러움의 국면 어디에서도 자아를 통해 비로소 정립되지 않았다 할 어떤 것도, 그래서 마찬가지로 자아에 의해 파기될 수 없다 할 어떤 것도 없게 된다. 이리하여 모든 즉자대자적 존재자는 단지 하나의 가상으로, 즉 스스로에게서 연유하고 스스로를 통해 참되고 현실적으로 존재하는 것이 아니라 자아를 통한 단순한 비침Scheinen으로 존재하니, 그것은 자아의 폭력과 자의 속에서 종작없이 뒤바뀐다. 용인과 지양은 자아의, 즉 자아임으로 해서 이미 내적으로 절대적인 자아의 임의에 순전히 내맡겨져 있는 것이다.

이제 세 번째로 자아는 생명력 있고 능동적인 개체이며, 그 삶은 자신 및 타자에 대해 자신의 개별성을 형성하고, 자신을 외화하고 현상시킴에 본질을 둔다. 왜냐하면 모든 인간은 그가 살아가는 까닭에 자신을 실현코자 하고 또 실현하기 때문이다. 이제 미와 예술에 관련하여 본다면, 이 사실은 예술가로서 살며 자신의 삶을 예술적으로 형상화한다는 그런 의미를 얻는다. 그러나 이 원리에 따른다면, 모든 나의 행동과 표현 일반이, 그것이 어떤 내용과 관련하든, 나에 대해 오로지 가상으로 머물고 또한 전적으로 내 재량 아래 있는 형상을 취하는 경우에만 나는 예술가로서 살아가는 것이다. 그럴진대 나에게는 이러한 내용도, 그 표현이나 현실화도 도대체가 참된 진지함이 아니다. 왜냐하면 참된 진지함이란 오로지 실체적인 관심, 내면 자체로서 내용 가득한 사태, 진리, 인륜성 등등을 통하여, 즉 나에게 그 자체로서 이미 본질적인 것으로 간주되는 내용을 통하여 생겨나므로, 오로지 내가 그러한 내용 속으로 침잠하여 나의 모든 앎과 행동거지에서 그에 걸맞게 된 한에서만 나는 내 스스로에 대하여 본질적이 되기 때문이다. [95] 모든 것을 자신으로부터 정립하고 해체하는 자아가 곧 예술가라는 ─그에게는 의식의 어떠한 내용도 절대적이며 즉자대자적인 것으로 현상하지 않고 오히려 자신에 의해 만들어지고 또한 자신에 의해 파기 가능한 가상으로 현상한다─ 관점에서 보면, 단지 자아의 형식주의에만 타당성이 부여되기 때문에 그러한 진지함은 어디에서도 찾을 수 없다. ─타인들은 마치 내가 정말로 사태 자체를 위해 노력하는 양 보기 때문에 그들에게는 내가 제시하는 나의 모습이 진지함일 수 있겠지만─ 이로써 그들은, 즉 내 입장의 높이를 파악하고 거기에 도달할 수 있는 기관과 능력이 결여된 불쌍하고 고루한 주체들은 단지 기만당할 뿐이다. 이를 통해 나에게 드러나는 사실은, 인간에게 보통은 가치, 존엄, 성스러움을 갖는 모든 것에서 다만 자의라는 인간의 고유한 한 힘의 산물만을 볼 만큼, 즉 그 힘 속에서 그러한 것들을 타당시하고 그를 통해 자신이 규정되거나 채워지게 둘 수도 있고 그렇지 않을 수도 있을 만큼 각인各人이 그렇게 자유롭지 (즉 형식적으로 자유롭지) 않다는 점이다. 그리고 이제 반어적-예술적 삶의 이러한 교지巧智가 신적 천재성으로 이해되는데, 이러한 천재성에 있어서는 매사가 단지 비본질적 피조물일 뿐이며, 그러한 모든 것들로부터 떨어져 유아독존唯我獨尊하는 자유로운 창조자는 자신이 그러한 피조물을 파기 및 창조할 수 있는 까닭에 그에 얽매이지 않는다. 이럴진대 신적 천재성이라는 그러한 관점에 서 있는 사람은, 그 밖의 모든 사람이 법, 인륜성 등등을 여전히 확고하고 의무적이며 본질적인 것으로 여기는 한 그들을 유한하고 진부하다고 말하며 고자세로 멸시한다. 그래서 그런 식으로 예술가로 살아가는 개인은 타인들과 관계를 맺어 친구, 연인 등으로 살기도 하지만, 천재로서의 그에게는 그의 특정한 현실과 특수한 행위 및 즉자대자적 보편자에 대한 이러한 관계가 동시에 허무한 것이며 또한 그는 그에 대립해서 반어적 태도를 취하는 것이다.

이상의 점들이 자아의 자신 안으로의 집중인 천재적, 신적 반어의 일반적 의미인데, 이러한 자아에게는 일체의 유대가 끊겨 있으며 또한 자아는 오로지 자기만족의 희열에 젖어 살면 된다. 프리드리히 폰 슐레겔 씨는 이러한 반어를 고안했고 다른 많은 사람이 그것을 따라서 주절거렸으며 또 지금도 거듭 주절거리고 있다.

[96] 이제 반어의 이러한 부정성이 지닌 가장 비근한 형식은 한편으로는 진실하고 인륜적이며 내적으로 내실 있는 모든 것들의 공허성, 객관적이고 즉자대자적으로 타당한 모든 것들의 허무성이다. 만일 자아가 이러한 관점에 머물러 있다면, 그에게는 자신의 주관성을 제외한 모든 것은 허무하고 공허한 것으로 현상하며, 이를 통해 그 주관성은 속이 빌 대로 비어 그 자체가 공허하게 된다. 반대로 다른 측면에서 자아는 이러한 자기향유 가운데서조차 만족하는 자신을 발견할 수 없고, 스스로 부족하게 되어서, 이제 확고한 것과 실체적인 것에 대한 갈망, 즉 규정되고 본질적인 관심에 대한 갈망을 느낀다. 이로 인해 이 경우에는 불행과 모순이 출현하는바, 주체가 한편으로는 진리 안으로 들어가고자 하여 객관성에 대한 요구를 지니나, 다

른 한편으로는 자신 속에서의 이러한 고독과 칩거상태를 벗어나지 못하고, 이 충족되지 못한 추상적 내면성에서 탈피하지 못하며, 이제 피히테의 철학에서도 마찬가지로 나타났던 예의 동경Sehnsüchtigkeit에 휩싸인다. 이러한 —내적 조화를 포기하지 않기 위해 행동하지도 않고 또한 어떤 것도 건드리지 않지만, 그럼에도 실재와 절대성에 대한 요구가, 아무리 내적으로는 순수하다고 해도, 비현실적이고 공허하게 머무는— 고요와 무기력이 갖는 만족 불가능성은 병약한 미의 영혼과 동경만을 낳을 뿐이다. 왜냐하면 참으로 아름다운 영혼은 현실적으로 행위하며 존재하기 때문이다. 그러나 그와 같은 동경은 공허하고 빈 주체가 갖는 허무성의 감정일 뿐이며, 이러한 공허함에서 벗어나서 실체적인 내용으로 자신을 채울 수 있는 힘이 이 주체에게는 결여되어 있다.

그런데 예술형식이 된 한에서의 반어는 단지 반어적 주체의 고유한 삶과 특수한 개별성을 예술적으로 형상화해 내는 데에만 머물지 않았으며, 예술가는 자신의 고유한 행위 등으로서의 예술작품 이외에도 외적인 예술작품 또한 판타지의 산물로 완성해야 했다. [97] 이러한 생산들의 원리는 주로 시문학에서만 발현될 수 있으며, 또한 신적인 것을 또다시 반어적인 것으로서 묘사한다. 하지만 천재적 개별성으로서의 반어적인 것은 훌륭함, 위대함, 탁월함의 자기파기이며, 그리하여 객관적 예술형상들도 사람들에게 가치와 존엄을 갖는 것을 자기파기적인 허무한 것으로 보여 주며 또한 그런 까닭에 유아독존하는 절대적 주관성의 원리만을 표현해야 할 것이다. 그럴진대 이 원리는 개인, 성격, 행위들로 나타나는 자신의 현상 속에서 자신을 반박하고 허무한 것으로 만들고 또 그래서 자신에 대한 반어로 존재하며, 그런 까닭에 그것은 올바름, 인륜, 참됨에 대해 진지하지 않을 뿐만 아니라 지고지선至高至善한 것은 전혀 갖지 못한다는 사실이 그 속에 내포되어 있다. 추상적으로 볼 때, 이러한 형식은 희극성의 원리에 접경하지만, 희극성은 이 유사성 속에서도 반어성과는 본질적으로 구분되어야 한다. 왜냐하면 희극성에는 일정한 제한이 있어야만 하는데, 여기에서 자기파기적인 것은 즉자 그 자체로 몰가치한 것, 예를 들면 변덕과 같은, 거짓되고 모순적인 모습, 고집, 강렬한 열정과 대비되는 별나고 제멋대로인 행동이거나, 혹은 기껏해야 근거 있는 명제와 확고한 격률이라고 사칭되는 것이 전부이기 때문이다. 그러나 이제 사실상 인륜적인 것과 참된 것이, 즉 내적으로 실체적인 내용 일반이 한 개인에게서 그리고 그 개인을 통하여 몰가치한 것으로 표현된다는 것은 전혀 다른 경우이다. 이 경우 그러한 개인은 성격의 면에서 몰가치하고 경멸받을 만하며, 또한 허약함과 성격 결여마저도 보인다. 그렇기 때문에 반어성과 희극성의 이러한 차이에서 문제시되는 것은 본질적으로 파괴되는 것의 내용이다. 그러나 확고하고 비중 있는 자신의 목적에 머물지 못하고 그것을 다시금 포기하고 내적으로 파괴되도록 두는 주체는 저열하고 무능한 주체이다. 성격 결여라는 그러한 반어는 반어를 사랑한다. 왜냐하면 진정한 성격에는 목적의 본질적 내용과 그러한 목적의 견지가 속하는바, 한 개성은 그의 전체 현존재를 잃지 않고서야 이 점을 도외시하거나 목적을 포기하는 일이 없을 것이기 때문이다. [98] 이러한 단호함과 실체성이 성격의 기조를 형성한다. 카토[18]는 오로지 로마인이자 공화주의자로서만 살 수 있는 것이다. 하지만 이제 반어가 표현의 기조로 받아들여진다면, 그것은 가장 비예술적인 것이 예술작품의 참된 원리로서 받아들여짐을 뜻한다. 왜냐하면 실체적인 것을 몰가치한 것으로 보여 주는 인물들이 등장하니, 부분적으로는 범속한 인물들이, 부분적으로는 속없고 줏대

---

18 역주: Marcus Porcius Cato Uticensis(B.C. 95~46). 시저의 정적으로서 로마의 공화정을 옹호한 인물이다. 시저와 원로원의 편에 선 폼페이우스의 내전에서 폼페이우스가 패전하였다는 보고를 받자 스스로 목숨을 끊었다.

없는 인물들이 들어오며, 결국은 예의 동경들과 심정의 풀릴 길 없는 모순들이 여전히 덧붙어 들어오기 때문이다. 그러한 표현들은 참된 관심을 환기할 수 없다. 그렇기 때문에 결국 반어의 측에서도, 공중公衆이 심오한 감각, 예술관, 그리고 천재를 결여하고 있기 때문에 반어의 이러한 고매함을 이해하지 못한다는 끊이지 않는 불평이 있는 것이다. 즉 공중은 이러한 범속함을, 또한 부분적으로는 유치하고 부분적으로는 성격 결여적인 것을 마음에 들어 하지 않는다고 불평하는 것이다. 그런데 이러한 내용 없고 동경에 찬 군상들이 마음에 들지 않는다는 것은 좋은 일이다. 이러한 위선과 가식이 인정되지 않고, 그와 반대로 사람들에게 알차고 참된 관심뿐만 아니라 성격들에 대한 요구도 역시 있으며, 그것이 그들에게 비중 있는 내용으로 진정 남아 있다는 것은 하나의 위안인 것이다.

역사적으로 볼 때, 누구보다도 졸거와 루드비히 티크가 예술의 최고 원칙으로서 반어를 받아들였다는 사실이 부언될 수 있을 것이다.

졸거[19]에 대해서는 자세히 언급할 가치가 있지만, 여기서는 다루지 않겠으며 나는 단지 몇 마디 암시적인 말로 만족하겠다. 졸거는 여타의 사람들처럼 피상적 철학교양에만 만족하지 않았다. 진정으로 사변적인 그의 내적 욕구는 그에게 철학적 이념의 심연에 잠길 것을 촉구하였다. 여기서 그는 내가 "무한한 절대적 부정성"이라고 부르는 지점인 이념의 변증법적 계기를 향해, 즉 무한한 것과 보편적인 것으로서의 자신을 [99] 유한성과 특수성으로 부정하고 또한 이러한 부정을 마찬가지로 재차 지양하여 이로써 보편적인 것과 무한한 것을 유한한 것과 특수한 것 속에서 재생산하는 이념의 활동성을 향해 갔다. 졸거는 이러한 부정성에 천착했다. 그러나 이것은

---

19   Karl Wilhelm Ferdinand Solger(1780~1819). 『에르빈. 미와 예술에 대한 네 가지 담론(*Erwin. Vier Gespräche über das Schöne und die Kunst*)』, 전 2권, Berlin, 1815.

사변적 이념의 한 계기임에 틀림없되 무한한 것과 유한한 것의 단순한 변증법적 불안이자 해체로서 파악되었기에 또한 그저 한 계기에 불과할 뿐, 졸거가 의도하는 바의 완전한 이념이 아니다. 졸거는 유감스럽게도 철학적 이념의 구체적 상술에 도달하기에는 너무 일찍 요절했다. 그래서 그는 규정된 것 및 내적으로 실체적인 것의 반어적 해체와 유사한 부정성의 측면에 머물고 말았으며, 예술 활동의 원칙도 역시 그 속에서 간파했던 것이다. 하지만 삶의 현실 속에서의 그는 그의 성격의 확고함, 진지함 그리고 유능함에 견주어 볼 때 위에서 서술된 식의 반어적 예술가가 아니었고, 예술에 대한 지속적 연구가 키워 낸 진실한 예술작품들에 대한 심오한 감각은 이런 점에서 반어적 본성을 갖지도 않았다. 삶과 철학 그리고 예술을 돌아볼 때 이제까지 언급되었던 반어의 사도들과는 구분되어야 마땅한 졸거의 정당화는 이쯤 해 두자.

루드비히 티크의 경우, 그의 교양도 역시 예나Jena가 중심의 위치에서 한 시대를 풍미했던 시기로부터 유래한다. 그런데 티크와 그 부류의 탁월한 사람들이 그러한 표현들에 매우 친숙한 것은 사실이지만, 그들은 그 표현들이 무엇을 의미하는지는 말하지 않는다. 티크가 항상 반어를 요구하는 것은 사실이다. 하지만 그가 스스로 위대한 예술작품들의 판정에 다가가는 경우, 그 위대성에 대한 인정과 서술은 확실히 탁월하나, 우리가 여기서 예컨대 『로미오와 줄리엣』과 같은 작품의 반어가 무엇인지를 보여 주는 최상의 기회가 발견되리라고 믿는다면, 그것은 오산이다. ― 반어에 관해서는 더 이상 어떠한 것도 나오지 않는다.

분류 [100]

지금까지의 사전 논의에 이어, 이제 우리의 대상 자체에 대한 고찰로 다가갈 시간이다. 그러나 이 점에서 우리가 아직 머물고 있는 서문은 뒤이어질 학적 고찰의 전체 과정에 대한 개관을 대략적으로 소묘하는 일 이상을 할 수 없다. 하지만 우리가 예술이 절대이념 자체에서 출현한다고 말한 까닭에, 아니, 절대성 자체의 감각적 표현을 그 목적으로서 언급한 까닭에, 우리는 이미 이 개관에서도 특수한 부분들이 절대성의 표현으로서의 예술미 일반의 개념에서 어떻게 그들의 기원을 취하는지를 최소한 일반적으로나마 보여 주어야 한다. 그러므로 우리는 또한 극히 일반적으로나마 이 개념에 관한 표상을 일깨우도록 노력해야 할 것이다.

예술의 내용은 이념이며, 예술의 형식은 감각적이자 구상적인 형상화라고 이미 말한 바 있다. 이제 예술은 이 양 측면을 자유롭고 화해된 총체성으로 매개해야 한다. 여기에 내재된 첫 번째 규정은 예술로 표현될 내용이 내적으로 이러한 표현에 가당한 것임을 보여 줄 것을 요구한다. 왜냐하면 그렇지 않을 경우에는, 그 자체로서 조형성과 외적 현상에 가당치 않은 내용이 이러한 형식을 취해야 하고, 자체로 보면 산문적인 소재가 하필 자신의 본성에 대립하는 형식 속에서 그에 적합한 현상방식을 찾아야 할 것이므로, 단지 저열한 결합만이 얻어질 뿐이기 때문이다.

이러한 첫 번째 요청에서 유래하는 두 번째 요청은 예술의 내용이 내적으로 추상체가 아닐 것을 요망하니, 그것은 그냥 구체적인 것으로서의 감각체라는 의미를 갖지 않을뿐더러, 내적으로 단순하고 추상적인 것으로서의 일체의 정신적·사유적인 것들과도 반대된다. 왜냐하면 자연 및 정신의 모든 참된 것들은 내적으로 구체적이며, 그 보편성에도 불구하고 주관성과 특수성을 내포하기 때문이다. 예를 들어 신에 대해서 [101] 신은 단순한 일자, 지고한 본질 자체라고 말한다면, 이로써 진술되는 것은 비이성적 오성의 죽은 추상에 불과하다. 구체적 진리로 파악되지 않은 그러한 신은 예술에 대해서, 특히 조형예술에 대해서는 하등의 내용도 제공하지 않을 것이다. 그 때문에 유대인들과 터키인들은 한 번도 그러한 오성적 추상으로나마 존재하지 않았던 그들의 신을 예술을 통해 적극 표현할 수가 없었는데, 기독교인들은 달랐다. 왜냐하면 기독교의 신은 그 진리 속에서 존재하며 따라서 내적으로 철저히 구체적으로, 인격으로, 주관으로, 좀 더 정확히 규정하자면 정신으로 생각되기 때문이다. 정신으로서의 신의 본질은 종교적 이해에 있어 그 자체가 동시에 일자로서 존재하는 인격의 삼원성으로 설명된다. 여기에는 본질성, 보편성, 그리고 특수성 및 그들의 화해된 통일이 있으며, 그러한 통일성이 비로소 구체성으로 존재한다. 이제 한 내용이 여하튼 참되고자 한다면 그런 식으로 구체적이어야만 하듯 예술도 역시 동일한 구체성을 요구하는바, 까닭인즉 그저 추상적일 뿐인 보편자는 특수화와 현상으로 나아가는, 그리고 그 속에서 자신과의 통일로 나아가는 규정을 내포하지 않기 때문이다.

이제 참되며 또한 그렇기 때문에 구체적인 한 내용에 감각적 형식과 형상화가 조응해야 한다면, 이러한 형식은 셋째, 그 또한 개별적인, 내적으로 완벽한 구체성이자 개체성으로 있어야만 한다. 구체성이 내용과 표현이라는 예술의 양 측면에 귀속한다는 사실이 바로 이 두 가지가 합치하고 조응할 수 있는 지점이다. 예를 들어 인간 신체의 자연형상이 내적으로 구체적인 정신을 표현하는, 그리고 그에 걸맞게 자신을 보여 줄 수 있는 감각적 구체성이듯이 말이다. 그렇다면 결국 그러한 참된 형상을 위해 외부 세계의 현실적 현상을 택하는 것이 마치 단순한 우연이기라도 한 듯 여기는 생각도 마찬가지로 불식할 수 있다. 왜냐하면 예술이 이러한 형식을 취하는 것은 그것이 그렇게 있기 때문이거나 혹은 다른 것이 없기 때문이 아니며, [102] 오히려 구체적인 내용 속에는 외적이고 현실적인, 아니 감각적이기까지 한 현상의 계기도 역시 들어 있기 때문이다. 그렇기 때문에 결국 본질적으로 정신적인 내용이 발현하는 이러한 감각적 구체성은 내면에 대해서도 또한 본질적이다. 내용이 가시화·표상화되는 형상의 외적 요소는 우리의 심정과 정신을 위해서만 현존한다는 목적을 갖는다. 오로지 이러한 이유에서 내용과 예술형상은 교호交互적으로 형성되는 것이다. 그저 감각적일 뿐인 구체성, 즉 외적 자연 그 자체는 이러한 목적을 자신의 유일한 원천으로 삼지 않는다. 새의 다채로운 깃털은 보지 않아도 빛나며, 그 노래는 듣지 않아도 울려 퍼진다. 또한 단 하룻밤 꽃을 피우는 선인장은 그 누구의 찬미도 듣지 못하고 남쪽 지방 숲의 야생에서 시들며, 이 수풀, 매우 달콤하고 황홀한 향기를 지닌 극히 아름답고도 울창한 식물군으로 이루어진 정글 자체도 역시 즐기는 사람 하나 없이 썩고 시들어 간다. 그러나 예술작품은 그렇듯 그 자체로서 홀로 있는 것이 아니다. 오히려 그것은 본질적으로 물음이며, 반향하는 가슴에 건네는 말이며, 심정과 정신에 던지는 외침이다.

이렇듯 예술적 감각화가 비록 우연한 것이 아닐지라도, 그것은 또한 역으로 정신적 구체성을 파악하는 최상의 방법도 아니다. 감각적 구체성을 통한 표현과 비교하여 한층 고차적인 형식은 사유인데, 그것은 비록 상대적으로 추상적이긴 하되 참되고 이성적이려면 일면적 사유가 아니라 구체적 사유로 존재해야만 한다. 특정한 내용이 어디까지 감각적 예술표현을 자신의 적합한 형식으로 갖는가, 혹은 어디까지 그 본성상 본질적으로 한층 고차적이며 정신적인 표현을 요구하는가 하는 차이는 예컨대 그리스의 신들과 기독교적 생각에서 이해되는 신을 비교하면 즉시 드러난다. 그리스의 신은 추상적이 아니라 개별적이며 또한 자연형상에 근접해 있다. 기독교의 신도 역시 구체적 인격성인 것은 사실이지만, 그는 순수한 정신성으로 존재하며 또한 정신으로서 그리고 정신 속에서 알려져야 하는 것이다. 따라서 그의 현존의 기본 요소는 [103] 본질적으로 내면적 앎이지 외적 자연형상이 아니다. 만일 이러한 외적 자연형상에 의거한다면 그는 다만 불완전하게, 그것도 그의 개념의 지극한 깊이에 입각하지 않은 채 표현될 수밖에 없다.

그러나 이제 예술은 이념을 표현함에 있어 사유와 순수한 정신성 일반의 형식으로가 아니라 직접 볼 수 있도록 감각적 형상으로 표현해야 하는 과제를 가지며, 또한 이러한 표현은 이념과 그 형상이라는 양 측면의 상응 및 통일 속에서 가치와 존엄을 갖는 까닭에, 그 개념에 적합한 현실성을 갖춘 예술의 고귀함과 탁월함은 이념과 형상이 교호하는 것으로 나타나는 내면성과 통일성의 정도에 의존하는 것이다.

정신의 개념에 적합한 형상화를 획득한 정신성으로서의 한층 높은 진리라는 이 점에 예술의 학을 위한 분류 근거가 놓여 있다. 까닭인즉 정신은 자신의 절대적 본질의 참된 개념에 도달하기 이전에 이러한 개념 자체에 정초되어 있는 여러 단계의 과정을 거쳐야만 하고, 또한 정신이 처해 있는 이러한 내용 과정에는 그와 직접적으로 결부된 예술의 여러 형상화 과정이 상응하는 바, 예술적 정신으로서의 정신은 이 형상화의 형식 속에서 자기 자신에 관한 의식을 스스로 터득하는 까닭이다.

예술정신 내면의 이러한 과정은 그 고유한 본성상 자체로서 다시 두 측면을 갖는다. 즉 첫째, 특정한 세계관의 단계별 과정은 자연적, 인간적, 그리고 신적인 것에 대한 특정한, 그러나 포괄적인 의식으로서 예술적으로 형상화되는 관계로, 이러한 전개는 그 자체가 정신적이며 보편적이다. 둘째, 예술의 이러한 내적 전개는 자신에게 직접적 실존과 감각적 현존재를 부여해야 하며, 특정 양식을 갖는 감각적 예술 현존재는 ―특수한 예술들은― 그 자체가 예술의 필연적 차이들의 총체성이다. 예술형상화와 그 차이들은 한편으로는 한층 보편적인 종류의 정신적 차이들로서 존재하고, 하나의 질료에 속박되어 있지 않으며, 또한 감각적 현존재가 그 자체로 다양하게 구분되어 있기는 하다. 그러나 감각적 현존재는 [104] 정신과 마찬가지로 즉자적으로 개념을 자신의 내면적 영혼으로 가지며, 이로써 다른 한편 특정의 감각적 질료가 예술형상화의 정신적 차이들 및 형식들과 좀 더 밀접한 관계와 은밀한 조화를 갖는다.

하지만 우리의 학은 세 개의 주요 부분으로 나뉘어야 완전하다.

첫째, 우리는 일반론적 부분을 갖는다. 그 부분은 이상Ideal으로서의 예술미의 보편 이념Idee을, 그리고 예술미가 한편으로 자연에 대해서 갖는, 다른 한편으로 주관적 예술생산에 대해서 갖는 한층 자세한 관계를 그 내용 및 대상으로 삼는다.

둘째, 예술미의 개념이 내포하는 본질적 차이들이 일련의 특수한 형상화 형식들로 전개되는 까닭에, 예술미의 개념으로부터 특수 부분들이 [즉 특수한 예술형식들이] 전개된다.

셋째, 예술은 자신의 형상의 감각적 실현으로 나아가 개별 예술들 및 그 유와 종의 체계로 끝나므로 마지막 부분에서는 예술미의 개별화가 [즉 개별적 예술 장르들이] 고찰된다.

I. 우선 제1부와 제2부에 관해 보자면 뒤이어질 서술의 이해를 위해 다음과 같은 사실, 즉 예술미의 이념은 형이상학적 논리학이 절대자로서 파악해야만 하는 이념과는 달리 이념 그 자체가 아니며, 현실성으로 형상화되고 또한 이러한 현실성과 직접 상응하는 통일성을 얻은 이념이라는 사실이 즉각 다시 상기될 수 있다. 왜냐하면 이념 자체는 즉자대자적 진리이긴 해도 아직 객관화되지 않은 보편성에 따르는 진리일 뿐이며, 반면 예술미로서의 이념은 본질적으로 개별적 현실성으로 존재한다는 비교적 세부적인 규정을 갖는 이념이자 또한 자신 속에서 본질적으로 이념을 드러낸다는 규정을 갖는 현실성의 개별적 형상화이기 때문이다. 이로써 이미 [105] 이념과

구체적 현실성으로서의 이념의 형상화는 서로 완전히 일치해야 하리라는 요구가 언표된 셈이다. 이렇게 볼 때, 그 개념에 적합하게 형상화된 현실성으로서의 이념은 이상理想이다. 그런데 그러한 상응이라는 과제는 자칫 완전히 형식적으로 이해되어 현실적 형상이, 그것이 무엇이든 간에, 이 이념 혹은 저 이념을 표현하기만 한다면 이념은 한정된 것이어도 좋으리라는 의미로 받아들여질 수도 있다. 하지만 그렇다면 이상의 진리라는 앞서의 요구는 단순한 정확성, 즉 어떤 의미가 적절하게 표현되고 따라서 그 의의가 형상 속에서 직접 재발견됨으로써 성립하는 정확성과 혼동된다. 이상은 이러한 의미에서 거론될 수 있는 것이 아니다. 왜냐하면 어떤 내용이든 그 본질의 척도에 준해 아주 적절하게 표현될 수 있지만, 이상으로서의 예술미를 요구해서는 안 되는 것이 있기 때문이다. 그렇다, 이상적 미와 비교한다면 그 표현은 심지어 흠이 있는 것으로 현상할 것이다. 뒤에서 비로소 증명될 수 있겠으나, 이와 연관하여 앞당겨 말할 수 있는 점이 있으니 예술작품의 결함이 말하자면 언제나 그저 주관적 미숙과 같은 것의 소치로만 간주되어서는 안 되며 형식의 결함은 또한 내용의 결함에서도 비롯한다는 사실이다. 예를 들어 중국인, 인도인, 이집트인들의 신화적 사고, 그들 예술작품의 내용과 사상은 여전히 내적으로 비규정적이거나 혹은 저열한 규정성을 지녔을 뿐 내면 그 자체로서 절대적인 내용이 아니었기 때문에, 그들의 예술형상, 신상, 우상들은 몰형식적으로 머물거나 혹은 형식의 저열하고 올바르지 않은 규정성에 머물게 되어 참된 미를 건사할 수 없었다. 예술작품이 이러한 의미에서 탁월하면 할수록 그 내용과 사상도 역시 그만큼 더 깊은 내면적 진리를 갖는다. 그럴진대 그저 외적 현실성으로 현존하는 자연형상들을 이해하고 모방하는 데 쓰이는 솜씨의 다과多寡만을 생각할 일이 아니다. 왜냐하면 일정 단계의 예술의식과 표현에서는 [106] 자연형태의 포기와 왜곡이 무의도적인 기교상의 연습 부족과 솜씨 부족이 아니라, 의식 속에 있는 내용에서 출발하고 또 의식에 의해 요구되는 의도적 변형이기 때문이다. 이러한 측면이 있기에 특정 국면의 예술에서는 기교 등등의 관점에서 매우 완벽할 수 있되 예술 자체의 개념과 이상에 대비하면 결함을 갖는 것으로 나타나는 불완전한 예술이 있는 것이다. 오직 최고의 예술에서만 이념과 표현은, 이념의 형상이 내면 자체에서 즉자대자적인 참된 형상으로 존재한다는 의미에서, 서로 참되게 상응한다. 왜냐하면 이 경우 형상이 표현하는 이념 내용은 그 자체가 참된 내용이기 때문이다. 이미 암시되었듯, 여기에는 이념이 내적으로 그리고 자신을 통해 구체적 총체성으로 규정되어 있다는 사실과, 이를 통해 그 특수화와 현상의 규정성을 위한 원칙과 척도를 즉자 그 자체로서 갖는다는 사실이 속한다. 예를 들어 기독교적 판타지는 신을 인간의 형상과 그 정신적 표현으로만 묘사할 수 있을 터, 까닭인즉 여기서는 신 그 자체가 완전히 내면적인 것으로, 정신으로 인식되기 때문이다. 규정성은 말하자면 현상에 이르는 다리와 같은 것이다. 이러한 규정성이 이념 자체에서 유출하는 총체성으로 존재하지 않는 곳, 이념이 스스로를 규정하고 특수화하는 이념으로 생각되지 않는 곳에서는, 이념은 추상적으로 머물며, 그 규정성과, 그리고 이와 함께 특수한, 자신에게만 꼭 알맞은 현상방식을 위한 원리를 자신의 내부에 갖지 않고 외부에 갖는다. 그런 까닭에 추상적인 이념은 아직 자신을 통해 정립되지 않은 외적인 것을 그 형상으로 갖는다. 이와 반대로 내적으로 구체적인 이념은 그 현상방식의 원리를 자신 속에 지니며, 이를 통해 고유하고도 자유로운 자신의 형상화로 존재한다. 이렇듯 진정 구체적인 이념만이 진정한 형상을 산출하며, 이러한 양자의 상응이 이상이다.

II. 그런데 이념이 이리하여 구체적 통일성으로 존재하는 까닭에, 이 통일성은 개개 이념의 특수성들을 펼쳐 내고 재결합함으로써 비로소 예술의식의 대상이 되며, [107] 또한 이러한 발전을 거쳐 예술미는 특수한 단계와 형식들의 총체성을 얻는다. 그런고로 예술미를 즉자대자적으로 고찰한 연후, 우리는 전체적 미가 어떻게 특수한 규정들로 분해되는지를 살펴보아야 한다. 이것은 제2부인 예술형식론에서 다루어진다. 이 형식들은 내용으로서의 이념을 파악하는 여러 가지 방식에 그 근원을 두며, 또한 이 방식들이 이념이 현상하는 형상화의 차별성을 조건 짓는다. 그러므로 예술형식들은 내용과 형상의 상이한 관계들 ―즉 이념 자체로부터 출현하며 이를 통해 제2부의 진정한 분류 근거를 제공하는 관계들― 바로 그것이다. 왜냐하면 분류는 언제나 개념에 내재하는 것이어야 하며 또한 그 개념의 특수화와 분류가 예술형식의 분류이기 때문이다.

여기에서 우리는 이념과 그 형상화의 세 가지 관계를 고찰해야 한다.

1. 첫째, 요컨대 이념이 출발할 때에는 이념 자체가 여전히 비규정적이며 불명료한 채로, 혹은 저열하고 참되지 않게 규정된 채로 예술형상의 내용이 된다. 비규정적 이념은 이상을 갈구하는 그러한 개별성을 아직 즉자적으로 갖지 못한다. 이념의 추상성과 일면성은 형상을 외적인 면에서 결함 있는 것이자 우연적인 것으로 만든다. 이로 인해 첫 번째 예술형식은 참된 표현의 능력이라기보다는 오히려 구상화를 위한 단순한 탐색이다. 이념은 형식을 아직 자신 속에서 찾지 못했으며, 그저 그것을 위해 고군분투할 뿐이다. 우리는 이러한 형식을 보통 상징적 예술형식으로 부를 수 있다. 이러한 형식을 갖는 추상적 이념은 그 형상을 자신의 외부에, 자연적·감각적 질료에 두고 있으니, 이제 형태화는 여기에서 출발하며 또한 여기에 속박된 채로 현상한다. 지각된 자연의 대상들은 한편으로는 일단 있는 그대로 남게 되지만, 동시에 실체적 이념이 그 의미로서 그들 속에 주입되어 자연 대상들은 이제 이념을 표현해야 하는 사명을 간직하며, 그리하여 [108] 마치 그들 속에 이념 자체가 현재하는 양 해석되어야 한다. 그럴 수 있음은 현실의 대상들이 보편적 의미를 표현할 수 있는 한 측면을 내포하기 때문이다. 그

러나 완전한 상응은 아직 가능하지 않기 때문에, 이러한 관계 맺음은 예컨 대 '사자'가 강함을 의미한다는 투의 추상적 규정성에 해당할 뿐이다.

다른 한편 관계의 이러한 추상성에서는 이념과 자연현상들의 이질성도 마찬가지로 의식되며, 그래서 자신의 표현을 위해 어떠한 다른 현실성도 갖 지 못하게 된 이념이 제아무리 각종의 이런 형상들로 진출하고 또한 제아무 리 자신을 그 속에서, 그 불안정함과 무척도성 속에서 탐색하더라도, 그럼 에도 불구하고 그 형상들이 자신과 합치하지 않음을 발견한다면, 이념은 이 제 자연형상들과 현실성 자체의 현상들을 비규정적이며 무지막지하게 과 장한다. 이념은 그것들 속에서 갈팡질팡하고, 부글부글 발효하고, 그것들 에 폭력을 가하고, 왜곡하고, 부자연스럽게 과장하고, 또한 형상들의 확산, 거대함, 그리고 장려함을 통해 현상을 이념으로 고양하고자 시도한다. 왜 냐하면 여기서는 이념이 여전히 다소간 비규정적이며 형상화할 수 없는 것 으로 존재하지만, 자연대상의 형상은 철저히 규정되어 있기 때문이다.

그러므로 양자 상호 간의 부적합성으로 인해 대상성에 대한 이념의 관 계는 부정적인 것이 된다. 왜냐하면 내면성으로서의 이념은 그 자체가 그 러한 외면성에 만족하지 않고, 또한 자신에 상응하지 않는 이러한 모든 형 상군들 너머로 고양된, 내면적이며 보편적인 실체로서 존속하기 때문이다. 그럴진대 이 숭고성에서는 물론 자연현상, 인간형상, 그리고 사건이 있는 그대로 받아들여지기도 하지만, 동시에 그것들은 일체의 세속적 내용을 훨 씬 능가하는 숭고성의 의미에는 부적합한 것으로 인식된다.

이러한 측면들이 일반적으로 동방 최초의 예술범신론의 특성을 이룬다. 이 범신론은 일면 극히 저열한 대상들에조차 절대적 의미를 주입하며, 일 면 자신의 세계관을 현상들로 하여금 [109] 억지로 표현하도록 강요하는바, 이로써 그것은 기괴하고 그로테스크하며 몰취미하게 되거나, 아니면 무한 하지만 추상적인 실체의 자유가 허무·무상한 모든 현상들에서 경멸적으로 등을 돌리도록 만든다. 이로써 의미는 완벽히 표현되게끔 구상될 수 없으며, 갖가지 노력과 시도에도 불구하고 이념과 형상의 부적합성은 극복되지 못한 채 존속한다. ─ 이것이 첫 번째 예술형식, 즉 탐색, 발효, 불가해성, 그리고 숭고성을 갖는 상징적 예술형식이라 할 것이다.

2. 이제 우리가 고전적 예술형식으로 부르려는 두 번째 예술형식에서는 상징적 예술형식의 두 가지 결함이 제거된다. 상징적 형상이 불완전한 까닭은 한편 이념이 그 속에서 그저 추상적 규정성 내지 비규정성으로 의식되며, 다른 한편 이를 통해 의미와 형상의 일치가 항상 결함을 지니며 또한 그 자체가 다만 추상적일 수밖에 없기 때문이다. 이러한 이중적 결함의 해소로서의 고전적 예술형식은 이념 자신의 개념에 따라 이념에 고유하게 속하는 형상을 자유롭고도 적절하게 구현하며, 그리하여 이념은 형상과 자유롭고도 완벽하게 조화를 이룰 수 있는 것이다. 이로써 고전적 형식은 처음으로 완벽한 이상을 생산하고 형용하며, 또한 그것을 현실화된 것으로 제시한다.

그렇지만, 이상理想의 경우에도 그렇겠으나, 고전성에서 보이는 개념과 실제의 적합성을 내용과 그 외적 형상화의 일치라는 그저 형식적일 뿐인 의미로 받아들여서는 안 된다. 그렇지 않다면 표현의 목적과 내용을 형성하는 것들이 자연의 모든 초상, 모든 얼굴 생김새, 지역, 꽃, 광경 등과 같은 것이라고 해도 내용과 형식의 그런 식의 일치가 있다면 이미 고전적이었을 것이다. 이와는 반대로 고전성의 경우 내용의 고유성은 내용 자체가 구체적 이념이자 또한 구체적 정신성이라는 사실에서 성립한다. 왜냐하면 오로지 정신성만이 참된 내면성이기 때문이다. 그럴진대 그러한 내용을 위해 [110] 그 자체로 정신성에 즉자대자적으로 속하는 것이 자연적인 것들 가운데서 모색된다. 근원적 개념 자체는 구체적 정신성에 합당한 형상을 필히 창안해 두었을 것이므로, 이제 주관적 개념은 ─여기에서는 예술혼은─ 그 형상을 다만 발견하고 또한 그것을 자연적이고 형태화된 현존재로서, 자유롭고 개별적인 정신성에 맞게끔 제작하면 그만이었다. 정신적인 것으로서의 —그것도 개별적으로 규정된 정신성으로서의— 이념을 즉자적으로 갖는 이러한 형상이 시간적 현상으로 드러나야 한다면, 그것은 인간의 형상이다. 인격화와 인간화는 종종 정신성의 격하인 것으로 모함당한 것이 사실이다. 그러나 예술은, 정신성을 감각적으로 가시화해야 하는 한, 이러한 인간화를 향해 가야만 하니, 정신은 그의 몸에서만 충분히 감각적으로 현상하는 까닭이다. 이런 관계에서 보면 영혼의 윤회라는 것은 추상적인 생각이며, 또한 생명성의 발전은 정신에 유일하게 적합한 감각적 현상인 인간형상을 향해 필연적으로 나아갈 수밖에 없음을 생리학은 주요 명제들 중의 하나로 삼아야 할 것이다.

그런데 고전적 예술형식에서 인간 신체의 형식들은 더 이상 단순히 감각적 현존재로 간주되는 것이 아니라 정신의 현존재이자 정신의 자연형상으로 간주되며, 그런 까닭에 현상의 단순한 감각성과 우연적 유한성이 갖는 일체의 결함에서 벗어나 있다. 형상이 자신에 적합한 내용을 내면적으로 표현하기 위해 이렇듯 순화되어 있다면, 다른 한편에서는 내용과 형상의 일치가 완성되어야 하는 까닭에 내용을 형성하는 정신성도 역시 감각적이며 육체적인 이러한 표현을 벗어남이 없이 인간의 자연형상 속에서 마찬가지로 완벽하게 표현될 수 있는 그런 종류의 것이어야만 한다. 이를 통해 여기에서 정신은 특수한 정신이자 인간적 정신으로서 규정되지, 오로지 정신성 자체로 자신을 알리고 표현할 수 있을 뿐인 오롯한 절대 영원의 정신으로 규정되지는 않는다.

[111] 바로 이 점은 재차 결함이 되어, 고전적 예술형식이 스스로를 해체하여 더 높은 제3의, 즉 낭만적 예술형식으로의 이행을 요구하는 빌미를 준다.

3. 낭만적 예술형식은 이념과 그 실제의 완성된 합일을 재차 지양하여, 한층 고차적이라고는 하지만, 상징적 예술에서 극복되지 않은 채로 남았던 두 측면의 차이와 대립으로 되돌아간다. 즉 고전적 예술형식은 예술의 감각화가 성취할 수 있는 최고조에 이르렀으며, 만일 거기에 결함 있는 무언가가 있다면, 그것은 다만 예술 자체와 예술이라는 국면의 제한성으로 인한 것이다. 이 제한성의 소치는, 예술이 대저 그 개념상 무한한 구체적 보편자를, 즉 정신을 감각적-구체적인 형식으로 대상화한다는 사실, 그리고 고전성에서는 정신적 현존재와 감각적 현존재의 완성된 합일화가 양자의 대응으로 제시된다는 사실이다. 그러나 이러한 융합의 경우 정신은 기실 그 참된 개념에 따라 표현되는 것이 아니다. 왜냐하면 정신은 이념의 무한한 주관성인데, 만약 이념이 그에 걸맞은 현존재로서의 육체적인 것 속에 부어진 채 머물러야 한다면, 절대적 내면성으로서의 주관성이 자신을 자유롭게 대자적으로 형상화할 수 없기 때문이다. 낭만적 예술형식은 이 원리에 의거하여 고전적 예술형식이 갖는 예의 분리되지 않은 통일을 재차 지양하는바, 그 까닭은 낭만적 예술형식이 고전적 예술형식과 그 표현방식을 넘어서는 내용을 획득했기 때문이다. 주지의 생각을 환기해 보자면, 이러한 내용은 기독교가 정신으로서의 신에 관해 이야기하는 바와 일치하는데, 이것은 고전적 예술에 본질적이며 가장 적절한 내용을 형성하는 그리스 신들에 대한 믿음과 구분된다. 고전적 예술에서는 구체적 내용이 즉자적으로 인간적 자연과 신적 자연의 통일로 존재하는데, 이 통일은 바로 직접적이고 즉자적일 뿐이므로 그 역시 직접적이며 감각적인 방식으로라야 적절히 드러나게 된다. 그리스의 신은 소박한 직관과 [112] 감성적 표상에 대해 존재하며, 따라서 그의 형상은 인간의 육체적 형상으로, 그의 권능과 그의 본질의 범위는 개별적인 특수 범위로, 그리고 주관에 대해 실체이자 위력으로 존재하며, 주관적 내면은 이 위력과 다만 즉자적으로 통일될 뿐, 이러한

통일을 내면적이며 주관적인 앎 자체로서 갖지는 못한다. 고전적 예술형식은 이 통일을 육체성 속에서 완벽하게 표현 가능한 형상으로 갖는 데 비해, 이제 한층 높은 단계는 즉자적으로 존재하는 이러한 통일의 앎이다. 그런데 즉자를 자의식화된 앎으로 가져가는 이러한 고양은 엄청난 차이를 야기한다. 이는 예컨대 인간 일반을 동물로부터 가르는 것과 같은 무한한 차이이다. 인간은 동물이지만 그의 동물적 기능들에 있어서조차 동물들처럼 즉자에 머무는 것이 아니라, 그 기능들을 의식하고, 인식하며, 또한 가령 소화 과정을 그렇게 하듯 자의식적 학문으로 제고한다. 이를 통해 인간은 즉자적으로 존재하는 자신의 직접성의 한계를 해체하여 바로 자신이 동물임을 알기에 동물이기를 그치며, 자신에 관한 앎을 정신으로 이해한다. — 그리하여 이제 이전 단계의 즉자가, 곧 인간적 자연과 신적 자연의 통일이 직접적 통일에서 벗어나 의식화된 통일로 고양된다면, 이러한 내용의 실제를 위한 참된 요소는 더 이상 정신성의 감각적이며 직접적인 현존재, 육체적이며 인간적인 형상이 아니라 자의식화된 내면성이다. 그러므로 이제 기독교는 정신과 진리 속에서 신을 정신으로서, 그것도 개별적이며 특수한 정신이 아니라 절대적 정신으로서 표상하기 때문에 표상의 감각성으로부터 정신의 내면성으로 되돌아오며 또한 육체성이 아닌 이 정신적 내면성을 그 내용의 질료이자 현존재로 삼는다. 마찬가지로 인간적 자연과 신적 자연의 통일도 역시 의식화된 통일이자, 오로지 정신적 앎을 통해, 그리고 정신 속에서 실현될 수 있는 통일이다. 그러므로 이를 통해 획득된 새로운 내용은 감각적 표현을 그에 상당하는 표현인 양하여 거기에 얽매이는 것이 아니라, [113] 오히려 이러한 직접적 현존재로부터 해방되니, 이 현존재는 부정적으로 정립되어야 하고 극복되어야 하며 또한 정신적 통일로 반성되어야만 하는 것이다. 이렇듯 낭만적 예술은 예술의 자기초극이되, 예술 고유의 영역 내부에서, 그리고 예술 자체의 형식 속에서 일어나는 초극이다.

그러므로 이 세 번째 단계에서는 대상을 형성하는 것이 요컨대 자유롭고 구체적인 정신성이라는 사실, 또한 이 정신성은 정신적 내면을 위해 정신성으로서 현상해야 한다는 사실을 견지할 수 있을 것이다. 따라서 이러한 대상에 적합한 예술은 한편으로는 감각적 직관을 위해서가 아니라, 그야말로 자기 자신을 자신의 대상으로 삼아 그와 동행하는 내면성을 위해서, 주관적 내밀함, 심정, 정신적 감응을 위해서 작업하는데, 정신적인 것으로서의 이 감응은 내면에서 자유를 향해 나아가고자 노력하며 또한 자신의 화해를 오로지 내면적인 정신 속에서 찾고 또 갖는 것이다. 이 내면의 세계가 낭만성의 내용을 형성하며, 따라서 그 세계는 이러한 내면성으로서 그리고 이러한 내밀함의 가상 속에서 표현되어야 한다. 내면성은 외면에 대한 자신의 승리를 구가하고, 외면 자체 속에, 그리고 그에 즉해 이러한 승리가 드러나게끔 하며, 이 승리를 통해 감각적으로 현상하는 요소는 몰가치성으로 전락한다.

그러나 다른 한편 이 형식은 무릇 예술이 그러하듯 자신의 표현을 위해 외면성을 필요로 한다. 이제 정신성은 외면성 및 외면성과의 직접적 통일에서 벗어나 자기 자신 속으로 회귀했으므로, 바로 이로 인해 형상의 감각적 외면성이 상징적 예술에서와 같이 비본질적이며 경과적인 것으로 수용·표현되며, 또한 개성, 성격, 행위 등등, 정황, 분규 등등의 특수성과 자의에 걸친 주관적이며 유한한 정신과 의지도 마찬가지로 수용·표현된다. 외면적 현존재의 측면은 우연성에 떠넘겨지고 또한 판타지의 모험들에 방기되니, 판타지의 자의는 현존하는 것을 현존하는 바대로 반영할 수도 있고 외부 세계의 형상들을 [114] 뒤죽박죽 섞어 기괴하게 왜곡할 수도 있는 것이다. — 왜냐하면 이러한 외면성은 고전적 예술의 경우와는 달리 그 개념과 의미를 더 이상 자체 내에, 그리고 자기 자신에 즉해 갖는 것이 아니라 오히려 심정 속에 두기 때문이니, 이 심정은 자신의 현상을 외면성 및 그 실제의 형식에서 발견하는 대신 자기 자신 안에서 발견하며 또한 일체의 우연, 독자적으로 이루어지는 일체의 우발적 사건들, 일체의 불행과 고통 속에서도, 아니 범죄 자체에서조차 이러한 자신과 화해된 상태를 보존하거나 혹은 다시 회복할 수 있는 것이다.

이를 통해 상징적 예술에서 그렇듯이 이념과 형상의 무차별성, 부적합성, 그리고 분리가 새로이 야기되지만, 이것은 본질적인 차이를 갖는다. 상징에서는 이념의 불완전성이 형태화의 결함을 유발했으나, 낭만적 예술에서 이념은 이제 정신이자 심정으로서 내면적으로 완성되어 현상해야만 하고 또한 이러한 한층 높은 완성에 근거하여 자신의 참된 실제와 현상을 오로지 자기 자신 안에서 찾고 또 성취할 수 있는 까닭에 외면성과 상응하는 통일에서 벗어나는 것이다.

일반적으로 이것이 예술의 영역에서 이념이 그 형상에 대해 갖는 세 가지 관계인 상징적, 고전적 그리고 낭만적 예술형식의 특징이라 할 것이다. 그 관계들은 미의 참된 이념으로서의 이상을 추구하고, 달성하고 또한 초극하는 가운데 성립한다.

III. 제3부는 이상의 개념과 일반적 예술형식들을 전제로 하며, 그런 까닭에 제1부 및 제2부와 대비하여 특정한 감각적 질료를 통한 일반적 예술형식들의 실현을 다룰 뿐이다. 따라서 우리는 이제 더 이상 일반적 기본 규정들에 따르는 예술미의 내적 전개와 관계하는 것이 아니라, 이러한 규정들이 어떻게 현존재가 되며, 자신을 어떻게 대외적으로 구분하고, 미의 개념 속에 있는 각각의 계기들이 단지 일반적 형식으로서가 아니라 독자적으로 그 자체가 어떻게 예술작품으로 현실화되는지를 고찰해야 한다. 그런데 예술은 미의 이념에 내재하는 고유한 차별성들을 외적 현존재로 변환시키는 까닭에, [115] 개별 예술들의 분류와 규명을 위한 이 제3부에서는 일반적 예술형식들이 기본 규정으로서도 간주되어야 한다. — 달리 말해 예술의 여러 종種들이 내포하는 본질적 차이들은 우리가 일반적 예술형식들의 본질적 차이들로서 알게 되었던 것과 같은 것이다. 이 형식들은 하나의 감각적인 특수한 질료를 통해 외적 객관성을 얻으며, 또한 이 외적 객관성이 형식들을 독자적인 것으로 분리하여 그들이 특정한 양식들로, 즉 특수한 예술들로 실현되게끔 만든다. 왜냐하면 각각의 형식은 자신의 특정한 성격을 특정한 외적 질료 속에서도 발견하며 또한 그 질료의 표현방식 속에서 자신의 적절한 실현을 보기 때문이다. 그러나 다른 한편 예의 예술형식들은 그 규정성의 면에서 보편적 형식들이며, 그런 만큼 특정 장르의 예술을 통한 특수한 현실화 너머로도 확장되며, 그리하여 다른 예술들을 통해서도, 비록 부차적일망정, 자신의 현존재를 얻는다. 따라서 특수한 예술들은 한편으로 일반적 예술형식들 중의 하나에 전형적으로 속하고 그에 적합한 외적 예술현실성을 형성하지만, 다른 한편 그것들은 나름의 외적 형상화의 양식 속에서 예술형식들의 총체성을 표현하고 있다.

그러므로 우리는 제3부에서 전반적으로 예술미가 여러 예술 및 그 작품에서 "어떻게 현실화된 미라는 세계로 전개되는가?"라는 문제와 관계한다. 이러한 세계의 내용은 우리가 보았듯 아름다움, 그것도 참된 아름다움이자, 형상화된 정신성, 이상, 그리고 좀 더 자세히 말해 절대정신, 진리 자체이다. 직관과 감응을 위해 예술적으로 표현된 신적 진리라는 이 영역은 독립적이고 자유롭고 신적인 형상으로서의 전체 예술세계의 중심점을 이루는데, 이 형상은 형식과 질료라는 외적 요인을 완전히 자신의 것으로 만들어 그것을 다만 진리 자체의 현현으로서 겉에 두르고 있을 뿐이다. 그렇긴 하되 미는 여기서 객관적 현실로 전개되고 이로써 또한 개별적 측면들 및 계기들의 독자적 특수성으로도 [116] 분리되기 때문에, 이제 이 중심은 고유한 현실성으로 실현된 자신의 극단들을 자신과 대비시킨다. 그리하여 이러한 극단들 중 하나는 아직 정신이 결여되어 있는 객관성, 신의 단순한 자연환경을 형성한다. 이 경우에는 자기 자신보다는 타자 속에 자신의 정신적 목적과 내용을 갖는 외적 요인 그 자체가 형상화된다.

이에 반해 다른 하나의 극단은 내면적인 것, 즉 다양하게 특수화된 신성의 주관적 현존재로서 의식화된 신적 요소이다: 이것은 개별적 주관들이 갖는 감각, 심정, 그리고 정신 속에서 작용하며 생동하는 진리이자, 그 외적 형상으로 주조되어 머무는 것이 아닌, 주관적이며 개별적인 내면으로 회귀하는 진리이다. 그리하여 동시에 신적인 것 그 자체는 신성으로서의 그 순수한 현현과 구분되며, 이로써 스스로가 일체의 개별적이며 주관적인 앎, 느낌, 바라봄, 그리고 감응에 귀속하는 특칭성 속으로 발을 들인다. 예술이 그 최고의 단계에서 직접 연관하고 있는 종교라는 유비적 영역에서는 동일한 차이가 다음과 같은 식으로, 즉 한편으로는 우리에 대해 유한성을 갖는 현세적, 자연적 삶이 있고, 하지만 두 번째로는 의식이 객관성과 주관적 요소의 차이가 없어진 신을 대상화하며, 마침내 세 번째로 신 그 자체로부터 신앙공동체의 예배로, 주관적 의식 속에 살아 임하는 신에게로 다가가는 식으로 파악된다. 이러한 3개의 주된 차이들은 독자적 발전을 갖는 예술계에서도 나타난다.

1. 예술 장르들 중에서 이러한 기본 규정에 따라 우리가 출발해야 하는 첫 번째의 예술은 아름다운 건축이다. 건축의 과제는 외적, 비유기적 자연을 솜씨 있게 다루어 그것이 예술에 부합하는 외적 세계로서 정신에 근사한 것이 되게끔 만드는 것이다. 건축의 질료는 그 자체가 기계적이고 육중한 덩어리로서 직접적 외면성을 갖는 물질성이며, 그 형식들은 균제라는 추상적 오성관계들에 따라 정렬된 비유기적 자연의 형식들이다. [117] 이러한 질료와 형식들에서는 구체적 정신성으로서의 이상이 실현되지 않으며 따라서 표현된 실제는 외적인 것으로서 이념에 대립하여 이념이 삼투하지 않은 채 있거나 혹은 그저 추상적 관계로 있을 뿐이기 때문에 건축예술의 기본 전형은 상징적 예술형식이다. 왜냐하면 건축은 신과 부합하는 현실성

에 처음으로 길을 닦아 주며, 또한 신에 봉사하는 가운데 객관적 자연에 노력을 기울여 그것이 유한성이라는 덤불과 우연이라는 괴물로부터 벗어나게끔 만들기 때문이다. 이를 통해 건축은 신을 위한 자리를 고르고, 신의 외적 환경을 형성하며, 또한 정신의 절대적 대상들을 향한 내적 축적 및 그 방향을 위한 공간으로서 신의 사원을 건설한다. 건축은 회중會衆의 집회를 위해 폭풍의 위협, 비, 뇌우, 야생동물들을 막는 보호처로서 하나의 에워싸인 공간을 우뚝 세우며, 또한 예의 자기축적의 의지를 비록 외적이긴 하지만 예술에 부합하는 방식으로 노정한다. 건축이 떠맡는 작업내용의 규정성이 의미 있을수록 혹은 없을수록, 구체적일수록 혹은 추상적일수록, 자기 자신 속으로 깊이 침잠할수록 혹은 불투명하고 피상적일수록, 건축은 이러한 의미를 그만큼 더 많이 혹은 더 적게 자신의 질료와 그 형식들 속에 투입할 수 있다. 그렇다, 건축은 이 관계에서 심지어 그 형식들과 질료 속에서 그러한 내용에 적합한 예술 현존재를 마련해 주는 데까지 나아가고자 할 수도 있다. 그러나 그렇게 되면 건축은 이미 자신의 고유한 영역을 넘었으며 자신보다 더 높은 단계인 조각으로 건너가고자 동요한다. 왜냐하면 건축의 한계는 내면적인 것으로서의 정신성을 자신의 외적 형식들에 대립해서 갖는다는 점, 그리고 이로써 영혼적인 것을 단지 타자로서 암시할 뿐이라는 점에 있기 때문이다.

2. 그렇다고는 하나 건축을 통해 비유기적 외부세계가 정화되고 균형 있게 정렬되어 정신에 근사한 것이 되니, 신의 사원, 그의 신앙공동체의 집이 완성되어 서게 된다. 그런 후 둘째, [118] 개별성의 섬광이 둔중한 덩어리를 내리쳐 관통하고, 또한 정신 자체의 무한한, 더 이상 단지 균제적이지만은 않은 형식이 신체성을 농축하고 형태화함으로써, 이러한 신전 속으로 신 자신이 들어선다. 이것은 조각의 과제이다. 건축은 정신적 내면성을 그저 암시만 할 뿐이었으나 조각에서는 그것이 감각적 형상과 그 외적 질료

속으로 들어와 터를 잡으며 이 양 측면은 어느 한쪽도 우세하지 않게끔 그렇게 교호적으로 형성되는 까닭에, 조각은 고전적 예술형식을 기본 전형으로 갖는다. 그러므로 감각적인 것에는 정신성 자체의 표현이 아니라 할 어떠한 표현도 그 자체로서 더 이상 남아 있지 않으며, 또한 역으로 전적으로 신체적 형상 속에서 적절히 가시화되지 않는 어떠한 정신적 내용도 조각에서는 완벽하게 표현될 수 없다. 왜냐하면 조각을 통해 신체적 형식을 갖는 정신은 직접적 통일 속에서 고요한 열락 가운데 있어야 할 것이며, 형식은 정신적 개별성의 내용을 통해 생명을 부여받아야 할 것이기 때문이다. 그리하여 외적·감각적 질료도 역시 더 이상 단순히 무거운 덩어리라는 그 기계적 특질에 따라서만 다루어지지 않으며, 비유기적인 것의 형식들 속에서 취급되지도 않고, 채색 등등에 대해 무차별적인 것으로 다루어지지도 않는다. 오히려 그것은 인간적 형상의 이상적 형식들 속에서, 그것도 공간적 차원들의 총체성 속에서 다루어진다. 즉 이 후자의 관계에서 우리는 조각에 대해 단언할진대, 조각에서 처음 내면성과 정신성의 영원한 고요와 본질적 독립성이 현상하는 것이다. 이러한 고요 및 자신과의 통일에는 오로지 자체로서 아직 이러한 통일 및 고요에 집착하는 외면성이 상응할 뿐이다. 이 외면성이 조각의 추상적 공간성에 따르는 형상이다. 조각이 표현하는 정신은 내적으로 견실한, 우연성과 열정들의 유희로 복잡다단하게 분열되지 않은 정신이다. 그러므로 조각은 외면적 모습도 또한 이러한 다양성을 갖는 현상으로 가게끔 두지 않고, 거기에서 오직 이 하나의 측면만을, 즉 차원들의 총체성을 갖는 추상적 공간성만을 포착하는 것이다.

[119] 3. 이제 건축이 신전을 올리고 조각의 손길이 신의 조상彫像을 그 속에 세웠다면, 셋째, 자신의 거처의 넓은 회당에서 이렇듯 감각적으로 현재하는 신에게 교구[신앙공동체]가 마주 선다. 교구는 그러한 감각적 현존재의 정신적인 내적 반성이고, 정신이 깃든 주관성이자 내면성이니, 따라서 이

러한 내면성과 더불어 예술내용 및 그것을 외적으로 표현하는 질료에 대해 결정적 원칙이 되는 것은 특수화, 개체화 및 그에 속하는 주관성이다. 조각에서 보이는 신의 견실한 내적 통일성은 다수의 개별화된 내면성으로 분할되니, 그 통일성은 감각적 통일성이 아니라 다만 추상관념적 통일성으로 존재할 뿐이다. 그리하여 신은 비로소 스스로가 이러한 교행交行으로서, 그의 내적 통일성과 그의 실현의 이러한 교차로서 참되게 정신으로 ― 그의 교구에 내재하는 정신으로 존재하니, 이 실현은 주관적 앎 및 그 특수화 속에서, 보편성과 다양성의 통일 속에서 이루어진다. 신은 이 교구 안에서 열리지 않은 자기동일성이라는 추상에서 벗어나 있을 뿐만 아니라, 조각이 신을 표현하는 바와는 달리 육체성으로의 직접적 침잠에서도 벗어나 있으며, 또한 정신성과 앎으로, 이러한 반영으로 고양되어 있으니, 이 반영은 본질적으로 내면적인 것으로 그리고 주관성으로 현상한다. 이를 통해 정신적인 것은 이제 한층 고차적인 내용으로, 그것도 절대적 정신성으로 존재한다. 그러나 예의 분열을 통해 그것은 동시에 특수한 정신성, 특칭적인 심정으로 현상한다. 그리고 관건은 신의 내면적인 자족적 고요가 아니라, 비침 일반, 대타존재Sein für Anderes, 자기표명인 까닭에, 이제는 인간적 정열, 행위, 사건으로서 극히 다양화된 주관성의 생명력 있는 운동과 활동이, 무릇 인간적 감응, 의지, 체념이라는 광범위한 영역이 그 자체로서 예술적 표현의 대상이 된다. ― 이제는 예술의 감각적 요소도 마찬가지로 이러한 내용에 알맞도록 자체로서 특수화되고 또 주관적 내면성에 적합해야 한다. 그러한 질료를 제공하는 것은 색채, 음향, 그리고 마지막으로 내적 직관과 표상들의 단순한 표현으로서의 음운이며, [120] 또한 질료를 통한 앞의 내용의 실현양식으로는 회화, 음악, 그리고 시문학이 있다. 여기서는 감각적 소재가 즉자 자체로서 특수화되고 또한 어디서든 추상관념적으로 정립되어 현상하는 까닭에, 그것은 무릇 정신적 예술의 내용에 가장 잘 상응하며, 또한 정신적 의미와 감각적 질료의 관계는 건축과 조각에서 가능했던 것보다 한층 고차적인 내면성으로 성장하게 된다. 하지만 이것은 한층 내면적인 통일이되 완전히 주관적 측면을 향하는 통일이며, 또한 형식과 내용이 특칭화되고 추상관념적으로 정립되어야 하는 까닭에, 내용의 객관적 보편성 및 내용과 직접적 감각성의 융합을 희생함으로써 비로소 성취되는 통일이다.

형식과 내용이 상징적 건축과 조각의 고전적 이상을 떠남으로써 이제 관념성으로 고양되듯이, 이 예술들은 낭만적 예술형식에서 —이것은 그들의 형상방식을 최적으로 표출하는 적임자이다— 그 전형을 취한다. 그런데 낭만적인 것은 그 자체가 내적으로 가장 구체적인 형식이며, 그런 까닭에 이 예술들은 예술들의 총체성이다.

개별 예술들의 이러한 제3의 국면은 내적으로 다음과 같이 구분될 수 있다.

a) 조각을 뒤따르는 첫 번째 예술은 회화이다. 회화는, 가시성이 동시에 그 자체에서 특칭화되는 한, 즉 진일보하여 색채로 규정되는 한, 가시성 자체를 자신의 내용과 그 형상화를 위한 질료로서 사용한다. 건축과 조각의 질료도 마찬가지로 가시적이며 또 채색되기도 하지만, 그것은 회화에 있는 바와 같은 가시화하기 그 자체가 아니다. 그것은 내적으로 단순한 빛, 즉 자신의 대립인 어두움에 즉해서 자신을 특화하고 또한 어두움과 어울려 색채로 화하는 빛과 같은 것이 아니다. 그리하여 내적으로 주관화되고 추상관념적으로 정립된 이 가시성은 건축의 경우와 같이 중량 있는 질료에 적용되는 질량의 추상적인 기계적 차별성들, 혹은 조각이 유지하고 있는 감각적 공간성의 총체성을 [121] —이것이 제아무리 농축되어 있고 또한 유기적인 형식들을 갖는다고는 하지만— 모두 필요로 하지 않는다. 오히려 회화의 가시성과 가시화하기는 그 차별성들을 보다 추상관념적인 차별성들로서, 즉 여러 색채들의 특수성으로서 지니며, 또한 그것은 평면의 차원에 제

한됨으로써 질료의 감각적-공간적 완전성으로부터 예술을 해방시킨다.

다른 한편 내용도 역시 매우 광범위한 특칭화를 획득한다. 인간의 가슴 속에서 감응, 표상, 목적으로서 자리를 얻을 수 있는 것, 인간의 가슴이 행동으로 형상화해 낼 수 있는 것, 이러한 일체의 다양한 것들이 회화의 다채로운 내용을 이룰 수 있다. 특수성의 전 영역이, 정신의 지극한 내용에서부터 아래로는 극히 개별화된 자연대상에 이르기까지, 자신의 자리를 얻는 것이다. 왜냐하면 유한한 자연의 특수한 광경이나 현상들 속에 정신의 요소에 대한 모종의 암시가 들어 있어 그것들을 사상 및 감응과 한층 밀접하게 맺어 준다면, 회화에서는 이도 역시 등장할 수 있기 때문이다.

b) 회화와 대조적으로 낭만성을 실현하는 두 번째 예술은 음악이다. 음악의 질료는 여전히 감성적이긴 해도 한층 깊은 주관성과 특수화로 발전한다. 회화가 아직 공간의 총체적 가상을 그대로 두며 또한 그것을 의도적으로 가장한다면, 음악은 공간의 무차별적 확산도 역시 지양하여 그것을 점點이라는 개별적 일자로 관념화한다는 사실에서 음악을 통한 감각성의 추상관념적 정립을 찾을 수 있다. 그러나 이러한 부정성으로서의 점은 내적으로 구체적이며 또한 질료성 내부에서의 능동적인 지양, 즉 질료적 물체가 자기 자신에 대한 관계 속에서 내적으로 갖는 운동이자 떨림으로서의 지양인 것이다. 더 이상 공간적이 아닌, 시간적 관념성으로 현상하는 질료의 그러한 초기적 관념성이 음향, 곧 부정적으로 정립된 감각성인데, 음향이 추상관념적 요소를 언필칭 질료의 구속으로부터 떼어 냄으로써 감각성의 추상적 가시성이 가청성可聽性으로 변화한 것이다. 질료의 이러한 최초의 내밀함과 그 영혼이 [122] 아직 규정되지 않은 정신의 내밀함과 영혼을 위해 질료를 제공하며, 그 울림 속에서 심정의 감응과 열정들에 속하는 모든 음계를 울리고 또 스러지게 한다. 이리하여 조각이 건축과 낭만적 주관성의 예술들 중간에 서 있듯이 음악은 다시 낭만적 예술들의 중간을 형성하며, 또

한 회화의 추상적·공간적 감각성과 시문학의 추상적 정신성 사이의 통문通門을 이룬다. 그 결과 감응과 내면성의 대립으로서의 음악은 건축과 마찬가지로 양量의 오성적 관계 및 음향들과 그 조합의 고정된 법칙성이라는 기초를 내면 자체에 갖는다.

c) 마지막으로 낭만적 예술형식의 가장 정신적인 제3의 표현에 관해 살펴보려면, 우리는 그것을 시문학에서 찾아야만 한다. 이미 음악과 회화가 예술을 감각적 요소로부터 해방시키기 시작했으나, 시문학의 특징적 고유성은 감각적 요소를 정신과 그 표상들 아래 종속시키는 힘에 있다. 왜냐하면 시문학이 갖는 최후의 외적 질료인 음운은 여기서는 더 이상 음향적 감응 그 자체가 아니라 독자적으로는 무의미한 기호, 그것도 내적으로 구체화된 표상의 기호이지, 단지 비규정적 감응이나 그 뉘앙스들 및 미묘한 변화들만을 위한 기호가 아니기 때문이다. 이를 통해 음향은 내적으로 분화된 성음으로서의 단어, 즉 표상과 사상들의 표현에서 자신의 의의를 갖는 단어로 변화한다. 왜냐하면 음악이 지향했던 내적으로 부정적인 점은 이제 완전히 구체적인 점, 정신의 점, 자의식적인 개체로 등장하며, 이 개체는 표상이라는 무한한 공간과 음향의 시간을 그 자체에서 결합하기 때문이다. 그런데 음악에서는 이러한 감각적 요소가 아직 내면성과 직접적으로 하나였으나 여기서는 그것이 의식의 내용에서 떨어져 나가며, 반면 정신은 이 내용을 그 자체로서 그리고 내면적으로 규정하여 표상화한다. [123] 정신은 비록 이 표상의 표현을 위해 음향을 사용하지만, 그것을 다만 그 자체로서는 가치와 내용을 갖지 않는 기호로서 사용할 뿐이다. 이리하여, 가시성이 그렇듯 가청성도 정신의 단순한 암시로 내려앉은 까닭에, 음향 역시 그에 못지않게 단순한 문자로서 존재할 수 있는 것이다. 이런 연유로 시적 표현의 고유한 요소는 시적 표상이자 정신적 가시화 그 자체이며, 이 요소는 모든 예술형식들에 공통적이므로 시심詩心, Poesie 역시 모든 예술을 관류하고

또한 그것들 속에서 독자적으로 전개되는 것이다. 시예술은 외적-감각적 질료에 얽매여 실현되는 정신의 예술이 아니라 내적으로 자유롭게 된 정신이 갖는 보편적 예술인바, 이 정신은 오로지 표상과 감응이라는 내적 공간과 내적 시간 속에서 반포되는 것이다. 하지만 바로 이러한 최고의 단계에서 이제 예술은 자신을 넘어서게 되니, 그 까닭은 예술이 정신의 화해된 감각화라는 요소를 떠나 표상의 시문학으로부터 사유의 산문으로 건너가기 때문이다.

이것이 예술 장르들, 건축이라는 외적 예술, 조각이라는 객관적 예술, 회화, 음악, 그리고 시문학이라는 주관적 예술들의 총체를 분류한 결과일 게다. 다른 분류들이 다양하게 시도된 것도 사실이다. 왜냐하면 예술작품은 극히 다양한 측면들을 제공하며 그래서 종종 그러하듯이 사람들은 때로는 이 측면을, 때로는 저 측면을, 예컨대 감각적 질료와 같은 것을 분류 근거로 삼을 수 있기 때문이다. 이 경우라면 건축은 질료의 결정화結晶化이며, 조각은 감각적-공간적 총체성 속에서의 질료의 유기적 형상화이다. 회화는 채색된 평면과 선이다. 반면 음악에서는 공간 일반이 내적으로 충만한 시간의 점으로 이행한다. 이리하여 마침내 외적 질료는 시문학에서 완전히 몰가치성으로 내려앉게 되는 것이다. 또는 이러한 차이들이 공간성과 시간성이라는 매우 추상적인 측면에 의거하여 파악되기도 했다. 하지만 질료와 같은 그러한 예술작품의 특수성을 [124] 작품의 고유성 속에서 일관되게 추구할 수는 있겠으나, 그러한 측면 자체는 한층 높은 원리로부터 자신의 근원을 끌어내며, 또한 그러하기에 그것에 종속해야만 하므로 최종 근거로서 관철되지는 못한다.

우리는 미의 이념의 보편적 계기로 존재하는 상징적, 고전적 그리고 낭만적 예술형식들을 이러한 한층 높은 원리로서 간주하였다.

그들이 개별적 예술들에 대해 갖는 관계의 구체적 형상은 그 예술들이 예술형식들의 실제적 현존을 형성하는 방식에서 나온다. 그 이유는 다음과 같다. 상징적 예술은 건축에서 그 최적의 현실성과 최대의 적용을 구하니, 이곳은 상징적 예술이 자신의 완전한 개념에 따라 주재하는 곳이자 또한 말하자면 다른 예술의 비유기적 본성 같은 것으로 아직 격하되어 있지 않은 곳이다. 이에 반해 고전적 예술형식에서는 조각이 무제약적 실재이지만, 반면 이 예술형식은 건축을 그저 에워싸는 환경으로서만 취하며 또한 회화와 음악을 자신의 내용을 위한 절대적 형식들로서 육성할 만한 능력을 아직 갖지 못하는 것이다. 마지막으로 낭만적 예술형식은 시적 표현에서 보듯이 독립적이며 무제약적으로 회화적, 음악적 표현에 통달해 있다. 그러나 시심의 고유한 요소는 미적 판타지이며 또한 판타지는 어떠한 형식에 속하는 미이든 간에 모든 미의 생산을 위해 필수적인 까닭에, 시심은 미의 모든 형식들에 적합하며 또한 그 모든 것 위로 퍼진다.

그런고로 이제 특수한 예술들이 개별화된 예술작품들에서 실현하는 것은 개념적으로 보면 오로지 미라는 자기 전개적 이념의 보편적 형식들일 뿐이니, 스스로를 그 외적인 실현으로서 파악하는 미의 정신을 건축가와 장인으로 삼아 예술이라는 드넓은 만신전萬神殿이 솟아오르되, 세계사는 이를 수천 년의 발전 속에서 비로소 완성할지어다.

예술미의 이념 혹은 이상

유한한 현실, 종교, 그리고 철학과 관련한 예술의 위상

[127] 서론에서 벗어나 우리의 대상에 대한 학적 고찰로 진입함에 있어 미의 진정한 학이 출발해야 할 지점을 설정하기 위해 간략히 명시해야 할 것은 무엇보다 현실 일반의 영역에서 예술미가 갖는, 그리고 다른 철학적 교과들과의 관계에서 미학이 갖는 일반적 위치이다.

이를 위해서는 우선 미를 사유적으로 파악하는 여러 시도를 설명하고, 분석·판단하는 것이 합당하게 보일 수도 있겠지만, 한편 이것은 서론에서 이미 행해졌을뿐더러, 다른 한편으로는 다른 이들이 맞았는지 틀렸는지를 그저 검토할 뿐이라면, 혹은 그들로부터 그저 배울 뿐이라면 이는 진정한 학문성의 사안이 될 수 없다. 차라리 미는 바로 미인 까닭에 개념으로 파악되지 않으며 따라서 사유가 파악하지 못하는 대상으로 머문다는 속설에 관해 미리 한마디 해 두는 것이 좋겠다. 그러한 주장에 관해 이 자리에서 간략히 반박할 수 있을진대, 오늘날 아무리 여하한 참도 개념으로 파악되지 않으며 단지 현상의 유한성과 시간적 우연성만이 개념파악적인 것으로 여겨지더라도, 참된 것은 절대적 개념, 그것도 좀 더 자세히 말해 이념을 근거에 두는 까닭에, 정녕 그것만이 진정으로 개념파악적인 것이다. 그런데 미는 진리를 표현하고 서술하는 특정한 하나의 방식일 뿐이므로, 그것은 개념파악적 사유에게, 이 사유가 정말로 개념의 힘으로 무장되어 있다면, 철두철미 어느 모로나 열려 있다. 확실히 근래에 개념 자체, 즉자대자적 개념만큼 잘못 취급되는 개념도 없다. 까닭인즉 개념은 [128] 보통 표상이나 혹은 오성적 사유의 추상적 규정성과 일면성으로 이해되곤 하기 때문인데, 물론 그러한 것으로는 진리의 총체성도, 내적으로 구체적인 미도 사려 깊게 의식화될 수 없다. 왜냐하면 이미 언급했고 또 앞으로도 상론할 테지만, 미는 오성의 그러한 추상이 아니라 오히려 내적으로 구체적인 절대적 개념이며, 또한 더욱 분명하게 말하자면 절대이념 그 자체에 적합한 현상이기 때문이다.

　절대이념의 참된 현실성이 무엇인가를 간단히 특징짓고자 할 때, 그 이념이 곧 정신, 그것도 유한한 우여곡절에 매인 정신이 아니라, 보편적이고 무한하며 절대적인 정신, 진리가 진정 무엇인가를 자기 자신으로부터 규정하는 정신이란 사실을 말해 두어야 한다. 그저 우리의 일상적 의식만을 두고 본다면, 마치 정신이 자연에 대립이라도 하는 듯한 생각이 우리를 짓누르며 이 경우 우리는 자연에 동등한 존엄을 할애하게 된다. 하지만 이렇듯 정신과 자연을 똑같이 본질적 영역인 것으로 병치하여 관련짓는다면, 정신의 유한성과 한계만이 고찰될 뿐 그 무한성과 진리는 고찰되지 않는다. 말인즉슨 자연은 절대정신에 등가물이나 혹은 경계로서 대립하는 것이 아니라, 절대정신을 통해 정립되었다는 지위를 가지며, 이로써 자연은 경계와 제한의 힘이 박탈된 산물이 된다. 동시에 절대정신은 오로지 절대적 운동성으로, 따라서 정신 내면의 절대적 분별로서만 이해될 수 있다. 이제 정신은 자신을 자신으로부터 분별해 내는바, 분별된 것으로서의 이 타자가 바로 자연이며, 또한 정신은 이러한 자기 자신의 타자에게 그의 고유한 본질을 완전히 충일充溢하게 부여하는 자비이다. 그러므로 우리는 자연을 스스로가 절대적 이념을 품는 것으로 파악해야 하되, 그 이념은 절대정신을 통해 정신의 타자로 정립되어 있다는 그런 형식을 갖는 이념이다. 그런 한도에서 우리는 자연을 피조물이라고 부른다. 하여 자연의 진리는 정립자 자신, [129] 즉 관념성과 부정성으로서의 정신일지니, 그 까닭은 정신은 스스로를 내면에서 특수화하고 부정하나, 자신을 통해 정립된 것으로서의 이러한 자신의 특수화와 부정을 마찬가지로 지양하며, 또한 그 특수화와 부정 속에서 한계와 제한을 갖기보다는 자신과 타자로서의 자신을 자유로운 보편성 안에서 결합하기 때문이다. 이러한 관념성과 무한한 부정성이 정신의 주관성의 심오한 개념을 형성한다. 그러나 이제 주관성으로서의 정신은 처음에는 자신의 참된 개념을 아직 대자화하지 못하였음으로 해서 단지 즉자적으로만 자연의 진리이다. 이 경우 자연은 정신을 통해 정립된 타자, 그 속에서 정신이 자신에게로 회귀하는 타자로서가 아니라 극복되지 않은, 제한을 가하는 타자존재로서 정신에 대립하니, 지식과 의지라는 주관적인 것으로서의 정신의 실존은 현존하는 대상으로서의 이 타자존재에 연루된 채 머물러 그저 자연에 대한 상대 측면을 형성할 따름이다. 이 국면에 해당하는 것이 이론적 정신과 실천적 정신의 유한성, 인식에서의 제한성과 선의 실현에서의 단순한 당위이다. 자연에서도 그렇듯 여기서도 역시 현상은 그 참된 본질과 같지 아니하며, 또한 우리는 숙련성, 열정, 목적, 관점과 재능들의 혼란스러운 광경을 여전히 목도하는바, 그들은 서로를 원하거나 회피하며, 서로를 돕거나 방해하며, 서로 교차하지만, 그들의 의지와 노력, 사념私念과 사유에는 극히 잡다한 형태의 우연들이 대중없이 개입하고 있다. 이것이 다만 유한하고 무상하며 모순적일 뿐인, 이로써 덧없고 불만스럽고 불행한 정신의 관점인 것이다. 왜냐하면 이 국면이 제공하는 만족은 그 국면이 유한성의 형상을 갖는 까닭에 그 자체가 여전히 제한·위축되어 있으며 또한 상대적이고 개별화되어 있기 때문이다. 그러므로 시선, 의식, 의지 그리고 사유는 그러한 유한성 너머로 제고되며 또한 자신의 참된 보편성, 통일성 그리고 만족을 다른 어떤 곳, 즉 무한성과 진리 속에서 탐색하고 발견한다. 현상세계의 본질은 정신을 추동하는 이성원리가 [130] 정신의 유한성의 질료를 지양하여 이 통일성과 만족을 향해 갈 때 비로소 그 개념에 따라 참되게 드러난다. 정신은 유한성 자체를 자신의 부정으로 파악하고, 이를 통해 자신의 무한성을 쟁취한다. 유한한 정신의 이러한 진리가 절대정신이다. ― 그런데 이러한 형식을 갖는 정신은 자신 안에서 자신의 유한성을 정립하고 또한 그것을 지양하는 것이기에 오로지 절대적 부정성으로만 현재할 것이다. 이를 통해 정신은 자신의 최고의 영역에서 스스로를 그 자체로서 자신의 앎과 의지의 대상으로 만든다. 정신이 의식의 단계로 올라가 자신을 내면에서 앎의 주체이자 또한 이에 대응하는 앎의 절대적 대상으로 구분함으로써, 절대자 자체가 정신의 객체가 된다. 정신의 유한성이라는 과거의 입장에서는 정신은 절대자를 대립적이고 무한한 객체로서 인식하였고 이로써 절대자로부터 구분되는 유한자로 규정되어 있었다. 그러나 한층 높은 사변적인 관점에서 보자면, 대자적으로 자기지自己知로 존재하고자 자신을 자신 안에서 구분하며 또한 그럼으로써 정신의 유한성을 정립하고, 이 유한성 내부에서 스스로가 자기지의 절대적 대상이 되는 것은 바로 절대정신 자신이다. 그리하여 정신은 자신의 교구를 갖는 절대정신으로, 정신이자 자기지로서 현재하는 절대자로 존재한다.

이것이 우리가 예술철학에서 출발해야 할 지점이다. 왜냐하면 예술미는 논리적 이념, 사유의 순수한 요소 속에서 전개되는 절대적 사상은 아니지만 역으로 자연적 이념도 아니니, 그것은 정신적 영역에 속하되 결코 유한한 정신의 인식과 활동에 머무는 것은 아니기 때문이다. 예술의 왕국은 절대정신의 왕국이다. 여기서는 이 사실을 간단히 언급하는 것으로 그칠 수밖에 없다. 학적인 증명은 선행하는 철학 교과들의 소임이다. 즉 절대적 이념 그 자체를 내용으로 삼는 논리학, 자연철학 및 정신의 유한한 국면에 관한 철학의 소임이다. 왜냐하면 [131] 논리적 이념이 그 고유한 개념에 따라 어떻게 자연의 현존재로 전환하도록 되어 있는지, 이러한 외면성으로부터 정신으로, 그리고 정신의 유한성으로부터 다시금 정신의 영원성과 진리로 어떻게 해방되어야 하는지는 이러한 학문들에서 제시되기 때문이다.

지고하고도 참된 예술의 존엄에 걸맞은 이러한 입장에서 보면, 예술이 종교 및 철학과 동일한 영역에 있다는 사실이 즉각 드러난다. 절대정신의 모든 영역에서 정신은 자신의 우연적인 세속의 인연들과 그의 목적과 관심의 유한한 내용으로부터 벗어나, 자신의 즉자대자적 존재의 고찰과 완성을 향해 스스로를 열어 감으로써 그 현존재의 답답한 제한에서 벗어난다.

좀 더 상세한 이해를 위해 자연적·정신적 삶의 전 영역에서 예술이 갖는 이러한 위치를 우리는 다음과 같이 한층 구체적으로 파악할 수 있다.

우리 현존재의 내용 전체를 조감할진대, 이미 우리의 일상적 의식 내에서도 지극히 잡다한 관심과 그 만족이 발견된다. 우선은 광범위한 체계의 물리적 욕구들이 있는데, 이를 위해 종사하는 것으로는 폭넓은 직역職域과 관계를 갖는 대단위 직종들, 무역, 해운 그리고 기술적인 기능들이 있다. 더 높게는 법률과 법칙의 세계, 가정생활, 신분 분화, 국가라는 전체적인 포괄적 영역, 다음으로는 만인의 심성 속에 있으며 또한 신앙생활에서 충족되는 종교의 욕구, 끝으로 복잡다단한 학문의 활동, 만사를 자신 속에 포괄하는 지식과 인식의 총체성이 있다. 이 영역 내부에서 이제 예술의 활동, 미에 대한 관심과 그 형상물에서 얻는 정신적 만족이 또한 나타난다. 이제 여기서 그러한 욕구의 내적 필연성에 대한 질문이 그 밖의 생활영역 및 세계영역과 연관하여 제기된다. 일단 우리는 이러한 국면들을 무릇 [132] 현전하는 것으로서 목도한다. 그러나 학문적 요청의 면에서 중요한 것은 그것들의 본질적, 내적 연관성과 상호 필연성에 대한 통찰이다. 왜냐하면 그것들은 말하자면 그저 단순한 상호 작용관계에 있는 것이 아니라, 한 권역에는 다른 권역에 비해 더욱 고차적인 활동 양태가 들어 있으며, 그런 까닭에 하위의 권역은 필히 상위의 권역으로 넘어가야 하며, 이제 한층 폭넓은 관심의 더욱 깊은 만족을 통해 이전의 영역에서는 해결될 수 없던 것이 보완되며, 또 그런 한도에서 그것들은 완성되어 가기 때문이다. 내적 관계의 필연성은 이에 의해 비로소 제공된다.

미와 예술의 개념에 대해 기왕에 단정했던 바를 상기해 보건대, 우리는 거기에서 이중적인 것을 발견했었다: 그것은 첫째로는 내용, 목적, 의미이며, 다음으로는 이러한 내용의 표현, 현상 그리고 실제였던바, 양 측면은 셋째 외면성, 특수성이 오로지 내면의 표현인 것으로 현상하게끔 상호 삼투한다. 예술작품에는 내용에 대해 본질적으로 관계하는 것, 그것의 표현 이외에는 어떤 것도 현존하지 않는다. 우리가 내용, 의미라고 불렀던 것은 작품 제작과 구분되는 내적인 단순자, 포괄적이지만 가장 단순한 규정들로 환원된 사태 자체이다. 예컨대 한 책의 내용이 몇 개의 단어들 혹은 문장들로 소개된다면, 내용의 보편적 측면은 이미 언급되어 있는 것이며 또한 이것이 관계하지 않는 어떤 것도 책에 나와서는 아니 되는 법이다. 이 단순자, 말하자면 이 테마는 작품 제작의 근거를 이루되 추상적이며, 그에 반해 작품 제작이 비로소 구체적이다.

그런데 이제 이러한 대립의 양 측면은 무차별적이거나 —가령 내적으로 단순한 내용으로서 삼각형, 타원과 같은 수학적 도형에 대해 특정한 크기나 색깔 등과 같은 외적 현상이 무차별적이듯이— 외적으로 병존한다는 규정을 갖는 것이 아니라, 단순한 내용으로서의 추상적 의미는 [133] 제작되고 또 그럼으로써 구체화되어야 한다는 규정을 자체 내에 갖는다. 이와 더불어 본질적으로 하나의 당위가 나타난다. 제아무리 하나의 내용이 그 자체로 타당할 수 있을지라도, 우리는 이러한 추상적 타당성으로는 만족하지 않으며 그 이상의 것을 요구한다. 이것은 처음에는 단지 충족되지 못한 욕구이자, 스스로를 지양하여 만족으로 나아가고자 노력하는 것, 무언가 충분치 않은 것으로 주관 속에 존재한다. 이런 의미에서 우리는 말할 수 있을진대, 내용은 우선 주관적인 것이자 객관적인 것에 대립하는 한낱 내적인 것이어서, 이제 요청되는 것은 이러한 주관적인 것의 객관화이다. 주관적인 것과 이에 대치하는 객관성의 그러한 대립, 그리고 이것을 지양해야 하는 당위는 만사를 관류하는 철저히 보편적인 규정이다. 우리의 육체적 생명성은 물론이거니와 나아가 우리의 정신적 목적과 관심의 세계까지도 다음의 요구, 즉 우선은 그저 주관적이며 내적으로만 현존하는 것이 객관화되게끔 관철하고 그런 후 이러한 완전한 현존재에서 비로소 만족을 찾으라는 요구에 기반을 둔다. 이제 관심과 목적의 내용은 우선은 단지 주관적인 것이라는 일면적 형식으로 현존하고 또한 일면성은 한계인 까닭에, 이러한 결함은 동시에 불안, 고통으로서, 무언가 부정적인 것으로서, 즉 부정적인 까닭에 스스로를 지양해야 하며 따라서 감지된 결함을 교정하고 의식·사유된 한계를 극복하고자 진력하는 것으로서 밝혀진다. 그리고 그것도 주관적인 것에는 그 상대 측면, 즉 객관적인 것이 그냥 분리되어 있다는 의미에서 그런 것이 아니라, 주관적인 것 자체에 속해 있으며 또한 그것에 의해 의식되는 이러한 결함은 주관적인 것 자체가 갖는 결함이자 부정이며, 주관적인 것이 다시금 그 부정을 위해 노력하는 부정이라는 한층 규정적인 연관성에서 그러하다. 말하자면 주관은 그 개념에 따를 때 즉자적으로 총체적인 것, 즉 단순히 내적인 것일 뿐만 아니라 외적인 것 일반에 기대어 이루어지는 그 실현이기도 한 것이다. 이제 주관이 일면적으로 단지 하나의 형식으로만 존재한다면, 그 즉시 그것은 개념에 따를 때는 전체로 존재하고 [134] 실존에 따를 때는 단지 하나의 측면으로만 존재한다는 모순에 빠진다. 따라서 자신 속에 있는 그러한 부정의 지양을 통해 삶은 비로소 자신에게 긍정적이게 된다. 이러한 대립, 모순, 그리고 그 해소의 과정을 두루 거치는 것이 생명체에게 주어진 한층 고차적인 특전이다. 처음부터 그저 긍정적일 뿐인 것은 생명이 없는 것이다. 삶은 부정과 그 고통으로 나아가 대립과 모순을 제거함으로써 비로소 그 자체로서 긍정적이게 된다. 삶이 모순의 해소 없이 단순한 모순에 머문다면, 그 삶은 물론 모순에 즉해 파멸하고 만다.

추상적이긴 하지만 이것이 이 지점에서 우리가 필요로 하는 규정들일 게다.

주관적인 것이 자신 안에 담을 수 있는 최고의 내용을 이제 우리는 간단히 자유라고 부를 수 있다. 자유는 정신의 최고 규정이다. 자유는, 우선 아주 형식적인 측면에서 보자면, 주관이 자신과 대립하는 것 속에서 그 어떤 생소함, 한계, 제한도 갖지 않고 오히려 거기에서 자기 자신을 발견한다는 점에서 성립한다. 벌써 이런 형식적 규정에만 비춰 봐도 이 경우에는 모든 궁핍과 불행이 사라지고, 주관은 세계와 화해하여 그 속에서 만족하며, 일체의 대립과 모순은 해소되어 있다. 그러나 좀 더 자세히 보자면 자유는 이성적인 것 일반, 예컨대 행위의 인륜성, 사유의 진리를 자신의 내용으로 갖는다. 그런데 자유 자체는 처음에는 단지 주관적일 뿐 실행된 것이 아니기 때문에, 주관에는 부자유, 자연필연성으로서의 단순한 객체성이 대립하며, 그리하여 이러한 대립을 해소하라는 요구가 즉각 발생한다. 다른 한편 내면적, 주관적인 것 자체에서도 유사한 대립이 발견된다. 자유에는 한편 내적으로 이미 보편적이고 자립적인 것, 정의, 선, 진리의 보편적 법칙이 속하며, 다른 한편 인간의 충동, 감응, 경향성, 열정, 그리고 개별적 인간의 구체적인 가슴이 품는 일체의 것이 그에 대면한다. [135] 이러한 대립도 역시 투쟁과 모순으로 나아가며, 그때 이 분란 속에서 갖가지 동경, 극심한 고통, 고뇌 그리고 온갖 불만족이 발생한다. 동물들은 자신과도, 그들을 둘러싼 사물들과도 평화롭게 살지만, 인간의 정신적 본성은 양면성과 분열을 싹틔우며 그 모순 속에서 방황한다. 왜냐하면 인간은 내면적인 것 그 자체, 순수 사유, 법칙과 그 보편성의 세계에서는 견뎌 낼 수 없으며, 감각적 현존, 감정, 가슴, 심정 등도 역시 필요로 하기 때문이다. 철학은 이로 인해 비롯되는 대립을 있는 그대로 그 철저한 보편성에 따라 사유하며, 또한 똑같이 보편적으로 그 대립의 지양으로 나아간다. 그러나 생의 직접성 속에 있는 인간은 직접적인 만족을 재촉한다. 예의 대립의 해소를 통한 그러한 만족을 우리는 감각적 욕구의 체계에서 가장 먼저 발견한다. 이러한 국면에서는 배고픔, 갈증, 피로, 그리고 먹기, 마시기, 배부름, 잠자기 등이 그러한 모순과 그 해소의 실례들이다. 그러나 인간적 현존의 이러한 자연영역에서는 만족의 내용이 유한하고 제한적인 종류의 것이다. 그 만족은 절대적이지 않으며, 따라서 재차 새로운 필요성으로 끊임없이 나아간다. 실컷 먹고 자는 것도 소용없이 다음 날이면 배고픔과 피로가 처음부터 다시 시작된다. 나아가 그런 후 인간은 정신적 요소를 갖기에 앎과 의지, 인식과 행위의 만족과 자유를 추구한다. 무지한 자는 부자유스럽다. 왜냐하면 그에게는 저위와 저 밖이라는 생소한 세계가 대면하니, 그는 여기에 종속하며, 이 생소한 세계를 자신을 위한 것으로 만들지도 또 그리하여 자신의 것으로서의 그 세계 속에서 자기 자신 곁에 존재하지도 못하기 때문이다. 철학적 통찰의 최저 단계에서 최고 경지에 이르기까지 지식욕의 충동, 인식을 향한 열망은 오로지 예의 부자유스러운 관계를 지양하여 표상과 [136] 사유 속에 있는 세계를 자신의 것으로 만들려는 노력에서 나올 따름이다. 이와는 반대로 행위에서의 자유는 의지의 이성이 현실성을 얻는 방향으로 나아간다. 의지는 이러한 이성을 국가적 삶에서 실현한다. 참으로 이성적으로 분화된 국가의 모든 법률과 제도는 본질적 규정에 따르는 자유의 실현에 다름이 아니다. 이 경우 개별적 이성이 이러한 제도들 속에서 발견하는 것은 그 고유한 본질의 현실성일 따름이며, 또한 이러한 법칙들에 복종할 때 그 이성과 동행하는 것은 그에게 생소한 것이 아니라 바로 그의 고유성이다. 종종 자의도 또한 자유라고 불리는 것이 사실이긴 하다. 하지만 자의는 그저 비이성적 자유일 뿐이며, 의지의 이성에서 비롯하기보다는 우연적 충동과 감각적, 외적인 것에 대한 그 충동의 종속에서 비롯하는 선택과 자기규정일 뿐이다.

그러므로 이제 인간의 육체적 욕구, 지식과 의지는 사실상 세계 속에서 만족을 얻고, 주관적인 것과 객관적인 것의 대립, 내적 자유와 외적으로 현존하는 필연성의 대립을 자유의 방식에 따라 해소한다. 그럼에도 불구하고 이러한 자유와 만족의 내용은 제한적이며, 그리하여 자유와 자기만족은 유한성의 측면도 역시 간직하게 된다. 그러나 유한성이 있는 곳에는 늘 대립과 모순이 또다시 새로이 돌출하며, 만족은 비교급을 넘지 못한다. 예컨대 법률과 그 현실성에서는 나의 이성원리, 나의 의지, 그리고 그 자유가 인정되고, 나는 인격으로서 간주되고 또한 그 자체로서 존중되는 것이 사실이다. 나는 재산을 소유하며, 그것은 나의 소유물로 머물러야 한다. 만약 그것이 위협받으면 법정은 나의 권리를 옹호한다. 하지만 이러한 인정과 자유는 언제나 그렇듯 단지 개체적, 상대적인 측면과 그 개체적 객체들에만, 그러니까 이 집, 이 금액, 이 특정한 권리나 법 등등, 이 개별적 행위와 현실성에만 관여한다. 여기에서 의식이 목전에 두는 것은 개체성들인데, 이것들은 서로 관계하고 또한 관계의 총화를 이루기는 하지만, [137] 다만 극히 상대적인 범주들과 잡다한 조건들 아래서 그럴 뿐이며, 이러한 것들이 지배할 경우 만족은 일시적으로 나타날 수도, 나타나지 않을 수도 있다. 이제 더욱 높은 곳에서 전체로서의 국가적 삶이 내적으로 완성된 총체성을 형성하고 있긴 하다. 군주, 정부, 법정, 군대, 시민사회의 제도, 단체 등등, 권리와 의무, 목적과 그 충족, 규정된 행동양식, 업적을 통해 이 전체는 자신의 일상을 성취하고 또 유지한다. ― 이러한 전체 조직은 진정한 국가 속에서 내적으로 성숙하고 완성되며 실현된다. 그러나 원칙 그 자체는 ―그 현실은 국가적 삶이며 또한 인간은 그 속에서 만족을 추구한다―, 아무리 그것이 자신의 내적, 외적 분화 속에서 다양하게 전개될지라도, 마찬가지로 또다시 내적으로 일면적이며 추상적이다. 이 원칙 속에서 천명되는 것은 의지의 이성적 자유일 뿐이다. 자유가 현실화되는 곳은 오로지 국가, 그것도 다시금 이 개별적 국가일 뿐이며, 그럼으로써 그곳은 그 자체가 다시금 현존재의 특수한 국면이자 그 개별화된 실제이다. 그리하여 인간은 이러한 영역들 속에 있는, 그 세속적이자 다시금 유한한 현존재의 양태들 속에 있는 권리와 의무들이 충분치 않다는 사실, 그 권리와 의무들이 그들의 객관성에 있어서나 주관에 대해 갖는 관계에 있어서나 여전히 더욱 고차적인 검증과 인정을 필요로 한다는 사실을 느끼게 된다.

이 모든 면에서 유한성에 얽매인 인간이 추구하는 것은 한층 고차적이며 실체적인, 유한성의 갖가지 대립과 모순들이 궁극적으로 해결되며 또한 자유가 충족될 수 있는 진리의 영역이다. 이것은 진리 자체의 영역이지 상대적으로 참된 것의 영역이 아니다. 최상의 진리, 진리 그 자체는 최고의 대립과 모순의 해소이다. 그 속에서는 자유와 필연, 정신과 자연, 앎과 대상, 법칙과 [138] 충동의 대립, 곧 여하한 형식의 대립과 모순 일반도 대립과 모순으로서는 더 이상 아무런 효력도 갖지 못한다. 이러한 진리를 통해 밝혀지는 것은 필연성에서 분리된 주관적 자유로서의 자유가 절대로 그 자체로 참일 수 없으며, 그와 마찬가지로 홀로 고립된 필연성에도 진리성이 귀속되어서는 안 된다는 사실이다. 이에 반하여 일상적 의식은 이러한 대립을 넘어서지 못하고, 모순 속에서 절망하거나 혹은 모순을 버려두고 기타의 다른 방식으로 자위책을 강구한다. 그러나 철학은 모순적인 규정들의 한가운데로 들어가, 그 규정들을 개념의 면에서 인식한다. 즉 철학은 일면성 속에 있는 그 규정들을 절대적인 것이 아니라 스스로를 해소하는 것으로서 인식하며 또한 그들의 조화와 통일을 정립하는데, 이러한 통일이 진리인 것이다. 철학의 과제는 진리의 이러한 개념을 파악하는 것이다. 그런데 철학은 만물 속에 있는 개념을 인식하며 또 그럼으로써 유일하게 개념파악적인 참된 사유이지만, 즉자적 진리로서의 개념과 실존은 ―이 실존이 그 진리에 상응하든 하지 않든 간에― 별개의 것이다. 유한한 현실에서는 진리에 속하는 규정들이 상호 외재적인 것으로서, 그 진리의 측면에서는 불가분한 것의 분리로서 현상하는 법이다. 생명력 있는 것은 예컨대 개인으로 존재하지만, 이에 못지않게 그를 둘러싼 비유기적 자연에 대립하는 주관으로서도 나타난다. 개념은 이러한 측면들을 물론 포함하지만, 화해된 것으로서 포함한다. 그러나 유한한 실존은 이 측면들을 분리시키며, 이로써 개념과 진리에 부적합한 실제로서 존재한다. 이렇듯 개념은 어디에나 있다고 할 것이지만, 관건이 되는 것은 특수한 측면들과 대립들이 실제적 자립성과 경직성 속에서 상호 대립적으로 머물지 않는, 다만 자유로운 조화로 화해된 추상관념적 계기들로서 간주될 뿐인 이러한 통일성 속에서 과연 개념이 그 진리의 면에서 현실화될 것인가의 여부이다. 이 지고한 통일의 현실성이 비로소 진리, 자유 그리고 만족의 영역으로 존재한다. [139] 우리는 이러한 영역에서의 삶을, 즉 감응으로서는 은총으로 존재하며 사유로서는 인식으로 존재하는 진리의 이러한 향유를 일반적으로 종교 속에서의 삶이라고 표현할 수 있다. 그 까닭은 종교는 보편적 영역이며, 이 영역에서는 하나의 구체적 총체성이 인간에게 자신의 고유한 본질이자 자연의 본질인 것으로 의식되고, 또한 이 하나의 참된 현실성만이 그에게 특수자와 유한자를 초월하는 최상의 힘으로 드러나는데, 이 힘을 통해서 여타의 경우에는 분열·대립된 모든 것들이 한층 고차적인 절대적 통일성으로 귀환하기 때문이다.

그런데 예술도 역시 의식의 절대적 대상으로서의 진리에 종사하는 까닭에 정신의 절대적 영역에 속하며, 따라서 좀 더 세분화된 의미에서의 종교 및 철학과 내용적으로 동일한 토대 위에 있다. 왜냐하면 철학도 역시 신 이외의 다른 대상을 갖는 것이 아니며 그리하여 본질적으로 이성적 신학이자, 진리에 대한 봉사로서의 신에 대한 끊임없는 봉사이기 때문이다.

내용이 이렇듯 동일한 까닭에 절대정신의 세 영역은 다만 그들의 대상인 절대자를 의식화하는 형식들에 의해 구분될 뿐이다.

이러한 형식들의 차이는 절대정신의 개념 자체에 내재해 있다. 참된 정신으로서의 정신은 즉자대자적이며, 이로써 대상성에 대해 추상적인 피안의 본질이 아니라 유한한 정신의 대상성 내부에 머물면서도 만물의 본질을 상기하는 것이다: 그것은 즉 유한자의 본질성을 스스로 파악하는 것이자,

이로써 스스로가 본질적이며 절대적인 것이다. 그런데 이러한 파악의 첫 번째 형식은 직접적인, 바로 그리하여 감각적인 앎, 감각적이자 객관적인 것 자체의 형식과 형상을 갖는 앎이니, 절대자는 이 객관적인 것 속에서 가시화되고 감응된다. 두 번째 형식은 표상하는 의식이며, 마지막으로 세 번째 형식은 절대정신의 자유로운 사유이다.

[140] 1. 감각적 직관의 형식은 예술에 속하는바, 이로써 예술은 진리를 의식에 대해 감각적 형상화의 양태로 제시한다. 더욱이 이 감각적 형상화가 이런 현상 자체에 한층 고차적이며 심오한 의의와 의미를 갖기는 하지만, 그럼에도 예술은 감각적 매체를 통해 개념 자체의 보편성을 파악 가능하게 만들고자 의도하지 않는다. 왜냐하면 개념과 개별적 현상의 통일이 곧 미의 본질이자 예술을 통한 그 본질의 생산이기 때문이다. 그런데 물론 예술의 이러한 통일은 감각적 외면성 속에서 실현될 뿐만 아니라, 특히 시의 경우에는 표상의 요소 속에서도 실현된다. 하지만 극히 정신적인 이 예술에서조차 의미와 그 개별적 형상화의 통일은 ─아무리 표상하는 의식에 대한 것이라고는 해도─ 현존하며, 모든 내용은 직접적으로 포착되고 표상된다. 무릇 주저 없이 단언할진대, 예술은 진리, 정신을 고유한 대상으로 삼는 까닭에, 그 직관을 예컨대 해, 달, 대지, 성좌 등등의 특수한 자연 대상들을 통해서는 제시할 수 없다. 그러한 것들은 물론 감각적 실존들이긴 하되, 그 자체로 본다면 정신성의 직관을 보장하지 않는 개체화된 실존들인 것이다.

이제 우리가 예술에 이러한 절대적 지위를 부여할 경우, 이를 통해 앞서 이미 언급한 생각, 즉 예술이 다른 잡다한 분야의 내용과 예술에 낯선 기타의 관심을 위해 사용되는 양 가정하는 생각은 분명히 불식된다. 이에 반해 종교는 종교적 진리를 좀 더 가까이 감응케 할 목적이나 판타지에 대해 이미지를 제공할 목적으로 아주 빈번히 예술을 사용하는데, 이 경우 예술은 자신과는 다른 영역을 위해 봉사하는 것이다. 하지만 예술이 최고의 완성태로 존재하는 곳에서는, 예술은 진리의 내용에 가장 잘 상응하는 표현을, 즉 가장 본질적인 종류의 표현을 바로 그 이미지적 방식 속에 포함한다. 그래서 [141] 예컨대 그리스 민족에게는 예술이 신들을 표상하고 진리에 대한 의식을 도모하는 최고의 형식이었다. 그 때문에 시인과 예술가는 그리스인들에게 신들의 창조자가 되었다. 즉 예술가는 민족에게 신들의 행동, 삶, 활동에 대한 특정한 표상, 그러니까 종교의 특정한 내용을 제공했던 것이다. 그것도 이러한 표상들과 가르침이 시문학 이전에 이미 보편적인 종교적 명제나 사유규정으로 추상적 양태의 의식 속에서 현존한 후 비로소 예술가들에 의해 이미지의 옷을 입고 또 시적인 장식으로 바깥을 두르게 되었다는 식이 아니라, 그 시인들이 그들 안에서 발효하는 것을 오로지 이러한 형식의 예술과 시문학으로 가공해 낼 수밖에 없었다는 사실, 이것이 예술적 생산방식이었다. 종교적 내용이 예술적 표현에 다가가기가 그리 쉽지 않은 다른 단계의 종교적 의식에서는, 예술은 이 점에서 한층 제한된 유희공간을 갖는다.

이것이 절대정신의 최초의 직접적 만족으로서의 예술이 갖는 참된 본원적 위상이다.

그런데 예술이 자연과 삶의 유한한 영역 속에 자신의 이전을 갖는 것과 마찬가지로, 그것은 또한 자신의 이후, 다시 말해 절대자의 예술적 이해방식과 표현방식을 다시 넘어서는 권역 또한 갖는다. 왜냐하면 예술은 여전히 자신 속에 일정한 한계를 갖고 있으며, 그 때문에 한층 더 높은 형식의 의식으로 이행하기 때문이다. 그럴진대 이러한 제한은 또한 우리가 지금 오늘날의 삶에서 통상적으로 예술에 부여하는 지위를 규정한다. 우리에게 예술은 더 이상 진리가 실존을 얻는 최고의 방식으로 간주되지 않는다. 전체적으로 보아 사상은 이미 일찍부터 신적인 것이 감각화된 표상으로서의 예술에 등을 돌렸었다. 예컨대 유대교도나 회교도들의 경우가 그러하며,

또한 이미 [142] 플라톤이 호메로스나 헤시오도스의 신들에 극렬하게 대립했듯, 심지어는 그리스인들의 경우도 그러했다. 문화가 진보함에 따라 대저 어느 민족에게서나 예술이 자신의 너머를 가리키는 때가 도래한다. 예를 들어 기독교의 역사적 요소들, 즉 그리스도의 출현, 그의 삶과 죽음은 특히 회화예술에 다양한 발전 기회를 주었으며, 또한 교회 자신이 예술을 육성하거나 보장했다. 그러나 지식과 탐구의 충동 및 내적 정신성의 욕구가 종교개혁을 추진했을 때, 종교적 표상도 역시 감각적 요소들로부터 탈피하여 심정과 사유의 내면성으로 환원되었다. 이렇듯 정신에는 진리를 위한 참된 형식인 자신의 고유한 내면에서 만족을 구하려는 욕구가 내재하며, 예술의 이후는 이 점에서 성립한다. 초기 단계의 예술은 그 형상물들이 아직 모든 내용을 완벽하게 이미지적으로 가시화하여 내보이지 못했던 까닭에 신비로움, 불가사의한 예감 그리고 동경을 남기고 있다. 그러나 완벽한 내용이 완벽하게 예술형상으로 드러난다면, 그 너머를 바라보는 정신은 이러한 객관성으로부터 자신의 내면으로 돌아서서 그것을 자신으로부터 떨쳐 내게 된다. 그 시대가 우리의 시대이다. 우리는 예술이 더욱 고양되고 완성될 것을 희망할 수도 있겠으나, 예술의 형식은 정신의 최상의 욕구로 존재하기를 그쳤다. 우리가 그리스의 신상들을 여전히 매우 탁월하게 보고, 또 하나님 아버지, 그리스도, 마리아가 여전히 매우 존엄하고도 완벽하게 표현되어 있음을 볼지는 모르겠다. 그러나 그것은 전혀 도움이 되지 않으며, 우리는 그 앞에서 더 이상 무릎을 꿇지 않는다.

　2. 이제 예술의 왕국을 넘어서는 다음의 영역은 종교이다. 종교가 그 의식의 형식으로서 갖는 것은 표상이니, 절대자가 예술의 대상성에서 벗어나 주관의 내면성으로 전이하고 그리하여 가슴과 심정, 요컨대 [143] 내면적 주관성이 주된 계기가 되게끔 절대자가 주관적 방식으로 표상에 대해 주어져 있는 까닭이다. 예술은 종교적 의식에게 하나의 측면에 불과하다고 말하는

것으로 예술에서 종교로 향하는 이러한 발전을 표현할 수 있다. 즉 예술작품이 진리, 정신을 감각적 방식을 통해 객체로서 제시하며 또한 이러한 절대자의 형식을 알맞은 형식이라고 본다면, 종교는 절대적 대상과 관계하는 내면의 경건함을 추가한다. 왜냐하면 경건함은 예술 자체에 속하는 것이 아니기 때문이다. 이제 주관은 예술이 외적 감성으로서 객관화하는 바로 그것을 심정 속으로 삼투하게끔 만들고 그리하여 표상과 감응의 내면성 속에 있는 이러한 내면적 현재를 절대자의 현존을 위한 본질적 요소로 삼는 가운데 자신의 정체성을 밝힘으로써, 경건함을 비로소 드러낸다. 경건함이란 신앙공동체가 올리는 이러한 의식儀式, 즉 지극히 순수하고 내면적이며 주관적인 형식을 갖는 의식인 것이다. 그것은 말하자면 객관성을 삼키고 소화하여 이제 그 내용을 이러한 객관성 없이도 가슴과 심정의 자산으로 만드는 의식이다.

3. 마지막으로 절대정신의 세 번째 형식은 철학이다. 왜냐하면 종교에서는 신이 어떤 존재이며 어떻게 계시하였고 또 계시하는가를 먼저 설교해야만 하는 까닭에 신은 우선 의식에게 외적 대상으로 존재하며, 다음으로 종교가 내면의 요소에 진력하고 또 신앙공동체를 움직여 내실 있게 만드는 것은 사실이지만, 심정과 표상의 경건함이 갖는 내면성은 내면성의 최고 형식이 아니기 때문이다. 앎의 가장 순수한 형식으로 인정될 수 있는 것은 자유로운 사유이니, 그 속에서 학문은 같은 내용을 의식화하는 관계로예의 정신적 의식儀式이 되지만, 이 의식은 체계적 사유를 통해 여타의 경우에는 그저 주관적 감응이나 표상의 내용으로 존재하는 것을 자신의 것으로 만들어 개념화한다. 그리하여 철학에서는 예술과 종교라는 양 측면이 통일되어 있다: 예술의 객관성은 여기에서 비록 외적 감각성을 상실했지만, 그로 인해 그것을 [144] 객관성의 최고 형식, 즉 사상의 형식으로 교체하였으며, 또한 종교의 주관성은 사유의 주관성으로 정화되었다. 왜냐하면 한편으로

사유는 가장 내면적이고 가장 고유한 주관성이며, 동시에 참된 사상, 즉 이념은 사유 속에서 비로소 그 자신의 형식으로 파악될 수 있는 가장 격물格物적이고 가장 객관적인 보편성이기 때문이다.

예술, 종교, 그리고 학문[즉 철학]의 차이에 대해 여기서는 이 정도의 언급으로 만족하자.

감각적 방식의 의식이 인간에게 있어 비교적 초기의 것일진대 비교적 초기 단계의 종교도 역시 예술과 그 감각적 표현의 종교이다. 정신의 종교에서 비로소 신은 사상에 상응하여 한층 고차적으로 정신으로서도 의식되며, 이와 더불어 감각적 형식을 갖는 진리의 천명은 정신에 진정으로 적합한 것이 아니라는 사실이 동시에 드러난다.

정신의 영역에서 예술이, 또 특수한 철학 교과들 가운데서 예술철학이 차지하는 위치를 알고 난 지금, 우리는 이 일반론을 다루는 부분에서 우선 예술미의 보편적 이념을 고찰해야 한다.

하지만 예술미의 이념의 총체성에 도달하기 위해 우리는 다시 세 단계를 거쳐야 한다:

즉
첫째 단계는 미 일반의 개념을 다룬다.
둘째 단계는 자연미를 다룰 것인바, 그 결함은 예술미로서의 이상이 갖는 필연성을 밝힐 것이다.
셋째 단계는 이상의 실현, 곧 예술작품에서 나타난 이상의 예술적 표현을 고찰대상으로 삼는다.

제1장
미 일반의 개념

1. 이념

[145] 우리는 미를 미의 이념이라고 불렀다. 이는 미 자체가 이념으로서, 그것도 특정한 형식을 갖는 이념, 곧 이상理想으로서 파악되어야만 하리라는 의미이다. 그런데 무릇 이념은 개념, 개념의 실제, 그리고 양자의 통일 이외의 어떤 것도 아니다. 왜냐하면 개념과 이념이 종종 구별 없이 쓰이긴 하지만, 개념 자체는 아직 이념이 아니며, 오로지 자신의 실제 속에 현재하고 그 실제와 통일을 이루는 개념만이 이념이기 때문이다. 하지만 이러한 통일이 혹여 개념과 실제의 단순한 중화인 양 여겨져 마치 가성칼리와 산酸이 서로 만나 그 대립을 완화하여 염鹽으로 중화되듯 그렇게 그들의 고유성과 특질을 상실한다고 생각되어서는 안 된다. 이와는 반대로 이러한 통일에서 지배적인 것은 개념이다. 왜냐하면 개념은 이미 그 고유의 본성상 즉자적으로 이러한 동일성이며 따라서 자기 자신으로부터 실제를 자신의 실제로서 산출하거니와, 실제가 개념의 자기 전개인 까닭에 실제 속에서 개념은 자신이 갖는 어떤 것도 포기하지 않고 그 속에서 오로지 자기 자신, 즉 개념을 실현하며 그리하여 자신의 객관성 속에서 자기 자신과 통일을 이룬

채 남아 있기 때문이다. 개념과 실제의 그러한 통일이 이념의 추상적 정의이다.

그런데 이념이란 말이 예술이론들에서 매우 자주 사용되기는 했지만, 그럼에도 불구하고 아주 탁월한 예술감정가들은 도리어 이 표현에 심히 반감을 보여 왔다. 이러한 부류 중 최근 가장 흥미를 끄는 것은 폰 루모어 씨가 그의 『이탈리아 연구』에서 제기한 반론이다.[20] [146] 이 반론은 예술에 대한 실제적 관심에서 출발하며 또한 우리가 이념이라고 부르는 것에는 전혀 들어맞지 않는다. 왜냐하면 최근의 철학에서 이념이라 불리는 것에 대해 무지한 폰 루모어 씨는 이념을 비규정적 표상과, 또는 잘 알려진 이론들 및 예술학파들의 개별성이 결여된 추상적 이상과 혼동하기 때문이다. 그는 자연형식들에는 이러한 이념과 달리 진리가 규정적이며 완벽하게 각인되어 있다고 보며, 따라서 자연형식들을 이념에, 그리고 예술가가 스스로 만들어 낸 추상적 이상에 대치시킨다. 물론 그러한 추상들에 따르는 예술생산은 온당하지 않을뿐더러 또한, 사상가가 비규정적 표상에 따라 사유하고 또 사유함에 있어 단순히 비규정적 내용에 머무는 경우가 그렇듯, 불충분하기도 하다. 그러나 우리가 이념이란 표현으로써 지칭하는 것은 어느 모로나 그러한 비난에서 자유로운 것이니, 이념은 모름지기 내적으로 구체적인 것이자 규정들의 총체성인 까닭이며, 또한 오직 그에 적합한 객관성과 직접적으로 하나일 때에만 아름다운 까닭이다.

『이탈리아 연구』(제1권, 145쪽)에 따르면 폰 루모어 씨는 "아주 일반적으로 또는, 혹자가 말하듯, 현대적 오성의 관점에서 이해하자면 미는 시각을 만족스럽게 자극하거나 혹은 시각을 통해 영혼을 조율하고 정신을 기쁘게 하

20　Karl Friedrich von Rumohr(1785~1843), *Italienische Forschungen*, 전 3권, Berlin und Stettin, 1826~1831. 근대적 예술사학의 성립에 많은 기여를 하였다.

는 사물들의 모든 속성을 의미"한다는 사실을 발견했다고 한다. 이 속성들은 다시 세 종류로 갈리어 "그 첫째는 감각적인 눈에만, 둘째는 공간적 관계들에 대한 인간 고유의, 생득적인 것으로 전제되는 감각에만 작용하며, 셋째는 우선은 오성에, 그런 후 비로소 인식을 통해 감정에 작용한다." 이 세 번째의 가장 중요한 규정은(144쪽) "감각을 즐겁게 하는 것이나 혹은 척도에 의거하는 아름다움과는 전혀 별개로 모종의 도덕적-정신적 만족을 환기하는" 형식들에서 기인하니, "이러한 만족은 일면 즉각 자극된 (그런데도 도덕적-정신적이라고?) 표상들이 주는 기쁨에서 출현하며, 일면 판명한 인식의 단순한 활동에 이미 어김없이 뒤따르는 바로 그 즐거움에서도 출현한다."

[147] 이것이 이 철저한 전문가가 미와 연관해서 나름대로 제시한 주요 규정들이다. 이 규정들은 일정 단계의 교양을 위해서는 충분할지 몰라도, 철학적으로는 결코 만족스러울 수 없다. 왜냐하면 본질적인 면에서 이러한 고찰이 향하는 결론은 시각이나 정신, 그리고 오성이 기쁨을 얻는다는 사실, 감정이 자극된다는 사실, 만족이 환기된다는 사실뿐이기 때문이다. 모든 것이 그런 식의 즐거운 환기의 주위를 맴돈다. 그러나 이미 칸트는 미의 감응이란 문제를 넘어섬으로써, 미의 작용을 감정, 향유, 쾌적함으로 축소하는 일에 일찍이 종지부를 찍었었다.

우리가 이러한 반론으로부터 돌아서고 또한 이를 통해서는 논박되지 않는 이념의 고찰로 향한다면, 이미 보았듯 이념에는 개념과 객관성의 구체적 통일이 들어 있음이 발견된다.

a) 이제 개념 그 자체의 본성에 관해 말하자면, 개념은 즉자적으로 실제의 차별성들에 대립하는 추상적 통일성과 같은 것이 아니며, 오히려 개념인 까닭에 이미 상이한 규정성들의 통일성이며 따라서 구체적인 총체성이다. 그런고로 '인간', '푸르다' 등등의 표상들은 우선은 개념이 아니라 추상적-보편적 표상들로 불릴 수 있으며, 이 표상들이 개념이 되려면, 개념을

형성하는 것이 내적으로 규정된, 상이한 측면들의 통일성인 까닭에, 상이한 측면들을 통일성 속에서 포함한다는 사실이 그것들에서 제시되어 있어야 한다. 예컨대 색으로서의 '푸른'이라는 표상은 밝음과 어두움의 통일성, 그것도 특수한 통일성을 그 개념으로서 가지며, 또한 '인간'이라는 표상은 감성과 이성, 육체와 정신이라는 대립들을 포함하지만 그럼에도 그것은 이러한 측면들을 무차별적 구성요소로서 간주하거나 혹은 그로부터 합성되는 것이 아니라 그것들을 개념에 따라 구체적, 매개적 통일성 속에서 포함하는 것이다. 그런데 개념이 자신의 규정성들의 절대적 통일성인 만큼 이 규정성들은 결코 독자적으로 존재하거나 자립적인 개체로 외화될 수 없으며,[21] 또한 혹여 개체화된다면 그것들은 그들의 통일성에서 벗어나게 될 것이다. [148] 따라서 개념은 자신의 모든 규정성들을 그들의 이러한 추상관념적 통일성과 보편성의 형식 속에 포함하니, 이 형식이 실제성 및 객관성과는 구분되는 개념의 주관성을 형성하는 것이다. 예컨대 금金은 특유의 중량, 특정한 색깔, 여러 종류의 산酸에 대한 특수한 관계를 갖는다. 이것은 상이한 규정성들이지만, 그럼에도 모름지기 일자 속의 규정성들이다. 왜냐하면 아무리 작은 금 조각들이라고 해도 이 모두는 이러한 규정성들을 불가분의 통일성 속에 포함하기 때문이다. 우리가 보기에 그 규정성들은 따로 떨어져 있지만, 그것들의 개념상 즉자적으로는 불가분의 통일성 속에 있다. 참된 개념이 내포하는 차별성들은 그와 마찬가지의 비독립적 동일성을 갖는다. 좀 더 근사한 실례를 제공하는 것으로는 자의식적 자아 일반이라는 자신의 표상이 있다. 왜냐하면 우리가 영혼, 좀 더 자세히 말해 자아라고 부르는 것은 개념 자체의 자유로운 실존이기 때문이다. 자아는 지극히

---

21 제1판에서는 "실현될 수 없으며"로 되어 있다.

상이한 표상과 사상들을 다량으로 내포하므로, 그것은 표상들의 세계이다. 하지만 이 무한히 다양한 내용은, 그것이 자아 속에 있는 한, 완전히 비신체적이자 비물질적인 것으로, 말하자면 이러한 추상관념적 통일성 속에 압착된 것으로, 자아의 자기 내면으로의 투명하기 그지없는 순수한 비침Scheinen으로 머문다. 이것이 바로 개념이 자신의 상이한 규정들을 추상관념적 통일성 속에서 포함하는 방식이다.

그런데 개념의 고유한 본성에 속하는 좀 더 상세한 개념규정들로서는 보편자, 특수자, 그리고 개별자가 있다. 이러한 규정들을 떼어 놓고 본다면 그 각각은 단순한 일면적인 추상일 것이다. 하지만 개념은 그들의 추상관념적 통일성을 이루는 까닭에 그들은 개념 속에서는 이러한 일면성으로 현전하지 않는다. 그러므로 개념은 보편자이며, 이 보편자는 한편으로는 자발적으로 자신을 규정성 및 특수화로 부정하지만, 다른 한편으로는 보편자의 부정으로서의 이러한 특수성을 마찬가지로 다시 지양한다. 왜냐하면 보편자는 보편자 자신의 특수한 측면들에 불과한 특수자 속에서 [149] 어떤 절대적 타자가 되는 것이 아니며, 그리하여 특수자 속에서 보편자인 자신과의 통일성을 다시 산출하기 때문이다. 이러한 자기에게로의 회귀 속에서 개념은 무한한 부정으로 존재한다. 이 부정은 타자에 대립하는 부정이 아니라 자기규정이며, 이 속에서 개념은 오로지 자기연관적인 긍정적 통일성으로 존재한다. 그리하여 개념은 그 특수성 속에서도 오로지 자신과 통합되는 보편성으로서의 참된 개별성이다. 개념의 이러한 본성에 대한 최고의 예로서는 위에서 정신의 본질에 관해 간단히 언급했던 바를 들 수 있다.

개념은 이러한 내적 무한성으로 인해 즉자적으로 이미 총체성이다. 왜냐하면 개념은 타자존재 속에서 자기통일성으로 존재하며, 이로써 일체의 부정을 타자를 통한 이질적 제한으로서가 아니라 오로지 자기규정으로서 갖는 것, 즉 자유로운 것이기 때문이다. 그런데 이러한 총체성으로서의 개념은 실제성 자체가 현상시키는, 그리고 이념이 매개된 통일성으로 환원시키는 일체의 것을 이미 포함한다. 이를 두고 마치 이념에서 개념과 전혀 다른 특수한 것을 얻기라도 한 양 생각하는 사람들은 이념의 본성도 개념의 본성도 알지 못하는 자들이다. 그러나 동시에 개념은 다만 추상적인 특수화이며, 또한 이 점에서 이념과 구분된다. 왜냐하면 개념 속에 있는 것으로서의 규정성은 개념의 요소인 통일성과 추상관념적 보편성에 붙들려 있기 때문이다.

이리되면 개념 자신은 여전히 일면성에 머무르며, 또한 즉자적으로는 비록 총체성일지언정 그럼에도 개념은 단지 통일성과 보편성의 측면에만 자유로운 발전의 권리를 허락하는 결함에 얽매여 있다. 그런데 이러한 일면성은 개념의 고유한 본질에 부적절한 관계로, 개념은 그것을 자신의 고유한 개념에 따라 지양한다. 개념은 이러한 추상관념적 통일성과 보편성으로서의 자신을 부정하고, 또한 추상관념적 주관성으로서의 이 통일성이 자신 안에 가두어 둔 것을 실제적, 독립적 객관성으로 방면한다. 개념은 고유한 활동을 통해 스스로를 객관성으로 정립하는 것이다.

b) 따라서 객관성은, 그 자체로 본다면, 스스로가 [150] 개념의 실제에 다름이 아니다. 하지만 주관적인 것으로서의 개념이 모든 계기들의 추상관념적 통일성이었다면, 객관성으로서의 개념은 그들의 독립적 특수화와 실제적 구분이라는 형식을 갖는다.

그런데 개념에 객관적 현존재와 실제를 부여하는 것은 오직 개념일 뿐이며, 그런 까닭에 객관성은 그 자체에서 필히 개념을 실현해야 한다. 그런데 개념은 그 특수한 계기들이 매개된 추상관념적 통일성이다. 그러니까 특수한 계기들의 실제적 차이 내부에서는, 즉 특수성들 자체에서는 특수성들의 추상관념적, 개념적 통일성이 그에 못지않게 재생되어야 한다. 실제적 특수성이 실존하듯이 관념성으로 매개된 특수성들의 통일성 역시 특수성들에서 실존해야 한다. 이것이 산재하는 객관성 속에서 자신의 보편성을 포기하거나 상실하지 않고 오히려 자신의 통일성을 정녕 실제를 통해 그리고 실제 속에서 현현케 하는 개념의 힘이다. 왜냐하면 자신의 타자 속에서 자신과의 통일성을 간직하는 것이 곧 개념의 고유한 개념이기 때문이다. 오로지 그럼으로써 개념은 현실적이자 또한 참된 총체성으로 존재한다.

c) 이러한 총체성이 이념이다. 이념은 즉 개념의 추상관념적 통일성 내지 주관성일 뿐만 아니라 마찬가지로 그 객관성이기도 —하지만 이것은 개념에 그저 대립적으로 대치하는 객관성이 아니라 개념의 자기연관성으로서의 객관성이다— 하다. 주관적 개념과 객관적 개념이라는 양 측면에 준해 볼 때 이념은 하나의 전체이되, 동시에 자신을 영원히 완성해 가며 또 완성되어 있는 이 총체성들의 일치이자 매개된 통일성이다. 오직 이리하여 이념은 진리이자 최고의 진리인 것이다.

2. 이념의 현존재

따라서 실존하는 모든 것은 그것이 오로지 이념의 실존인 한에서 진리를 갖는다. 왜냐하면 참되게 현실적인 것은 이념이 유일하기 때문이다. 즉 현상하는 것은 내적 혹은 외적 현존재를 갖기 때문에, 혹은 그것이 무릇 실제이기 때문에 이미 참된 것이 아니며, [151] 오로지 이 실제가 개념에 상응하기 때문에 참된 것이다. 이 경우 비로소 현존재는 현실성과 진리를 갖는다. 그것도 가령 어떤 하나의 실존이 나의 표상들에 적합하게 나타난다는 식의 주관적 의미에서 진리가 아니라, 오히려 자아나 외적 대상, 행위, 사건, 상태가 그 현실성 속에서 개념 자체를 실현한다는 객관적 의미에서 진리이다. 만일 이러한 동일성이 성립하지 않는다면 현존하는 것은 그저 하나의 현상에 불과하며, 여기서는 총체적 개념 대신 다만 개념의 한 추상적 측면이 객관화될 뿐이며 또한, 이 측면이 총체성과 내적 통일성에 반하여 독립적으로 되는 한, 그것은 참된 개념에 대한 대립으로까지 퇴화될 수 있다. 그럴진대 오로지 개념에 합당한 실제만이 참된 실제이며, 또 이것이 참된 까닭은 그 안에서 이념 자체가 실존을 얻기 때문이다.

3. 미의 이념

이제 미가 이념으로 이야기될진대, 미와 진리는 한편으로 같은 것이다. 미는 곧 즉자 그 자체로서 참이어야 한다. 하지만 좀 더 들여다보면 진리는 그에 못지않게 미와 구분되기도 한다. 즉 참된 것은 이념, 그것도 자신의 즉자와 보편적 원칙에 준거하며 또한 그 자체로서 사유되는 이념이다. 이 경우 사유에 대해 존재하는 것은 감각적, 외적 실존이 아니라 오로지 그 속에 있는 보편적 이념일 뿐이다. 하지만 이념도 역시 외적으로 실현되어야 하며 또한 현전하는 특정한 실존을 자연적이며 정신적인 객관성으로서 지녀야 할 것이다. 그 자체로서 존재하는 진리는 또한 실존한다. 이제 진리가 이러한 자신의 외적 현존재 속에서 의식에게 직접적으로 존재한다면, 개념이 직접적으로 자신의 외적 현상과 통일되어 있다면, 이념은 단순히 참된 것이 아니라 아름다운 것이다. 이로써 미는 이념의 감각적 비침으로 규정된다. 왜냐하면 감각적인 것은, 그리고 도대체가 객관적인 것은 미에서 내적 독립성을 유지하지 못하며 오히려 그 존재의 직접성을 포기해야 하기 때문이다. 이러한 포기가 필연적인 까닭은 이 존재가 오로지 개념의 [152] 현존재이자 객관성이기 때문이며, 자신의 객관성과 통일되어 있는 개념을, 그리하여 오로지 개념의 비침으로 간주되는 이러한 객관적 현존재 가운데 있는 개념을, 즉 이념 자체를 표현하는 실제로서 정립되어 있기 때문이다.

a) 이런 이유로 오성에게는 어떻든 미의 파악이 불가능하다. 왜냐하면 오

성은 실제와 관념성, 감각적인 것과 개념, 객관적인 것과 주관적인 것이 전혀 다른 어떤 것이자 또한 그 대립들이 통일되어서는 안 되리라고 생각하기 때문이며, 그런 한도에서 예의 통일을 향해 매진하기보다는 언제나 그들의 차별성을 독립적으로 분리하여 고수할 따름이기 때문이다. 그리하여 오성은 항상 유한한 것, 일면적인 것, 진리가 아닌 것에 머문다. 이에 반해 미는 내면 그 자체로서 무한하고 또 자유롭다. 왜냐하면 미가 아무리 특수한, 다시금 이로써 아무리 제한된 내용을 가질 수 있을지언정, 이러한 내용은 미의 현존재 속에서 내적으로 무한한 총체성이자 자유로서 현상해야 하기 때문이니, 이러한 현상은 미가 철두철미 개념인 까닭에, 또한 개념은 자신의 객관성에 대치하고 이로써 일면적 유한성과 추상으로서 객관성에 대립하는 것이 아니라 오히려 자신의 대상성과 합류하며 또한 이 내재적 통일성 및 완성을 통해 내적으로 무한하게 존재하는 까닭에 가능한 것이다. 마찬가지로 개념은 자신의 실제적 현존재의 내부에 영혼을 불어넣음으로써 이러한 객관성 속에서 자유로이 자신 곁에 존재한다. 왜냐하면 미의 경우 개념은 외적 실존이 독자적으로 그 고유한 법칙을 따르는 것을 허락하지 않으며 오히려 자신이 분화되어 현상하는 형상을 자신 스스로로부터 규정하기 때문인바, 개념 자신과 그 현존재의 일치인 이 형상이 바로 미의 본질을 형성한다. 그런데 일치를 유지하는 끈과 힘은 주관성, 통일성, 영혼, 개별성이다.

　b) 그러므로 주관적 정신과 연관해서 볼 때 미는 자신의 유한성에 집착하는 부자유한 지성을 위한 것도, 의지의 유한성을 위한 것도 아니다.

　[153] 유한한 지성으로서의 우리는 내적, 외적 대상들을 느끼고, 관찰하고, 감각적으로 지각하며, 또한 그것들을 우리의 직관과 표상 앞에, 심지어 거기에 보편성의 추상적 형식마저 부여하는 사유적 오성의 추상들 앞에 다가오게끔 한다. 그런데 이 경우에는 사물들이 독립적인 것으로 전제되며, 또

한 이 점에서 유한성과 부자유가 기인한다. 우리는 수동적 태도를 취함으로써, 즉 우리의 전체 활동을 형식적인 것으로 ―여기에는 망상, 선취된 사견, 편견 등의 부정적 차단 및 주의력이 속한다― 한정 지음으로써 대상들을 올바르게 이해할 수 있다고 확신하며, 그런 관계로 우리는 사물들의 뒤를 따라가고, 그들을 있는 그대로 두고, 또한 우리의 생각 등을 사물들에 대한 신앙 아래에 가둔다. 주관적 이해의 부자유성은 대상의 이러한 일방적 자유에 의해 직접적으로 설정된다. 왜냐하면 이러한 주관적 이해는 내용을 주어져 있는 것으로 간주하며, 또한 현전의 것, 우리 눈앞에 객관성으로 존재하는 것의 단순한 감응과 수용이 주관적 자기규정을 대신하기 때문이다. 진리는 [객관성에 대한] 주관성의 예속을 통해서만 획득될 수 있다는 것이다.

비록 반대의 방식이긴 하지만, 동일한 것이 유한한 의지의 경우에도 나타난다. 여기서는 관심, 목적, 의도들이 주관 안에 있으며, 주관은 그러한 것들을 사물의 존재와 고유성들에 거슬러 통용시키고자 한다. 왜냐하면 주관은 객체들을 소진하거나, 하여간 변형, 가공, 구성하거나, 그들의 특질을 지양하거나, 혹은 예컨대 수水가 화火에 대해, 화가 금金에 대해, 금이 목木에 대해 작용하듯 그 성질들을 상호 작용하게끔 만드는 한에서 자신의 결의를 수행할 수 있기 때문이다. 고로 이제는 사물들이 자신들의 독자성을 앗긴 채 있으니, 그 까닭은 주관이 그들을 자신에게 봉사하도록 종용하며 또한 그들을 유용한 것으로서, 즉 그 개념과 목적을 그들 속에 두기보다는 주관 속에 두는 대상으로서, 그리하여 주관적 목적들에 대한 사물들의 관계, 그것도 봉사적인 관계가 그들의 고유한 본질을 형성하는 것으로 간주·취급하기 때문이다. 주관과 객관은 [154] 그들의 역할을 서로 맞바꾸었다. 부자유스럽게 된 것은 대상들이며, 자유롭게 된 것은 주관들이다.

그러나 기실 두 관계에서 양 측면은 공히 유한하고 일면적이며, 그들의 자유는 한갓 억측된 자유일 뿐이다.

주관은 이론적인 관계에서는 독자성이 전제된 사물들로 인해 유한하고 부자유스러우며, 실천적인 관계에서는 일면성으로 인해, 목적들 및 외부로부터 촉발된 충동들 내지 열정들 사이의 투쟁과 내면의 모순으로 인해, 그리고 결코 완전히 제거되지 않는 객체들의 저항으로 인해 유한하고 부자유스럽다. 왜냐하면 이러한 관계에서 전제를 이루는 것은 대상들과 주관성이라는 양 측면의 분리이자 대립이기 때문이며 또한 이것이 그 관계의 참된 개념으로 간주되기 때문이다.

두 관계 모두에서는 객체도 마찬가지로 유한하고 부자유스럽다. 이론적 관계에서는 비록 객체의 독자성이 전제되지만, 그것은 가상적 자유에 불과하다. 왜냐하면 객관성 그 자체는 단순히 존재할 뿐이며, 주관적 통일성 내지 보편성으로서의 그 개념이 그 내부에서 그것을 위해 존재하지 않을 것이기 때문이다. 그 개념은 객관성의 외부에 있다. 그리하여 개념의 이러한 외재성 속에서는 모든 객체가 단순한 특수성으로 실존하는바, 이 특수성은 잡다하게 외부로 표출되며 또한 무한히 많은 측면을 갖는 관계들 속에서 다른 특수성에 의한 생성, 변형, 지배, 그리고 몰락에 맡겨진 것으로 현상한다. 실천적 관계에서는 이러한 종속성 자체가 분명하게 설정되며, 또한 의지에 대한 사물의 저항은 궁극적 독자성을 위한 힘을 자신 속에 갖지 못한 채 상대적인 것에 머문다.

c) 그러나 이제 미적 객체로서의 객체의 현존재와 이에 대한 미적 고찰은 주관 및 그 대상과 관계하여 양자의 일면성을 지양하고 또 이를 통해 그들의 유한성과 부자유를 지양하는 까닭에 양 관점의 통일이다.

왜냐하면 이론적 관계의 면에서 보자면 객체는 단순히 존재하는 개체적 대상, 즉 그런 까닭에 자신의 주관적 개념을 [155] 자신의 객관성 외부에 두며 또한 그 특수한 실제가 잡다하게 극히 여러 방향의 외적 관계들로 진행되고 뿔뿔이 흩어지는 대상으로 간주되지 않으며, 오히려 미적 대상은 자신의 실존 속에서 자신의 고유한 개념을 현실화된 것으로 현상케 하며 또한 그 대상에서 주관적 통일성과 생명성을 보여 주기 때문이다. 이를 통해 객체는 외향적 방향을 내면으로 되돌렸으며, 다른 객체에 대한 종속성을 제거했으며, 또한 고찰에 대해서도 자신의 부자유스러운 유한성을 자유로운 무한성으로 바꾸었다.

그러나 자아도 역시 객체와 관계하여 단지 주목하기, 감각적으로 바라보기, 관찰하기와 같은 추상으로, 개별적 직관과 관찰들을 추상적 사상들로 해체하는 추상으로 존재하기를 그친다. 자아는 개념과 실제의 통일을, 즉 종래에는 자아와 대상으로 분리되어 추상적으로 존재했던 측면들의 합일을 그들의 구체성 자체에서 대자화함으로써 이러한 객체 속에서 내면 그 자체로서 구체적이 된다.

실천적 관계에서 보면, 위에서 이미 상당 부분 살펴보았듯이, 미의 관조에서는 욕구도 마찬가지로 퇴진한다. 주관은 객체에 대립하는 자신의 목적들을 지양하고 또한 객체를 내면에서 독자적인 것으로, 자기목적으로 간주한다. 이를 통해 [실천적 주관의] 단순 유한한 대상관계는 해체되는데, 이 관계 속에 있었던 대상은 외부적 목적들에 유용한 실행 수단으로서 봉사하였고 또한 목적들의 실행에 대립하여 자신을 부자유스럽게 방어하였거나 혹은 이질적 목적들을 자신 속에 수용하도록 강요당했었다. 동시에 실천적 주관의 부자유스러운 관계도 역시 사라지고 없다. 왜냐하면 그 주관은 더 이상 주관적 의도 등등과 그 질료 및 수단으로 구분되지 않으며, 주관적 의도들을 실행함에 있어 더 이상 단순한 당위라는 유한한 관계에 머물지도 않으며, 오히려 완벽하게 실현된 개념과 목적을 자신 앞에 두기 때문이다.

그러므로 미의 관조는 대상들을 내적으로 자유롭고 무한한 대상으로 있게 보장해 주는 유유자적한 종류의 것이다. 그것은 대상들을 소유하려 들지도, 유한한 필요성과 의도들에 맞춰 [156] 유용하게 사용하려 들지도 않으며, 그런 까닭에 미로서의 객체도 역시 우리들로부터 핍박·강요당하는 것으로도, 또는 그 밖의 외적 사물들에 의해 구축驅逐, 정복당하는 것으로도 현상하지 않는다.

왜냐하면 이미 살펴보았듯이 미적 객체는 오로지 규정적 현존재와 순정한 본질 및 개념의 내재적 통일과 합치로서만 진리를 갖는 까닭에, 이러한 미의 본질에 따를 때 미적 객체에서는 그 개념, 목적, 그리고 영혼뿐만 아니라 그 외적 규정성, 다양성, 그리고 실제성 일반이 타자를 통하지 않고 자기 기인적으로 결과한 것으로 현상해야 하기 때문이다. 그런데 나아가 개념은 자체가 구체적인 것이며, 그런 까닭에 그 실제도 역시 모름지기 완벽한 형상물로서 현상하는바, 이 형상물의 개별적 부분들도 마찬가지로 추상관념적 영활靈活과 통일성 속에서 나타난다. 왜냐하면 개념과 현상이 조화한다는 것은 완벽한 삼투이기 때문이다. 그러므로 외적 형식과 형상은 외적 소재로부터 분리되어 있거나 혹은 그 소재에 기타의 다른 목적들을 위해 기계적으로 찍혀 있는 것이 아니라, 그 개념에 합당하게끔 실제에 내재하는 형식이자 스스로를 형상화해 내는 형식으로서 현상한다. 그러나 마지막으로 미적 대상의 특수한 측면들, 부분들, 지절들이 아무리 추상관념적 통일성으로 조화를 이루고 또한 이러한 통일성을 현상케 하더라도, 그 일치는 그들에게서도 가시화되어야 하며 그리하여 그들은 서로에 대해 독자적 자유의 가상을 간직한다. 즉 그들은 개념 그 자체의 경우와는 달리 단순 추상관념적인 통일성을 갖는 것이 아니라 독자적 실제의 측면도 역시 드러내야 하는 것이다. 미적 객체에는 두 가지가 현전해야 한다: 그것은 개념을 통해 정립된, 특수한 측면들을 함께 묶어 주는 필연성과 그들이 갖는 자유의 가상, 즉 단지 통일성을 위해서뿐만 아니라 스스로를 위해서도 역시 등장하게 되는 부분들의 가상이다. 필연성 자체는 하나의 측면과 더불어 직접 다른 하나의 측면이 정립되는, 서로 본질적으로 연결된 여러 측면들의 관계이다. 그러한 필연성이 미적 객체들에서 결여되어서는 안 되지만,[157] 그것은 필연성 자체의 형식으로 등장하는 대신 오히려 무의도적 우연성의 가상 뒤에 은폐되어야 한다. 왜냐하면 그렇지 않을 경우 특수한 실제적 부분들은 그들의 고유한 현실성으로 인해서도 역시 현존한다는 위상을 상실하며 또한 그들이 추상적으로 종속되어 있는 그들의 추상관념적 통일성에 그저 봉사할 뿐인 것으로 현상하기 때문이다.

미의 개념 및 미적 객관성과 그 주관적 관조에 내포된 이러한 자유와 무한성을 통해 미의 영역은 유한한 관계의 상대성에서 벗어나 이념과 그 진리의 절대적 영역으로 솟아오른다.

제2장
자연미

미는 개념과 그 실제의 직접적 통일성으로서의 이념이되, 이 통일성의 감각적, 실제적 비침 속에서 직접적으로 현존하는 이념이다. 그런데 이념의 가장 비근한 현존재는 자연이며 또한 최초의 미는 자연미이다.

A
자연미 그 자체

1. 삶으로서의 이념

개념이 이념이려면 개념의 실재가 실존을 얻어야 하는데, 자연계에서는 그 실존의 방식과 관계하여 즉각 몇 가지가 구분되어야 한다.

a) 개념은 첫째, 너무도 직접적으로 객관성 속에 매몰되어, 스스로가 주관적·추상관념적 통일성으로서 나타나지 않고 영혼이 빠진 채 완전히 감각적 물질성으로 이행해 있다. 단순 기계적, [158] 물리적으로 개별화된 특수

한 물체들이 이러한 종류의 것이다. 예컨대 하나의 금속이 즉자적으로 기계적, 물리적 특질들의 다양성임은 사실이지만, 매 조각들도 그 특질들을 똑같이 내포한다. 그러한 물체에는 총체적 분화가 결여되어 있을 뿐만 아니라 —이것이 있었다면 각각의 차별성들은 독자적으로 특수한 물질적 실존을 얻었을 것이다—, 이 차별성들의 부정적·추상관념적 통일성도 —이것이 있었다면 물체에 영혼이 깃들었을 것이다— 역시 빠져 있다. 차별성은 추상적 다수성에, 또한 통일성은 동일한 특질들의 동등성이라는 무차별적 통일성에 그칠 뿐이다.

이것이 개념이 실존하는 첫 번째 양태이다. 개념의 차별성들은 독자적 실존을 유지하지 못하며, 또한 그 추상관념적 통일성은 추상관념적인 것으로서 부각되지 않는다. 그럴진대 그러한 개체화된 물체들이 즉자 그 자체로서 결함 있는 추상적 실존들임은 말해 무엇 하겠는가.

b) 이에 반해 둘째, 한층 고차적인 자연들은 개념의 차별성들을 자유롭게 하여, 이제 그 각각이 또 다른 차별성의 외부에서 독자적으로 현존하도록 만든다. 객관성의 참된 본성은 여기서 처음 나타난다. 즉 객관성이란 개념의 차별성들의 바로 이러한 독립적 상호 외재화인 것이다. 이제 이 단계에서는 개념이 다음과 같은 방식으로 나타난다. 개념의 규정성들의 총체성이 있고 또 그것이 실현되는 한, 특수한 물체들은 각각 자체로서 현존재의 독립성을 갖지만 그럼에도 하나의 동일한 체계로 묶인다. 예를 들면 태양계가 그런 종류이다. 태양, 혜성, 달, 그리고 행성들은 한편으로는 서로 구분되는 독립적 천체들로서 나타나지만, 다른 한편 그것들은 천체들의 총체적 체계 내에 있는 그 특정한 위치를 통해서만 그렇게 있을 뿐이다. 그것들의 특수한 운동방식 및 그 물리적 속성들은 이 체계 내부의 관계로부터 유래할 뿐이며, 또한 이 연관성이 그것들의 내적인 —즉 특수한 실존들을 서로 연관 짓고 결속하는— 통일성을 형성한다.

[159] 하지만 개념은 독자적으로 실존하는 특수한 물체들의 이러한 통일성에, 즉 단순히 즉자적으로 존재하는 통일성에 그치는 것이 아니다. 왜냐하면 개념의 차별성들이 실현되어야 하듯이 개념의 자기연관적 통일성도 역시 실현되어야 하기 때문이다. 그런데 통일성은 특수한 객관적 물체들의 상호 외재성과 구분되며 또한 그리하여 현 단계에서는 상호 외재성에 대립하여 스스로 물체적인 면에서 독립된 실제적 실존을 얻는다. 예컨대 태양계에서는 태양이 태양계의 실제적 차별성들과 대비되는 체계의 통일성으로서 실존한다. ─ 그러나 추상관념적 통일성의 그러한 실존은 자체가 여전히 결함을 갖는바, 그 까닭은 통일성이 일면 단지 특수한 독립적 물체들의 연관관계로서 실제하며, 일면 통일성 자체를 대변하는, 체계에 속한 하나의 물체로서 실제적 차별성들에 대립하여 있기 때문이다. 우리는 태양을 전체 체계의 영혼으로서 간주하고자 원하지만, 태양은 이 영혼의 전개인 지절들의 외부에 스스로 여전히 독자적으로 존립한다. 태양 자체는 다만 개념의 하나의 계기, 즉 실제적 특수화의 차별성과는 구분되는 통일성의 계기에 불과하며, 이를 통해 통일성은 다만 즉자적으로, 또한 그리하여 추상적으로 머물 뿐이다. 태양도 역시 물리적 특질의 면에서는 순수한 동일체, 빛나는 물체, 발광체 그 자체이지만 또한 그것은 다만 이러한 추상적 동일성이기도 하다. 왜냐하면 빛은 내적으로 단순한, 즉 차별성이 결여된 비침이기 때문이다. ─ 태양계의 각 물체는 하나의 특수한 계기로서 현상하며 그런 까닭에 우리는 태양계에서 개념 자체가 실현되고 그 차별성들의 총체성이 분명히 드러나 있음을 발견하지만, 여기서도 역시 개념은 여전히 자신의 실제에 매몰되어 있을 뿐, 그것의 관념성 및 내적 대자존재로서 발현하지 않는다. 개념의 현존재를 결정하는 형식은 그 계기들의 독립적 상호 외재성에 머물러 있다.

그러나 개념의 참된 실존에는 실제적으로 상이한 것들이 ─즉 독자적 차별성들의 실제와 이에 못지않게 독자적으로 객관화된 통일성 자체의 실제가— 스스로 통일성으로 되돌아간다는 사실, 그런고로 자연적 차별성들의 그러한 전체는 일면 [160] 개념을 그 규정성들의 실제적 상호 외재성으로 외연화하지만, 일면 내적으로 닫힌 각 특수자들의 독립성을 지양된 것으로서 정립한다는 사실, 그리고 이제 차별성들은 관념성이라는 주관적 통일성으로 환원되며 또한 관념성은 차별성들에 즉해 보편적 영활로서 발현한다는 사실이 속한다. 이렇게 되면 차별성들은 더 이상 단순히 함께하고 상호 관계하는 부분들이 아니라 지절들로서 존재한다. 즉 그들은 더 이상 분리되어 독자적으로 실존하는 것이 아니라, 오로지 그들의 추상관념적 통일성 속에서만 참되게 실존한다. 그러한 유기적 분화를 거쳐 비로소 지절들 속에는 그들의 지주支柱이자 내재적 영혼인 추상관념적 개념통일성이 거주한다. 개념은 더 이상 실제에 매몰되어 있지 않으며, 오히려 실제의 본질을 형성하는 내적 동일성이자 보편성 자체로서 실제 속에 실존하고 또 발현한다.

c) 자연현상의 이러한 세 번째 방식만이 이념의 현존재이니, 자연적인 것으로서의 이념은 삶이다. 죽은 비유기적 자연은 이념에 합당하지 않으며, 오로지 생명력 있는 유기적 자연만이 이념의 현실성이다. 왜냐하면 생명성에는 첫째, 개념차별성들의 실재성이 실제적 차별성들로서 현전하고, 그러나 둘째, 개념의 추상관념적 주관성이 이 실재성을 자신 아래에 종속시키는 까닭에 단지 실제적으로 구분되는 것으로서의 그러한 차별성들의 부정이 현전하며, 셋째, 개념의 긍정적 현상으로서의 영혼성이 자신의 신체성에서 무한한 형식으로서 현전하기 때문인바, 이러한 형식은 형식으로서의 자신을 유지하는 힘을 그 내용 속에 갖는다.

α) 생명성에 관한 우리의 일상적 의식을 묻는다면, 그에 대해 우리는 일면 몸이라는 표상과 일면 영혼이라는 표상을 갖는다. 우리는 이 두 가지에

서로 다른 고유의 특질을 부여한다. 영혼과 몸 사이의 이러한 구분은 철학적 고찰에서 크게 중요하며, 여기서도 우리는 그 구분을 수용해야 한다. 하지만 예로부터 사상의 통찰에 최고의 난제들을 제기해 온 영혼과 몸의 통일성도 못지않게 중요한 인식의 관심이다. [161] 이 통일성으로 인해 삶은 바로 이념의 최초의 자연현상으로 존재한다. 그러므로 우리는 영혼과 몸의 동일성을 단순한 관계로 파악해서는 안 되고, 더욱 깊은 방식으로 파악해야 한다. 즉 우리는 몸과 그 지절의 생성을 개념 자체의 체계적 지절화의 실존으로서 간주해야 한다. 살아 있는 유기체의 지절들 속에서 개념은, 하위의 단계에서는 이미 태양계의 경우가 그러하듯이, 자신의 규정성들에게 외적 자연 현존재를 부여한다. 그런데 개념은 이러한 실제적 실존의 내부에서 이 모든 규정성들의 추상관념적 통일성으로 고양되기도 하며, 또한 이 추상관념적 통일성이 영혼이다. 영혼은 실체적 통일성이자 모든 것을 관류하는 보편성일뿐더러 단순한 자기연관성이자 주관적 대자존재로서의 보편성이기도 하다. 우리는 영혼과 몸의 통일성을 이러한 한층 높은 의미에서 취해야 한다. 양자는 즉 함께 만나는 차별성들이 아니라 동일한 규정들의 하나같은 총체성이다. 그리고 무릇 이념이 실재성 속에서 대자화된 개념, 개념으로 현존하는 개념으로만 파악될 수 있고 또 여기에는 개념과 그 실재성 양자의 차별성 및 통일성이 속하듯이, 삶도 역시 영혼과 그 몸의 통일성으로서만 인식될 수 있다. 영혼의 실체적이면서도 주관적인 통일성은 몸 자체의 내부에서 예컨대 감응과 같은 것으로 나타난다. 생명력 있는 유기체의 감응은 그저 한 특수한 부분에 독립적으로 속하는 것이 아니라, 전체 유기체 자체의 이러한 추상관념적인 단순한 통일성이다. 감응은 모든 지절들에 두루 퍼져 있어 수백, 수천 곳에 편재하지만, 동일한 유기체에는 수천의 감응 주체가 있는 것이 아니라 오로지 하나만이, 하나의 주관만이 있을 뿐이다. 유기적 자연의 생명성은 지절들의 실제적 실존과 그들 속에서 단순히 독자적으로 존재하는 영혼 사이의 그러한 차별성을 포함하지만 그럼에도 그에 못지않게 이 차별성을 매개된 통일성으로서도 포함하며, 그런 까닭에 유기적 자연은 비유기적 자연에 비해 한층 고차적이다. 왜냐하면 생명체가 비로소 이념이며, [162] 이념이 비로소 진리이기 때문이다. 몸이 자신의 관념성과 영활을 완벽하게 실현하지 못하는 한, 유기체에서도 역시 이러한 진리가 손상될 수 있음이 사실이다. 예컨대 질병의 경우가 그러하다. 이 경우에는 개념이 유일한 힘으로서 지배하지 못하며 다른 힘들이 지배권을 분할한다. 하지만 그렇게 되면 개념과 실제의 불일치에 대한 대처가 절대적이지 않고 다만 상대적인 까닭에 그러한 실존도 역시 열악하고 기형적인, 간신히 살아가는 생명성일 뿐이다. 왜냐하면 양자의 일치가 더이상 현전하지 않았더라면, 몸에 진정한 지절화와 그 참된 관념성이 철저히 결여되어 있었더라면, 삶은 그 즉시 죽음으로, 즉 불가분의 통일성 속에서 영활을 함께 지탱해 주는 바로 그것을 각각 독립적으로 갈라지게끔 하는 죽음으로 변했을 것이기 때문이다.

β) 그런데 영혼은 내면에 있는 주관적인 추상관념적 통일성으로서의 개념의 총체성이고, 이에 반해 지절화된 육체는 동일한 총체성이긴 하지만 모든 특수한 측면들의 현시 및 그 감각적 상호 외재성으로서의 총체성이며, 또한 양자는 생명성에서는 통일성 가운데 정립되어 있는 것으로 이야기되었지만, 그래도 여기에는 하나의 모순이 들어 있다. 왜냐하면 추상관념적 통일성은 감각적 상호 외재성, 즉 각각의 특수성이 독자적 존립과 닫힌 고유성을 갖는 상호 외재성이 아닐뿐더러 그러한 외적 실제에 곧바로 대립하는 것이기 때문이다. 그런데 대립적인 것이 동일한 것으로 존재해야 한다는 것, 그것은 다름 아닌 모순 자체이다. 그러나 대립적인 것의 동일성으로서의 모순을 내면에 지니는 것은 실존하는 것이 아님을 요망하는 자는 동시에 생명력 있는 것은 실존하는 것이 아님을 요구하는 자이다. 왜냐

하면 삶의 힘은, 더욱이 정신의 힘은 모순을 자신의 내면에 정립하고, 견디고, 극복하는 바로 그 점에서 성립하기 때문이다. 지절들의 추상관념적 통일성과 실제적 상호 외재성 사이의 모순의 이러한 정립과 해소가 간단없는 삶의 과정을 이루니, 삶이란 오로지 과정으로서 존재하는 것이다. 삶의 과정은 이중의 활동을 포괄한다: 그것은 일면 모든 지절들의 실제적 차별성들과 유기체의 규정성들을 끊임없이 [163] 감각적으로 실존케 하는 활동이지만 또 일면 그들이 혹여 독립적 특수화 속에서 경직될 경우, 그리고 고착화된 차별성을 향해 서로가 서로를 배척하려 할 경우, 그들에게서 그 삶을 부여하는 보편적 관념성을 작용케 하는 활동이다. 이것이 생명성의 관념론이다. 왜냐하면 언필칭 철학만 관념론적인 것은 아니며, 관념론적 철학이 정신적 분야에서 수행하는 것과 같은 것을 사실상 자연도 이미 삶으로서 행하기 때문이다. — 삶의 완성된 과정은 유기체의 규정성들을 끊임없이 현실화하는 작용과 주관적 통일성을 위해 실제 현전하는 것들을 추상관념적으로 정립하는 작용이라는 두 가지의, 그러나 하나로 있는 활동으로 비로소 존재하는데, 여기서는 그 형식들이 세부적으로 고찰될 수는 없다. 이중적 활동의 이러한 통일성에 의해 유기체의 모든 지절은 끊임없이 보존되며 또한 그들에게 삶을 부여하는 관념성으로 끊임없이 소급된다. 그럴진대 그들에게는 삶이 부여된 그들의 통일성이 무차별적이 아니라 오히려 반대로 실체로서 존재하며 또한 그들은 오로지 이 속에서 그리고 이를 통해 그들의 특수한 개별성을 간직할 수 있는바, 이 점에서 그들은 지체 없이 관념성을 보여 준다. 이것이 바로 한 전체의 부분과 한 유기체의 지절 사이의 본질적인 차이를 이루는 것이다. 예컨대 한 집의 특수한 부분들, 개개의 석재, 창문 등등은 그들이 함께 모여 하나의 집을 형성하든 아니든 간에 같은 것으로 머문다. 그들에게는 다른 부분들과의 연계가 무차별적이며 또한 개념은 실제적 부분들 속에서 살지 않는, 그들을 주관적 통일성이라는 관념성으로 고양하기에는 그저 외적일 뿐인 형식이다. 이에 반해 유기체의 지절들도 마찬가지로 외적 실제를 갖긴 하지만, 그럼에도 개념은 말할 나위 없이 그들에게 내재하는 고유한 본질이며, 그런 관계로 그들에게 그저 외적 통일을 기할 뿐인 형식으로서 찍혀 있는 것이 아니라 오히려 그들의 유일무이한 존립을 형성하는 것으로 존재한다. 이를 통해 지절들은 한 건물의 석재나 혹은 한 항성계의 행성들, 달, 혜성들과 같은 실제가 아니라 그 모든 실제에도 불구하고 유기체 내부에 추상관념적으로 정립된 실존을 갖는다. 예를 들어 절단된 손은 자신의 독립적 [164] 존립을 상실한다. 손은 유기체 속에 있었던 바대로 있지 않으며, 그 민첩성, 운동성, 형태, 색 등은 변화한다. 아니, 손은 썩어 들며 그 모든 실존은 해체된다. 손은 오로지 유기체의 지절로서만 존립을 갖고, 오로지 끊임없이 추상관념적 통일성으로 소급된 것으로서만 실재성을 지닌다. 실재성이 생명력 있는 유기체 내부에서 갖는 한층 고차적인 방식은 이 점에서 성립한다. 실제적, 실증적인 것은 끊임없이 부정적, 추상관념적으로 정립되는 반면, 이러한 관념성은 동시에 바로 실제적 차별성들을 유지해 주는 것이자 또한 그들을 위한 존립의 요체가 되는 것이다.

γ) 그러므로 이념이 자연적 생명성으로서 얻게 되는 실제는 현상하는 실제이다. 현상은 즉 다른 게 아니라 하나의 실제가 실존한다는 사실, 하지만 그 실제가 자신의 존재를 직접적으로 자신에 즉해 갖지 않는다는 사실, 자신의 현존재 속에서 동시에 부정적으로 정립되어 있다는 사실을 일컫는다. 그런데 직접 외적으로 현존하는 지절들을 부정하는 것은 그것이 관념화의 활동인 까닭에 부정적 관계만을 갖지 않으며 이러한 부정 속에는 동시에 긍정적 대자존재가 있다. 지금까지 우리는 닫힌 특수성을 갖는 특수한 실제를 긍정적인 것으로 간주해 왔다. 그러나 생명체에서는 이러한 독립성이 부정되어 있으며 육체적 유기체 내부에 있는 추상관념적 통일성만이 긍정

적 자기연관성의 힘을 유지한다. 영혼은 그 부정 속에서도 마찬가지로 이러한 긍정적 관념성으로 이해될 수 있다. 그런고로 육체 속에서 현상하는 영혼이 있다면 이 현상은 동시에 긍정적인 것이다. 영혼은 지절들의 독립적 특수화에 대립하는 힘으로서 나타나는 것이 사실이지만 또한 지절들의 조각가로서도 존재할 터이니, 형태와 지절들 속에서 외적으로 주조되어 드러나는 바의 것을 영혼은 내적이며 추상관념적인 요소로서 포함하는 까닭이다. 그러므로 외적 요소에서는 이러한 긍정적인 내적 요소 그 자체가 현상한다. 그저 외적으로만 머무는 외적 요소는 추상성이나 일면성에 불과할 것이다. 그러나 생명력 있는 유기체의 외면은 자신에 즉해 내면을, 곧 자신의 개념을 보여 주며, 그런 까닭에 그것은 내면의 현상이다. 이 개념에는 [165] 다시 실재성이 속하며, 이 속에서 개념은 개념으로서 현상한다. 그러나 이제 객관성을 갖는 개념은 개념으로서는 자기연관적 주관성이며 그 실제의 면에서는 독자적으로 현존하는 주관성이므로, 삶은 오로지 생명력 있는 것, 개체적 주관으로서만 실존한다. 삶이 비로소 이러한 부정적 통일점을 발견하였다. 주관적 대자존재는 실제적 차별성들을 단순 실제적인 것으로 만드는 추상관념적 정립을 통해 처음 등장하는 까닭에 이러한 통일점은 부정적이지만, 이때에는 동시에 단순한 대자존재의 주관적, 긍정적 통일성이 단순 실제적인 차별성과 결합된다. ― 주관성의 이러한 측면을 부각하는 것은 매우 중요하다. 삶은 오로지 개체적이며 생명력 있는 주관성으로서 비로소 현실적으로 존재한다.

나아가 현실적이며 생명력 있는 개체들 내부에 있는 삶의 이념이 어디에서 인식되는가를 묻는다면, 답변은 다음과 같다. 첫째, 생명성이 실제적이려면, 그것은 육체적 유기체의 총체성으로 존재해야만 하며, 둘째, 이 유기체는 고정불변이 아니라 내적으로 끊임없는 관념화의 과정, 그 속에서 바로 생명력 있는 영혼이 드러나는 과정으로 현상한다. 셋째, 이 총체성은 외부 요인으로 인해 규정되거나 변화하는 것이 아니라 자체 요인에 의해 형성되고 진행하며 또한 그 속에서 항상 주관적 통일성이자 자기목적으로서의 자신과 연관된다.

주관적 생명성이 갖는 내적으로 자유로운 이러한 독립성은 뭐니 뭐니 해도 자기운동에서 나타난다. 비유기적 자연이라는 생명 없는 물체들은 고정된 공간을 가지며, 그들의 장소와 하나이자 그에 속박되어 있거나 아니면 외부 요인에 의해 운동한다. 왜냐하면 그들의 운동은 그들 자신으로부터 시작하는 것이 아니며, 그 결과 만일 그들에게서 운동이 보인다면 그것은 그들에게 외적인 개입작용, 즉 그 지양을 위해 그들이 반작용적 노력을 기울이는 개입작용으로 나타나기 때문이다. 그리고 행성 등의 운동이 설령 외적 추진력이나 혹은 물체에 이질적인 것으로 나타나지 않는다고 해도, 그래도 그것은 고정된 법칙과 그 추상적 필연성에 얽매인 것이다. 그러나 자유로운 자기운동을 하는 살아 있는 동물은 [166] 스스로가 특정한 장소에 얽매임을 부정하며 또한 그러한 규정성과 감각적으로 하나이어야 한다는 사실에서 지속적으로 해방되어 있다. 또한 동물의 운동은 특정한 운동양식, 그 가는 길, 속도 등의 면에서 상대적이긴 해도 추상의 지양이다. 하지만 좀 더 자세히 본다면 동물은 또한 스스로가 자신의 유기체로 인해 감각적 공간성을 가지며 또한 생명성은 이 실재성 자체의 내부에서 진행되는 혈액 순환, 지절운동 등등으로서의 자기운동이다. 하지만 운동이 생명성의 유일한 외화는 아니다. 비유기적 물체들은 외부의 동인에 의해서만 소리 나고 울린다. 그런 까닭에 그들에게 없는 동물소리의 자유로운 음조는 이미 영혼을 부여받은 주관성의 한층 높은 표현이다.

그러나 관념적인 활동은 생명력 있는 개인에게서 가장 결정적으로 나타난다. 왜냐하면 그는 일면 여타의 실제에 대항하여 자신을 내적으로 닫지만 그에 못지않게 또 일면 외부세계를 자신을 위한 것으로 만들기도 하기 때문이다. 그리고 이것은 때로는 시각 등등을 통해 이론적으로 이루어지며, 또 때로는, 그가 외부 사물들을 자신에게 종속시키고, 이용하고, 영양을 섭취하는 과정 속에서 자신에게 동화시켜 자신의 타자에서 개체로서의 자신을 끊임없이 재생산하는 한 ―그것도 좀 더 강화된 유기체에서는 이 재생산이 욕구, 섭취, 만족, 그리고 포만이라는 간격들로 분명히 구획된다―, 실천적으로 이루어진다.

이 모두가 영혼을 부여받은 개체들에서 생명성의 개념을 현상케 하는 활동들이다. 이제 이러한 관념성은 언필칭 비단 우리의 반성으로 존재할 뿐만 아니라 생명력 있는 주관 자체 속에 객관적으로도 현전하니, 우리는 그 현존재를 객관적 관념론이라 불러도 좋을 것이다. 이러한 추상관념성으로서의 영혼은 육체라는 그저 외적일 뿐인 실제를 자신의 비침을 위해 끌어내리고 이와 더불어 자신이 신체성 속에 객관적으로 현상함으로써 스스로가 비치도록 만든다.

2. 미적 생명성으로서의 자연적 생명성 [167]

진리와 이념의 가장 비근한 자연형식이 직접 그에 적합한 개별적 현실성을 갖는 삶으로서 현존하는 한, 이제 자연 속에 있는 생명성은 감각적인 객관적 이념으로서 아름답게 존재한다. 하지만 이러한 다만 감각적일 뿐인 직접성으로 인해 생명력 있는 자연미는 그 자체를 위해 아름답게 생산된 것도, 혹은 그 자신으로부터 아름다운 것으로 생산된 것도, 또한 미적 현상을 위해 생산된 것도 아니다. 자연미는 오로지 타자에 대해, 즉 우리에 대해, 미를 이해하는 의식에 대해 아름다운 것이다. 그러므로 도대체 생명성의 직접적 현존재가 우리에게 어떻게 그리고 무엇을 통해 아름답게 현상하는가 하는 물음이 생긴다.

a) 우선 살아 있는 것의 실제적 자기산출과 자기보존을 관찰해 보면, 첫눈에 뜨이는 것은 자의적 운동이다. 이것은, 그나마 운동으로 본다면, 시간적 장소 변경이라는 완전히 추상적인 자유에 지나지 않으며, 그 속에 있는 동물은 철저히 자의적인 것으로 그리고 그의 운동은 우연한 것으로 밝혀진다. 이에 반해 음악, 춤도 역시 운동을 내포하긴 하지만, 이 운동은 단순히 우연하거나 자의적이지 않으며, 그 내면 자체에서 합법칙적, 규정적, 구체적이며 또한 척도를 갖는 것이니, 의미를 아름답게 표현하는 이 운동은 설령 의미가 완전히 사상捨象되더라도 아름답다. 나아가 우리가 동물의 운동을 내적 목적의 실현으로 간주한다면, 이러한 목적도 역시 자극된 충동으로서 그 자체가 철저히 우연한 것이자 또한 극히 제한된 것이다. 그런데도 우리가 한 걸음 더 나아가 그 운동을 합목적적 행위이자 모든 부분의 공동작용으로 판단한다면, 그러한 고찰방식은 다만 우리의 오성 활동에서 나온 것일 뿐이다. ― 우리가 동물이 어떻게 자신의 욕구를 만족시키고, 영양을 섭취하며, 어떻게 먹이를 포획하며, 먹어 치우며, 소화하며 또한 대체 어떻게 자기보존을 위해 필수적인 제반사를 행하는가에 관해 반성할 때에도 마찬가지이다. 왜냐하면 여기서도 또한 우리는 개별적 [168] 욕구들 및 그 자의적이며 우연적인 만족들이라는 외적 시각만을 갖거나 ―덧붙이자면 이 경우에는 유기체의 내적 활동성이 결코 간취되지 않는다―, 혹은 이러한 모든 행위 및 그 표현방식이 오성의 대상이 되어 그 속에 있는 합목적성, 동물의 내면적 목적들과 그것을 실현하는 기관들의 조화를 이해하려 애쓰기 때문이다.

개체적이며 우연적인 욕구들, 자의적 운동과 만족들을 감각적으로 보는 것도, 유기체의 합목적성을 오성적으로 관찰하는 것도 동물적 생명성을 우리에게 자연미로 만드는 것이 아니니, 미란 정지해 있거나 운동하고 있는 개체적 형상의 가상작용과 관계하는 것이지 욕구의 만족을 위한 합목적성이나 완전히 개체화된 자기운동의 우연성과는 무관한 것이다. 그러니 미는 오로지 형상에만 속할 수 있을 터, 까닭인즉 오로지 이 형상만이 관조자이자 감각적 관찰자로서의 우리에게 생명성의 객관적 관념론을 보여 주는 외적 현상이기 때문이다. 사유는 이러한 관념론을 그 개념 속에서 파악하며 또한 그 보편성에 따라 대자화하지만, 미의 관조는 그것을 개념이 비쳐 나는 실제의 면에서 대자화한다. 그리고 이러한 실제는 지절화된 —우리에게 외적으로 현존하는 만큼이나 내비쳐 주기도 하는— 유기체의 외적 형상으로 존재하는바, 까닭인즉 영혼이 부여된 형상의 총체성 속에서는 단지 실제적일 뿐인 특수한 지절들의 다양성이 필히 가상으로서 정립되어 있기 때문이다.

b) 이미 설명한 생명성의 개념에 준하면, 다음의 것들이 이 가상작용의 좀 더 세부적인 방식으로 밝혀진다: 형상은 공간적으로 확장·한정되고 형태화되어 있으며, 여러 형식들, 색채, 운동 등으로 구분되며, 또한 그러한 차이들의 다양성으로 존재한다. 그러나 이제 유기체가 영혼을 부여받은 것으로 자신을 알리려면, 자신의 참된 실존이 이 다양함에 있지 않음을 보여 주어야 한다. 이를 위해서는 [169] 우리에게 감각적으로 존재하는 현상의 여러 부분과 양태들이 동시에 하나의 전체로 규합되고 또한 이를 통해 단일자로 존재하는 —이 특수성들을 비록 구분되기는 하나 그럼에도 일치하는 것으로 갖는— 개체로서 나타나는 방식을 취해야 한다.

α) 그러나 첫째, 이러한 통일성은 의도가 배제된 동일성으로서 발현해야만 하며, 따라서 추상적 합목적성으로 간주되어서는 안 된다. 부분들은 단순히 특정한 목적을 위한 수단으로서만 그리고 그 목적에 봉사하는 것으로서만 보여서는 안 되며 또한 구조와 형태에 있어서 서로에 대한 서로의 구분을 포기해서도 안 된다.

β) 역으로 둘째, 지절들은 우리가 보기에 우연성의 가상, 즉 하나의 지절

의 규정성이 다른 한 지절에 즉해 정립되어 있지 않은 듯한 가상을 취한다. 한 지절이 이러저러한 형상을 취하는 것은, 예컨대 규칙성 그 자체의 경우와는 달리, 다른 지절이 이러저러한 형상을 갖기 때문이 아니다. 규칙성 속에서는 어떤 하나의 추상적 규정성이 모든 부분의 형상, 크기 등등을 규정한다. 예를 들어 한 건물에 있는 창문들은 모두가 균일한 크기를 갖거나 혹은 적어도 하나의 동일한 열에 서 있다. 마찬가지로 정규군의 한 연대에 속한 군인들은 통일된 복장을 한다. 여기서는 복장의 특수한 부분들, 그 형식, 색깔 등등이 서로에 대해 우연하게 정해진 것이 아니라, 한 부분은 다른 부분으로 인하여 자신의 특정한 형식을 갖는다. 여기서는 형식들의 차별성도 그 고유한 독자성도 자신의 권리를 얻지 못한다. 살아 있는 유기적 개체의 경우에는 사정이 판이하다. 여기서는 각 부분이, 코는 이마와, 입은 뺨과, 가슴은 목과, 팔은 다리 등등과 구분된다. 이제 각 지절들은 다른 지절의 형상을 갖는 것이 아니라 다른 지절을 통해서는 절대로 규정되지 않는 자신의 고유한 형식을 갖기 때문에, 지절들은 내면에서 독립적인 것으로, 그리고 이를 통해 서로에 대해 자유롭고 우연한 것으로 현상한다. 왜냐하면 질료적 연계가 그들의 형식 자체에 관여하는 것은 아니기 때문이다.

γ) 그러나 셋째, 비록 통일성이 규칙성의 경우와는 달리 추상적, 외적이어서는 안 되며 또한 독자적 특수성들을 제거하기는커녕 오히려 그것들을 야기하고 보존해야 하는 것은 맞지만, 그럼에도 불구하고 이 독자성에서는 [170] 내적 연관성이 우리의 눈에 보여야만 한다. 이러한 동일성은 지절들의 구분성과 달리 우리의 눈에 대해 감각적, 직접적으로 현재하지 않으며 그렇기 때문에 은밀한 내적 필연성이자 일치로 머문다. 그러나 오로지 내적인, 외적으로 전혀 가시적이지 않은 필연성은 오직 사유를 통해 파악되는 것이자 시각을 완전히 벗어난 것일 게다. 하지만 이 경우라면 그것은 미의 모습을 결여할 것이며 또한 살아 있는 것을 본다는 것도 실제 현상하는 것

으로서의 이념을 앞에 두고 보는 것이 아닐 것이다. 그러므로 추상관념적 영혼 부여자로서의 통일성이 단순 감각적, 공간적이어서는 안 되지만, 그래도 그것은 외면으로도 표출되어야 한다. 그것은 개체에서 그 지절들의 보편적 관념성으로서 현상하며, 이 관념성이 그들을 보존하고 주재하는 밑바탕, 살아 있는 주체의 결정結晶을 형성한다. 유기적 생명체에서는 이러한 주관적 통일성이 감응으로서 발현한다. 영혼은 감응과 그 표현 속에서 영혼으로서 나타난다. 왜냐하면 영혼의 입장에서 보면, 지절들의 단순한 병존은 하등 진리를 갖지 못하며, 또한 공간적 형식들의 다수성은 그 주관적 관념성을 위해 현전하는 것이 아니기 때문이다. 다수성이 다양성을, 부분들의 독자적 형성이나 유기적 지절화를 전제하는 것은 맞다. 하지만 부분들에서는 감응하는 영혼과 그 표현이 표출되며, 그런 까닭에 편재遍在하는 내적 통일성은 정녕 단순한 실제적 독자성들의 지양으로서 현상하는바, 이 독자성들은 더 이상 자기 자신만을 제시하는 것이 아니라 오히려 감응할 때 그들에게 깃드는 영혼을 제시한다.

c) 그러나 첫째, 영혼이 깃든 감응의 표현은 특수한 지절들 간의 필연적 공속성共屬性의 모습도, 실제적 지절화와 감응 자체의 주관적 통일성 사이의 필연적 동일성의 외관도 제공하지 않는다.

[171] α) 이제 그럼에도 형상이 형상이려면 그것은 이러한 내적 일치와 그 필연성을 드러내야 한다. 우리의 입장에서는 이 관계가 그러한 지절들의 관행적 나열일 수 있는데, 이러한 관행은 일정한 유형을, 그리고 이 유형의 반복이 낳는 이미지들을 야기한다. 하지만 관행적이란 것은 다시 그 자체가 그저 주관적일 뿐인 필연성에 불과하다. 이 척도에 준하면 우리는 예컨대 동물들이 우리의 관행화된 시각을 벗어나거나 혹은 거기에 모순적이라는 이유로 추하다고 생각할 수 있다. 이로 인해 우리는 동물 기관들의 조합 양태가 자주 봐서 익숙해진 양태를 벗어날 경우 대개 이미 그 동물들을 기

괴하다고 부른다: 예컨대 걸맞지 않게 큰 몸체가 작달막한 꼬리로 끝나며 눈이 한쪽에 나란히 몰려 있는 물고기의 경우가 그렇다. 식물의 경우에는 예컨대 선인장이 가시들과 직선에 가까운 각진 줄기들의 성장으로 인해 기이하게 보일 수 있겠지만, 우리는 이미 이전부터 더욱 다양한 이형異形에도 익숙해 있다. 자연사自然史에 관해 다방면의 교양과 지식을 갖춘 사람은 이와 관련하여 개별적 부분들을 매우 정확하게 알 뿐만 아니라 대단히 많은 양의 유형들을 그들의 공속성에 따라 기억할 것이며 그리하여 그의 눈에는 익숙하지 않은 것이란 거의 없게 된다.

β) 둘째, 이러한 조화를 한층 깊이 파고들면 개별화된 지절에서 곧바로 그것이 속해야 할 전체적 형상을 거론하는 안목과 수완이 가능해진다. 예컨대 퀴비에[22]가 이 점에서 유명했으니, 그는 개개의 뼛조각을 보고서 —그것이 화석이든 아니든 간에— 그것을 지녔던 개체가 어떠한 동물 종에 속하는지를 단언할 줄 알았다. 여기서는 발톱에서 사자를ex ungue leonem이라는 구절이 문자 그대로 통용된다. 발톱, 대퇴골에서 [172] 치아의 성질이, 거꾸로 치아에서 좌골의 형상, 척추골의 모습이 추정된다. 그런데 그러한 고찰의 경우에는 유형을 인식한다는 것이 단순한 관행의 문제가 아니며, 오히려 이미 반성과 개별적 사상규정들이 주도적인 것으로 들어온다. 예를 들어 퀴비에가 자신의 단언들을 내림에 있어서 눈여겨보는 것은 온갖 상이한 개별 부분들의 통일성으로 보이는, 따라서 그 부분들 속에서 재인식되어야 할 내실 있는 규정성과 결정적인 속성이다. 육식의 특성과 같은 것이 말하자면 그러한 규정성이며, 이 경우 이 특성은 모든 부분들의 조직을 위한 법칙

---

22 Georges, Baron de Cuvier(1769~1832), 프랑스의 자연연구가. *Recherches sur les Ossemens Fossiles de Quadrup des*(Paris, 1812), vol. i, pp. 58ff. 헤겔은 이 대목을 『자연철학』 §370에서도 인용하고 있다.

을 이룬다. 예컨대 육식동물은 유별난 이빨과 악골顎骨을 필요로 한다. 육식동물은 사냥에서 사냥감을 낚아채야 하기에 발굽으로는 만족할 수 없으며 갈퀴발톱을 필요로 한다. 그러니까 여기서는 규정성이 모든 지절들의 필연적 형태와 공속성을 위한 주도적 요인인 것이다. 사자, 독수리 등의 강인함의 경우에서와 같이 관행적 표상들도 역시 그와 같은 보편적 규정성들에 의거하는 것이다. 이제 우리는 그러한 고찰방식을 물론 고찰치고는 아름답고 정신적인 고찰이라고 부를 수 있을지니, 그것은 우리에게 형태화와 그 형식들의 통일성을 배우게 해 주되 동시에 이러한 통일성이 단조로이 반복되는 일이 없이 지절들의 완전한 차별성을 온전하게 두기 때문이다. 그러나 이러한 고찰에서는 직관이 아니라 보편적, 추론적 사상이 주요 인자이다. 그러므로 이 면에 따른다면 우리는 아름다운 대상으로서의 대상에 관계한다고 말할 일이 아니라 주관적 고찰로서의 고찰이 아름답다고 불러야 할 것이다. 그리고 좀 더 자세히 들여다보면, 이러한 반성들은 주도적 원칙이 되는 하나의 개별적이고 제한된 측면에서, 즉 동물의 영양 섭취방식에서, 예컨대 육식, 초식 등등의 규정에서 출발한다. 그런데 그러한 규정성을 통해 전체, 개념, 영혼 자체가 갖는 예의 연관성이 가시화되는 것은 아니다.

[173] γ) 그러므로 우리가 이 영역에서 삶의 내적이고 총체적인 통일성을 의식화해야 한다면, 그것은 오로지 사유와 개념 파악을 통해서 일어날 수 있다고 할 것이다. 까닭인즉 자연적인 것에서는, 주관적 통일성의 관념성이 아직 대자화되어 있지 않은 관계로, 영혼이 그 자체로서 아직 인식 가능하지 않기 때문이다. 그런데 이제 우리가 사유를 통해 영혼을 개념적으로 파악해 본다면, 거기에는 두 가지, 즉 형상의 직관과 영혼으로서 사유된 영혼의 개념이 있다. 그러나 이것은 이제 미의 직관의 경우에는 들어맞지 않는다. 대상은 우리에게 사상으로서 어른거려서도 안 되며, 사유의 관심으로서 직관에 대해 차별성 내지는 대립을 이루어서도 안 된다. 그러므

로 남는 것은 대상이 감관Sinn 일반에 대해 현전한다는 사실뿐이며, 또한 이를 통해 우리는 자연 가운데 있는 미의 순수한 고찰방식으로서 자연형상물에 대한 의미 있는sinnvoll 직관을 얻는다. 즉 'Sinn'은 그 자체가 두 가지 대립된 의미로 쓰이는 놀라운 단어이다. 그것은 어떤 때는 직접적 포착의 기관을 표시하지만, 다른 때는 'Sinn'이라고 하면 의미, 사상, 사태의 보편적 요소를 일컫는다. 그리하여 'Sinn'은 한편으로는 실존이 갖는 직접적 외면성에, 다른 한편으로는 그 실존의 내적 본질에 관계한다. 의미 있는 [즉 'Sinn'을 통해 'Sinn'을 갖는] 고찰이란 이제 말하자면 양 측면을 가르는 것이 아니라, 하나의 방향 속에 그와 대립되는 방향도 역시 포함하며, 또한 감각적이며 직접적으로 바라보는 가운데에 동시에 본질과 개념을 이해하는 것이다. 그러나 그 고찰은 바로 이러한 규정들을 아직 분리되지 않은 통일성 속에서 끌고 가며, 그리하여 개념을 그 자체로서 의식화하지 않고 오히려 그 예감에 머문다. 예를 들어 광물계, 식물계, 동물계라는 세 가지 자연영역이 확정되어 있다면, 우리는 이러한 순차 속에서 외적 합목적성이라는 단순한 생각에 머무는 것이 아니라 개념에 합당한 지절화의 내적 필연성을 예감한다. 이 영역들 내부에 있는 형상물들은 다양하지만, 그럼에도 불구하고 [174] 신중한 관찰은 여러 광물 계통과 식물·동물 종의 계열들에서 이성에 상응하는 진보를 예감한다. 개체적인 동물 유기체도 역시 비슷하니, 이 하나의 곤충이 머리, 가슴, 배, 다리로 나뉘는 것을 보면 내면에서 이성적인 지절화가 있는 것으로 보이며 또한 오관에서도 역시 그런 것이 보이니, 비록 오관은 처음에는 우연한 다수인 듯 비칠 수 있겠으나, 그럼에도 마찬가지로 개념에 대한 적합성이 발견된다. 자연 및 그 현상들의 내적 이성원리에 대한 괴테의 관찰과 서술이 그런 종류의 것이다. 그는 위대한 감관을 갖고 소박하게 감각적 고찰로써 대상들에 접근했으며, 또한 동시에 개념에 적합한 그들의 연관성을 충분히 예감했다. 역사도 역시 그리 파악되고 설명될 수 있을지니, 개개의 사건들과 개인들을 통해 그들의 본질적 의미와 필연적 연관성이 은근히 내비치는 것이다.

3. 자연적 생명성의 고찰방식들

그런고로 개념에 적합한 자연형상들의 관조에서 그러한 상응이 예감되며 또한 동시에 감각적 고찰에서 총체적 지절화의 내적 필연성과 조화가 감관에게 떠오르는 한, 구체적 개념과 이념의 감각적 표현으로서의 자연 일반은 아름답다고 불릴 수 있을 터이다. 미적 자연으로서의 자연의 관조는 개념의 이러한 예감에서 더 이상 진척되지 못한다. 그런데 이러한 이해는 비규정적, 추상적으로 머물 뿐이다. 왜냐하면 이 관점에서는 부분들이 비록 자유롭고 독자적으로 출현한 듯 현상하지만 그럼에도 형상, 윤곽, 운동 등에서 그들의 조화를 가시화하기 때문이다. 내적 통일성은 내면에 머물며, 구체적인 추상관념적 형식으로 눈에 드러나지 않으며, 또한 고찰은 필연적이며 영혼을 부여하는 조화 일반의 보편성에 그친다.

[175] a) 그런 만큼 우리는 이 시점에서 우선 개념에 상응하는 자연형상물들의 대상성에서 내적으로 영혼이 깃든 연관성만을 자연의 아름다움으로서 볼 뿐이다. 이러한 연관성은 질료와 직접적으로 동일한 것이며, 또한 질료의 참된 본질이자 질료를 형상화하는 힘으로서의 형식은 질료와 직접 동거한다. 이 점이 이 단계의 미를 위한 일반적 규정을 제공한다. 예컨대 천연 수정은 규칙적 형상으로 인해 경탄을 자아내는바, 이 형상은 단지 외적일 뿐인 기계적 작용을 통해서가 아니라 내적인 고유한 규정과 대상 자체의 자유로운 힘을 통해 생겨난 것이다. 왜냐하면 대상에 외적인 활동도 역시 그 자체로서 자유로울 수 있겠으나, 수정에서 보이는 형상화 활동은 객체에 이질적인 형식이 아니라 이 광물이 자신의 고유한 본성에 따라 갖는

능동적 형식이기 때문이다. 내재적 활동을 통해 자신에게 형식을 부여하고 또한 그 규정성을 외부로부터 수동적으로 얻지 않는 것, 이것이 질료 자체의 자유로운 힘이다. 그리고 이로써 그 자신이 실현된 형식을 그에게 고유한 것으로서 갖는 질료는 자신 곁에 자유롭게 남는다. 이와 유사한 내재적 형식의 활동은 살아 있는 유기체, 그 윤곽, 지절들의 형상 그리고 무엇보다 운동과 감응의 표현에서 한층 고차적으로 드러난다. 왜냐하면 여기서는 바로 내면의 움직임 그 자체가 생동적으로 뿜어져 나오기 때문이다.

b) 하지만 우리는 내적 영활로서의 자연미가 갖는 이러한 비규정성에도

α) 생명성의 표상 및 그 참된 개념의 예감에 따라 그리고 그에 적합한 현상의 관행적 유형들에 따라 동물들을 아름답다거나 추하다고 부르는 본질적인 차이를 두는바, 예컨대 버거운 듯 느릿느릿 움직이며 그 습관 어디를 봐도 재빠른 움직임이나 동작이 불가능한 듯 보이는 나무늘보는 이 조는 듯한 게으름으로 인해 불쾌감을 준다. 왜냐하면 동작과 같은 운동성은 바로 삶의 한층 높은 관념성을 [176] 증빙하기 때문이다. 마찬가지로 우리는 양서류, 다종의 어류, 악어, 두꺼비, 무수히 많은 종류의 곤충들 등등을 아름답지 않게 여길 수 있다. 하지만 특히 하나의 특정 형식에서 다른 하나의 형식으로 이행하는, 그리고 그 형상들을 혼합하는 중간 단계의 동물은 우리에게 별나게 보이긴 하겠으나 아름답게 보이지는 않을 터, 새와 네발동물의 혼종인 오리너구리가 그렇다. 우리는 동물 종의 굳어진 유형들을 염두에 두는 까닭에 이 사실도 역시 우선은 단순한 관행으로 보일 수 있다. 그러나 이러한 관행 속에는 동시에 예감이 활동하고 있으니, 예를 들어 한 마리의 새를 형성하는 것은 그 새에 필연적으로 속하는 것이며 또한 그 형성의 본질상 잡종을 산출하지 않고서는 다른 종 특유의 형식들을 받아들일 수 없다. 그러므로 그러한 혼합은 생소하고 모순적인 것으로 밝혀진다. 부족하고 하찮아 보이는, 그리고 외적이며 제한적인 결함을 가리킬 뿐인 유기

체의 일면적 제한성도, 혹은 내적으로 그만큼 일면적이지는 않더라도 구분되는 종들의 규정성들을 견지하지 못하는 그러한 혼종이나 이행 종들도 생명력 있는 자연미의 영역에는 속하지 않는다.

β) 나아가 유기체의 생명력 있는 형상물들이 대상이 아닐 경우, 예컨대 풍경을 보는 경우, 우리는 또 다른 의미에서 자연의 미에 관해 논한다. 여기서는 부분들의 지절화, 즉 개념을 통해 규정되며 또한 그 추상관념적 통일성으로 생명을 얻는 여하한 유기적 지절화도 현전하지 않고 오히려 한편으로는 유기적이든 비유기적이든 간에 다만 대상들의 풍부한 다양성과 여러 가지로 형태화된 것들의 ―산의 모습들, 강물의 굽이침, 수풀, 초가집, 가옥, 도시, 궁전, 길, 선박, 하늘과 바다, 계곡과 협곡들의― 외적 결합만이 현전하며, 다른 한편으로는 이러한 상이성 내에서 우리의 흥미를 끄는, 쾌적하거나 혹은 강한 인상을 주는 외적 조화가 부각된다.

[177] γ) 마지막으로 자연미는 심정의 분위기를 자극하고 또한 그 분위기들과 조화함으로써 독특한 관계를 얻는다. 예를 들어 달밤의 고요함, 시내를 감도는 계곡의 평화로움, 포효하는 광활한 대양의 숭고함, 별밤의 고요한 광대함이 이러한 연관성을 얻는다. 여기서는 의미가 더 이상 대상들 자체에 속하지 않으며, 오히려 환기된 심정의 분위기 속에서 찾아진다. 마찬가지로 동물들이 용맹, 강인함, 교활, 선량함 등과 같이 인간적 속성들과 어울리는 영혼의 표현을 보일 경우, 우리는 그들을 아름답다고 부른다. 이것은 물론 대상들에 고유하며 또한 동물적 삶의 측면을 서술하는 표현이기도 하지만, 우리의 표상과 우리의 고유한 심정 속에 놓여 있는 표현이기도 하다.

c) 그러나 이제 자연미의 정점으로서의 동물적 삶이 제아무리 이미 모종의 영활을 표현한다고 해도, 모든 동물의 삶은 철저히 제한된 것이자 매우 특정한 특질들에 매여 있는 것이다. 그 삶의 범위는 협소하며 그 관심은 영

양 섭취, 성적 충동 등의 자연적 욕구에 의해 지배된다. 형상 속에서 표현을 구하는 내면으로서의 그 영혼의 삶은 빈약하고 추상적이며 별반 내용이 없다. ― 나아가 이 내면은 내면으로서 외부로 현상하지 않으며, 자연적 생명체는 그 영혼을 자신에 즉해 드러내지 않으니, 자연적인 것이란 그 영혼이 그저 내면에만 머무는 것, 즉 자신을 추상관념적인 것으로서 외화하지 않는 것, 바로 이것이기 때문이다. 즉 동물의 영혼은 이미 시사했듯이 대자적으로 이러한 추상관념적 통일성이 아니다. 그것이 대자적이었더라면, 그것은 이러한 대자존재 속에 있는 자신을 또한 다른 영혼에 대해서도 천명했을 것이다. 의식화된 자아가 비로소 오롯이 추상관념적으로 존재하니, 이것은 대자적·추상관념적 존재로서의 자신을 이 단순한 통일성으로서 인식하며 또한 그리하여 단순히 외적으로 감각적이거나 육체적이지 않은, 그자체가 추상관념적 종류인 실제를 자신에게 부여한다. 실제성은 여기서 비로소 개념 자체의 형식을 갖는바, 개념은 스스로와 대면하여 나타나고, [178] 자신을 자신의 객관성으로서 갖고 또한 이 객관성 속에서 대자적으로 존재한다. 이에 반해 동물적 삶은 오로지 즉자적으로만 이러한 통일성인바, 여기서는 실제성이 육체성으로서 존재하며 또한 영혼의 추상관념적 통일성과 다른 형식을 갖는다. 그러나 의식화된 자아는 자체가 대자적으로 이러한 통일성인바, 그 측면들은 동일한 관념성을 자신의 요소로 갖는다. 이러한 의식화된 구체성으로서의 자아는 다른 구체성에 대해서도 스스로를 천명한다. 하지만 동물은 스스로가 겨우 숨결과 체취라는 영혼의 흐릿한 가상을 가질 뿐이며, 그런 관계로 영혼을 형상을 통해 시각적으로 예감케 할 뿐이다. 그리고 이 숨결과 체취가 전체로 번져 지절들을 통일성으로 묶고 또한 일체의 행태에서 특수한 성격의 최초의 시작을 알린다. 자연미는 그 최고의 형상화라는 면에서조차 이러한 일차적 결함을 갖는바, 이것은 예술미로서의 이상의 필연성으로 우리를 인도할 것이다. 그러나 우리가 이상에

당도하기 전에, 모든 자연미가 갖는 그러한 결함의 일차적 결과인 [아래] 두 가지 규정들이 그 사이에 놓여 있다.

앞서 이야기되었던듯, 영혼은 동물 형상에서 유기체의 연관성으로서, 내실을 결여한 영활의 통일점으로서 다만 흐릿하게 현상할 뿐이다. 동물 형상에서 보이는 것은 비규정적이며 매우 제한적인 영혼성에 불과하다. 우리는 이 추상적 현상을 각각 간략하게 고찰할 것이다.

B
추상적 형식의 외적 미와
감각적 소재의 추상적 통일성

현전하는 것은 외적 실제이다. 이것은 외적 실제로서는 규정되어 있지만, 그 내면은 영혼의 통일성이라는 구체적 내면성에 도달하는 대신 비규정성과 추상에 그칠 뿐이다. 그러므로 이 내면성은 자체로서 내적인 내면성이 —이것은 추상관념적 형식과 추상관념적 내용을 갖는다— 아니며, 따라서 자신에게 적합한 현존재를 얻지 못하며, 오히려 외적, 실제적인 것을 외적으로 규정하는 통일성으로서 현상한다. 내면의 구체적 통일성이 성립하려면, [179] 영혼성은 내적, 대자적으로 내실 있게 존재해야 하며, 외적 실제를 이러한 자신의 내면성으로 꿰뚫어 실제적 형상을 내면의 열린 현시로 만들어야 할 것이다. 그렇지만 현 단계에서는 미가 그런 식의 구체적 통일성에 도달하지 못했으며, 그것을 이상으로서 아직 앞에 두고 있다. 그러므로 구체적 통일성은 이 시점에서 아직 형상으로 나타날 수 없으며, 이제야 겨우 분석적으로, 즉 그 통일성이 포함하는 구분된 측면들에 따라 분리되고 개체적으로 고찰될 수 있을 뿐이다. 그리하여 우선은 형상화하는 형식과 감각적·외적 실제성이 구분된 것으로서 상호 외재적으로 분리되어 두 가지 상이한 측면이 나타나는바, 우리는 여기서 이 점을 고찰해야 한다. 그런데 한편으로는 이러한 분리와 다른 한편으로는 그 추상 속에 있는 내적 통일성은 외적 실제성에 대해 그 자체가 하나의 외적인 통일성으로 존재하며 그리하여 외면성 자체 속에서 총체적이며 내적인 개념의 오롯한 내재적 형식으로서가 아니라 외적으로 지배하는 관념성 내지 규정성으로서 현상한다.

이 점을 우리는 이제 한층 자세하게 상론해야 할 것이다.

이러한 관계에서 다루어야 할 첫 번째 사항은:

1. 추상적 형식의 미

추상적 형식으로서의 자연미의 형식은 한편으로는 규정된, 그리고 이를 통해 제한된 형식이자 다른 한편으로는 통일성과 추상적 자기연관성을 포함하는 것이다. 그러나 좀 더 상세히 보면 그것은 외적인 잡다함을 이러한 규정성과 통일성에 따라 규제하지만, 이 통일성은 내재적 내면성과 영활적 형상이 되지 못하고 외적인 것에 국한되는 외적 규정성이자 통일성으로 머문다. ― 이러한 종류의 형식이 바로 규칙성, 균제, 나아가 법칙성, 그리고 마지막으로 조화라고 불리는 바로 그것이다.

a. 규칙성 [180]

α) 규칙성 자체는 무릇 외적인 것에서 보이는 동등성, 좀 더 자세히 말해 같은 특정 형상의 동일한 반복인바, 이 반복이 대상들의 형식에 대해 규정적 통일성을 부여한다. 규칙성이라는 최초의 추상으로 인해 그러한 통일성

은 구체적 개념의 이성적 총체성으로부터 가장 멀리 떨어져 있으며, 이로 써 규칙성의 아름다움은 추상적 오성원리의 아름다움이 된다. 왜냐하면 오 성은 추상적인, 내면 그 자체로서 규정되지 않은 동등성과 동일성을 자신 의 원칙으로 갖기 때문이다. 그럴진대 예를 들어 여러 선형들 가운데서는 직선이 가장 규칙적인 선일 터, 그것은 단지 추상적으로 언제나 동일한 단 하나의 방향만을 갖기 때문이다. 마찬가지로 정육면체도 철저히 규칙적인 물체이다. 어느 측면을 보아도 그것은 동일한 크기의 면적, 동일한 선분과 각들을 갖는바, 직각으로서의 그것은 둔각이나 예각과는 달리 그 크기의 변화가 불가능하다.

β) 대칭은 규칙성에 관계한다. 형식은 즉 규정성의 동등성이라는 앞서 의 극도의 추상에 머물지 않는다. 부등한 것이 동등성에 추가적으로 덧붙 어 차별성이 공허한 동등성 속으로 끊임없이 들어온다. 대칭은 이를 통해 야기된다. 대칭은 추상적인 동일한 형식이 반복되지 않고 동일한 종류의 다른 형식과 결합됨으로써 성립하는데, 이 후자의 형식도 그 자체로 볼 때 에는 마찬가지로 하나의 규정된, 자기 자신과 동등한 형식이지만 첫 번째 형식에 대해서는 부등한 것이다. 그런데 이러한 결합을 통해 하나의 새로 운, 이미 더욱 넓게 규정된 그리고 내적으로 한층 다양한 동등성과 통일성 이 성립할 수밖에 없다. 예컨대 어떤 집의 한쪽 면에 동등한 크기를 갖는 창 문 셋이 서로 간에 동등한 거리를 두고 떨어져 있고, 다음으로 처음의 것과 비교해서 좀 더 높은 창문 서넛이 좀 더 넓거나 좁은 간격을 두고 이어지며, 마지막으로 다시 크기나 거리 면에서 첫 세 창문과 동등한 세 창문이 덧붙 는다면, [181] 이것은 대칭적 정렬의 모습을 갖는다. 그러므로 단순한 동형성 이나 하나의 같은 규정성의 반복이 아직 대칭을 형성하는 것은 아니다. 대 칭에는 또한 크기, 위치, 형상, 색채, 음조 그리고 기타 규정들의 차별성이 속하나, 그렇더라도 이것들은 다시 동형적 양태로 어울려야 한다. 그러한

상호 부등한 규정성들의 균등한 결합이 비로소 대칭을 낳는다.

그런데 규칙성과 대칭이라는 이 두 가지의 형식은 단지 외적인 통일성과 질서일 뿐이므로 무엇보다 양적 규정성에 속한다. 왜냐하면 외적으로 정립된, 전혀 내재적이지 않은 규정성은 무릇 양적인 규정성이며 이에 반해 질 Qualität은 하나의 특정한 사태가 그 사태이게끔 만드는 것이니, 질적 규정성이 변화한다면 그것은 완전히 다른 사태로 되는 것이다. 그러나 양이 척도 Maß로서 간주되지 않을 경우라면, 양과 단순한 양으로서의 그 변화는 질적인 것에 대해 무관한 규정성이다. 즉 척도는 양 자체가 다시 질적으로 규정을 하여 특정한 질이 양적 규정성에 결부되어 있는 한에서의 양Quantität인 것이다. 규칙성과 대칭은 대체로 양적 규정성들, 그 동형성 및 부등성 가운데 있는 질서에 한정된다.

나아가 양들의 이러한 정렬이 어느 곳에서 제대로 나타나는지를 묻는다면, 우리는 무기적 자연뿐만 아니라 유기적 자연의 형상화도 그 크기와 형식의 면에서 규칙적, 대칭적임을 발견한다. 예컨대 우리의 고유한 유기체는 적어도 부분적으로는 규칙적이며 대칭적이다. 우리는 두 눈, 두 팔, 두 다리, 균등한 엉치뼈, 빗장뼈 등을 지닌다. 우리는 다시 심장, 허파, 간장, 창자 등과 같은 다른 부분들은 규칙적이지 않음을 알고 있다. 문제는 여기서 이러한 차이가 어디에 놓여 있느냐는 것이다. 유기체에서 크기, 형태, 위치 등의 규칙성이 [182] 알려지는 측면도 마찬가지로 외면성 그 자체의 측면이다. 즉 규칙성과 대칭이라는 규정성은 개념상 객관적인 것이 그 규정답게 자기외적인 것으로 있는 곳, 또한 어떠한 주관적 영활도 보여 주지 않는 곳에서 부각된다. 이러한 외면성에 머무는 실제는 예의 추상적, 외적 통일성에 맡겨진다. 이에 반해 영혼이 깃든 생명성에서는, 그리고 한층 높게는 자유로운 정신성에서는 단순한 규칙성이 생명력 있는 주관적 통일성을 위해 물러간다. 이제 자연 일반이 정신과 대비하여 자기외면적 현존재인 것은 사실이지만, 그럼에도 규칙성은 여기서조차 외면성 자체가 지배적 요소로 남는 오직 그곳에서만 우세하게 나타난다.

αα) 그 주요 단계들을 간략히 검토해 보자. 세분하자면 광물들은, 예컨대 영혼이 부여되지 않은 형상물로서의 수정은 규칙성과 대칭을 그 기본 형식으로 갖는다. 이미 언급했듯이 수정의 형상이 수정에 내재하며 또한 단순히 외적인 작용을 통해 규정되지 않는 것은 사실이다. 거기에 귀속하는 형식은 그 본성에 따라 감추어진 활동 속에서 내적, 외적 구조를 만들어 낸다. 하지만 구체적 개념의 총체적 활동은 관념화를 행하지만, 이 활동은 아직 그렇지 않다. 즉 그것은 독자적 부분들의 존립을 부정적인 것으로 정립하고 이를 통해 동물의 삶이 그렇듯 그것을 영활케 하는 것이 아니다. 오히려 통일성과 형식의 규정성은 추상적 오성의 일면성에 머물러 있으며 또한 그렇기에 자기외면성에서 보이는 통일성으로서의 그 존립을 단순한 규칙성과 대칭으로, 즉 추상들만이 규정적 요인으로 작용하는 형식으로 만든다.

ββ) 나아가 식물은 이미 수정보다 상위이다. 그것은 이미 지절화를 시작할 만큼 발전해 있으며 또한 끊임없이 능동적으로 양분을 흡수하면서 광물질을 소모한다. 그러나 식물도 역시 아직 본격적으로 영혼을 부여받은 생명성을 갖지는 못할 터, 비록 유기적으로 지절화되었다고는 하나 그럼에도 그 활동은 항상 외면을 향해 벌어 난 것이기 때문이다. 식물은 독자적 운동이나 장소 이동이 없이 [183] 한곳에 뿌리내리며, 지속적으로 성장하며, 또한 식물의 중단 없는 동화작용과 양분흡수는 내적으로 완결된 유기체의 변함 없는 보존이 아니라 외부를 향한 부단히 새로운 자기생산이다. 동물도 역시 성장하지만, 일정한 크기에서 멈추며 동일한 개체를 자기보존으로서 재생산한다. 그러나 식물은 중단 없이 성장한다. 오로지 사멸할 경우에만 가지와 잎사귀 등의 증식이 멈춘다. 그리고 식물이 이러한 성장 속에서 산출하는 것은 항상 그 전체 유기체의 새로운 견본이다. 왜냐하면 각각의 가지

는 하나의 새로운 식물이지, 말하자면 동물 유기체에서처럼 단지 하나의 개별화된 지절이 아니기 때문이다. 스스로를 수많은 식물 개체로 이렇듯 끊임없이 증식함에도 불구하고 식물에는 영혼이 깃든 주관성, 감응이라는 그 추상관념적 통일성이 결여되어 있다. 무릇 식물이 그 모든 실존과 삶의 과정에 따라서 제아무리 소화물질을 안으로 보내고, 능동적 동화작용을 통해 자양분을 얻고, 물질 속에서 개념이 활동케 하고, 이로써 자유롭게 된[즉 수정의 경우처럼 물질에 갇혀 있지 않는] 개념을 통해 자신을 자신으로부터 규정하더라도, 그럼에도 식물은 항상 주관적 독자성과 통일성이 결여된 외면성에 구속되며 또한 그 자기보존은 끊임없이 외적으로 나타난다. 이러한 특성, 즉 외부를 향해 자기를 넘어 벗어 가려는 부단한 충동은 이제 자기외면성 속에 있는 통일성으로서의 규칙성과 대칭도 역시 식물의 형상을 위한 주요 계기로 삼는다. 여기서는 규칙성이 광물의 영역에서처럼 더 이상 그토록 엄격하게 지배적이지 않고 또한 자신을 더 이상 그토록 추상적인 선형과 각들로 형상화하지는 않지만, 그럼에도 그것은 지배적 요소로 머문다. 둥치는 대개 직선으로 솟으며, 고등식물들의 나이테는 원형이며, 잎사귀는 수정의 형태에 가깝고, 그리고 다수의 꽃잎, 위치, 형상을 갖는 꽃들은 ―근본 유형의 면에서 보면― 규칙적, 대칭적인 규정성의 특징을 지닌다.

γγ) 마지막으로 생명력 있는 동물 유기체에서는 지절들의 양태가 이중적으로 형상화되는 본질적 차별성이 나타난다. [184] 왜냐하면 특히 비교적 고등한 단계의 동물 신체에서는 유기체가 내적, 자기결정적, 자기연관적인 유기체, 말하자면 원구처럼 내면으로 회귀하는 유기체이며, 또한 외적 과정이자 외면성에 대항하는 과정으로서의 외적 유기체이기 때문이다. 생명 그 자체가 결부된 장기들, 즉 간장, 심장, 허파 등은 한층 소중한 장기들이다. 이것들은 규칙성이라는 단순한 유형에 따라 규정되어 있는 것이 아니다. 이에 반해 동물적 유기체에서도 역시 항상 외부세계에 연관하는 지

절들에서는 대칭적 배열이 지배한다. 여기에는 이론적이든 실천적이든 간에 그 과정이 외부를 향하는 지절과 기관들이 속한다. 순수 이론적 과정을 수행하는 것은 시각과 청각이라는 감관도구이다. 우리는 시각과 청각의 대상을 있는 그대로 둔다. 이에 반해 후각과 미각 같은 기관들에서는 비로소 실천적 관계가 시작한다. 왜냐하면 냄새를 갖는 것은 이미 자신을 소모하는 것으로 이해되며 또한 우리는 파괴를 행함으로써만 맛을 볼 수 있기 때문이다. 우리는 단 하나의 코를 갖는다. 그러나 그것은 둘로 나뉘며 또한 그 양편은 철저히 규칙적으로 형태화되어 있다. 이는 입술이나 치아의 경우도 비슷하다. 눈과 귀, 그리고 장소 이동 및 외적 객체들을 다루고 실천적으로 변경함에 있어 필요한 지절들인 다리와 팔들은 그 위치나 형태 등등에서 철저히 규칙적이다.

그러니까 규칙성은 유기체에서도 그 개념에 합당한 권리를 갖지만, 그러나 그것은 외부세계와의 직접적 관계를 위한 도구들을 제공하는 지절들, 또한 생명의 내면 회귀적 주관성인 유기체의 자기연관성을 작동하지 않는 지절들의 경우에만 그럴 뿐이다.

이것이 규칙적, 대칭적인 형식들과 이 형식들이 자연현상의 형상화에서 누리는 지배권에 관한 주요 규정들일 터이다.

그런데 좀 더 자세히 보면, 비교적 추상적인 이러한 형식들로부터

b. 법칙성 [185]

이 구분될 수 있는데, 이는 법칙성이 이미 한층 높은 단계이며 또한 ―자연적 생명체이든 정신적 생명체이든 간에― 자유로 향하는 생명체의 이행을 형성하기 때문이다. 그 자체로 보면, 법칙성이 아직 주관적, 총체적 통일성과 자유 자체가 아님은 사실이지만, 그래도 그것은 이미 본질적 차별성들의 총체성인바, 이러한 차별성들은 단지 차별성들이자 대립들로서만 자

신을 과시하지 않고 오히려 그 총체성 속에서 통일성과 연관성을 보여 준다. 그러한 법칙적 통일성과 그 지배는 아직 양적 국면에서 통용되는 것이긴 하지만, 그것은 더 이상 즉자 그 자체에 외적이거나 혹은 수량화만이 가능한 단순양量의 차별성으로 환원될 수 있는 것이 아니고, 오히려 구분되는 측면들의 질적 관계가 이미 나타나게끔 만든다. 이를 통해 그 관계에서 나타나는 것은 하나의 같은 규정성의 추상적 반복이나 동등한 것과 부등한 것의 균일한 교차가 아니라 본질적으로 상이한 측면들의 연합이다. 이제 이러한 차별성들이 그 완성태 속에서 연합되어 있음을 볼 경우, 우리는 만족을 얻는다. 이러한 만족에는 감각이 오로지 차별성들의 총체성, 그것도 사태의 본질에 따라 요구되는 총체성을 통해서만 충족된다는 점에서 이성적 요인이 들어 있다. 하지만 그 연관성은 다시 다만 비밀스러운 유대로 남을 뿐이니, 이 유대는 직관에 대해 때로는 관행의 사안으로, 때로는 비교적 깊은 예감의 사안으로 존재한다.

규칙성에서 법칙성으로의 좀 더 분명한 이행은 몇 가지 실례를 통해 쉽게 규명된다. 예컨대 동일한 크기를 갖는 평행선은 추상적이고 규칙적이다. 이에 반해 이미 한 걸음만 더 나아가면 예컨대 닮은꼴 삼각형들에서처럼 부등한 크기에도 불구하고 단순한 동일성을 갖는 관계가 있다. 각도, 선분의 관계는 동일하다. 하지만 정량定量들은 상이성을 갖는다. ― 마찬가지로 원은 직선의 규칙성을 갖지 않지만 모든 반지름이 동일한 길이를 갖는 까닭에 위와 다름없이 여전히 추상적 동등성의 규정 아래 있다. [186] 그러므로 원은 아직 그다지 흥미로운 곡선이 아니다. 이에 반해 이미 타원과 포물선은 규칙성을 덜 보여 주며 또한 오로지 그들 자신의 법칙으로부터 인식될 수 있을 뿐이다. 그러니까 예컨대 타원의 동경動徑들은 부등하지만 법칙적이며, 본질적으로 차이가 나는 장축과 단축 및 초점들도 원의 경우와는 달리 중심에 있는 것이 아니다. 그러므로 여기서는 이미 질적인, 이 선의 법칙에 정초하는 차별성들이 나타나며, 그들의 관계가 법칙을 형성한다. 하지만 그럼에도 우리가 타원을 장축과 단축에 따라 나누어 보면, 우리는 네 가지의 동등한 조각을 얻는다. 그러니까 전체적으로는 여기서도 역시 동등성이 지배하고 있다. ― 내적 법칙성의 경우 한층 높은 자유를 갖는 것은 난형선卵形線이다. 그것은 법칙적이되, 우리들은 그에 관해 수학적으로 법칙을 발견하거나 계산해 낼 수가 없었다. 그것은 타원이 아니며 아래와 위가 다르게 굽어 있다. 그러나 자연의 이러한 한층 자유로운 선도 역시 우리가 그것을 장축에 따라 나눈다면 여전히 두 개의 동일한 반쪽이 생긴다.

법칙성의 경우 단순히 규칙적일 뿐인 요소의 최후의 지양은 난형선과 비슷하되, 그럼에도 한 면이 다른 면에 이어 반복되지 않고 오히려 다르게 휘는 까닭에, 그 장축에 따라 나눌 때 부등한 반쪽들을 가져오는 선들 속에서 발견된다. 이러한 종류로는 호가스[23]가 미의 선이라고 표현한 소위 파상곡선波狀曲線이 있다. 이렇듯 예컨대 파상곡선들은 한 면과 반대 면이 다르게 굽어 있다. 여기서는 단순한 규칙성이 빠진 법칙성이 존재하며, 그러한 종류의 법칙성이 매우 다양한, 한층 고차적인 생명력 있는 유기체들의 형식들을 규정한다.

법칙성은 차별성들과 그 통일성을 규명하는 실체적 요소이다. 그러나 이것은 일면 그 자체가 다만 추상적으로 지배할 뿐 어떤 식으로든 개별성이 자유로이 발흥하도록 놔두지 않으며, 일면 스스로가 여전히 주관성의 한층 높은 자유를 결여하는 까닭에 [187] 아직 그 영활과 관념성을 나타낼 능력이 없다.

그러므로 이 단계에서 단순한 법칙성보다 한층 고차적인 것은

---

23 역주: William Hogarth(1697~1764), 영국의 화가·판화가. *Analysis of Beauty*(1753)에서 인용. 여기서 호가스는 우아한 곡선에 최고의 미적 가치를 부여한다.

c. 조화

이다. 조화는 즉 질적 차별성들의 관계, 그것도 그러한 차별성들의 총체성의 관계로서, 그 근거는 사태 자체의 본질에서 발견된다. 법칙성이 규칙성의 측면을 즉자적으로 지니는 한, 이 관계는 법칙성을 벗어나며 또한 동등성과 반복을 훌쩍 상회한다. 그런데 동시에 질적으로 상이한 것들은 단순히 차별성 내지 그 대립과 모순으로서 간주되는 것이 아니라 화합하는 통일성으로서 간주되니, 이 통일성은 그에 속한 모든 계기를 발현시켰으되, 그것들을 내적으로 하나인 전체로서 포함한다. 이러한 그들의 화합이 조화이다. 조화는 일면 본질적 측면들의 총체성에서, 일면 그 측면들의 해소된 단순한 대립에서 성립하는바, 이러한 해소된 대립을 통해 그 측면들의 공속성과 그들의 내적 관계가 그들의 통일성으로서 드러나는 것이다. 우리는 형상, 색채, 음조 등등의 조화를 이러한 의미에서 논한다. 예컨대 청색, 황색, 녹색, 그리고 적색은 색깔 자체의 본질 속에 들어 있는 필연적 색채차별성들이다. 우리는 이러한 차별성들에서 대칭에서와 같이 단지 외적 통일성을 이루기 위해 규칙적으로 총괄되는 부등한 요소만을 보는 것이 아니라 황색과 청색의 경우처럼 직접적 대립들과 그들의 중화 및 구체적 동일성을 본다. 그들의 조화의 아름다움은 지나치게 현저한 그들의 차별성과 대립을 회피하는 가운데 있는바, 이러한 대립은 그 자체로서 소멸되어 차별적 색채들 스스로에서 그들의 일치가 나타난다. 왜냐하면 색채는 일면적인 것이 아니라 본질적 총체성이며, 그런 관계로 그들은 서로에게 속하기 때문이다. 그러한 총체성의 요구는, 괴테가 말하듯, 아무리 눈이 단지 하나의 색채만을 객체로서 본다손 치더라도 그럼에도 눈은 주관적으로 [188] 다른 색채도 마찬가지로 본다는 데까지 확장될 수 있다. 음향들 중에서 예컨대 으뜸음, 가온음, 딸림음은 그 차별성 속에서도 하나의 전체로 통일되어 화음을 이루는 본질적 음향차별성들이다. 형상과 그 위치, 정지와 운동 등의 조화도 이와 비슷한 관계를 갖는다. 여기서는 어떠한 차별성도 그 자체로서 독자적으로 두드러져서는 아니 되니, 만일 그렇게 되면 일치가 파괴되기 때문이다.

그러나 조화 역시 그 자체가 아직 자유롭고 추상관념적인 주관성과 영혼이 아니다. 이러한 주관성과 영혼에서는 통일성이 단순한 공속성이나 조화로 있는 것이 아니라 차별성들의 부정정립Negativsetzen으로 있으니, 그들의 추상관념적 통일성은 이를 통해 비로소 성립한다. 조화는 그러한 관념성이 되지 못한다. 예를 들어 일체의 선율적인 것들은 그 바탕에 조화를 간직하지만, 그렇다고 해도 그것들은 그보다 한층 높고 한층 자유로운 주관성을 포함하고 또 표현하는 것이다. 단순한 조화는 비록 추상적 형식의 측면에서는 최고의 단계이며 또한 이미 자유로운 주관성에 접근하는 것이지만, 무릇 그것이 주관적 영활 그 자체나 정신성을 현상케 하는 것은 아니다.

이상의 종류의 추상적 형식들이 추상적 통일성의 첫 번째 규정이라 할 것이다.

2. 감각적 소재의 추상적 통일성으로서의 미

추상적 통일성의 두 번째 측면은 형식 및 형상에 더 이상 관계하지 않고 오히려 질료적, 감각적인 것 그 자체에 관계한다. 여기서는 통일성이 내적으로 전혀 구분되지 않는 특정한 감각적 질료의 화합으로서 등장한다. 그 자체로서는 감각적 소재로 간주되는 질료가 통일성을 수용할 수 있다면, 이것이 유일하다. 이러한 관계로 이 단계에서는 형상, 색채, 음향 등과 같은 소재의 추상적 순수성이 본질적인 것이다. 여기저기로 비끼지 않고 그러한 차별성 없이 곧게 뻗은 순수하게 그어진 선, 매끄러운 평면 같은 것들은 그 고정된 규정성 및 자신과의 단조로운 통일성으로 인해 만족을 준다. 하늘의 깨끗함, [189] 대기의 청명함, 명경明鏡 같은 호수, 평활한 바다는 이 면에서 우리를 즐겁게 한다. 음향의 순수함도 꼭 마찬가지이다. 목소리의 순수한 울림은 이미 그 단순하고 깨끗한 음색만으로도 이렇듯 무한히 마음에 들며 또 호소적이다. 반면 순수하지 않은 음성은 기관을 함께 울리도록 하고, 자기연관성을 갖는 음향을 제공하지 못하며, 또한 순수하지 못한 음색은 자신의 규정성에서 이탈한다. 비슷하게 언어도 역시 모음 a, e, i, o, u와 같은 순수 음향, ä, ü, ö와 같은 복합 음향을 갖는다. 특히 민속방언들은 중간음 oa와 같이 순수하지 않은 소리들을 갖는다. 그리고 나아가 음향이 순수하려면 모음들이 그 울림을 탁하게 만들지 않는 자음들로도 둘러싸여야 하는 바, 북유럽의 언어들은 종종 그 자음들을 통해 모음의 음색을 약화하는 반면 이탈리아어는 이 순수함을 보존하는 까닭에 노래에 적격이다. — 비슷한 효과를 갖는 것으로는 예컨대 순수한 적색이나 순수한 청색과 같이 순수한, 내적으로 단순한 원색이 있는바, 이 색들은 보통 적색 계열, 혹은 황색과 녹색 계열의 색으로 변질되는 까닭에 흔한 것이 아니다. 보라색도 역시 순수할 수 있겠으나, 단지 외적으로만, 즉 더럽지 않다는 의미에서만 그럴 뿐이니, 왜냐하면 이것은 내적으로 단순하지 않으며 또한 색의 본질을 통해 규정되는 색채차별성들[삼원색]에 속하지 않기 때문이다. 감관은 이러한 원색들의 순수성을 —비록 그 차이가 매우 현저한 까닭에 함께 모여 조화를 이루기가 비교적 어렵지만— 쉽사리 인식한다. [순수성이] 약화된, 여러 번 혼합된 색들은 대립의 에너지를 결여하는 까닭에 그들이 아무리 한층 쉽게 화합을 이룬다고는 해도 그다지 쾌적한 것들이 되지 못한다. 녹색도 역시 황색과 청색에서 혼합된 색채이긴 하지만, 그것은 이러한 대립의 단순한 중화이며 또한 대립의 이러한 소멸로서의 [즉 중화로서의] 녹색의 진정한 순수성은 청색과 황색의 확고한 차별성들보다 정말이지 한층 더 쾌적하며 또 한층 덜 공격적이다.

이것이 형식의 추상적 통일성, 그리고 감각적 소재의 단순성 및 [190] 순수성과 관련해서 가장 중요한 점이라 할 것이다. 그러나 이제 이 두 가지의 종류는 그 추상으로 인해 생명력 있는 것이 못 되며 또한 참으로 현실적인 통일성으로 존재하지 않는다. 왜냐하면 이 통일성에는 추상관념적 주관성이 속하는데, 자연미 일반에서는 이것이 완벽하게 현상하지 않기 때문이다. 이제 이러한 본질적 결함은 우리를 이상理想의 필연성으로 인도하니, 이러한 이상은 자연 속에서 발견되지 않으며 또한 이와 대비해 본다면 자연미는 하위의 것으로 나타난다.

C
자연미의 결함

우리의 고유한 대상은 오로지 미의 이념에 적합한 실제로서의 예술미이다. 지금껏 자연미는 미의 첫 번째 실존으로 간주되었으며 따라서 이 시점에서의 문제는 대체 어디에서 자연미가 예술미와 구분되는가 하는 것이다.

추상적으로 말하자면 이상은 내적으로 완전한 미이고 자연은 이에 반해 불완전한 미라고 할 것이다. 하지만 그러한 공허한 술어들로써 해결된 것은 아무것도 없으니, 무엇이 예술미의 이러한 완전성과 단순히 자연적인 것의 불완전성을 형성하는가를 꼭 집어 언급하는 것이 정작 문제이기 때문이다. 그러므로 우리는 다음과 같이 의문을 제기해야만 한다: 왜 자연은 그 아름다움에 있어 필연적으로 불완전하며, 또한 이러한 불완전성이 어디에서 유래하는가? 그런 후 비로소 우리에게는 이상의 필연성과 본질이 한층 자세히 드러날 것이다.

앞서 우리는 동물적 생명성까지 단계를 높여 왔고 또한 여기서 미가 어떻게 서술될 수 있는가를 살펴보았으므로, 당면 과제는 우리가 주관성과 개별성이라는 이 계기를 생명체에서 좀 더 규정적으로 고찰하는 것이다.

우리는 사람들이 이념으로서의 선과 진을 논하는 것과 같은 의미에서, 즉 이념은 유일무이하게 실체적이며 보편적인 요소, 절대적 ―말하자면 감각적이 아닌― 질료, [191] 세계의 기저라는 의미에서, 이념으로서의 미를 논했다. 그러나 좀 더 규정적으로 파악하자면 이미 살펴보았듯 이념은 단순히 실체와 보편성이 아니라 바로 개념과 그 실제의 통일, 자신의 객관성 내부에서 개념으로서 산출된 개념이다. 이미 서문에서 다룬 바 있듯 플라톤은 이념을 유일한 진리이자 보편자로서, 그것도 내면에서 구체적인 보편자로서 부각한 인물이었다. 하지만 플라톤의 이념은 그 개념과 보편성 속에서 파악된 채 성급하게 참인 것으로 간주되기 때문에 아직 그 자체가 참된 구체성이 아니다. 그런데 이러한 보편성에서 본다면, 이념은 아직 현실화된 것이 아니며 또한 그 현실성 속에서 대자적 참으로 존재하는 것도 아니다. 그것은 단순한 즉자에 머물러 있다. 그러나 개념이 객관성이 없이는 참되게 개념으로 존재하지 않듯이 이념도 역시 그 현실성이 없이는 그리고 현실성의 외부에서는 참되게 이념으로 존재하지 않는다. 그러므로 이념은 현실성을 향해 나아가야만 하며, 또한 오로지 즉자 자체로 개념에 합당한 현실적 주관성과 그 추상관념적 대자존재를 통해서 비로소 현실성을 얻는다. 그러기에 예컨대 유類는 오로지 자유로운 구체적 개체로서 비로소 현실적으로 존재한다. 삶은 오로지 개체적 생명체로 실존하며, 선은 개체적 인간에 의해 실현되며, 모든 진리는 오로지 인식하는 의식으로서, 대자적으로 현존하는 정신으로서 존재한다. 왜냐하면 오로지 구체적 개체성만이 참되고 현실적이지, 추상적 보편성과 특수성은 그렇지 못하기 때문이다. 그러므로 우리가 본질적으로 견지해야 할 요점은 이 대자존재와 이 주관성이다. 그런데 이제 주관성은 부정적 통일성 가운데 있으며, 이를 통해 차별성들은 주관성의 실제적 존립인 동시에 추상관념적으로 정립된 것으로 밝혀진다. 그러므로 이념과 그 현실성의 통일은 이념 자체와 그 실제의 부정적 통일, 즉 양 측면의 차별성의 정립이자 또한 지양이다. 이념은 오로지 이러한 활동 속에서 긍정적으로 ―즉 대자적이면서도 자기연관적인 무한한 통일성이자 주관성으로― 존재한다. 그러므로 우리는 현실적 현존재를 갖는 미의 이념도 역시 본질적으로 구체적 주관성으로, [192] 이로써 개체성으로 이해해야만 할 터, 까닭인즉 그것은 오로지 현실적 이념으로서만 존재하며 또한 그 현실성을 구체적 개체성 속에 갖기 때문이다.

그런데 여기서는 즉시 개체성의 이중적 형식, 즉 직접적, 자연적 형식과 정신적 형식이 구분될 수 있다. 이념은 이 두 가지 형식으로 자신에게 현존재를 부여하며, 그리하여 두 형식 모두에게 있어서 실체적 내용인 이념은 ―우리의 영역에서 보면 미의 이념은― 동일한 것이다. 자연의 미는 이상과 동일한 내용을 갖는다는 주장은 이러한 관계 속에 있다. 그러나 반대의 측면에서 보면 앞서 거론된, 이념이 현실성을 얻게 되는 형식의 이중성은, 즉 자연적 개체성과 정신적 개체성의 차별성은 전자와 후자의 형식으로 현상하는 내용 속에 본질적 차별성을 들여온다. 왜냐하면 지금 제기되는 물음은 어떠한 형식이 진정으로 이념에 상응하느냐는 것이며, 또한 이념은 자신에게 진정으로 합당한 형식 속에서만 그 내용이 갖는 일체의 참된 총체성을 표출하기 때문이다.

자연미와 이상의 차별성도 역시 개체성의 이러한 형식차별성에 속하는 까닭에, 바로 이것이 이 시점에서 우리가 고찰해야 할 보다 상세한 사항이다.

우선 직접적 개체성에 관해 말해 보자면, 그것은 자연적인 것 자체뿐만 아니라 정신에도 역시 속하니, 까닭인즉 정신은 첫째, 자신의 외적 실체를 물체에서 얻고, 둘째, 정신적 관계에서도 우선은 단지 직접적 현실성 속에서 하나의 실존을 얻기 때문이다. 그러므로 우리는 직접적 개체성을 여기이 삼중의 고려에서 고찰할 수 있다.

1. 단순한 내면으로서의 직접적인 것의 내면

a) 동물 유기체는 오로지 내면 자체의 부단한 과정을 통해, 그리고 그에게 비유기적인 자연에 대립하여 자신의 대자존재를 보존한다는 사실을 우리는 이미 살펴보았던바, 그는 이 자연을 소모, 소화, 동화하고, 외적인 것을 내적인 것으로 바꾸고, 또 이를 통해 비로소 자신의 내면존재를 실현한다. 우리는 동시에 [193] 삶의 이러한 부단한 과정이 일련의 행위들의 체계이며, 이 체계는 그러한 행위들이 진행되는 기관들의 체계로 현실화됨을 발견하였다. 자체 내에서 결정된 이 체계는 앞의 과정을 통한 생명체의 자기보존을 유일한 목적으로 가지며, 이에 따라 동물의 삶은 단지 욕구의 삶에 ―그 진행과 만족은 앞서 언급한 기관들의 체계 속에서 실현된다― 그 본질을 둔다. 이런 양태의 생명체는 합목적성에 따라 지절화되며, 또한 모든 지절은 자기보존이라는 목적을 위한 수단으로서만 봉사한다. 삶이 지절들에 내재하니, 지절들은 삶에, 삶은 지절들에 결속되어 있다. 앞의 과정의 결과는 자신을 감응하고 혼이 깃든 존재로서의 동물이며, 이로써 동물은 개체로서의 자신을 스스로 향유한다. 우리가 이러한 관계에서 동물과 식물을 비교한다면, 이미 시사되었던바, 식물은 항상 새로운 개별자들을 자체적으로 생산할 뿐 그것들을 개체적 자기를 형성하는 부정적 점으로 집중시키지 못하며, 그런 까닭에 식물에는 정녕 자기감정과 영혼성이 없다. 그러나 이제 동물 유기체의 생명성에서 눈에 띄는 것은 삶의 이러한 통일점이 아니라 다만 기관들의 다양성일 뿐이다. 생명체는 ―그 지절들은 자

유분방하게 외적 실제가 되지만— 자신을 개별적 주관으로, 점으로서의 주관으로 현상시키지 못하는 부자유를 여전히 갖는다. 우리에게는 유기적 삶의 행위들의 본령이 은폐되어 다만 외적 윤곽과 형상만이 보일 뿐이며, 또한 이마저도 다시 깃털, 비늘, 털, 모피, 가시, 껍질로 완전히 덮여 있다. 그러한 은폐가 분명 동물성에 속하는 것이긴 하나, 그것은 식물성의 형식을 갖는 동물적 생산물들로서의 동물성이다. 벌써 이 점에서 동물적 생명체의 아름다움은 중요한 결함을 갖는다. 유기체로부터 우리에게 보이는 것은 영혼이 아니다. 전신全身에서 외부로 현상하는 것은 내적 삶이 아니라 [194] 본연의 생명성에 비해 한층 낮은 단계의 형태화들이다. 동물은 오로지 내적으로 생명력을 갖는다. 즉 내면존재는 내면성 자체의 형식으로 실재하지 않으며, 그런 까닭에 이러한 생명성은 그 어디에서도 목격되지 않는다. 내면이 오로지 내면으로 남는 까닭에 외면도 역시 오로지 외면으로만 현상할 뿐이며 또한 여하한 부분을 막론하고 영혼이 완전히 삼투되어 있는 곳이란 없다.

b) 이에 반해 인간의 신체는 이 면에서 한층 높은 단계에 있으니, 그에게서는 인간이 영혼을 품고 감응하는 자라는 사실이 철저히 현실화되기 때문이다. 피부는 식물과 같이 생명력 없는 껍질로 덮여 있지 않으며, 혈액의 맥동이 겉모습 전체에서 비치며, 박동하는 생명력의 심장은 말하자면 어디에나 편재遍在하며, 독특한 생기로서, 생명의 팽만함tugor vitae으로서, 이렇듯 팽창하는 생명으로서 외적 현상으로 박차고 나온다. 피부도 역시 그에 못지않게 철저히 섬세한 것으로 밝혀지며, 예술가의 천형天刑인 부드러운 살색morbidezza, 얼굴의 살빛과 혈색을 보여 준다. 그러나 이제 인간의 신체가 동물의 신체와 달리 외부를 향해 제아무리 그 생명성을 보여 준다고 해도, 그럼에도 이러한 겉모습에서는 피부의 개별적 상태, 베인 자국, 주름, 모공, 잔털, 실핏줄 등에서 자연의 결함도 마찬가지로 표출된다. 내면의 삶을 스

스로 내비치는 피부 그 자체는 외부에 대해 자기를 보존하기 위한 보호물이자 자연적 부족함을 메우는 합목적적 수단일 뿐이다. 그렇더라도 인간 신체의 현상에는 감수성에 본질을 두는 엄청난 장점이 남아 있으며, 또한 이에 의해 비록 완전히 현실적인 느낌은 아니더라도 적어도 그러한 느낌의 가능성 정도는 거기에서 드러난다. 그러나 동시에 여기서도 다시 결함이 나타나는바, 이러한 느낌은 모든 지절에서 내적으로 내면에 집중되어 있는 느낌으로서 현재하는 것이 아니며, 신체 자체에서도 일부 기관들과 그 형상은 오로지 동물적 기능들에 바쳐지는 반면 다른 부분의 기관들은 영혼의 삶의 표현, [195] 감응과 열정의 표현을 자신 속에 좀 더 가까이 받아들인다. 이 측면에서 보면, 영혼의 내적 삶이 신체적 형상의 모든 실제성을 투과하여 비친다고 할 수도 없다.

c) 한 단계 더 높여 정신적 세계와 그 유기체들에서도, 그들의 직접적 생명성을 고찰해 볼 때, 마찬가지로 동일한 결함이 보인다. 정신적 세계의 형성물들이 크고 풍부할수록 이 전체에 생명을 부여하고 또한 전체의 내적 영혼을 형성하는 그 유일한 목적은 그만큼 더 많은 공조 수단들을 필요로 한다. 그런데 직접적인 현실에서 보면 이러한 수단들은 무엇보다 합목적적 기관들로서 나타나며, 또한 발생하거나 야기되는 것이 있다면, 그것은 오로지 의지를 매개로 하여 성립한다. 국가나 가족과 같은 그러한 유기체의 모든 점은, 즉 모든 개별적 개체는 그 유기체의 여타의 지절들과의 관계 속에 있으려고 의지意志하며 또한 그 속에서 나타나긴 하겠지만, 그러나 이 관계의 유일한 내적 영혼은, 즉 유일한 목적인 자유와 이성은, 이 유일한, 자유롭고 총체적인 내적 영활로서 실현되지 않으며 또한 여하한 부분에 즉해서도 현시되지 않는다.

이와 비슷하게 내적으로 하나의 유기적 전체로서 존재하는 특수한 행위들이나 사건들의 경우에도 동일한 현상이 발생한다. 그러한 것들을 생성케 하는 내적 요인은 어디에서건 그 직접적 실현의 표면이나 외부형상으로까지 제고되지 않는다. 현상하는 것은 그저 하나의 실제적 총체성일 뿐이니, 극히 내면적으로 집약된 이러한 총체성의 영활은 내면적인 것으로서 그 배후에 머물러 있다.

마지막으로 개별적 개인도 이러한 관점에서는 동일한 모습을 보여 준다. 정신적 개인은 정신적 중심점에 의해 응집된 내면적 총체성이다. 그의 직접적 현실성은 오로지 삶, 행동, 휴식, 소망 그리고 충동으로 단편화되어 현상할 뿐이며 또한 그의 성격은 오로지 그가 행하거나 당하는 일의 전체 계열에서만 인식될 수 있다. 그의 실제성을 형성하는 이러한 계열에서는 집중화된 통일점이 집약된 중심으로서 가시화되거나 파악 가능하게 되지 않는다.

2. 직접적이며 개별적인 현존재의 의존성 [196]

이로부터 다음의 것이 곧바로 중요한 점으로서 밝혀진다. 개별적인 것의 직접성과 함께 이념은 현실적 현존재 속으로 들어선다. 그러나 이제 이와 같은 직접성을 통해 이념은 외부세계와 얽히고, 외적 환경의 제약성으로, 목적과 수단들의 상대성으로, 한마디로 현상의 갖가지 유한성으로 분열된다. 왜냐하면 직접적 개별성은 일단 내적으로 닫힌 일자이자 같은 이유에서 타자에 대립하여 자신을 부정적으로 닫기 때문이며, 또한 오로지 제약된 실존만을 갖는 그 직접적 개별화로 인하여 그 자신 속에서 현실화되지 않은 총체성의 힘에 의해 또 다른 일자에 대한 연관성으로, 그리고 타자에 대한 지극히 잡다한 의존성으로 내몰리기 때문이다. 이념은 이러한 직접성 속에서 그 모든 측면들이 개별화되어 실제하며, 따라서 정신적 실존이든 자연적 실존이든 간에 개별적 실존들을 상호 연관 짓는 내적인 힘으로서만 남는다. 이러한 연관은 개별적 실존들 자체에 외적인 것이며, 그들 자체에서도 또한 지극히 다중적인 양면적 의존성이라는, 그리고 타자를 통해 규정된 존재라는 외적 필연성으로 현상한다. 이 측면에서 보면 현존재의 직접성은 자칫 자립적인 것으로 보이기 쉬운 개체들과 힘들 사이에 있는 필연적 관계들의 체계이며, 이 체계 속에서 각각의 개별자는 그에 이질적인 목적에 봉사하는 가운데 수단으로서 사용되거나 혹은 그에게 외적인 것 자체를 수단으로서 요구한다. 그리고 여기서는 무릇 이념이 외적인 것의 토대 위에서만 실현되는 까닭에 자의와 우연의 방만한 유희 및 온갖 궁핍한 필요성도 역시 동시에 봇물 터지듯 나타난다. 직접적 개별자가 살아가는 곳은 부자유의 영역이다.

a) 예를 들어 개별적 동물은 특정한 자연적 요인, 공기, 물 혹은 땅에 여지없이 구속되어 있고, 이를 통해 그의 모든 삶의 양식, 영양 섭취의 방식이 규정되며, 이로써 [197] 전체적인 체질이 규정된다. 이것이 동물의 삶의 커다란 차이들을 낳는다. 그렇긴 하나 이 경우에도 다른 종류와의 간성間性동물들이 등장하니, 헤엄치는 새, 수생水生 포유류, 양서류 그리고 이행 단계의 동물들이 그것이다. 그러나 이것은 다만 뒤섞임일 뿐 좀 더 고차적인 포괄적 매개가 아니다. 그 밖에도 동물의 자기보존은 외적 자연, 추위, 가뭄, 먹이 부족 탓에 끊임없이 제약받으며, 척박한 환경에 이렇듯 지배당하는 가운데 그 형태의 충일함, 그 활짝 핀 아름다움이 상실되거나 여월 수 있으며, 또한 이러한 전면적인 결핍의 모습만을 보일 수 있다. 그에게 아름다움으로 주어진 것이 보존될 것인가 아니면 상실될 것인가의 여부는 외적인 조건들에 의해 좌우된다.

b) 인간 유기체의 신체적 현존도 역시 비록 같은 정도는 아니지만 외적인 자연력들에 대해 비슷한 의존성에 내몰려 있으며, 또한 같은 우연성, 충족되지 못한 자연욕구들, 파괴적 질병들 및 갖가지 종류의 결함과 고뇌에 노출되어 있다.

c) 정신적 관심들의 직접적 현실성이라는 더 높은 입장에서 의존성은 비로소 가장 완벽하게 상대성을 띤다. 인간 현존재가 갖는 산문散文의 전체 폭은 여기서 발견된다. 단순히 물리적인 삶의 목적들과 한층 높은 정신의 목적들의 대조가 이미 이러한 것을 보여 주니, 양자는 쌍방 간에 서로를 저지, 방해, 말살할 수 있기 때문이다. 그럴진대 개체적 인간은 자신의 개체성을 유지하기 위해 자신을 거듭 타인들을 위한 수단으로 만들어야 하고, 그들의 제한된 목적들에 봉사해야 하며, 또한 자기 고유의 협소한 관심들을 충족하기 위해 타인들을 마찬가지로 단순한 수단으로 끌어내린다. 그러므로 일상과 산문의 이 세계 속에서 현상하는 개인은 자신의 고유한 총체성에서 비롯되어 행동하거나 자기 자신에서 비롯되어 이해되지 않고 타인으로 말미암아 이해된다. 왜냐하면 개별적 인간은 외부의 영향, 법제, 국가기관, 시민적 제 관계들에 대한 의존성 속에 있기 때문이니, 앞에 있는 [198] 이러한 것들을 자신의 고유한 내면으로서 갖든 말든 간에 그는 그것들에 허리를 굽혀야만 하는 것이다. 더더구나 개별적 주체는 타인들에 대해 그러한 내면적 총체성으로 존재하는 것이 아니라, 오로지 타인들이 자신의 행위, 소망, 그리고 사건에 즉해 갖는 일차적인 개체적 관심에 따라 등장할 뿐이다. 사람들에게 우선적으로 흥미를 끄는 것은 그들의 고유한 의도 및 목적들에 대한 관계일 뿐이다. ─ 전체가 연대하여 행하는 위대한 행위나 사안들조차도 상대적 현상들로서의 이 영역에서는 잡다한 개별적 노력들로 보일 뿐이다. 이 사람 저 사람을 막론하고 실패하든 관철하든 간에 이러저러한 목적에서 자신의 관심을 덧붙이며 또한 다행스러운 경우에는 종국에 가서 전체와 대비하여 대단히 하잘것없는 그 무언가를 성취한다. 이러한 관계에서 대부분의 개인들이 수행하는 것이란 그들이 기여하는 전체 사안과 전체 목적의 크기에 비교해 보면 하나의 편린에 불과하다. 그래, 정점에 올라서 사안의 전체를 자신의 것으로 느끼고 의식화하는 사람들조차도 다면적인 특

수한 환경, 조건, 장애 그리고 상대적 관계들로 엉켜 들어간 모습으로 나타나거늘 더 말해 무엇 하겠는가. 이러한 점을 모두 고려할 때 이 영역에서의 개인은 미美 개념의 근거가 되는 독립적이며 총체적인 생명성과 자유의 모습을 간직하지 못한다. 직접적·인간적 현실성과 그 사안들 및 조직들에도 체계와 행위의 총체성이 없는 것은 아니로되, 그러나 전체는 오로지 한 무리의 개체성들로 현상할 뿐이다. 업무와 활동들은 무한히 많은 부분으로 분해·해체되어 개체에게는 오로지 전체의 한 입자만이 할당될 뿐이다. 그리고 이제 개인들이 제아무리 자신들의 고유한 목적으로써 전체에 참여하여 그들의 개체적 관심을 통해 매개된 것을 성취해 본들, 그럼에도 그들의 의지의 독립성과 자유는 많든 적든 형식적으로, [199] 외적 환경과 우연들을 통해 규정된 것으로, 또한 자연성의 장애를 통해 방해받는 것으로 머문다.

이것이 세계의 산문이니, 이 세계는 자신의 고유한 의식과 타인들의 의식에 나타나는 바의 세계이자, 유한성과 가변성의 세계, 상대적인 것으로 뒤엉킨 세계, 개체로서는 벗어날 수 없는 필연성에 억압받는 세계인 것이다. 왜냐하면 모든 개체화된 생명체는 스스로가 그 자체로서 이렇듯 닫힌 일자로서 존재하지만 그에 못지않게 다른 일자에게도 의존한다는 모순 속에 머물며 또한 모순의 해결을 위한 투쟁은 끊임없는 전쟁의 시도와 영속을 넘지 못하기 때문이다.

3. 직접적이며 개별적인 현존재의 제한성

그러나 이제 셋째, 자연적 세계와 정신적 세계의 직접적 개별자는 무릇 의존성 가운데 있을 뿐만 아니라 거기에는 절대적 독립성이 결여되어 있으니, 까닭인즉 그것은 제한되어, 더욱 자세히 말해, 내면 그 자체에서 특수화되어 있기 때문이다.

a) 모든 동물 개체들은 자신이 그 경계를 넘어서지 못할 특정한, 그리고 이로써 제한되고 고정된 종에 속한다. 생명성과 그 유기조직의 어떤 보편적 이미지가 정신의 눈에 어리기는 한다. 그러나 이러한 보편적 유기체는 특수성들의 영역으로 제각기 갈라지며, 이 특수성들의 각각은 제한된 유형의 형상과 특수한 단계의 발전을 지닌다. 나아가 이러한 넘지 못할 장벽 내에 있는 각각의 개체적 개별자에서는 오로지 제약과 외면성들이라는 예의 우연 및 그에 대한 의존성이 그마저도 우연적이며 특수하게 표현될 뿐이며, 이러한 측면으로 인해 순정한 미에 요구되는 독립성과 자유의 모습은 스러져 있다.

b) 이제 정신은 자연적 생명성의 완전한 개념을 그 고유한 신체적 유기체 속에서 [200] 완벽하게 실현하니, 이와 비교할 때 동물 종들은 불완전하게, 아니 낮은 단계에서는 궁색한 생명성으로 나타날 수 있음이 사실이다. 하지만 인간 유기체도 역시 비록 미미한 정도이긴 해도 그 또한 인종의 차이들 및 그러한 차이의 미적 형태들이 갖는 등급서열로 나뉜다. 이 차이들은 물론 비교적 일반적인 것인데, 그 밖에도 좀 더 자세히 보면 굳어진 가풍들과 그들의 융합이라는 우연성이 다시 특정한 관습, 표현, 태도로서 나타나며, 다음으로 이러한 특수성은 내적으로 부자유스러운 특칭성을 특징적으로 도입하며, 또한 이 특수성에 유한한 생활권과 직역 및 직업에 있어서의 작업방식의 고유성들이 추가되며, 마지막으로 여기에 특수한 성격과 기질이라는 온갖 단칭성들이 ―이것들은 기타의 약점과 불명료함을 결과로서 갖는다― 접맥한다. 빈곤, 고뇌, 분노, 냉혈과 냉정, 열정의 격노, 편파적 목적들에 대한 집착, 변덕스러움과 정신적 분열, 외적 자연에 대한 의존, 인간적 현존재 일반의 모든 유한성은 완전히 특칭적인 인상들의 우연성 및 거기에 늘 머물러 있는 표정으로 특수화된다. 그리하여 풍상에 시달린, 온갖 열정들이 그 파괴적 폭풍우의 표현을 남긴 인상들이 있게 되는 것이다. 또 다른

인상들은 내면의 삭막함과 피상성의 모습만을 간직하고 있다. 또 다른 인상들은 다시 너무 특칭적이어서 거기서는 보편적 유형의 형태들이 거의 완전히 사라지기도 한다. 형상들의 우연성은 끝이 없다. 그러기에 어린아이들이 전반적으로 가장 아름다우니, 아직 어떠한 제한된 열정도 그들의 가슴을 휘젓지 않고, 어떠한 잡다한 인간적 이해관계도 변해 가는 얼굴들에 그 궁상맞은 표정을 고정불변으로 새겨 넣지 않았으며, 그런 관계로 그들에게는 여하한 특칭성도 마치 고요히 닫혀 있는 꽃봉오리에서처럼 아직 휴면하고 있기 때문이다. 그러나 비록 아이들의 생기발랄함이 모든 것의 가능성으로서 나타나기는 하지만, 그렇더라도 이러한 순진무구에는 내면에서 자신을 활성화하고 본질적인 방향과 목적들을 향해 자신을 열게끔 몰아가는 정신의 [201] 한층 깊은 특징들이 마찬가지로 결여되어 있다.

c) 직접적 현존재가 갖는 이러한 결함은 물리적이든 정신적이든 간에 본질적으로 유한성으로서 이해될 수 있다. 좀 더 자세히 말해, 그것은 자신의 개념에 상응하지 않는, 그리고 정녕 이러한 비상응성을 통해 자신의 유한성을 노정하는 유한성으로서 이해될 수 있는 것이다. 왜냐하면 개념은, 좀 더 구체적으로 말해 이념은 내면에서 무한한 것이자 자유로운 것이기 때문이다. 동물적 삶은 삶으로서는 비록 이념이지만 그것은 무한성과 자유를 자체에서 표현하지 않으니, 이것이 나타나려면 개념은 자신에 합당한 실제를 완전히 관류하여 그 속에서 오로지 자기 자신만을 갖고 또한 실제에서 자신 이외의 어떠한 것도 부각되게끔 해서는 아니 되는 것이다. 그때에야 비로소 개념은 진정 자유롭고 무한한 개별성으로 존재한다. 하지만 자연적 삶은 감응을 넘지 못한다. 감응은 자신 속에 머물며, 전체 실제를 완전히 관류하지 못하며, 그 밖에도 내적으로 직접 제약받고 제한되고 의존적인 것으로서 나타나는바, 까닭인즉 감응은 자신을 통해 자유로이 규정되는 대신 타자를 통해 규정되기 때문이다. 마찬가지의 몫이 직접적이며 유한한 정신

의 현실성에도, 즉 정신의 인식과 의지, 정신의 사건들, 행위들, 그리고 운명들에도 해당한다.

왜냐하면 여기서도 역시 본질적 중심점들이 형성되긴 하지만, 이것은 다만 특수한 개별성들보다 별반 나을 것이 없이 즉자대자적으로 스스로가 진리를 갖지 못한 채, 진리를 오로지 전체를 통한 상호 관계 속에서 표현하는 중심점들에 불과하기 때문이다. 이 전체는 자체로 보면 그 개념에 상응할 것이나 자신을 스스로의 총체성 가운데서 천명하지 않는 것이며, 그리하여 완전한 상응으로서 스스로가 외적 실제로 가시화되거나 혹은 그 수많은 개별성들을 단 하나의 표현과 단 하나의 형상으로 집약하고자 그들을 그 분산된 상태에서 소환하는 대신, 이렇듯 단지 하나의 내면으로만 남으며 따라서 오로지 사유하는 인식의 내면을 위해서만 존재하는 것이다.

[202] 바로 이것이 현존재의 유한성과 그 제한성 및 외적 필연성 속에서는 정신이 자신의 참된 자유의 직접적 모습과 그 향유를 재발견할 수 없는 이유이자, 따라서 이러한 자유의 욕구가 또 다른, 한층 높은 토대 위에서 실현될 것을 필요로 하는 이유이다. 이 토대가 예술이며 예술의 현실성은 이상이다.

그러니까 예술미의 필연성은 직접적 현실성의 제 결함들로부터 유래하며, 또한 예술미가 갖는 소명은 생명성의 현상, 특히 정신적 영활의 현상을 외적으로도 역시 그 자유 가운데서 표현하여 외적인 것을 그 개념에 맞게끔 만드는 일이니, 예술미의 과제는 이 지점에서 설정되어야 한다. 이때에야 비로소 진리는 자신의 일시적 환경, 일련의 유한성으로의 일탈에서 벗어나 고양되는 동시에 외적으로 현상한다. 그리고 이로부터 목격되는 것은 더 이상 자연과 산문의 결핍성이 아니라 이제는 나름대로도 자유로운 독립성을 누리는 ―진리에 걸맞은― 현존재인바, 까닭인즉 그 현존재는 자신의 규정을 내면 자체에 지니며 또한 그것을 타자를 통해 자신 안으로 반입된 것으로 여기지 않기 때문이다.

제3장
예술미 혹은 이상

예술미를 고려할 때 우리는 세 가지의 주요 측면들을 고찰해야만 한다:

첫째, 이상 그 자체,

둘째, 예술작품으로서의 이상의 규정성,

셋째, 예술가의 창조적 주관성.

A
이상 그 자체 [203]

1. 미적 개별성

종전의 고찰에 따라 완전히 형식적인 면에서 예술의 이상에 관해 진술할 수 있는 가장 일반적인 점은 참된 것은 오로지 외적 실제를 향한 그 전개 가운데서 현존재와 진리를 갖는다는 사실, 그러나 그 현존재의 상호 외재성이 일자 속에서 집약되고 또 견지될 수 있어 이제 그 전개의 각 부분들이 이러한 영혼, 전체를 자신에 즉해 현상하도록 만들어야 한다는 사실로 귀결한다. 비근한 설명을 위해 인간의 형상을 예로 들자면, 이미 앞서 보았듯이, 기관들의 ─이것들은 개념의 외재화이며 또한 각 지절들에서 어떤 하나의 특수한 동작과 부분적인 감응만을 알려 준다─ 총체성이 그것이다. 그런데 우리가 어떤 특별한 기관에서 전체 영혼이 영혼으로서 현상하는가를 묻는다면 우리는 지체 없이 눈을 들 것이다. 왜냐하면 눈 속에 모인 영혼은 눈을 통해 볼 뿐만 아니라 또한 눈 안에서 보이기 때문이다. 그런데 동물 몸뚱이와는 반대로 인간 신체의 표면 그 어디서나 뛰는 심장이 보이는데, 같은 의미에서 예술에 관해 주장할 수 있을지니, 예술은 가시적 표면의 점점마다 각 형상을 영혼의 자리이자 정신을 현상케 하는 눈으로 전환시킨다. ─ 혹은 플라톤이 아스터[24]에게 부치는 저 유명한 이행시:

> 별들을 보는가 그대, 나의 별이여, 오 내가 하늘이었더라면,
> 천 개의 눈이 되어 그대를 내려다보는!

에서와 같이 예술은 그 모든 형상물을 수많은 눈을 가진 아르고스[25]로 만들어 내면의 영혼과 정신성이 점점마다 보이게 한다. 그리고 예술은 신체의 형상, 얼굴 표정, 몸짓과 자세뿐만 아니라 행동과 사건들, 언변과 어조 그리고 이들의 일련의 진행 과정들도 역시 [204] 현상의 모든 제약을 관통하여 어디에서나 눈이 되도록 하니, 이 속에서 자유로운 영혼의 내적 무한성이 인

---

24 역주: 아스터(Aster)는 별을 뜻하는 동시에 플라톤의 절친한 친구를 가리킨다.
25 역주: 그리스 신화에 나오는 백안(百眼)의 거인.

식에게 다가온다.

a) 영혼이 스며들어 있어야 한다는 이 요구를 함에 있어 한층 세밀한 물음이 지체 없이 제기되니, 그것은 무엇이 현상의 모든 점들을 그 눈으로 삼아야 할 영혼인가 하는 물음이자, 좀 더 규정적으로 말하자면 어떤 종류의 영혼이 예술을 통해 자신을 순정하게 천명할 능력이 있음을 본성적으로 보여 주는가 하는 물음이다. 왜냐하면 일상적 의미에서도 우리는 금속, 광물, 별들, 동물들, 다양하게 특칭화된 인간적 성격들과 그 표현들의 특수한 영혼을 논하기 때문이다. 그런데 영혼이란 표현이 위에서 말한 의미에서 돌, 식물 등등과 같은 자연사물에 대해 사용되는 것은 대단히 부적절하다. 단순히 자연적일 뿐인 사물들의 영혼은 그 자체로서 유한하고 일시적이며 또한 영혼이라기보다는 특수화된 자연으로 불리는 편이 낫다. 그러므로 그러한 실존들이 갖는 특정한 개별성은 이미 그 유한한 현존재에서 완전히 노출된다. 그 개별성은 다만 모종의 제한성만을 표현할 수 있을 뿐 무한한 독립성과 자유로의 고양은 하나의 가상에 불과할 것이니, 설령 이 국면에 가상이 대여貸與된다 해도 그것이 실제로 발생할 경우라도 이 무한성이 사물들 자체에 정초되어 있는 것은 아니며 다만 언제나 외부에서 예술을 통해 다가올 뿐이다. 마찬가지로 자연적 생명성으로서의 감응하는 영혼도 역시 주관적이라고는 해도 다만 내면적일 뿐인 개별성으로서, 이 개별성은 즉자적으로 실제성 속에 현전할 뿐, 자신을 '자기에로의 회귀Rückkehr zu sich'로서 인식하거나 또는 이를 통해 자신 속에서 무한하게 존재하는 것이 아니다. 따라서 그러한 영혼의 내용은 그 자체가 제한적으로 머물러서 한편으로는 단지 형식적 생명성, 불안, 변덕, 게걸스러움 그리고 종속된 삶의 근심과 공포로, 다른 한편으로는 단지 내면 그 자체로서 유한한 내면성의 표현으로 표출된다. 실제적 현존재 속에서 그 자체 내면으로 존재하는 자유로운 무한성은 정신의 영활과 삶이 유일하니, [205] 이것은 자신의 외화 속에서

자신에게로 회귀하며 또 자신 곁에 머무는 까닭이다. 그리하여 정신에만 유일하게 주어진 것이 있으니, 그것은 정신이 자신의 외면성을 통해 아무리 제한성 속으로 들어설망정 그 외면성에 자신의 고유한 무한성과 자유로운 자기에로의 회귀라는 인장을 눌러 찍는 일이다. 그렇긴 하나 정신은 오로지 자신의 보편성을 현실적으로 파악하고 자신 속에 정립한 목적들을 보편성으로 고양함을 통해서만 비로소 자유롭고 무한하게 존재하는 관계로, 만일 정신이 이 자유를 납득하지 아니했다면 정신은 그 고유한 개념의 면에서 제한된 내용, 왜곡된 성격, 위축되고 진부한 심정으로 존재할 것이다. 내적으로 보잘것없는 그러한 내용과 더불어, 이 경우 우리는 자의식적 정신성의 추상적 형식 이외에는 아무것도 얻지 못하는 까닭에, 정신의 무한한 천명은 다시 그저 형식적으로만 남을 터, 이 형식의 내용은 자유로운 정신의 무한성과 모순되는 것이다. 제한적이며 무상한 현존재는 오로지 순정한, 내적으로 실체적인 내용을 통해서만 독립성과 실체성을 가지며, 그렇게 되면 규정성과 내적인 견실성이, 제한적으로 닫힌 내용과 실체적인 내용이, 하나의 동일한 것 속에서 현실적으로 존재하며 또한 이를 통해 현존재는 그 고유한 내용의 제한성에 즉해 동시에 보편성이자 자신 곁에 존재하는 영혼으로서 천명될 수 있는 가능성을 얻는다. — 한마디로 예술은 현존재의 현상을 참된 것으로, 즉 자족적이며 즉자대자적으로 존재하는 내용에 대한 현존재의 적합성을 이해·표현한다는 규정을 갖는다. 그러니까 예술의 진리는 소위 자연의 모방이란 것이 제한적으로 지향하는 단순한 정확성이 아니며, 외면은 내면과 조화해야만 하니, 이 내면은 내면 그 자체로서 조화를 이룰 수 있고 또한 바로 이를 통해 외면 속에 자신을 자신으로서 현시할 수 있는 것이어야 한다.

b) 예술이 이제 기타의 현존재에서는 우연성과 외면성에 의해 오염되어 있는 것을 그 참된 개념과의 이러한 조화로 환원하는 까닭에, 예술은 [206] 현

상 가운데서 그 개념에 상응하지 않는 모든 것을 한쪽으로 치우고 그리하여 비로소 이러한 정화淨化를 통해 이상을 산출한다. 예컨대 초상화가들에게 그가 아첨을 떤다고 수군대듯, 우리는 이것을 예술의 아첨이라고 부를 수도 있다. 초상화가가 예술의 이상과는 거의 관계하지 않지만, 심지어 그도 반드시 이러한 정화라는 의미에서 아첨을 떨어야 한다. 그는 형상과 표정, 형태, 안색과 용모 가운데서 모든 외면성을, 즉 현존재의 자연적 결함에 불과할 뿐인 잔털, 모공, 작은 흉터, 피부의 반점과 같은 요소를 생략하고 주인공의 보편적인 성격과 평상시의 특유성을 이해·재생해야만 하는 것이다. 초상화가가 대체 자신 앞에 가만히 앉아 있는 인상의 겉모습과 외형을 완전히 그대로만 모방하느냐 아니면 주인공의 가장 내밀한 영혼의 표정인 참된 용모를 표현할 줄 아느냐는 전혀 다른 일이다. 왜냐하면 외적 형식이 그 자체로서 영혼에 상응한다는 것은 전적으로 이상에 속하기 때문이다. 그리하여 예컨대 최근 유행하는 소위 활인화活人畫[26]라는 것은 유명한 걸작품들을 합목적적이며 재미있게 모방하며 또한 소품들과 의상 등등을 제대로 모사한다. 그러나 형상들이 갖는 정신적 표정 대신 우리는 너무도 자주 일상의 얼굴이 사용됨을 목도하니, 이것은 목적에 반하는 일이다. 이에 반해 라파엘로의 여러 마돈나 그림들은 얼굴, 뺨, 눈, 코, 입의 모습을 보여 주는데, 이것들은 그 모습만으로도 이미 행복하고, 환희에 넘치고, 경건하면서도 동시에 겸허한 모성애에 알맞은 것들이다. 물론 사람들은 모든 여인네가 이러한 감응을 줄 수 있다고 주장할지도 모르지만, 그러나 모든 형식의 인상이 그러한 영혼의 깊이의 완전한 표현을 만족시키는 것은 아니다.

c) 이제 이렇듯 외적 현존재를 정신적인 것으로 환원하여 정신에 어울

---

26 역주: tableaux vivants. 예를 들어 아름다운 여인이 틀 안에 앉아서 어떤 예술가의 그림을 흉내 내는 것 따위가 이에 속한다.

리는 것으로서의 외적 현상이 정신의 노정이 되게끔 하는 가운데서 예술적 이상의 본성이 찾아진다. 하지만 이것은 내면으로의 환원이기는 하나, 동시에 추상적 형식의 보편자로까지, [207] 사상의 극단으로까지 밀고 나가는 환원이 아니라 단지 외적일 뿐인 것과 단지 내적일 뿐인 것이 맞아 떨어지는 중간 지점에 머무는 환원이다. 그리하여 보편성과 마주하도록 상승된 이러한 외면성 자체에서 내면이 생명력 있는 개성으로서 현상하는 한, 이상은 광범한 개체성과 우연성들에서 벗어난 현실성으로 존재한다. 왜냐하면 실체적 내용을 자신 속에 지니며 또한 동시에 그것을 자신에 즉해 외적으로 현상하게끔 만드는 개별적 주관성은 이러한 중간에 서 있기 때문이니, 이 중간에서는 내용의 실체적 요소가 자신의 보편성에 따라 추상적·대자적으로 발현하는 것이 아니라 아직은 개별성에 에워싸인 채 머물며 또한 이로써 하나의 특정한 현존재와 뒤엉켜 현상하는데, 단순한 유한성과 제약성에서 벗어난 이 현존재도 역시 나름대로는 영혼의 내면과 자유로운 화합을 위해 동행하는 것이다. 실러는 그의 시 「이상과 삶」에서 현실성 및 그 고통과 투쟁에 대비하여 "고요한 그림자 나라의 아름다움"에 관해 말한다. 그러한 그림자 왕국은 이상이며, 그 속에서 현상하는 것은 직접적 현존재의 면에서 죽어 없어지고, 자연적 실존의 궁핍으로부터 분리되어 있으며, 현상의 유한성과 결부되어 있는 온갖 풍진과 세파 및 외적 영향들에 대한 종속이라는 인연에서 해방된 유령들이다. 그런데 이상은 자신의 발을 감성과 그 자연현상들 속으로 들여놓는 동시에 그에 못지않게 그 발과 외적인 것의 영역을 자신을 향해 다시 거두어들인다. 까닭인즉 예술은 외적 현상이 자기보존을 위해 필요로 하는 장치를 외면이 정신적 자유의 천명으로 존재할 수 있는 한계까지 축소할 줄 알기 때문이다. 오직 이를 통해 이상은 외적인 것 속에서 그 자신과 합치하며, 자유로이 자기기인적이며, 내면에서 감각적 지복을 누리며, 스스로에게 기뻐하고 스스로를 향유하는 것으로 있다. 외부형상이 제아무리 [208] 확장되더라도 이상의 영혼은 그 속에서 결코 자신을 상실하지 않는 까닭에, 이러한 행복의 울림은 이상의 전체 현상을 통해 퍼져 나간다. 그리고 정녕 이를 통해서만 이상은 진정 아름다울 터, 까닭인즉 미는 오직 총체적이면서도 주관적인 통일성이기 때문이며, 또한 이로 인해 이상의 주체도 역시 기타의 개별성들과 그 목적들 및 노력들의 분열로부터 자신 안으로 되돌아가 한층 높은 총체성과 독립성을 위해 총괄적으로 현상해야만 하는 것이다.

α) 이런 점을 고려할 때 명랑한 고요함과 행복, 고유한 완결성과 만족을 갖는 자기충족을 이상의 기본 특징의 정점에 놓을 수 있다. 이상적 예술형상은 환희에 찬 신처럼 우리 앞에 마주해 있다. 즉 환희에 찬 신들에게는 유한한 권역과 목적들 속에 있는 궁핍, 분노 그리고 이해관계가 궁극적 진지함이 아니며, 또한 온갖 특수한 것들의 부정성에도 불구하고 이렇듯 자신 속으로 회귀한 긍정적 상황이 그들에게 명랑함과 고요함이란 특성을 부여하는 것이다. 이러한 의미에서 실러의 말은 그럴듯하다: "진지한 것은 삶이고, 명랑한 것은 예술이다." 예술 일반이 그리고 특히 실러 자신의 시가 극히 진지한 종류의 것인 까닭에 —이상적 예술이 기실 진지함을 결할 수도 없겠으나— 이 구절에 관해 현학적으로 웃기는 말들이 지나칠 만큼 많이 있었지만, 그러나 내면 자체의 명랑함은 바로 진지함 속에서 그 본질적 특성을 유지한다. 우리가 특히 고대 예술작품의 형상들이 갖는 명랑한 고요함에서 인식하는 것이 바로 개별성의 이러한 힘, 내면으로 집중된 구체적 자유의 이러한 승리이다. 그리고 이것은 가령 투쟁 없는 만족 따위에서 유일하게 나타나는 것이 아니라 심지어 깊은 단절이 주체의 내면 자체를 그리고 그 모든 실존을 파열할 경우에도 나타난다. 왜냐하면 예컨대 비극적 영웅들이 아무리 운명에 굴복하는 것으로 묘사될지라도, 심정은 "그런 거로군!"이라고 말함으로써 단순한 자신 곁의 존재Beisichsein로 되돌아오기 때

문이다. 이 경우 주체는 여느 때와 같이 자신에게 충실하게 머문다. 주체는 앗긴 것을 포기하지만, 그는 추구했던 목적들을 단순히 앗긴 것이 아니라 [209] 그것들이 떨어져 나가도록 두며 이로써 자기 자신을 상실하지 않는다. 인간은 운명의 멍에를 쓰고 있기에 자신의 삶을 상실할 수는 있어도 자유를 상실하지는 않는다. 바로 이러한 자기기인성이 고통 속에서조차 여전히 고요함의 명랑함을 보존하고 현상케 할 수 있는 그것이다.

β) 낭만예술에서는 내면의 분열상과 불일치가 한 걸음 진전되는 것이 사실이니, 거기서는 무릇 묘사된 대립들이 심화되고 또한 그 분열이 한결같을 수 있다. 그리하여 회화는 예컨대 예수의 수난사를 묘사함에 있어 때때로 비웃으며 고통을 주는 병사들의 표정, 야비한 인상을 짓거나 이죽거리는 얼굴들에 머물며, 또한 이렇듯 분열에 집착함으로써, 특히 악독하고 범죄적이며 사악한 행위를 묘사하는 가운데서 이상의 명랑함은 사라져 간다. 왜냐하면 분열상이 이 정도로 확고하지 않을 경우에도, 매번 추醜는 아닐지언정 적어도 비미非美가 왕왕 그 자리에 대신 들어서기 때문이다. 조금 오래된 시대의 네덜란드 회화플랑드르 회화라는 또 다른 회화권에서는 자기 자신에 대한 정직과 성실 속에서, 뿐만 아니라 믿음과 흔들림 없는 확신 속에서 심정 내면의 화해가 보이긴 하지만, 이러한 확고함이 이상의 명랑함과 만족감으로까지 간 것은 아니다. 그럼에도, 비록 낭만적 예술에서 표현된 고난과 고통이 고대인들의 경우보다 더욱 깊이 심정과 주관적 내면을 강타하지만, 그 속에서도 역시 정신적 내면성, 순종 속의 기쁨, 고통 속의 행복그리고 고난 속의 환희, 아니, 심지어 순교 속의 열락이 표현될 수 있는 것이다. 이탈리아의 경건한 종교음악에서조차도 고통의 이러한 기쁨과 신성화가 애도의 표현을 관류한다. 이러한 표현은 낭만예술에서는 대체로 눈물을 통한 웃음으로 존재한다. 눈물은 고통에, 웃음은 명랑함에 속하며, 그리하여 울음 속의 웃음은 고통과 고난을 무릅쓴 이러한 내면적 평정상태를

표현한다. 하지만 이 경우 웃음은 단순히 감상적인 감동이 되어서는 안 되며, [210] 불운을 대하는, 그리고 이때 갖는 입에 발린 주관적 감응들을 대하는 주관의 천박함이나 자기기만이 되어서도 안 될 것이며, 그것은 미의 평정함이자 자유로서 여하한 고통에도 불구하고 현상해야만 하는 것이니, [헤르더의]「시드의 설화」에서 크시메네에 관해 "눈물 속의 그녀가 얼마나 아름다웠던가"라고 말하는 구절이 그것이다. 이에 반해 인간의 무절제성은 추하고 역겹거나 혹은 우스꽝스러운 것이다. 예를 들어 어린아이들은 아주 사소한 것에도 벌써 울음을 터뜨리며 그래서 우리들을 웃게 만들지만, 이에 반해 깊은 감응에서 비롯된 진지하고 침착한 남자의 눈에 고인 눈물은 이미 완전히 다른 감동의 인상을 준다.

　하지만 웃음과 울음은 추상적으로 상호 분리될 수 있으며 또한 이러한 추상 속에서 예술을 위한 모티브로도 잘못 이용되어 왔으니, 예컨대 베버의『마탄의 사수』[1821]의 웃음의 합창이 그것이다. 도대체가 웃음이란 것이 웃음보가 터지는 것이긴 하지만, 그러나 이상을 상실하지 말아야 한다면 그것은 무절제하게 남아서는 아니 되는 것이다. 베버의『오베론』[1826]의 듀엣에서 나오는 비슷한 웃음도 같은 추상으로, 그 노래를 듣는 동안 혹자는 여가수의 목청과 가슴 때문에 불안해할 수도 있다. 이에 반해 호메로스에게서 나오는 신들의 가시지 않는 웃음, 신들의 행복한 고요함에서 나타나며 오로지 명랑함일 뿐 추상적 방만함이 아닌 그 웃음은 얼마나 다르게 이해되는가. 다른 한편 이상적 예술작품 속에서는 울음도 역시 무절제한 한탄으로 나타나서는 안 되니, 예컨대 그러한 추상적 비감悲感은 다시 베버의『마탄의 사수』에서 들을 수 있다. 음악 일반에서 노래는 종달새가 자유로운 창공에서 노래하듯 자신을 듣는 기쁨이자 환희이다. 고통과 기쁨의 부르짖음은 아직 음악이 아니며, 심지어 고난 속에서도 비탄의 달콤한 음조가 고통을 꿰뚫어 이를 명랑하게 해야만 하니, 그러한 비탄을 듣기 위해서라면 그렇게 고난을 당하는 것도 혹자에게는 이미 노력할 만한 가치가 있어 보이는 것이다. 이것이 모든 예술 속에 있는 달콤한 선율이요 노래이다.

γ) 어떤 점에서 볼 때 근대적 반어의 원리도 역시 이 근본 명제 속에 [211] 그 정당성을 두고 있으나 여기에서 제외되는 점이 있으니, 그것은 반어가 한편으로 종종 여하한 참된 진지함도 던져 버리고 특히 악한 주체들에 대해 농언非言하기를 좋아한다는 사실이며 다른 한편으로 현실적 행동과 존재보다는 심정의 단순한 갈망에서 끝난다는 사실이다. 예컨대 이 입장에 있었던 비교적 고귀한 심정들 중의 하나인 노발리스가 특정한 이해관계의 공허함으로, 현실성에 대한 공포로 몰려, 말하자면 정신의 폐병으로 치달았듯이 말이다. 이것은 비록 이러한 추상의 결함을 속에서 느끼기는 해도 유한성과의 접촉을 통해 자신이 오염될까 두려워 현실적 행위와 생산으로 내려가지 않으려 하는 동경이다. 그리하여 반어에 예의 절대적 부정성이 놓여 있음은 물론 사실이며, 이 부정성 속에서 주체는 규정성과 일면성들을 파기하는 가운데 자기 자신과 연관한다. 그러나 이미 위에서 이 원리를 고찰할 때 시사했듯이, 이 파기는 희극에서와는 달리 스스로를 자신의 공허함 속에서 천명하는, 즉자 자체로 부정적인 것에 대해서뿐만 아니라 즉자적으로 탁월하고 견실한 모든 것에 대해서도 역시 마찬가지로 적용되는 까닭에, 이러한 전 방위적 파기의 예술이자 예의 갈망으로서의 반어는 참된 이상과 비교할 때 동시에 내적인 비예술적 무절제성을 지닌다. 왜냐하면 이상은 내적으로 실체적인 내용을 요구하기 때문인바, 이 내용은 물론 외적인 것의 형식과 형상으로도 표현되는 까닭에 특수성이 되고, 이로써 제한성이 되지만, 제한성을 일체의 단지 외적일 뿐인 것이 거기에서 제거·폐기되는 방식으로 포함한다. 이상의 특정한 형식과 형상은 단순한 외면성의 이러한 부정을 통해서만 예의 실체적 내용을 예술직관 및 표상에 적합한 현상으로 인도한다.

2. 자연에 대한 이상의 관계 [212]

이제 내적으로 알찬 내용만큼이나 이상에 필수적인 조형적·외적 측면은 양자의 상호 삼투방식과 더불어 자연에 대한 예술의 이상적 표현의 관계로 우리를 이끈다. 왜냐하면 이 외적 요소와 그 형상화는 우리가 무릇 자연이라고 부르는 것과 연관하기 때문이다. 이와 관련해서 줄곧 새로이 제기되는 해묵은 논쟁, 즉 예술이 현전하는 외재물이란 의미에서의 자연을 있는 그대로 표현해야 하는가 아니면 자연현상들을 찬양하고 이상화해야 하는가 하는 논쟁은 아직 해결되지 않고 있다. 자연의 권리와 미의 권리, 이상과 자연의 진리, ― 일단은 규정되지 않은 이러한 어휘들을 사용하면서 사람들은 갑론을박을 그치지 않는다. 까닭인즉 예술작품은 당연히 자연을 닮아야 한다, 그러나 범속하고 추한 자연도 있지 않은가, 그러니 이러한 자연이 모사될 수는 없는 법 아닌가, 그러나 또 달리 보면 ― 하는 등으로 끊임없이 그리고 확실한 결과 없이 질질 끄는 것이다.

최근에는 이상과 자연의 대립이 특히 빈켈만에 의해 다시 제기되고 또 중요성을 얻었다. 앞서도 이미 암시했듯이, 빈켈만의 열정은 고대의 작품들과 그 이상적 형식들에서 점화되었으며, 또한 그는 그 탁월함에 대한 통찰을 얻을 때까지 그리고 이러한 예술 걸작품들의 인정과 연구를 다시 세계 속으로 끌어들일 때까지 멈추지 않았다. 그런데 이러한 인정으로부터 야기된 것은 이상적 표현에 대한 집착이었으니, 사람들은 그 속에서 미를 발견했다고 믿었지만, 그 집착은 무미건조, 침체 그리고 특징 없는 피상성으로 전락하였다. 폰 루모어 씨가 위에서 언급한 이념과 이상에 대한 그의 반론에서 안중에 두었던 것은 주로 회화에서 보이는 이상의 그러한 공허이다.

이 대립을 해소하는 것은 이론의 소임이며, 반면 예술 자체에 대한 실천적 관심은 [213] 여기서도 다시 완전히 무시될 수 있다. 왜냐하면 우리가 범속한 인물과 그 재능들에 여하한 원칙들을 주입하든 말든, 결과는 달라질 것이 없기 때문이다: 그러한 인물은 잘못된 이론에 따르든 최상의 이론에 따르든 상관없이 항상 그저 평범한 졸작만을 생산한다. 그 밖에도 예술 일반은, 특히 회화는 이미 또 다른 자극들로 인해 소위 이상이라는 것에 대한 집착에서 벗어났으며 또한 그 도정에서 이전 시대의 이탈리아와 독일 회화 및 후기 네덜란드 회화에 대한 관심의 쇄신을 통해 형식과 내용에 있어 적어도 좀 더 알찬, 그리고 좀 더 생명력 있는 것에 도달하려는 시도를 해 왔다.

예의 추상적 이상의 경우도 그렇지만, 다른 한편 사람들은 예술에서 애호되던 자연성에도 마찬가지로 싫증을 냈다. 예컨대 극장에서는 일상적인 가정사와 있는 그대로의 그 충실한 묘사에 모든 사람들이 정말이지 지겨워한다. 부인, 아들 그리고 딸들로 인한 아버지의 불평, 봉급, 지출, 장관들에 대한 복종, 시종과 서기의 음해로 인한 아버지의 불평, 그리고 마찬가지로 부인이 부엌에서 하녀에 대해 갖는 문제, 딸이 거실에서 갖는 예민한 애정사 — 이 모든 근심과 걱정은 자신의 집에서 있는 그대로 그리고 더욱 잘 보이는 것들이다.

이제 그런고로 이상과 자연의 이러한 대립의 경우 사람들은 하나의 예술을 다른 하나의 예술보다 더욱, 그러나 주로 회화를, 그 국면이 바로 가시적 특수성이라 하여, 염두에 두어 왔다. 그러므로 우리는 이 대립과 관련하여 문제를 좀 더 일반화하여 제기하고자 한다: 예술은 시[운문]여야 하는가 아니면 산문이어야 하는가? 왜냐하면 예술에서 진정 시적인 것이란 우리가 이상이라고 불렀던 바로 그것이기 때문이다. 이상이라는 단순한 명칭이 문제라면 그것을 포기하는 것은 별 어려운 일이 아니리라. 그런데 그렇더라도 대체 예술에서 시란 무엇이고 산문이란 무엇인가 하는 물음이 생긴다. 즉 자 그 자체로서 시적인 것을 견지하는 것이 특정한 예술과 관련되면 오류가 될 수 있고 또 이미 그렇게 되어 오기는 했다. [214] 분명히 시에, 좀 더 자세히 말해 서정시 같은 것에 속하는 것이, 그러한 종류의 내용은 보나마나 시적인 종류일 것이라는 이유로 해서, 회화를 통해서도 역시 표현되어 왔던 것이다. 예를 들어 현재 열리고 있는 미술전시회(1828)는 전부 하나의 유파(이른바 뒤셀도르프 화파)가 그린 그림을 여러 점 포함하고 있는데, 그것들은 모두 주제를 시로부터, 그것도 시의 감응으로서만 표현 가능한 측면으로부터 차용했다. 이 그림들을 좀 더 자주 그리고 자세히 들여다본다면 그것들은 얼마 안 가 달콤하되 진부한 것으로 보일 것이다.

앞의 대립에는 이제 다음과 같은 보편적 규정들이 들어 있다:

a) 무릇 시[시문학]란은 이미 그 이름['Poesie']이 암시하듯 제작된 것, 인간에 의해 산출된 것, 즉 인간이 자신의 표상 속에 받아들여 가공하고 또한 자신의 고유한 활동을 통하여 표상 밖으로 내놓은 것인 까닭에, 시는 예술작품의 전적으로 형식적인 [즉 예술작품 전체를 형성하는] 관념성이다.

α) 이 경우 내용은 무엇이 되든지 —설령 그것이 예술적 표현의 바깥에 있는 일상적 삶에서 다만 어쩌다가, 말하자면 순간적으로 우리의 관심을 끌게 된 것일지라도— 전혀 상관없다. 예컨대 네덜란드 회화는 현전하는 자연의 순간적 모습을 이런 식으로 해서 인간에 의해 새로이 산출된 것으로 수백, 수천의 효과를 내게끔 개조할 줄을 알았다. 우단, 금속의 광택, 빛, 말, 농노, 늙은 아낙들, 짧은 파이프로 담배 연기를 내뿜는 농부, 투명한 유리잔 속의 반짝이는 포도주, 낡은 카드를 노는 더러운 재킷의 머슴 등: 우리가 일상생활에서는 —우리도 역시 카드놀이를 하고 술을 마시고 이러저러한 것에 관해 잡담을 하지만 우리를 채우는 것은 전혀 다른 관심인 까닭에— 거의 신경을 쓰지 않는 그러한, 그리고 수백의 또 다른 대상들이 이 그림들에서 목격된다. 그러나 예술이 그러한 내용을 제공하는 이상, 우리는 거기서 정신을 통해 생산된 것으로서의 —정신은 전체 질료의 외적, 감각적인 측면을 가장 깊은 내면에서 변화시킨다— 대상의 가상과 현상을 지체

없이 요구한다. 왜냐하면 실존하는 양모, 비단 대신에, [215] 실제의 머리카락, 유리잔, 고기 그리고 금속 대신에 우리가 보는 것은 단순한 색채들이며, 자연물들이 현상하기 위해 필요한 삼차원 대신에 우리가 보는 것은 단순한 평면뿐이지만, 그럼에도 우리는 실물들이 제공하는 것과 동일한 모습을 보기 때문이다.

β) 그러므로 현전하는 산문적 실제성과 반대로 정신을 통해 산출된 이 가상은 관념성의 놀라움이자, 혹은 원한다면 외적·자연적 현존재에 대한 조롱 내지 반어라고 불러도 좋을 것이다. 생각해 보라, 자연과 인간이 각종 물건들을 산출하기 위해 일상적 삶 속에서 얼마나 많은 준비를 하며, 얼마나 많은 종류의 무수한 수단들을 사용해야만 하는지. 이때 가령 금속과 같은 것을 가공할 시 물질들이 얼마나 큰 저항을 하는지. 이에 반해 예술이 물을 긷는 표상은 부드럽고 단순한 요소인바, 자연과 그 자연적 현존재들 속에 있는 인간이 힘을 들일 수밖에 없는 그 모든 것을 예술은 손쉽고도 구미에 맞게 내면에서 빼 온다. 마찬가지로 묘사되는 대상들과 일상의 인간은 무진장한 풍부함을 갖는 것이 아니라 제한적이다. 보석, 금, 식물, 동물 등은 그 자체로서는 이러한 제한적 현존재에 불과하다. 그러나 예술 창조자로서의 인간은 내용으로 가득한 세계인바, 그는 이 내용을 자연에서 슬쩍 취해 표상과 직관이라는 포괄적 영역 속에 보배로 쌓아 두었으니, 이제 이것을 실제성의 번다한 제약이나 실행 과정들 없이 간단하게 자유로이 자신으로부터 내놓는 것이다.

이러한 관념성을 갖는 예술은 단순히 객관적일 뿐인 궁핍한 현존재와 단순 내적인 표상 사이의 중간자이다. 예술은 우리에게 대상들 자체를 제공하지만, 그러나 그것들은 내면에서 비롯된 것이다. 예술은 그 대상들을 기타의 사용을 위해 제공하는 것이 아니라, 단순히 이론적인 관찰을 위해 추상관념적 가상이라는 추상에 관심을 제한한다.

γ) 그리하여 이제 예술은 이러한 관념성을 통해 보통은 별 가치 없는 객체들을 함께 고양하니, 별것 없는 [216] 내용에도 불구하고 그것들을 그 자체로 고정시키고 목적으로 삼으며 또한 보통은 별생각 없이 지나쳤을 것에 대해 우리의 참여를 유도한다. 예술은 시간의 관점에서도 동일한 것을 수행하며 또한 이 속에서도 추상관념적으로 존재한다. 자연에서는 휙 지나가는 것을 예술은 고정, 지속시킨다. 살짝 비치다 만 미소, 입가에 스치는 비웃음, 시선, 언뜻 어리는 빛, 뿐만 아니라 인생의 정신적 모습들, 사고와 사건들, 왔다가 가고 여기 있다가 다시 잊히는 이 모든 것들 — 예술은 이 모두를 그리고 그 하나하나를 순간적 현존재에서 떼어 내니 이 관계에서도 역시 자연을 극복한다.

그러나 이제 예술의 이러한 형식적 관념성에서 우리에게 우선적으로 다가오는 것은 내용 자체가 아니라 정신적 산출이 주는 만족이다. 표현은 여기에서 반드시 자연처럼 나타나야 하지만, 형식적인 의미에서 시적, 이상적인 것은 거기에 있는 자연성 그 자체가 아니라 앞서 말한 제작, 바로 감각적 물질성과 외적 조건들이 제거되는 과정이다. 우리는 마치 자연이 산출했기라도 한 양 보여야만 하는 하나의 현현에 즐거워하지만, 이것은 자연의 수단이 배제된 정신의 생산작용이다. 대상들이 우리의 흥취를 돋우는 까닭은 그들이 그토록 자연처럼 있기 때문이 아니라 그토록 자연처럼 만들어졌기 때문이다.

b) 하지만 또 다른, 더욱 깊이 파고드는 관심의 향배가 있으니, 곧 내용은 그 직접적 실존을 우리에게 제공하는 형식들 속에서 표현될 뿐만 아니라 정신에 의해 파악된 것으로서 이제 그러한 형식들 속에서 확장되고 달리 해석된다는 점이다. 자연적으로 실존하는 것은 모름지기 개체적인 것, 그것도 어느 모로나 개체화된 것이다. 이에 반해 표상은 보편적인 것의 규정을 내포하며 또한 이미 이로 인해 표상에서 출현하는 것은 자연적 개체

화와는 달리 보편성의 특징을 얻는다. 이런 관계로 표상이 보장하는 이점이 있으니, 표상은 한층 넓은 범위를 가질뿐더러 [217] 내면을 포착하고 끌어올려 한층 가시적으로 뚜렷이 할 수 있는 것이다. 예술작품은 단순히 보편적이기만 한 표상이 아니라 그 특정한 체현임이 사실이지만, 그것은 정신으로부터 그리고 표상작용을 하는 정신의 요소로부터 출현했기에 그 가시적 생명성에도 불구하고 보편성이라는 이 특징을 자신의 모든 곳에 배어들도록 해야 한다. 이 사실이 단순한 제작이라는 앞의 형식적 관념성과 반대되는, 시적인 것이 갖는 한층 높은 관념성을 제공한다. 여기서는 대상의 보편성을 포착하고 그 외적 현상 속에서 내용의 표현을 위해 단순히 외적이며 무차별적으로 남게 될 것을 제거하는 일이 예술작품의 과제이다. 그러므로 예술가는 형식과 표현양식 속에 저 바깥 외부세계에서 그가 보는 것들을, 그것도 그가 그것들을 본다는 이유로, 전부 받아들이지 않는다. 그는 진정한 시를 이루기 위해 그것들을 오로지 올바른, 사태의 개념에 어울리는 특징들만을 좇아 잡아낸다. 만일 그가 자연과 그 산출물들, 한마디로 현전하는 것을 모범으로 택한다면, 이는 자연이 그것을 그러그러하게 제작했기 때문이 아니라, 그것을 올바로 제작했기 때문에 생긴 일이다. 그런데 이 "올바로"라는 것은 현전하는 것 자체보다 한층 고차적이다.

가령 옛날 그림을 복원할 때에는 새로 그려지는 자리에도 그림의 그 밖의 낡은 부분들 모두가 니스와 물감들이 갈라지는 통에 갖게 된 그물로 덧씌운 듯한 균열들을 다시 모방하지만, 예술가는 예를 들어 인간형상의 경우 이런 식의 태도를 취하는 것이 아니며, 피부의 주름, 나아가 주근깨, 물집, 하나하나의 천연두 자국, 기미 등은 초상화가마저도 생략하는 것이니, 그 유명한 데너[27]의 소위 자연성이란 것을 모범으로 취할 수는 없는 일이다. 마찬가지로 근육과 혈관도 역시 은근히 표현될 수는 있겠으나 자연에서와 같은 그러한 규정성과 자세함으로 나타나서는 아니 된다. 왜냐하면 인간

형상에 있어 본질적인 것은 정신적인 것의 표현임에도, 그러한 일체의 것에는 정신적인 것이 거의 혹은 전혀 없기 때문이다. 이 때문에 나로서는 예컨대 우리들이 고대인들보다 나체 조각상을 덜 제작하는 것은 결코 불리한 일이 아니라고 본다. [218] 이에 반해 우리들 의상의 현대식 재단은 고대인들의 한층 이상적인 의복과 대비하여 비예술적이고 산문적이다. 이 두 가지의 의상에서 신체를 감싼다는 목적은 공통적이다. 그런데 고대의 예술이 표현하는 의복은 그 자체로 보면 다소간 형태가 없는 평면이며 또한 말하자면 신체에, 예컨대 어깨에 걸 필요가 있다는 사실만을 통해 결정되었다. 그 밖에도 그 옷은 여러 형태가 가능하고 단순하고도 자유롭게 그 자신에 내재하는 무게에 따라 아래로 떨어지며 혹은 신체의 위치, 지절들의 자세와 움직임을 통해 규정된다. 외면이 신체 속에 비치는 정신의 변화무쌍한 표현에만 전적으로 봉사하여, 옷의 특수한 형태, 풍성한 주름, 떨어짐과 걷어 올림은 완전히 내면에서 비롯되어 형상화되고 또한 오직 이 순간 이 자세나 이 운동에 적합한 것으로 나타나게끔 한다는 사실을 드러내는 그러한 결정 가능성, ― 이 규정 가능성이 의복에서 이상적 요소를 형성한다. 이에 반해 우리들의 현대식 정장에서는 모든 옷감이 신체 부위의 치수에 따라 철저하게 재단·재봉되어, 떨어짐이 누리는 고유한 자유는 더 이상 없거나 혹은 겨우 극미할 정도로 있을 뿐이다. 왜냐하면 주름의 종류도 바느질에 의해 규정되며 또한 전반적으로 재단과 흐르는 선이 완전히 재단사의 기술과 수작업에 의해 결과하기 때문이다. 그런데 지절들의 구조가 일반적으로 옷의 형태를 규제하는 것이 사실이긴 하다. 그러나 신체를 닮은 옷의 형태는 바로 조악한 흉내 내기에 불과하거나 혹은 관습적 유행과 시대의 우

---

27 역주: Balthasar Denner(1685~1749), 독일의 초상화가.

연한 분위기에 따르는 인간 지절들의 기형화이며 또한 한번 끝마친 재단은 자세와 움직임을 통해 규정되는 것으로 나타나지 않고 언제나 동일하게 남아 있다. 예컨대 우리가 팔다리를 이렇게 움직이든 저렇게 움직이든 간에 소매와 바지가 그 모양 그대로 있듯이 말이다. 주름은 예컨대 샤른호르스트의 조각[28]에서 보이는 바지처럼 기껏해야 여러 가지로, 그러나 항상 [219] 정해진 재봉선을 따라 움직일 뿐이다. 고로 우리식의 의복은 외적인 것으로서 내면으로부터 충분히 분리되어 있지 않고, 그렇다고 거꾸로 내면에서 비롯하는 형상화로 나타나지도 않으니, 그것은 자연형태의 잘못된 모방 속에서 다시 마찬가지로 그 자체로 있어, 일단 마름질을 하고 나면 그걸로 끝이며 변화란 것이 없다.

우리가 방금 인간의 형상과 그 의복에 관하여 살펴본 바와 비슷한 것이 인간의 삶 속에 있는 상당수의 기타 외면성과 필요성들에 관해서도 또한 통용된다. 이것들은 그 자체로 필수적이며 만인에게 공통적이지만, 이러한 일체의 물리적 조건들이, 예를 들면 먹고, 마시고, 잠자고, 입는 등의 행동들이 겉으로 아무리 다양하게 정신에서 출발하는 행동들에 연루된 듯해도, 이것들은 인간의 현존재에서 본연의 보편적인 것을 ―즉 본연의 그 의미내용을― 형성하는 본질적 규정들 및 이해관계와는 무관하다.

하지만 그럼에도 그러한 것들은 시적인 예술표현 속에 수용될 수 있으며, 또한 예컨대 호메로스는 이 점에서 자연성을 가장 많이 도입하는 인물로 인정된다. 그러나 그토록 선연한 분명함ἐνάργεια에도 불구하고 호메로스도 역시 그러한 상태들에 관해 그저 일반적으로 언급하는 데 그쳐야만 했으니, 어느 누구도 현전하는 현존재에 속하는 개체성들이 이런 관계에서

---

28 역주: 베를린에 있는 프로이센 장군 Gerhard Johann David von Scharnhorst(1755~1813)의 기념 조각을 가리키는 것으로 보인다.

전부 열거되고 서술되어야 하리라는 요구를 떠올리지 않을 것이다. 아킬레우스의 신체를 묘사함에 있어서도 역시 높은 이마, 잘생긴 코, 길고 강한 다리에 관한 언급이 나올 수는 있어도, 이러한 지절들의 실제적 실존에 관한 개별 사항이 세세하게, 그러니까 그야말로 제대로 된 자연성이라 할 각 부분의 위치와 그 부분이 다른 부분에 대해 갖는 관계, 색깔 등이 덧보태어 서술되지는 않는 바와 같이 말이다. 그뿐만 아니라 시예술의 경우 표현의 양태는 언제나 자연적 개체성과는 다른 보편적 표상이다. 시인은 사태가 아니라 항상 [220] 이름, 어휘를 제공할 뿐이며, 또한 이 어휘는 표상으로부터 생산되고 이미 이를 통해 보편적인 것의 성격을 자신 속에 지니는 까닭에 개체는 어휘 속에서 보편성이 된다. 이제 자연에 실존하는 것의 이러한 무한한 축약으로서 이름, 어휘를 사용하는 것이 표상과 말에서는 물론 자연적이라고 할 수도 있겠으나, 그렇더라도 이것은 언제나 앞서의 일차적 자연성에 곧바로 대립하는, 또한 그것을 지양하는 자연성일 것이다. 그러니까 시적인 것에 대한 앞서의 대립에서는 어떤 종류의 자연성이 의미되느냐가 문제이다. 왜냐하면 무턱대고 이야기되는 자연은 모호한 빈 단어이기 때문이다. 시는 항상 생명력 넘치는 것, 본질적인 것, 표현적인 것만을 강조해야 할 것이며 또한 이러한 표현에 찬 본질성은 바로 추상관념적 요소이지 단순히 현전하는 것이 아닐지니, 어떤 한 사건, 광경 등의 경우 현전하는 것의 개체성들을 열거한다면 그것은 지루하고 우둔하고 짜증 나고 견딜 수 없는 일이 되고 말 것이다.

하지만 이러한 종류의 보편성과 관련해서도 하나의 예술은 더욱 이상적으로, 또 다른 예술은 좀 더 광범위한 외적 가시성으로 정향되어 있음이 밝혀진다. 예컨대 조각의 형상들은 회화보다 한층 추상적이며, 그런가 하면 시예술에서 서사시는 한편으로 외적 생명성의 관점에서는 극시작품의 실제 상연에 뒤지지만, 그러나 다른 한편 가시성의 충만함에 있어서는 그만큼이나 극시예술을 능가하니, 까닭인즉 서사시인은 사건들을 보고서 얻은 구체적 이미지들을 본보기로 노래하지만 이에 반해 극시시인은 행위, 의지에 미치는 작용, 내면의 반작용이 갖는 내적 동기들에서 만족해야 하기 때문이다.

c) 이제 더 나아가 정신은 관심으로 가득 찬 즉자대자적 내용이라는 그 내적 세계를 외적 현상의 형식으로 실현하는 까닭에, 이 관계에서도 역시 이상과 자연성의 대립이 어떠한 의미를 갖는가 하는 물음이 떠오른다. 이 국면에서는 자연적인 것이라는 단어를 그 본래의 의미대로 사용할 수 없다. 그것은 [221] 단지 동물적 생명성이나 풍취 있는 자연 등과 같이 여하튼 직접적으로 현존하기 때문에 정신의 겉모습으로 간주되는 것이 아니라, 오히려 여기서 그것은 체현된 정신이며, 또 그런 한에서 자신의 규정에 따라 오로지 정신적인 것의 표현으로서, 그리고 이로써 이미 관념화된 것으로서 현상하기 때문에 그런 것이다. 왜냐하면 관념화는 바로 정신 속으로의 이러한 수용, 정신의 측면에서 비롯된 이러한 이미지화와 형상화를 칭하기 때문이다. 죽은 이를 두고 그의 얼굴이 유년 시절의 인상을 다시 얻었다고들 말한다. 얼굴에 박힌 열정, 관습과 노력의 표정, 모든 의지와 행동에 밴 특징적 모습들은 날아가 버리고 유년기의 얼굴 모습들이 갖는 비규정성이 돌아와 있는 것이다. 그러나 삶에서는 얼굴 모습들과 그 전체 형태가 내면에서 비롯되어 그 표정의 특징을 얻는다. 그럴진대 여러 민족, 신분들 등도 역시 그들의 정신적 방향과 활동들의 차이를 겉모습에서 알리고 있는 것이다. 그 모든 관계들에 있어 외면은 정신에 의해 관류되고, 정신을 통해 결과하며, 이미 자연 자체와 대비하여 관념화된 것으로 현상한다. 자연적인 것과 이상적인 것에 관한 물음은 여기서 비로소 본격적이며 의미 있게 자리한다. 왜냐하면 한편으로는 정신적인 것의 자연형식이 이미 현실적인, 예술에 의해 재창조되지 않은 현상 속에 그 자체로 지극히 완벽하고 아름답고 탁월하게 현존하여, 예술이 자연 속에 이미 있는 것을 아무리 해도 완전

히 달성할 능력이 없다는 이유로, 한층 높은 것으로서 그리고 현전하는 것과 구분되는 이상으로서 드러날 만한 또 다른 미는 있을 수 없으리란 주장이 제기되기 때문이다. 다른 한편으로는 현실적인 것에 대비하여 또 다른 방향의, 한층 더 이상적인 형식과 표현들을 예술을 위해 독자적으로 찾아내야 한다는 요구가 진행되고 있다. 특히 이 면에서는 앞서 언급한 폰 루모어 씨의 반론이 중요하니, 이상을 입에 담았던 다른 사람들이 내려다보는 자세로 자연을 저속한 것이라고 경멸 조로 말한다면, 폰 루모어 씨는 이제 자신의 편에서 같은 우월함과 경멸을 갖고 이념과 이상을 말하고 있다.

[222] 그런데 사실 정신성의 세계에 외적으로든 내적으로든 평범한 자연이 존재하는바, 그것이 외적으로 저속한 까닭은 바로 내면이 저속하고 또한 하찮고 감각적인 국면에 속하는 시기, 질투, 소유욕의 목적들만을 그 행동 속에서 그리고 그 모든 외적인 모습 속에서 현상시키기 때문이다. 예술은 이러한 저속한 자연도 역시 소재로 받아들일 수 있으며 또 그래 왔다. 그러나 이미 위에서도 말했듯이[29] 이때에는 표현 그 자체, 제작의 작위성만이 유일한 본질적 관심으로 남거나 ―이 경우에는 교양 있는 사람에게 모든 예술작품에 대해, 즉 그러한 내용에 대해서마저도 관심을 보이라고 종용하는 것이 헛일일 터이지만―, 혹은 예술가는 자신의 이해를 통해 그로부터 무언가 더욱 광범위하며 더욱 심오한 것을 제작해야 한다. 무엇보다 이른바 풍속화[장르화]Genremalerei란 것이 그러하니, 이것은 그러한 대상들을 무시하지 않았으며 또한 네덜란드인들에 의해 완성의 정점으로 인도되었다. 무엇이 네덜란드인들을 이 장르로 인도했으며 또한 어떤 내용이 작기는 해도 최상의 매력을 증명한 이 작품들에서 표현되었는가? 저속한 자연이란 이름

---

29 역주: 이 책의 서문. 'III. 예술미의 개념', '3. 예술의 목적' 참조.

아래서 혹여 그들이 그저 구석으로 밀려나거나 비난받아서는 안 될 일이다. 왜냐하면 이러한 그림들의 본격적인 소재는, 좀 더 자세히 연구해 볼진대, 보통 생각되듯 그리 저속하지 않기 때문이다.

네덜란드인들은 그들이 표현하는 내용을 자신으로부터, 그들의 고유한 삶의 현재로부터 골랐으니, 이러한 현재를 예술을 통해서도 역시 다시 한번 현실화한 것을 두고 그들에게 비난을 가할 수는 없는 일이다. 동시대인들의 눈과 정신 앞으로 다가온 것이 그들에게 비상한 관심을 끌었을진대, 그것은 또한 그들에게도 속하는 것임에 틀림없다. 네덜란드인들이 가졌던 당시의 관심이 어디에서 성립하였는지를 알기 위해서 우리는 그들의 역사를 물어야만 한다. 네덜란드인들은 그들이 생활하고 살아가는 땅의 대부분을 스스로 만들었으며 또한 바다의 폭풍우에 대항하여 그것을 끊임없이 방어하고 유지할 필요가 있었다. 도시의 시민들과 농부들은 [223] 배짱과 인내와 용기를 통해 카를 5세라는 이 강력한 세계군주의 아들인 필립 2세 치하의 스페인 지배를 떨쳐 냈으며, 자유라는 종교 속에서 정치적 자유 및 종교적 자유를 쟁취했다. 대소사에서 보이는, 자국의 영토뿐만 아니라 원양遠洋을 향해 뻗어 나간 이러한 시민정신과 진취적 의욕, 주도면밀한 동시에 철저하며 쾌적한 복지, 이 모든 것을 자신의 고유한 행동으로 이루었다는 자기감정 속에 있는 희열과 자부심, 바로 이것이 그들 회화의 보편적 내용을 형성한다. 그러니 이것은 저속한 소재나 내용이 아니며, 사람들은 이에 대해 분명 궁정과 그 예법으로 이루어진 높은 콧대의 거만함을 갖고 상류사회의 관점에서 접근해서는 아니 된다. 강인한 민족성이라는 그러한 의미에서 렘브란트는 지금 암스테르담에 있는 그 유명한 〈야경夜警〉을, 반다이크는 수많은 그의 초상화들을, 부베르만은 승마 장면들을 그렸으며 또한 심지어는 저 농민들의 술자리, 여흥, 쾌활한 익살들까지도 여기에 속한다.[30]

이와 반대되는 것을 들자면, 우리는 올해[1828년] 독일의 미술전시회에서 대등하게 훌륭한 풍속화를 보지만, 그것은 표현기교에서 네덜란드인들에 멀리 못 미치며, 또한 내용에 있어서도 그와 유사한 자유나 즐거움으로까지 고양되지 못하였다. 예를 들어 우리는 자신의 남편을 닦달하려고 술집으로 들어가는 여인을 본다. 이것은 으르렁거리고 독기 서린 인간들의 장면에 불과하다. 이에 반해 네덜란드인들의 경우에는 작은 주점에서든, 결혼식과 무도회의 경우든, 향연과 음주의 경우든, 아무리 욕설과 주먹질이 있다고 해도 그것은 유쾌하고 쾌활하게 다루어지며, 부인들과 소녀들 역시 그 옆에 있고, 또한 자유분방한 감정이 곳곳에 스미어 있다. 심지어는 동물화에까지 들어가 있는, 그리고 느긋함과 즐거움으로 표현되어 나오는, 그들이 누려 마땅한 이러한 정신적 명랑성이, 이해와 표현에 있어 신선하고도 각성된 이러한 정신적 자유와 생명성이 그러한 그림들의 한층 높은 영혼을 형성하는 것이다.

[224] 무리요[31]의 〈거지소년들〉(뮌헨의 중앙화랑 소재)도 역시 비슷한 의미에서 탁월하다. 겉으로 보면 여기서도 역시 대상은 저속한 자연에서 나온 것이다: 어머니는 한 소년의 이를 잡아 주고, 이 소년은 편안히 빵을 씹고 있다. 비슷한 그림에서는 누더기를 걸친 가난한 두 소년이 멜론과 포도를 먹고 있다. 그러나 바로 이러한 가난과 헐벗음 속에서 내적, 외적으로 내비치는 것은 어떠한 회교 수도승도 더 낫게 누리지 못할, 건강과 생의 희열이라는 충만한 감정 속에 있는 완전한 무념무애일 뿐이다. 겉을 신경 쓰지 않아 그 곁에서 드러나는 속의 자유가 바로 이상적인 것의 개념이 간구하는 그것이다. 파리에는 라파엘로의 소년 초상화가 있다[32]: 한가로이 팔로 머리를

---

30 역주: Rembrandt Harmenszoon van Rijn(1606~1669), Anthony van Dyck(1599~1641), Philips Wouwerman(1619~1668).

31 역주: B. E. Murillo(1617~1682), 스페인의 화가.

32 역주: 헤겔은 1827년 9월에 루브르를 방문한 바 있다.

괸 채 걱정 없는 만족이 주는 그러한 행복감에 젖어 멀리 밖을 바라보는 그림, 정신적인 즐거운 건강함이 담긴 이 그림에서 우리는 눈을 뗄 수가 없다. 앞서 말한 무리요의 소년들도 우리에게 같은 만족을 보장한다. 이 소년들은 다른 어떠한 관심이나 목적도 갖지 않지만, 그러나 그것은 혹여 우매하기 때문이 아니며, 그들은 거의 올림포스의 신들처럼 느긋이 행복하게 바닥에 웅크리고 있는 모습을 보여 준다. 그들은 아무런 행동이나 말도 하지 않지만, 속에 불쾌함이나 불만족이 없는, 하나의 요소로 된 인간들이다. 그리고 우리는 대단한 탁월함을 향한 이러한 토대를 보매 그 소년이 무엇이든 될 수 있으리란 생각을 갖게 된다. 이것은 욕설을 늘어놓으며 짱알대는 앞서의 여자나 채찍을 감아 묶는 농부 혹은 건초 더미 위에서 잠자는 마부에서 보는 것과는 전혀 다른 이해방식이다.

그렇긴 하되 그와 같은 풍속화들은 작아야만 하며 그래서 그 전체적인 감각적 모습에서도 역시 무언가 사소한 것으로 보여야만 하는데, 우리는 외적 대상과 내용의 면에서 모두 이러한 사소함을 넘어서 있다. 만일 그와 같은 것이 실물 크기로 그려졌더라면, 그리하여 우리가 그 전체에서 현실적으로 만족을 얻을 수 있어야 한다는 요구를 받으며 그것들을 본다면, 이는 견디지 못할 일이리라.

[225] 우리가 저속한 자연이라고 부르곤 하는 것이 예술로 들어오려면, 그것은 이런 식으로 이해되어야만 하는 것이다.

하지만 이제 즉자적으로는 별무신통別無神通한 특칭성들 속에서 그런 유의 즐거움과 시민적 유능함을 표현하는 것보다 더욱 고차적이고 더욱 이상적인 예술의 소재가 있다. 왜냐하면 인간은 내면을 향한 정신의 전개와 심화로부터 유래하는 한층 더 진지한 관심과 목적들을 갖기 때문인바, 정신은 자신과의 조화를 기하려면 여기에 머물러야 한다. 한층 높은 예술은 이러한 한층 높은 내용의 표현을 과제로 삼아야 한다. 이제 이 관점에서 비로소 나오는 문제가 있으니, 이렇듯 정신으로부터 산출된 것을 위한 형식이 과연 어디에서 차출될 것인가 하는 문제이다. 일군의 사람들이 제안하기를, 예술가가 우선 예의 높은 이념을 스스로 마련하여 지녀야 하듯이, 그는 또한 그것에 대응하는 높은 형식들을, 예컨대 그리스 신들, 그리스도, 사도들, 성자들 등의 형상들을 자력으로 형성해야만 한다는 것이다. 이 주장에 반대하여 이제 누구보다 폰 루모어 씨가 싸움을 거니, 그는 예술가들이 자연과 다른 그들의 형식들을 멋대로 고안했던 이러한 방향에서 예술의 잘못을 인식하고 또한 그에 대응하여 이탈리아인과 네덜란드인들의 걸작들을 전범으로 제시하였다. 이러한 관계에서 그는 질타하기를(『이탈리아 연구』[33] 제1권, 105쪽 이하), "지난 60년간의 예술론은 예술의 목적이, 그것도 그 주된 목적이 창조의 개별적 형상들을 뒷손질하여 개선하고 또한 [자연과] 관계없는 형식들을 산출하는 데 있음을 제시하려 힘써 왔으니, 이 형식들은 [자연보다] 더욱 아름답게 만들어진 것인 체 가장하며 또한 자연이 좀 더 아름답게 형상화할 줄 모른다는 바로 그 사실을 인간이 보상하였기라도 한 체한다." 그러므로 그는 예술가에게 "인간정신의 그러한 오만불손이 예술에 관한 저술들에서 어떠한 다른 이름으로 표기되든 간에, 과도한 계획을 중지하고, 자연형식을 찬양·찬미"하라고 충고한다(63쪽). [226] ― 왜냐하면 그는 최고의 정신적 대상들에 대해서도 역시 현전하는 것 속에 이미 충분한 외적 형식들이 들어 있다고 확신하기 때문이니, 그런 연유로 그는 "예술의 표현은 그 대상이 생각 가능한 가장 정신적인 대상일 경우조차 결코 자의적으로 정해진 기호에서 기인하는 것이 아니라 철저하게 자연 속에 주어진 유기적 형식들의 의미성에서 기인한다"고 주장한다(83쪽). 이 경우 폰 루모어 씨는 주

---

33 Karl Friedrich von Rumohr, *Italienische Forschungen*, 전 3권, Berlin und Stettin, 1826~1831.

로 빈켈만에 의해 거론된 고대인들의 이상적 형식들을 안중에 두고 있다. 그러나 이러한 형식들을 밝혀내고 정돈한 것은 빈켈만의 무한한 공적이다. 몇몇 특수한 표징들과 관련하여 부지불식간에 오류가 있었을 수는 있다. 예컨대 빈켈만이(『고대예술사』, 1764, 제5책, 제4장, §2) 고대 형식이상들의 표징으로 간주하는 하체의 늘림이 로마의 입상에서 인식된 것으로 폰 루모어 씨는(115쪽 주석) 믿는 것 같다. 이제 여기에 반대하여 폰 루모어 씨는 이상에 대한 그의 반론에서 예술가가 완전히 자연형식의 탐구에 투신할 것을 요구한다. 여기에서 비로소 본연의 미가 진정 현상한다는 것이다. 왜냐하면 그는(144쪽) "가장 중요한 아름다움은 기존하는, 인간의 자의가 아닌 자연에서 정초된, 형식들의 예의 상징에서 기인하니, 이 상징을 통하여 특정하게 결합된 형식들은 표징과 기호로 성장하고, 그것들을 보면서 우리는 필연적으로 한편으로는 특정한 표상과 개념들을 환기하며 다른 한편으로는 우리 안에 잠자고 있는 특정한 감정들을 의식하게 된다"고 말하기 때문이다. 그럴진대 또한(105쪽 주석) "언필칭 이념이라고 불리는 정신의 비밀스러운 특징이 예술가를 그것과 동종의 자연현상들과" 결합하며, "또한 이 현상들 속에서 그는 고유한 의지를 보다 명확하게 인식하는 법을 아주 조금씩 배우고, 이를 통해 그것을 표현할 능력을 얻게 된다"는 것이다.

하지만 이상적 예술에서는 자의적으로 [227] 정해진 기호란 것이 어불성설이니, 만약 고대인들의 예의 이상적 형식들이 순수한 자연형식을 뒷전으로 한 채 잘못된 공허한 추상들에 따라 모사되었다는 것이 사실이라면, 그에 대해 가장 강력하게 대립한 폰 루모어 씨는 제대로 된 행동을 한 셈일 것이다.

하지만 단언컨대 예술이상과 자연의 이러한 대립에는 다음의 것이 주안점이다.

정신적 내용을 갖는 현전의 자연형식들은 일반적인 의미에서 사실상 상징적이라고, 즉 그들이 직접 그 자체로서 타당하기보다는 그들이 표현하는 내면적·정신적 요소를 현상케 하는 것이라고 간주될 수 있다. 이 요소는 예술의 외부에 있는 자연형식들의 현실에서도 이미 그 관념성을 형성하며, 또한 이것이 정신적인 것을 하등 표현하지 않는 자연 그 자체와 구분되는 점이다. 그런데 예술에서는 정신의 내면적 의미내용이 더욱 높은 자연형식에서 자신의 겉모습을 얻어야 할 것이다. 이 의미내용은 현실적 인간 정신 속에 있으며, 그리하여 그것은 인간의 내면 일반이 그러하듯이 현전하는 겉모습을 가지며 또한 그 속에서 표명된다. 그런데 이 점을 아무리 인정한다고 해도, 예컨대 주피터[제우스] ─그의 존엄, 고요, 힘─, 주노[헤라], 비너스[아프로디테], 베드로, 그리스도, 요한, 마리아 등을 표현함에 있어 예술이 직접 초상으로 사용할 만큼 그렇게 아름답고도 표현적인 형상과 인상들이 현전하는 현실 속에 있을까 하는 물음이 있는데, 이것은 학적으로 완전히 한가로운 물음에 불과하다. 비록 이에 대한 찬반의 다툼이 있긴 하겠으나 그것은 완전히 경험적인, 그리고 그 자체가 경험적이기 때문에 결론을 내릴 수 없는 물음이다. 왜냐하면 결론으로 가려면 실제로 가리키는 것이 유일한 길일 터인데, 이것은 예를 들어 그리스 신들에 대해서는 실행하기 어려울 것이며, 현재하는 것을 두고도 혹자는 언필칭 완성된 아름다움들을 보았다고 하는데, 수천 배 영리한 다른 사람은 아니라고 하기 때문이다. 그러나 그 밖에도 형식의 미는 무릇 우리가 이상이라 불렀던 것을 전혀 제공하지 않으니, 이상에는 의미내용의 개별성과 이를 통한 형식의 개별성도 동시에 속하기 때문이다. 예컨대 형식적인 면에서 철저하게 규칙적인 [228] 아름다운 얼굴이 그럼에도 차갑고 무표정할 수 있는 것이다. 그러나 그리스 신들이라는 이상은 개인들이며, 이들에게서는 보편성의 범위 내에서 하나의 특징적 규정성도 역시 사라지지 않고 있다. 그런데 이상의 생명성이 기인하는 바는, 표현되어야 할 이러한 특정한 정신적 근본 의미가 외적 현상의 ―자세, 위치, 운동, 얼굴 표정, 지절들의 형태와 형상 등의― 모든 특수한 측면들을 통해 완벽하게 완성되어, 공허하고 무의미한 어떤 것도 잔존하지 않고 모든 것이 그 의미에 의해 관류된 것으로 나타난다는 바로 그 사실이다. 예를 들어 최근 사실상 피디아스의 작품으로 인정된 그리스 조각이 우리에게 보여 주는 바는 무엇보다 이러한 종류의 강력한 생명성을 통한 격상이다. 이상은 여전히 그 엄격함 속에서 견지되며, 우미, 사랑스러움, 풍성함과 고상함으로 이행하지 않았으며, 또한 개개의 형식을 체현되어야 할 보편적 의미와 확고하게 연관시키고 있다. 이러한 최고의 생명성이 위대한 예술가들을 뛰어나게 만든다.

그런 식의 근본 의미는 현실적 현상세계의 특칭성에 비해서 내적으로 추상적이라고 불릴 만한데, 회화와 조각에서 특히 그러하다. 회화와 조각은 오직 한 순간만을 부각할 뿐 다면적 전개로 나아가지 않는데, 호메로스는 이러한 전개 속에서 예컨대 아킬레우스의 성격을 강직하고 무자비한 만큼이나 온화하고 다정하게 그리고 영혼의 또 다른 많은 특징들에 따라 묘사할 수 있었다. 그런데 그러한 의미는 현전하는 현실에서도 얼마든지 표현될 수 있는바, 가령 경건함, 엄숙함, 명랑함 등의 모습을 보일 수 없는 얼굴은 거의 없다 할 것이지만, 그러한 인상들은 그 외에도 명시되어야 할 본의에 전혀 맞지 않거나 혹은 그와 비교적 가까운 관계라곤 전혀 갖지 않는 수천의 것들도 표현한다. 그러므로 하나의 초상도 역시 그 특칭성을 통해 초상으로 인지되는 것이다. 예를 들어 옛 독일과 네덜란드의 회화들에서는 [229] 제작비를 기부寄附한 사람이 그의 가족, 부인, 자녀들과 함께 모사되어 있음이 종종 발견된다. 그들 모두는 엄숙함에 잠겨 있는 것으로 보여야 하며 또한 실제로 경건함이 모든 표정에서 비친다. 그러나 우리는 그 외에도 남자들 중에서는 말하자면 씩씩한 전사들, 삶과 활동의 열정을 갖고 많은 것을 시도하는 정력적 활동가들을 인식하며, 여자들 중에서는 그와 비슷한 생활력 있는 유능한 부인들을 본다. 실물과 닮은 인상으로 유명한 이 그림들에서도 이러한 표현들을 마리아나 그 옆에 서 있는 성자 및 사도들과 비교한다면, 이들의 얼굴에서는 그와는 반대로 오로지 하나의 표정만을 읽을 수 있으며 또한 모든 형태들, 골격, 근육들, 정지해 있거나 움직이는 용모들은 이 하나의 표정에 집중되어 있다. 전체 구도와의 적합성 여부가 비로소 본연의 이상적 요소와 초상의 차이를 낳는 것이다.

이제 우리는 예술가가 현전하는 것 이곳저곳에서 최상의 형식들을 골라내어 정돈해야 할 것이라는 둥, 아니면 또한, 실상이 그러하듯, 자신의 내용에 대한 진정한 형태들을 발견하기 위해 동판화나 목판화 수집에서 인상, 자세 등등을 찾아내야 할 것이라는 둥으로 생각할 수도 있겠다. 그러나 이러한 수집 및 선택으로써 일이 마감되는 것은 아니니, 예술가는 창조적 태도를 취해야 하며 또한 자신의 고유한 판타지에 머물면서 적당한 형식들의 지식, 심오한 감각 그리고 철저한 감응을 동원하여 그를 영활케 했던 의미를 철두철미하게 그리고 단번의 주조鑄造로 조형하고 형상화해야만 하는 것이다.

B
이상의 규정성

우리가 지금까지 보편적 개념에 따라 고찰했던 이상 그 자체는 비교적 쉽게 이해할 수 있었다. 그러나 이제 예술미는 이념이며 그런 한도에서 단순히 그 보편적 개념에 머물 수는 없고, 이미 이 개념에 따를 때도 규정성과 [230] 특수성을 자신 속에 가지며 따라서 또한 자신으로부터 나와 현실적 규정성으로 넘어가야 하는 까닭에, 이러한 측면에서 문제가 촉발되니, 즉 이상이 ─외면성 및 유한성으로, 이로써 비이상적인 것으로 벗어남에도 불구하고─ 어떤 식으로 유지될 것이며 또한 역으로 유한한 현존재가 예술미의 관념성을 어떻게 자신 속에 수용할 수 있을 것인가 하는 문제이다.

이와 관련하여 우리는 다음의 점들을 논의해야 한다:

첫째, 이상의 규정성 그 자체.
둘째, 그 특수성을 통해 내면의 차이로 그리고 그 차이의 해결로 발전되는 한에서의 규정성, 즉 일반적으로 행위라고 표기할 수 있는 것.
셋째, 이상의 외적 규정성.

I. 이상적 규정성 그 자체

1. 통일성과 보편성으로서의 신적인 것

예술이 그 묘사의 중심점으로 삼아야 할 것은 무엇보다 신적인 것임을 우리는 이미 보았다. 그런데 신적인 것이란, 그 자체가 통일성과 보편성으로 고정된다면, 본질적으로 오로지 사상에 대해서만 존재할 뿐이며 또한 즉자적으로 무형적인 것이어서 판타지의 이미지화 및 형상화에서 벗어난다. 또한 그러기에 유대인들과 이슬람교도들에게는 신의 이미지를 감각적 요소 속에서 보다 자세히 가시화하려고 노력하는 기획이 금지되어 있다. 그러므로 여기서는 극히 구체적인 형상의 생명성을 절실히 요하는 조형예술에 대해 공간이 할애되지 않으며, 서정시가 유일하게 신으로의 고양 속에서 그의 권능과 경이로움을 찬양할 수 있는 것이다.

2. 신들의 권역으로서의 신적인 것 [231]

신적인 것에는 통일성과 보편성이 속한다. 하지만 아무리 그렇더라도 다른 면에서 보면 그것은 내면 자체에서도 본질적으로 규정되어 있으며 또한 이로써 추상에서 벗어나는 까닭에 자신을 형상성과 가시성에 맡기기도 한다. 이제 신적인 것이 판타지에 의해 규정성의 형식으로 파악되고 이미지적으로 묘사된다면, 이를 통해 즉시 규정들의 다양성이 나타나는바, 이상적 예술의 본령은 여기서 비로소 시작한다.

이유인즉 첫째, 유일의 신적 실체는 그리스 예술의 다신관多神觀에서와 같이 다수의 자립적인 자기기인적 신들로 분리·분열된다. 그리고 기독교적 표상에서도 역시 신은 순수 정신적인 그의 내적 통일성과 대조적으로 속세와 직접 얽혀 있는 현실적 인간으로 현상한다. 둘째, 신적인 것에 의해 규정된 현상과 현실성은 무릇 인간의 감관과 심정, 의욕과 실행 속에 현재하며 작용하고, 그리하여 이 국면에서는 신의 정신으로 충만한 인간, 성자, 순교자, 성인, 경건한 사람 일반이 역시 똑같이 적절한 이상적 예술의 대상이 된다. 그러나 신적인 것의 특수성 및 규정된, 이로써 세속적이기도 한 그 현존재의 특수성이라는 이 원칙과 함께 셋째, 인간적 현실성의 특칭성이 나타난다. 왜냐하면 심정을 가장 내면에서 움직이고 또한 심정 속에서 힘으로 존재하는 일체의 것을 수반하는 인간의 전체 심정, 모든 감응과 열정, 가슴이 갖는 한층 깊은 일체의 관심 — 이러한 구체적 삶은 예술의 살아 있는 소재를 형성하며, 이상은 그 묘사이자 표현이기 때문이다.

이에 반해 내적 순수정신으로서의 신적인 것은 오직 사유적 인식의 대상일 뿐이다. 그러나 행동 가운데 체현되는 정신은, 그것이 언제든 인간의 가습을 울리는 한, 예술에 속한다. 하지만 이 경우 여기서는 즉시 [232] 특수한 관심과 행위들, 특정한 성격과 임시의 상태들, 그리고 상태가 낳은 상황들이, 요컨대 외적 요인과의 뒤얽힘이 부각되며, 그런고로 이상적인 것의 소재를 ―일단은 일반적이지만― 이러한 규정성과 연관하여 거론할 수 있다.

3. 이상의 고요

이미 상술한 바 있는 이상적인 것의 최상의 순수성은 여기서도 역시 신들, 그리스도, 사도들, 성자들, 회개한 사람들, 경건한 사람들이 지복의 고요와 만족 속에서 우리 앞에 자리한다는 그 사실에서만 성립할 따름이니, 이러한 고요와 만족 속에 있는 순수성은 잡다한 분규, 투쟁과 대립이라는 속세의 우여곡절과 접경하지 않는다. 이러한 의미에서 특히 조각과 회화가 개별 신들에 대한 형상을, 또한 구세주로서의 그리스도 및 개별 사도와 성자들에 대한 형상을 찾아내었다. 여기서는 현존재 속에 있는 즉자 자체로서 참된 것이 자기연관적인, 그리고 자신을 벗어나 유한한 관계로 끌려 들어가지 않은, 그 자신의 현존재 속에서만 표현된다. 이러한 내적 완결성에 비록 특칭성이 결여되어 있는 것은 아니지만, 그러나 외적이며 유한한 것 속에 산재하는 특수성은 단순한 규정성으로 정화되어 있으며 그리하여 외적 영향과 관계의 흔적들이 완전히 제거되어 현상한다. 무위영원無爲永遠의 이러한 내면적 고요나 안식은 ―예컨대 헤라클레스의 경우처럼― 규정성 속에서도 역시 이상적인 것 그 자체를 형성한다. 그러므로 신들이 설령 얽히고설킨 일에 처하게 될지언정 그럼에도 그들은 불멸의 불가침한 위엄 속에 머무는 것이다. 왜냐하면 예컨대 주피터, 주노, 아폴로, 마르스[아레스]는 특정하지만 확고한, 그들의 행동이 외부를 향할 경우라도 그들에게 독립적인 내적 자유를 보장하는 권능이자 힘이기 때문이다. 그럴진대 이상의 규정성 속에서 개별적 특칭성만 보여서는 아니 될 것이며, 정신적 자유가 [233] 즉자 그 자체로서 총체성으로, 그리고 이러한 자기기인성 속에서 모든 것을 향해 열린 가능성으로 나타나야만 한다.

이제 저 아래 세속적이며 인간적인 영역에서도 이상적인 것의 작용이 밝혀지는바, 그것은 인간을 채우는 모종의 실체적 내용이 주관성의 단지 특칭적일 뿐인 요소를 관장하는 힘을 간직한다는 식으로 작용한다. 즉 이를 통해 감응과 행동에서의 특수함은 우연성에서 탈피하며 또한 구체적 특칭성은 그 본연의 내면적 진리와의 더욱 큰 조화를 이루며 묘사된다. 그럴진대 무릇 인간의 가슴이 품는 고귀함, 탁월함, 완전함이라는 것은 정신성의 참된 실체, 인륜성, 신성이 자신을 주관 속에서 권능적 요소로서 알린다는 것, 그리하여 인간은 그의 생생한 활동, 의지력, 그의 관심들, 열정들 따위를 오로지 이러한 실체적인 것 속으로 끌어들임으로써 그 안에서 그의 참된 내적 욕구에 만족을 준다는 것을 뜻할 뿐이다.

그러나 정신의 규정성과 그 외면성의 규정성이 이상 속에서 제아무리 단순하게 내면으로 되돌아간 듯 현상할지라도, 그럼에도 현존재로 발현하는 특수성에는 동시에 전개의 원칙이, 이와 함께 외향적 관계에서는 차별성 및 대립들의 투쟁이 직접 결부되어 있다. 이 사실은 내적으로 분화된, 일련의 과정을 거치는 이상의 규정성에 대한 고찰로 우리를 인도한다. 우리는 이 규정성을 일반적으로 행위라고 이해할 수 있다.

II. 행위

이상적 규정성 자체에 속하는 것으로는 천사 같은 천상지복의 정겨운 천진함, 움직임 없는 고요, 독자적으로 자신에게서 기인하는 힘의 존엄 및 무룻 내면 자체로서 실체적인 것이 갖는 걸출함과 완결성이 있다. 하지만 내면적, 정신적인 것은 이에 못지않게 오로지 능동적인 운동과 전개로서만 존재한다. [234] 그러나 전개에는 일면성과 분열이 없을 수 없다. 그 특수성들로 분열·확산하는 완전한 총체적 정신은 자신의 고요로부터 나와 자신과 대면하여 뒤엉킨 세속사의 대립 한가운데로 들어가니, 이러한 분열 속에서 그것은 또한 유한성의 불행과 재앙을 면할 수 없다.

심지어 다신론의 영원한 신들도 영구의 평화 속에서 살지 않는다. 그들은 상충하는 열정과 목적들을 갖고 편 가르기와 싸움으로 치달으며 또 운명에 복종해야만 한다. 기독교의 신조차도 고통의 굴욕으로, 아니 죽음의 치욕으로 건너감을 면치 못했으며 또한 영혼의 고통으로부터도 자유롭지 않았으니, 이 고통 속에서 그는 "신이여, 신이여, 왜 나를 버리셨나이까?"라고 외쳐야만 했었다. 그의 어머니도 비슷하게 쓰디쓴 고뇌에 시달렸던바, 인간의 삶은 도대체가 반목과 싸움과 고통의 삶인 것이다. 왜냐하면 위대함과 힘이란 대립의 위대함과 힘에서 비로소 진정 가능되기 때문이니, 정신은 이러한 대립으로부터 벗어나 내면적 통일을 향해 다시 자신을 추스른다. 상황들이 무한히, 가공할 만치 벌어질수록, 모순들이 파괴적일수록, 주관성의 강도와 깊이는 그만큼 더 부각되지만, 주관성은 이러한 모순 아래 있음에도 불구하고 자신 속에 굳건히 머물러야만 하는 것이다. 이념과 이상적인 것의 힘은 오직 이러한 전개 속에서만 보존될 터, 까닭인즉 이 힘은 자신을 자신의 부정태 속에서 유지함으로써만 성립하기 때문이다.

그런데 이상의 특수성은 그러한 전개를 통해 외향적 관계 속으로 발을 딛게 되니, 이를 통해 그것은 개념과 그 실제의 자유롭고 이상적인 조화를 즉자적으로 표현하는 대신 오히려 의당 있어야 할 바와는 전혀 달리 있는 현존재를 보여 주는 세계로 진입하므로, 우리는 이 관계를 고찰함에 있어 이상이 진입하는 규정성들이 얼마만큼 그 자체로서 관념성을 직접 포함할 수 있는지 혹은 과연 그럴 수 있기나 한지를 파악해야만 한다.

[235] 이와 관련하여 세 가지의 주요 논점이 좀 더 자세한 주의를 요한다:

첫째, 개인적 행위와 그 성격들을 위한 전제가 되는 보편적 세계상태. 상
태의 규정성은 앞서 논한 실체적 통일성에서 행위를 촉발하는 차이와
긴장을 야기하므로,
둘째, 상태의 특수성, — 상황과 그 갈등들.
셋째, 주관성의 측면에서 본 상황의 이해, 투쟁을 일으키고 또 차이를 해
소하는 반작용, — 본격적 행위.

1. 보편적 세계상태

생명력 있는 주체로서의 이상적 주관성은 자신 속에 있는 것을 실행하
고 성취해야만 하는 까닭에, 행위한다는, 여하튼 움직이고 활동한다는 규
정을 내포한다. 이를 위해 그것은 자신의 실현을 위한 보편적 토대로서의
주변 세계를 필요로 한다. 이 면에서 상태를 논하자면, 그것은 실체적인 것
이 —이것은 정신적 현실성 중에서 진정 본질적인 것으로서 그 모든 현상
들을 결속하는 것이다— 현전하는 일반적 양태를 의미한다. 우리는 예컨대
교양, 학문, 종교적 감정, 혹은 심지어 재정, 사법, 가정생활, 그리고 그 밖의
다른 삶의 제도들이 갖는 상태를 이러한 의미에서 논할 수 있다. 그러나 이
경우 이 모든 측면은 실상 하나의 동일한 정신과 내용의 여러 형식들일 따
름이며, 내용은 이 속에서 명시되고 현실화된다. — 이제 여기서 정신적 현
실성의 세계상태에 관해 좀 더 상세한 논의를 원한다면, 우리는 그것을 의
지의 측면에서 취급해야 한다. 왜냐하면 정신 일반은 의지를 통해 현존재

가 되며, 또한 현실성의 직접적이며 실체적인 유대는 [236] 의지규정들이, 즉 인륜적, 법적인 것의, 요컨대 일반적으로 정의正義라고 불릴 만한 것의 개념들이 활성화되는 특정 양태 속에서 드러나기 때문이다.

이제 여기서 그런 종류의 보편적 상태가 이상의 개별성에 적합하려면 어떤 속성을 가져야 하는가 하는 의문이 생긴다.

a. 개별적 독립성: 영웅시대

앞의 서술로부터 즉각 다음의 점들을 단언할 수 있다.

α) 이상은 내적 통일성이다. 즉 그것은 단순히 형식적, 외재적인 통일성이 아니며, 오히려 내용이 자신에 즉해 갖는 내재적 통일성이다. 위에서 이미 우리는 내적으로 통일된 이러한 실체적 자기기인성을 이상의 자기충족, 고요 그리고 지복이라고 표현한 바 있다. 현 단계에서 우리는 이 규정을 독립성으로 부각시키고자 하며 또한 보편적 세계상태가 이상의 형상을 수용하려면 독립성의 형식으로 현상해야 한다는 점을 요구하고자 한다.

하지만 독립성은 애매한 표현이다.

αα) 왜냐하면 보통 우리는 내면 자체에서 실체적인 것을 이미 이 실체성과 근원성으로 말미암아 그야말로 독립적인 것이라고 부르며 또한 그것을 내적으로 신적인 것이자 절대적인 것이라고 칭하곤 하기 때문이다. 하지만만일 그것이 이러한 보편성과 실체성 그 자체에 고착되어 있다면, 그것은 내적으로 주관적이지 못하며 따라서 즉각 구체적 개별성이라는 특수자와 경직적으로 대립한다. 그런데 이러한 대립에서는, 무릇 대립이란 것이 그렇지만, 참된 독립성이 사라진다.

ββ) 역으로 우리는 자기기인적 개별성에, 아무리 그것이 형식적일 뿐일지라도, 주관적 성격의 완고함이란 점에서 독립성을 부여하곤 한다. 그러나 삶을 이루는 힘과 실체들이 주체의 외부에 독자적으로 존재하여 그 내

적, 외적 [237] 현존재에 대해 이질적 내용으로 머무는 한, 여하한 주체에도 참된 삶의 의미내용은 결여되어 있으니, 이도 역시 참으로 실체적인 것에 대한 대립에 빠지며 이로써 내실 있는 독립성과 자유를 상실한다.

참된 독립성은 오로지 개별성과 보편성의 통일과 상호 삼투에 본질을 두는바, 까닭인즉 보편자는 개별자를 통해 비로소 구체적 실제를 얻고 또한 개체적인 특수한 주체는 보편성 속에서 비로소 그 현실성의 흔들리지 않는 기반과 순정한 내용을 발견하기 때문이다.

YY) 그러므로 우리가 보편적 세계상태를 위해 여기에서 유일하게 고찰할 수 있는 독립성의 형식은, 이러한 상태 속에 있는 실체적 보편성이 독립적이려면 주관성의 형상을 자신에 즉해 가져야만 하리라는 것이다. 우리가 떠올릴 수 있는 이러한 동일성의 가장 비근한 현상방식은 사유의 현상방식이다. 왜냐하면 사유는 한편으로는 주관적이고 다른 한편으로는 보편적인 것을 자신의 참된 활동의 산물로서 가지며, 또한 보편성과 주관성이라는 이 두 가지는 자유로운 통일 속에 있기 때문이다. 그런데 사유의 보편자는 예술의 미에 속하지 않거니와 나아가 사유에서는 자연성과 형상을 지니는, 혹은 실천적 행위와 실행을 하는 그 밖의 특수한 개별성이 사상의 보편성과 필연적으로 조화를 이루지 않는다. 그와는 반대로 구체적 현실성으로서의 주관과 사유하는 자로서의 주관의 차이가 나타나거나, 혹은 하여간 나타날 수 있는 것이다. 이와 동일한 분리는 보편적인 것 자체의 의미내용에도 적용된다. 즉 순정하고 참된 것이 사유하는 주관들 속에서 이미 그들의 기타 현실성으로부터 구분되기 시작한다면, 그것은 이미 객관적 현상 속에서도 독립적 보편자로서 그 밖의 현존재와 분리되어 있었던 것이며 또한 이 현존재와 대립하여 존립의 견고함과 힘을 유지해 왔던 것이다. 그러나 이상理想에서는 특수한 개별성과 실체적인 것이 정녕 분리를 모르는 조화 속에 머물러야 하며, 또한 주관성의 자유와 독립성이 이상에 [238] 귀속하는 한, 그런 한에서 상태와 관계들로 이루어진 주변 세계는 주관적, 개별적인 것과 무관한, 그 자체로 이미 본질적인 객관성을 가져서는 아니 된다. 이상적 개인은 내적으로 단호해야 하고, 객관적인 것은 여전히 그의 것으로 있어야 하지 주관들의 개별성에서 분리되어 자체로서 움직이거나 행동해서는 안 되는 것이니, 까닭인즉 그렇지 않다면 자체로 이미 완성된 세계에 대하여 주관은 단순히 종속된 것으로 물러서기 때문이다. ― 그러니까 이렇게 보면 보편적인 것은 개인 속에서 그의 고유성, 그것도 최고의 고유성으로서 실존해야 하겠으나, 그것은 사상을 갖는 한에서의 주관의 고유성이 아니라 그의 성격과 심정의 고유성으로서 실존한다. 달리 말해, 우리는 그리하여 보편적인 것과 개별적인 것의 통일성을 위해 사유의 매개 및 구분과 대비되는 직접성의 형식을 요구하는바, 우리가 요구하는 독립성은 직접적 독립성의 형상을 간직하는 것이다. 그러나 여기에는 즉시 우연성이 결부된다. 왜냐하면 인생의 보편적, 결정적인 요소가 개인들의 독립성 속에서는 직접적으로 그들의 주관적 감정, 심정, 성향으로서 현존할 뿐이며 또한 그것이 다른 형식으로 실존하지 못할진대, 바로 이로써 그것은 이미 의지와 실행의 우연으로 귀착하기 때문이다. 이 경우 그것은 바로 이 개인들과 그들 성향의 독특성으로 머물 뿐이며 또한 그들의 특수한 소유물인 까닭에 자체로서 자신을 관철하는 힘과 필연성을 갖지 못하니, 그것은 보편적으로, 자신을 통해 확고하게 늘 새로이 자신을 갱신하여 실현하는 대신, 순전히 자기 자신에서만 기인하는 주관, 그의 감응, 소질, 힘, 능력, 간지와 재주 따위의 결정과 실행으로서, 그리고 이에 못지않게 그 자의적인 중단으로서 현상한다.

그러므로 ―우리는 상태를 이상의 토대이자 그 전체적 현상양식으로서 요구했었는데― 여기서는 이런 종류의 우연성이 상태의 특징적 요소를 형성한다.

[239] β) 그러한 식의 현실의 특정한 형상을 좀 더 명료하게 드러내기 위해 반대방식의 실존에 눈길을 돌려 보자.

αα) 이러한 실존이 현전하는 곳은 인륜적 개념, 정의 그리고 그 이성적 자유가 이미 사법적 질서의 형식으로 제정되고 유지되며 그리하여 이 질서가 외적인 사안에서도 역시 심정과 성격의 특수한 개별성과 주관성에 의존함이 없이 확고부동한 필연성으로 있는 곳이다. 이것은 삶이 국가의 개념에 맞추어 현상하는 국가적[국민적] 삶의 경우이다. 왜냐하면 사회적 이익집단을 위한 개인들의 회동이나 애국적 결사를 모두 국가라고 부를 수는 없기 때문이다. 자유의 보편적, 이성적 규정들을 형성하는 것이 법률, 관습, 권리들인 한, 이것들은 참된 국가에서 이제 이러한 그들의 보편성과 추상성 속에서도 역시 통용되며 또한 더 이상 자의와 특수한 고유성의 우연에 의해 제약받지 않는다. 의식이 스스로 규정과 법칙들의 보편성을 자신 앞에 가져왔듯이, 그것들은 외적으로도 실제로 이러한 보편자로서 존재하니, 이 보편자는 자체적으로 자신의 절차를 밟으며, 또한 만일 개인들이 자신의 자의를 법률에 대해 침해적으로 대치시키고자 기도할 경우에는, 개인들을 능가하는 공권력과 힘을 소유한다.

ββ) 그러한 종류의 상태는 법칙부여적 오성의 보편성들이 직접적 생명성과 —우리가 생명성을 앞서 논의한 통일성으로 이해한다면, 그리고 이에 의하면 인륜성과 정의의 모든 실체적·본질적 요소는 다만 개인들 속에서 감정과 성향으로서 비로소 실현되며 또한 그들을 통해 유일하게 운용될진대— 분리되어 있음을 전제한다. 문화적으로 발전된 상태의 국가에서는 법과 정의, 종교와 학문, 혹은 적어도 종교성과 [240] 학문성을 위한 교육의 배려가 공적 권력에 속하며 이에 의해 주도, 실행된다.

γγ) 이를 통해 개체적 개인들이 국가에서 갖는 입장은 그들이 이러한 질서와 현전하는 그 엄정함을 준수하고 또한 그에 복종해야 한다는 것이니,

까닭인즉 그들의 성격과 심정이 더 이상 인륜적 힘의 유일한 실존이 아니며 오히려 반대로 참된 국가가 그러하듯 성향, 주관적 의견 그리고 감응이라는 그들의 모든 특칭성은 이러한 법칙성에 의해 규제되고 또 그와 조화해야만 하기 때문이다. 주관적 자의와 무관한 국가의 객관적 이성원리에 대한 이러한 준수는 법률, 법칙 그리고 제도들이 강력하고 타당한 것으로서 강제력을 갖는 까닭에 단순한 복종일 수도 있고, 아니면 기존이 갖는 이성원리를 자유로이 인정·통찰하여 주관이 객관적인 것 속에서 자신을 재발견하는 가운데 나타날 수도 있다. 그러나 후자의 경우에조차 개체적 개인은 언제나 다만 곁다리로 있고 또 그렇게 머물 뿐이며 국가의 현실성을 벗어나면 자신 속에 어떠한 실체성도 갖지 못한다. 왜냐하면 실체성은 더이상 이런저런 개인의 특수한 소유물이 전혀 아니며 오히려 그 자체로서 존재하고, 또한 개인의 모든 측면에 속속들이 보편적이며 필연적으로 아로새겨 있기 때문이다. 그러므로 개체적 존재들도 정당하고 인륜적이며 합법적인 행위들에 의해 전체의 관심과 과정 속에서 무언가를 수행할 수 있긴 하지만, 그럼에도 그들의 의지와 실행은 그들 자신이 그렇듯 전체에 대하면 언제나 별 의미 없는 것이자 또한 단순한 사례로 남을 뿐이다. 왜냐하면 그들의 행위는 언제나 한 개체적 사례의 극히 부분적인 실현에 지나지 않을 뿐, 이러한 행위, 이러한 사례가 이를 통해 법칙이 된다거나 혹은 법칙으로서 현상하리라는 의미에서의 보편성의 실현은 아니기 때문이다. 역으로 [241] 법과 정의의 타당성 여부도 마찬가지로 전혀 개체로서의 개체적 존재들에게, 그들의 의지에 달려 있는 것이 아니다. 그것은 즉자대자적으로 타당하며, 또한 그들이 그것을 아무리 원치 않는다손 쳐도 하여간 그것은 타당할 것이다. 일반적, 공적인 것은 모든 개체적 존재들이 그들을 자신에게 맞추어야 하리라는 관심을 갖지만, 개체적 개인들이 관심의 대상이 되는 까닭은 법과 인륜이 이러저러한 개인들의 동의를 통해 비로소 실효를 유지하리라는 그러한 관계 때문이 아니다. 법과 인류은 이러한 개체적 동의를 필요로 하지 않으며, 그것이 침해되었을 경우에도 역시 처벌이 그것을 실효적으로 만든다.

완성된 국가에서 개체적 주체가 갖는 종속적 지위는 각 개인이 전체에서 극히 정해진, 그리고 늘 한정된 몫만을 차지한다는 점에서 궁극적으로 드러난다. 즉 시민사회에서 무역과 사업 등을 위한 활동이 그러하듯 참된 국가에서는 보편을 위한 노동이 지극히 다양하게 분화되어, 이제 국가 전체는 한 개인의 구체적인 행위로서 현상하지 않으며, 혹은 무릇 개인의 자의, 힘, 용기, 용감성, 권력, 그리고 통찰에 위임될 수도 없고, 오히려 국가적 삶의 무수한 업무와 활동들은 무수한 무리의 인력들에게도 맡겨져야만 했던 것이다. 예컨대 범죄의 처벌은 더 이상 한 주체의 개인적 영웅심과 덕성의 사안이 아니라 오히려 그 다양한 계기들, 정황의 수사와 판정, 판결과 사법적 언도의 집행으로 분리되니, 이러한 주요 계기들의 각각은 그 자체가 다시 좀 더 특수한 나름의 차별성을 가지며, 그 개별 부분들은 법 실행에 있어 오로지 어떤 하나의 측면만을 차지한다. 법률의 시행은 따라서 한 개인의 손아귀에 있는 것이 아니라 확정된 질서 속에 있는 다면적인 공동 작업에서 결과한다. 그 밖에도 모든 개별자들에게는 일반적 관점이 그의 행위를 위한 지침으로서 시달되어 있으며 또한 그가 이러한 규칙들에 따라 실행한 것은 다시 좀 더 높은 기관의 판단과 통제에 종속된다.

[242] γ) 이러한 모든 관계에서 보면 사법적으로 질서 잡힌 국가에서는 공권력들이 그 자신에 즉해 개별적 형상을 띠지 않으며, 오히려 보편적인 것 자체는 국가의 보편성 속에서 지배를 행하니, 여기서는 개인의 생명성이 지양된 것, 혹은 부차적이며 무차별적인 것으로 현상한다. 그러므로 그러한 상태에서는 우리가 요구하는 독립성이 발견되지 않는다. 따라서 우리는 개성의 자유로운 형상화를 위해 이와 대립된, 인류의 타당성이 오로지 개

인들에서 기인하는 상태를 요구했으니, 이 개인들은 그들의 특수한 의지와 그들 성격의 탁월한 위대함 및 영향력으로 인해 그들이 살아가는 현실의 정점에 위치한 자들이다. 이 경우 정당성은 그들의 지극히 고유한 결정으로 머물며, 또한 그들이 즉자대자적인 인륜을 침해하는 행동을 할 경우 그 책임을 추궁하고 처벌하는 어떠한 강제적 공권력도 없고 단지 내면의 필연성이라는 법이 있을 뿐이니, 이 필연성은 특수한 성격, 외적 우연성과 환경들 등으로 생동적으로 개별화되고 또한 오로지 이러한 형식으로만 현실적인 것이 된다. 형벌과 복수는 바로 이 점에서 구분된다. 사법적 형벌은 범죄에 대하여 보편적으로 정립된 법을 시행하며 또한 공권력의 기관, 법원, 그리고 인격체로서는 우연자인 법관을 통해 보편적 규준들에 따라 행사된다. 복수도 마찬가지로 즉자적으로 정당할 수는 있되, 그것은 일어난 사건을 자신이 떠맡고 자신의 고유한 가슴과 성향이라는 법으로부터 죄지은 자의 부당함을 응징하는 사람들의 주관성에서 기인한다. 예컨대 오레스테스의 복수는 정당하였으되 그는 판결과 법에 따르지 않고 다만 자신의 특수한 덕성의 법에 따라 복수를 행하였다. — 그러니까 예술적 표현을 위해 우리가 요청했던 상태에서는 인류과 정의가 전적으로 개인들에게 의존하며 [243] 또한 그들 속에서, 그리고 그들을 통해 생명력과 현실성을 얻는다는 의미에서 그것은 철저히 개인적 형상을 간직해야 한다. 그리하여, 다음의 점도 역시 언급할진대, 질서 잡힌 국가들에서는 인간의 외적 실존이 보장되고, 그의 재산은 보호받으며, 또한 그가 자신을 위해, 그리고 자신을 통해 갖는 것이 있다면 그것은 고작 주관적 성향과 통찰에 불과하다. 그러나 앞서의 무국가적 상태에서는 생명과 재산의 보장마저도 오로지 각 개인의 개별적인 힘과 용감성에서 기인하므로, 그는 또한 자신의 고유한 실존 및 그에게 속하는 것, 그의 몫으로 있는 것의 유지도 걱정해야 하는 것이다.

우리가 영웅시대에 할애하곤 하는 상태는 바로 그러한 종류의 것이다.

그런데 여기는 완성된 국가적 삶의 상태와 영웅세대의 상태 중에서 어떤 것이 더 나은가를 밝히는 자리가 아니다. 우리는 여기서 다만 예술의 이상과 관계할 뿐이며, 또한 예술을 위해서라면 보편성과 개별성의 분리가, 정신적 현존재의 기타 현실에서는 이 차별성이 제아무리 필연적일지언정, 아직 앞서 거론한 식으로 나타나서는 아니 된다. 왜냐하면 예술과 그 이상은 보편적인 것이되, 직관에 대해 형상화되어 있는 한에서의, 따라서 특칭성 및 그 생명력과 여전히 직접적으로 통일되어 있는 한에서의 바로 그것이기 때문이다.

αα) 이것은 소위 영웅의 세대에서 발생하는데, 이 세대는 덕성이 ―즉 그리스적 의미에서의 아레테άρετή가― 행위의 근거를 형성하는 시대로 보인다. 우리는 이러한 관점에서 아레테와 로마적 의미의 비르투스virtus를 구분해야 할 것이다. 로마인들은 곧바로 그들의 도시와 사법적 기구들을 가졌으며 또한 보편적 목적으로서의 국가와 마주하여 개성을 포기해야 했다. 추상적으로는 단지 일개 로마인이되, 고유하고 힘찬 주관성 속에서 오로지 로마국가, 조국과 그 주권 및 세력만을 생각하는 것, 이것이 로마적 덕성의 진지함이자 존엄이다. 이에 반해 영웅들은 그들 성격과 자의의 독립성에서 비롯하여 행위 전체를 [244] 스스로 떠맡고 완수하는 개인들이며, 또한 그들에게서는 정의롭고 인륜적인 것의 실행이 개인적 성향으로서 나타난다. 그런고로 경향성, 충동, 의지라는 개별성과 실체적인 것의 이러한 직접적 통일은 그리스적 덕성에 속하는 것이며, 그리하여 개별성은 그 자신이 법이지, 독자적으로 존립하는 법률, 판결 그리고 법정에 종속되지 않는다. 이렇듯 예컨대 그리스의 영웅들은 법 이전의 시대에 등장하거나 혹은 그 자신이 국가의 창건자가 되어, 법과 질서, 법률과 관습은 그들로부터 시작하며 또한 그들의 맥을 잇는, 그들의 개인적 작품으로 실현된다. 헤라클레스는 이미 이런 식으로 고대인들에게서 찬양되었으며 또한 그들에게 근원적

인 영웅적 덕성의 이상으로서 서 있다. 그는 자신의 특수한 의지에서 비롯하여 부당함에 대항하며 또한 인간적 내지 자연적 괴물에 맞서 싸우니, 이러한 자유롭고 독립적인 덕성은 그의 시대의 보편적 상태가 아니라 그에게 배타적이며 고유하게 속하는 것이다. 그렇다고는 해도 하룻밤에 맞아들인 테스피오스의 50명의 딸들과 엮은 그의 이야기가 그렇듯 그는 꼭 도덕적인 영웅은 아니었으며 또한 아우기아스의 마구간 이야기를 반추해도 역시 고상하지는 않지만, 그는 무릇 이렇듯 완벽하게 독립적인 법과 정의의 힘이자 강함의 이미지로 나타나니, 그 실현을 위해 그는 무수한 고통과 노고를 자유로운 선택과 고유한 자의로써 감내하였다. 비록 그는 자신의 행위의 일부를 에우리스테우스의 명령과 그 복종 속에서 실행하였지만 이러한 종속성은 오로지 극히 추상적인 관계일 뿐, 독립적으로 그 자체로서 행위하는 개별성의 힘을 그에게서 탈취할지도 모르는 완전하게 사법적으로 고정된 구속이 아니다. ― 호메로스의 영웅들도 비슷하다. 물론 그들도 역시 공동의 수장을 갖긴 하지만, 마찬가지로 그들의 유대는 이미 사전에 법적으로 굳어진, 그들에게 복종을 강요하는 관계가 아니며, 오히려 그들은 오늘날의 의미에서의 군주가 아닌 아가멤논을 [245] 자발적으로 따른다. 그런 만큼 이제 각각의 영웅들은 충고를 던지기도 하며, 격분한 아킬레우스는 독립하여 본대에서 이탈하고, 또한 도대체가 각자는 자신이 내키는 대로 오기도 가기도 하며, 싸우기도 쉬기도 한다. 예전 아라비아 시의 영웅들도 비슷한 독립성 속에서, 영구히 고정된 질서에 구속당하지 않은 채, 그리고 그 질서의 단순한 파편이 아닌 것으로 등장하며, 또한 피르다우시[34]의 『샤나메 schah-nameh』도 역시 비슷한 인물들을 전한다. 기독교적 서양에서는 봉건적

---

34 역주: Firdawsi는 Abul Karim Mansur(940〜1020)를 가리킴.

군신관계와 기사제도가 자유로운 영웅성 및 자기기인적 개성들을 위한 기반이다. 원탁의 영웅들과 카를 대제를 중심으로 모인 일군의 영웅들이 이러한 부류이다. 아가멤논이 그렇듯이 카를은 자유로운 영웅들 무리에 둘러싸여 있으며 또한 아가멤논과 같은 무력한 구심점이니, 그는 항상 봉신封臣들에게 충고를 구해야 하고, 그들이 [호메로스의 영웅들과] 마찬가지로 자신의 고유한 열정에 따르는 것을, 그리고 제아무리 그가 올림포스 산상의 제우스처럼 호통을 쳐도 그럼에도 그의 역사役事와 더불어 그를 곤경에 남겨 둔 채 독립적으로 모험길에 오르는 것을, 수수방관할 도리밖에 없는 것이다. 나아가 이러한 관계의 완전한 전형은 시드[35]에서 보인다. 그도 역시 한 동맹의 동지이자 왕의 휘하에 있으며 또한 봉신의 의무에 충실하지만, 이 결사結社에는 고유한 인격의 기조인 명예의 법칙이 마주 서는바, 그 카스틸리아인은 인격의 오점 없는 영광, 고결함, 명성을 위해 투쟁한다. 그렇게 하여 여기서도 역시 왕은 오로지 봉신들의 조언과 동의를 얻어 판결하고, 결정하고, 전쟁을 이끌 수 있는 것이다. 그들은 원치 않는다면 함께 싸우지 않으며, 다수의 목소리 같은 것에 복종하지도 않고, 각자는 독자적으로 있으며 또한 행동을 위한 자신의 의지와 힘을 자발적으로 길어 올린다. 사라센의 영웅들은 거지반 우리에게 비교적 경직된 모습으로 보이지만, 그들도 역시 이와 비슷한 비종속적 독립성의 찬란한 모습을 제공한다. ─『여우 라이네케』[36]조차도 이와 비슷한 상태의 광경을 새로운 방식으로 보여 준다. 사자가 주인이며 왕이지만, 늑대와 [246] 곰 등도 마찬가지로 함께 앉아 조언을 한다. 라이네케와 그 밖의 동물들도 내키는 대로 행동한다. 이 못된 녀석은 자

---

35 역주: Cid는 무어인의 침략을 격퇴하여 기독교 세계를 수호한 스페인의 국민 영웅 Rodrigo Diaz(1099
    년 사망)를 가리킨다. 12세기 이래로 그의 행적은 종종 문학의 테마로 애호되었다.
36 역주: 괴테는 1794년, 13세기의 우화를 소재로 삼은 이 작품을 출간했다.

신의 지배자를 바로 자신이 원하는 대로 꾈 만큼 영리하기 때문에, 항의가 제기되면 교활하게 거짓말을 하여 모면하거나 혹은 왕과 왕비의 특수한 관심들을 찾아 그것을 자신에게 이롭도록 만든다.

ββ) 그러나 이제 영웅상태에서는 주체가 그의 모든 의지, 행동, 실행에 직접 관련하며 또한 이 행동으로부터 나타나는 모든 결과에 대해서도 불가분 부담을 진다. 이와 반대로 우리가 행위를 하거나 혹은 행위들을 판정할 경우, 우리는 하나의 행위를 개인의 탓으로 돌리기 위해 그가 자신의 행위의 종류와 그것이 행해진 주변 사정들을 알고 인식하였으리란 점을 요구한다. 주변 사정의 내용이 알던 것과 다르다면, 그리고 그런 한에서 객관성이 행위자의 의식 속에 있었던 바와 다른 규정들을 내포한다면, 오늘날 사람들은 자신의 행동 전체를 책임지지 않고, 주변 사정들에 대한 무지나 오해를 통해 자신이 의지했던 바와는 달리 되어 버린 일부 행동을 자신의 탓으로 인정하지 않으며, 그가 알았던 것 그리고 이러한 앎과의 관계 속에서 단호하게 그리고 의도적으로 수행했던 것만을 자신의 탓으로 돌린다. 그러나 영웅적 성격은 이러한 구분을 짓지 않고 오히려 행위의 전체에 대해 자신의 개별성 전부를 걸고 책임을 진다. 예를 들어 오이디푸스는 신탁을 받으러 가는 길에 한 남자를 만나고 또한 싸움 끝에 그를 격살한다. 이 싸움이 있던 시절에는 그 행동이 범죄가 아니었을 것이다. 그 남자는 오이디푸스에 대해 폭력적으로 행동했다. 그러나 바로 그 남자는 그의 생부였다. 오이디푸스는 한 여왕과 혼인한다. 신부는 그의 어머니이다. 그는 자신도 모르게 근친상간의 혼인을 한 것이다. 그는 비록 아버지를 격살하고 어머니의 침대에 올라간 것을 알지도 못했고 뜻하지도 않았지만, 그럼에도 그는 이러한 치욕의 전체를 시인하며 또한 스스로를 부친살해자이자 근친상간자로서 처벌한다. [247] 영웅적 성격의 독립적인 꿋꿋함과 총체성은 과오를 나누려 하지 않으며 또한 주관적 의도와 객관적 행위 및 그 결과들의 이러한

대립을 전혀 모르는 반면, 오늘날 행위의 착종과 분열의 경우에는 각자는 다른 모든 사람에게 기대고 과오를 자신으로부터 가능한 한 멀리 밀어내려 한다. 이러한 관계에서 보면 우리들의 견해는 도덕적 견해에서 나온 것이다. 그리고 도덕적인 것의 경우에는 주변 사정의 앎과 선의 확신 및 행위에서의 내면적 의도라는 주관적 측면이 주요 계기를 형성한다. 그러나 영웅시대의 개인은 본질적으로 일자로, 그리고 객체는 그에게서 시작된 그의 것으로서 있으며 또 그렇게 머무니, 주체도 역시 그가 행했던 것을 전부 혼자서 행한 것으로 치부하며 또한 일어난 사건을 완전히 자신의 탓으로 돌리고자 한다.

마찬가지로 영웅적 개인은 그가 속한 인륜적 전체로부터 분리되지 않으며, 오히려 자신에 관한 의식을 오로지 이러한 전체와의 실체적 통일 속에 있는 것으로서 지닌다. 이에 반해 오늘날의 표상에 따르면 우리는 사적인 목적과 관계들을 갖는 인격으로서 그러한 전체의 목적들과 구분된다. 개인이 행하는 것은 개인의 개성에서 비롯된 것이자 하나의 인격으로서 독자적으로 행해진 것이며, 그리하여 또한 오로지 자신의 고유한 행위에 대해서만 책임을 질 뿐 그가 속하는 실체적 전체의 행동에 대해서는 책임을 지지 않는다. 그러므로 우리는 예컨대 개인과 가족 간에 차이를 둔다. 영웅세대는 그러한 분리를 모른다. 거기서는 선조의 과오가 손자에게 미치며, 혈족 전체가 최초의 범죄자로 인해 고난을 겪어야 한다. 과오와 범법의 운명은 대를 이어 상속된다. 우리에게는 이러한 영겁의 벌이 맹목적 숙명 탓에 생긴 불합리한 일로서 부당하게 보일 것이다. 선조의 행동들이 자손들을 고귀하게 만들지 않듯이 조상의 죄와 벌 또한 후손들을 불명예스럽게 만들지 않으며 그들의 주관적 성격에 오점을 찍을 수는 더더욱 없다. 아니, 오늘날의 성향으로 보면 [248] 가산家産의 몰수마저도 깊디깊은 주관적 자유의 원칙을 훼손하는 형벌이다. 그러나 고대의 조형적 총체성에서의 개인은 내적으로 개별화된 것이 아니라 그의 가족 및 가계家系의 일원이다. 그러므로 가족의 성격, 행위, 그리고 운명도 역시 모든 구성원의 고유한 사안이며, 개개인은 그 부모의 행동과 숙명을 거부하기는커녕 반대로 그러한 것들을 기꺼이 자신의 일로서 걱정한다. 그 일들은 그의 안에 살아 있으며, 그리하여 그는 그의 조상들이 있었던 대로, 당하거나 범했던 대로, 그렇게 있는 것이다. 우리에게는 이것이 가혹한 일로 여겨지지만, 그러나 '오직-자기만-책임지기'와 이를 통해 얻어진 한층 주관적인 독립성은 다른 측면에서 보면 그 역시 인격의 추상적 독립성일 뿐임에 반해, 영웅적 개별성은 형식적 자유와 내적 무한성에 만족하지 않고 오히려 영웅적 개별성에 의해 생생하게 실현된 정신적 관계들의 온갖 실체적 요소들과 항구적이며 직접적인 동일성 속에서 결합되어 있는 까닭에 한층 이상적인 것이다. 영웅적 개별성에서는 실체적인 것이 직접 개별적으로 존재하며 또한 개인은 이를 통해 내면 자체에서 실체적으로 존재한다.

γγ) 이제 이 점에서 우리는 이상적 예술형상들이 신화적 세대를, 아니 무릇 오래된 날의 과거를 그 현실성을 위한 최상의 토대로 삼고 또 그리로 옮겨 간 이유를 즉시 알 수 있다. 즉 소재를 현재에서 취할 경우에는, 실제로 현전하는 현재의 고유한 형식이 모든 면에서 고착화된 것으로 생각되는 까닭에, 시인으로서는 피할 수 없는 그 변경들이 자칫 단순 작위적·의도적인 것의 외관을 갖기 십상인 것이다. 이에 반해 과거는 오로지 기억에 속하며, 기억은 그 스스로가 이미 성격, 사건 그리고 행위들을 보편성이라는 예복으로, 즉 특수하고 외적이며 우연적인 특칭성들을 내비치지 않는 예복으로 감싼다. 한 행위나 성격의 현실적 실존에는 수많은 사소하고도 매개적인 사정들과 [249] 조건들, 잡다한 개별 사건과 개별 행동이 속하며, 반면 기억의 이미지에서는 이러한 모든 우연성들이 소실되어 있다. 행동, 이야기, 성격들이 고대에 속할 경우 예술가는 외적인 것의 우연성으로부터 이렇듯 해

방되며, 그리하여 특칭적·개별적인 것을 다룸에 있어 그의 예술적 형상화 방식을 위한 한층 자유로운 손을 얻는다. 그가 역사적 기억들을 소유하고 또 이를 소재로 삼아 내용을 보편성의 형상으로 조탁해야 함은 불문가지이다. 그런데 앞에서 언급된 바와 같이 과거의 이미지는 이미 이미지인 까닭에 한층 큰 보편성이라는 장점을 가지며, 반면 조건과 관계들을 그 유한한 전체적 환경과 매개하는 다양한 실마리들은 예술작품이 필요로 하는 개별성을 흐리지 않게 해 주는 수단과 거점들을 동시에 수중에 쥐어 준다. 그럴진대 좀 더 자세히 말해 영웅세대는 후세의 한층 완성된 상태에 앞서는 장점을 보장해 주니, 그 시절에는 개별적 성격과 개인 일반이 실체적, 인륜적, 법률적인 것을 아직 자신에 대립하는 사법적 필연성으로 보지 않는다는 점, 그런 한도에서 시인에게는 이상이 요구하는 바의 것이 직접적으로 현전한다는 점이 그것이다.

예를 들어 셰익스피어는 그의 비극들을 위한 많은 소재를 연대기나 고대소설에서 길어 왔는데, 이것들이 이야기하는 상태는 아직 완전히 고정된 질서로 분할되지 않은 상태이자 개인의 생명력이 그의 결단이나 실행에 있어 여전히 지배적·규정적 요소로 남아 있는 상태이다. 이에 반해 그의 본격적인 역사적 극시劇詩들은 단지 겉으로만 역사적인 성분을 내포하며 따라서, 비록 여기서도 역시 상태와 행위들이 성격들의 깐깐한 독립성과 아집을 통해 진행되고 고조되기는 해도, 그것들은 이상적 서술방식과 멀리 떨어져 있다. 확실히 이 성격들의 독립성은 외려 매우 형식적인 자기기인성에 반복적으로 머물 뿐인 반면, 영웅적 성격들의 독립성에서는 본질적으로 [250] 그들이 실현코자 했던 내용도 역시 중시된다. 그럴진대 이 마지막 점으로 인해 이상의 보편적 토대와 관련하여 반박되는 또 하나의 생각이 있으니, 그것은 마치 목가성이, 이 상태에서는 그 자체로서 법칙적, 필연적인 것과 생명력 있는 개별성의 분리가 어떤 식으로든 현전하지 않는다고 하여,

그 토대에 특출하게 적합하기라도 한 듯 보려는 생각이다. 그러나 목가적 상황들이 제아무리 단순하고 근원적일지라도, 또한 그것이 정신적 현존재의 다듬어진 산문으로부터 의도적으로 멀리 거리를 두더라도, 그럼에도 달리 보자면 바로 이 단순성은 이상의 가장 고유한 근거이자 토대로 간주되기에는 고유한 내용의 면에서 너무 적은 관심을 갖고 있다. 왜냐하면 이 토대는 영웅적 성격의 가장 중요한 모티브인 조국, 인륜성, 가족 등과 그 전개를 내포하지 않으며, 이와 반대로 내용의 모든 핵심은 한 마리 양이 길을 잃었다거나, 한 소녀가 사랑에 빠졌다거나 하는 따위에 한정되기 때문이다. 그리하여 목가성은 빈번히 심정의 도피나 기분전환쯤으로 또한 여겨지니, 그럴진대 거기에는 예컨대 게스너[37]의 경우처럼 달콤함이나 포근한 나른함 정도가 흔히 어울린다. 현금의 목가적 상태들도 진배없이 결함을 갖는다. 시골목사의 삶 등에서는 한층 풍부한 내용의 목적과 관계들 속으로 보다 깊숙이 얽혀 드는 그 밖의 모든 연관성들이 단순히 사상되며, 이로써 사랑이나 야외에서 맛보는 좋은 커피의 안락함 등의 느낌이 갖는 이 단순성과 가정적, 전원적 요소도 마찬가지로 사소한 관심사에 그친다. 그러므로 이 관계에서도 괴테의 천재성은 놀라운 것이다. 그는 『헤르만과 도로테아』에서 현재의 삶 가운데서 좁게 제한된 특수성을 선택함으로써 비슷한 영역에 초점을 맞추긴 하지만 동시에 혁명과 자신의 조국이라는 위대한 관심을 배경으로서, [251] 그리고 이 권역의 움직임을 감싸는 분위기로서 개진하고 또한 그 자체로는 제한된 소재를 극히 광범하고 강력한 세계적 사건과 연관 짓는다.

  그런데 이상理想에서는 무릇 악의와 죄악, 전쟁, 살육, 복수가 배제되지

---

37 Salomon Geßner(1730~1788), 스위스의 시인이자 화가.

않으며 오히려 종종 영웅적, 신화적 시대의 내용이자 토대가 되니, 그것들은 이 시대가 사법적, 인륜적 완성에서 멀리 있을수록 그만큼 더 가혹하고 야만적인 형상으로 등장한다. 예를 들어 악의와 불의를 제거하기 위해 편력기사들이 감행하는 기사도 정신에 충만한 모험에서 영웅들은 툭하면 스스로 야만과 광포에 빠지며, 또한 이와 비슷하게 순교자들이 갖는 종교적 영웅심도 역시 야만과 잔혹함이라는 그러한 상태를 전제한다. 그런데 전체적으로 보면 내면성과 내면 깊은 곳에 자리하는 기독교적 이상은 외면성의 관계들에 대해 비교적 무차별적이다.

이제 이상적 세계상태가 특정 세대들에 각별히 더 해당하듯, 예술도 역시 그 상태 속에 등장시킬 인물들을 위해 하나의 특정 신분, 즉 제후의 신분을 각별히 선택하는데, 그것도 가령 귀족주의나 상류사회에 대한 사랑 때문이 아니라 제후신분이라는 표상 속에 실현된 것으로 보이는, 의지와 언행의 완전한 자유 때문에 그리한다. 이와 비슷하게 예컨대 고대비극에서 코러스는 개별성을 배제하는 성향, 생각 그리고 감응양식들의 보편적 토대로서 간주되며, 특정 행위는 그 위에서 진행되어야 할진대, 이러한 토대로부터 민족의 지배자나 왕가에 속하는, 행동하는 인격들의 개별적 성격이 일어난다. 이와 반대로 하위신분 출신의 인물들이 그들의 제한된 관계 내에서 행위를 기도할 경우, 우리는 도처에서 억눌린 상황을 목도한다. 왜냐하면 잘 정비된 상태들에서는 그들은 사실 어느 모로나 [252] 종속적이며 속박되어 있고 또한 열정과 관심들을 갖더라도 그들 외부에 있는 필연성에 의해 철저히 구속되고 강요를 당하니, 그들 뒤에는 말하자면 시민적 질서라는, 저항할 수 없는 극복 불가능의 힘이 있는 까닭이며, 또한 법적으로 정당화된 상위신분들의 자의에 노출되어 있는 까닭이다. 기존의 관계들을 통한 이러한 제한 앞에서는 여하한 독립성도 훼손되고 만다. 그러므로 이러한 국면에서 비롯된 상태와 성격들은 희극과 희극적인 것 일반에 더욱 적합하다. 왜냐하면 희극적인 것에서 개인들은 그들이 원하고 좋아하는 바대로 자신을 과시하는 권리를 가지며 또한 자신의 의지와 사념私念 그리고 자기표상 속에서 독립성을 사칭하기는 해도, 이 독립성은 그들 자신에 의해 그리고 그들의 내적, 외적 종속성에 의해 그들에게서 직접 다시 소멸되고 말기 때문이다. 그러나 그러한 가장된 자기기인성이 파멸하는 까닭은 주로 외적 관계들 및 이에 대한 개인들의 편향된 입장 때문이다. 이 관계들이 하위신분들에 대해 갖는 힘은 지배자와 제후들에 대해 갖는 힘과는 전혀 다른 정도로 현전한다. 이에 반해 실러의 『메시나의 신부』에 나오는 돈 세자르는, 벌 받기를 원할 경우 스스로를 판결하고 또 스스로를 집행해야 하느니만치, "나의 위에는 어떠한 더 높은 재판관도 없다"고 당당히 외칠 수 있다. 왜냐하면 그는 권리와 법률의 외적 필연성에 하등 종속하지 않으며 또한 처벌과 관계해서도 오직 자기 자신에게만 의존하기 때문이다. 셰익스피어의 인물들은 모두가 제후신분에 속하는 것은 아니며 또한 부분적으로는 역사적인, 그리고 더 이상 신화적이지 않은 토대 위에 서 있지만, 그들은 그 대신 시민전쟁의 시대로 옮겨졌으니, 거기서는 질서와 법률의 구속이 느슨해지거나 혹은 파괴되었으며, 또한 이를 통해 그들은 요구되는 자립성과 독립성을 다시 얻고 있는 것이다.

b. 현재의 산문적 상태들 [253]

이제 지금껏 시사된 이 모든 면에서 작금의 세계상태 및 그 잘 정비된 법적, 도덕적 그리고 정치적 관계들의 현재를 고려할 때, 목하의 현실에서는 이상적 형상화를 위한 범위가 매우 제한적이다. 왜냐하면 특수한 결단들의 독립성을 위해 남겨진 자유로운 유희공간의 구역은 수효와 범위에 있어 보잘것없기 때문이다. 이러한 관점에서는 가부장적 보살핌과 올바름, 즉 성실한 남성과 행실 바른 여성들의 이상이 ―그들의 의지와 행위가 일정한 국면에 제한되어 있고, 또 이 속에서 개별적 주체로서의 인간이 아직 자유롭게 작용하는 한, 즉 그가 개인적 자의에 따라 거침없이 존재하고 행동하는 한— 가장 주된 소재를 형성한다. 하지만 이러한 이상들도 역시 보다 심오한 내용을 결여하며, 따라서 성향이라는 주관적 측면이 진정 중요한 것으로 남을 뿐이다. 비교적 객관적이라고 할 만한 내용은 이미 현전하는 고정된 관계들을 통해 주어져 있으며, 그리하여 가장 본질적인 관심으로 남는 것은 그 내용이 개인들 및 그들의 내적 주관성, 도덕성 등에서 현상하는 방식일 수밖에 없다. 여기에 반대하여 우리 시대에 대해서도 여전히 가령 재판관이나 군주들의 이상 같은 것을 정립하려 한다면, 그것은 부적절한 일이 될 것이다. 한 판사가 직권과 의무가 요구하는 바대로 처신하고 행동한다면, 이로써 그는 오로지 규정된, 질서에 합당한, 권리와 법률을 통해 제정된 그의 의무사항만을 행하는 것이다. 이 경우 나아가 그 관료들이 자신의 개성에 의해 추가하는 것, 즉 처신의 부드러움, 예리함 등은 주요 사안이나 실체적 내용이 아니라 다소 무차별적이며 부차적인 것이다. 마찬가지로 우리 시대의 군주들도 역시 신화적 세대의 영웅들처럼 내적으로 구체적인, 전체의 정점이 더 이상 아니며, 오히려 그 자체로 이미 잘 정비된, 그리고 법률과 헌법을 통해 [254] 확정된 제도들 내부에 있는 다소 추상적인 중심점이다. 우리 시대의 군주들은 가장 중요한 통치 행위를 수중에서 내놓았다. 그들은 더 이상 스스로 심판하지 않으며, 재정, 시민적 질서 그리고 안보는 더 이상 그들 고유의 특수한 관장사항이 아니며, 전쟁과 평화는 그들의 특수한 영도와 권력에 속하지 않는, 일반적인 대외 정치적 관계들을 통해 규정된다. 그리고 이러한 모든 관계들과 연관하여 아무리 그들에게 최종, 최고의 결정이 속한다고 해도, 결정의 본격적 내용은 전체적으로 그들 의지의 개별성에 속하기보다는 이미 자체로 확정되어 있으니, 군주의 고유한 주관적 의지라는 정점은 공평무사를 염두에 둘 때 그저 형식적인 종류의 것일 뿐이다.[38] 이와 비슷하게 우리 시대에는 장군이나 최고지휘관도 역시 큰 권한을 가지며, 극히 본질적인 목적과 관심들이 그의 손아귀에 쥐어지며, 또한 그의 사려, 그의 용기, 그의 과단성, 그의 정신은 매우 중요한 것에 관해 결정을 내려야만 한다. 하지만 그럼에도 이러한 결정을 함에 있어 어쩌다 개인적인 몫으로 그의 성격에 할애되는 것이 있어도 그것은 다만 미미한 범위일 뿐이다. 왜냐하면 한편 그에게는 목적들이 주어져 있거니와, 그 근원은 그의 개별성이 아니라 그의 권한구역 밖의 관계들 속에서 발견되며, 다른 한편 그는 이 목적의 수행을 위한 수단들도 역시 자신을 통해 마련하지 않기 때문이다. 반대로 이것들은 그에게 제공되는 것이니, 그에게 종속되어 있거나 그의 성격에 복종하는 것이 아니라 오히려 이러한 무인武人적 개성과는 전혀 다른 입장 속에 있는 것이다.

그럴진대 무릇 우리의 현재적 세계상태에서는 주체가 물론 몇몇 측면에서는 자기기인적으로 행위할 수 있지만, 그렇더라도 모든 개체적 존재는, 그가 어느 장단에 춤을 추든 간에, 사회의 기존 질서에 속하며, 또한 [255] 독립적, 총체적인 동시에 개인적으로도 살아 있는, 이 사회 자체의 형상으로 현상하는 것이 아니라 다만 그 사회의 한 제한된 지절로서 현상할 뿐이다. 그러므로 그는 또한 사회 속에 얽매인 자로서만 행위하며, 그러한 형상에 대한 관심 및 그 목적들과 활동의 내용은 무한히 특칭적이다. 왜냐하면 결국 그 관심은 이 개인에게 무엇이 일어나는지, 그가 그의 목적을 성공적으로 달성하는지, 어떠한 장애와 방해가 닥치는지, 어떠한 우연적 혹은 필연적 착종이 결과를 저해 혹은 유도하는지 등등을 보는 데 항상 한정되어 있기 때문이다. 그리고 이제 현대적 개성의 심정과 성격이 스스로 주체로서 아무리 무

38　역주: 헤겔의 『법철학』 §280 보론(Zusatz) 참조.

한히 존재하더라도, 또한 그의 능동적·수동적 행동 속에서 아무리 권리, 법률, 인륜성 등이 현상하더라도, 이 개별자에게 권리의 현존재는 개별자 자신이 그렇듯 제한된 것으로 있지, 본연의 영웅상태에서와 같이 권리, 도덕, 사법성 일반의 현존재로 있는 것이 아니다. 개별자는 이제 영웅시대에서와는 달리 더 이상 이러한 힘들의 담지자도 그 유일한 현실성도 아니다.

c. 개별적 독립성의 재구성

그러나 이제 우리가 잘 정비된 시민적·정치적 삶 속에 있는 상태들의 본질성과 전개를 대단히 유익하며 이성적인 것으로 인정할지라도, 그러한 현실적·개별적 총체성 및 생명력 있는 독립성에 대한 관심과 그 필요성은 우리를 결코 떠나지 않을 것이며 또한 떠날 수도 없다. 이런 의미에서 우리는 목전에 있는 최근의 이러한 관계들 안에서 인물들의 상실된 독립성을 회복하고자 시도하는 실러와 괴테의 시적 청년정신을 경탄해 마지않는다. 그런데 실러는 그의 초기 작품들에서 이 시도를 어떻게 실행하고 있는가? 오직 전체 시민사회 자체에 대한 분개를 통해서일 뿐이다. 권력을 남용하는 인간들과 기존 질서에 의해 상처받은 카를 모어[39]는 합법성의 영역을 뛰쳐나와 [256] 그를 억지로 가두었던 속박들을 부수는 대담성을 지니고 또한 그리하여 스스로 새로운 영웅적 상태를 창출함으로써 정의를 재건하고 불의·불법·억압을 독자적으로 응징하는 인물이 된다. 하지만 한편 이러한 사적 복수는 필요한 수단들의 부족으로 인하여 극히 미약하고도 개별화된 채 끝날 수밖에 없으며 또한 다른 한편 그 속에 그가 파괴하고자 하는 불의를 포함하는 까닭에 범죄로 이끌릴 수밖에 없다. 카를 모어의 편에서 보면 이것

---

39 역주: Karl Moor, 『군도(群盜)』(1781) 참조.

은 불행이자 실패이며, 또한 그것이 아무리 비극적이더라도 이러한 군도群盜의 이상에 매혹당하는 자는 오로지 소년들일 뿐이다. 마찬가지로 『음모와 사랑』에서의 개인들도 억압적이며 적대적인 관계 아래에서 그들의 사소한 특칭성과 열정들로 인해 두루 고통을 당하는바, 『피에스코』와 『돈카를로스』에서야 비로소 주요 인물들이 좀 더 고양된 모습을 보이니, 이들은 조국의 해방이나 혹은 종교적 확신의 자유와 같은 한층 실체적인 내용을 자신의 것으로 만들고 또한 그 목적들로 인해 영웅이 되는 까닭이다. 발렌슈타인[40]은 더욱더 고차적으로 그의 군대의 최고사령관으로서 정치적 관계들의 조정자를 자처한다. 그는 자신의 고유한 수단인 군대마저도 종속되어 있는 이 관계들의 힘을 정확히 알고 있으며 또한 그로 인해 스스로 오랫동안 의지와 의무 사이에서 갈팡질팡한다. 미처 결단을 내리기도 전에 그는 자신이 확실히 믿는 수단들이 손아귀를 빠져나가고 그의 도구들이 부서지는 것을 본다. 왜냐하면 지휘관들과 장군들을 궁극적으로 결속시키는 것은 그가 임용과 진급을 통해 그들에게 은혜를 베풀었다는 사실에 대한 감사나 또는 최고지휘관으로서의 그의 명성이 아니라, 일반의 인정을 받은 권력과 정부에 대한 그들의 의무, 국가의 최고수장인 오스트리아 왕국의 카이저에게 맹세한 그들의 서약이기 때문이다. 그리하여 그는 결국 홀로 있는 자신을 발견하며 또한 상대하는 외부의 힘에 의해 퇴치되거나 제압당하는 대신 오히려 자신의 목적 수행을 위한 그 모든 수단들로부터 버림을 받는다. 그런데 군대로부터 버림받았다면, [257] 그는 패배한 것이다. 괴테는 『괴츠』[41]에서 비록 반대 방향이긴 하지만 비슷한 출발점을 취하고 있다. 괴츠와 프란츠

---

40 역주: Wallenstein에 관한 실러의 세 편의 극시는 1799년 출간되었다.

41 역주: *Götz von Berlichingen*. 괴테는 1771년 이 작품을 썼지만 그것을 개작하여 1773년까지 출판하지 않았다. 괴츠는 1480~1562년에 걸쳐 그리고 극중 인물인 지킹엔은 1481~1523년에 걸쳐 살았다.

폰 지킹엔의 시대는 개인들의 고귀한 독립성을 수반하는 기사제도가 새로이 성립하는 객관적 질서와 법률제도를 통해 그 몰락을 보는 흥미로운 시기이다. 중세적 영웅시대와 사법적, 근대적 삶의 이러한 접촉과 충돌을 처음 테마로 선택한 것은 괴테의 위대한 감각을 노정한다. 괴츠와 지킹엔은 여전히 영웅들로서, 크고 작은 범위의 상태들을 그들의 개성, 용기 그리고 정직하고 곧은 마음에서 비롯하여 독립적으로 통제하려 들지만, 그러나 새로운 질서의 형세는 괴츠 자신을 불의로 이끌고 또한 파멸로 향하게 만든다. 왜냐하면 중세에는 오직 기사제도와 봉건적 군신관계만이 이러한 종류의 독립성을 위한 본연의 토대이기 때문이다. — 그런데 이제 사법적 질서의 산문적 형태가 더욱 완벽하게 정비되고 또한 그 질서가 막강한 힘을 얻게 되었다면, 기사도를 지닌 개인들의 모험적 독립성은 관계의 밖으로 밀려나며, 그들이 자신을 여전히 유일한 올바름으로 고집하고 기사도적 의미에서 불의를 제어하여 억눌린 자들에게 도움을 주려 할 경우, 그 독립성은 웃음거리가 되었으니, 세르반테스는 돈키호테를 이러한 웃음거리로서 우리에게 보여 준다.

그런데 차이 나는 세계관들 사이의 그러한 대립 및 이 충돌 내부에서 벌어지는 행위를 거론함으로써 우리는 이미 하나의 국면과 접경하는바, 우리는 위에서 이 국면을 일반적으로 보편적 세계상태의 보다 상세한 규정성이자 차별성, 즉 상황 일반인 것으로 표시했었다.

2. 상황

지금까지의 고찰에 따를 때, 예술이 표현하도록 소명받은, 산문적 현실성과 구분되는 이상적 세계상태는 정신적 현존재 [258] 일반만을, 그리고 이로써 겨우 개별적 형상화의 가능성만을 형성할 뿐, 이러한 형상화 자체를 형성하는 것은 아니다. 그러므로 우리가 방금 과제로 삼았던 것은 생명력 있는 개인들이 등장할 수 있는 예술의 일반적 근거이자 토대일 뿐이었다. 이 근거는 개별성과 더불어 배태되고 또한 그 독립성에서 기인하지만, 그러나 그것은 보편적 상태인 까닭에 아직 생생하게 작용하는 개인들의 적극적 운동을 보여 주는 것은 아니다. ― 마치 예술이 건립한 사원이 아직 신들의 개별적 표현이 아니라 단지 그리로 향한 맹아만을 포함하듯이 말이다. 그러므로 우리는 앞의 세계상태를 우선은 아직 내면에서 운동하지 않는 것으로서, 그 상태를 지배하는 힘들의 조화로서 간주해야 하며, 그런 한에서 실체적인, 한결같이 타당한 존립으로서 간주해야 하되, 그러나 이것이 소위 말하는 순백純白의 상태로 이해되어서는 아니 된다. 까닭인즉 우리의 고찰에서는 일차로 상태의 실체적 통일성의 측면이 부각되었고 따라서 개별성도 역시 다만 그 일반적 양태로 현전하였을 뿐이니, 그 속에서는 개별성이 자신의 규정성을 역설하는 대신 흔적 없이, 그리고 본질적인 장애를 일으킴이 없이 다시 사라지는 관계로, 분열이란 괴물은 이 상태가 지니는 내실 있는 인륜성의 힘 속에서 아직 잠들어 있었을 뿐이다. 그러나 개별성에는 본질적으로 규정성이 속하며 또한 이상은 우리에게 규정된 형상으로서 다가와야 한다. 그럴진대 이상은 그저 보편성에만 머물지 않으며, 필히 보편자를 특수한 방식으로 외화하며, 또한 비로소 이를 통해 거기에 현존재와 현상을 부여한다. 고로 이러한 관계에서 예술은 혹여 보편적 세계상황 같은 것만을 묘사해서는 안 되며, 오히려 이러한 비규정적 표상으로부터 나와 규정된 성격과 행위들의 그림들로 나아가야만 한다.

그러므로 개인들이라는 측면에서 보면 보편적 상태는 그들을 위해 현전하는 토대이긴 하겠으나, 이 토대는 상태들의 특수성에 대해, 그리고 이러한 특수화와 더불어 갖가지 갈등과 착종들에 대해 열려 있는바, 이것들은 [259] 개인들에게 있어 그들이 무엇인지를 표명하며 또한 자신을 특정한 형상으로 제시하는 동인들이 된다. 이에 반해 세계상태의 측면에서 보면, 개인들의 이러한 자기표명은 세계상태의 보편성이 생생한 특수화와 개별성으로 형성된 것으로 현상하되, 동시에 이러한 규정성에는 보편적 힘들이 주재하는 요소로서 보존되어 있다. 왜냐하면 규정된 이상은 근본에서 보면 영원한 세계 지배의 힘들을 자신의 실체적 내용으로서 갖기 때문이다. 그런데 단순한 상태성의 형식에서 얻어지는 실존의 양태는 이러한 내용에 걸맞지 않다. 즉 한편 상태적인 것은 관행을 그 형식으로서 갖지만 ― 관행은 그러나 앞의 극히 심오한 관심들이 갖는 정신적·자의식적 본성에 상응하지 않는다. 다른 한편 우리는 이러한 관심이 개인의 우연성과 자의를 통해 생명을 얻게 됨을 보았으나 ― 그러나 비본질적 우연성과 자의는 내적으로 참된 것의 개념을 형성하는 실체적 보편성에 또다시 부적합하다. 그러므로 우리는 이상의 구체적 의미내용을 위해 한편으로는 좀 더 규정적인, 다른 한편으로는 좀 더 가치 있는 예술현상을 찾아야만 한다.

이러한 새로운 형상화가 보편적 힘들의 현존재를 얻을 수 있는 유일한 길은, 이 힘들이 그들의 본질적 분화와 운동 일반 속에서, 좀 더 자세히 말해, 그들 상호 간의 대립 속에서 현상하는 길이다. 이렇게 하여 보편자는 특수성으로 이행하니, 이 속에서는 이제 두 가지의 계기가 인지된다: 첫째는 보편적 힘들의 권역으로서의 실체인바, 이 힘들의 특수화를 통해 실체는 그 독립적 부분들로 분열된다. 둘째는 개인들인바, 이들은 행동을 통한 이러한 힘들의 실연實演으로서 발현하며, 또한 실체에 대해 개별적 형상을 부여한다.

그러나 이를 통해 처음에는 내적으로 조화로웠던 세계상태가 그 개인들과 더불어 차별성과 대립 속에 놓이는바, 이 세계상태의 입장에서 보면 [260] 차별성과 대립은 그 속에 내포된 본질적 의미내용의 표출이다. 반면 역으로 보면 세계상태 속에 있는 실체적 보편자는 스스로를 현존재로 만드는 방식으로 특수성과 개별성으로 나아가는바, 까닭인즉 그것은 자신에게 우연성, 분열 그리고 분리의 가상을 부여하지만 바로 그 속에서 스스로를 현상시킴으로써 다시 이 가상을 제거하기 때문이다.

그러나 나아가 이러한 힘들의 상호 분리 및 개인들을 통한 그 자기실현은 오직 특정한 환경과 상태들 아래서만 발생할 수 있다. 즉 전체 현상은 특정한 환경과 상태들 아래서, 그리고 그러한 것들로서 현존재를 얻거나, 혹은 그러한 것들이 이 현실화와 관련된 실마리를 형성한다. 그러한 환경들은 그 자체로서 보면 어떠한 관심도 끌지 않으며 또한 인간에 대한 그 관계 속에서 비로소 자신의 의미를 얻는 것이니, 앞의 정신적 힘들의 내용은 인간의 자의식을 통해 현상으로 활성화되어야 한다. 그러므로 외적 환경들은 본질적으로 이러한 관계 속에서 파악되어야 할 터, 까닭인즉 그들은 정신에 대해 그들이 무엇으로 존재하는가를 통해서만, 다시 말해 그들이 개인들에 의해 파악됨으로써만, 그리고 이리하여 내적·정신적 욕구, 목적들, 성향들을, 요컨대 개별적 형상화들의 특정한 본질을 실존케 하는 동기를 줌으로써만 중요성을 얻기 때문이다. 특정한 환경과 상태들은 이러한 한층 자세한 동인으로서 상황을 형성하니, 이 사실은 보편적 세계상태에서 우선은 아직 전개되지 않은 채 은폐되어 있는 일체의 것의 본격적인 자기표출 및 활성화를 위한 전제를 형성하며, 그런 까닭에 우리는 본격적 행위의 고찰에 앞서 상황 개념을 먼저 확실히 해 두어야 한다.

일반적으로 상황은 일면 규정성으로 특수화된 상태 일반이자, 일면 이 규정성 속에서 동시에 예술적 표현을 통해 현존재로 드러나야만 할 내용의 특정한 표출을 위한 자극제이다. 상황은 특히 이 후자의 관점에서 [261] 광범위한 고찰의 분야를 제공하는바, 까닭인즉 흥미로운 상황들, 즉 심오하고 중요한 관심들과 정신의 참된 내용을 현상하게끔 만드는 상황들을 발견하는 것이 여느 때고 예술의 가장 중요한 측면이 되어 온 탓이다. 각각의 예술에 대한 이러한 관계에서의 요구는 제각각이다. 예컨대 조각은 상황의 내적 다양성의 면에서 제한적이며, 회화와 음악은 이미 좀 더 광범위하고 자유롭지만, 가장 무진장한 것은 시문학이다.

그런데 우리는 여기서 아직 특수한 예술들의 영역을 다루는 것이 아니므로, 우리가 이 자리에서 다만 해야 할 것은 극히 일반적인 관점들의 부각이니, 그것들은 다음과 같이 단계별로 나뉠 수 있다.

첫째, 즉 상황은 내적 규정성으로 발전하기 전까지는 아직 보편성의 형식을, 이로써 비규정성의 형식을 유지하는바, 고로 우리가 처음 앞에 두는 것은 말하자면 무상황성의 상황이다. 왜냐하면 비규정성이라는 형식은 그 자체가 또 하나의 다른 형식, 즉 규정성과 대비되는 하나의 형식일 따름이며, 또한 이로써 그 자체가 일면성이자 규정성으로서 밝혀지는 것이기 때문이다.

둘째, 그러나 상황은 이러한 보편성으로부터 벗어나 본격적인, 하지만 우선은 평온한 규정성이 되니, 이 규정성은 아직 어떠한 대립이나 그 필연적 해소를 위한 동인을 제공하는 것이 아니다.

셋째, 마지막으로 분열과 그 규정성이 상황의 본질을 형성하며, 이를 통해 상황은 충돌이 되니, 충돌은 반작용으로 이끌리고 또한 이러한 관점에서 본격적 행위를 위한 출발점 및 그리로 건너가는 이행을 형성한다.

왜냐하면 상황 일반은 보편적이며 내적으로 비운동적인 세계상태와 내적으로 작용과 반작용에 대해 열려 있는 구체적 행위의 중간 단계이기 때문인바, 그런고로 상황은 한 극단뿐만 아니라 또 다른 극단의 성격도 역시 자신 속에 표현해야 하며 또한 우리를 한 극단에서 또 다른 극단으로 이끌어야만 하는 것이다.

a. 무상황성 [262]

예술의 이상은 보편적 세계상태를 현상케 해야 할 것인데, 이 세계상태를 위한 형식은 개별적일 뿐만 아니라 내적으로 본질적이기도 한 독립성이다. 그런데 만일 독립성이 그 자체로 취해지고 또한 독자적으로 고정된다면, 그것은 첫째, 경직된 고요 속에 있는 확고한 자기기인성 이외에는 어떤 것도 제공하지 못한다. 규정된 형상은 이로써 아직 자신을 벗어나 타자에 대한 관계로 발전하지 않으며, 자신과의 통일성이라는 내적, 외적 단호함에 머물고 있다. 이것이 무상황성을 제공하는 것인바, 예컨대 예술의 초기에 나타난 고대사원의 조각들은 이러한 무상황성에 처해 있는 것으로 보이니, 깊고 동요하지 않는 진지함, 극히 고요한, 아니 심지어는 경직된, 그러나 웅대한 위엄이라는 이 조각들의 성격은 이후의 시대들에서도 대체로 같은 유형으로 모방되었다. 예컨대 이집트의, 그리고 아주 오래된 그리스의 조각이 이런 종류의 무상황성의 직관을 보장해 준다. 나아가 기독교적 조형예술에서도 성부나 혹은 그리스도가 비슷하게 나타나니, 특히 반신상들의 경우가 그렇다. 비록 중세의 초상들도 역시 개인의 성격이 부각될 법한 특정한 상황을 마찬가지로 결여하고 있으며 또한 오로지 특정한 성격의 전체만을 그 경직성 속에서 표현하려고 한다지만, 대체로 그러한 표현방식에 적합한 것은, 규정된 특수한 신으로서 이해되든 내면에서 절대적인 개인성으로서 이해되든 간에, 신적인 것의 경직된 실체성이다.

b. 평온함 속에 규정된 상황

그런데 두 번째는, 상황이 무릇 규정성 속에서 잉태되는 까닭에, 이러한 적막과 지복의 고요로부터, 혹은 내적 독립성의 유아독존 격인 엄정함과 권능으로부터 탈피하는 것이다. 무상황적인, 이로써 대내외적으로 부동인 형상들은 운동 속에 놓여야 하며 또한 그 한갓된 단순성이 포기되어야 한다. [263] 형상들이 특수한 표현을 통해 좀 더 특정하게 현시되려면, 규정된 상황이 요구된다. 그러나 그 첫걸음은 본질적으로 아직 내면에서 분화되거나 충돌을 유발하지 않는 상황이다.

그러므로 이러한 최초의 개별화된 표현은 더 이상의 귀추를 갖지 않는 종류의 것이다. 왜냐하면 그것은 타자에 대한 적대적 대립으로 정립되지도, 이로써 반작용을 야기하지도 않으며, 오히려 그 무애無碍함[소박함] 속에서 자체로써 이미 완결되어 있기 때문이다. 여기에 속하는 상황들에서는 진정으로 심각한 것이 일어나거나 행해지지 않으며, 그런 한에서 그것들은 대체로 유희로 간주될 수 있다. 왜냐하면 행동과 행위의 심각함이란 무릇 어느 한편의 지양과 제압으로 줄달음치는 대립과 모순들을 통해 비로소 야기되기 때문이다. 따라서 이러한 상황들도 역시 자체로서 행위가 아니며 또한 행위를 위한 자극적 동기를 제공하지도 않는다. 오히려 그것들은 때로는 규정된, 그러나 내적으로는 지극히 단순한 상태들이며, 때로는 본질적이며 진지한 내면 자체의 목적, 즉 분쟁으로부터 출현하거나 분쟁으로 이어질 법한 목적이 없는 행동이다.

α) 이러한 관계에서 일차적인 것은 무상황성의 고요로부터 벗어나 운동과 표현으로 향하는 이행인바, 그것은 단순히 기계적 운동일 수도 있고 어떤 내적 욕구의 최초의 자극이나 만족일 수도 있다. 이집트인들이 예컨대 조각을 형상화함에 있어 오므린 다리와 부동의 머리 그리고 몸에 밀착한 팔을 갖는 신들을 표현한다면, 이에 반해 그리스인들은 팔과 다리를 몸통에서 떨어뜨리며, 걷는 자세 혹은 하여간 자체적으로 다양한 운동 자세를 몸통에 부여한다. 그리스인들은 예컨대 그들의 신들이 안식, 좌정, 정관이라는 단순한 상태들 속에 있는 것으로 이해한다. 이 상태들은 독립적 신들의 형상을 하나의 규정성으로 옮기지만, 그것은 그 밖의 관계들과 대립들에 연루되지 않고 오히려 내적으로 [264] 닫힌 채 있는, 그 자체로서 자신을 보증하는 규정성이다. 이러한 극히 단순한 종류의 상황들은 특히 조각에 속하며, 고대인들은 그러한 소박한 상태들을 고안함에 있어 누구보다 무궁

무진하였다. 그들은 이 점에서도 위대한 감각을 증명한다. 왜냐하면 정작 규정된 상황이 별 의미를 갖지 못함으로써 그들 이상의 높이와 독립성은 그만큼 더 부각되며 또한 신들의 행동과 방관이 무해하며 무의미함으로써 영원한 신들의 행복하고 고요한 적요寂寥와 불변성이 그만큼 더 가시화되기 때문이다. 이 경우 상황은 신이나 영웅의 특수한 성격을 다만 대체적으로 암시할 뿐, 그것을 다른 신들과 관계 짓거나 혹은 심지어 그들과의 적대적 접촉 내지 분쟁으로 옮기지 않는다.

β) 이러한 상황에서는 목적의 실행이 그 자체 내에서 완수된다. 그러나 나아가, 만일 상황이 어떤 특수한 목적, 외부와 연관된 하나의 행동을 암시하고 또한 자체적으로 독립적인 의미내용을 그러한 규정성의 내부에서 표현한다면, 상황은 이미 규정성으로 진행한다. 이것도 또한 형상들의 고요와 명랑한 지복을 흐리지 않는, 오히려 그 자체가 오로지 이러한 명랑성의 결과이자 그 특정 양태로서만 현상하는 표현들이다. 이러한 것을 고안함에 있어서도 역시 그리스인들은 최고의 감각과 풍부함을 소유했다. 여기서 상황들이 소박한 까닭은 그것들에 포함된 행동이 ―혹 이로부터 그 밖의 착종과 대립들이 필히 발생할지라도― 단지 한 사건의 시작으로 나타나기 때문이 아니라, 이 행동에서는 전체의 규정성이 완결되어 있는 것으로 나타나기 때문이다. 그런고로 우리는 예컨대 벨베데레의 아폴로의 상황을 그가 화살로 피톤을 살해한 후 승리를 확신한 채 그의 위엄을 과시하며 노기등등하게 전진하는 것으로 이해한다. 이미 이 상황은 신들의 고요함과 천진함을 비교적 무의미한 표현들을 통해 알게 해 주었던 초기 그리스 조각들의 장엄한 단순성을 더 이상 갖지 않는다: 예컨대 욕조에서 몸을 일으켜 그녀의 힘을 의식하며 고즈넉이 건너다보는 비너스,[42] [265] 상황 이상의 어떤 것도 될 수 없으며 되고자 하지도 않는 유희적 상황에 있는 파운[파우누스]과 사티로스들,[43] 예를 들어 어린 바쿠스[디오니소스]를 팔에 안고 아이를 한

없이 달콤하고 우아한 모습으로 웃으며 바라보는 사티로스, 지극히 다양한, 이와 유사한 소박한 짓들을 하는 에로스[44] ─ 이 모두는 이런 종류의 상황의 실례들이다. 이에 반해 만일 행동이 더욱 구체화된다면, 그러한 한층 뒤얽힌 상황은 적어도 독립적 권능들로서의 그리스 신들의 조각표현에 대해서는 합목적적이지 않으니, 까닭인즉 이 경우에는 특정한 행동의 특수성이 쌓여 감에 따라 개별적 신들의 순수한 보편성이 그다지 내비치지 않기 때문이다. 예컨대 루이 15세의 선물로서 상수시Sanssouci[45]에 세워진 피갈의 〈머큐리[헤르메스]〉[46]는 날개신발을 이제 막 신는 중이다. 이것은 완전히 평온한 용무이다. 이에 반해 토르발센의 머큐리[47]는 조각으로서는 너무나도 복잡한 상황을 갖고 있다: 그는 즉 피리를 막 한쪽으로 치우면서 마르시아스를 주시한다. 교활하게 그를 건너다보면서 감춘 비수를 은밀하게 잡고 그를 죽일 기회를 엿보고 있다. 비교적 근래의 작품을 하나 더 언급하자면, 루돌프 샤도의 〈샌들을 묶는 소녀〉[48]는 반대로 머큐리와 비슷하게 단순한 일을 하고 있지만, 여기서 평온성이 담고 있는 것은 신神이 그러한 소박함 속에서 표현될 경우의 평온성과 결부된 관심이 더 이상 아니다. 한 소녀가 샌들을 묶거나 혹은 푼다면, 거기서는 그 자체로서는 무의미하고 중요성이 없는 바로 이러한 묶기와 풀기 이외에는 아무것도 보이지 않는 것이다.

γ) 그런데 셋째, 특정한 상황 일반은 단순 외적인 ─보다 규정적일 수도

---

42 역주: 프락시텔레스의 〈크니도스의 아프로디테(Aphrodite in Cnidos)〉를 가리키는 것으로 보인다.
43 역주: Faun은 로마 신화에 나오는 숲의 정령(파우누스)으로서 염소의 발과 뿔을 가진 호색한이며 Satyr는 그리스 신화에 나오는 반인반수인 목축의 신(사티로스)이다.
44 역주: 이상의 실례들에 관해서는 G. Rodenwaldt의 *Die Kunst der Antike*(Berlin, 1927)를 참조.
45 역주: 포츠담에 있는 프리드리히 대왕의 별궁 및 공원.
46 역주: J. B. Pigalle(1714~1785). 1744년에 만들어진 이 작품은 현재 루브르에 소장되어 있다.
47 역주: A. B. Thorwaldsen(1768~1844). 1818년에 만들어진 이 작품은 현재 코펜하겐의 토르발센 미술관에 소장되어 있다.
48 역주: R. Schadow(1786~1822). 이 대리석상(1817)은 뮌헨에 있다.

혹은 보다 비규정적일 수도 있는— 동인으로서 취급될 수 있는바, 이러한 외적 동인은 —긴밀하든 느슨하든 간에— 그와 결부된 다른 관점의 표현을 위한 기회만을 제공한다. 예컨대 다수의 서정시들은 그러한 기회적 상황을 갖는다. 특수한 정조情調와 감응은 시적으로 인식, 포착될 수 있는 하나의 상황으로서, 이것은 축제, 전승 등의 외적 정황들과 연관해서도 [266] 감정과 표상들을 이러저러하게, 좀 더 포괄적으로 혹은 좀 더 제한적으로 언명하고 형상화하게끔 추동한다. 예를 들어 핀다로스의 송가頌歌들은 최고의 의미에서의 그러한 기회시Gelegenheitsgedichte이다. 괴테도 역시 이러한 종류의 많은 서정적 상황을 소재로 취했다. 약간 넓은 의미에서 보면 우리는 그의『베르테르』에조차 기회시란 이름을 부여할 수 있을 터, 서정시인이 대체로 자신의 마음을 토로하고 그 자신이 주체로서 자극받은 것에 관해 이야기하듯, 괴테는『베르테르』를 통해 자신의 내면의 상심과 심장의 고통, 자신의 가슴의 사건들을 예술작품으로 만들었기 때문이다. 이를 통해 우선은 그저 속에만 있었던 응어리가 풀려 외적 객체가 되니 인간은 그로부터 해방되었다. — 마치 고통이 울음으로 나오고, 눈물이 우리를 가볍게 하듯 말이다. 괴테는 그 자신이 말하듯『베르테르』를 쓰는 과정에서 그가 묘사하는 내면의 번민과 고통으로부터 해방되었다. 하지만 현재 서술하는 상황이 아직 이 단계에 속하는 것은 아닌바, 까닭인즉 이 단계는 매우 깊은 대립들을 안고 있으며 또한 그것들을 전개하기 때문이다.

그러한 서정적 상황에서는 이제 한편으로는 물론 모종의 객관적 상태, 외적 세계와 관계하는 하나의 행동성이 나타날 수 있지만, 다른 한편으로는 그에 못지않게 심정 그 자체의 내면적 정조가 그 밖의 모든 외적 관계로부터 자신 속으로 되돌아오고 또한 자신의 상태와 감응들의 내면성에서 출발점을 구할 수 있는 것이다.

c. 충돌

지금까지 고찰한 갖가지 상황들은 이미 언급했듯이 그 자체가 행위도 아니거니와 또한 무릇 본격적 행위를 하기 위한 동인들도 아니다. 그들의 규정성은 어떻든 단순히 기회적일 뿐인 상태나 혹은 그 자체로서는 무의미한 행동으로 머무니, 이 행동 속에는 실체적 의미내용이 표현되되, 그 규정성이 평온한, 정말로 심각하지는 않은 유희로서 밝혀지는 그러한 방식으로 표현된다. [267] 규정성이 본질적 차이로서 부각되고 또한 타자에 대립하여 충돌을 일으킬 때, 그곳에서 비로소 상황의 특수화는 심각성과 중요성을 갖기 시작한다.

이러한 관점에서 충돌은 그 근거를 침해에 두는바, 이 침해는 침해로서 남을 수 없고 지양되어야 하는 것이다. 충돌은 그것이 없었다면 조화로웠을 상태의 변화이자, 그 자체가 다시 변할 수 있는 변화이다. 그럼에도 충돌은 아직 행위가 아니라 다만 행위를 위한 단초와 전제들을 포함할 뿐이며, 이로써 단순한 동인으로서 상황의 성격을 유지한다. 비록 충돌은 대립을 향해 열려 있고 대립은 이전 행위의 결과일 수도 있지만 말이다. 예를 들어 고대인들의 3부 비극Trilogie[49]들은 첫 번째 극시작품의 결말로부터 두 번째 작품을 위한 충돌이 야기되며, 이것은 다시 세 번째 작품에서 그 해결을 요구한다는 의미에서 연작물이다. ― 이제 충돌 일반은 대립적 투쟁에 뒤따르는 해소를 요구하며, 그런 까닭에 충돌로 가득 찬 상황은 무엇보다 극시예술, 즉 미의 가장 완벽하고도 가장 깊은 전개를 표현하고자 애쓰는 예술의 대상이다. 반면 심지어 회화조차도 그 넓은 유희공간에도 불구하고 여일하게 행위의 한 순간만을 가시화할 수 있을진대, 가령 조각과 같은 것은

---

49 역주: 디오니소스 제전에서 공연하는 비극.

위대한 정신적 힘들의 분열 및 화해가 나타나도록 만드는 행위를 완벽하게 형상화할 수 없는 것이다.

하지만 이러한 진지한 상황들은 이미 그 개념 속에 하나의 독특한 어려움을 수반한다. 그 상황들은 침해에서 기인하며 또한 그들이 야기하는 관계들은 지속될 수 있는 것이 아니라, 필히 변형된다. 그런데 이상의 미는 바로 그 평정한 통일성, 고요, 내면적 완성 속에 있다. 충돌은 이러한 조화를 방해하고 [268] 또한 내적으로 통일적인 이상을 불화와 대립으로 가져간다. 따라서 그러한 침해의 묘사를 통해 이상 자체가 침해되니, 여기서 예술의 과제는 한편으로는 이러한 차이 속에서도 자유로운 아름다움이 몰락하지 않도록 하는 것이며, 다른 한편으로는 분열과 투쟁을 그 너머로 끌고 가 그로부터 분쟁의 해결을 통해 조화가 결과로서 나타나고 이리하여 비로소 그 완벽한 본질성 속에서 현저히 보이게끔 해야 하는 것이다. 하지만 불화가 어떤 한계까지 치달을 수 있겠는가에 관해서는 어떠한 일반적 규정도 확정될 수 없을 터, 이 관계에서는 각 특수한 예술들이 자신들 고유의 특성을 따르기 때문이다. 예를 들어 내적 표상은 직접적 직관보다 분열성을 훨씬 더 잘 견딜 수 있다. 따라서 시문학은 내면을 향해서는 거의 자포자기의 극한적 고통까지, 외적인 면에서는 추악함 그 자체로까지 진척할 권리를 갖는다. 그러나 조형예술들에서는, 회화와 더 나아가 조각에서는, 외부형상이 고정되어 있으며 또한 재차 지양되거나 음악의 음향과 같이 일순간 곧바로 다시 사라짐이 없이 거기에 남아 있다. 추醜가 해체되지 않는다면 여기서는 추를 대자적으로 견지하는 것이 과오일 것이다. 그러므로 극시문학에 아주 훌륭히 허용될 수 있는 것이 조형예술들에 전부 용납되는 것은 아니니, 극시문학은 추를 오로지 순간적으로만 현상케 하고 또한 다시 제거되게끔 만들기 때문이다.

이 자리에서는 좀 더 상세한 종류의 충돌 대신에 또다시 극히 일반적인

관점들만이 언급될 수 있다. 이러한 고려에서는 세 가지의 주요 측면들을 고찰해야만 한다:

첫째, 순수 물리적, 자연적 상태들이 자체로서 무언가 부정적이자 사악한 것이며 이로써 장애가 되는 것인 한에서 그로부터 출현하는 충돌들.

둘째, 비록 내적으로는 자체가 긍정적이지만 그럼에도 정신에 대해 차이와 대립들의 가능성을 내포하는 자연 근거들에서 기인하는 정신적 충돌들.

[269] 셋째, 정신적 차이들 속에서 그 근거를 발견하는, 그리고 인간의 고유한 행동으로부터 나오는 한에서 비로소 진정 흥미로운 대립들로서 등장할 자격을 갖는 분열들.

α) 첫 번째 종류의 알력들에 관해 보자면 그것들은 다만 단순한 동인으로서 여겨질 따름이니, 여기서는 질병들 및 그 밖의 사악함이나 결함들로써 삶의 통상적 조화를 훼손하며 그리하여 결과적으로 차이들을 갖는 환경을 초래하는 것이 단지 외적 자연일 뿐이기 때문이다. 그러한 충돌들은 즉자적으로나 대자적으로나 관심거리가 되지 못하며 또한 그것이 예술 속에 받아들여지는 까닭은 자연적 불행에서 비롯하여 결과로서 전개되는 분열들, 오직 이 분열들로 인해서이다. 예를 들어 글루크의 〈알케스테*Alceste*〉[50]의 소재가 되기도 했던 에우리피데스의 『알케스티스*Alkestis*』에서는 아드메토스의 병이 전제이다. 병 그 자체는 참된 예술을 위한 대상이 아닐 것이니, 에

---

50 역주: C. W. von Gluck(1714~1787). 이 오페라는 1767년에 만들어졌다.

우리피데스의 경우에도 이러한 불행으로부터 유래된 또 하나의 충돌을 겪는 개인들을 통해서만 대상이 된다. 신탁이 예언하기를, 만일 다른 사람이 아드메토스를 위해 지하세계에 바쳐지지 않는다면 그는 죽어야만 한다는 것이다. 알케스티스는 남편이자 그녀의 아이들의 아버지인 왕의 죽음을 막기 위해 이러한 희생을 감수하여 죽기를 각오한다. 소포클레스의 『필록테테스_Philoctetes_』에서도 역시 육체적 액운이 충돌의 이유가 된다. 그리스인들은 크리사에서 뱀에 물려 발에 상처를 입은 환자를 트로이로 항해하는 도중 렘노스에 하선시킨다. 여기서도 마찬가지로 신체적 불행은 이어지는 충돌을 위한 극히 표면적인 실마리이자 동인일 뿐이다. 왜냐하면 예언에 따르면 헤라클레스의 화살이 돌격자들의 수중에 있을 때만 트로이는 함락될 것이기 때문이다. 필록테테스는 하선의 부당함을 9년 내내 고통스럽게 참아야만 했던 까닭에 그 화살의 양도를 거부한다. 이제 이러한 거부 및 이를 초래한 부당한 하선은 다른 여러 가지 방식으로 도입될 수도 있었을 것이며, 또한 본격적인 관심은 병과 그 육체적 곤경에 있는 것이 아니라 [270] 화살을 포기하지 않으려는 필록테테스의 결심을 통해 유발되는 대립에 있는 것이다. ― 그리스인들의 진영에 퍼진 흑사병도 이와 유사한 관계를 가지며, 그 밖에도 흑사병은 자체가 이미 이전의 침해들의 결과로서, 징벌로서 묘사되니, 이와 같이 무릇 폭풍우, 난파, 가뭄 등의 자연재앙을 통해 불안과 장애를 도입하는 것은 극시보다 서사시에 더욱 어울린다. 그런데 예술은 전반적으로 그러한 재앙을 단순한 우연으로 묘사하는 것이 아니라, 다른 것이 아닌 오직 바로 이 형상만을 채택해야 할 필연성을 갖는 장애이자 불행으로 묘사한다.

β) 그러나 이제 둘째, 정신적 관심과 대립들에 있어 외적 자연력 자체가 본질적인 것이 아닌 이상, 자연력이 본격적 충돌을 단절과 분열로 이끄는 토대로서 등장하려면 자연력은 정신적 관계들과 결부되어 나타나야 한다.

자연적 출생에서 근거하는 갖가지 알력들이 여기에 속한다. 좀 더 자세히 보면 우리는 여기에서 일반적으로 세 가지 경우들을 구분할 수 있다.

αα) 첫째는 예를 들어 혈족, 상속권 등과 같이 자연과 결부된 권리로서, 권리, 즉 사실은 오직 하나인 반면, 그것은 자연성과 결부되어 있다는 바로 그 이유로 즉각 다수의 자연규정들을 허락한다. 이 면에서 가장 중요한 예는 왕위계승권이다. 이와 관련된 여러 충돌들의 동인이 되는 이 권리는 틀림없이 그 자체로서 조정되거나 확정된 것이 아닐 터, 그렇지 않다면 그 알력은 즉각 전혀 다른 종류의 것이 될 것이기 때문이다. 즉 실정법과 그 현행질서를 통해 계승이 아직 굳어진 것이 아니라면, 형과 동생 또는 왕가의 다른 친척들 중 누가 지배를 행하든 그것은 부당함으로 간주될 수 없는 일이다. 그런데 지배권이란 뭔가 질적인 것이지 본성상 완전히 공평하게 분배될 수 있는 돈이나 재산과 같은 양적인 것이 아닌 까닭에 그러한 상속의 경우에는 [271] 즉각 불화와 투쟁이 현존한다. 예를 들어 오이디푸스가 지배자 없는 왕관을 남겨 놓았을 때 아들들인 테베의 두 형제는 같은 권리와 요구를 내세우며 대립한다. 형제는 매년 번갈아 통치하기로 합의했지만 에테오클레스는 합의를 깨뜨리며 또한 폴리네이케스는 자신의 권리를 지키기 위해 테베로 진격한다. 형제간의 적대관계는 대관절 모든 시대의 예술에서 끊임없이 다루어지는 충돌인바, 이는 이미 아벨을 살해한 카인에서 시작한다. 페르시아 최초의 영웅전인 『샤나메』에서도 왕위계승을 둘러싼 싸움이 매우 잡다한 전쟁들의 출발점을 이룬다. 페리두는 영토를 자신의 세 형제들에게 갈라 준다: 셀름은 룸과 샤베르를 얻었고 투르에게는 투란과 진이 할당되었으며 이레드쉬는 이란 영토를 지배하기로 되어 있었다. 그러나 각자는 다른 사람의 땅을 요구하며 이로부터 나타나는 분규와 전쟁은 그칠 줄을 모른다. 기독교적 중세에서도 역시 가족과 왕조의 분쟁사는 무수하다. 그러나 그러한 불일치들은 그 자체로는 우연한 것으로 현상한다. 왜

냐하면 형제들이 적대관계에 빠지는 것은 즉자대자적으로 필연적인 일이 아니며 특수한 정황들과 한층 높은 원인들이 추가되어야만 하기 때문이니, 예컨대 오이디푸스 아들들의 적대적 출생 내력이 그러하고, 『메시나의 신부』에서 형제간의 불화를 한층 높은 숙명의 탓으로 돌리려는 시도가 행해지는 것도 그러하다. 셰익스피어의 『맥베스』에도 유사한 충돌이 깔려 있다. 던컨은 왕이고 맥베스는 가장 가깝고 가장 연장인 그의 친척이므로 그는 던컨의 아들들보다 적법한 왕위계승자이다. 그리하여 왕이 그 자신의 아들을 왕위계승자로 지명하기 위해 맥베스에게 저질렀던 불의가 그의 범죄의 단초가 된다. [홀린셰드Holinshed의] 연대기에서 나오는 맥베스의 이러한 정당성을 셰익스피어는 완전히 누락하였으니, 까닭인즉 범죄자로 묘사된 맥베스를 보고자 하였음에 틀림없을 제임스왕의 기분을 맞추기 위해 맥베스의 열정에서 소름 끼치는 면만을 강조하는 것이 그의 목적이었기 [272] 때문이다. 그러므로 맥베스가 던컨의 아들들도 마저 죽이는 대신 도망치도록 둔 사실과 또한 귀족들 중 누구도 그들에게 괘념하지 않는다는 사실은 셰익스피어가 다루는 방식에 비추어 보면 동기가 부여되지 않는다. 그런데 『맥베스』에서 벌어지는 그 모든 충돌은 여기에서 논해야 할 상황의 단계를 이미 넘고 있다.

ββ) 이제 둘째, 이 범위 내에서 반대의 것이 있으니, 그것은 출생의 차이들이 즉자적으로 부당함을 포함함에도 불구하고 관습이나 법률에 의해 거기에 극복 불가능한 장벽의 힘이 부여되며, 그리하여 그 차이들이 말하자면 자연화된 부당함으로 등장함으로써 충돌들을 야기한다는 사실에서 성립한다. 노예제, 농노제, 카스트제도의 신분차별, 많은 국가에서의 유대인들의 지위, 그리고 어떤 의미에서는 심지어 귀족신분과 시민신분의 대립도 여기에 산입될 수 있다. 여기서의 알력은 한편으로는 인간이 그 개념에 따라 인간으로서의 그에게 속하는 권리, 지위, 소망, 목적 그리고 요구들을 갖

지만 이것들에는 앞서 언급한 출생의 차이들 중 어떤 하나가 자연력으로서 저해적 내지 위협적으로 대치한다는 사실에서 생긴다. 이러한 종류의 충돌에 관해서는 다음의 것을 말할 수 있다.

통치자와 피통치자 따위의 신분 차이들은 국가적 삶 전체의 필연적 분화에 그 근거를 두며 또한 특정한 종류의 직업, 성향, 기질 및 정신적 교양 전반을 통해 두루 표명되는 까닭에 분명 본질적이며 이성적이다. 그러나 개인의 입장에서 볼 때 이러한 차이들이 출생을 통해 규정되고 그리하여 개별적 인간이 애초부터 자신이 아닌 자연의 우연을 통해 불가항력적으로 어떤 한 신분, 계급 속에 던져진다면, 이것은 사정이 다르다. 이 경우 이러한 차이들은 순전히 자연적 차이들로 밝혀짐에도 불구하고 최고의 결정권이라는 옷을 입고 있다. [273] 이때에는 이러한 경직성과 권력의 발생 양태가 중요한 것이 아니다. 왜냐하면 민족은 근원적으로 하나인데, 예컨대 자유인과 노예라는 자연 차이가 후일 비로소 형성되었을 수도 있고, 혹은 인도인들의 카스트신분 차이에서 주장되듯이 계급, 신분, 특권 따위의 차이가 근원적인 민족적·인종적 차이에서 출현하는 경우도 있기 때문이다. 이는 여기서 우리에게 어째도 좋은 것이다: 다만 중요한 점은 인간의 현존재 전반을 규제하는 그러한 삶의 관계들이 자연성과 출생에서 그 근원을 취해야 한다고 일컬어지는 사실에 있다. 사안의 개념을 볼 때 물론 신분의 차이는 정당한 것으로 간주될 수 있지만 그러나 또한 동시에 그의 고유한 자유에서 생기는, 자신을 이러저러한 신분에 맞추는 권리가 개인에게서 강탈되어서는 안 된다. 이 경우 결정으로 이끌고 또 결정을 내리는 것은 오로지 소질, 재능, 솜씨 그리고 교양이다. 그러나 선택권이 애초부터 이미 출생을 통해 무효화되고 또 이를 통해 인간이 자연과 그 우연성에 종속하게 되었다면, 이러한 부자유 속에서는 출생을 통해 주체에 지정된 지위와 기타 정신적 교육 및 그 정당한 요구들 사이에서 알력이 발생할 수 있다. 어느 모로 보나 이것은 참된 자유로운 예술이 존경할 필요가 없는 부당성에서 기인하는 까닭에 슬프고 불행한 충돌이다. 오늘날의 사정에 비추어 볼 때 신분 차이들은 작은 범위를 예외로 한다면 출생에 결부되어 있지 않다. 지배왕조와 상류귀족만이 국가 자체의 개념에 근거하는 한층 높은 관점들에서 이러한 예외에 속한다. 그 밖에는 출생은 한 개인이 편입되기를 바라거나 될 수 있는 신분과의 관계에서 어떠한 본질적 차이도 낳지 않는다. 그럴진대 이러한 완전한 자유의 요구에는 동시에 또 하나의 요구가 결합되니, 즉 주체가 교양, 지식, 솜씨, 성향의 면에서 [274] 자신이 점하는 신분에 어울려야 한다는 것이다. 하지만 넘지 못할 장애로서의 출생이 이러한 제한이 없을 경우 인간이 자신의 정신적 힘과 활동을 통해 만족시킬 수도 있었을 요구들과 대립한다면, 우리에게는 이것이 불행일 뿐만 아니라 본질적으로 인간이 당하는 부당함으로 간주된다. 한낱 자연적인 그리고 그 자체로서는 정당성을 상실한 장벽, 즉 인간이 정신, 재능, 감응, 내적·외적 교양을 통해 넘어야 할 그 장벽은 인간이 달성할 수도 있었을 것으로부터 그를 떼어 놓으며, 오로지 자의를 통해 이러한 법적인 규정성으로 고정된 자연성은 내적으로 정당한 정신의 자유에 넘지 못할 제한성을 대립시키는 월권을 행사한다.

이제 그러한 충돌의 보다 상세한 평가에서는 다음의 측면이 본질적이다:

첫째, 개인은 그의 소망과 목적들을 약화시키는 힘을 갖기 마련인 자연 제한성을 자신의 정신적 특질들로써 이미 현실적으로 극복했어야만 하며, 그렇지 않다면 그의 요구는 다시 하나의 어리석음이 될 것이다. 예컨대 하인으로서의 교양과 재주밖에는 없는 한 하인이 어떤 공주나 귀부인에게, 혹은 후자가 전자에게 사랑을 느낀다면, 이 열렬함의 묘사를 아무리 불타는 가슴의 지극한 깊이와 충만한 관심으로 두를지라도 그러한 연애사건은 터무니없고 부조리한 것에 불과하다. 왜냐하면 이 경우 여기서 본격적인 단절의 요인이 되는 것은 출생의 차이가 아니라 모든 범위에 걸친 한층 높은 관심, 폭넓은 교양, 삶의 목적, 그리고 감각방식들이며, 이것이 신분, 재산 그리고 사교생활에 있어 상류에 속하는 부인과 하인을 갈라놓기 때문이다. 유일한 일치점은 사랑일 뿐이니, 만일 인간이 정신적 교양과 신분관계들의 면에서 체험하는 그 밖의 영역이 그 속에 함께 수용되지 않는다면, 그 사랑은 공허하고 추상적으로 남으며 또한 단지 감성의 측면과 관련할 뿐이다. 알차고 완전한 것이려면, 사랑은 [275] 그 밖의 모든 의식, 완전한 품격을 갖춘 성향 및 관심들과 결부되어야만 한다.

여기에 속하는 두 번째 경우는 출생의 종속성이 내적으로 자유로운 정신성과 그 정당한 목적들에 법적으로 장애를 주는 족쇄가 된다는 점에서 성립한다. 이러한 충돌도 역시, 그것이 제아무리 애호되고 또한 그것을 사용하려는 생각이 쉽게 떠오를 수 있을지라도, 무언가 미적이지 않은 요소, 이상의 개념과 모순하는 요소를 내포한다. 즉 예컨대 파리아[51]나 혹은 유대인으로서의 출생이 그렇듯 출생의 차이들이 실정법 및 그 시행을 통해 굳어진 부당성이 되었다면, 한편으로는 인간이 그러한 장애에 대해 저항하는 내면의 자유 속에서 그러한 차이들을 해체 가능한 것으로 여기고 또한 자신을 그로부터 해방된 것으로 인식하는 것은 백번 올바른 견해이다. 그러므로 그러한 차이들의 철폐는 절대적 정당성으로 현상한다. 그런데 기존 상태들의 힘을 통해 그러한 제한성이 극복 불가능하게 되고 또한 제압할 수 없는 필연성으로 굳어진다면, 이것은 다만 불행과 내면적 오류의 상황밖에는 줄 수 없다. 왜냐하면 이성적 인간은 그러한 필연성의 힘을 굽힐 수단을 갖지 못하는 한 그것에 종속될 수밖에 없으며, 또한 그는 거기에 대항하여 반응하지 못하고 불가피한 것을 얌전히 당할 도리밖에 없기 때문이

51   역주: 남부 인도의 최하층민.

다. 그는 그러한 제한성에 즉해 꺾이고 마는 관심과 욕구를 포기해야만 하며, 그리하여 그 극복 불가능한 것을 수동성과 인내라는 말 없는 용기로써 참아야만 한다. 투쟁이 도움이 되지 않는다면, 최소한 주관적 자유라는 형식적 독립성으로 후퇴하기 위해 투쟁을 피하는 것이 이성적이다. 만일 그가 거기에 대치한다면 즉시 그는 자신의 모든 종속성을 경험하게 되는 반면, 투쟁을 피한다면 부당성의 힘은 그에게 더 이상 힘을 행사하지 않는다. 하지만 순전히 형식적인 독립성이라는 후자의 추상도, 결과 없는 전자의 지루한 싸움도 진정 아름다운 것이 아니다.

두 번째 경우와 직접 연관하는 세 번째 경우도 마찬가지로 [276] 순정한 이상과 동떨어져 있다. 출생이 비록 종교적 규정들, 국가의 실정법, 사회적 상태들을 통해 실효를 갖는 특권을 개인들에게 지정하였더라도, 이 세 번째 경우는 그들이 이 특권을 주장하고 사용하려 할 때 생긴다. 즉 이때 실정적인 외적 현실성의 면에서는 독립성이 현전하는 것이 사실이나 그것은 내면 자체에서 부당한 것이자 비이성적인 것의 성립으로서의 잘못된, 게다가 순전히 형식적일 뿐인 독립성이니 이상의 개념은 사라지고 없는 것이다. 우리는 물론 주관성이 보편적·법률적인 것과 손을 잡는 한, 또한 그것과 지속적인 통일을 이루는 한, 이상이 보존된다고 믿을 수도 있다. 하지만 이 경우 한편으로 보편자는 그 힘과 권능을 영웅적인 것의 이상이 요구하듯 이 한 개인 속에 두는 것이 아니라 오로지 실정법이라는 공적 권위와 그 운용 속에 둘 뿐이다. 다른 한편 개인이 주장하는 바는 부당함에 불과하며, 그리하여 그에게는 그러한 —이미 살펴본 바와 같이 이상의 개념에도 마찬가지로 들어 있는— 실체성이 상실되어 있다. 이상적 주체가 행하는 사안은 내면적으로 참되고 정당해야만 하는 것이다. 이 세 번째 경우에 속하는 것으로는 예컨대 노예, 농노에 대한 법적인 지배, 이방인들에게서 자유를 빼앗거나 그들을 신들에게 제물로 바치는 권리 따위가 있다. — 그러한 권리는 확실히 개인들에 의해 제 깐에는 그들의 훌륭한 권리를 방어한다는 믿음 속에서 실행될 수 있으니, 예컨대 인도에서 상층 카스트 계급이 그들의 특권을 사용한다거나 또는 토아스가 오레스테스를 희생시킬 것을 명령했다거나[52] 러시아에서 주인들이 그들의 농노들을 마음대로 부리는 것 등이 그것이다. 물론 정점에 있는 자들은 이해관계에서 비롯한 그러한 권리들을 자신들을 위해 권리이자 법으로서 관철하려 들 수 있다. 하지만 그렇다면 그들의 권리는 단지 정당성을 상실한 야만의 권리일 뿐이며 또한 그들 자신은 적어도 우리에 대해서는 어느 모로 보나 그릇된 것을 결정하고 실행하는 야만인들로 나타난다. 그 주체를 떠받치는 합법성은 그의 시대와 시대정신 [277] 그리고 그 문화수준에서는 어쩌면 존중되고 정당화될 수 있겠으나, 우리에게는 철저히 껍데기일 뿐이며 또한 타당성과 권능을 상실한 것이다. 특권을 지닌 개인이 이제 자신의 권리를 심지어 특수한 열정과 이기적 의도로부터 나타난 사적인 목적만을 위해 이용한다면, 그것은 야만일뿐더러 나쁜 성격이기까지 한 것이다.

우리는 그러한 알력을 통해 종종 연민을, 그리고 아마도 공포도 역시 환기하고자 했으니, 이는 공포와 연민을 비극의 목적으로 단정하는 아리스토텔레스의 법칙에 부합한다. 그러나 우리는 야만과 시대의 불행에서 나온 그러한 권리들의 힘에 대해서는 공포도 경외도 품지 않으며, 또한 우리가 혹 느낄지도 모를 연민은 즉시 역겨움과 분노로 변한다.

그러므로 그러한 알력의 유일한 참된 출구도 역시, 예컨대 이피게니아나 오레스테스가 아울리스와 타우리스에서 희생되지 않듯, 그런 식의 잘못된 권리가 관철되지 않는 점에서 유일하게 성립할 수 있는 것이다.

---

52 역주: 에우리피데스의 『타우리스의 이피게니아』 참조.

γγ) 이제 끝으로 자연성에서 근거를 취하는 충돌들의 마지막 측면은 기질과 성격이라는 자연 근거에서 기인하는 주관적 열정이다. 여기에 예로서 속하는 것은 무엇보다 오셀로의 질투이다. 지배욕, 탐욕, 아니 부분적으로는 사랑도 역시 비슷한 종류이다.

그런데 이러한 열정들이 충돌이 되는 경우는, 오로지 그것이 동기가 되어 개인들이 그러한 감정의 배타적 폭력에 사로잡혀 지배당하고 참된 도덕성 및 인생에서 절대적으로 정당한 것으로부터 등을 돌리며 또한 이를 통해 더욱 깊은 알력으로 빠져들 때뿐이다.

이것은 세 번째 종류의 분열에 관한 고찰로 이어지니, 그 본격적인 근거는 ―이러한 대립이 인간 자신의 행위를 통해 야기되는 한― 정신적 힘들과 그 차이들에서 발견된다.

[278] γ) 위에서 이미 순수 자연적인 충돌들은 뒤이은 대립들을 위한 실마리가 될 뿐임을 언급한 바 있다. 방금 고찰한 두 번째 종류의 알력의 경우에도 다소 같은 것이 보인다. 한층 깊은 관심을 갖는 작품들에서는 이들 모두가 지금까지 개관한 반목에 머무는 것이 아니라, 오히려 그러한 장애와 대립들을 다만 기회로서 전치前置하며, 이를 기화로 즉자대자적인 정신적 삶의 힘들의 차이가 서로에 대립하여 드러나고 또한 서로를 퇴치하게 된다. 그런데 정신적인 것은 오로지 정신을 통하여 활성화될 수 있는바, 정신적 차이들도 역시 본래적 형상으로 등장할 수 있으려면 인간의 행동에서 그 현실성을 얻어야만 한다.

고로 이제 한편으로는 인간의 현실적 행동을 통해 야기된 어려움, 장애, 침해가, 다른 한편으로는 즉자대자적으로 정당한 관심과 힘들의 침해가 있다. 두 가지 규정들이 함께 모여 비로소 이 마지막 종류의 충돌들의 깊이를 정초한다.

이 영역에서 나올 수 있는 주요 사례들은 다음과 같이 구분된다.

αα) 우리는 자연 근거에서 기인하는 알력들의 권역을 이제 막 벗어나기 시작한 고로, 이러한 새로운 종류의 [즉 충돌의] 첫 사례는 아직 이전의 사례들과 연결되어 있다. 그러나 이제 충돌은 인간의 행동이 근거일진대, 자연적인 것은 ―즉 정신으로 존재하지 않는 한에서의 인간에 의해 실행된 것은― 뒷날 본질적으로 존중되어야 할 인륜적 힘들의 침해로 밝혀지는 어떤 행동을 그가 부지불식간에, 고의성 없이 행했다는 그 사실에서만 성립할 수 있다. 이때 그가 후일 자신의 행동에 관해 갖게 되는 의식은, 그 침해가 자신의 탓인 것으로 자책하게 될 때, 이러한 전일의 무의식적 침해로 인해 그를 분열과 모순으로 몰아넣는다. 여기서 알력의 근거가 되는 것은 행동할 당시의 의식 및 의도와 [279] 그 행동이 즉자적으로 무엇이었던가에 대한 추후의 의식 사이의 반목이다. 오이디푸스와 아이아스[53]를 예로서 들 수 있다. 오이디푸스의 행동은 그가 의도하고 알았던 한에서는 그에게 낯선 남자를 싸움 끝에 살해했다는 사실이었다. 그러나 즉자대자적인 실제 행동은 그가 몰랐던 일, 즉 친부살해였다. 거꾸로 아이아스는 미쳐서 그리스인들의 가축을 그리스의 왕자들로 여기고 죽인다. 그 후 그가 제정신에서 사건을 볼 때 그를 사로잡고 충돌로 끌고 갔던 것은 자신의 행동에 관한 부끄러움이었다. 어쨌든 간에 고의성 없이 인간에 의해 그런 식으로 침해당한 것은 이성적인 면에서 본질적으로 존경하고 신성시해야 하는 것이어야만 한다. 이와 반대로 만일 이러한 존중과 경애가 단순한 사건이거나 잘못된 미신이라면 그러한 충돌은 적어도 우리에게는 더 이상 이렇다 할 깊은 관심

---

53 역주: 호메로스의 서사시에 의하면, 그는 트로이 전쟁에서 아킬레우스 다음가는 용사로 인정을 받았으나, 아킬레우스가 죽은 후 오디세우스와 겨루어 패하였다. 그는 분한 나머지 머리가 돌아 양 떼를 그리스군으로 착각하여 모두 베어 죽인 뒤, 제정신이 들자 전리품인 헥토르의 칼로 자살하였다. 비극 시인 소포클레스의 『아이아스』는 이 전설을 소재로 한 것이다. 이 밖에 적장 파리스의 화살에 입은 상처가 원인이 되어 죽었다거나, 불사신이었기 때문에 적이 생매장을 하였다는 전설도 있다.

을 끌 수 없다.

ββ) 그런데 둘째, 현재의 관심 범위에서는 알력이 인간의 행위를 통한 정신적 힘들의 정신적 침해이어야 하는 까닭에, 여기에 한층 적합한 충돌은 의식적인, 그리고 이러한 의식 및 그 의도로부터 야기되는 침해에서 성립한다. 여기서도 또한 열정, 폭행, 어리석음 따위가 다시 출발점을 이룰 수 있다. 예컨대 트로이 전쟁은 헬레나의 납치를 그 출발로 삼는다. 그리고 나아가 아가멤논은 이피게니아를 제물로 바치며, 이로써 산고를 겪어 낳은 가장 사랑스러운 딸을 죽인 까닭에 그녀의 어머니를 침해한다. 이에 대해 어머니인 클리타임네스트라는 남편인 아가멤논을 살해한다. 오레스테스는 그녀가 부왕을 죽였기 때문에 어머니를 죽임으로써 복수한다. 『햄릿』에서도 비슷하게 아버지는 음모로 인해 무덤으로 보내지며, 어머니는 살인자와의 바로 뒤이은 결혼을 통해 죽은 자의 넋을 모욕한다.

이러한 충돌의 경우에도 역시 주안점이 되는 것은 즉자대자적으로 도덕적이고 참되며 신성한 무언가에 반대하여 싸움이 벌어지고 이를 통해 인간은 그것을 자신에게 환기시킨다는 [280] 사실이다. 이런 경우가 아니라면, 그러한 알력은 우리가 참된 도덕성과 신성을 의식하는 한 우리에게 가치나 본질성이 없는 것으로 남을 터이니, 예컨대 『마하바라타』의 잘 알려진 일화에 나오는 날라와 다마얀티가 그 경우이다. 날라왕은 제후의 딸인 다마얀티와 결혼했는데, 그녀에게는 구혼자들 중 하나를 독자적으로 선택할 특권이 주어져 있었다. 기타의 구혼자들은 천재들인 까닭에 구름 위를 떠다니지만 유독 날라만이 땅 위에 서 있으며, 또한 그녀는 사람을 선택할 줄 아는 훌륭한 취미를 소유했었다. 이 때문에 천재들은 분기憤氣하여 날라왕을 은밀히 감시했다. 그러나 그는 어떠한 범법도 저지르지 않았기에 그들은 여러 해가 지나도록 그를 비방할 만한 어떤 것도 제시할 수 없었다. 하지만 그가 오줌을 누고 오줌으로 축축해진 땅을 발로 밟는 중죄를 저질렀기에 결국 그들은 그를 지배하는 힘을 얻는다. 인도인들의 생각에 따르면 이것은 그냥 넘어갈 수 없는 중죄이다. 이제부터 그 천재들은 그를 제압한다. 어떤 자는 그에게 쾌락의 욕구를 불어넣고, 어떤 자는 그의 형제가 그에게 반복하게끔 충동질하며, 또한 날라는 왕위를 잃은 채 결국 다마얀티와 함께 비참함 속을 방황해야만 한다. 마지막으로 그는 수많은 모험을 겪고 마침내 예전의 행복으로 다시 한번 올라갈 때까지 그녀와의 생이별마저도 감수해야만 한다. 이 이야기 전체를 싸고도는 본연의 알력은 오직 고대 인도인들에게만 신성의 본질적 침해이지, 우리들의 의식에 따르면 부조리에 불과하다.

YY) 그러나 셋째, 침해가 직접적일 필요는 없다. 즉 행동 그 자체가 이미 독립적으로 충돌 유발적일 필요는 없고, 오히려 행동의 실행을 위한 조건인 관계들 및 주변 사정들이 그에 역행하고 모순적이며 이미 알려진 것일 경우 비로소 행동은 침해가 된다. 예컨대 로미오와 줄리엣은 사랑을 한다. 사랑 그 자체에는 침해가 들어 있지 않다. 그러나 그들은 그들의 가문이 증오와 적대 속에서 살고 있음을, 부모들이 [281] 결코 혼인을 허락하지 않을 것임을 알고 있으며 그리하여 이 전제된 분열적 조건으로 인해 충돌에 빠진다.

보편적 세계상태와 대비되는 특정한 상황에 관해서는 지극히 일반적이나마 이 정도의 언급이면 충분할 것이다. 만일 우리가 상황의 모든 측면들, 섬세한 차이 및 뉘앙스들에 따라 이 고찰을 행하여 모든 가능한 종류의 상황을 판단코자 했더라면, 벌써 이 장章만 해도 설명이 끝없이 장황했을 것이다. 까닭인즉 다양한 상황들의 고안은 무진장한 가능성을 내포하며, 이 경우에는 유類적, 종種적으로 특정한 예술이 늘 다시금 본질적으로 문제시되기 때문이다. 동화에는 다른 방식의 이해나 표현에는 금기시될 법한 많은 것들이 허용되는 것이 그 예이다. 그러나 무릇 상황의 고안은 중요한 점이며, 이것은 예술가들에게도 보통 큰 난관이 되곤 한다. 특히 근래에 우리는 정황이나 상황들을 취할 만한 좋은 소재를 찾기가 어렵다는 푸념을 종종 듣는다. 이런 면에서 독창적이라거나 상황 자체를 스스로 고안한다는 것이 언뜻 한층 높은 시인의 격조로 보일 수도 있겠으나, 이러한 종류의 자체적 행동은 본질적 측면이 아니다. 왜냐하면 상황은 대자적 정신성도 본격적 예술형상도 형성하지 않으며 다만 외적 질료, 즉 그 속에서 그리고 그에 즉해서 성격과 심정이 전개·표현되어야 할 질료에 관여할 뿐이기 때문이다. 진정한 예술적 활동은 이러한 외적인 단초를 행위와 성격들로 다듬음으로써 비로소 밝혀진다. 그러므로 즉자적으로 시적이라고 할 수 없는 이러한 측면을 스스로 만들었다 하여 이것이 시인에게 감사를 표할 일은 전혀 아니며, 또한 이미 기존하는 것으로부터, 역사, 전설, 신화로부터, 연대기로부터, 아니 심지어는 예술적으로 이미 다듬어진 소재와 상황들로부터 항상 새로이 다시 긷는 일이 시인에게는 허락되어 있어야만 한다. 회화가 상황이라는 외적 요소를 성인전聖人傳들에서 [282] 취하고 또한 빈번히 유사한 식으로 반복하였듯이 말이다. 그러한 표현에서 보이는 본격적인 예술적 생산은 특정한 상황들의 고안에서 보이는 예술적 생산보다 훨씬 더 깊이를 갖는다. ― 앞서 다루었던 상태와 분규들에서도 사정은 이와 유사하다. 이러한 관점에서 우리들은 근래의 예술이 고대의 예술과 대비하여 무한히 알찬 판타지를 제시한다고 하여 입이 닳도록 칭송하였으나, 사실은 근대뿐만 아니라 중세의 예술작품들에서도 역시 상황들, 크고 작은 사건들, 운명들의 지극한 다양성과 변화가 발견된다. 그러나 이러한 외적인 풍부함이 전부는 아니다. 이런 풍요에도 불구하고 우리가 소유하는 탁월한 극시와 서사시는 몇 되지 않을 뿐이다. 까닭인즉 사건의 외적 과정이나 변화는 요체가 아니기 때문이니, 예술작품의 내용을 충당하는 것은 사건과 역사로서의 과정이나 변화가 아니라 오히려 인륜적, 정신적 형상화 및 이러한 형상화의 과정을 통해 제시·노정되는 심정과 성격의 위대한 운동들인 것이다.

앞으로 출발할 지점이 무엇인지를 현 시점에서 살펴보자면, 외적·내적인 특정한 정황들, 상태들 그리고 관계들은 그것들을 포착하고 또 그것들 속에서 보존되는 심정, 열정을 통해서 비로소 상황이 되며, 이미 살펴보았듯이 상황은 그 규정성 속에서 여러 대립, 장애, 분규 및 침해들로 분화하며, 심정은 자신에게 닥친 이 정황들로 인해 자신의 목적과 열정들에 배치하는 저해 요인들에 필히 대항적으로 행동[작용]하게끔 유발되는 자신을 느낀다. 이러한 의미에서 본격적인 행동은 상황 속에 포함되었던 대립이 불거졌을 때 비로소 시작한다. 그런데 충돌을 유발하는 행동은 대립하는 측면을 침해하므로, 이러한 차이 속에서 그것은 공격당한 상대의 힘이 자신에게 맞서는 것을 자초하며 이로써 작용은 반작용과 직결된다. 이와 더불어 이상은 [283] 비로소 충만한 규정성과 운동 속으로 발을 들인다. 왜냐하면 이제는 조화를 깨고 분열된 두 관심이 서로 투쟁적으로 대치하며 또한 그들의 교호적 모순 속에서 필연적으로 해결을 요구하기 때문이다.

이제 이 운동은 그 전체로 볼 때 더 이상 상황 및 그 알력들의 영역에 속하지 않으며, 오히려 위에서 본격적 행위라 지칭했던 것의 고찰로 우리를 안내한다.

3. 행위

우리가 지금까지 추적한 바를 과정별로 볼 때, 행위는 보편적 세계상태와 특정한 상황에 이어 세 번째 과정을 형성한다.

우리는 앞의 상황 장과 행위의 외적 관계에서 행위는 충돌들, 즉 작용과 반작용으로 이어지는 정황들을 전제한다는 사실을 이미 발견했었다. 이 전제들의 관점에서 보면 행위의 출발이 과연 무엇인지를 꼭 집어 단정할 수는 없다. 왜냐하면 한편에서는 출발로 보이는 것이 다른 편에서는 다시 이

전 분규들의 결과로서 밝혀질 수도 있으며 이런 한에서는 이 후자의 분규들이 본격적 출발을 제공한다 할 것이기 때문이다. 하지만 이 분규들 자체도 또다시 선행하는 충돌들의 결과일 따름이다. 예를 들어 아가멤논의 가문에서는 타우리스의 이피게니아가 가문의 죄과와 불행을 무마한다. 디아나는 이피게니아를 타우리스로 보내며, 이로써 여기서는 그녀의 구출이 출발이다. 그러나 이 정황은 다른 곳에서 벌어진 사건, 즉 아우리스에서의 희생의 결과일 뿐이고, 이 희생은 다시 파리스에 의해 헬레나를 유괴당한 메넬라오스의 침해를 조건으로 삼으며, 또한 그러그러하여 저 유명한 레다의 알까지 거슬러 올라간다. 마찬가지로 타우리스의 이피게니아에서 다루어지는 소재는 다시 아가멤논의 살해 및 탄탈로스 가문에서 저질러진 범죄의 모든 추이를 전제로서 포함한다. 테베의 전설에서도 사정은 비슷하다. 이제 하나의 행위가 [284] 이러한 전제들의 전체 계열을 표현해야 했더라면 오로지 시예술만이 어쩌면 이 과제를 해결할 수 있었을는지 모른다. 하지만 이미 속담에 따르더라도[54] 그러한 상세한 나열은 무언가 지루한 것이 되어 있으며 또한 산문의 일거리로 간주되니, 그 상세함과는 대조적으로 청자를 즉시 문제의 핵심으로in medias res[55] 인도하라는 요구가 시문학의 법칙으로서 제기된다. 특정 행위의 외적인 첫출발을 시작으로 삼는 것이 예술의 관심사가 아니라는 사실, 이것은 한층 깊은 이유를 가지니, 즉 그러한 출발은 자연적, 외적 과정의 관점에서만 시작일 뿐이며 또한 행위와 이러한 출발의 연관성은 단지 현상의 경험적 통일성에만 관여할 뿐 정작 행위 자체의 본격적 내용과는 무관할 수 있기 때문이다. 여러 사건들을 묶는 실마리가 오

---

54 역주: 예컨대 독일 속담에는 지루함을 지적하는 표현으로 "그는 자신의 역사를 아담에서 시작한다"는 말 등이 있다(K. F. Wander의 『독일속담사전』 참조).

55 역주: 호라티우스의 『시작술(Ars Poetica)』(ii. 147~148) 참조. 여기서 호라티우스는 호메로스가 트로이 전쟁 이야기를 장황하게 처음부터 시작하지 않고 곧장 핵심으로 들어간다고 하여 높이 평가한다.

직 한 동일한 개인에 의해 제공될 경우에도 역시 그와 같은 외적 통일성이 보인다. 개인을 형성하는 것은 물론 삶의 환경, 행동, 운명들의 전체이지만 이런 것이 없어도 그의 진정한 본성, 그의 성향과 능력의 참된 핵심은 하나의 위대한 상황과 행위에서 나타나니, 이전에는 그가 단지 이름 따위의 외형적 요소로만 알려졌었다면 그의 본질은 상황과 행위가 진행됨에 따라 드러나는 것이다.

그러므로 행위의 출발은 예의 경험적 시작에서 추적될 일이 아니며, 정녕코 파악되어야 할 것은 개인적 심정과 그 욕구에 휩싸여 바로 특정한 충돌을 야기하는 정황들뿐이니, 그러한 충돌의 투쟁과 해소가 특수한 행위를 형성하는 것이다. 예컨대 호메로스는 『일리아드』를 그에게 문제시되는 사태인 아킬레우스의 분노에서 단도직입적으로 시작하며, 또한 사전에 전일의 사건들이나 아킬레우스의 인생역정 따위를 설명하지 않은 채 우리에게 즉시 특수한 알력을, 그것도 하나의 위대한 관심사가 그의 그림의 배경을 이루는 방식으로 제공한다.

[285] 이제 작용, 반작용 그리고 그들 투쟁의 해결들로 이루어진 내적인 총체적 운동으로서의 행위에 관한 묘사는 무엇보다 시문학에 속하니, 까닭인즉 기타 예술들에는 행위가 진행되는 과정에서 한 순간을 잡아내는 일만이 허용되어 있기 때문이다. 한편으로 그러한 예술들은 전체적인 외부형상뿐만 아니라 동작을 통한 표현 및 동작이 주변 형상들에 대해 갖는 표현, 그리고 주위에 무리 지어 있는 기타의 또 다른 대상들에서 반영되는 관계를 통한 표현도 역시 활용하는 까닭에, 이 점에서 그 수단의 풍부함으로 인해 시문학을 능가하는 것으로 비치는 것이 사실이다. 하지만 이 모든 것은 판명성의 면에서 언어에 필적하지 못하는 수단들이다. 행위는 개인의, 그의 성향뿐만 아니라 그의 목적들의 가장 분명한 노출이다. 가장 내적인 근거에 있는 인간의 본질은 그의 행위를 통해 비로소 현실화되고, 행위는 정신적

근원을 갖는 까닭에 그 또한 정신적 표현에서, 즉 오직 언어에서 가장 큰 명료성과 규정성을 얻는다.

일반적으로 행위에 관해 이야기할 때 우리는 보통 그것이 무진장한 다양성을 갖기라도 한 양 생각한다. 하지만 예술에서는 그 표현에 적합한 행위의 영역이 전반적으로 한정되어 있다. 왜냐하면 예술이 섭렵해야 하는 영역은 이념에 근거한 필연적 행위의 영역이기 때문이다.

예술이 행위의 표현을 꾀해야만 할진대, 이와 연관하여 우리는 행위에 관해 다음에서 도출될 세 가지 논점을 부각해야 한다. 상황과 그 알력은 그저 행위의 발단 요인일 뿐이다. 그러나 운동 자체, 즉 행동하는 이상의 차이는 반작용을 통해 비로소 출현한다. 이제 이 운동이 포함하는 것은:

첫째, 행위의 본질적 내용과 목적을 이루는 보편적 힘들 및

둘째, 행위하는 개인들을 통한 이 힘들의 활성화이며,

[286] 셋째, 이 양 측면은 우리가 여기서 일반적으로 성격이라고 칭하려는 것으로 통일되어야만 한다.

a. 행위의 보편적 힘들

α) 우리가 행위를 고찰함에 있어서 아무리 이상理想의 규정성과 차이라는 단계에 서 있을지라도, 그럼에도 참된 아름다움에서는 알력을 노출하는 대립의 각 측면들이 여전히 이상의 인장을 즉자적으로 지녀야 하며 따라서 이성원리와 정당성을 결여해서는 안 된다. 이상적 종류의 관심들이 불가피하게 상쟁하며, 힘이 힘에 맞서 등장한다. 이 관심들은 인간 가슴의 본질적인 욕구들이자 내적으로 필연적인 행위의 목적들이며, 내적으로 정당하고 이성적이며, 이로써 정녕 정신적 현존재의 영원보편의 힘들이다: 그것은 절

대적으로 신적인 것 자체는 아니지만 유일하고 절대적인 이념의 아들들이며, 따라서 유력하고 타당한 것들이며, 규정적이고 특수한 계기들에 불과할지언정 유일하고 보편적인 진리의 아이들이다. 그것들은 그 규정성으로 인해 대립에 빠질 수 있지만, 그 차이에도 불구하고 특정한 이상으로 현상하려면 본질성을 내포해야만 한다. 이것이 예술의 위대한 동기들, 즉 가족, 조국, 국가, 교회, 명성, 우정, 신분, 존엄, 특히 낭만적 세계에서는 명예와 사랑 등과 같은 영원한 종교적, 인륜적 관계들이다. 이러한 힘들은 그 타당성의 정도에서는 상이하지만 그러나 모두가 내적으로 이성적이다. 그것은 동시에 인간이 인간인 까닭에 인정해야 하고 내면의 지주로 삼아야 하며 또한 실행해야만 하는 인간 심정의 힘들이다. 하지만 이 힘들이 실정입법을 거친 권리들인 것으로만 등장할 필요는 없다. 왜냐하면 살펴보았듯이 부분적으로는 이미 실정입법의 형식이 이상의 개념과 형상에 역행하며, 부분적으로는 실정법의 내용이 아무리 법률의 형식을 취하더라도 즉자적으로나 대자적으로나 부당할 수 있기 때문이다. 그러나 예의 관계들은 [287] 그저 외적으로 고정된 것이 아니라 오히려 즉자대자적인 실체적 힘들이니, 이들은 신적·인간적인 것의 참된 내용을 내포한다는 바로 그 이유로 인해 행위를 추동하는 요소이자 항상 자신을 궁극적으로 실현하는 요소이기도 하다.

예컨대 소포클레스의 『안티고네』에서 서로 배격하는 관심사와 목적들이 이러한 종류이다. 크레온왕은 도시의 수장으로서 조국의 적으로 테베에 진군한 오이디푸스의 아들이 땅에 묻힐 영예를 가져서는 안 된다는 엄명을 내렸다. 이 명령에는 전 도시의 안녕을 위한 염려라는 본질적 정당성이 담겨 있다. 그러나 안티고네는 오빠에 대한 거룩한 사랑이라는 마찬가지의 인륜적 힘을 영혼 속에 지니니, 그를 매장하지 않은 채 새들의 밥이 되도록 버려둘 수는 없는 노릇이었다. 매장의 의무를 다하지 않는다면 그것은 가족을 경건히 여기는 마음에 역행하는 일일 것이므로 그녀는 크레온의 명령을 침해한다.

β) 그런데 충돌은 매우 다양하게 도입될 수 있음이 사실이다. 그러나 반작용의 필연성은 무언가 기괴하거나 혐오스러운 것에 의해 야기되어서는 안 되고 내적으로 이성적이며 정당한 것을 통해 야기되어야만 한다. 그런고로 예컨대 하르트만 폰 데어 아우에Hartmann von der Aue의 잘 알려진 독일시 「가련한 하인리히」에서 나오는 충돌은 혐오스럽다. 주인공은 불치의 나병에 감염되어 살레르노의 수도승들에게 도움을 청한다. 그들은 요구하기를, 오직 인간의 심장에서만 필요한 약재가 마련될 수 있으므로 한 사람이 그를 위해 기꺼이 자신을 희생해야만 한다는 것이다. 그 기사를 사랑하는 한 가련한 소녀가 기꺼이 죽기로 작정하고 그와 함께 이탈리아로 간다. 이것은 완전히 야만적이며 따라서 소녀의 고요한 사랑과 감동적인 헌신은 충분한 효과를 발휘할 수 없다. 고대인들의 경우에도 또한 ―예를 들어 처음에는 자신이 제물이 되어야 하는, 그리고 나중에는 스스로가 남동생을 제물로 삼아야 하는 이피게니아의 이야기에서처럼― 인간을 제물로 바치는 그릇됨이 충돌로서 나오지만, 이러한 알력은 한편으로는 [288] 여기에서 내적으로 정당한 또 다른 관계들과 연관되어 있고 다른 한편으로는 이미 위에서 언급했듯 이피게니아와 오레스테스가 마찬가지로 구출되며 또한 예의 온당치 않은 충돌의 폭력이 좌절된다는 점에서 이성적인 요소가 있으니 ― 이는 물론 기왕 언급한 하르트만 폰 데어 아우에의 시에서도 하인리히가 스스로 끝내 희생을 용납하려 하지 않자 신의 도움을 통해 병에서 해방되며 또한 소녀는 그 헌신적 사랑에 대해 보답을 받는 한도에서는 마찬가지라고 하겠다.

위에서 거론한 긍정적 힘들에는 즉각 또 다른 대립적 힘들, 즉 부정적이거나 불량하거나 사악한 것 일반의 힘들이 맞닥뜨린다. 하지만 필연적 반작용의 본질적 근거로서의 한 행위를 이상적으로 표현함에 있어 순전히 부정적인 것이 차지할 자리는 없다. 부정적인 것의 실제가 부정적인 것에, 그 본질과 본성에 조응할 수는 있다. 그러나 내적 개념과 목적이 벌써 내면 자체에서 몰가치하다면, 이미 내적으로 추한 것이 그 외적 실제에 진정한 미를 허락하기란 더더욱 불가능할 것이다. 열정의 궤변이 재간, 강렬함, 정력적 성격을 통해 부정적인 것 속에 긍정적 측면들을 주입하려는 시도를 할 수는 있지만, 그렇더라도 우리는 다만 회칠한 무덤[56]의 모습만을 가질 뿐이다. 왜냐하면 이제 단지 부정적일 뿐인 것은, 한 행위의 운동 근거로서 사용되든 혹은 단순히 타인의 반작용을 끌어내기 위한 수단으로서 사용되든 간에, 도대체가 내적으로 무미건조하며 따라서 우리를 허탈하게 하거나 혹은 우리에게 혐오감을 주기 때문이다. 잔혹, 불행, 권능의 가혹함, 그리고 초월적 힘의 냉혹함이 성격과 목적의 내실 있는 위대함에 의해 고양·지탱될 경우라면, 그들이 함께 있거나 용인됨을 생각할 수는 있다. 그러나 사악한 것 그 자체, 시기, 비겁卑怯과 비루鄙陋는 다만 혐오스러울 뿐이며 또한 그렇게 머물 것이다. 따라서 악마는 그 자체로 보면 나쁜, 미적으로 쓸모없는 인물이다. 왜냐하면 악마는 내면 그 자체로 보면 날조捏造에 지나지 않으며 따라서 극히 [289] 산문적인 인물이기 때문이다. 마찬가지로 증오에 찬 복수의 여신들 내지 그런 유의 후일의 많은 유사한 비유들도 또한 힘들이긴 하겠으나, 그러나 긍정적 독립성과 확고함을 결여한, 이상적 표현에는 적절치 않은 힘들이다. 비록 이 관계에서조차 특수한 예술들마다 —또한 대상을 직접적으로 가시화하거나 하지 않는 방식들마다— 그것이 허락되기도 하고 금지되기도 하는 큰 차이가 엄존하지만 말이다. 하지만 진정한 예술이 내적 조화

---

56   역주: 위선자를 가리키는 비유. "율법학자들과 바리새 사람들아, 너희 같은 위선자들은 화를 입을 것이다. 너희는 겉으로는 그럴싸해 보이지만 속은 죽은 사람의 뼈와 썩은 것이 가득 차 있는 회칠한 무덤 같다. 이와 같이 너희도 겉으로는 흡사 사람처럼 보이지만 속은 위선과 불법으로 가득 차 있다"(마태복음 23:27).

의 모습을 제공하는 것임에 반해 사악한 것이란 일반적으로 내적으로 황량하고 내용 없는 것이니, 까닭인즉 그로부터는 그 자체가 다만 부정적인 것, 즉 파괴와 불행만이 출현할 따름이기 때문이다. 무엇보다 경멸스러운 것은 비루이니, 그것은 고귀함에 대한 시기와 증오에서 생성되며 또한 내적으로 정당한 것을 자신의 악하거나 비열한 열정을 위한 수단으로 오용함에 있어 두려워하지 않는 까닭이다. 그러므로 고대의 위대한 시인과 예술가는 우리에게 사악함과 극악무도함을 보여 주지 않는다. 이에 반해 셰익스피어는 예컨대 리어왕에서 사악함의 지독한 전율을 눈앞에 보여 준다. 늙은 리어왕은 딸들에게 왕국을 분할해 주면서 그녀들의 거짓된 아첨의 말은 준신하고 말 없이 진실한 코르델리아는 오해하는 어리석은 짓을 한다. 이것이 이미 어리석고 정신 나간 짓일진대, 손위의 딸들과 그 남편들의 포학한 배은망덕과 무도함은 그를 실제로 실성하게 만든다. 이와는 또 달리 프랑스 비극의 영웅들은 종종 자신이 지극히 위대하고 고귀한 모티브들인 양 대단히 거들먹거리고 허풍을 떨며 그들의 명예와 존엄을 엄청나게 과시하지만, 이러한 모티브들의 이미지는 그들의 실제 모습 및 그들이 실제로 행한 것을 통해 마찬가지로 다시 파괴된다. 하지만 특히 최근에는 지극히 혐오스러운 온갖 부조화나 뒤지고 다니는 불안정한 내적 분열성이 유행하여 유머를 빙자한 역겨움 내지 반어를 가장한 괴이함을 내놓고 있으니, 예컨대 호프만[57]은 그런 짓을 하며 좋아했었다.

[290] γ) 따라서 이상적 행위의 참된 내용을 제공하는 것은 내면 그 자체로서 긍정적, 실체적인 힘들뿐이다. 하지만 [행위를] 추동하는 이러한 힘들

---

57 역주: Ernst Theodor Amadeus Hoffmann(1776~1822), 독일 후기의 낭만파 소설가. 음악에 대한 재질이 뛰어났으며, 그림에 대한 재질도 함께 지녔던 다방면의 예술가이다. 괴기분방(怪奇奔放)한 환상을 자아내고 요기(妖氣), 기지, 풍자로 가득한 여러 단편과 몇몇 장편을 썼으며 발자크, 보들레르, 포, 도스토옙스키, 바그너 등에게 많은 영향을 주었다고 한다.

이 비록 행위의 현실성 내부에서 이념의 본질적 계기들로서 존재하기는 해도, 그것들이 표현될 경우 그 보편성 자체가 등장해서는 안 되며 오히려 그것들은 독립적 개인들로서 형상화되어야 한다. 만일 그렇지 않다면, 그것들은 예술의 영역으로 편입되지 않는 보편적 사상이나 추상적 표상들에 머문다. 그것들의 근원을 판타지의 단순한 자의에서 끌어내어서는 안 될 일이지만, 그것들은 규정성과 완결성으로 발전하고 또한 이를 통해 즉자 그 자체에서 개별화된 것으로 현상해야만 한다. 그러나 이러한 규정성이 외적 현존재의 특칭성으로 확대되어서는 안 되지만, 주관적 내면성으로 오그라들어서도 안 되니, 까닭인즉 다른 경우에는 보편적 힘들의 개별성이 유한한 현존재의 모든 분규에 필히 휘말릴 터이기 때문이다. 그런즉슨 이 면에서라면 그들 개별성의 규정성은 별로 진지한 것이 못 된다.

독립적 형상으로 현상하는 보편적 힘들과 그들의 지배권에 대한 가장 명쾌한 예로서는 그리스의 신들을 들 수 있다. 그들이 어떻게 등장하든, 좌우지간 그들은 늘 행복하고 쾌활하다. 그들은 개별적이며 특수한 신들로서 싸움에 빠지기도 하지만, 그들에게 결국 이 싸움은 혹여 성격과 열정이 매우 정력적으로 일관되게 하나의 특정한 목적에 집중되어 그 처절한 투쟁 속에서 그들의 몰락을 볼지도 모른다는 의미를 갖지는 않으니 그리 진지한 것이 아니다. 그들은 다만 이러저러한 곳에 끼어들고 구체적 사례들 속에 있는 특수한 관심사를 그들 자신의 관심사로 삼기도 하지만, 다시 언제 그랬냐는 듯 그 일을 중단하고 행복에 차서 저 높은 올림포스로 되돌아간다. 우리는 호메로스의 신들이 서로 싸우고 전쟁하는 모습을 본다. 그들의 규정성에는 이 점이 들어 있지만, 그럼에도 그들은 보편적 본질이자 [291] 규정성들로 머문다. 예컨대 살육이 광분하기 시작한다. 영웅들이 줄지어 하나씩 등장한다. 이제 개개의 영웅들은 일반화된 광란의 뒤범벅 속에서 자신을 상실한다. 서로를 구분케 하는 특유의 특수성들이란 더 이상 존재하지 않는다. 일반화된 노도의 정신이 들끓고 투쟁한다. — 그리고 이 시점에서 전쟁 속에 등장하는 것은 보편적 힘들, 곧 신들 자신이다. 그러나 신들은 언제나 그러한 이전투구泥田鬪狗에서 벗어나 자신의 독립성과 고요로 되돌아간다. 왜냐하면 그들 형상의 개별성은 물론 그들을 우연성으로 인도하지만, 그들에게는 신적 보편성이 우세한 요인이며, 그런 까닭에 개별적 요소가 그들을 철저히 꿰뚫어 정말로 내적인 주관성이 되기보다는 그저 외적인 형상으로만 머물기 때문이다. 규정성은 하여간 신성의 들러리에 그치는 형상이다. 그러나 이러한 독립성과 근심 없는 고요가 그들에게 부여하는 것은 바로 규정된 것에 대해 근심과 걱정을 하지 않는, 융통성 있는 개별성이다. 따라서 호메로스의 신들이 변덕스럽고 잡다한 행동을 부단히 벌이지만, 그 일거리라는 것이 시간적, 인간적 사건들의 소재이자 관심사에 불과하므로, 그들에게는 구체적 현실에서 진행되는 행위의 경우에도 고정된 일관성이 없다. 이와 비슷하게 우리는 각 특정한 신들의 보편적 개념으로 늘 환원되지는 않는 그 밖의 독특한 특칭성들을 그리스의 신들에게서 발견한다: 예를 들어 머큐리는 아르고스[58]의 살해자이고, 아폴론은 도마뱀을 죽인 자이며, 제우스는 무수한 연애사건을 일으키고, 헤라를 모루에 매단다. 이런 종류의 많은 이야기는 상징과 비유를 통해 신들의 자연적 측면에 덧붙은 단순한 부속물인바, 우리는 좀 더 상세한 그 근원을 추후 살펴볼 것이다.

오늘날의 예술에서도 역시 규정된, 그리고 동시에 내적으로 보편적인 힘들의 이해가 보이기는 한다. 하지만 이것은 대개 [292] 예컨대 미움, 시기, 질투, 미덕과 악덕 일반, 믿음, 희망, 사랑, 신뢰 등에 대한 황량하고 삭막한 비

---

58 역주: 이 괴물은 눈이 백 개나 되어 모든 눈이 한꺼번에 잠드는 일이 없었으나 헤르메스는 자신의 황금 지팡이로 이 괴물의 눈을 모두 잠들게 한 뒤에 죽여 버렸다고 한다.

유들에 불과하니, 이에 대해 우리는 신앙을 갖지 않는다. 왜냐하면 이 시대에서 우리가 예술의 표현으로부터 한층 깊은 관심을 느낀다면, 그것은 구체적 주관성이 유일하며, 그리하여 우리는 앞의 추상들을 그 자체로서가 아니라 인간적 성격과 그 특수성 및 총체성의 계기들이자 측면들로서만 보고자 하기 때문이다. 이와 비슷하게 천사들도 역시 마르스, 비너스, 아폴로 등이나 혹은 오케아노스 및 헬리오스와는 달리 보편성과 독립성을 내포하지 않으며, 오히려 상상에 대해 존재하되 한 실체적·신적 본질의 특수한 시종으로서 존재하는 것이니, 이 신적 본질은 그리스 신들과는 달리 독립적 개별성들로 분열되지 않는다. 그러므로 우리는 그 자체로 신적 개별자들로서 표현될 법한 자기기인적인 다수의 객관적 힘들이란 관점을 갖는 것이 아니며, 오히려 그 힘들의 본질적 형상이 신이라는 일자 속에서 객관적으로 현실화되거나 아니면 특칭적이자 주관적으로 인간적 성격과 행위들로 현실화되어 있음을 본다. 하지만 신들의 이상적 표현은 예의 독립화와 개별화에서 바로 그 근원을 발견한다.

b. 행위하는 개인들

신적 이상들에서는즉 그리스 조각들에서는, 방금 고찰했듯이, 요청되는 관념성의 보존이 예술에게 그리 어려운 일이 아니다. 하지만 그것이 구체적 행위와 연결되어야 한다면 즉시 표현상의 독특한 어려움이 나타난다. 즉 신들과 보편적 힘들 일반이 운동을 추동하는 요소이긴 하지만, 실제로 그들에게 본격적인 개별적 행위가 할당되는 것은 아니며, 행위는 인간에게 귀속하는 것이다. 이를 통해 우리는 둘로 나뉘는 측면을 갖는다. 한편으로는 예의 보편적 힘들이 있으니, 그들은 자기기인적인, 이로써 보다 추상적인 [293] 실체성 속에 존재한다. 다른 한편으로는 인간적 개인들이 있으니, 그들에게는 행위를 위한 결의와 최후의 결단 및 현실적 실행이 속한다. 인간의 자아에 내재하고 또한 그의 성격의 실체적 측면을 형성하는 것은 정녕 영원한 지배적 힘들이다. 그러나 이 힘들의 신성 자체가 개인들로서, 또한 이로써 배타적인 것으로서 파악되는 한, 그들은 그 즉시 주관에 대해 외적으로 관계하게 된다. 이 사실이 여기서 본질적인 어려움을 야기한다. 왜냐하면 신과 인간의 이러한 관계에는 직접 하나의 모순이 들어 있기 때문이다. 한편으로 신들의 내용은 고유성, 개인적 열정, 인간의 결의와 의지로 있지만, 다른 한편 신들은 즉자대자적 존재자로서 개별적 주관에 의존하지 않을 뿐만 아니라 도리어 그 주관을 추동하고 규정하는 힘들로서 파악·부각되니, 그리하여 동일한 규정들이 어떤 때는 독립적인 신적 개별성 속에서, 또 어떤 때는 인간적 가슴의 지극한 고유성으로서 표현된다. 이를 통해 신들의 자유로운 독립성뿐만 아니라 행위하는 개인들의 자유도 역시 위협받는 것으로 나타난다. 신들에게 명령권이 할애된다면 그 상황에서 신음하는 것은 주로 인간의 독립성이지만, 그러나 이 독립성은 예술의 이상적 요소를 위해 철저히 본질적인 요구로서 제기되는 것이다. 기독교적인 종교적 표상에서 문제시되는 것도 이와 동일한 관계이다. 예컨대 신의 정신이 신으로 인도하리라는 말이 있다. 그러나 이렇게 되면 인간의 내면은 신의 정신이 스미어 작용하는 단지 수동적일 뿐인 토대로 보일 수 있으며, 또한 이러한 작용 속에 있는 신의 결정의지는 인간에게 그의 고유한 자아가 참여할 수 없는 일종의 운명 같은 것으로 남으니 그의 의지의 자유는 절멸되어 있다.

α) 그런데 이 관계가 행위하는 인간이 실체로서의 신에 대해 외적으로 대치한다는 식으로 설정된다면, 양자의 관계는 극히 산문적으로 머문다. [294] 왜냐하면 신은 명령을 하고 인간은 그저 순종해야 하기 때문이다. 위대한 시인조차도 신들과 인간들이 상호 대립하는 외면성으로부터 자유로울 수 없었다. 소포클레스의 경우, 예컨대 필록테테스는 오디세우스의 속임

수를 수포로 만든 후 그리스 진영에 함께 따르지 않겠다는 그의 결단을 고집하며, 결국 헤라클레스가 *기계신*Deus ex machina[59]으로 등장하여 네오프톨레모스의 소원을 들어줄 것을 그에게 명령한다. 이러한 등장의 내용은 충분한 동기가 있으며 또한 그 자체가 예견되는 것이긴 하다. 그러나 반전 자체는 항상 이질적이며 외적인 것으로 머물며, 이러한 종류의 서술이 한 걸음 더 나아간다면 신들은 죽은 기계가 되고 개인들은 그들에게 이질적인 자의의 단순한 도구가 되는 까닭에 소포클레스는 그의 가장 뛰어난 비극들에서는 그런 서술을 이용하지 않는다. 이와 유사하게 특히 서사시에서 보이는 신들의 작용은 인간적 자유에 대해 외적인 것으로 현상한다. 예를 들어 헤르메스는 프리아모스를 아킬레우스에게 인도한다[60]. 아폴론은 파트로클로스의 어깨 사이를 내리쳐 그의 삶에 종지부를 찍는다.[61] 마찬가지로 종종 신화적 특성들도 개인들에게서 외적 존재가 부각되도록 사용된다. 예를 들어 아킬레우스의 어머니는 그를 스틱스강[62]에 담갔으며, 이를 통해 그는 발꿈치를 제외하곤 상처를 입지도, 패하지도 않게 된다. 이 사실을 오성적으로 따져 본다면 용감성이란 모두 사라져 버리고, 아킬레우스의 영웅적 본질은 정신적인 성격상의 특성이기를 그치고 그저 육체적일 뿐인 특질로 화한다.

---

59 역주: 초자연적인 힘을 이용하여 극의 긴박한 국면을 타개하고, 이를 결말로 이끌어 가는 수법이다. 라틴어로 '기계에 의한 신(神)' 또는 '기계장치의 신'을 의미하며, 무대 측면에 설치된 기중기 따위의 기계를 신이 타고 등장하도록 연출한다 하여 이러한 이름이 붙었다.

60 역주: 트로이 전쟁이 끝나갈 무렵 아들 헥토르의 시신을 찾기 위해 노왕(老王) 프리아모스가 적진을 뚫고 아킬레우스를 찾아갈 때, 헤르메스는 그리스 보초병들을 황금 지팡이로 잠들게 하고 프리아모스를 자신의 황금 투구로 보호하여 남들 눈에 띄지 않게 해 주었다고 한다. 『일리아드』 xxiv 참조.

61 역주: 트로이 전쟁 중 헥토르가 파트로클로스와 결투를 벌일 때 파트로클로스의 머리를 내리쳐 치명상을 입힌 것은 아폴로였다고 한다. 파트로클로스가 정신을 잃고 쓰러진 다음에야 아폴로는 헥토르에게 나머지 처리를 맡겼다. 『일리아드』 xvi 참조.

62 역주: 황천의 강. 바다의 여신은 자신의 아들 아킬레우스를 불사신으로 만들고자 갓난아기였던 그를 황천의 스틱스 강물에 담갔으나, 그녀가 잡고 있던 발뒤꿈치만은 물에 젖지 않아 아킬레우스의 치명적인 약점이 되고 말았다.

그러나 그러한 표현방식은 극시보다 훨씬 전부터 서사시에 허용되어 왔으니, 서사시는 목적을 관철함에 있어 의도와 연관된 내면성의 측면을 뒤로 물리며, 이와 함께 외면성 일반에 한층 광범위한 유희공간을 할애하기 때문이다. 곧 살펴보겠지만, 시인에게 그의 영웅들은 영웅이 아니라는 불합리를 부담으로 주었던 앞의 단순한 오성적 반성은, 그러한 특성들 속에서조차 [295] 신들과 인간의 시적 관계가 보존되어야 하는 까닭에, 대단히 조심스럽게 등장해야 한다. 그 밖에도 만일 독립적인 것으로 설정된 힘들이 내적으로 실체가 없으며 또한 잘못된 독창성의 공상적 자의와 기괴함에 속할 뿐이라면, 그 즉시 반대로 산문적인 것이 말을 하게 된다.

β) 진정한 이상적 관계는 신들과 인간들의 동일성에서 성립하는바, 행위하는 인격들과 그들의 열정에 대해 보편적 힘들이 독립적이며 자유로운 것으로서 대치하는 경우에조차 이 동일성은 드러나야만 한다. 다시 말해 신들의 내용은 곧 개인들의 내면인 것으로 밝혀져야만 하며, 그리하여 한편으로는 지배적 힘들이 그 자체로 개별화되어 현상하되, 다른 한편으로는 인간에게 외적인 바로 이 힘들이 그의 정신과 성격에 내재하는 것으로 나타난다. 그러므로 예술가의 임무는 양 측면의 차이를 매개하여 섬세한 끈으로 결합하는 것이다. 즉 그는 인간의 내면에 있는 단초들을 뚜렷이 하되 그 속에서 지배하는 보편적, 본질적 요소를 마찬가지로 부각하고 또한 그 자체로서 개별화하여 보여 주어야 한다. 인간의 심정이 신들 속에서 드러나야만 하니, 신들은 그의 내면을 추동하고 주재하는 것을 위한 독립적, 보편적인 형식들이다. 이때야 비로소 신들은 동시에 인간의 고유한 가슴의 신들로 존재한다. 우리는 고대인들에게서 예컨대 비너스나 아모르[에로스]가 심장을 사로잡았다는 이야기를 듣는다. 물론 비너스와 아모르는 우선은 인간에게 외적인 힘들이지만 그에 못지않게 사랑은 인간의 가슴 자체에도 속하며 또한 그의 고유한 내면을 형성하는 자극이자 열정이기도 한 것이다. 유

메니데스[63]도 종종 이와 같은 의미에서 이야기된다. 우선 우리는 범죄자를 외적으로 추적하는 복수심에 찬 처녀들을 복수의 여신들로 생각한다. 그러나 이러한 추적은 마찬가지로 범죄자의 가슴을 관통하는 내면의 복수의 여신으로도 존재하며, 또한 소포클레스는 복수의 여신들을 인간의 내면이자 고유성이라는 의미에서도 역시 사용하니, 가령 『콜로노스의 오이디푸스』(1434행)에서 그들은 [296] 오이디푸스 자신의 에리니에스[64]로 불리며 또한 아버지의 저주, 침해당한 그의 심정이 아들들에게 가하는 힘을 의미한다.[65] 따라서 신들이 일반적으로 항상 인간에게 외적인 힘들일 뿐이라든가 혹은 속에 내재하는 힘들일 뿐이라고 설명하는 것은 옳기도 하고 그르기도 하다. 왜냐하면 그들은 그 둘 모두이기 때문이다. 따라서 호메로스의 경우 신들의 행동과 인간들의 행동은 부단히 교차한다. 신들은 인간에게 이질적인 것을 수행하는 듯 보이지만 정작 그들은 인간의 내적 심정의 실체를 형성하는 것만을 실행한다. 예컨대 『일리아드』에서 아킬레우스가 싸우는 도중 아가멤논을 향해 칼을 처들고자 할 때 아테네가 그의 뒤로 와서 오직 그에게만 보이게끔 그의 황금빛 머리카락을 움켜쥔다. 아킬레우스와 아가멤논을 똑같이 염려하는 헤라는 아테네를 올림포스에서 파견했으며 또한 그녀의 개입은 아킬레우스의 심정과는 완전히 무관한 것으로 나타난다. 그러나 다른 한편 갑작스레 출현하는 아테네, 영웅의 분노를 저지하는 신중함은 내면적 종류의 것이자 또한 그 전체는 아킬레우스의 심정 속에서 발생하는 사건이라는 사실을 쉽게 생각할 수 있다. 그렇다, 호메로스 자신이 바로 몇 행 앞에서(『일리아드』 I, 190행 이하) 아킬레우스가 타협을 암중모색하던 모습

---

63 역주: 호의를 지닌 여자를 뜻하지만 실은 복수의 세 여신 에리니에스를 듣기 좋게 부르는 이름.

64 역주: 복수의 세 여신. 앞에서 유메니데스로 불린 바 있다.

65 역주: 오이디푸스는 그의 두 아들 에테오클레스와 폴리네이케스가 서로의 손에 죽게 될 것이라고 저주한다.

을 서술함으로써 이 사실을 암시하고 있다:

예리한 칼을 허리에서 뽑는 즉시
그들을 밀치고, 아트레우스의 아들[66]을 죽여야 할지
아니면 분노를 잠재우고 용감한 영혼을 다스려야 할지
ἤ ὅ γε φάσγανον ὀξὺ ἐρυσσάμενος παρὰ μηρού,
τοὺς μὲν ἀναστήσειν, ὁ δ᾽ Ἀτρείδην ἐναρίξοι,
ἠὲ χόλον παύσειεν ἐρητύσειέ τε θυμόν.[67]

처음에는 아킬레우스가 오로지 분노에 가득 찬 것으로 나타나는 까닭에,
서사시인이 여기에서 분노의 이러한 내적 중단, 분노에 이질적인 힘인 이
러한 저지를 외적 사건으로 서술하는 것은 완전히 옳다. 이와 유사하게 『오
디세이』에서 우리는 미네르바가 텔레마코스[68]의 동반자임을 발견한다. 이
동반은, 비록 여기에도 외면과 내면의 관계가 없지는 않지만, 텔레마코스의
가슴속에 동시에 있는 내적인 동반으로 파악되기가 이미 쉽지 않다. [297] 호
메로스의 신들이 인간 심정의 고유한 힘들로서 제시되고 이를 통해 그 힘
들 속의 인간을 그 자신의 곁에 존재하게끔 두는 한, 신들의 독립성과 진지
함은 다시 해체된다는 사실, 이 사실이 무릇 호메로스의 신들의 명랑성을
형성하는 것이자 또한 그들의 숭배에 대한 반어를 이루는 것이다.

하지만 그러한 단지 외적일 뿐인 기계신을 주관적인 것, 자유, 그리고 인

---

66 역주: 아가멤논을 의미함.
67 Voss는 이 구절을 다음과 같이 독역한다. "Ob er, das schneidende Schwert alsbald von der
    Hüfte sich reißend, / Trennen sie sollt auseinander und niederhauen den Atreiden / Oder
    stillen den Zorn und die mutige Seele beherrschen."
68 역주: 오디세우스와 페넬로페 사이에서 태어난 아들.

류적 미로 전환시키는 완벽한 사례를 찾기 위해 멀리 둘러볼 필요는 없다. 괴테는 그의 『타우리스의 이피게니아』에서 이러한 관점에서 가능한 가장 경이롭고 가장 아름다운 것을 이룩해 냈다. 에우리피데스의 동명의 작품에서는 오레스테스가 이피게니아와 함께 디아나의 신상을 훔친다. 이것은 절도 행위에 불과하다. 토아스가 나타나 그들을 추적하여 여신상을 빼앗으란 명령을 발하지만, 그렇지 않아도 아테네가 오레스테스를 이미 포세이돈에게 맡겼고 또한 포세이돈은 그녀를 위해 그를 바다 멀리로 끌고 갔기에, 결국은 아테네가 극히 산문적으로 등장하여 토아스에게 중지를 명한다. 토아스는 여신의 경고에 다음과 같이 답하면서 곧바로 복종한다(1442행 이하): "주인이신 아테네여, 신들의 말을 듣고 그에 복종하지 않는 자는 제정신이 아닙니다. 강력한 신들과 싸운다는 것이 어찌 아름답겠습니까."

우리는 이 관계 속에서 아테네의 편에서는 무미건조한 외적인 명령을, 마찬가지로 토아스의 편에서는 내용 없는 단순한 복종을 볼 뿐이다. 이에 반해 괴테에게서는 이피게니아가 여신이 되어 그녀 자신 속에 있는, 즉 인간의 가슴속에 있는 진리에 신뢰를 보낸다. 이러한 의미에서 그녀는 토아스에게 다가가 말하기를:

전대미문의 일을 하는 데는 도대체 남자만이
권리가 있습니까? 남자만이 불가능한 일을
강인한 영웅의 가슴으로 꺼안는다는 말입니까?

에우리피데스에게 있어 아테네의 명령이 가져온 것, 즉 토아스의 태도 변화를 괴테의 이피게니아는 그녀가 토아스에 대하여 갖는 깊은 감응과 생각들을 통해 성취하고자 하며, 또한 실제로 성취한다.

[298] 때때로
가슴속에서 대담한 계획이 치밀어 오르지요:
저는 엄청난 비난도, 가혹한 불행도
회피하지 않겠어요, 만일 일이 잘못된다면,
신이여, 오직 당신 뜻에 맡기나이다!
당신이 칭송되는 것처럼 진실하다면,
당신의 도움으로 그것을 드러나게 하시고, 저를 통하여
진실을 밝히소서! —

토아스가 대답하기를:

그대는 믿는단 말이오,
그리스인 아트레우스도 귀 기울이지 않았던
진실의 목소리, 인간의 목소리를
거친 스키타이인, 이 야만인이 들으리라고?
극히 상냥하고 순수한 믿음에서 그녀가 답하기를:
어느 하늘 아래에서 태어났든,
생명의 샘이 가슴을 통해 순결하고
거침없이 흐르는 자라면
누구든 들을 것입니다 —

이제 그녀는 그의 높은 존엄에 대한 신뢰를 갖고 그의 관대함과 온정에 호소하며 그를 감동, 설복시키고 또한 그녀의 동족들에게로 돌아가도 좋다는 허가를 그에게서 인간적-미적인 방식으로 얻어 낸다. 왜냐하면 필요한 것은 오직 이것뿐이기 때문이다. 그녀는 여신상이 필요치 않으며 간계나

속임수가 없어도 떠날 수 있으니, 괴테는 애매모호한 신탁:

"타우리스의 바닷가 신전에서
어쩔 수 없이 머물고 있는 누이를
그리스로 데려오너라. 그러면 저주가 풀리리라" —

라는 신탁을 순수하고 성스러운 이피게니아가 바로 그 누이이자, 신상이며
가문의 수호자라고 인간적, 화해적인 방식으로 무한히 아름답게 해석하는
것이다.

여신의 조언은
아름답고 찬란하게 드러납니다

라고 오레스테스는 토아스와 이피게니아에게 말한다:

비밀스러운 신탁을 통해
도시의 운명이 움직일 수 없도록 묶여 있는
[299] 성스러운 신상인 양
여신은 가문의 수호자인 누이를 데려갔습니다.
누이를 성스러운 적막 속에서
동생과 가문의 축복을 위해 지켜 주었습니다.
넓은 대지 위에서 모든 구원이
사라진 듯 보였을 때 누이는 모든 것을 다시 주었지요.

이피게니아는 앞에서 이미 오레스테스의 일과 관련해서 내적 심정의 순

수성과 인륜적 미를 이렇듯 치유적, 화해적으로 입증한 바 있었다: 자신의 찢긴 심정 속에 평화에 대한 아무런 믿음도 더 이상 품지 않았던 그는 그녀의 정체를 알자 광포하게 되지만 누이의 순수한 사랑은 그를 내면의 분노의 고통으로부터 마찬가지로 치유한다:

누이의 팔에 안겼을 때
악은 모든 발톱을 모아
마지막으로 나를 움켜쥐고는
뼛속까지 무섭도록 뒤흔들었습니다. 그리고는
뱀처럼 구멍으로 달아났지요. 새롭게
이제 나는 누이를 통해 한낮의 드넓은 빛을
즐깁니다.

이 점에서, 그리고 그 밖의 모든 다른 점에서 시의 깊은 아름다움이 이보다 더 놀라울 수는 없다.

그런데 기독교적 소재들을 사용할 경우에는 고대의 소재들에서보다 사정이 좋지 않다. 성인전에서는, 아니, 무릇 기독교적 표상의 토대에서는 예수, 마리아, 기타 성자 등등의 모습이 일반적인 믿음 가운데 현전하는 것이 사실이다. 그러나 그뿐만 아니라 관련 영역들 속에는 마녀, 유령, 환영 따위의 많은 것들이 있느니만큼 판타지는 갖가지 환영체들을 꾸며 냈으니, 이들이 인간에게 이질적인 힘으로서 현상하고 또한 인간은 불안정하게 내면에서 그들의 마법, 속임수 그리고 현혹의 힘에 복종할진대, 그들을 이해함에 있어 전체적 묘사는 우연성의 온갖 광기와 자의에 방기될 가능성이 있다. 이러한 관계가 있으므로 특히 예술가는 인간에게 자유와 결단의 독립성이 [300] 보존되도록 힘써야만 한다. 셰익스피어는 이를 위해 매우 탁월한 범례들을 제공하였다. 예를 들어 『맥베스』에서 마녀들은 그의 운명을 예정하는 외적인 힘들로 나타난다. 하지만 마녀들이 발설하는 것은 가장 깊은 곳에 감추어 둔 그의 소망인바, 이 소망은 이렇듯 외적으로 그에게 다가와 명백해지지만 이는 단지 겉보기에만 그런 것이다. 『햄릿』에서는 유령의 출현이 더욱 아름답고 심오하게, 그리고 그의 내면의 예감의 객관적 형식으로만 사용된다. 우리는 햄릿이 무언가 끔찍한 일이 일어났으리라는 막연한 감정을 갖고 등장하는 것을 본다. 이제 그에게 아버지의 영혼이 나타나 죄상을 낱낱이 폭로한다. 복수를 촉구하는 이러한 폭로에 이어 우리는 햄릿이 그 행동을 즉시 강하게 벌하리라고 기대하며, 또한 그의 복수를 완전히 정당하다고 여긴다. 그러나 그는 망설이고 또 망설인다. 사람들은 이러한 주저로 인해 셰익스피어를 질책했으며, 또한 이 희곡은 그 부분에서는 오점을 피하지 못하는 양 비난했다. 하지만 햄릿은 본성적으로 실천력이 약하고, 아름답고 내성적인 심성을 지녀 이러한 내적 조화로부터 벗어나는 결단을 내리기가 매우 어렵고, 우수에 차 있고, 신중하고, 침울하고, 깊은 사려를 지녔으므로, 섣부른 행동을 잘 하지 않으니, 그래서 괴테도 역시 셰익스피어가 위대한 행위를 감당할 만큼 성숙하지 못한 영혼에 그 행위가 부과된 모습을 묘사하고자 했다는 생각을 견지하였다. 그리고 이러한 의미에서 괴테는 이 희곡이 완벽하게 쓰인 것으로 생각한다. 그는 말하기를 "여기 사랑스러운 꽃만을 품어야 했을 소중한 화분에 참나무 한 그루가 심긴다. 뿌리가 벋고, 화분은 부서진다." 그러나 셰익스피어는 유령의 출현과 관련해서 훨씬 더 깊은 면을 말하고 있다. 햄릿이 망설이는 까닭은 유령을 맹목적으로 믿지 않기 때문이다.

내가 본 유령은
악마일지도 몰라: 악마는 힘을 갖고 있거든

정다운 모습을 가장하는 힘을. 그래 어쩌면

내가 나약하고 우수에 차 있으니

[301] (악마는 그런 영혼들에게 매우 강하니까)

나를 파멸시키려 미혹하는 것일지도 몰라. 난 근거를 원해

이보다 더욱 확실한: 연극을 벌이는 거야

그러면서 나는 국왕의 양심을 알아내겠어

　　여기서 우리가 보는 것은 유령의 출현 자체가 햄릿을 속수무책으로 좌지우지하는 것이 아니라 오히려 그가 행동에 착수하기 전에 의심을 품고 자신이 마련한 행사를 통해 확실한 것을 알고자 한다는 점이다.

　　γ) 이제 마지막으로 그 자체로 독립적으로 등장할 뿐만 아니라 인간의 가슴속에도 마찬가지로 살아 있으며 또한 인간 심정의 가장 깊은 곳을 움직이는 보편적 힘들을 우리는 옛사람들을 따라 파토스$_{\pi\acute{\alpha}\theta o\varsigma}$라고 표현할 수 있다. 이 말은 번역하기가 어렵다. 왜냐하면 "열정Leidenschaft"은 ―인간은 열정의 상황에 빠져서는 안 되리라는 요구에서 보듯이― 사소하고 저열한 것이라는 부수 개념을 항상 동반하기 때문이다. 따라서 우리는 여기서 파토스를 ―비난받을 만하다거나 고집스럽다는 따위의 부속음조를 빼고― 한층 높고 한층 보편적인 의미에서 받아들인다. 그럴진대 안티고네의 성스러운 남매애 등속이 그러한 그리스적 의미의 파토스이다. 이러한 의미의 파토스는 내적으로 정당화된 심정의 힘이며 이성원리와 자유로운 의지의 본질적 내용이다. 예를 들어 오레스테스는 열정으로 불릴 법한 심정의 내적 동요 따위로 인해 그의 어머니를 살해한 것이 아니며, 그를 행동으로 몰고 간 파토스는 깊은 생각을 거친 것이다. 이 점을 고려할 때 신들이 파토스를 갖는다는 말도 역시 할 수 없을 것이다. 신들은 인간적 개별성을 결단과 행위로 몰고 가는 것의 보편적 의미내용일 따름이다. 그러나 신들 자신은 [302] 열정

이 배제된 고요 속에 머물며, 설혹 그들 사이에서 불화와 반목이 일더라도 그것은 그들에게 그리 심각한 것이 아니거나 혹은 그들의 싸움은 신들의 보편적 전쟁으로서의 일반적, 상징적인 관계를 갖는 것이다. 따라서 파토스는 인간의 행위에 국한되어야만 하니, 인간의 자아 속에 현재하며 전 심정을 채우고 관류하는 그것은 본질적, 이성적인 의미내용으로 이해되어야만 한다.

αα) 이제 파토스는 예술 본연의 중심점을, 그 진정한 영역을 형성한다. 예술작품에서, 그리고 관조자에게 주로 작용하는 것은 파토스의 표현이다. 왜냐하면 파토스는 만인의 심금을 울리며, 참된 파토스의 의미내용에 들어 있는 고귀함과 이성적 요소를 모른다거나 인정하지 않을 사람은 없기 때문이다. 파토스는 즉자대자적으로 인간 현존재 속에 있는 강력한 힘이므로 감동을 준다. 이 점에서 볼 때 외적인 요소, 즉 자연환경 및 그 풍경은 다만 하위의 부속물로서 파토스의 작용을 보조하기 위해 등장할 뿐이다. 그러므로 자연은 본질적으로 상징적으로 사용되어 그 자체에서 본래의 표현 대상인 파토스가 울리도록 해야만 하는 것이다. 가령 풍경화는 그 자체가 이미 역사화보다 협소한 장르이지만, 그것이 독자적으로 등장하는 곳에서조차 그것은 보편적 감응을 환기해야 하며 또한 파토스의 형식을 가져야 한다. ─ 이러한 의미에서 예술은 무릇 감동을 주어야 하는 것으로 이야기되었다. 그러나 이 명제가 타당하려면 무엇을 통해 예술에서 감동이 야기되는가 하는 물음이 본질적으로 제기되어야 한다. 일반적으로 감동은 감응으로서의 공감이며, 또한 일부의 인간은, 특히 오늘날에는, 쉽게 감동을 받는다. 눈물이 흔한 사람은 쉽게 자라는 눈물의 씨앗을 뿌린다. 하지만 예술에서는 내적으로 참된 파토스만이 감동을 주는 법이다.

ββ) 따라서 희극적인 것에서든 비극적인 것에서든 파토스는 단순한 어리석음이나 주관적인 변덕일 수 없다. [303] 예를 들어 셰익스피어의 경우 『타

이몬』[69]은 완전히 외적인 이유로 염세가가 되니, 친구들은 그에게 저녁을 얻어먹고 그의 재산을 탕진하고 또한 그 자신이 막상 돈을 필요로 할 때는 그를 외면한다. 그래서 그는 격한 염세가가 된다. 이것은 이해할 만하고 자연스러운 일이지만, 내적으로 정당화된 파토스가 아니다. 나아가 실러의 초기 작품 『염세가Menschenfeind』에서는 비슷한 혐오가 근대적인 변덕으로 나타난다. 왜냐하면 여기에서 그 염세가는 그 밖에도 반성적이며 분별력 있고 대단히 고상한 남자이자, 그가 농노신분에서 해방시켜 준 농부들에게 관대하며, 아름답고도 사랑스러운 그의 딸에 대해 애정이 넘치기 때문이다. 이와 유사하게 아우구스트 라퐁텐의 소설[70]에서 나오는 크빙티우스 하이머란 폰 플라밍은 인간이란 종족의 변덕 등으로 두루 골치 아파한다. 그러나 끝없는 망상과 허상으로 휘말려 들어간 것은 무엇보다 최근의 시문학인바, 이러한 망상 등이 그 엽기성으로 인해 효과를 낳는다고 해도 건강한 가슴속에 반향을 일으키지는 못할 터, 인간 속에 있는 참이 무엇인가를 반성함에 있어 그런 식의 기교를 부린다면 여하한 참된 내용도 망실되기 때문이다.

그러나 반대로 이제 교설, 신념, 그리고 이들의 진리에 대한 통찰에서 기인하는 일체의 것도, 이러한 인식이 주된 욕구를 형성하는 한, 예술적 표현을 위한 진정한 파토스가 아니다. 이러한 종류로는 학문적 인식과 진리들이 있다. 왜냐하면 학문에는 독자적 방식의 교양, 다중적인 노력 그리고 특정 학문 및 그 가치에 대한 다양한 지식이 속하기 때문이다. 그러나 이러한 방식의 연구를 위한 관심은 인간의 가슴이 갖는 보편적 감동의 힘이 아니

---

69 역주: *Timon of Athens*. 셰익스피어의 5막으로 된 비극. 1607~1608년경 초연.

70 August H. J. Lafontaine, 「크빙티우스 하이머란 폰 플라밍 남작의 생애와 행적(*Leben und Taten des Freiherrn Quinctius Heymeran von Flaming*)』, 전 4권, 1795/1796.

며, 언제나 일정 수의 개인들에게만 국한될 뿐이다. 순수 종교적인 교리가 가장 내면적인 내용에 따라 개진되어야 할 경우, 그 취급도 동일한 어려움을 갖는다. [304] 종교의 보편적 내용, 즉 신 등에 대한 믿음이 비교적 깊은 모든 심정의 관심사인 것은 사실이다. 하지만 이러한 믿음에도 불구하고 예술의 측면에서 보면 종교적 교리의 설명이나 그 진리에 대한 특수한 통찰이 중요한 것은 아니며, 따라서 예술은 그러한 설명에 개입하는 것을 주의해야 한다. 이에 반해 우리는 인간의 가슴에는 일체의 파토스가, 즉 행위에 대해 관심을 갖는 인륜적 힘들의 모든 동기가 담겨 있다고 믿는다. 종교가 관여하는 것은 본격적 행위 자체라기보다는 오히려 신조, 마음의 하늘, 보편적 위안, 그리고 자신 내면으로의 개인의 고양이다. 왜냐하면 행위로서의 종교의 신적 요소는 인륜적인 것 내지 인륜적인 것의 특수한 힘들로 존재하기 때문이다. 하지만 이 힘들은 종교의 순수한 하늘과 대조적으로 세속적인 것 및 인간 고유의 것과 관계 맺는다. 고대인들에게는 이 세속적인 것의 본질성이 신들의 내용이었으며, 따라서 행위가 관련될 경우에도 신들은 행위의 표현 속으로 완전히 함께 들어올 수 있었다.

그러므로 우리가 이 국면에 속하는 파토스의 범위를 따져 본다면, 의지의 그러한 실체적 계기들의 숫자는 미미하며 그 범위는 협소하다. 특히 오페라는 제한된 범위의 계기들에 집착하며 또 그럴 수밖에 없으니, 우리는 비탄과 환희, 사랑의 행과 불행, 명성, 명예, 영웅심, 우정, 모성애, 자식사랑, 부부애 따위를 늘 반복해서 듣는 것이다.

YY) 이제 그러한 파토스는 본질적으로 표현과 자세한 묘사를 요구한다. 게다가 그 파토스는 내면 자체에서 풍요로운 영혼이어야만 하고 이 영혼은 내면의 풍부함을 자신의 파토스 속에 들이니, 그것은 응축되어 내포적으로 머물 뿐만 아니라 외연으로 표출되어 완성된 형상으로 제고되기도 한다. 이러한 내면적 응축과 전개는 큰 차이를 이루며 또한 제 민족들의 특수한 개별성들은 이 점에서도 본질적으로 구분된다. 교양 있는 반성을 지닌 민족들은 열정을 표현함에 있어 한층 능란하다. 예컨대 고대인들은 [305] 개인들을 영활케 하는 파토스를 그 심연에서 펼쳐 내는 일에 익숙했지만, 이를 통해 차가운 반성이나 수다스러움에 빠지지는 않았다. 이런 점에서는 프랑스인들도 역시 파토스적이니, 그들이 보여 주는 열정의 능란한 표현이 반드시 그저 말의 잡동사니 같은 것이 아닌데도, 과묵한 성정의 우리 독일인들은 감응을 요모조모 이야기하는 것을 감응에 가해지는 부당함으로 보기에 종종 그렇다고 생각한다. 이러한 의미에서 독일에서는 시문학의 한 시대가 있었으니, 프랑스의 수사학적 물에 싫증 난 젊은 성정들이 자연성을 요구하였고, 그리하여 주로 감탄사로만 자신을 진술하는 한 세력이 되었다. 하지만 아! 오! 따위의 단순한 감탄사나 혹은 분노의 저주, 좌충우돌식의 돌진으로서 일이 끝나는 것은 아니다. 단순한 감탄사의 힘은 저열한 힘이자 아직 조야한 영혼의 표현 양태이다. 파토스를 표현하는 개별적 정신은 내면이 가득 찬 정신, 자신을 펼치고 언표할 줄 아는 정신이어야만 하는 것이다.

괴테와 실러도 역시 이 점에서는 묘한 대조를 이룬다. 괴테는 실러보다 덜 파토스적이지만 내포하는 표현양식에 있어서는 더 낫다. 그는 특히 서정시에서 한층 더 내적으로 절제되어 있다. 그의 시가들은 시가에 걸맞게 자신을 완전히 드러내지 않고서도 의도하는 바를 알게 한다. 이에 반해 실러는 그의 파토스를 대단히 명료하고 활기찬 표현으로 자세하게 펼치기를 사랑한다. 이와 비슷하게 클라우디우스[71]는 《반즈베크의 사자使者》에서(제1권 153쪽) 한 사람이 보여 주는 바는 다른 한 사람이 있는 바라는 식으로 볼

---

71 역주: Matthias Claudius(1740~1815), 독일의 서정시인. 종합잡지 《반즈베크의 사자(Das Wandsbecker Bote)》를 발간하였으며 Asmus라는 필명을 사용하였다.

테르와 셰익스피어를 대비한다: "아루에[72] 선생은 말한다: 나는 운다/ 그리고 셰익스피어는 운다." 그러나 예술에서 중요한 것은 바로 말하는 것과 보여 주는 것이지, 자연적이며 현실적으로 있는 모습이 아니다. 볼테르가 우는 것을 보여 주는데, 만일 셰익스피어가 울기만 했었다면 셰익스피어는 좋지 않은 시인이었을 것이다.

[306] 요컨대 파토스는, 이상적 예술이 요구하듯 내면 자체에서 구체적이려면, 풍요롭고도 총체적인 정신의 파토스로서 표현되어야 한다. 이것은 행위의 세 번째 측면인 성격의 보다 상세한 고찰로 우리를 데려간다.

c. 성격

우리는 행위의 보편적, 실체적 힘들에서 출발하였다. 이 힘들이 활성화, 현실화되려면 운동하는 파토스로서 그들을 현상케 하는 인간적 개별성이 필요하다. 하지만 이제 특수한 개인들 속에서 그러한 힘들의 보편적 요소는 내적인 총체성과 개별성으로 응집되어야 한다. 이러한 총체성이 인간의 구체적 정신성이자 그 주관성이며, 성격으로서의 인간적·총체적 개별성이다. 신들은 인간적 파토스로 화하며, 구체적 행동을 갖는 파토스는 인간적 성격으로 존재한다.

이를 통해, 지금껏 고찰한 측면들이 성격의 고유한 총체성의 계기들로서 내적으로 통일되는 까닭에, 성격은 이상적 예술표현의 본격적 중심점을 이룬다. 왜냐하면 이상으로서의 이념, 즉 감각적 표상과 직관을 위해 형상화되고 또한 그 활성화 속에서 행위하고 완성되어 가는 것으로서의 이념의 규정성은 자기연관적인 주관적 개별성이기 때문이다. 그러나 이상이 간구

하는 바의 진정 자유로운 개별성은 보편성으로서, 뿐만 아니라 구체적 특수성으로서, 그리고 이 양 측면의 통일적인 매개이자 상호 침투로서 증명되어야만 하니, 이 측면들은 그 자체가 통일성인 것이다. 이 사실이 성격의 총체성을 형성하며, 그 이상은 자신을 자신 안에서 결집하는 주관성의 풍부한 강인함에서 성립한다.

이러한 관계에서 우리는 성격을 세 가지 측면에 따라 고찰해야 한다:

첫째, 총체적 개별성으로서, 성격 내면의 풍부함으로서.
[307] 둘째, 이러한 총체성은 즉시 특수성으로서, 따라서 성격은 규정된 성격으로서 나타나야만 한다.
셋째, 내적으로 하나인 것으로서의 성격은 그 주관적 대자존재 속에서 이러한 규정성, 즉 자기 자신과 합치하며 또한 이를 통해 내적으로 확고한 성격으로서 자신을 관철해야만 한다.

좀 더 자세한 이해를 도모하기 위해 우리는 이제 이와 같은 추상적 사상 규정들을 설명할 것이다.

α) 한 견실한 개성의 내부에서 전개되는 파토스는 규정된 파토스이다. 그리고 규정성 속에 있는 파토스는 더 이상 표현의 유일무이한 관심사로 나타나지 않으며, 그 자체가 행위하는 성격의 하나의 측면이 ―비록 주된 측면이긴 하지만― 될 뿐이다. 왜냐하면 인간은 언필칭 하나의 신만을 자신의 파토스로서 내면에 지니는 것이 아니며, 인간의 심정은 광대하기 때문이다. 진정한 인간에게는 많은 신들이 속하며 또한 그는 신들의 영역에서는 산개해 있는 힘들을 모두 자신의 마음속에 담고 있다. 그의 가슴에는 올림포스의 전체가 모여 있다. 이러한 의미에서 한 고대인이 말했다: "열정

으로부터 너는 너에게 신들을 만들었도다, 오 인간이여!" 그리고 실제로도 그리스인들은 문명화되면 될수록 그만큼 더 많은 신들을 가졌고, 또한 초기의 신들일수록 한층 불명료한, 개별성과 규정성으로 분명히 형성되지 않은 신들이었다.

따라서 성격도 역시 이러한 풍부함 속에서 드러나야만 한다. 성격에서 그러한 총체성이 부각된다는 점, 이러한 내실에도 불구하고 성격은 성격 자체로, 내적으로 완결된 주체로 남는다는 점, 바로 이것이 우리가 성격에 대해서 갖는 관심을 이룬다. 만일 성격이 이러한 완결성과 주체성 속에서 묘사되지 않고 추상적으로 단지 하나의 열정에만 방기된다면, 성격은 정신이 나갔거나 미친 것으로, 나약하고 무기력한 것으로 나타난다. 왜냐하면 개인들의 나약과 무기력은 그들에게서 보이는 예의 영원한 힘들의 내용이 그들의 가장 고유한 자아로서, 주어로서의 그들에게 내재하는 술어들로서 현상하지 않는다는 바로 그 점에서 성립하기 때문이다.

[308] 예를 들어 호메로스에게서는 개개의 영웅들이 완전하고도 생명에 찬 하나의 범위를 갖는 고유성들이자 성격적 특징들이다. 아킬레우스는 아주 젊은 영웅이지만, 그의 젊은 힘에는 그 밖의 순수한 인간적 특질들이 망라되어 있으니, 호메로스는 이 다양성을 무수한 상황들에서 보여 준다. 아킬레우스는 어머니 테티스를 사랑하며, 브리세이스를 빼앗겨 그녀로 인해 울고, 그의 훼손된 명예는 그를 아가멤논과의 투쟁으로 몰고 가니, 이 투쟁이 『일리아드』에서 모든 뒤이은 사건들의 출발점을 이루고 있다. 하지만 그는 파트로클로스와 안틸로코스의 가장 절친한 친구이자 동시에 매우 발랄하고 열화 같은 젊은이이며, 준족이고 용감할뿐더러, 연장자에 대한 경외로 가득 차 있다. 그의 발치에는 믿음직스러운 심복인 충직한 불사조가 있고 파트로클로스의 장례식에서 그는 백발의 네스토에게 최고의 존경과 경의를 표한다. 그러나 죽은 헥토르를 전차에 매달고 트로이 성곽 주위를 세 바

퀴나 질주하며 시체를 끌고 다닌 것을 보면, 그는 마찬가지로 자극받기 쉽고 노여움을 잘 타며 복수심에 불타고 적에 대해 지독한 잔혹성으로 가득 찬 것으로 나타나기도 한다. 또한 그럼에도 나이 든 프리아모스가 막사로 그를 찾아왔을 때 그는 누그러진다. 그는 집에 계신 자신의 늙은 아버지를 회상하며 울고 있는 왕에게 그의 아들을 죽였던 손을 내민다. 아킬레우스를 보면서 우리는 "그런 것이 인간이야!"라고 말할 수 있다. ― 고귀한 인간적 본성의 다면성이 이 하나의 개인에게서 온갖 풍부함을 전개하고 있다. 오디세우스, 디오메테스, 아이아스, 아가멤논, 헥토르, 안드로마케 등 그 밖의 호메로스가 그리는 성격들도 역시 마찬가지이다. 각자는 하나의 전체이자 그 자체로 하나의 세계이며, 완성된 생명력 있는 인간이며, 단지 어떤 하나의 개별화된 성격적 특징의 유비적 추상 따위가 아니다. 이에 반해 단단한 피부를 가진 지크프리트, 트론예의 하겐은, 그리고 심지어 방랑의 악사 폴커[73]마저도, 아무리 강하다고 해도 얼마나 메마르고 빛바랜 개인들인가.

오직 그러한 부류의 다면성만이 성격에게 생동적인 관심을 제공한다. 동시에 이 충만함은 하나의 주체로 응집되어 나타나야 하는 것이지, [309] 산만함, 변덕스러움, 그리고 단순하고 잡다한 자극성으로 나타나서는 안 된다 ―가령 어린아이들이 모든 것을 손아귀에 쥐고 그것으로 잠시 무언가 행동을 하지만 성격을 결여하고 있듯이 말이다―. 반대로 성격은 극히 다양한 모습의 인간적 심정에 진입하여 그 안에서 존재하며 그 자아가 성격에 의해 채워지게 하지만, 동시에 그 속에 정체해서는 안 되며, 오히려 관심, 목적, 고유성, 성격적 특징들의 총체성 속에서 내적으로 응집·유지된 주체성을 보존해야만 한다.

---

73 역주: 『니벨룽엔의 노래』에 나오는 인물들.

그러한 총체적 성격들의 표현을 위해서는 뭐니 뭐니 해도 서사시가 적격이며, 극시와 서정시는 조금 못 미친다.

β) 그런데 예술은 이러한 총체성 자체에서 정지할 수 없다. 왜냐하면 여기서 문제시되는 것은 규정성 속의 이상이며, 이를 통해 성격의 특수성과 개별성이라는 좀 더 세부적인 요구가 촉발되기 때문이다. 형상의 제한과 규정성을 각별히 요구하는 것은 알력과 반작용 가운데 있는 행위이다. 그런고로 또한 극시의 영웅들은 대개 서사시적 영웅들보다 내적으로 한층 단순하다. 이제 비교적 확고한 규정성이 특수한 파토스를 통해 발현하면, 이 파토스가 본질적이며 역연亦然한 특징의 성격이 되어 특정한 목적들, 결단들, 그리고 행위들로 인도된다. 하지만 만일 앞의 제한이 과도하게 진행되어 개인이 다시 그저 사랑, 명예 등과 같은 특정한 파토스의 단순한, 내적으로 추상적인 형식에 불과할 정도로 비게 된다면, 설상가상 모든 생명성과 주체성은 상실되고, 묘사는 ―프랑스인들의 경우와 같이― 종종 이러한 측면으로 인해 내실 없이 빈약해진다. 그러므로 성격의 특수성에서는 하나의 주요 측면이 지배적 측면으로 나타나야 하지만, 그 규정성 내부에는 가득한 생명성과 내실이 보존되어 있어야 하는바, 그런 까닭에 개인에게는 많은 측면에 간여하고 다양한 상황에 개입하며 자신 속에 형성된 내면의 풍부함을 여러 가지의 표현으로 전개할 여지가 허락된다. [310] 소포클레스 비극의 형상들은 내적으로 단순한 파토스에도 불구하고 이러한 생명성을 지닌다. 그들의 조형적 완결성은 조각의 상들과 비교될 수 있다. 왜냐하면 조각도 역시 그 규정성에도 불구하고 성격의 다면성을 표현할 수 있기 때문이다. 전력을 다해 오직 한 점에만 몸을 던지는 날뛰는 열정과는 대조적으로, 조각의 적막과 침묵은 모든 힘들을 내면에 고요히 숨기는 강인한 중립성을 표현함이 사실이다. 그럼에도 이 차분한 통일성은 추상적 규정성에 머물지 않으며, 그 아름다움 속에서 동시에 극히 다양한 종류의 관계들로

이행하는 직접적 가능성으로서의 만사의 발원지를 어렴풋이 느끼게 한다. 우리가 조각의 순수한 형상들에서 보는 것은 스스로로부터 모든 힘들을 실현할 능력을 내면에 갖춘 하나의 고요한 심연이다. 성격의 내면적 다양성은 조각에서보다는 회화, 음악 그리고 시문학에서 더욱 요구되며, 또한 진정한 예술가들에 의해 여느 때고 성취되어 왔다. 예컨대 셰익스피어의『로미오와 줄리엣』에서 로미오는 사랑을 주된 파토스로서 지닌다. 그럼에도 우리는 그가 부모, 친구, 시종과 매우 다양한 종류의 관계를 맺으며, 티볼트와 명예를 둘러싼 결투를 벌이고, 수도승에 대해 경외와 신뢰를 보내고, 심지어 죽음을 앞두고도 극약을 구매한 약제사와 대화를 하며, 또한 언제나 품격 높고 고상하며 깊은 정감을 갖고 있음을 본다. 줄리엣도 역시 아버지에 대해, 어머니, 유모, 파리스 백작, 신부에 대해 총체적 관계를 포괄한다. 하지만 그럼에도 그녀는 이러한 모든 상황에 파묻혀 있는 만큼이나 내적으로도 역시 깊으며, 그녀의 전 성격은 사랑의 열정이라는 단 하나의 감응에 의해 일관되니 이 열정은 가없는 바다처럼 깊고 넓어 줄리엣은 말할 자격이 있는 것이다: "드리면 드릴수록 난 그만큼 더 많이 갖는답니다: 이 둘은 모두 무한하기에."[74] 따라서 표현되는 것이 아무리 단 하나의 파토스에 불과하더라도, [311] 그럼에도 그것은 그 내면 자체의 풍부함으로 전개되어야만 한다. 이는 파토스가 구체적 관계를 갖는 행위가 될 수 없는 서정적 작품에서조차 마찬가지이다. 즉 여기서도 역시 파토스는 충실히 형성된 한 심정의 내적 상태로서 제시되어야만 하니, 이 심정이 사정과 상황들의 갖가지 측면들에 따라 자신을 드러내는 것이다. 생생한 감화력, 매사를 기화로 삼아 과거지사를 현재로 가져오고 모든 외적 환경을 내면의 상징적 표

---

74 역주: 2막 2장 142행.

현을 위해 이용할 줄 알며 깊은 객관적 사상을 두려워하지 않고 그 노정 속에서 원대하고 포괄적이고 명료하고 품격 있는 고귀한 정신을 알리는 판타지 — 내면세계를 표명하는 성격의 이러한 풍부성은 서정시 속에서도 의당 자리를 갖는다. 오성의 편에서 본다면 한 지배적 규정성 내부에 그러한 다면성이 있다는 것은 확실히 불일치로 나타난다. 예를 들어 영웅적 성격을 갖는 아킬레우스는, 그 성격의 젊은 힘이 미의 근본 특징을 이루지만, 아버지와 친구들에 관해서는 다감한 마음을 갖고 있다. 그가 잔혹한 복수심에서 헥토르를 성곽 주위로 끌고 다닌 것이 과연 어떻게 가능한지 의심스러울 정도이다. 셰익스피어의 무뢰한들도 비슷한 불일치를 가지니, 그들은 거지반 영민하고 천부적 유머에 가득 차 있다. 여기서 우리는 "그토록 영민한 개인들이 어떻게 그렇게 어리석게 행동할 수 있을까?"라고 말할지도 모른다. 오성은 추상적으로 성격의 단 하나의 측면만을 부각하며, 그것을 그 인간 전체의 유일한 규칙으로 낙인찍으려 한다. 일면성의 그러한 지배에 대한 투쟁이 오성에게는 단순한 불일치로 나타난다. 그러나 내적으로 총체적인 것이 갖는, 이로써 생명력 있는 것이 갖는 이성원리에 비추어 보면 이러한 불일치가 정작 정합적이며 올바른 것이다. 왜냐하면 복합적 본성의 모순을 자신 속에 지닌다는 것, 그뿐만 아니라 그것을 견뎌 내고 또 그 속에서 자신에게 동일하고 충실하게 남는다는 것, 이것이 인간이기 때문이다.

γ) 그러나 성격은 이로 인해 그 특수성과 주관성을 결합해야 하며, [312] 규정된 형상으로 존재해야 하며, 또 이 규정성 속에서 자신에게 충실하게 머무는 하나의 파토스의 힘과 단호함을 가져야 한다. 인간이 이런 식으로 내면에서 하나가 아니라면, 다양성의 여러 측면들은 별 의미와 의의가 없이 갈라져 흩어진다. 자신과의 통일 속에 있다는 것이 예술에서는 정녕 개별성의 무한한 신적 요소를 형성한다. 이러한 측면으로 인해 단호함과 과단성은 성격의 이상적 표현을 위해 중요한 규정을 제공한다. 그러한 표현은,

이미 위에서 다루었듯이, 힘들의 보편성이 개인적 특수성과 상호 침투함으로써, 또 이 합일 속에서 내적으로 통일적이며 자기연관적인 주관성과 개별성이 됨으로써 나타난다.

하지만 이러한 요구를 함으로써 우리는 특히 최근 예술들의 많은 현상들로부터 등을 돌릴 수밖에 없다.

예를 들어 코르네유의 『르 시드』에서는 사랑과 명예 간의 충돌이 압권이다. 내적으로 분리된 그러한 파토스는 물론 알력으로 인도될 수 있다. 그러나 그러한 파토스가 내면의 갈등으로서 한 동일한 성격에 주입된다면, 이것은 현란한 수사와 효과적인 독백을 위한 기회를 주긴 하겠으나, 명예의 추상에서 사랑의 추상으로, 또 그 반대 방향으로 우왕좌왕하는 한 동일한 심정의 분열은 성격 내면의 공고한 결단성과 통일성에 위배된다.

우왕좌왕하는 파토스의 힘에 의해 행동하는 주인공이, 예를 들어 라신의 경우 파이드라가 오이노네의 말에 넘어가듯이, 만일 하위의 인물에 의해 규정되고 설득당하여 이제 책임마저도 자신으로부터 타인에게로 미룬다면, 이 경우에도 마찬가지로 파토스는 개인의 과단성과 모순된다. 진정한 성격은 자기기인적으로 행위하며, 자신 속에 끌어들인 타인으로 하여금 생각하게 하거나 결정을 내리게 하지 않는다. 그런데 그가 자기기인적으로 행위했다면, 그는 행동의 책임도 역시 스스로 지려 할 것이다.

우유부단한 성격의 또 다른 양태는 [313] 특히 최근 독일의 작품들에서 내적으로 심약한 감상주의感傷主義로 형상화되었으며, 이것은 독일에서 실로 오랜 기간 지배적이었다. 최근 익히 알려진 예로서는 『베르테르』를 들 수 있는데, 그는 자기 본위의 사랑을 넘어설 힘이 없는, 완전히 병적인 성격이다. 그를 흥미롭게 만드는 요소는 감응의 열정과 아름다움, 심정의 형성과 연약함에서 보이는 자연과의 친교이다. 후일 이러한 심약은 자기 본위적 인격의 내용 없는 주관성으로 점점 빠져들어 또 다른 형식들을 잡다하게 받아들였다. 예컨대 야코비[75]의 『볼데마르』에서 나오는 유미적 영혼성이 여기에 속한다. 이 소설에서는 심정의 거짓된 훌륭함, 자신의 덕과 탁월함에 대한 자기기만적 망상이 극도로 나타나 있다. 그것은 어느 모로나 현실과 왜곡되게 관계하는, 그리고 자신에게 걸맞은 것은 아무것도 없다는 투로 모든 것을 거부하는 우월감을 내세워 현전하는 세계의 진정한 의미내용을 견디어 내지도, 조탁할 수도 없는 허약함을 자신에게서 감추는 영혼의 고결함이자 신성이다. 왜냐하면 그런 식의 아름다운 영혼은 진정한 인륜적 삶의 관심과 견실한 목적에 대해 열려 있지 않으며 자신 속에 틀어박혀 극히 주관적인 종교적, 도덕적 망상들만을 찧고 까불기 때문이다. 이 경우 영혼은 자신의 탁월함을 대단한 것으로 과장하지만, 그 망상적 탁월함에 대한 이러한 내적 열광은 모든 타인들에 대한 끝없는 과민함과 즉각 짝을 이루는바, 즉 타인들은 매 순간 이 고독한 아름다움을 알아채고, 이해하고, 존경해야만 한다는 것이다. 그런데 만일 타인들이 이것을 할 수 없다면, 전 심정은 즉각 아주 깊이 동요하며 끝없이 상처받는다. 이때는 [314] 전체적 인간성, 일체의 우정, 일체의 사랑이 단번에 사라진다. 위대하고 강인한 성격이라면 아무 상처도 받지 않고 지나칠 법한 작은 사정과 실수들을 참을 줄 모르는 협량狹量과 졸렬拙劣이 상상을 초월하며, 정작 실제로는 극히 사소한 것이 그러한 심정을 극도로 상심케 한다. 여기서는 무릇 비탄, 걱정, 회한, 성마름, 상심, 우울, 처연함이 끝을 모르며, 또한 그로부터 자신과 타자에 대한 반성의 고뇌, 발작, 그리고 심지어는 영혼의 잔인무도함이 발생하니, 이 속에서 이 유미적 영혼의 내면성이 갖는 온갖 불행과 허약이 드러난다. ― 어떠한 심정도 심정의 그러한 편벽함을 위해 있을 수는 없다. 왜냐하

---

75 Friedrich Heinrich Jacobi(1743~1819), *Woldemar. Eine Seltenheit aus der Naturgeschichte*, 1779.

면 진정한 성격은 무언가 현실적인 것을 원하고 잡으려는 용기와 힘을 내포하기 때문이다. 설혹 그러한 주관성이 자신은 한층 높고 한층 순수한 본성이라는 생각을 품게 만들더라도, 설혹 그것이 가장 깊은 내면의 옷자락 속에 꼭꼭 숨어 있는 신적 요소를 내적으로 산출하여 반라의 모습이 제대로 보이게 하더라도, 만일 그것이 언제나 내면에만 머문다면 그에 대한 관심은 공허한 관심이다.

성격의 내적, 실체적 견실성의 이러한 결여는 또 다른 방식으로도 전개되어 심정의 앞서의 별나고도 한층 높은 훌륭함이란 것들이 본말전도本末顚倒 격으로 실체화되고 독립적인 힘들로서 이해되는 지경에 이른다. 여기에 속하는 것으로는 마술적이고, 최면적이고, 악마적인 것, 투시와 같은 고차적 환영幻影, 몽유병 등이 있다. 이러한 어두운 힘들과 관련된다면 생동적으로 있어야 할 개인은 한편으로는 그 자신 속에 있으면서도 다른 한편으로는 그를 규정하고 지배하는, 그의 내면에 이질적 피안으로 있는 어떤 것에 대한 관계 속에 놓인다. 이러한 미지의 힘들에는 우리로서는 포착, 파악할 수 없는 어떤 불가해한 전율적인 것의 진리가 들어 있다고 이야기된다. 그러나 어두운 힘들은 예술의 영역에서 바로 추방될 수 있다. [315] 왜냐하면 예술에는 어두운 것이 전무하고 일체가 명료하고 투명하며, 또한 예의 가공加工적 능력들로써는 정신의 병만이 발언권을 얻어 시문학은 모호함과 허망함으로 넘어가기 때문인바, 호프만이, 그리고 하인리히 폰 클라이스트[76]의 『홈부르크 왕자』가 이에 관한 여러 실례들을 제공한다. 진정으로 이상적인 성격이 자신의 의미내용과 파토스로서 갖는 것은 피안의 환영적 요소가 아니라 현실적 관심들이니, 성격은 이 속에서 자신 곁에 존재한다. 최근

---

76 역주: Heinrich von Kleist(1777~1811), 독일의 극작가이자 소설가. 그의 희곡 중 가장 원숙한 작품으로 평가되는 『홈부르크 왕자』는 1809~1810년에 걸쳐 집필되었다.

의 시문학에서는 특히 투시가 진부하고 통속적인 것이 되었다. 이에 반해 실러의 『빌헬름 텔』에서 늙은 아팅하우젠이 죽음의 순간에 조국의 운명을 예고한 것은 적절한 지점에서 사용된 예언의 예이다. 그러나 충돌을 유발하고 관심을 일으키기 위하여 성격의 건강함을 정신의 병으로 대체해야 할 경우라면, 이는 항상 불행한 일이다. 그러므로 광기도 역시 사용될 수는 있지만 매우 신중을 기해야 한다.

성격의 통일성과 단호함에 대립하는 그러한 왜곡들에는 또한 최근의 반어의 원칙이 연결될 수 있다. 이 잘못된 이론은 시인들을 미혹하여 통일성으로 합류하지 않는 상이성을 성격 속에 도입하고 그 결과 모든 성격이 성격으로서는 파열되게끔 만들었다. 한 개인이 일단은 아무리 하나의 규정성 속에서 등장하더라도 그 규정성은 정반대의 규정성으로 돌변하며, 이로써 성격은 규정성 및 자기 자신의 허무함 이외에는 어떤 것도 표현하지 못하게 된다. 이것이 반어에 의해 예술의 고유한 정점으로 간주되는 것이니, 까닭인즉 관객은 내적으로 긍정적인 관심에 사로잡혀서는 안 되고, 반어 자체가 모든 것을 초극해 있듯, 그 위에 서 있어야만 한다는 것이다. ― 사람들은 종국에는 셰익스피어의 성격들마저도 이러한 의미로 설명하고자 했었다. 예를 들어 맥베스의 아내는 살인을 생각할 뿐만 아니라 [316] 실행에 옮기기도 하지만, 그녀는 부드러운 성정을 지닌 사랑스러운 아내라는 것이다. 그러나 셰익스피어야말로 악이라는 단순 형식적인 위대성과 견고성 속에서조차 그의 성격들의 과단성과 견실성을 보여 주는 데 탁월한 인물이다. 햄릿은 비록 우유부단하지만 그가 회의하는 것은 무엇을 실행해야 할 것인가가 아니라 다만 어떻게 할 것인가이다. 하지만 사람들은 현재 셰익스피어의 성격들조차도 환영적인 것으로 만들어, 흔들리고 우왕좌왕하는 허무성과 어중간이란 나부랭이가 자체로서 관심을 끌어야 할 것으로 생각한다. 그러나 이상적인 것은 이념이 현실적으로 존재한다는 사실에서 성립하며 또한 이러한 현실성에는 주체로서의, 이로써 내적으로 확고한 일자로서의 인간이 속하는 것이다.

예술에서 보이는 성격의 개별성에 관해서는 이 자리에서 언급한 것으로 충분할 것이다. 요체는 풍부하고 내실 있는 가슴속에서 내적으로 규정된 본질적 파토스이다. 파토스는 이 가슴의 내적, 개별적 세계에 스며들며, 이로써 비단 파토스 자체뿐만 아니라 이 스며듦도 역시 표현된다. 그러나 마찬가지로 파토스는 인간 내면의 가슴속에서 파괴되거나, 이를 통해 그 자체가 비본질적이며 허무한 것으로 그려져서는 안 된다.

III. 이상의 외적 규정성

이상의 규정성과 관련하여 우리는 첫째, 이상이 대체 왜, 그리고 어떻게 특수화의 형식으로 발을 들여야만 하는가를 일반적으로 고찰했다. 우리는 둘째, 이상이 내면에서 운동하는 것이며 따라서 내면 자체의 차별성으로 발전하고 그 총체성은 행위로서 표현됨을 발견했다. 그런데 행위를 통하여 이상은 외부세계로 나오는 까닭에 셋째, 구체적 현실성이라는 이 마지막 측면이 어떻게 예술에 적합하게끔 형상화될 수 있는가 하는 물음이 제기된다. 왜냐하면 이상은 그 실제와 동일해진 이념이기 때문이다. 지금까지 우리는 이 현실성을 인간적 개별성과 그 성격들에 관해서만 추적했었다. 그러나 인간은 구체적·외적 현존재도 역시 가지니, [317] 그가 비록 주관으로서 이러한 현존재로부터 벗어나 내면에서 통일되는 것이 사실이지만, 그는 이러한 자신과의 주관적 통일성 속에서 마찬가지로 외면성에 연관되어 있기도 하다. 신의 입상立像에 사원이 속하듯이 인간의 현실적 현존재에는 주위의 세계가 속한다. 이것이 이상을 외면성에 결부시키는, 그리고 외면성을 꿰는 다양한 실마리들에 관해서도 역시 우리가 지금 언급해야만 하는 이유이다.

이를 통해 우리는 거의 조감할 수 없을 정도의 광범위한 관계들 및 외적, 상대적인 것과의 착종 속으로 발을 들인다. 왜냐하면 첫째, 지역성, 시대, 기후 등의 외적 자연이 우리에게 곧바로 닥치며, 또한 이미 이 관계에서 매 걸음마다 새롭고도 늘 특정한 화폭이 표현되기 때문이다. 나아가 인간은 그의 필요와 목적들을 위해 외적 자연을 이용하니, 이러한 이용의 방식, 즉 도구, 주택, 무기, 안락의자, 수레 등을 고안하고 꾸미는 솜씨, 음식의 준비방식, 생활의 편의와 사치를 위한 무궁무진한 영역이 시야에 들어온다. 게다가 인간은 또한 정신적 관계들을 갖는 구체적 현실성 속에서 살아가는 바, 이 관계들도 마찬가지로 모두가 하나의 외적 현존재를 갖게 되어 명령과 복종, 가족, 친척, 소유, 전원생활, 국가생활, 종교의식, 전쟁의 수행, 시민적·정치적 상태들, 사교생활이라는 여러 가지의 방식들도 역시, 요컨대 갖가지 상황과 행위들 가운데 있는 풍습과 관행들이라는 그 모든 다양성들도 역시 인간 현존재를 둘러싼 현실세계에 속하는 것이다.

이상적인 것은 이 모든 관계들에 따라 통상적이며 외적인 실제, 현실의 일상성, 그리고 이와 함께 삶의 평범한 산문성에 직접 개입한다. 따라서 우리가 이상적인 것에 관한 최근의 애매모호한 생각에 매달린다면, [318] 외면성의 측면은 완전히 무차별적인 것, 아니 정신과 그 내면성에 대해 저열하고 걸맞지 않은 것이란 이유를 들어 마치 예술이 이러한 상대성의 세계와 절연해야 하는 양 언뜻 생각할 수도 있다. 이러한 의미에서 예술은 정신적 힘으로 간주되었으니, 이 힘은 우리를 필요성, 궁핍과 의존성이란 모든 영역 너머로 끌어올리며 또한 이 영역에서 낭비되기 마련인 오성과 기지로부터 우리를 해방시킨다고 일컬어졌다. 까닭인즉 이곳은 어떻든 대개가 시간, 장소, 습관에 속박당하는 우연성들의 장이자 순전히 관습적인 장이니, 예술은 이 우연성들의 수용을 경멸해야만 한다는 것이다. 하지만 관념성의 이러한 가상은 한편으로는 외면성에 자신을 내맡길 용기가 없는 근대적 주관성의 고매한 추상일 뿐이고, 한편으로는 주관이 탄생, 신분, 그리고 상황을 통하여 이미 즉자대자적으로 그것을 넘어서 있지 못할 경우 자기 스스로를 통해 이러한 영역을 넘어서기 위해 자신에게 가하는 일종의 폭력이다. 그럴진대 이러한 넘어섬을 위한 수단으로서 남는 것은 감정이란 내적 세계로의 퇴거이니, 개인은 이 세계를 벗어나지 않은 채 이제 이 비현실성 속에서 자신을 고사高士로 간주하며, 또한 동경에 차 하늘만 바라볼 뿐 땅 위의 모든 존재들은 하찮게 여겨도 좋다고 믿는다. 그러나 진정한 이상은 비규정적이며 단순히 내적일 뿐인 것에 머물지 않고 오히려 자신의 총체성 속에서 또한 외적인 것의 특정한 가시성에 이를 때까지 모든 측면에 걸쳐 표출되어야만 한다. 왜냐하면 인간, 즉 이상의 이 완전한 중심점은 삶을 영위하며, 본질적으로 지금 그리고 여기에 현재로서, 개별적 무한자로서 존재하고, 또한 삶에는 주위의 외적 자연 일반과의 대립 및 이와 함께 자연과의 관계, 자연 속에서의 활동이 속하기 때문이다. 이제 이러한 활동이 그 자체로서뿐만 아니라 예술을 통해 특정한 현상으로도 파악되어야 할진대, 그것은 그러한 질료에 즉해, 그리고 그 질료 속에서 현존재가 되어야만 한다.

그런데 인간이 내면 자체에서 주관적 [319] 총체성으로 존재하며 이를 통해 그에게 외적인 것에 대하여 닫혀 있듯이, 외적 세계도 역시 내면에서 일관된 닫힌 전체이다. 하지만 이 두 세계는 이러한 배척 속에서도 본질적인 관계를 가지며 또한 그들의 연관성 속에서 비로소 구체적 현실성을 형성하니, 그 표현이 이상의 내용을 제공하는 것이다. 이로써 위에서 언급한 문제, 즉 외면적인 것이 이러한 총체성 속에서 예술을 통해 이상적으로 표현될 수 있으려면 어떠한 형식과 형상을 가져야 하는가 하는 문제가 발생한다.

이러한 관계에서도 역시 다시금 예술작품의 세 가지 측면이 구분되어야 한다.

즉 첫째, 예술작품은 공간성, 형상, 시간, 색채와 같이 스스로가 예술에 적합한 형식을 요구하는 완전히 추상적인 외면성 그 자체이다.

둘째, 방금 서술했듯이 외적인 것은 그 구체적 현실성 속에서 부각되며 또한 예술작품에서 그러한 환경 속으로 도입된 인간적 내면의 주관성과 조화를 이룰 것을 요구한다.

셋째, 예술작품은 관조의 향유를 위해, 공중公衆을 위해 존재하니, 공중은 예술품에서 자신의 참된 믿음, 감응, 표상에 따라 자신을 재발견하고 또한 표현된 대상들과 조화될 수 있기를 요구한다.

1. 추상적 외면성 그 자체

이상은, 단순한 본질성에서 벗어나 외적 실존으로 전이될 경우, 즉시 이중적 양태의 현실성을 갖는다. 즉 이상은 그 내용을 특정한 상태, 특수한 상황, 성격, 사건, 행위로서, 그것도 동시에 외적 현존재의 형식 속에서 표현함으로써, 예술작품은 한편으로 이상 일반의 내용에 현실성의 구체적 형상을 부여한다. 다른 한편 예술은 즉자적으로 이미 총체적인 그러한 현상을 [320] 특정한 감각적 질료 속으로 옮기며 이를 통해 눈과 귀에도 역시 보이고 들리는 하나의 새로운 예술세계를 창조한다. 이 양 측면에서 모두 예술은 이상의 내적, 총체적 통일성이 ―즉 그 구체적 정신성에 따르는 통일성이― 더 이상 비쳐 들 수 없는 외면성 최후의 막다른 지점들을 향해 다가간다. 예술작품은 이 점에서도 이중화된 외면을 갖는다. 즉 그것은 외면성 그 자체로 머물며 또한 이로써 그 형상화와 관련해서도 외적 통일성만을 취할 수 있는 것이다. 여기서는 자연미를 고찰할 기회에 이미 살펴보았던 바와 같은 관계가 재등장하니, 이 자리에서는 예술의 측면으로부터이긴 하지만 역시 동일한 규정들이 다시금 말을 한다. 즉 외적인 것의 형상방식은 한편으로는 규칙성, 균제[대칭], 그리고 법칙성이며, 다른 한편으로는 예술이 그 심상의 현존재를 위해 외적 요소로서 이용하는 감각적 질료의 단순성과 순수성으로서의 통일성인 것이다.

a) 이제 우선 규칙성과 균제에 관해 보자면, 이것은 오성의 단순한 죽은 통일성으로서 예술작품의 본성을 그 외적 측면에서조차 결코 충분히 밝힐 수 없고, 다만 내적 생명이 없는 것, 시간, 공간의 형태 등속에 자리할 뿐이다. 그런고로 이러한 요소에 규칙성과 균제가 등장하는데 이는 지극히 외적인 것조차도 이를 분별 있게 제어했다는 표시인 것이다. 따라서 우리는 이것이 예술작품들에서 이중적으로 나타남을 본다. 이것은 자신의 추상에 집착할 경우 생명성을 파괴한다. 따라서 이상적 예술작품은 외면적인 것에서조차 단순한 균제를 넘어서야 한다. 하지만, 예컨대 음악의 멜로디가 그렇듯, 이 관계에서 규칙성이 언필칭 완전히 지양되는 것은 아니다. 그것은 다만 단순한 기초로 격하될 뿐이다. 그러나 역으로 규제되지도 않고 척도도 없는 것을 이렇듯 제어하고 규칙화하는 일은 다시 모종의 예술들이 그 표현의 질료의 면에서 [321] 취할 수 있는 유일한 근본규정이기도 하다. 이때에는 규칙성이 그 예술 속에 있는 유일한 이상적 요소이다.

이 면에서 보면 규칙성의 주된 적용은 건축에서 발견되는바, 건축예술작품은 정신의 외적인, 내면 그 자체에서 비유기적인 환경의 형상화를 목적으로 갖는 까닭이다. 그러므로 건축에서 지배적인 것은 직선·직각·원형적 요소들, 기둥, 창문, 아치, 대들보, 둥근 천장들의 상등성相等性이다. 즉 건축작품은 단지 그 자체로서 목적이 아니며 그것이 장식이나 회동장소로서 소용되는 다른 어떤 것을 위한 외면성이다. 어떤 건물은 신의 조각상을 기다리고, 어떤 건물은 그 속에서 자신들의 주거를 정하는 인간들의 모임을 기다린다. 따라서 그러한 예술작품은 본질적으로 그 자체로서 주의를 끌어서는 안 된다. 이 관계에서는 규칙성과 균제가 무엇보다 외적 형상에 대한 결정법칙으로서 적당하니, 까닭인즉 오성은 철저히 규칙적인 형상을 쉽게 개관하며 또한 그러한 형상에 오래 매달려 작업할 필요가 없기 때문이다. 물론 건축의 형식들이 이 외에도 정신적 내용에 대한 관계에서 수용하는 —이 형식들은 그러한 내용을 에워싸는 공간이거나 혹은 그것을 위한 외적 모임장소이기도 하다— 상징적 연관성은 여기에서 논외이다. 건축적 형식들을 변형하여 현실적 자연에 적용한 것으로 간주될 수 있는 특정 종류의 조경술에 대해서도 이와 비슷한 것이 유효하다. 정원에서든 건축에서든 주안점은 인간이다. 잡다함과 그 불규칙함을 법칙으로 삼는 또 다른 조경술이 있기는 하지만, 선호되는 것은 규칙성이다. 왜냐하면 여러 겹으로 뒤엉킨 미로들, 뱀이 기듯 구불구불 끊임없이 변화하는 숲들, 더러운 고인 물 위의 다리, 그리고 고딕풍 교회, 사원, 중국식 납골당, 암자, 납골단지, 장작 더미, 언덕, 조각품과 같은 놀랄 거리들이 아무리 독립적으로는 좋을지라도 우리는 그것들을 보매 곧 물리게 되며, [322] 또한 두 번째 보게 된다면 즉시 싫증을 느끼게 된다. 현실적 지역과 그 아름다움의 경우는 사정이 다르니, 이들은 사용과 향락을 위해 있는 것이 아니며 또한 그 자체로서 관조와 향유의 대상으로 등장할 수 있는 것이다. 이에 반해 규칙성은 정원 속에 놀랄 거리를 주는 것이라고 할 수는 없으며 오히려, 요망되는 바이기도 하지만, 인간을 자연이란 외적 환경 속에서 주인공으로 등장케 하는 것이다.

회화에서도 역시 규칙성과 균제가 전체 배열, 인물들의 배치, 위치, 운동, 옷자락 등에서 나타난다. 하지만 회화에서는 정신적 생명력이 건축의 경우보다 더욱 깊숙하게 외적 현상을 침투할 수 있으므로 균제적 요소의 추상적 통일성에는 다만 협소한 유희공간이 할애될 뿐이며, 또한 경직된 상 등성과 그 규칙이 대개 예술의 초기시대들에서만 발견된다면, 뒤로 갈수록 유기체의 형식에 가까운 한층 자유로운 선들이 기본 유형을 제공한다.

이에 반해 음악과 시문학에서는 규칙성과 균제가 재차 중요한 규정이 된다. 이 예술들은 단순한 외면성 자체의 측면을 음향의 시간적 지속 속에 지니며, 또한 이보다 더 구체적인 형상화방식이 달리 있을 수는 없다. 공간 속에 병렬하는 것은 편안하게 조감된다. 그러나 시간 속에서는 한 순간이 있게 되면 다른 한 순간은 이미 사라지고 없으며 이러한 사라짐과 돌아옴 속에서 시간의 순간들은 척도가 없는 상태를 지속한다. 이러한 비규정성을 형상화해야 하는 것이 박자의 규칙성이니, 박자는 규정성과 균등한 반복을 산출하고 이와 더불어 순간들의 척도 없는 지속을 다스린다. 음악의 박자에는 우리로서는 거의 벗어날 수 없는 마력이 들어 있는바, 우리는 음악을 들으면서 우리도 모르는 사이에 종종 그에 맞춰 박자를 두드린다. 즉 특정한 규칙에 따르는 동일한 시간간격의 이러한 반복은 음조와 그 지속에 객관적으로 속하는 것이 아니다. [323] 이렇듯 규칙적으로 분할되고 반복된다는 것은 음조 그 자체와 시간에는 무관한 것이다. 그러므로 박자는 순전히 주관에 의해 만들어진 것으로 밝혀져서 이제 우리는 음악을 들으면서 시간의 이러한 규칙화에는 오로지 어떤 주관적인 것이, 그것도 순수한 자기동일성의 근거가 있다는 직접적 확신을 또한 얻는바, 자신과의 동일성이자 통일성으로서의 주관은 온갖 상이성과 지극히 다채로운 다양성 속에서 이 근거와 그 반복을 즉자적으로 갖는 것이다. 이리하여 박자는 가장 깊은 영혼 속으로 울려 퍼지며 또한 이 고유한, 일단은 추상적인 자기동일적 주관성으로 인해 우리를 사로잡는다. 이 측면에서 보면 음조 속에서 우리에게 말을 건네는 것은 정신적 내용이 아니며, 감응의 구체적 영혼도 아니다. 그렇다고 가장 깊은 내면에서 우리를 움직이는 것이 음조로서의 음조인 것도 아니다. 바로 이 추상적인, 주관을 통해 시간 속으로 옮겨진 통일성이 주관이 갖는 동일한 통일성을 울리는 것이다. 시문학의 운격과 각운에도 같은 것이 적용된다. 여기서도 역시 규칙성과 균제가 배열규칙을 이루며, 또한 이런 외적 측면에 대해 철저히 필수적이다. 이를 통해 감각적 요소는 그 감각적 국면으로부터 즉시 벗어나니, 이 자체로서 이미 음조의 시간적 지속을 무차별적, 자의적으로 다루는 일상적 의식의 표현과는 다른 어떤 것이 여기에서 문제시됨을 보여 준다.

아주 확실하게 정해진 것은 아니더라도 이와 비슷한 규칙성이 이제 한층 높은 곳까지 미쳐서 비록 외적으로나마 본연의 생명력 있는 내용에 개입한다. 예를 들어 특정한 구분, 장, 막 등을 갖는 서사시와 극시에서는 이러한 부분들에 얼추 같은 규모를 부여하는 것이 중요하다. 회화에서도 역시 개별적 군상들의 규모가 비슷해야 하되, 그렇다고 해서 본질적 내용에 관한 강제적 법칙이나 혹은 단순한 규칙성의 지나친 지배가 눈에 띄어서는 안 된다.

시공간 속에 있는 즉자적 외면성의 추상적 통일성이자 규정성인 규칙성 및 균제는 [324] 무엇보다 그저 양적인 것, 크기의 규정성만을 주관한다. 따라서 양적인 것의 고유한 요소로서의 이러한 외면성에 더 이상 속하지 않는 것은 단순히 양적일 뿐인 관계들의 지배를 떨쳐 내며, 한층 깊은 관계들 및 그 통일성을 통해 규정된다. 그러므로 예술은 외면성과의 씨름 속에서 그 자체로서 드러날수록 그 형상화방식이 규칙성의 지배를 그만큼 덜 받도록 하며, 그저 하나의 제한적, 종속적 영역만을 규칙성에 지정한다.

이제 우리는 이 자리에서 균제에 관해서뿐만 아니라 조화에 관해서도 다시 한번 언급해야 한다. 조화가 관계하는 것은 더 이상 단순히 양적인 것이 아니라 본질적으로 질적인 차별성들이니, 이 차별성들은 단순한 상호 대립들로 고착화될 것이 아니라 화합을 이루어야만 한다. 예컨대 음악에 있어

으뜸음이 가온음과 딸림음에 대해 갖는 관계는 단순히 양적인 관계가 아니며, 오히려 본질적으로 상이한 음들이 동시에 하나의 통일성을 향해 동행하니, 그들의 규정성이 새된 대립과 모순으로서 울부짖는 것을 허용하지 않는다. 이에 반해 불협화음들은 해결[77]을 필요로 한다. 색들의 조화의 경우에도 역시 사정은 비슷하니 이와 관련해서도 예술이 마찬가지로 요구하는 것은 회화에서 색들이 난잡하고 자의적인 뒤범벅이나 단순히 해소된 대립들로서 등장하지 않고 오히려 총체적이며 통일적인 인상의 화합으로 매개된다는 점이다. 그럴진대 좀 더 자세히 보면 조화가 요구하는 것은 사물의 본성상 하나의 특정 영역에 속하는 차별성들의 총체성이다. 예컨대 색이 색 일반의 근본 개념에서 도출되는, 그리고 우연한 혼합색이 아닌 소위 원색이라는 한 특정 범위의 색들을 갖듯이 말이다. 원색들의 화합 속에 있는 그러한 총체성이 조화적 요소를 형성한다. 예를 들어 회화에는 [325] 황색, 청색, 녹색, 적색이란 기본색들의 총체성뿐만 아니라 그들의 조화가 현전해야만 하니, 고대 화가들은 이에 대한 의식 없이도 이러한 완벽성에 주의를 기울이고 그 법칙들에 따랐다. 그런데 조화는 규정성의 단순한 외면성에서 벗어나기 시작함으로써 이미 한층 광범위한 정신적 내용을 수용하고 표현할 수 있게 되었다. 고대 화가들에 의해 주요 인물들의 의상에는 기본색들의 순수함이, 이에 반해 주변 인물들에게는 혼합색들이 주어졌듯이 말이다. 예를 들어 마리아는 대개 푸른 망토를 걸치고 있으니, 청색의 부드러운 고요가 내면의 평온과 부드러움에 상응하는 까닭이다. 그녀가 강렬한 붉은빛의 의상을 하는 경우는 아주 드물다.

b) 외면성의 두 번째 측면은 이미 보았듯이 예술이 자신의 표현을 위해

77　역주: 음악용어로서의 해결(Auflösung)은 불협화음에서 협화음으로 이끎을 의미한다.

사용하는 감각적 질료 그 자체와 관계된다. 여기서는 통일성이 질료의 내적인 단순한 규정성과 균질성에서 성립하며, 따라서 질료는 비규정적 상이성과 단순한 혼합물로, 요컨대 비순수성으로 일탈해서는 안 된다. 이 규정도 역시 예컨대 윤곽들의 명확함, 직선, 원의 정확함 등과 같은 공간적인 것, 박자의 정확한 준수와 같은 시간의 확정된 규정성, 나아가 특정한 음조들과 색채들의 순수함과 관계될 뿐이다.

예를 들어 회화의 색채는 혼탁하거나 희끄무레해서는 안 되며 명료하고 규정되고 내적으로 단순해야 한다. 이러한 감각적 측면에서 볼 때 색채의 아름다움을 이루는 것은 그 순수한 단순성이며, 이런 관계로 가장 단순한 색채들이 —이를테면 녹색의 기미가 없는 순수한 황색과 청색이나 황색의 기미가 없는 적색이— 가장 효과적인 색채들이다. 물론 이때 이렇듯 확고한 단순성에도 불구하고 색채들을 동시에 조화롭게 유지하는 것은 어려운 일이다. 그러나 내적으로 단순한 이러한 색채들은 완전히 사라져서는 안 될 토대를 이루며, 아무리 혼합색들이 불가피하더라도 색채들은 그럼에도 탁한 범벅으로서가 아니라 [326] 내적으로 단순하고 명료하게 현상해야 하니, 그렇지 않다면 색채의 빛나는 명료함에서 얼룩만이 생길 뿐이다. 음조들의 울림에 대해서도 동일한 요구를 제기할 수 있다. 예컨대 금속현이나 장막현腸膜絃[78]의 경우 울림을 산출하는 것은 이런 재료의 떨림, 그것도 특정한 긴장과 길이를 갖는 현의 떨림이다. 이러한 긴장이 느슨해지거나 꼭 맞는 길이를 퉁기지 않는다면, 음은 더 이상 내면의 이러한 단순한 규정성이 아니며 또한 다른 음들로 넘어가 잘못 울린다. 앞의 순수한 떨림과 진동 대신 기계적 마찰이나 긁음이 음 그 자체의 울림에 섞인 소음으로서 그 옆에

---

78   역주: 양의 창자막으로 만든 현.

서 들릴 때도 비슷한 일이 생긴다. 마찬가지로 인간 목소리의 음도 순수하고 자유롭게 목청과 가슴에서 전개되어야 하지, 기관지의 웅웅거림이나 혹은 쉰 소리가 그렇듯 어떤 극복되지 않은 장애가 거슬리게 들려서는 안 될 일이다. 단순히 감각적인 이 관계에서 보면, 모든 이질적 종류의 혼합물로부터 자유로운, 확고하고 흔들림 없는 규정성을 갖는 이러한 맑음과 순수성이 삐걱대는 소음과 구분되는 음의 아름다움이다. 언어에 관해서도, 특히 모음에 관해서도 또한 같은 것이 이야기될 수 있다. 이탈리아어가 그렇듯 예컨대 a, e, i, o, u라는 모음을 분명하고 순수하게 갖는 언어는 듣기도 좋고 노래하기도 좋다. 반면 복모음은 언제나 혼합음을 갖는다. 글로 쓸 경우 음운들은 몇 되지 않는 늘 같은 기호로 환원되며 또한 그 단순한 규정성 속에서 나타난다. 그러나 말로 할 경우 이러한 규정성은 너무도 빈번히 소실되어 남부 독일 사투리, 슈바벤 사투리, 스위스어가 그렇듯 이제 특히 모음의 발음은 혼합음이 되어 전혀 글로 표현되지 않는 음운을 갖는다. 하지만 이 경우 이것은 혹여 문자언어의 결함 같은 것에서 기인하는 것이 아니라 다만 그 민족의 지둔遲鈍에서 기인할 뿐이다.

예술작품의 이러한 외적 측면에 관해서는 현재로서는 이것이면 족할지니, 단순한 외면성으로서의 이 측면은 그 또한 외적이며 추상적인 통일성만을 이룰 뿐이다.

[327] 그러나 더욱 나아간 규정에 따라 본다면, 이상의 정신적·구체적 개별성은 자신의 표현을 위해 외면성에 발을 들이며, 그런 관계로 이 개별성의 표현을 소명으로 삼는 내면성과 총체성은 외면에 삼투해야만 할 터, 이를 위해서는 단순한 규칙성, 균제와 조화, 혹은 감각적 질료의 단순한 규정성이 충분치 않은 것으로 입증된다. 이 사실이 우리를 이상의 외적 규정성의 두 번째 측면으로 인도한다.

2. 구체적 이상과 그 외적 실제의 조화

이 관계에서 주장될 수 있는 보편적 법칙은 인간이 세계라는 환경 속에서 고향 집에 있는 듯 있어야 한다는 점, 개성은 자연 및 일체의 외적 관계들에 적응하고 이를 통해 자유로운 존재로 나타나야 한다는 점, 그리하여 이 양 측면, 즉 성격 및 그 상태와 행위들의 주관적·내적 총체성과 외적 현존재의 객관적 총체성이 무차별적이며 근본적으로 다르다 하여 서로 갈라져서는 안 되며 오히려 조화와 상호 귀속성을 보여야 한다는 점에서 성립한다. 까닭인즉 외적 객관성이 이상의 현실성인 한, 즉 그 외적 현존재를 이루는 한, 그것은 자신이 이상과 동일성 속에 있음을 입증하기 위해 자신의 단순한 객관적 독립성과 경직성을 포기해야만 하기 때문이다.

이 점을 참작할 때 세 가지의 상이한 관점들이 그러한 조화를 위해 정립되어야 한다.

즉 첫째, 양자의 통일성은 단순한 즉자에 머물러 단지 하나의 은밀하고 내적인, 인간을 자신의 외적 환경과 묶어 주는 유대로서만 나타날 수 있다.

하지만 둘째, 구체적 정신성과 그 개별성이 [328] 이상의 출발점과 본질적 내용을 제공하는 까닭에, 외적 현존재와의 조화는 인간의 행동에서도 아울러 시작되어야 하며 또한 이 행동을 통해 산출된 것으로서 공지되어야 한다.

마지막으로 셋째, 인간정신에 의해 산출된 이 세계는 자체가 다시 하나의 총체성이니, 이 총체성의 현존재는 독자적으로 하나의 객관성을 형성하며 이러한 토대 위에서 움직이는 개인들은 이 객관성과 본질적으로 연관해야만 한다.

a) 이제 첫 번째 점과 연관하여 우리가 출발할 수 있는 지점은, 여기서는 이상의 환경이 아직 인간의 행동을 통해 정립된 것으로 나타나지 아니하기에, 그것은 일단 인간 일반에게 외적인 것, 외적 자연으로 머문다는 사실이다. 따라서 우선적으로 언급되어야 할 것은 이상적 예술작품에서의 외적 자연의 표현이다.

여기에서도 역시 세 가지 측면을 짚어 볼 수 있다.

α) 첫째, 외적 자연은, 외적 형상으로 드러나는 순간, 어느 모로나 특정하게 형상화된 실제로 존재한다. 외적 자연이 표현과 관련하여 요구하는 권리가 실제로 행사된다면, 외적 자연은 완전히 자연 그대로의 모습으로 수용되어야 할 것이다. 하지만 이 점에서도 역시 직접적 자연과 예술 사이에 어떠한 차별성들이 존중되어야 하는지를 우리는 이미 앞에서 살펴보았다. 그러나 전반적으로 보면, 예술이 외적 자연환경의 면에서도 역시 충실하고 진실하며 완전하게 규정되어 있다는 점이야말로 바로 위대한 대가의 특성이다. 까닭인즉 자연이 그저 하늘과 땅일 뿐이 아니고 인간이 허공을 떠다니는 것도 아니니, 인간은 개천, 강, 바다, 언덕, 산, 평야, 숲, 협곡들로 이루어진 특정한 장소에서 느끼고 행동하기 때문이다. 예를 들어 호메로스는 비록 현대적 부류의 자연묘사를 보여 주지는 않지만, 그의 표현과 진술은 대단히 충실하여 우리에게 스카만드로스강, 시모이스강, 해변, 만(灣)들에 관해 눈에 선하게 그려 주니, 오늘날에도 역시 그 지역이 지리적으로 그의 서술과 일치하고 있음을 알 정도이다. [329] 이에 반해 슬픔을 쥐어짜는 장바닥 광대의 노래는 등장인물들에 있어서나 자연묘사에 있어서나 척박, 공허하며 매우 불분명하다. 직장가인[79]들이 예루살렘 같은 곳을 지역으로 삼는 구

---

79 역주: Meistersänger(또는 Meistersinger). 14~16세기 독일 주요 도시에서의 장인 및 상인계급 음악가·
    시인들로 구성된 시가조합(詩歌組合)의 시인. 음유시인과 구별되며 장인시인(匠人詩人), 직인가인(職人歌

약의 이야기들을 운문으로 옮기지만, 그들도 역시 지역명칭밖에는 아무것도 제공하지 못하고 있다. 『영웅전Heldenbuch』[80]에서도 사정은 비슷하다: 오르트니트는 전나무 숲으로 말을 타고 들어가 용과 싸우는데, 사람들이나 특정한 지역성 등과 같은 주위 환경의 서술이 없으므로 이러한 점에서 가시화되는 것은 전무하다 할 것이다. 심지어 『니벨룽엔의 노래』에서도 사정은 다르지 않다. 보름스, 라인강, 도나우강이란 말이 나오기는 하지만, 여기서도 역시 서술은 불분명하고 빈약한 데 그친다. 그러나 개별성과 현실성의 측면을 형성하는 것은 바로 완전한 규정성이니, 만일 이것이 없다면 그 측면은 외적 실제라는 자신의 개념에 모순하는 추상일 뿐이다.

β) 그런데 여기서 요구되는 이 규정성과 충실성에는 직접적으로 일정한 상세함이 결부되니, 이를 통해 우리는 이러한 외적 측면으로부터도 이미지와 직관을 얻는다. 물론 상이한 예술들은 그들을 표현하는 요소에 따라서 본질적인 차별성을 낳는다. 조각은 그 형상들의 고요와 보편성으로 인하여 외면적인 것의 세세함이나 특칭성과는 비교적 멀리 떨어져 있으니, 조각이 외적인 것을 갖는다면 그것은 지역이나 환경으로서가 아니라 오로지 의복 형태, 머리모양, 무기, 의자 따위로서이다. 그런데 고대조각의 많은 인물들은 의상, 머리손질, 그리고 그 밖의 유사한 특징들 같은 인습적 요소를 통해 간신히 좀 더 특정하게 구분 가능할 뿐이다. 그러나 이러한 인습적 요소는 이 자리의 논의에 속하지 않을 터, 까닭인즉 그것은 자연적인 것 자체에 산입될 수 없고, 바로 그러한 사물들의 우연성의 측면을 지양하며, 또한 그것들이 좀 더 보편화되고 상존적인 것으로 된 양식이기 때문이다. ─ 서정

시)으로 번역되기도 한다.

80 역주: 중세 고지 독일시대의 영웅서사시 등을 모은 책. 오르트니트(Ortnit)는 그 영웅들 중 하나로서 서사시의 제목이기도 하다.

시는 반대 방향으로 나아가 주로 내적 심정만을 서술하며 따라서 외면성을 수용하더라도 그것을 그렇게 분명히 가시적으로 상술할 필요가 없다. 이에 반해 서사시는 [330] 거기 있는 것이 무엇이며, 행동이 어디서 그리고 어떻게 일어나는지를 말하는 까닭에 시문학의 모든 장르들 중에서 외적 장소에 관해서도 역시 최대의 범위와 규정성을 필요로 한다. 그런데 어떠한 예술에서건 이러한 규정성이 현실적 자연성과 그 직접적 모사의 산문으로 일탈해서는 안 되며, 또한 개인과 사건들의 정신적 측면을 묘사함에 바쳐진 상세함을 지나치게 애호하거나 중시해서도 안 된다. 요컨대 그 규정성은 자체로서 독립해서는 안 되니, 까닭인즉 외적 요소는 여기에서 내적 요소와의 연관성 속에서만 현상해야 하기 때문이다.

γ) 이것이 여기서 문제시되는 점이다. 즉 개인이 현실적 개인으로 등장한다는 사실에는 이미 보았듯 자신의 주관성을 갖는 개인과 그의 외적 환경이라는 두 가지가 속한다. 이제 외면성이 그의 외면성으로 나타나려면, 하나의 본질적 연관성이, 즉 다소간 내면적으로 존재할 수는 있어도 우연성도 역시 다분히 개입하는, 그렇다고 근본적 동일성을 상실해서도 안 되는 연관성이 양자 사이를 지배함이 필수적이다. 예를 들어 서사적 영웅들의 정신적 방향, 그들의 생활방식, 성향, 그들의 느낌과 실제 행동에서는 은밀한 화음이, 양자를 울려 하나의 전체로 묶는 음이 들려야 한다. 예컨대 아랍인은 그의 자연과 하나라고, 그것도 오직 그의 하늘, 별들, 뜨거운 사막, 천막, 말들과 하나라고 이해될 수 있다. 왜냐하면 그는 단지 그러한 기후, 풍토, 지역에서만 고향의 편안함을 느끼기 때문이다. 마찬가지로 오시안[81]의 영웅들은 (맥퍼슨의 근래의 각색 혹은 창작에 따르면) 지극히 주관적이며 내성적이긴 하지만 그들은 우울과 우수 속에서도 바람이 엉겅퀴 사이를 스쳐 가는 들판, 구름, 안개, 언덕, 그리고 캄캄한 동굴과 완전히 일체인 것으로 나타난다. 이 전 지역의 지형이 비로소 우리에게 이 대지 위에서 비애,

슬픔, 고통, 투쟁, 몽롱한 환영을 품고 움직이는 인물들의 내면을 진정 명약 관화하게 알게 해 주니, [331] 까닭인즉 그들은 전적으로 이러한 환경 속에서, 그것도 그 속에서만 집과 같은 편안함을 갖기 때문이다.

이런 면이 있기에 이제 우리는 처음 언명할 수 있을진대, 역사적 소재들은 주관적 측면과 객관적 측면의 그러한 조화를 직접적으로, 그것도 세부사항에 이르기까지, 상세하게 내포한다는 큰 이점을 보장한다. 이 조화를 선험적으로 판타지에서 얻기란 대단히 어려우며, 또한 그것이 대부분의 소재에서도 개념에 합당하게 전개되지 않을진대, 우리는 그것을 시종일관 예감할 도리밖에 없을 것이다. 물론 우리는 기존 소재의 각색보다는 상상력의 자유로운 생산을 더 높이 치곤 하지만, 그러나 요구되는 조화를 현실적 현존재 속에 기존하는 조화처럼 ─민족적 특징들은 현실적 현존재의 이러한 조화 자체로부터 출현한다─ 그렇게 확고히 규정적으로 제공할 만큼 판타지가 발휘될 도리는 없다.

이것이 주관성과 그 외적 자연 사이의 단순히 즉자적으로 존재하는 통일성을 위한 일반 원칙이라 하겠다.

b) 두 번째 종류의 조화는 이러한 단순한 즉자에 그치는 것이 아니라 각별히 인간의 활동과 솜씨를 통해 산출되는 것이니, 인간은 외물들을 자신의 사용을 위해 소비하고 이로써 얻은 만족을 통해 자신과 외물들을 조화시키는 까닭이다. 비교적 보편적인 것에만 관계할 뿐인 앞의 첫 번째 조화에 비해 이 측면은 특칭적인 것, 특수한 욕구들, 그리고 자연대상들의 특수

---

81 역주: Ossian. 3세기경의 고대 켈트족의 전설적인 시인이자 용사. 오시안이라는 이름은 영국 시인 J. 맥퍼슨이 1760년대 그의 시를 수집하여 『고지방수집 고대시가단편』, 『핑갈(Fingal)』, 『테모라(Temora)』 등 3권의 영역본을 발표함으로써 알려지게 되었다. 그러나 오늘날에는 이 책들이 단순한 번역본이 아니라 대부분 맥퍼슨에 의한 창작인 것으로 보고 있다. 우울한 낭만적 정서를 담고 있는 이 시들은 18세기 후반의 풍조에 어울리는 까닭에 많은 사람이 애송하였다.

한 사용을 통한 그 만족에 관계한다. ― 이 영역의 욕구와 만족은 극히 무한하게 잡다하지만 자연적 사물은 더욱 무한하게 다면적이니, 인간이 그의 정신적 규정들을 그 안으로 주입하고 외부세계를 자신의 의지로써 꿸 경우 비로소 그 사물들은 이렇다 할 단순성을 얻는다. [332] 이를 통해 인간은 자신의 환경이 어떻게 그를 만족시킬 수 있으며 또한 어찌하여 인간에 대해 독립성의 힘을 간직할 수 없는지를 보여 줌으로써, 그의 환경을 인간화한다. 이 활동의 완수를 매개로 하여 비로소 인간은 더 이상 보편성의 측면에만 국한되지 않고 특수성과 개별성의 측면에서도 역시 자신의 환경 속에서 대자적으로 현실적이 되며 또한 집과 같은 편안함을 누리게 된다.

이제 예술과 관련하여 이 전체 국면에 대해 언명될 수 있는 기본 사상은 간략히 말해 다음에 있다. 욕구, 소망, 그리고 목적들의 유한하고 특칭적인 측면들에 따라 인간을 본다면 그는 일단 외적 자연에 대해 다만 그냥 관계하는 것이 아니며, 좀 더 자세히 보면 의존성의 관계에 있다. 이러한 상대성과 부자유는 이상에 모순되는 까닭에, 인간이 예술의 대상이 될 수 있다는 것은 그가 벌써 이러한 노동과 궁핍으로부터 벗어나 의존성을 떨쳐 버렸음을 의미한다. 그런데 나아가 이 양 측면의 균형을 위한 행동은 이중의 출발점을 취할 수 있으니, 첫째, 자연은 스스로가 인간이 필요로 하는 것을 친절하게 제공하며 또한 그의 목적과 관심을 거스르는 대신 오히려 자발적으로 자신을 제공하여 시종일관 환대를 보인다. 그러나 둘째, 인간은 자연이 직접적으로 만족을 줄 수 없는 욕구와 소망을 지닌다. 이 경우 인간은 결핍된 자기만족을 자기 자신의 활동을 통해 이뤄야만 한다. 그는 자연물들을 소유하고, 다듬고, 모양내고, 스스로 구한 솜씨를 써서 일체의 거치적거리는 것들을 깎아 내어 외적인 것을 수단으로 바꾸어야만 하니, 이 수단을 통해 그는 자신을 각종 목적에 따라 실현할 능력을 갖는 것이다. 이 양 측면이 동행하는 곳에서는 이미 투쟁의 가혹함과 의존성 대신 완벽한 조화가 철두철미 현상할 정도로 자연의 친절과 정신의 솜씨가 결합하니, 이제 그곳에서는 가장 순수한 관계가 발견될 것이다.

[333] 예술의 이상적 토대 위에서는 삶의 궁핍이 이미 제거되어 있어야 한다. 궁핍과 노동이 다만 일순간이 아닌, 전체적으로 사라진 상태를 소유와 부가 보장하는 한 그것은 비非미적인 것이 아닐뿐더러 오히려 이상에 필적하는 것이지만, 반면 구체적 현실성을 필히 고려해야 하는 표현방식에서 예의 궁핍에 대한 인간의 관계를 완전히 제쳐 둔다면 그것은 그저 하나의 참되지 않은 추상을 나타낸다 할 것이다. 이 영역은 비록 유한성에 속하지만 그러나 예술은 유한한 요소를 결할 수 없으며 또한 그것을 무언가 단지 나쁜 것으로만 대하기보다는 오히려 참된 것과 화해, 결합시켜야만 하니, 까닭인즉 심지어 최상의 행위와 성향들마저도 그 규정성과 추상적 내용에 따라 자체로서 본다면 제한되어 있으며 이로써 유한하기 때문이다. 내가 양분을 섭취하고 먹고 마시며 거주하고 옷을 입어야 한다는 것은, 그리고 잠자리, 안락의자, 혹은 그 밖의 많은 가재도구들을 필요로 한다는 것은 물론 외적 생명성의 필연성이다. 그러나 내면의 삶도 역시 이러한 측면들을 적잖이 거치니, 인간은 자신의 신들에게 의복과 무기마저 부여하고 또한 그들을 다양한 필요와 그 만족의 모습 가운데서 가시화한다. 하지만 이때 이 만족은 이미 말했듯이 보장받은 것으로 나타나야만 한다. 예를 들어 편력기사의 경우 그들이 모험에서 우연히 만난 외적 곤경을 제거하는 일은 ―야만인들의 경우 그것이 직접적 자연에 기대어 나타나듯이― 그 자체가 오로지 우연에 기대어 나타난다. 이 둘은 예술을 위해 충분치 못하다. 왜냐하면 진정으로 이상적인 것은 인간이 대체 의존성이라는 단순한 진지함을 넘어서 있다는 점만으로는 성립하지 않으며 오히려 자연이 준 수단들을 동원하여 자유롭고 쾌활한 유희를 추진하게끔 허락하는 잉여의 한가운데 그가 서 있다는 사실에서 성립하기 때문이다.

좀 더 규정적으로 보면 이 일반적인 규정들 안에서 이제 다음의 두 가지 점이 상호 구분된다.

[334] α) 첫 번째 점은 순수 이론적 만족을 위한 자연물들의 사용과 관계된다. 여기에 속하는 것으로는 인간이 자신에게 부착하는 일체의 장신구와 장식품들, 요컨대 그가 두르는 일체의 화려한 물건들이 있다. 그러한 치장을 통해 자연이 그에게 제공하는 가장 값비싼 것, 시선을 끄는 가장 아름다운 것, 황금, 보석, 진주, 상아, 고가의 의상, ― 이러한 극히 귀하고 찬연한 것은 그 자체로서 이미 그의 관심을 끄는 것이 아닐 것이며 또한 자연물로서 간주되는 것도 아닐 터, 그것은 그에게, 혹은 그에게 속하는 그의 주위에, 그가 사랑하고 존경하는 것에, 그의 군주들에게, 그의 사원들에, 그의 신들에게 부착된 상태로 보여야만 한다. 이를 위해 그는 외물外物 자체로서 이미 아름답게 보이는 것, 예컨대 순수하며 빛나는 색들, 거울 같은 금속의 광택, 향기로운 목재, 대리석 등을 주로 선택한다. 시인들은, 특히 동방의 시인들은 그러한 풍부함을 빠뜨리지 않았으며 이것은 『니벨룽엔의 노래』에서도 역시 한 역할을 하지만, 또한 예술 일반은 이러한 찬란함을 단순히 서술하는 데 머물지 않고 자신의 현실적 작품들도 역시 적재적소에서 그와 비슷한 풍부함으로 꾸민다. 아테네의 팔라스[82] 신상과 올림포스의 제우스 신상에는 황금과 상아가 아낌없이 사용되었다. 신들의 사원, 교회, 성자의 그림들, 왕의 궁전들은 거의 모든 민족에게 있어 찬란함과 화려함의 실례가 되며, 또한 민족들은 군주들의 화려한 물건을 보고 그런 것이 있으며 또한 그것이 그들의 중심에서 유래했다는 사실을 기뻐하듯이 그들의 신성 속에서 그들 자신의 풍부함을 본다는 사실에 예로부터 기뻐해 왔다. ― 팔

---

82 역주: Pallas. 여신 아테네의 별명.

라스의 망토로 얼마나 많은 가난한 아테네인들이 배를 불릴 수 있으며, 얼마나 많은 노예들이 값을 치르고 풀려날 수 있을지를 반성한다면, 우리는 물론 그러한 즐김을 소위 도덕적인 생각을 통해 그만둘 수 있다. 고대인들의 경우에도 역시 국가에 큰 환란이 닥치면 그러한 부는, 지금 우리의 경우에는 사원이나 교회의 재산이 그러하듯, 실용적 목적을 위해 [335] 전용되었다. 더 나아가 개별 예술작품뿐만 아니라 전반적인 예술 자체도 그러한 우려 섞인 눈으로 볼 수 있다: 예술원이나 각 시대별 예술작품의 구입, 그리고 화랑, 극장, 박물관의 건립이 한 국가에게 엄청난 비용부담을 주지 않는가 말이다. 그러나 사람들이 이에 관해 도덕적이며 감동적인 운동을 제아무리 많이 벌이더라도 이러한 일은 가난과 궁핍을 다시 기억함으로써만 가능하고 예술은 바로 그 제거를 요구하기 때문에, 현실성 자체의 내부에서 현실성의 모든 궁핍 너머로 사치스럽게 솟는 하나의 본령을 위하여 자신의 재산을 헌납함이 모든 민족에게 모름지기 명성이자 최고의 명예가 될 수 있는 것이다.

β) 그런데 인간은 자신과 그가 살고 있는 환경을 치장해야 할 뿐만 아니라 외물들을 또한 자신의 실천적 필요와 목적들을 위해 실천적으로 사용해야만 한다. 이 영역에서 처음 완전한 노동과 고통, 삶의 산문에 대한 인간의 의존성이 시작되니, 여기에서 무엇보다 생기는 물음은 어떤 한도에서 이 영역도 역시 예술의 요구에 적합하도록 표현될 수 있을까 하는 것이다.

αα) 예술이 이 모든 국면을 제거하고자 시도했던 최초의 방식은 소위 황금시대나 혹은 목가적 상태라는 생각이다. 전자의 면에서 보면 이 경우 자연은 인간 안에서 일어날 수 있는 모든 욕구를 힘들이지 않고 만족시키며, 후자의 면에서 보면 인간 본성의 한층 높은 고귀함에 위배하여 나타나는 명예욕, 소유욕, 경향성 등의 열정이 철저히 침묵함으로써 인간은 그 순진함 속에서 초원, 숲, 가축 무리, 뜰, 오두막이 그에게 식량, 주거 그리고 기타

의 편의를 위해 제공할 수 있는 것에 만족한다. 언뜻 보면 그러한 상태는 물론 이상적 기미幾微를 보이며 또한 일정하게 한정된 영역의 예술은 이러한 표현양식과 더불어 만족할 수 있다. [336] 그러나 좀 더 깊이 들어가 보면 그러한 삶은 곧 지루하게 될 것이다. 예를 들어 게스너[83]의 글들은 더 이상 거의 읽히지 않으며, 또한 사람들이 그것을 읽었다손 치더라도 거기에서 집과 같은 편안함을 가질 수는 없다. 왜냐하면 이런 식으로 제한된 삶의 방식은 정신 발전의 결여도 역시 전제하기 때문이다. 내실 있는 완전한 인간에게는 그가 더욱 높은 충동들을 갖는다는 사실, 자연 및 그 직접적 산물과의 이러한 일차적인 공생이 더 이상 그를 만족시키지 못한다는 사실이 속한다. 인간은 그러한 목가적 정신 빈곤에 묻혀 허송세월해서는 안 되고, 노동을 해야만 한다. 그의 충동이 지향하는 바를 그는 자신의 행동을 통해 달성하려고 노력해야 한다. 이러한 의미에서 이미 신체적 욕구들이 광범위하고 다종다양한 분야의 행동들을 자극하며 또한 인간에게 내면의 힘을 느끼게 하니, 연후 이 느낌으로부터 한층 깊은 관심과 힘들이 전개될 수 있는 것이다. 그러나 동시에 이 경우에도 역시 여기에는 외적인 것과 내적인 것의 조화가 여전히 근본규정으로서 남아야 할 터이니, 만일 예술에서 신체적 궁핍이 극한으로 치달아 표현된다면 그보다 더 역겨운 것은 없다. 예를 들어 단테는 우골리노의 아사餓死를 단지 몇 가지의 특징들로써 인상 깊게 펼쳐 보인다.[84] 이에 반해 게르슈텐베르크가 그의 동명 비극[85]에서 처음에는 그의 세 아들들이, 마지막에는 우골리노 자신이 배고픔으로 어떻게 죽어 가는가를 온갖 단계의 참혹을 모조리 거치면서 장황하게 서술할 때, 이것은

---

83 역주: Salomon Geßner(1730~1788), 스위스의 시인이자 화가.

84 역주: 단테의 『신곡』 중 지옥편 33장 참조.

85 Heinrich Wilhelm von Gerstenberg(1737~1823), *Ugolino*(1768).

이 면에서는 예술표현에 완전히 역행하는 소재이다.

ββ) 하지만 마찬가지로 목가적 상태에 대립하는 일반적 문명의 상태도 반대 방향의 장애요소를 다분히 갖는다. 욕구와 노동, 관심과 그 만족의 장황하고 번다한 관계는 그 모든 범위에 걸쳐서 완전히 전개되었으며 또한 각 개인은 독립성에서 떠나 타자에 대한 무한 계열의 종속성에 [337] 묶이게 되었다. 그가 자신을 위해 필요로 하는 것은 전혀 자신의 고유한 노동이 아니며 혹 그럴 경우라도 오직 극히 사소한 부분에만 그칠 뿐이고, 게다가 이러한 활동들의 각각은 하나하나가 생동적으로 진행되기보다는 점점 더 일반적 규준에 따라 단지 기계적으로만 진행된다. 그런데 이러한 산업문명과 서로에 대한 착취 및 타인들에 대한 배척의 와중에서 한편으로는 매우 끔찍한 빈곤이 출현하며 다른 한편으로는 궁핍이 제거될 경우라면 개인들은 욕구를 위한 노동으로부터 해방되어 이제 더욱 높은 관심들에 헌신할 수 있을 정도로 필히 부유하게 나타난다. 물론 이러한 잉여에서는 상시적으로 반영되던 끝없는 종속성이 제거되어 있으며 또한 인간은 돈벌이의 이전투구에 더 이상 빠져 있지 않으며, 또한 생계의 모든 우연성으로부터도 그만큼 더 벗어나 있다. 하지만 그 대신 인간은 자신에게 가장 가까운 환경에서조차 그것이 자신의 고유한 작품으로서 나타난다는 식의 편안함을 느끼지 못한다. 그가 자신의 주변에 벌여 세우는 것은 그를 통해 산출된 것이 아니라 어차피 이미 비축되어 있는 것에서 가져온 것이며, 타인들을 통해, 그것도 대개는 기계적이며 이로써 형식적인 방법으로 생산된 것이고, 또한 낯선 노력과 욕구들의 긴 연쇄를 거쳐 비로소 그에게 도달한 것이다.

γγ) 그러므로 이상적 예술을 위해 가장 적합한 것은 제3의 상태, 즉 황금시대 및 목가적 시대와 시민사회의 완전히 발전된 전면적 관계들의 중간상태이다. 이것이 바로 우리가 이미 영웅적, 특히 이상적 세계상태로 알고 있는 바의 세계상태이다. 영웅적 세대는 더 이상 예의 목가적인 정신적 관심

의 빈곤에 제한되어 있지 않으며 이를 넘어 한층 깊은 열정과 목적들을 향해 나아간다. 그러나 개인들이 갖는 가장 가까운 환경, 그들의 직접적 욕구의 만족은 여전히 그들 자신의 행동의 몫이다. 예를 들어 꿀, 우유, 포도주와 같은 양식들은 비교적 단순하며 이로써 한층 이상적인 반면, 커피, 브랜디 따위의 것은 즉시 그것의 마련을 위해 필요한 수천의 얽힌 관계들을 [338] 다시 기억나게 한다. 마찬가지로 영웅들은 스스로 도살하고 굽는다. 그들은 자신이 타려는 말을 길들인다. 그들은 사용하는 도구들을 하여간 스스로 마련한다. 쟁기, 방어무기, 방패, 투구, 갑옷, 칼, 창은 그들 자신의 작품이거나 혹은 그들이 그 제작 과정을 잘 알고 있는 것들이다. 그러한 상태에 있는 인간은 그가 사용하는, 그리고 그의 주위에 있는 모든 것에서 그가 그것을 스스로 산출했으며 또한 이를 통해 외적 사물들에서 자신의 몫과 관계 맺는다는 느낌을 갖지, 그가 주인으로 있는 자신의 고유한 영역 바깥에 있는 생소한 대상들과 관계 맺는다는 느낌을 갖는 것이 아니다. 그런데 그런즉슨 물질을 조달하고 형태화하기 위한 행동은 쓰디쓴 노고로서가 아니라 경쾌하고 만족스러운 노동으로서, 어떠한 장애도 어떠한 실패도 길을 가로막지 않는 노동으로서 나타나야만 한다.

우리는 그러한 상태를 일례로 호메로스에게서 발견한다. 왕권을 상징하는 아가멤논의 지팡이는 그의 선조가 스스로 베어 내어 후손에게 물려준 가문의 지팡이이다. 오디세우스는 자신의 커다란 부부침대를 손수 만들었다. 또한 아킬레우스의 그 유명한 무기들이 아무리 그 자신의 노동은 아닐지언정 테티스[86]의 청에 따라 그것들을 완성하는 자는 헤파이스토스[87]이니 여기서도 역시 얽히고설킨 행동들은 생략된다. 간단히 말해 이 모든 것

---

86 역주: Thetis. 아킬레우스의 어머니.
87 역주: Hephaistos. 불과 대장일의 신.

에서 현저히 보이는 것은 새로운 발견들에 대한 최초의 기쁨, 소유의 신선함, 향유의 획득이고, 모든 것은 자가自家 제작적인 것이며, 모든 것 속에서 인간은 자신의 팔의 힘, 자신의 손의 솜씨, 자신의 고유한 정신의 영리함 혹은 자신의 용기와 용감성의 결과를 현재하는 것으로서 앞에 둔다. 오직 이럼으로써 만족의 수단들은 단순 외적인 사태로 가라앉지 않는다. 우리는 그 수단들의 생생한 생성과 인간이 거기에 부여하는 가치의 생생한 의식을 여전히 스스로 본다. 왜냐하면 인간이 그것들 속에서 갖는 것은 죽은, 혹은 일상을 통해 죽임을 당한 사물들이 아니라 자신 고유의 일차적인 산출이기 때문이다. 그리하여 여기서는 모든 것이 목가적이되, 한정된 방식으로 목가적인 것은 아니다. [339] 대지, 강, 바다, 나무, 가축 등이 인간에게 식량을 제공하지만, 인간은 무엇보다 이러한 환경과 그 향유에 그저 한정되어 있는 것으로 나타나지 않는다. 오히려 이러한 근원적 생명성의 내부에서 한층 깊은 관심들이 열리니, 모든 외면성은 이 관심들과의 관계에서 보면 다만 부차적인 것으로서, 한층 높은 목적들을 위한 토대와 수단으로서 — 하지만 예의 조화와 독립성이 그 너머로 확장되는 토대와 환경으로서 현존한다. 그런즉슨 이 독립성은 만물이 인간적으로 산출되고 이용되며 동시에 그것을 사용하는 인간 자신에 의해 마련되고 향유됨으로써만 나타나는 것이다.

그런데 그러한 표현방식을 후세의 완전히 발전된 시대들에서 취한 소재들에 적용한다는 것은 언제나 커다란 어려움과 위험을 갖는다. 그러나 괴테는 『헤르만과 도로테아』에서 이 점에 대해 완벽한 본보기를 제공하고 있다. 나는 비교를 위해 몇 가지의 작은 특징들만을 인용하고자 한다. 포스[88]

---

88 역주: Johann Heinrich Voß(1751~1826), 괴팅겐 시파(詩派) 창립자의 한 사람으로 서사시 『70회 생일 (Der 70. Geburtstag)』(1781), 『루이제(Luise)』(1783)에서 민중의 소박한 생활을 노래하였으며, 고전언어학

는 그의 유명한 『루이제』에서 고요하고 한정된, 그러나 독립적인 권역의 삶과 활동을 목가적 방식으로 묘사한다. 시골목사, 담배파이프, 잠옷, 안락의자, 그리고 커피주전자가 중요한 역할을 한다. 그런데 커피와 설탕은 그 권역에서 나올 수 없는, 그래서 곧장 완전히 다른 연관성을, 즉 낯선 세계와 무역, 공장들, 요컨대 현대적 산업의 복합적인 매개들을 시사하는 산물들이다. 따라서 그러한 시골의 권역은 전혀 내적으로 닫혀 있는 것이 아니다. 이에 반해 『헤르만과 도로테아』라는 아름다운 그림에서는 그러한 폐쇄성을 요구할 필요가 없었다. 왜냐하면 다른 기회에 이미 언급했듯이, 전체적 어조에서는 목가적 분위기를 그대로 유지하는 이 시에서는 시대의 위대한 관심들, 프랑스 혁명의 투쟁들, 조국의 수호가 매우 가치 있는 주요 역할을 하기 때문이다. [340] 시골 소도시의 가족생활이라는 비교적 좁은 권역은 ─포스의 『루이제』에 나오는 시골목사의 경우와 달리─ 극히 강력한 관계들 속에서 깊숙이 움직이는 세계가 단순히 무시됨으로써, 말하자면 자신을 굳게 자신 속에 모아 두는 것이 아니라 오히려 앞의 더욱 큰 세계의 움직임에 접맥하고 목가적 성격과 사건들은 그 속에서 서술되어 있으니 이를 통해 우리는 삶의 내용을 더욱 풍부하게 확장하는 영역으로 장면이 전이됨을 보며, 또한 모든 면에서 제약적이며 옥죄는 관계들의 일상적 연관성 속에서만 살아가는 [『루이제』의] 약제사는 우매한 속물로서, 마음은 좋지만 성마르게 표현되는 것이다. 그럼에도 불구하고 인물들의 가장 가까운 환경과 관련해서는 방금 전에 요구되었던 어조가 철저히 탈색된다. 이에 해당하는 한 장면을 환기해 보자면, 예를 들어 술집 주인은 자신의 손님들, 목사 그리고 약제사와 함께 커피 따위를 마시지 않는다.

에도 조예가 깊어 호메로스의 『오디세이』, 『일리아드』를 독일어로 번역하였다.

어머니가 조심스레 가져온 것은 맑고 멋진 포도주

빛나는 주석쟁반 위의 매끈한 병에 담겨 있네.

라인포도주에 제격인 잔, 초록빛 도는 커다란 잔들과 함께

시원할 때 그들은 83년산 고향의 포도주를 고향에서 만든, 오로지 라인포도주에 어울리는 잔에 부어 마신다: "라인강 줄기의 물결과 사랑스러운 기슭"은 바로 뒤이어 우리를 상상으로 데려가며 우리도 역시 주인집 뒤에 있는 그의 포도밭으로 곧장 인도되니, 여기서는 어떤 것도 내면의 평온한 상태, 즉 자신의 욕구들을 자신의 범위 안에서 자신에게 부여하는 상태의 독특한 국면을 벗어나지 않는다.

c) 앞서 말한 이 두 가지 종류의 외적 환경 이외에도 각 개인이 구체적으로 연관되어 살아가야 하는 제3의 양태가 있다. 이것은 바로 종교, 사법, 인륜이라는 보편적·정신적 관계이며 또한 국가조직, 헌법, 법정, 가족, 공적·사적 생활, 사교 등의 양태이다. 왜냐하면 이상적 성격은 [341] 신체적 욕구의 만족뿐만 아니라 정신적 관심의 만족에서도 역시 현상해야 하기 때문이다. 이제 이러한 관계들이 갖는 실체성, 신성, 그리고 내적 필연성은 그 개념의 면에서는 오직 하나의 같은 것이지만, 객관성의 면에서는 각양각색의 형상을 띠어 특칭적인 것, 인습적인 것, 그리고 단지 특정한 시대와 민족들에 대해서만 타당한 것이라는 우연성이 되기도 한다. 갖가지 관심의 정신적 삶은 이러한 형식 속에서 외적 현실성이 되기도 —이 현실성에서는 인습, 관습, 풍습으로서의 개인과 내적으로 완결된 주체로서의 개인이 동시에 발견된다— 하며, 또한 그것은 외적 자연에 관계하듯 자신에게 한층 더 친근하게 속하는 이 총체성에 관계하기도 한다. 전반적으로 우리는 이 범위에 대해서도 조금 전에 지적하고자 했던 것과 동일한 생생한 조화를 주창할 수 있으며 그런 까닭에 좀 더 규정적인 고찰은 여기서 생략하지만, 그 주

요 논지들은 다른 측면으로부터 곧 언급될 것이다.

3. 공중과 관련한 이상적 예술작품의 외면성

이상의 표현으로서의 예술은 자신 속에 이상을 수용하되, 지금까지 언급된 외적 현실성에 대한 모든 관계들 속에서 수용해야 하며 또한 성격의 내적 주관성과 외적인 것을 하나로 묶어야 한다. 그런데 이상이 제아무리 내적으로 조화하는 완결된 세계를 형성하더라도, 그럼에도 현실적이며 개체적인 객체로서의 예술작품 자체는 자신을 위해 있는 것이 아니라 예술작품을 보고 즐기는 우리를 위해, 공중을 위해 있다. 예컨대 배우들은 한 드라마를 공연함에 있어 오로지 그들끼리만 말하는 것이 아니라 우리와 함께 말하며, 또한 이 두 측면에 비추어 이해될 수 있어야 한다. 그렇듯 모든 예술작품은 그 앞에 서 있는 모든 사람들과의 대화이다. 이제 참된 이상이 신과 인간들의 보편적 관심사와 열정 속에서 [342] 만인에게 이해되는 것은 사실이다. 하지만 이상은 자신의 개인들을 도덕, 풍습 그리고 기타의 특수성이라는 특정한 외적 세계 속에서 가시화하는 까닭에 하나의 새로운 요구, 즉 이러한 외면성은 표현된 성격들과 일치해야 할 뿐만 아니라 그에 못지않게 우리와도 역시 일치해야 한다는 요구가 부각된다. 예술작품의 등장인물들이 그들의 외부세계에서 집과 같은 편안함을 가져야 하듯, 우리도 역시 우리를 위하여 그들 및 그들 환경과의 동일한 조화를 요구한다. 그런데 하나의 예술작품이 어느 시대에 나타났든 간에, 그것은 항상 다른 민족과 세기들의 고유성들로부터 구분되는 특칭성들을 자신에 즉해 지닌다. 시인, 화가, 음악가는 특히 과거시대로부터 —이 시대의 문화, 도덕, 풍습, 체제, 의식儀式은 그들 자신의 현재가 갖는 전체적 문화와 상이한 것이다— 소재들을 선택한다. 앞서 기왕에 언급했듯이, 과거로의 그러한 돌아감은 하나의 큰 이점을 갖는바, 기억을 통한 직접성과 현재로부터의 이러한 탈피는 이미 그 자체가 예술에 불가결한 소재의 보편화를 가져오는 것이다. 하지만 예술가는 그 자신의 시대에 속하며, 시대의 관습, 관점들 그리고 표상들 속에서 살아간다. 예를 들어 호메로스의 시들은, 호메로스가 『일리아드』와 『오디세이』를 지은 이 한 사람의 시인으로서 실제로 살았든 아니든 간에, 적어도 트로이 전쟁으로부터 400년이나 떨어져 있으며, 또한 위대한 그리스 비극시인들은 고대 영웅들의 시절로부터 그보다 두 배나 더 긴 시간을 떨어져 있으나, 그들은 그들 시의 내용을 그때로부터 그들의 현재 속으로 옮기고 있다. 『니벨룽엔의 노래』와 이 시가 포함하는 많은 전설을 하나의 유기적 전체로 묶을 수 있었던 시인의 경우도 비슷하다.

이제 예술가가 인간과 신의 보편적 파토스에 아주 친숙한 것은 사실이지만, [343] 그러나 그가 제시하는 성격과 행위들이 속하는 고대 자체를 복잡단순하게 조건 짓는 외적 형상은 본질적으로 변화하여 그에게 낯선 것이 되었다. 나아가 예술가는 공중을 위하여, 그것도 우선은 그의 민족과 그의 시대를 위하여 창조하니, 시대는 예술작품을 이해하고 또한 그 속에서 고향의 편안함을 느낄 것을 요구할 권리가 있다. 진정한 불멸의 예술작품들은 비록 모든 시대와 민족들에게 향유 가능한 것으로 존속하지만, 그렇더라도 낯선 민족들과 세기들이 그것들을 철저히 이해하려면 지리적, 역사적, 아니 심지어는 철학적 앎과 지식과 인식들이라는 광범위한 기제가 필요한 것이다.

상이한 시대들 간의 이러한 충돌에 있어 문제시되는 것은 하나의 예술작품이 지역, 관습, 풍습, 종교적·정치적·사회적·인륜적 상태들이라는 외적 측면들과 관련하여 어떻게 형상화되어야만 하는가이다. 즉 예술가가 그의 시대를 잊고 다만 과거와 과거의 현실적 현존재만을 안중에 두어 그의 작품이 지난날에 대한 충실한 그림이 되도록 해야 하는 것은 아닐까, 아니면 오로지 그의 민족과 현재 일반만을 고려하는 것이, 그리고 그의 시대의 특칭성과 결부된 관점에 따라 자신의 작품을 작업하는 것이 예술가의 권리이자 의무인 것은 아닐까 하는 문제가 제기된다. 이러한 대립된 요구는 다음과 같이 표현될 수 있다: 소재는 그 내용과 내용이 나타난 시대에 맞추어 객관적으로 다루어져야 할 것인가, 아니면 완전히 현재의 교양과 관습에 적합하게 주관적으로 다루어져야 할 것인가. 대립에서 벗어나지 못한다면 이 두 측면 모두는 똑같이 잘못된 극단으로 인도되는바, 우리는 이 극단을 간략히 언급하고 또한 이로부터 진정한 표현방식을 밝히고자 한다.

그러므로 이와 연관해서는 세 가지의 관점을 짚어 보아야 한다:

> 첫째, 자신의 고유한 시대문화의 주관적 표명,
> 둘째, 과거와 연관된, 다만 객관적일 뿐인 충실성,
> [344] 셋째, 시대와 민족성의 면에서 멀리 떨어진 낯선 소재들을 표현하고 체득하는 참된 객관성.

a) 단순히 주관적일 뿐인 이해의 극단적 일면성은 과거의 객관적 형상을 완전히 지양하여 그 자리에 오직 현재의 현상방식만을 대체하는 지경으로까지 치닫는다.

α) 한편으로 이것은 대상과 그런 식의 체득방식 사이의 모순을 감지 내지 의식하지 못하는 과거에 대한 무지 및 순진성에서 나타날 수 있으니, 고로 그러한 표현방식의 저변에는 교양 부족이 깔려 있다. 이러한 종류의 순진성은 한스 작스[89]에게서 가장 강하게 보이는바, 그는 신선한 지각력과 낙천적 심정을 동원하여 우리의 주님, 성부, 아담, 이브, 야곱의 열두 아들들을 가장 본래적 의미에서의 뉘른베르크인으로 그렸다. 예를 들어 한번은

성부가 당시의 교사와 꼭 닮은 방법과 어조로 아벨과 카인 그리고 아담의 다른 자손들을 위해 어린이 교리문답과 학교를 연다. 그는 십계명과 주기도문에 관해 문답식으로 가르친다. 아벨은 모든 것을 정말 경건하고 훌륭하게 알고 있으나 카인은 불량한, 신을 모르는 악동과 같이 행동하고 대답한다. 그러러 십계명을 암송하라 할 때 그는 모든 것을 뒤집어 말한다: 너는 도둑질을 할지어다, 아버지와 어머니를 공경하면 안 될지어다 등등. 무지와 순진함은 남부 독일에서도 역시 수난사를 유사한 방식으로 표현하였던바, 이것은 금지되었었지만 거듭 새로운 모습으로 나타났다[90]: 빌라도는 상스럽고 거칠고 거만한 관리처럼 묘사된다. 우리 시대의 야비함을 그대로 지닌 병사들은 십자가를 끌고 가는 그리스도에게 한 줌의 담배를 준다. 그리스도가 그들을 뿌리치자 거기서 그들은 코담배를 강제로 콧속으로 밀어 넣으며, 또한 전체 민중은 완전히 경건하고 신실한 만큼이나, 아니 그들이 직접 겪는 외적 사건의 이러한 현재성 속에서 종교적 표상의 내면이 그들에게 생생해질수록 더욱더 신실하게 되는 만큼이나, 그것을 재미있어도 한다. ― 사물들을 [345] 현재의 관점과 형상으로 옮기는 이런 식의 변형과 전도順倒에는 물론 일정한 정당성이 들어 있으며, 또한 신과 예의 오래된 표상들을 매우 친숙하게 다루어 그것들을 온갖 경건성에도 불구하고 소시민적 관계들에 완전히 적합하도록 만드는 한스 작스의 대담성은 위대하게 비칠 수 있다. 그럼에도 불구하고 어떤 관계에서도 대상에 그 고유한 객관성의 권리를 허용하지 않을 뿐만 아니라 오히려 그 객관성을 뭐로 보나 꼭 반대로 형상화하는 것은 심정의 측에서 행하는 폭력 행위이자 정신의 교양 부

---

89 역주: Hans Sachs(1494~1576). 뉘른베르크 직장가인 조합을 이끌었으며, 많은 노래를 지었다.

90 역주: 헤겔은 여기서 희극적 요소가 섞인 예수의 수난극을 가리키는 것으로 보인다. 남부 독일에서는 1634년부터 시작된 오버암머가우(Oberammergau)의 수난극이 유명하다.

족이니, 이 경우 이를 통해 나타나는 것은 우스꽝스러운 모순 이외에는 아무것도 없다.

β) 다른 한편 교양의 오만에서도 동일한 주관성이 출현할 수 있으니, 왜냐하면 그러한 주관성은 자신의 고유한 시대관, 도덕, 사교적 인습들을 유일하게 타당하고 수용 가능한 것으로 간주하며, 따라서 한 내용이 동일한 교양의 형식을 취하기 전까지는 어떠한 내용도 즐길 만한 능력을 갖지 못하기 때문이다. 프랑스인들의 소위 고전적인 훌륭한 취미라는 것이 이러한 종류였다. 그들에게 말을 건넬 만한 것이려면 프랑스화化된 것이어야만 했다. 다른 민족성이나 특히 중세적 형상을 지녔던 것은 몰취미하며 야만적이라고 불리었고 또한 경멸 조로 거부되었다. 이로 인해 볼테르는 프랑스인이 고대인의 작품들을 개선했다는 온당치 못한 말을 한다. 프랑스인은 그 작품들을 단지 민족화했을 뿐이며, 또한 이러한 변형을 가함에 있어 그들의 취미가 감각과 표현 면에 있어 완전히 궁정식의 사교교양, 규칙성, 그리고 인습적 보편성을 요구하는 만큼 그들은 온갖 이질적이며 개별적인 요소를 동원하여 그만큼 더 끝없이 역겨운 태도를 취했던 것이다. 섬세한 교양이라는 동일한 추상을 그들은 시문학에서 어법에 대해서까지 전용했다. 어떠한 시인도 '꼬숑'[91]을 말하거나 혹은 숟갈, 포크, 그리고 그 밖의 수천의 다른 사물들을 거명해서는 안 되었다. 그리하여 예컨대 숟갈 혹은 포크 대신에 우리가 젖거나 마른 음식을 입으로 가져가는 도구라고 쓰는 따위의 장황한 정의와 돌려 말하기가 생겼다. 그러나 바로 이와 함께 그들의 취미는 [346] 극히 고루한 채로 머물렀다. 왜냐하면 자신의 내용을 그러한 번지르르한 보편성으로 평평하게 펴서 윤을 내는 대신 오히려 그것을 생명력 있

91　역주: cochon. 돼지, 혹은 야비하고 외설스러운 사람이라는 뜻의 프랑스어.

는 개별성으로 특수화하는 것이 예술이기 때문이다. 그러므로 프랑스인들은 셰익스피어를 용인하기가 매우 힘들 수밖에 없었으니, 우리로서는 그에게서 가장 애호함 직한 것을 그들은 번번이 잘라 내는 쪽으로 각색한 것에서도 알 수 있다. 마찬가지로 볼테르는 핀다로스가 "물이 최고의 것이다ἄριστον μέν ὕδωρ"라고 말할 수 있었다 하여 그를 조롱한다.[92] 그럴진대 또한 그들의 예술작품에서는 중국인, 미국인, 혹은 그리스와 로마의 영웅들이 완전히 프랑스의 궁정인들처럼 말하고 행동해야만 한다. 예를 들어 『아울리스의 이피게니아』[93]에 나오는 아킬레우스는 철저히 프랑스 왕자이며, 만일 이름이 거기에 붙지 않았더라면 누구도 그가 아킬레우스인 줄을 알아볼 수 없었을 것이다. 극장공연에서 그는 그리스풍의 의상을 입고 투구와 갑옷으로 가리고 있었지만, 동시에 파마하고 분 바른 머리, 주머니로 넓어진 엉덩이, 색깔 있는 끈으로 묶은 붉은 굽의 신발을 보여 주었다. 그리고 라신의 『에스더』는 특히 아하스베루스의 등장이 대접견실로 들어서는 루이 14세 자신과 흡사하다고 하여 루이 14세 시대에 애호되었다. 아하스베루스는 물론 동방의 풍이 혼합되긴 했지만, 완전히 분을 바르고 왕이 입는 모피외투를 입었으며 그의 뒤에는 파마하고 분을 바른 일군의 시종들이 프랑스풍en habit français으로 가발을 쓰고, 팔에는 깃 달린 모자를 들고, 금라사金羅絲, drap d'or의 조끼와 바지를 입고, 비단양말을 신고, 붉은 굽을 단 신발을 신고 등장한다. 오직 궁정과 특히 특권층만이 접할 수 있었던 것, 그것을 ―왕의 입장entrée을― 극장에서는 운문으로 옮기어 그 밖의 신분들도 역시 보았

---

92 역주: 핀다로스의 『올림피아드 송가』 중 「전차경주 승리자 아크라카스 출신 테론을 위하여」(3. 42~45)에는 다음의 구절이 있다. "물이 가장 좋다 하여도, 재보 중에서 황금이 가장 찬탄할 만하여도, 이제 탁월함의 끝에 테론(의 명성)이 가닿노라." 그러나 볼테르가 이 구절을 두고 왜 조롱하였는지는 분명치 않다.
93 역주: *Iphigénie en Aulide*(1674), 라신의 희곡.

던 것이다. — 비슷한 원칙에서 프랑스에서는 종종 역사 서술도 역시 그 자체와 그 대상들 때문에 추진된 것이 아니라 시대의 관심으로 인해, 가령 정부에 좋은 교훈을 주거나 정부를 증오하기 위해 추진되었다. 마찬가지로 많은 드라마들도 내용 전반에서든 다만 기회가 닿을 경우에서든 간에 [347] 시대환경에 대한 암시를 명백하게 포함하며, 게다가 옛 작품들에서 그러한 관계를 갖는 부분들이 나올 경우에는 그것들을 의도적으로 들추어내어 대단히 열광적으로 수용하였다.

γ) 주관성의 세 번째 양태로는 고금의 진정으로 참된 모든 예술내용이 사상捨象되는 것을 들 수 있으니, 그렇게 되면 공중에게는 현재의 일상적 행동거지에서 나타나는, 늘 보는 바의 그들 자신의 우연적 주관성만이 상연될 뿐이다. 그럴진대 이 주관성은 산문적 삶 속에 있는 일상적 의식의 특유한 양태라고밖에는 달리 불릴 도리가 없다. 이 속에서는 물론 모든 사람이 곧바로 집과 같은 편안함을 갖지만, 예술적 요구를 갖고 그러한 작품에 접근하는 사람만은 그 속에서 고향의 편안함을 느낄 수 없으니, 예술이란 정작 이러한 종류의 주관성에서 우리를 해방시켜야 하는 것이기 때문이다. 예를 들어 코체부[94]는 그러한 서술들을 통해 그의 시대에 큰 영향력을 행사하였던바, 그 유일한 까닭은 "우리의 불평과 궁핍, 은수저의 착복, 형벌을 무릅쓴 모험", 나아가 "목사, 상업고문관, 사관후보생, 비서, 경기병 소령"이 공중의 눈과 귀에 주어져 이제 각자는 그 자신과 친척, 친지 등의 가정상황을 목도하거나 또는 어쨌든 그의 특별한 관계와 특수한 목적들이 겪는 곤란을 꼭 집어 경험했다는 사실에 있었다. 그러한 주관성이 제아무리 자신의 대상들에 대한 관심을 가슴의 일상적 요구들로, 그리고 소위 도덕적이라고

---

94 역주: August von Kotzebue(1761~1819), 독일의 극작가. 희극 『소도시의 독일인』(1803)은 인기 있는 작품이었다.

하는 상투어와 반성들로 환원할 수 있다고 해도, 그 자체에는 예술작품의 순정한 내용을 이루는 것, 그것을 감응하고 표상하기 위한 고양이 결여되어 있다. 위의 세 가지 관점 모두에서 외적 관계의 표현은 일방적으로 주관적이며 또한 현실적, 객관적 형상에 대해서는 전혀 정당하지 않다.

b) 이에 반해 두 번째 이해방식은 [348] 과거의 성격과 사건들을 가능한 한 그 현실적 지역 안에서 그리고 인습 및 기타 외면성들의 특칭적 고유성 안에서 재생하려 애쓴다는 점에서 정반대를 행한다. 이런 면에서는 특히 우리 독일인들이 주목된다. 왜냐하면 우리는 무릇 프랑스인들과는 대조적으로 모든 낯선 고유성들에 대한 가장 꼼꼼한 기록자이며 따라서 예술에 있어서도 시대, 장소, 풍습, 의복, 무기 등등에 충실할 것을 요구하기 때문이다. 또한 우리는 힘든 노력을 기울여 학문을 통해 타민족과 흘러간 세기들의 사유방식 및 견해 속으로 파고들어 그들의 특칭성들을 숙지하고자 연구하는 인내도 역시 겸비하고 있다. 우리는 여러 민족들의 정신을 이렇듯 다면적 내지 전면적으로 파악·이해하려 함으로써 예술에서도 역시 이질적 기이함에 대해 포용적으로 될 뿐만 아니라 심지어 그러한 비본질적 외물들의 엄밀한 정확성을 지나치게 꼼꼼히 요구하기도 한다. 프랑스인들도 그에 못지않게 다방면에 걸쳐 활발하게 보이는 것이 사실이나, 그들이 제아무리 교양이 높고 실천적인 사람들이라고 해도 그런 만큼이나 그들은 타인을 차분하게 인정하며 이해하는 데에는 참을성이 없다. 그들에게 늘 우선시되는 것은 단정을 짓는 일이다. 이에 반해 우리는 특히 외국의 예술작품들의 경우에는 모든 충실한 묘사들을 그대로 인정한다. 이국적 식물들, 동식물과 광물을 비롯한 자연물들, 갖가지 종류와 형태의 도구들, 개와 고양이들, 심지어는 역겨운 대상들조차도 우리에게는 수용 가능하다. 그리하여 우리는 극히 생소한 직관방식들, 제물祭物들, 성인聖人의 전설들과 그 속에 있는 많은 불합리성 및 그 밖의 비정상적인 생각들을 즐길 줄 안다. 마찬가지로 행

동하는 인물들을 묘사함에 있어서도 우리에게 가장 본질적인 요소로 보이는 것은 그들의 언어와 의상 등을 그들 자신의 입장에서, 또한 그들이 현실적으로 시대적, 민족적 특성에 따라 지녔던 서로에 대한 친소親疎관계를 있던 그대로 등장시키는 일이다.

최근에는, 특히 프리드리히 폰 슐레겔이 활약한 이후로 예술작품의 객관성은 [349] 그러한 종류의 충실성을 통해 정초된다고 하는 생각이 부상하였다. 따라서 이 충실성이 주안점이 되어야 하며 또한 우리의 주관적 관심도 역시 무엇보다 이러한 충실성 및 그 생명력에서 얻는 기쁨에 한정되어야 한다는 것이다. 그러한 요구가 제기되었을진대, 그 속에는 우리가 표현된 내용의 본질성과 관련한 한층 높은 종류의 관심이나 또는 오늘날의 교양과 목적들이 갖는 한층 상세한 관심을 수반하면 안 된다는 사실이 표명되어 있다. 헤르더의 자극을 통해 사람들이 한층 일반적으로 민요에 다시 관심을 갖기 시작했을 때 독일에서도 역시 단순한 문화를 갖는 민족과 종족들의 민족적 음조를 띤 온갖 종류의 노래들이 ―이로케스 종족, 현대 그리스, 랩족, 터키족, 타타르족, 몽고족 등의 노래들이― 지어졌으며, 또한 외국의 인습과 민족관에 몰입하여 생각하고 또 거기에 맞춰 노래를 짓는다는 것을 우리는 위대한 천재성으로 간주하였다. 그런데 시인이 그러한 이국적 요소들 속으로 아무리 완벽하게 자신을 이입하고 그 속에서 느낀다고 해도, 그러한 것들은 그것을 즐겨야 할 공중에게는 언제나 무언가 외적인 것으로 있을 뿐이다.

이러한 관점이 일방적으로 견지된다면, 내용과 그 실체적 비중뿐만 아니라 현재적 관점과 오늘날의 심정이 갖는 교양과 의미내용도 역시 도외시되는 까닭에, 그것은 대체로 역사적 정확성과 충실성이라는 완전히 형식적인 것으로 머문다. 하지만 이 둘 중 어떤 것도 사상할 수 없으니, 양 측면은 골고루 만족을 요구하며 또한 역사적 충실성이라는 제3의 요구를 지금껏 살펴보았던 것과는 완전히 다른 방식으로 자신과 일치시켜야만 한다. 이 점은 예술작품이 충실히 지켜야 할 참된 객관성과 주관성의 고찰로 우리를 인도한다.

c) 이 점에 관해 일반적으로 언급되는 첫 번째의 것은, 방금 고찰한 [350] 측면들 중 어떤 것도 상대 측면을 희생시키는 가운데 일방적이며 침해적으로 부각되어서는 안 된다는 사실에, 그러나 단순히 역사적일 뿐인, 지역, 관습, 풍습, 제도와 같은 외적 사물들에 있어서의 정확성은 예술작품의 하위의 부분을 형성하는 만큼 이 부분은 참된, 그리고 문화의 현재에 비추어 봐도 과거의 것이 아닌 의미내용의 관심에 길을 비켜 주어야 하리라는 사실에 바탕을 둔다.

이 점을 참작할 때, 진정한 종류의 표현은 상대적으로 결함을 갖는 아래의 이해방식들과 대비된다.

α) 표현은 첫째, 산문의 일상성에서 벗어나거나 혹은 내면 자체에서 시적으로 되지 않았을 경우라도, 한 시대의 고유성에 매우 충실하고, 올바르고, 생생할 수 있으며 또한 현재의 공중에게도 역시 철저히 이해될 수 있다. 가령 괴테의 『괴츠 폰 베를리힝겐』은 이를 위해 괄목할 만한 사례를 제공한다. 우리는 그저 첫 장을 펼치기만 하면 되니, 이 장면은 프랑켄 지방 슈바르첸베르크로 향하는 길목의 어느 여인숙으로 우리를 데려간다: 탁자 앞에 앉은 메츨러와 지베르스[95]. 불가에 앉은 두 사람의 말구종. 주인장.

지베르스: 핸젤, 화주 한잔 더, 그것도 기독교식 한잔일세.

주인장: 자넨 뱃속에 거지가 하나 들어앉았군.

메츨러: (낮은 소리로 지베르스에게) 베를리힝겐에 관해 다시 한번 이야기해

---

95 역주: 두 사람은 모두 슈바벤 지방의 농부이며 농민 반란의 지도자이다.

보게! 저쪽의 밤베르크 놈들이 화가 나서 흙빛으로 되라고 하지, 뭐.

3막도 마찬가지로 진행된다.

게오르그: (추녀의 물받이를 가지고 오면서) 여기 납이 있네. 이 반만 명중시
키더라도 도망가서 그들의 국왕에게 "폐하, 패전했습니다"라고 말할
놈이 한 놈도 남지 않을 걸세.

레르제: (한 조각 떼어 내며) 쓸 만한 조각이군!

게오르그: 빗물이야 제 갈 길로 가라고 해! 나는 그것을 걱정하지 않아. 용
감한 기병과 제대로 된 빗물은 어떤 길이든 뚫고 가니까 말일세.

[351] 레르제: (납을 부으며) 국자를 잡게. (창가로 다가가며) 저기 한 황군
이 총을 들고 마음 놓고 싸돌아다니는군. 우리가 탄환이 떨어진 줄
아는 모양이지. 프라이팬에서 갓 꺼낸 따끈한 탄환 맛을 봐야겠군.
(장전한다)

게오르그: (국자를 기대어 놓고) 어디 좀 보자.

레르제: (쏜다) 저기 그 참새가 뻗어 있네. — 이하 생략.[96]

이 모든 것은 상황과 기병의 특징을 매우 가시적으로 그리고 잘 이해할
수 있도록 묘사하고 있다. 그럼에도 불구하고 이 장면들은 완전히 일상적
인, 물론 누구에게나 가까이 있는, 현상방식과 객관성만을 내용과 형식으로
취하는 까닭에 극히 진부하며 또한 내면 그 자체로 산문적이다. 이와 유사
한 장면들은 괴테의 다른 많은 청년기 작품에서도 여전히 발견되니, 이 작

---

96 헤겔(혹은 호토)은 여기서 1773/1774년판과 약간 다른 두 권짜리 1787년의 Göschen판 『괴테작품집
(*Goethes Schriften*)』과 여덟 권짜리 1828년의 Cotta판 『괴테전집(*Goethes Werke*)』을 인용한다.

품들은 특히 그때까지 규칙으로 여겨졌던 모든 것에 반대하며 또한 매사를 직관과 감응의 엄청난 포용 가능성을 통해 우리에게 알려 주는 친근함에서 그 주요 효과가 야기되었다. 그러나 친근함은 너무 크고 속의 내용은 부분적으로 너무 작아서 바로 이 때문에 그 작품들은 진부하게 되었다. 이러한 진부함은 극시작품들의 경우 무엇보다 공연에서 그야말로 제대로 감지되니, 까닭인즉 우리는 극장에 들어서는 즉시 이미 수많은 준비물들, 조명시설, 분장한 사람들을 통해 두 농부, 두 말구종, 그리고 한잔의 화주 이외의 다른 무언가를 찾으려는 분위기에 빠지기 때문이다. 그럴진대『괴츠 폰 베를리힝겐』도 역시 무엇보다 책으로 읽을 때 매력적이었다. 그것은 무대에서는 오래갈 수 없었다.

β) 다른 면에서 보면 우리는 시대의 일반교양을 통해 과거에 관한 다양한 지식도 역시 가짐으로써 옛 신화의 역사성, 역사적 국가상태와 관습의 이질성을 숙지하고 또 그것들을 우리의 것으로 만들 수 있다. [352] 그리하여 예컨대 고대의 예술과 신화, 문예, 의식儀式, 풍습들의 숙지는 오늘날 교양의 출발점을 이룬다: 모든 소년들은 이미 학교에서 그리스의 신들, 영웅들 그리고 역사적 인물들을 배운다. 따라서 그리스 세계의 모습과 관심사들이 상상 속에서 우리 자신의 것이 된 한에서, 우리는 상상의 토대 위에서 이들을 함께 향유할 수도 있을지니, 우리가 인도나 이집트, 혹은 스칸디나비아의 신화들의 경우에도 그처럼 멀리 나간들 안 될 이유가 없는 것이다. 더욱이 이 민족들의 종교적 표상들 속에는 보편자, 신이 역시 현전한다. 그러나 그리스나 인도의 특수한 신성들이라는 규정적 요소는 우리에게 더 이상 어떠한 진리도 갖지 못하며, 우리는 그것을 더 이상 믿지 않으니, 그것은 다만 우리의 판타지에 비추어 마음에 들 따름이다. 하지만 이로써 그러한 신성들은 한층 깊은 우리의 고유한 의식에 늘 이질적으로 남으니, 예를 들어 오페라에서 "오, 신들이여!" 혹은 "오, 주피터여!" 혹은 심지어 "오, 이시스와

오시리스여!"라고 부르는 것만큼[97] 그렇게 공허하고 썰렁한 것은 없으나, 더하여 신탁 말씀의 처연함이 추가된다면 ─게다가 오페라에서 신탁이 빠지는 일은 거의 없는데─ 그러한 공허와 썰렁함은 극에 달하니, 비극에서는 오늘날 겨우 신탁의 자리가 광기와 투시로 대체되었다.

관습, 법률 따위의 기타 역사적 소재들의 경우에도 사정은 완전히 마찬가지이다. 이러한 역사적 요소도 역시 있는 것이지만 그러나 그것은 있었던 것이며, 또한 그것이 삶의 현재와 더 이상 어떠한 연관성도 갖지 않는다면 우리가 아무리 정확하게 잘 안다고 해도 그것은 우리의 것이 아니다. 우리가 지나간 것에 대해 관심을 갖는 것은 그것이 한때 있었다는 그런 단순한 이유 때문이 아니다. 역사적인 것이 우리의 것이려면 그것이 우리가 속하는 민족에 속하거나, 혹은 표현되는 성격들이나 행위들이 일련의 사건들의 연쇄 속에서 본질적인 고리를 형성하며 또한 현재 일반이 그 사건들의 결과로서 간주될 수 있어야 한다. 왜냐하면 같은 땅, 같은 민족이라는 단순한 연관성까지도 궁극적으로는 충분한 것이 아니며, [353] 자기 민족의 과거 자체가 우리들의 상태, 삶 그리고 현존재에 좀 더 긴밀하게 관련되어야만 하기 때문이다.

예를 들어 『니벨룽엔의 노래』에서 우리는 지리적으로는 고향 땅 위에 있지만, 부르군트인들이나 에첼 왕[98]은 우리의 현재 문화의 온갖 관계들과 그 애국적 관심사에서 너무나 단절된 까닭에, 우리 자신은 별 학식이 없어도 호메로스의 시에서 훨씬 더 고향의 기분을 느낄 수 있는 것이다. 그리하여 클롭슈토크[99]는 조국적인 것을 향한 충동, 즉 그리스 신화를 스칸디나비

---

97 역주: 모차르트의 오페라 〈마술피리〉(1791) 중 자라스트로의 첫 번째 아리아.
98 역주: 훈족의 왕으로서(Atilla. 중세 독일어로는 Etzel) 그 당시 실제로 빈에서 통치하고 있었다.
99 역주: Friedrich Gottlieb Klopstock(1724~1803), 독일의 시인. 주요 작품으로 『메시아』(1743~1773)가 있으며, 여기서 헤겔이 언급하는 작품은 『송가집』(1771)이다.

아의 신들로 대체하려는 충동에서 발단을 찾았지만, 보단, 발할라, 프라이아[100]는 주피터나 올림포스보다도 우리의 표상에 생경하고 정서에 맞지 않는 단순한 명칭들로 남아 있다.

이러한 점에서 예술작품들은 연구나 학식을 위해 제작되는 것이 아니며 장황하고 동떨어진 지식들의 이러한 우회를 거치지 않고 직접적으로 그 자체를 통해 이해 및 향유가 가능해야 한다는 사실을 우리는 분명히 해 두어야 한다. 왜냐하면 예술은 몇 안 되는 특별히 잘 교육받은 사람들의 좁고 닫힌 권역을 위해 있는 것이 아니며, 오히려 대다수의 전체 민족을 위하여 있기 때문이다. 그러나 무릇 예술작품에 타당한 것은 거기에 표현된 역사적 현실의 외적 측면에도 마찬가지로 적용된다. 우리도 또한 우리의 시대와 민족에 속하며, 이 현실은 폭넓은 학식이 없어도 우리에게 명료하며 이해 가능한 것이어야만 하니, 우리는 그 속에서 고향에 있는 듯 있을 수 있으며 또한 그 앞에서 낯설고 불가해한 세계 앞에 서 있듯 할 필요가 없는 것이다.

γ) 이를 통해 이제 우리는 진정한 방식의 객관성 및 지난 시대들에서 구한 소재의 진정한 체득에 이미 한 걸음 더 다가가 있다.

αα) 우리가 여기서 첫 번째로 인용할 수 있는 것은 진정한 민족시들에 관한 것이니, 이런 종류의 시들은 여하한 민족을 막론하고 예전에도 외적, 역사적 측면이 [354] 그 자체로서 이미 그 민족에게 속하였으며 또한 어떠한 것도 그에 이질적인 것으로 머물지 않았다. 인도의 서사시, 호메로스의 시들 그리고 그리스의 극시들이 그렇다. 소포클레스는 필록테테스, 안티고네, 아이아스, 오레스테스, 오이디푸스와 코러스들 및 선창자들을 그들 시대에

---

100 역주: Wodan은 스칸디나비아에서는 Odin으로, 색슨족이나 앵글로색슨족 사이에서는 Woden으로 알려진 신으로 그리스의 헤르메스와 비슷한 신이며, Walhalla는 보단 신이 사는 곳이다. Freia(혹은 Freiyja)는 스칸디나비아 신화 속 사랑의 여신이다.

있었을 법한 말투로 이야기하게 하지 않는다. 스페인인들이 시드의 설화를 다루는 방식도 비슷하다. 타소[101]는 그의 『해방된 예루살렘』에서 가톨릭 교단의 일반적 관심사를 노래했다. 포르투갈의 시인 카몽스[102]가 묘사하는 것은 희망봉을 돌아 동인도로 가는 바닷길의 발견이자 내적으로 무한히 중요한 해양 영웅들의 행동들이었으며, 또한 이것은 그들 민족의 행동들이었다. 셰익스피어는 자신의 나라의 비극적 역사를 극화하였고, 볼테르도 스스로 그의 『앙리아드』[103]를 썼다. 또한 우리 독일인들마저도 우리에게 더 이상 민족적 관심을 끌지 못하는 먼 역사들을 민족적 서사시로 가공하고자 하는 일에서 드디어 벗어났다. 보트머[104]의 『노아키데』나 클롭슈토크의 『메시아』는 이런 흐름에서 벗어난 것인바, 그렇다 할 때 한 민족이 그들도 역시 자신들의 호메로스를 갖고 있다는 것, 그 밖에도 자신들의 핀다로스, 소포클레스 그리고 아나크레온을 갖고 있다는 것이 민족의 영예에 속하는 양 생각하는 것도 또한 더 이상 온당하지 못하다. 앞의 성경 이야기들은 구·신약에 대한 친숙성으로 인해 우리들의 생각에 비교적 가까이 있는 것이 사실이나, 외적 풍습들과 같은 역사적 요소는 우리에게 언제나 생경한 학식의 몫으로 남아 있을 뿐이며 또한 정작 주지의 것으로서 우리 앞에 있는 것은 사건들과 인물들이라는 산문적 실마리가 전부인데, 이것들은 거지반 각색을 통해 단지 새로운 구절로 억지로 옮겨졌을 뿐인 관계로 우리는 단순한 작위의 느낌밖에는 아무것도 얻지 못한다.

---

101 역주: Torquato Tasso(1544~1595), 이탈리아의 서사시인. 주요작으로 『해방된 예루살렘』(1581)이 있다.

102 역주: Luís de Camões(1525~1580), 포르투갈의 시인. 여기서 헤겔은 그의 대서사시 『루시아다스(Os Lusiadas)』(1572)를 언급하고 있다.

103 역주: La Ligue ou Henry le Grand(1723), 종교전쟁을 종식한 앙리 4세를 찬양하는 서사시.

104 Johann Jakob Bodmer(1698~1783), Noa ein Heldengedicht(1750). 보트머는 스위스의 문학평론가이자 작가이다.

ββ) 그러나 이제 예술은 단지 토착 소재에만 국한될 수 없으며 또한 실제로도 특수한 민족들이 점점 더 교호함에 따라 [355] 그 대상들을 더욱더 폭넓게 모든 민족과 세기들로부터 취해 왔다. 그렇다고는 하나 시인이 낯선 시대 속으로 완전히 전입하는 것을 두고 위대한 천재성 따위로 간주할 수는 없으며, 역사적 외면은 인간적, 보편적인 요소에 견주어 대수롭지 않은 부수물로 치부되어 묘사에서 한 구석에 있어야만 한다. 이미 중세가 그런 식의 실례이니 중세는 소재들을 고대에서 취하되 자신의 시대의 내용을 주입했으며 그리하여, 분명 그 역시 극단적인 방식이긴 하지만, 알렉산더나 아이네이아스 그리고 옥타비아누스 황제라는 단순한 이름 이외에는 어떤 것도 남겨 놓지 않았다.

언제나 최우선적인 것은 직접적 이해 가능성인바, 실제로도 모든 민족은 그들에게 예술작품으로 인정될 만한 것 속에서 스스로를 역설해 왔으니, 그들이 거기에서 고향에 있는 듯하며, 생동적이며 또한 현재적이기를 바랐던 까닭이다. 이러한 독립적 민족성 속에서 칼데론[105]은 그의 『제노비아』와 『세미라미스』를 작업했으며, 또한 셰익스피어는, 본질적인 근본 특징들의 면에서 예컨대 로마인들과 같은 이민족들의 역사적 특성을 스페인인들보다 훨씬 깊숙이 보존할 줄도 알았지만, 매우 다양한 소재들에 영국의 민족적 특성을 새겨 넣을 줄도 알았다. 심지어 그리스의 비극시인들도 그들의

---

105 역주: Pedro Calderón de la Barca(1600~1681), 스페인의 극작가. 『위대한 제노비아』와 『세미라미스』는 그의 작품이다. 세미라미스는 고대 그리스와 페르시아(파사)의 전설에 나오는 여인으로서 아시리아의 왕 니누스(Ninus)가 죽자 그의 뒤를 이어 아시리아의 여왕이 되었다. 그리스어로는 세미라미스라고 하지만 페르시아에서는 샤미람(Shamiram)이라고 하며 로시니의 오페라인 〈세미라미데〉는 세미라미스의 이탈리아식 표현이다. 볼테르가 희곡으로 쓴 세미라미스의 이야기를 바탕으로 여러 작곡가들, 즉 도메니코 치마로사(Domenico Cimarosa), 마르코스 포르투갈(Marcos Portugal), 요제프 미슬리베체크(Josef Mysliveček), 자코모 마이에르베어(Giacomo Meyerbeer), 페드로 칼데론 데 라 바르카, 그리고 조아키노 로시니 등이 그녀에 관한 오페라를 만들었다.

시대와 그들이 속했던 도시의 현재성을 안중에 두었다. 예를 들어 『콜로노스의 오이디푸스』는 아테네라는 지역뿐만 아니라 오이디푸스가 이 지역에서 죽어 가면서 아테네의 수호자가 될 것이라는 점으로 인해서도 아테네와 밀접하게 연관한다. 다른 관계에서 보면 아이스킬로스의 『에우메니데스』도 역시 아레오파구스의 결단을 통해 아테네인들에 대한 한층 밀접한 애향적 관심을 갖는다. 이에 반해 그리스 신화는, 그것이 예술과 학문의 부흥이 있은 후 제아무리 다양하게 그리고 늘 거듭하여 새로이 이용되었다고 해도, 결코 오늘날의 민족들에게 완전히 귀화되고자 하지 않으며 또한 많든 적든 조형예술에서조차, [356] 그리고 시문학에서는 ―그 넓은 확산에도 불구하고― 더욱 심하게 냉대받고 있다. 예컨대 오늘날에는 누구에게도 비너스, 주피터, 혹은 팔라스에게 바치는 시를 지으려는 생각이 떠오르지 않을 것이다. 비록 조각은 지금도 여전히 그리스의 신들 없이는 견딜 수 없지만 그렇더라도 그들의 표현은 대개가 단지 전문가, 학자 그리고 교양을 대단히 쌓은 좁은 범위의 사람들에게만 접근과 이해가 가능하다. 비슷한 의미에서 괴테는 필로스트라투스의 그림들을 화가들이 좀 더 가까이 애호하고 모사할 수 있도록 소개하고자 무던히 애썼지만,[106] 그가 전달한 것은 거의 전무하다. 고대의 현재와 현실 속에 있는 그 같은 고대의 대상들은 화가들을 비롯한 오늘날의 공중에게는 항상 무언가 이질적인 것으로 머문다. 그런가하면 자신의 자유로운 내면의 말년에 이르러 『서동시집』을 통해 동방을 오늘날의 시문학 속으로 끌어들이고 또 오늘날의 관점에서 체득하는 작업에 성공한 인물도 한층 깊은 정신을 소유한 괴테 자신이다. 이러한 체득에 있

---

106 역주: 괴테는 그의 에세이 *Philostrats Gemälde*(1818)에서 이러한 노력을 한다. 필로스트라투스는 셉티누스 세베루스 황제 치하(210년경)의 로마와 아테네에서 살았던 소피스트이다. 그의 두 권으로 된 Ei κόνες(Eikones)는 많은 종류의 회화에 관해 서술하고 있다.

어 그는 자신이 서구인이며 또한 독일인이라는 사실을 잘 알고 있었으며, 그리하여 상황과 관계들의 동방적 특성이라는 관점에서는 동양적 기조를 철저히 표현하였지만 마찬가지로 우리의 오늘날의 의식과 그의 고유한 개성에도 완벽한 권리를 부여했다. 이렇듯 예술가에게는 그의 소재를 먼 지방, 지나간 시대 그리고 낯선 민족들로부터 얻거나 신화, 관습 그리고 제도들의 역사적 모습을 그 대강大綱에 있어 보존하는 것이 물론 허용되어 있다. 그러나 동시에 예술가는 이러한 모습들을 다만 그의 그림의 틀로서만 이용해야 하며, 반면 그 속은 그의 현재의 본질적이며 한층 깊은 의식에 맞추어야만 하니, 괴테의『이피게니아』는 오늘날에도 여전히 이를 위한 매우 놀랄 만한 실례가 되고 있다.

그러한 변형과 관련하여 개별적 예술들은 또다시 완전히 상이한 입장을 갖는다. 서정시는 예컨대 연가戀歌에서 [357] 감응, 심정의 움직임을 그 자체로서 주된 대상으로 삼는 까닭에 외적인, 역사적으로 정확히 묘사된 환경을 거의 필요로 하지 않는다. 이런 점에서 페트라르카[107]의 소네트를 통해 라우라의 인적사항에 관해 얻을 수 있는 것은 전무하다시피 하여 이름이 거의 전부이지만, 이조차 다른 이름이었다고 해도 무방할 것이다. 지역 등에 관해서는 다만 극히 일반적인 것, 즉 보클뤼즈의 샘 따위만이 언급될 뿐이다. 이에 반해 서사적 문학은 가장 큰 상세함을 요구하니, 이 상세함은 명료하고 이해 가능하기만 하다면 앞서 말한 역사적 외면성의 관점에서도 우리에게 즐거움을 준다. 그런데 이러한 외적 측면들은 극시예술에 대해서는, 특히 극장공연에 대해서는 아주 위험한 암초인바, 여기서는 일체의 것이 직접 우리에게 이야기되거나 생생하게 감각적 직관에 다가오는 까닭에

---

107 역주: Francesco Petrarca(1304~1374), 이탈리아의 인문주의자이자 시인.

우리는 그것이 마찬가지로 직접적으로 익숙하고 친숙할 것을 원한다. 따라서 여기서는 역사적, 외적 현실의 묘사가 최하위에 있어야 하며 또한 단순한 틀로서 남아야만 한다. 말하자면 우리가 연가에서 발견하는 관계 같은 것이 보존되면 족할 터, 연가에서는 연인에게, 우리가 표출된 감응들 및 그 표현방식에 완전히 공감할 수 있다고 해도, 우리 자신의 연인과는 다른 이름이 주어져 있는 것이다. 설령 학자들이 관습, 문화 단계, 감정들의 정확성을 아쉬워한다 해도, 그것은 여기서 전혀 문제가 되지 않는다. 예를 들어 셰익스피어의 역사적 희곡들 속에는 우리에게 이질적인, 거의 흥미를 끌지 못하는 것들이 다량 있다. 우리는 이것들을 읽을 때에는 만족하지만, 극장에서는 그렇지 않다. 하지만 비평가와 전문가들은 그러한 역사적 귀중품들이 그 나름대로 함께 표현되어야 마땅한 양 생각하며 또한 관객이 그러한 것들을 보고 지루함을 드러낼 때면 그들의 저급하고 썩어 빠진 취미에 관해 험담을 한다. 그러나 예술작품과 그 직접적 향유는 전문가와 학자들을 위한 것이 아니라 공중을 위한 것이며, 아울러 비평가들은 그렇게 고상한 체 행동할 필요가 없으니, 그들 역시 이 공중에 속하며 [358] 또한 그들 자신에게도 역사적 개별 사항들의 정확성이 진지한 관심사일 수 없기 때문이다. 이러한 의미에서 예를 들어 영국인들은 오늘날 셰익스피어의 희곡들에서 즉자대자적으로 탁월하며 또한 그 자체로 볼 때 이해 가능한 장면들만을 무대에 올리니, 공중이 더 이상 나눌 수 없는 이질화된 그 모든 외면성들을 무대에 올려야 한다고 주장하는 우리의 미학이론가들의 현학성을 그들은 갖지 않는 까닭이다. 그러므로 외국의 극시작품들이 공연될 경우 모든 민족들은 개작을 요구할 권리를 갖는다. 가장 탁월한 작품조차도 이러한 관점에서는 개작을 필요로 한다. 정말 탁월한 것은 모든 시대에 걸쳐 탁월해야만 한다고 말할 수 있지만, 예술도 역시 시간적, 사멸적 측면을 가지니 변경을 가할 수 있는 것도 바로 이 측면이다. 왜냐하면 미는 타인을 위해 현상하는 것이며 또한 미의 현상을 바라보는 사람들은 현상의 이러한 외적 측면에서 집과 같은 편안함을 느낄 수 있어야만 하기 때문이다.

우리가 예술에서 시대착오성이라 부르며 예술가에게 늘 중대한 결함으로 돌리곤 하는 것들 모두는 이제 이러한 체득 속에서 그 근거와 구실을 발견한다. 그러한 시대착오성에 속하는 것으로는 우선 단순한 외면성들이 있다. 예를 들어 팔스타프가 권총에 관해 말하는 것은[108] 별문제 없다. 오르페우스가 바이올린을 손에 들고 서 있었다면,[109] 이 악기가 그렇게 이른 시대에는 아직 고안되지 않았음을 누구나 알고 있으며 신화적 시기와 그런 현대적 악기의 모순은 여기에서 너무도 현저하게 드러나는 까닭에 문제는 이미 좀 더 악화된다. 그러므로 오늘날 사람들은 극장 무대에서조차 그러한 물건들에 대해 놀랄 만큼 신경을 쓰며 또한 연출자들은 의상과 무대장치의 역사적 충실성을 대단히 기하고 있으니, 예를 들어 『오를레앙의 처녀』[110]에서 나오는 행렬도 역시 이러한 측면에서 많은 수고를 쏟은 것인데, 그러나 이러한 수고는 도대체가 대개의 경우 그저 상대적이며 하찮은 것에만 관계하는 까닭에 낭비이다. 좀 더 중요한 종류의 시대착오성은 의상이나 기타 유사한 외면성들에서 성립하는 것이 아니라, [359] 어떤 예술작품에서는 인물들이 그들의 시대와 문화 단계, 그들의 종교와 세계관에 준해서는 가질 법도 실행할 법도 하지 않은 방식으로 자신을 표출하고 감응과 표상을 표현하며 반성하고 행동한다는 점에서 성립한다. 사람들은 보통 이런 종류의 시대착오성에 자연성이란 범주를 적용하여, 표현된 성격들이 그들 시대에 있었을 법한 어투나 행동양식으로 말하거나 행동하지 않을 경우 부자연

---

108 역주: 셰익스피어의 『헨리 4세』 5막 3장.
109 역주: 여기서 헤겔은 글루크의 오페라 〈오르페오〉(1762)를 시사하는 듯하다.
110 역주: *Jungfrau von Orleans*(1802), 실러의 작품.

스럽다고 생각한다. 그러나 그러한 자연성의 요구에 대한 일방적 집착은 즉시 잘못된 길로 접어든다. 까닭인즉 예술가가 인간 심정의 정서와 그 내면의 실체적인 열정들을 그릴 경우 그는 개별성을 지극히 보존해야 함에도 불구하고, 개개의 파토스를 그에 꼭 적합한 현상 속에서 조명해야만 하는 관계로, 그것들이 일상에서 매일 나타나는 방식으로 심정을 그릴 수는 없는 노릇이기 때문이다. 그는 참된 것을 인지하며 또한 그 참된 형식 속에서 우리에게 보고 느끼게끔 해 줌으로써, 오로지 그럼으로써 예술가이다. 따라서 이러한 표현을 함에 있어 그는 그의 시대 나름의 문화, 언어 등을 고려해야만 한다. 트로이 전쟁 시대에는, 『일리아드』에서 다시 보는 것과는 달리, 표현방식과 전체적인 삶의 양식이 완성을 보지 못했으며, 대부분의 민중이나 그리스 왕가의 걸출한 인물들도 그다지 완성된 견해와 표현방식을 갖지 못했으나, 우리는 아이스킬로스에게서 그리고 소포클레스의 완전한 아름다움에서 이와 다른 모습을 보고 경탄해 마지않는다. 소위 자연성의 그러한 침해는 예술에 있어 필연적인 시대착오성이다. 표현된 것의 내적 실체는 여전하지만, 발전된 문화는 표현과 형상에 있어 개작을 필요로 하게끔 만든다. 종교적, 인륜적 의식의 후일의 발전이 갖는 직관과 표상이 [360] 전체 세계관의 면에서 그러한 좀 더 새로운 표상들과 모순하는 한 시대나 민족에게로 전이되는 경우에는 물론 사정이 전혀 달라진다. 기독교는 그리스인들에게는 완전히 낯설었던 인륜성의 범주들을 결과로 낳았다. 예컨대 선과 악의 결단에 있어 양심의 내적 반성, 양심의 가책과 회한은 현대의 도덕적 완성에 비로소 속하는 것이다. 영웅적 성격은 회한의 불일치성에 관해 알지 못한다. 그가 했다면 한 것이다. 오레스테스는 어머니를 살해했다고 후회하지 않으며, 그의 행동에서 촉발된 복수의 여신들이 그를 추적하지만, 그러나 동시에 에우메니데스는 순전히 주관적인 양심의 내적 가책으로서가 아니라 보편적 힘들로서 표현된다. 시인은 한 시대와 한 민족의 이러한 실체적 핵심을 알아야만 하니, 그가 이러한 지극히 내밀한 중심점 속으로 그와는 대립적 내지 모순적인 것을 밀어 넣을 때 비로소 그는 한층 높은 종류의 시대착오성을 범하게 되는 것이다. 그러므로 예술가에게 지난 시대와 낯선 민족들의 정신 속으로 들어가 살아야 하리라고 요구할 수 있는 것은 이러한 점에서이니, 이 실체적 요소는, 그것이 진정한 종류의 것이라면, 모든 시대에 걸쳐 분명히 남기 때문이다. 그러나 고대의 녹 찌꺼기 속에 있는 그저 외적일 뿐인 현상의 특칭적 규정성을 개별 사항의 온갖 정확성을 동원하여 모사하려는 것은 심지어는 외적일 뿐인 목적을 위해서도 치기 어린 현학에 불과하다. 물론 이러한 관점에서도 일반적인 정확성이 요구될 수는 있겠지만, 이 정확성에서 시문학과 진리[111] 사이를 오가는 권리를 강탈해서는 안 될 것이다.

γγ) 이로써 우리는 한 시대가 갖는 이질적, 외적 요소의 참된 체득방식 및 예술작품의 참된 객관성을 향해 뚫고 나왔다. 예술작품은 우리에게 정신과 의지의 한층 높은 관심사들, 내적이며 인간적이며 강력한 것, 심정의 참된 심연들을 열어 주어야 한다. 그리고 이러한 내용이 현상의 온갖 외면성을 뚫고 간취된다는 사실, 또한 갖가지 소란함을 뚫고 그 기조가 [361] 울려 퍼지게끔 한다는 사실, 이것이 본질적으로 문제시되는 주 사안이다. 그러므로 참된 객관성은 우리에게 파토스를, 한 상황의 실체적 내용과 풍부하고 강력한 개별성을 노정하니, 이러한 개별성 속에서 정신의 실체적 계기들은 살아 존재하고 현실화되고 외화되는 것이다. 이때 무릇 그러한 의미내용을 위해 반드시 요구되는 것은 적절한, 그 자체로서 이해 가능한 경계설정 및 특정한 현실이다. 그러한 의미내용이 발견되고 또 이상의 원칙

---

111   역주: *Dichtung und Wahrheit*(1811). 이것은 괴테의 자서전 제목이다.

속에서 전개되어 있다면, 예술작품은 외적 개별 사항이 역사적으로 옳든 그르든 상관없이 즉자대자적으로 객관적이다. 이때 비로소 예술작품은 또한 우리의 참된 주관성에 말을 걸며 우리의 재산이 된다. 왜냐하면 이 경우 ―비록 세세한 형상의 면에서는 소재가 오래 전에 사라진 시대로부터 취해졌다고 해도― 상존하는 기초는 참된 상존이자 강력함 일반인 인간적 요소로서의 정신이기 때문이며, 또한 이러한 객관성은 우리 고유의 내적 의미내용과 그 실행의 형성이기도 한 관계로 [예술작품에서는] 정신의 작용이 불가결하기 때문이다. 이에 반해 단순히 역사적일 뿐인 외적 요소는 잠정적 측면이니, 멀리 떨어진 예술작품들의 경우 우리는 이러한 측면들을 너그럽게 보도록 노력해야 하며 심지어 우리 시대의 예술작품의 경우에도 이런 점은 묵과할 줄 알아야 한다. 그러므로 주의 전능이 갖는 선의와 분노 속에서 그의 찬란한 축제를 그리는 성서의 시편 및 예언가의 깊은 고통은 바빌론과 시온의 일임에도 불구하고 오늘날도 여전히 우리에게 어울리고 현재하며, 또한 심지어 자라스트로가 『마술피리』에서 노래하는 도덕적 주제조차도 그 멜로디의 내면적 핵심과 정신으로 인해 이집트인들을 포함한 모든 사람에게 즐거움을 줄 것이다.

따라서 예술작품의 그러한 객관성에 부응하여 이제는 주관도 또한 자신을 그저 주관적일 뿐인 특칭성과 고유성을 갖는 것으로 보고자 하는 잘못된 요구를 포기해야 한다. 『빌헬름 텔』이 처음 바이마르에서 공연되었을 때, 그것에 만족한 스위스인은 아무도 없었다. 이와 유사하게 많은 사람들은 [362] 가장 아름다운 사랑의 노래들에서조차 자신의 고유한 감응을 헛되이 찾으며 또한 그렇기 때문에 그 표현을 잘못되었다고 단언하니, 이는 오직 소설로만 사랑을 알고 있는 다른 사람들이 자신 속에서, 그리고 자신의 주위에서 완전히 동일한 감정과 상황을 재발견하기 전까지는 차라리 사랑하지 않겠다고 생각하는 것과 진배없는 일이다.

C
예술가

우리는 이 제1부에서 우선은 미의 보편적 이념을, 다음으로는 자연의 미에 나타난 이념의 결함적인 현존재를 고찰하고, 마지막으로 미에 적합한 현실성으로서의 이상을 향한 발걸음을 재촉하였다. 우리는 또다시 이상을 첫째, 그 보편적 개념에 따라 전개했으나, 이 개념은 둘째, 우리를 이상의 특정한 표현방식으로 인도하였다. 그런데 예술작품은 정신에서 탄생한 까닭에 생산적, 주관적 활동을 필요로 하고, 이 활동으로부터 출현하며, 또한 그 활동의 산물로서 타자를 위해, 공중의 감상과 감응을 위해 존재한다. 이 활동이 예술가의 판타지이다. 그러므로 우리가 이제 마지막으로 이상의 세 번째 측면으로서 거론해야만 하는 것은 예술작품이 어떻게 주관적 내면에 속하는가, 그 산물로서 아직 현실로 태어난 것은 아니지만 어떻게 창조적 주관성 속에서, 예술가의 천재와 재능 속에서 처음 형상화되는가 하는 문제이다. 그런데 예술가가 구상과 실행이라는 이러한 재능과 능력을 대체 어디에서 구하는가, 즉 그가 어떻게 예술작품을 제작하는가 하는 문제가 종종 제기되긴 해도, 우리가 정작 이 측면을 언급해야 하는 유일한 이유는 차라리 이 측면이 철학적 고찰의 범위에서 배제될 수 있으리란 점을, 혹은 보편적 규정을 거의 제공하지 못하리란 점을 말하기 위함이다. 사람들은 비슷한 것을 산출하려면 어떻게 처신해야 하며, 어떠한 정황과 상태에 처해야 하는지에 관한 비법이나 처방전 같은 것을 원할 수 있다. [363] 이에 에스테의 추기경은 아리오스토[112]에게 그의 『광란의 오를란도』에 관해 물었다: "마이스터 루도비코여, 그대는 이 모든 몹쓸 잡동사니들을 어디서 구했습니까?" 비슷한 질문을 받은 라파엘로는 한 유명한 편지[113]에서 대답하기를, 그는 어떤 이데아를 좇아 노력했다고 하였다.

우리는 좀 더 상세한 관계들을 다음의 세 가지 점에 따라 고찰할 수 있다.

첫째, 예술적 천재와 영감의 개념을 확정하고,
둘째, 이러한 창조적 활동의 객관성에 관해 논하고,
셋째, 참된 독창성의 특성을 밝히고자 시도한다.

1. 판타지, 천재, 그리고 영감

천재를 논할 때 지체 없이 문제시되는 것은 좀 더 상세한 그 규정이다. 왜냐하면 천재는 아주 일반적인 표현으로서 이 표현은 예술가에게뿐만 아니라 위대한 장군과 왕, 그리고 학문적 영웅들에게도 사용되기 때문이다. 이 문제에 관해서도 역시 좀 더 세부적으로 세 가지의 측면을 나눌 수 있다.

a. 판타지

첫째, 예술적 생산을 위한 보편적 능력이 무엇인지 살펴보자. 일단 능력이라는 말을 굳이 쓴다면, 판타지가 이 괄목할 만한 예술적 능력으로 표시될 수 있다. 하지만 이 경우 우리는 즉시 판타지를 단순 수동적인 상상력과 혼동하지 않도록 조심해야 한다. 판타지는 창조적이다.

---

112 역주: Ludovico Ariosto(1474~1533), 이탈리아의 시인. 대표작으로 『광란의 오를란도』(1516)가 있다.
113 역주: 카스틸리오네(B. Castiglione)에게 보낸 서한을 가리킴. 카스틸리오네는 라파엘로의 〈요정 갈라테아〉(1512~1514)의 아름다운 모델을 어디에서 발견했느냐고 물었다.

α) 이제 이러한 창조적 활동에는 우선 현실성과 그 형상들의 파악을 위한 재능과 감각이 속하니, 이 형상들을 주의 깊게 보고 들음으로써 정신에는 현전하는 것의 매우 다양한 이미지가 각인된다. 또한 이 활동에는 이러한 많은 형상의 이미지들의 다채로운 세계에 대한 훌륭한 기억력이 속한다. [364] 따라서 예술가는 이 측면에서 보면 자작自作한 상상들에 의탁해서는 안 되고 오히려 소위 천박한 이상으로부터 떨어져 현실성으로 다가가야 한다. 예술에서는 철학에서와는 달리 사상이 아닌 현실적, 외적 형태가 생산의 요소를 제공하며 그런 관계로 예술가가 긷는 샘은 추상적 보편성의 풍부함이 아니라 삶의 풍부함인바, 그로 인해 예술과 시문학에 있어 관념적 출발이라는 것은 언제나 대단히 미심쩍은 것이다. 그러므로 예술가는 바로 이 삶의 풍부함 속에 처해 있어야 하고 또한 그 속에서 고향의 편안함을 느껴야 한다. 그는 많이 보고, 많이 듣고 또한 자신 속에 많이 간직하고 있어야만 하니, 무릇 위대한 개인들은 거의 언제나 위대한 기억력을 통해 출중하게 드러나곤 했던 것이다. 왜냐하면 사람들에게 관심을 끄는 것, 그것을 그는 소유하며 또한 깊은 정신은 그의 관심사의 영역을 무수한 대상들 너머로 확장하기 때문이다. 예를 들어 괴테는 그런 식으로 출발하여 그의 직관의 영역을 전 생애를 통해 더욱더 확장했었다. 그러므로 첫 번째 요구사항은 현실적인 것의 실제 형상을 분명히 파악하는 이러한 재능과 관심, 간취看取된 것의 확보이다. 외적 형상의 정확한 숙지에는 이제 반대로 인간의 내면, 심정의 열정 그리고 인간 가슴이 품는 일체의 목적들에 대한 마찬가지의 숙지가 못지않게 결합될 수 있으며, 또한 이러한 이중의 앎에는 정신의 내면이 실제에서 어떻게 표현되며 그 외면성을 통해 어떻게 비쳐 나오는가에 대한 숙지가 추가되어야 한다.

β) 그러나 둘째, 판타지는 외적, 내적 현실성의 이러한 단순한 수용에 그치는 것이 아니니, 까닭인즉 이상적 예술에 속하는 것은 외적 형상들의 실

제에서 나타나는 내면적 정신의 현상뿐이 아니며, 즉자대자적으로 존재하는 진리와 현실적인 것의 이성원리가 외적 현상에 도달해야 하기 때문이다. 예술가가 고른 특정한 대상의 이러한 이성원리는 [365] 단지 예술가의 의식 속에서만 현재하거나 또는 그만을 움직여서는 안 되며, 오히려 그에게는 본질적이며 참된 것이 대단히 넓고 깊이 있게 반추되어 있어야 한다. 왜냐하면 사색하지 않고서는 인간은 자신 속에 있는 것을 의식화하지 못하니, 이에 우리들은 모든 위대한 예술작품들에서 그 소재가 모든 면에 걸쳐 오랜 기간 깊이 있게 궁리窮理되었음을 보는 것이다. 경박한 판타지로부터는 여하한 견실한 작품도 나타나지 않는다. 하지만 이 사실이 종교, 철학 그리고 예술에서 공히 보편적 기초를 형성하는 모든 사물의 참된 요소를 예술가가 철학적 사상의 형식으로 파악해야만 하는 양 곡해되어서는 안 된다. 철학은 그에게 필수적이지 않으며, 만일 그가 철학적으로 사유한다면 이로써 그는 앎의 형식과 연관해서 예술에 정반대되는 일을 추진하는 것이다. 왜냐하면 판타지의 과제는 예의 내적 이성원리에 관한 의식을 보편적 명제와 표상의 형식이 아닌 구체적 형상과 개별적 현실 속에서 줌으로써 유일하게 성립하기 때문이다. 그러므로 예술가는 자신 속에서 생동, 발효하는 것을 자신의 내면에 이미지와 형상을 제공하는 형태들 내지 현상들 속에서 표현해야 할 터, 예술가는 자신의 목적을 위해 이것들을 처리할 줄 알며, 그리하여 이것들은 나름대로도 역시 내적인 진리를 수용하고 완벽히 표현할 능력을 얻기에 이르는 것이다. — 이성적 내용과 그 실제 형상의 이러한 내적 교호작용에 있어 예술가는 한편으로는 오성의 깨인 사색에서, 다른 한편으로는 심정의, 감응하는 영혼의 도움을 구해야 한다. 그러므로 호메로스의 서사시와 같은 시들이 잠자는 동안 시인에게 다가왔으리라고 생각하는 것은 멋모르는 말이다. 사색, 식별, 구분이 없다면 예술가는 형상화해야 할 어떠한 내용도 지배할 수 없으니, 진정한 예술가가 그의 작업의 본질을 의식하지 못한다고 믿는 것은 어리석은 일이다. 그에게는 심정의 집중도 또한 마찬가지로 필요한 것이다.

[366] γ) 즉 전체를 관류하고 영활케 하는 이러한 감응을 통해 예술가는 자신의 소재와 그 형상화를 극히 고유한 자기 자신으로서, 자신의 주관의 가장 내밀한 고유성으로서 갖는다. 왜냐하면 모든 내용을 외면성으로 외화하는 것은 이미지에 의한 가시화이며, 또한 그 내용을 내면적 자신과의 주관적 통일 속에서 유지하는 것은 오로지 감응이기 때문이다. 이런 면에서 보면 예술가는 세계를 많이 돌아보고 또한 그 내적, 외적 현상들을 숙지하고 있어야 할 뿐만 아니라, 삶의 진정한 깊이를 구체적 현상들로 드러내 보여줄 수 있으려면 그 이전에 많은 위대한 것들이 그의 가슴을 관통했어야 하고 그의 심장은 이미 깊이 사로잡힌 채 감동받았어야 하며 또한 그는 무수히 저지르기도 겪기도 했어야만 한다. 그러므로 실러와 괴테의 경우가 그랬듯 천재는 젊은 시절에 터져 나오기도 하지만, 그러나 장년과 노년이 비로소 예술작품의 진정한 성숙을 완성할 수 있는 것이다.

b. 재능과 천재

예술가는 천재, 재능 등등으로 불리는 판타지의 이러한 생산적 활동을 통해 내면의 즉자대자적 이성원리를 자신의 가장 고유한 작품으로서 실제로 형상화한다.

α) 그러므로 우리는 이미 방금 전에 어떤 측면들이 천재에 속하는지를 고찰했었다. 천재는 예술작품의 참된 생산을 위한 보편적 역량이자 그 역량을 육성하고 활성화하는 에너지이다. 그러나 아무리 그렇더라도 이러한 역량과 에너지는 동시에 주관적인 것에 불과하다. 왜냐하면 자의식적 주관만이 정신적으로 생산할 수 있으며 또한 그러한 생산을 목적으로 삼기 때문이다. 하지만 좀 더 세부적으로 말하자면 우리는 천재와 재능 사이에 특

정한 구분을 짓곤 한다. 또한 양자의 동일성이 완벽한 예술적 창조를 위해 필수적이긴 해도, 사실상 양자는 직접적으로 동일한 것도 아니다. 즉 예술은 전반적으로 장르별 특성을 지니며, 그 산물들의 실제 현상으로 [367] 나타나야 하며, 또한 그런 한도에서 이러한 실현의 특수한 장르들에 대해서도 각각 다른 특수한 역량들을 요구한다. 우리는 그러한 역량의 하나를 재능이라고 표시할 수 있는바, 예컨대 어떤 사람은 완벽한 바이올린 연주의 재능을, 다른 사람은 노래 등의 재능을 갖는다 하겠다. 그러나 단순한 재능은 예술의 낱개의 측면에서만 무언가 유능한 작용을 할 수 있으며 또한 내면 자체에서 완성되려면 천재만이 제공할 수 있는 보편적 예술능력과 영활을 여전히 늘 거듭 요구한다. 따라서 천재가 없는 재능은 외적 능란함을 그리 멀리 넘어서지 못한다.

β) 이제 나아가 재능과 천재는 인간에게 타고난 것임에 틀림없다고 보통 이야기된다. 이 점에도 역시 천재가 갖는 정당성의 측면이 놓여 있으나, 이 측면은 다른 관계에서 보면 그에 못지않게 다시 틀린 것이기도 하다. 왜냐하면 인간으로서의 인간은 예컨대 종교, 사유, 학문을 위해서도 태어났기 때문이며, 이는 곧 그가 인간으로서 신에 관한 의식을 간직하고 또 사유를 통해 인식하는 능력을 소유함을 뜻하기 때문이다. 이를 위해 필요한 것은 탄생 일반과 교육, 교양, 노력 이외에 아무것도 없다. 예술의 경우에는 사정이 다르다. 예술은 하나의 특수한 소질을 요구하며, 여기에는 자연적 계기가 또한 본질적인 것으로 개입한다. 미 자체가 감각적, 현실적 요소 속에서 실현된 이념이며 또한 예술작품이 눈과 귀를 위해 정신적 요소를 현존재의 직접성으로 드러낸다면, 예술가도 역시 단지 정신적이기만 한 사유의 형식 속에서가 아니라 직관과 감응의 영역 안에서, 좀 더 자세히 말해 감각적 질료와 연관하면서, 그리고 그 질료의 요소 속에서 형상화작업을 해야만 한다. 따라서 이러한 예술적 창조는 예술 일반이 그렇듯 직접성과 자연성의

측면을 내포하니, 이 측면이란 주관이 내면 자체에서 산출할 수 있는 것이 아니라 직접 주어져 있는 것으로서 그 자신 속에서 찾아내야만 하는 것이다. 천재와 재능이 타고난 것임에 틀림없으리라는 말은 오직 이러한 의미에서만 가능하다.

[368] 이와 유사하게 여러 예술들도 역시 민족에 따라 다소간 다르며 또한 민족의 자연적 측면과 연관되어 있다. 예를 들어 이탈리아인들은 노래와 멜로디를 거의 자연으로부터 얻다시피 하며, 반면 북유럽 민족들의 경우에는 비록 음악과 오페라의 육성이 성공리에 열성적으로 있어 왔지만 그것은 오렌지나무가 그렇듯 완벽하게 토착화되지 못하였다. 그리스인들에게는 서사적 시예술의 매우 아름다운 형상화와 또한 특히 조각의 완성이 고유한 것이지만, 반면 로마인들은 진정 독자적이라 할 예술을 소유하지 못했으며 그것을 그리스로부터 자신들의 땅으로 이식해야만 했었다. 무릇 가장 보편적으로 확산된 것은 시문학이니, 까닭인즉 여기서는 감각적 질료와 그 형태화가 가장 덜 요구되기 때문이다. 시문학의 범위 내에서는 민요가 가장 민족적이며 또한 자연성의 측면과 결부되어 있는바, 그로 인해 민요는 정신적 교육이 빈약한 시대에도 역시 속하며 또한 자연성의 솔직담백함을 가장 많이 보존하고 있다. 괴테는 시문학의 모든 형식과 장르를 섭렵하여 예술작품을 생산했지만, 가장 친밀하며 가장 의도가 덜 들어간 것은 그의 초기 노래들이다. 이러한 것에는 최소한의 문화가 속할 뿐이다. 예를 들어 오늘날의 그리스인들은 여전히 시를 잘 짓고 노래를 즐기는 민족이다. 작금을 막론하고 용감성을 진작하는 사건들, 죽음, 죽음의 특수한 정황들, 매장埋葬, 갖가지 모험, 터키인들로부터 받아 온 하나하나의 억압들 ─ 이 각각의 모든 것은 그들에게서 즉시 노래로 화하며 또한 우리는 새로이 쟁취한 승리에 바치는 노래가 종종 전장의 바로 그날 이미 불렸다는 많은 예들을 갖고 있다. 포리엘[114]은 여인들, 유모 그리고 보모들에 의해 구전된 현대

그리스 노래 모음집을 편찬했는데, 이들은 그가 그 노래들을 놀라워했다는 사실에 놀라움을 금할 수 없었다. — 이런 식으로 예술과 그 특정한 생산방식은 [369] 민족들의 특정한 민족성과 연관한다. 그런 만치 즉흥시인들은 주로 이탈리아의 기질에 어울리며 또한 이탈리아에서 놀랄 만한 재능을 보인다. 어떤 이탈리아인은 오늘날에도 5막의 드라마를 즉흥적으로 만드는데, 그 경우 외운 것은 아무것도 없으며 오히려 인간적 열정 및 상황들의 지식과 깊은 현재적 영감으로부터 그 모든 것이 생겨난다. 어떤 가난한 즉흥시인이 상당 시간 시를 읊고 마침내 둘러선 사람들에게서 낡은 모자에 돈을받아 모으기 위해 돌아다녔는데, 그는 아직도 너무 불같은 열정에 휩싸인 탓에 읊조리기를 중지할 수 없어 팔과 손을 오랫동안 격한 몸짓으로 흔들었기 때문에 나중에는 받아 모은 돈이 모두 흩어져 버린 적도 있었다.

ɣ) 천재는 자연성의 이러한 측면을 속에 갖는 까닭에 이제 천재에는 셋째, 특정한 예술들에 관한 내적 생산과 외적, 기술적 솜씨의 용이성이 또한 속한다. 이 점과 연관하여 예컨대 시인의 경우에는 운격과 각운이라는 족쇄에 관해, 혹은 화가의 경우에는 소묘, 색채지식, 그림자와 빛의 어떤 성질이 창안과 실행을 가로막았던가 하는 다양한 어려움에 관해 많이 이야기된다. 물론 모든 예술에는 광범위한 연구, 지속적인 땀, 다양하게 완성된 숙련이 속한다. 하지만 재능과 천재가 크고 풍부할수록, 그는 생산을 위해 필수적인 솜씨들을 획득하는 데에 드는 노력을 그만큼 알지 못한다. 왜냐하면 진정한 예술가는 그가 감응하고 표상하는 모든 것을 즉시 형상화하는 자연적 충동과 직접적 욕구를 갖기 때문이다. 이러한 형상화방식이 그의 식의 감응과 직관인바, 그는 자신 속에서 이것을 고유하면서도 자신에게 어울리는 기

---

114 Claude Charles Fauriel(1772~1844), 프랑스의 문헌학자.

관으로서 어렵지 않게 발견한다. 예를 들어 음악가는 그의 안에서 일어나고 움직이는 가장 깊은 것을 오로지 멜로디로 알릴 수 있으며 또한 그가 감응하는 것은 그에게서 직접 멜로디가 되니, 이것은 화가에게서는 형상과 색채가 되며, [370] 시인에게서는 듣기 좋은 말들의 옷을 심상에 입히는 표상의 시가 된다. 그리고 그는 이러한 형상화의 재능을 단지 이론적 표상, 상상력과 감응으로뿐만 아니라 마찬가지로 직접 실천적 감응, 즉 현실적 실행의 재능으로도 또한 소유한다. 진정한 예술가에게는 양자가 결합되어 있다. 이를 통해 예술가의 판타지 속에 살아 있는 것은 그에게서 손끝으로 가니, 이는 생각하는 것의 발설이 우리에게는 입으로 오고, 우리의 가장 내밀한 사상, 표상 그리고 감응들이 직접 우리 자신의 자세와 몸짓에서 드러나는 것과 마찬가지이다. 진정한 천재는 여느 때고 기술적 실행이라는 외적 측면들에 손쉽게 숙달되었으니, 심지어 그는 극히 볼품없고 언뜻 대단히 가공하기 어려울 듯 보이는 재료조차도 잘 다루어 그것이 판타지의 내적 형상들을 수용, 표현하도록 만들었다. 예술가는 이렇듯 직접 그의 속에 들어 있는 것을 맹연습하여 완벽하게 숙달해야 하되, 직접적 실행의 가능성도 마찬가지로 자연재능으로서 그의 안에 있어야 한다. 그렇지 않다면 단순히 습득된 숙달만으로는 결코 생생한 예술작품에 도달할 수 없다. 내적 생산과 그 실현이라는 양 측면은 예술의 개념에 따르면 철저히 손에 손을 잡고 간다.

c. 영감

셋째, 우리는 판타지와 기술적 실행의 활동을 —그 자체가 예술가의 상태라는 면에서 고찰될 경우— 보통 영감靈感으로 부르곤 한다.

α) 영감과의 관계에서 문제시되는 것은 우선 그 생성의 방식인바, 이 점에 대해서는 아주 다종다양한 생각들이 퍼져 있다.

αα) 천재 일반이 정신적 요소와 자연적 요소의 극히 긴밀한 연관성을 갖

는 이상, 사람들은 영감이 무엇보다 감각적 자극을 통해 얻어질 수 있으리라고 믿었다. 그러나 열혈熱血은 홀로는 어떤 것도 이루지 못하며, 샴페인이 아직 시를 가져오는 것도 아니다. [371] 가령 어떤 술 저장고에서 육천 병의 샴페인을 앞에 두고서도 그에게 시적인 것이 흘러 들어오지 않았다고 마르몽텔[115]이 이야기하듯 말이다. 마찬가지로 최고의 천재가 툭하면 조석으로 신선한 바람이 부는 푸른 풀밭에 몸을 누이고 하늘을 바라볼 수는 있지만 그래 봐야 부드러운 영감의 숨결이 그에게 다가오지는 않을 것이다.

ββ) 반대로 단지 정신적일 뿐인 생산 의도를 통해서도 영감은 환기되지 않는다. 사전에 하나의 의미내용을 생생한 자극으로서 자신 속에 지님이 없이 시를 짓거나 그림을 그리거나 멜로디를 고안하기 위해 영감을 받은 체하며 또한 그때야 비로소 이리저리 소재를 찾아다녀야 할 사람이라면, 그는 여하한 재능에도 불구하고 이 단순한 의도로부터는 아름다운 구상을 잡아내지 못할 것이며 또한 견실한 예술작품도 산출할 수 없을 것이다. 앞서의 단지 감각적일 뿐인 자극도, 그렇다고 단순한 의지나 결단도 진정한 영감을 마련해 주지 않으며, 또한 그러한 수단을 사용한다는 것은 심정과 판타지가 아직 참된 관심을 내면에 포착하지 못했다는 사실을 증명할 뿐이다. 이에 반해 제대로 된 종류의 예술적 충동이라면, 그러한 관심은 이미 사전에 특정한 대상과 의미내용에 몰두하고 또 그것을 견지하고 있는 것이다.

γγ) 따라서 참된 영감은 판타지가 예술적으로 표현하고자 붙들고 있는 어떤 특정한 내용에서 점화되며 또한 이러한 능동적 형상화하기 자체의 상태이니, 이 상태는 주관적 내면에서뿐만 아니라 예술작품의 객관적 제작에서도 보인다. 왜냐하면 이 이중의 활동에는 영감이 필수적이기 때문이다.

---

115 역주: Jean-François Marmontel(1723~1799), 프랑스의 비평가이자 작가. 디드로가 편찬한 백과사전의 기고자였다.

이제 여기에서 이러한 종류의 소재가 예술가에게 어떻게 다가올 것인가 하는 문제가 다시 제기된다. 이와 연관해서도 많은 견해들이 있다. 예술가는 자신의 소재를 오로지 자신에게서만 길어야 하리라는 요구를 우리는 너무도 자주 듣지 않는가. 물론 예컨대 시인이 [372] "나뭇가지에서 사는 새처럼 노래"[116]하는 경우에는 이것이 맞을 수 있다. 이 경우 시인은 자신의 명랑성이 예술적으로 향유될 것을 추구하기 때문에, 시인의 기쁨은 내면에서 나와 스스로를 소재와 내용으로 제공할 수 있는 동기로서 존재한다. 이때는 "목에서 나오는 노래"도 역시 "충분히 수지맞는 보수"이다. 하지만 다른 면에서는 매우 위대한 예술작품들이 종종 완전히 외적인 동인들에 맞추어 창조되기도 했다. 예를 들어 핀다로스의 송가들은 종종 주문생산되었으며 마찬가지로 건축가와 화가들에게도 목적과 대상이 무수히 부과되었지만, 그럼에도 그들은 그것을 위해 영감을 얻을 줄 알았다. 그렇다, 심지어 작업할 만한 소재들이 없다는 한탄이 예술가들에게서 반복적으로 들리기도 한다. 여기서 그러한 종류의 외적 정황과 그것이 주는 생산의 자극은 재능의 개념에 속하는, 따라서 영감의 출발이라는 면에서도 마찬가지로 강조되어야 하는 자연성과 직접성의 동기이다. 이 면에서 보면, 예술가는 외적 동기나 사건을 통해, 혹은 예를 들어 셰익스피어가 그러하듯 전설, 옛 담시들, 이야기들, 연대기들을 통해 이 소재를 형상화할 것을, 요컨대 자신을 그에 빗대어 표현할 것을 내면에서 요구받고 있음을 발견하며, 그런 까닭에 정녕 자연적 재능으로서의 예술가의 입장은 현전하는 기존의 소재와 관계를 맺는다는 특성을 갖는다. 그러니까 생산을 위한 동인은 완전히 외부로부터 올 수 있으며 또한 유일하게 중요한 요구는 예술가가 본질적인 관심을 파악하

---

116   역주: 이 인용과 다음의 인용은 괴테의 「Der Sänger」(1783) 참조.

고 대상이 내적으로 생명력 있는 것이 되게끔 하는 것뿐이다. 이렇게 되면 천재의 영감은 저절로 인다. 그리고 진정 생명력 있는 예술가는 바로 이 생명력을 통해 활동과 영감을 위한 수천의, 다른 사람들은 못 느끼며 지나치는 동인들을 발견한다.

β) 나아가 예술적 영감의 본질이 무엇인지를 물어보자. 예술적 영감은 사태에 의해 완전히 [373] 채워짐, 완전히 사태 속에서 현재함, 또한 예술형상이 각인되고 내적으로 다듬어지기 전까지는 사태 속에서 정지하지 않음 이외의 다른 것이 아니다.

γ) 그런데 예술가가 이렇게 하여 대상을 완전히 자신의 것이 되도록 하였다면, 그는 역으로 자신의 주관적 특수성과 그 우연적 특칭성들을 망각할 줄 알아야 하고 또한 자신의 편에서 완전히 소재 속으로 침잠해야만 하니, 주관으로서의 그는 말하자면 그를 사로잡은 내용의 구성을 위한 형식으로 존재할 뿐이다. 영감에 사로잡힌 주관이 사태 자체의 기관이자 사태 자체의 생명력 있는 활동으로 존재하지 않고 자신을 주관으로서 으스대며 드러낸다면, 그러한 영감은 저열한 영감이다. ─ 이 점은 이른바 예술적 생산의 객관성으로 우리를 인도한다.

2. 표현의 객관성

a) 일상적 의미에서 보면 객관성은 예술작품에서 모든 내용이 기존 현실의 형식을 취하고 또한 이러한 주지의 외형 속에서 우리에게 다가와야 한다는 식으로 이해된다. 우리가 그러한 부류의 객관성에 만족하고자 했더라면, 코체부도 역시 객관적 시인이라고 불릴 수 있었을 것이다. 우리는 그에게서 온통 진부한 현실성을 다시 본다. 그러나 예술의 목적은 바로 일상적인 것의 내용뿐만 아니라 그 현상방식도 역시 제거하고 내면에서 우러나는

정신적 활동을 통하여 오로지 즉자대자적인 이성적 요소만을 그 참된 외적 형상으로 만들어 내는 것이다. ㅡ 그러므로 예술가는 내용의 완전한 실체가 빠진, 그저 외적일 뿐인 객관성을 지향해서는 안 된다. 왜냐하면 그렇지 않아도 이미 현존하는 것의 이해가 내면 자체에서 최고의 생명력을 지닐 정도로 높아질 수 있으며 또한, 이미 앞서 괴테의 청년기 작품들로부터 취한 몇 가지 예에서 보았듯이, 그 내면의 영활을 통해 커다란 매력을 발휘할 수 있음이 사실이지만, [374] 그럼에도 불구하고 만일 그것에 순정한 의미내용이 빠져 있다면 그것은 기존하는 것을 예술의 참된 미로 만들지 못하기 때문이다.

b) 따라서 두 번째 종류의 객관성은 외면성 자체를 목적으로 삼지 않는바, 예술가는 그의 대상을 심정의 깊은 내면성에 의해 포착하였다. 그러나 이 내면적 요소는 너무도 폐쇄되고 집중된 채로 머물러, 그것은 의식화된 명료성을 위해 매진할 수도 없고 또한 참되게 전개될 수도 없다. 파토스의 능변은 내용의 완전한 본성을 설명할 수 있는 힘과 교양을 갖지 못한 채 그것이 떠올리는 외적 현상들을 통하여 자신을 예감케 하는 데 그친다. 특히 민요들이 이런 방식의 표현에 속한다. 민요는 외적으로 단순하지만 자신의 근거에 있는 또 다른 깊은 감정을 암시한다. 하지만 이 감정은 자신을 판명하게 표명할 능력이 없으니, 까닭인즉 여기서는 예술 자체가 아직 자신의 내용을 환히 투명하게 세상에 내놓을 정도의 교양에 도달하지 않았으며 또한 그 내용을 외면성을 통하여 심정의 예감에 대해 추정 가능하도록 만드는 데 만족해야 하기 때문이다. 가슴은 자신 속에 몰리고 억눌린 채 남아 있으며 또한 가슴은 가슴에 이해 가능하도록 있기 위해 아주 유한하고 외적인 환경들 및 현상들에 즉해 자신을 반영할 뿐인바, 이 현상들에게 주어진 것은 심정과 감응을 향한 극히 나직한 호소에 그칠 뿐이나, 그래도 그것들은 무언가를 말하고 있다. 괴테도 역시 매우 탁월한 노래들을 그런 식으

로 제시하였다. 예를 들어 「양치기의 비가悲歌」는 이런 종류의 노래들 중 가장 아름다운 하나이다. 고통과 동경에 의해 부서진 심정은 순전히 외면적 특징들 속에서 말없이 묵묵하게 자신을 내보이며, 말로 표현되지는 않지만 그럼에도 극히 집중된 감응의 깊이가 울려 퍼진다. 「마왕」 및 다른 많은 작품들에서도 그러한 어조가 지배적이다. 하지만 이러한 어조는 또한 우둔함의 야만으로도 전락할 수 있으니, 이 야만은 사태와 상황의 본질을 의식하는 대신 때로는 조야하고 때로는 몰취미한 외면성에만 자신을 묶어 둔다. 예를 들어 『소년의 마술피리』[117]에 나오는 「북치기 소년」에서 [375] "오 교수대, 너 높은 집이여!" 혹은 "안녕히, 분대장님"이란 구절이 나오고, 그것이 가장 감동적인 것으로 칭송되었듯이 말이다. 반면 괴테가 「꽃의 인사」에서

내가 엮은 꽃다발,

수천 번 안녕!

나는 자주 허리를 굽혔네,

아, 천 번쯤일까,

그리고 가슴에 꼭 안았네

수십만 번이라도 그럴 것처럼! ─

이라고 노래했을 때, 여기서는 내면성이 완전히 다른 식으로 암시되니, 어떠한 진부함도 어떠한 내적인 역겨움도 눈앞에 보이지 않는다. 그러나 이 모든 종류의 객관성에서 빠져 있는 것은 감응과 열정의 현실적이며 명료한 드러남인바, 진정한 예술에서는 감응과 열정이 위와 같은 말 없는 깊이,

---

117 역주: *Des Knaben Wunderhorn*. L. J. von Arnim과 C. Brentano에 의해 편찬된 민요 모음집으로 1805~1808년에 걸쳐 출간되었다.

즉 단지 나직하게 외적인 것을 통해 울려 퍼지는 깊이에 머물러서는 안 되며 오히려 완전히 그 자체로서 드러나거나 혹은 그들이 담겨 있는 외면성을 뚫고 밝고 완전하게 비쳐 나야만 한다. 예를 들어 실러의 전 영혼은 파토스 곁에 머물고 있으나, 그것은 사태의 본질 속으로 들어가 사는 동시에 그 깊이를 풍부함과 시적 화음의 충만 속에서 매우 자유롭고 찬란하게 언명할 줄 아는 위대한 영혼이다.

c) 이 점에서 여기서도 역시 주관적 표현의 면에서는 참된 객관성이 다음과 같이 이상理想의 개념에 합당하게 단정될 수 있으니, 즉 예술가에게 영감을 주는 진정한 의미내용 중 어떤 것도 주관적 내면에 억류되어 남아서는 안 되며 모든 것은 완벽하게, 그것도 보편적 영혼과 선택된 대상의 실체가 부각될 뿐만 아니라 그 대상의 개별적 형태화가 내적으로 끝까지 다듬어져 모든 표현의 면에서 예의 영혼과 실체가 스미어 나와 현상하는 식으로 전개되어야만 하는 것이다. 왜냐하면 최상의 가장 탁월한 것은 혹여 표현 불가능한 것이라든가 그래서 시인은 작품에서 작품이 제시하는 것보다 더욱 커다란 깊이를 내면에 지니리라는 것 따위가 아니고, 오히려 [376] 그의 작품들이 예술가의 최선이자 또한 진리인 것이다. 그가 있는 바대로 그는 있으며, 오직 내면에만 머무는 것, 그것으로 그는 있지 아니한다.

3. 기법, 양식, 그리고 독창성

그런데 예술가에게 방금 약술한 의미에서의 객관성이 아무리 필히 요구되더라도, 그럼에도 표현은 그의 영감의 작품이다. 왜냐하면 그는 주관으로서 자신을 완전히 대상과 결합시키며 또한 그의 심정과 그의 판타지의 내적 생명력으로부터 예술적 체현을 창조했기 때문이다. 우리가 간략히 고찰해야 할 세 번째 주요 측면은 예술가의 주관성과 표현의 참된 객관성의 이러한 동일성으로서, 이 속에서는 우리가 지금까지 천재와 객관성으로 분리했던 것이 통일되어 나타난다. 우리는 이러한 통일성을 순정한 독창성의 개념으로 표시할 수 있다.

하지만 이 개념의 함의를 밝히려 다가가기 전에 우리는 여전히 두 가지점, 즉 주관적 기법과 양식에 유념해야 하는데, 참된 독창성이 출현을 고할수 있다면 이것들의 일면성은 지양된다.

a. 주관적 기법

단순한 기법은 본질적으로 독창성과 구분되어야 한다. 왜냐하면 기법은 [예술작품의 생산에서 사태 자체와 그 이상적 표현 대신 부각되고 주장되는] 예술가의 특칭적인, 이로써 우연적인 독특성들에 관계할 뿐이기 때문이다.

α) 그렇다면 이러한 의미에서의 기법은 예컨대 풍경화가가 역사화가와 달리, 서사시인이 서정시인 및 극시시인과 달리 대상을 파악해야 하듯 그런 식으로 구분되는 표현양식을 즉자대자적으로 요구하는 예술의 일반적 장르들에 관한 것이 [377] 아니며, — 오히려 기법은 오직 이 하나의 주관에만 속하는 구상이자 수법의 우연적 독특성이며, 또한 이것은 심지어 이상의 참된 개념과 직접적 모순에 빠지기까지 한다. 이 측면에서 보면 예술가는 한낱 자신의 한정된 주관성 속에서 거닐 뿐이며, 이로 인해 기법은 예술가가 헌신할 수 있는 것 중 가장 저열한 것이다. 하지만 예술은 무릇 외적 현상의 우연성뿐만 아니라 의미내용의 단순한 우연성도 지양하며 따라서 예술가에게 주관적 독특성이 갖는 우연적 특칭성들을 내면에서 근절하라는 요구도 역시 제기한다.

β) 그럴진대 기법은 둘째, 가령 참된 예술표현 등에 직접 대립하는 것이라기보다는 단지 외적 측면들만을 그 유희공간으로서 유보하는 것이다. 기법은 대개 회화와 음악에서 그 입지를 얻으니, 이 예술들은 이해와 수법

을 위해 지극히 광범위한 외적 측면들을 제공하는 까닭이다. 특정 예술가와 그의 후계자 및 문도門徒들에게 속하는, 그리고 빈번한 반복을 통해 습관으로까지 발전된 하나의 독특한 표현방식이 여기에서 기법을 형성하니, 이 기회에 그 두 측면을 추적해 보도록 하겠다.

αα) 첫 번째 측면은 이해와 관련한다. 예를 들어 대기의 색조, 잎맥, 명암의 분배, 전체적 색조 일반은 회화에서 무한히 다양하게 허용되어 있다. 따라서 우리는 화가들에게서 특히 채색과 조명방식상의 엄청난 상이성과 극히 독특한 이해방식을 또한 발견한다. 우리가 주의를 기울이지 않는 관계로 비록 나타나더라도 자연에서 일반적으로 지각되지 않는 색조와 같은 것이 있을 수 있다. 그런데 이러저러한 예술가들에게는 이 색조가 눈에 띄었으니, 그는 그 색깔을 자기 것으로 만들었고 이제 모든 것을 이런 종류의 채색과 조명 속에서 보고 재생하는 데 익숙하게 되었다. [378] 그에게는 또한 대상들 자체, 그 배치, 위치, 운동들의 경우도 채색의 경우와 마찬가지일 수 있다. 주로 네덜란드 화가들에게서 우리는 이러한 측면의 기법들을 자주 만난다. 예를 들어 판 데어 네에르118의 밤풍경 작품들과 그의 달빛 처리, 판 데어 호이엔119의 많은 풍경화들 속에 보이는 모래언덕, 그 외의 대가들의 많은 그림에서 항상 거듭하여 보이는 공단이나 기타 비단 소재들의 광택이 이 범주에 속한다.

ββ) 더 나아가 기법은 제작, 즉 붓놀림, 칠하기, 색의 혼합 등에까지 미친다.

γγ) 그런데 그런 특수한 종류의 이해와 표현은 늘 새로운 반복을 통해 습

---

118 역주: Aert van der Neer(1603~1677). 네덜란드의 풍경화가. 암스테르담 주변의 운하를 모티브로 한 밤풍경이나 겨울풍경. 새벽녘이나 저녁놀의 풍경을 즐겨 그렸다.
119 역주: Jan Josephszoon van der Goyen(1596~1656). 네덜란드의 풍경화가. 안개와 빛을 교묘하게 조화하여 따뜻한 회색적 분위기를 조성함으로써 17세기 풍경화의 대표적 존재가 되었다.

관으로 일반화되며 또한 예술가의 또 다른 본성이 되는 까닭에, 기법이 특수할수록 그만큼 더 쉽게 영혼이 상실된, 따라서 빈약한 반복 제조로 퇴보할 위험이 가까이 있으니, 이런 일에 매달리는 예술가는 더 이상 충만한 감각과 완전한 영감을 갖지 못한다. 이 경우 예술은 단순한 손재주와 수공예품으로 전락하니, 그 자체로서는 비난할 일이 아닌 기법이 무미건조하고 생명 없는 무언가가 된다.

γ) 그러므로 진정한 기법은 이러한 제한된 특수성으로부터 벗어나 그런 유의 특수한 취급방식들이 단순한 습관의 소관사항으로 죽임을 당하지 않게끔 내면 자체에서 확장되어야 할 터이니, 이를 위해 예술가는 사태의 본성을 보편적 방식으로 견지하고 또한 그 개념이 수반하는 바의 이 한층 보편적인 취급방식을 자기의 것으로 만들 줄 알아야 한다. 이러한 의미에서 예컨대 괴테에게서 기법이라고 부를 만한 것이 있으니, 그가 사교시社交詩들뿐만 아니라 기타 한층 심각한 단초들을 갖는 시들도 역시 명쾌한 반전을 통해 멋지게 마무리하여 관점과 상황의 심각성을 다시 지양하거나 제거할 줄 안다는 점이다. 호라티우스도 그의 서한들에서 이러한 기법을 따르고 있다. 이것은 대화와 사교성 일반의 반전으로서, [379] 이 반전은 문제를 깊이 파고들지 않기 위해 한곳에 멈춰 중단하고 또한 자체로서는 비교적 심각한 것을 명랑함으로 교묘하게 변화시킨다. 이러한 이해방식도 역시 기법이며 또한 취급의 주관성에 속하는 것이되, 그러나 이 주관성은 한층 보편적 종류의 것이며 또한 의도된 표현방식의 내부에서 완전히 필연적으로 작동한다. 기법의 이 마지막 단계에서 우리는 양식의 고찰로 넘어갈 수 있다.

b. 양식

"양식은 인간 자신이다." 이것은 잘 알려진 프랑스 속담이다. 여기서 양식이란 무릇 주관의 독특성을 일컫는 것으로서, 이 독특성은 주관의 표현방식, 주관이 사용하는 어휘의 종류 등에서 완벽하게 인식된다. 반대로 폰 루모어 씨는(『이탈리아 연구』[120] 제1권, 87쪽) 양식이라는 표현을 "소재의 내적 요구들에 대한 습관화된 자기적응"으로 설명하고자 시도하며, "이러한 자기적응 속에서 조각가는 자신의 형상들을 현실적으로 조형하며, 화가는 그 형상들을 현상시킨다". 그는 이와 연관하여 예를 들어 조각에 특정한 감각적 질료를 허용 혹은 금지하는 표현방식에 관한 극히 중요한 언급들을 전하고 있다. 하지만 우리는 양식이란 말을 단지 이러한 측면의 감각적 요소에 국한할 필요가 없으며, 그것을 예술적 표현의 규정들 및 법칙들로 ―이 법칙들은 예술형상화의 본성에서 나타나며 대상은 이 본성 속에서 제작된다― 확장할 수 있어야 한다. 이러한 관점에서 우리는 음악에서 교회양식과 오페라양식을, 회화에서 역사적 양식과 풍속화의 양식을 구분한다. 그럴진대 양식은 질료의 조건들을 준수하는 표현방식일 뿐만 아니라 특정 예술 장르의 요구들과 그 법칙들에 ―이것들은 사태의 개념에서 [380] 유래한다― 일관되게 상응하는 표현방식이기도 하다. 이러한 한층 넓은 의미에서 보면 이때 양식의 결여는 그런 식의 내면 자체로서 필연적인 표현방식을 자기의 것으로 만들 수 없는 무능력이거나 아니면 법칙적인 것 대신에 그저 자신의 임의가 활개 치도록 하는, 그리고 그 자리를 나쁜 기법으로 대체하는 주관적 자의이다. 그러므로 이미 폰 루모어 씨가 언급하듯, 예를 들어 빌라 알바니에 있는 유명한 뮤즈 군상에서 멩스[121]가 "그의 아폴로의 채색형식들을 조각의 원칙에 준해 취급·제작했던" 것처럼, 한 예술 장르의 양식법칙을 다른 장르의 법칙에 전용하는 일도 또한 일어나선 안 된다. 이와 비슷

---

120 Karl Friedrich von Rumohr, *Italienische Forschungen*, 전 3권, Berlin und Stettin, 1826∼1831.

121 역주: Anton Raphael Mengs(1728∼1779), 독일의 화가이자 미술이론가. 그는 18세기 후반에서 19세기 초엽까지 고전주의의 구현을 위해 기여하였다. 앞의 구절은 로마의 빌라 알바니에 있는 프레스코 천장벽화 〈파르나수스산〉(1761)을 가리킨다. 이 그림에서 아폴로는 뮤즈들에 둘러싸여 있다.

하게 우리는 뒤러의 많은 그림들에서 그가 목판화의 양식을 완전히 체득했다는 사실, 그리고 그것을 회화에서도, 특히 주름표현에서 시도했다는 사실을 보는 바이다.

c. 독창성

이제 마지막으로 독창성은 단순히 양식법칙의 준수에서 성립하는 것이 아니라 주관적 영감에서 성립하는 것이니, 이 영감은 단순한 기법에 빠져드는 대신 즉자대자적인 이성적 소재를 붙들고 또한 그것을 이상의 보편적 개념에 알맞도록, 그리고 이에 못지않게 특정 예술 장르의 본질과 개념 속에서, 내면에서 유래하고 예술적 주관성으로부터 나타나게끔 형상화한다.

α) 그러므로 독창성은 참된 객관성과 동일하며 또한 표현의 주관적 요소와 사실적 요소를 결합하는바, 이렇게 하여 양 측면은 더 이상 상호 대립하는 이질적인 것으로 존속하지 않게 된다. 따라서 독창성은 하나의 관계에서 보면 예술가의 가장 고유한 내면성을 형성하지만 다른 한 측면에서 보면 다름 아닌 대상의 본성일 뿐이니, 그리하여 예술가의 독특성은 오로지 사태 자체의 독특성으로서 현상하며 또한 사태가 생산적 주관성에서 출현하듯 마찬가지로 독창성은 사태에서 출현한다.

[381] β) 그러므로 독창성은 무엇보다 단순한 착상의 자의와 분리되어야 한다. 왜냐하면 사람들은 보통 독창성을 단지 이 주관에만 독특하며 다른 주관에는 감지되지 않는 기이함의 산출로만 이해하곤 하기 때문이다. 그러나 이 경우라면 그것은 단지 조악한 특칭성일 뿐이다. 이러한 의미에서라면 예를 들어 누구도 영국인들보다 더욱 독창적이지는 않으니, 즉 그들 각자는 그 어떤 이성적 인간도 따라 할 수 없는 특정한 어리석음 위에 자신을 누이고 그 어리석음을 의식하는 자신을 독창적이라고 부르고 있다.

그럴진대 특히 오늘날 치켜세워지는 위트와 유머의 독창성도 역시 이런 것과 관계있다. 여기에서 예술가는 자신의 고유한 주관성에서 출발하고 또한 언제나 그리로 되돌아오니, 본연의 표현대상은 극히 주관적인 기분의 위트, 농언弄言, 착상, 비약들에 충분한 유희공간을 주기 위해 그저 외적인 동기로 취급될 뿐이다. 그런데 이때에는 대상과 이러한 주관적 요소가 상호 분리되며 소재는 철저히 자의적으로 다루어져, 이로써 예술가의 특칭성이 주된 것인 양 돋보일 수 있게끔 한다는 것이다. 그러한 유머는 정신과 깊은 감응에 가득 찬 것일 수 있으며 또한 보통 매우 인상적인 것으로 등장하지만, 그것은 전체적으로 우리가 믿는 것보다 훨씬 손쉬운 것이다. 왜냐하면 사태의 이성적 진행을 늘 중단한다는 것, 자의적으로 시작하고, 진행하고, 끝맺는다는 것, 일련의 위트와 감응들을 현란하게 뒤죽박죽으로 섞어 이를 통해 판타지의 회화를 산출한다는 것은 참된 이상의 증언을 통해 내적으로 알찬 전체를 그 자체에서 전개하고 다듬는 것보다 손쉽기 때문이다. 그러나 오늘날의 유머는 막돼먹은 재능의 불쾌함을 즐겨 드러내며 그런 만큼 또한 진짜 유머를 떠나 천박함과 허튼소리를 향해 비실비실 나아간다. 참된 유머가 있었던 적은 드물다. 그러나 지금은 [382] 겉 색깔만 그럴듯하게 유머일 것 같으면 극히 멋없는 진부함들이 창의적이며 심오한 것으로 간주되는 판이다. 이에 반해 셰익스피어는 크고 깊은 유머를 지녔으나 그럼에도 그에게조차 진부함이 없지는 않다. 마찬가지로 장 파울[122]의 유머도 역시 위트와 감응의 아름다움의 깊이로 인해 종종 놀라움을 주고 있으나, 그에 못지않게 아무 연관 없이 서로 떨어져 있는, 그리고 유머를 통해 조합된 그들의 관계가 거의 해독되지 않는 대상들의 괴상한 결합으로 인해 종종 반대로도 놀라움을 준다. 그런 식의 관계는 가장 위대한 유머의 대

---

122 역주: 본명은 J. P. F. Richter(1763~1825)이다. 독일의 소설가. 그의 문학론의 총결산이라고 할 수 있는 『미학입문(*Vorschule der Ästhetik*)』(1804)은 독일 낭만주의 해명을 위한 귀중한 문헌이다.

가조차도 기억에 없는 것이니, 우리는 장 파울의 결합들에서조차 그것들이
천재의 힘에 의해 산출된 것이 아니라 외적으로 묶였다는 사실을 종종 보
는 것이다. 그래서 장 파울도 역시 항상 새로운 소재를 얻기 위해 매우 다양
한 종류의 오만 가지 책들, 식물학 책, 법학 책, 여행기, 철학서 등을 탐독하
고, 흥미로운 것을 즉시 적어 두고, 순간의 착상들을 첨언했으며, 또한 스스
로의 창안이 문제시되었을 경우 그는 극히 이종적인 것을 ―브라질의 식물
과 옛 독일 제국의 대법원을― 외적으로 그런데 묶었다. 그러고선 이것이
각별히 독창성인 것으로 찬양되거나 또는 유머란 오만 가지를 전부 허용하
는 것이라고 하여 양해되었다. 그러나 참된 독창성은 바로 그러한 자의를
자신에게서 배척한다.

그럴진대 이 기회에 우리는 다시 한번 반어에 대해 회고할 수 있을 터, 반
어는 주로 어떠한 내용도 더 이상 진지하게 보지 않고 또한 농언을 위한 농
언만을 일삼으면서도 최고의 독창성을 즐겨 가장한다. 다른 측면에서 보자
면 반어의 표현은 시인이 저 혼자서만 그 가장 내밀한 의미를 간직하는 다
량의 외면성들을 결합하니, 바로 이러한 결합과 외면성들 속에 시 중의 시
가, 그리고 정녕 그 깊이로 인해 필설로 형언되지 않는 일체의 지고지상한
것이 감추어져 있다는 생각을 퍼뜨리는 점이 반어의 간교함이자 위대함이
다. 그리하여 예를 들어 [383] 그가 시인이기라도 한 양 망상하던 그 시절에
쓴 프리드리히 폰 슐레겔의 시들에서는 이 형언되지 않은 것이 최고의 것
으로 사칭되었다. 하지만 이 시 중의 시라는 것은 다름 아닌 극히 보잘것없
는 산문인 것으로 밝혀졌다.

γ) 참된 예술작품은 이러한 빗나간 독창성에서 해방되어야 하니, 까닭인
즉 그 진정한 독창성은 예술작품이 하나의 정신의 하나의 고유한 창조로
서 현상함을 통해 밝혀지기 때문인바, 이 정신은 어떠한 것도 외부로부터
주워 모아 짜 맞추지 않으며 오히려, 사태가 내면 자체에서 하나로 함께 있

듯이, 엄격한 연관성을 갖는 전체가 단번의 주조鑄造로, 하나의 음조 속에서 스스로를 통하여 자신을 생산하게끔 만든다. 이에 반해 만일 장면들과 모티브들이 자신을 통해서가 아니라 단순히 외부로부터 서로를 발견한다면, 그들 통일의 내적 필연성은 현전하지 않으며 또한 그들은 오로지 제3의 이질적 주관을 통해 우연히 결합된 것으로 나타난다. 괴테의 『괴츠』는 특히 그 위대한 독창성으로 인하여 경탄되었으며, 또한 위에서 이미 언급했지만, 괴테는 무엇보다 그의 작품에서 상당히 담대하게 당대의 미학이론들에 의해 예술법칙으로 선언된 일체의 것을 부정하고 차 버렸다. 그럼에도 그 제작은 참된 독창성을 갖추지 못하고 있다. 왜냐하면 우리는 이 청년기 작품에서 여전히 고유한 소재의 빈곤을 보기 때문이니, 이제 많은 특징들과 전 장면들은 위대한 내용 자체로부터 산출되었다기보다는 작품이 쓰인 당대의 관심사들 여기저기에서 수집되고 외적으로 끼워 맞춰진 것으로 나타난다. 예를 들어 루터를 암시하는 수사修士 마르틴이 등장하는 『괴츠』의 장면123은 당대의 독일에서 사람들로 하여금 수도사들을 다시 동정하게 만들었던 일들로부터 괴테가 퍼 온 생각들, 즉 그들은 포도주를 마시면 안 된다거나 배고픔을 잠으로 잊는다거나 이를 통해 많은 욕구에 사로잡힌다거나 또는 요컨대 빈곤, 정절, 순종이라는 세 가지의 참기 어려운 서원誓願을 해야만 한다는 등의 생각들만을 담고 있다. 이에 반해 괴츠가 적의 노획물을 [384] 싣고서 "그가 쏠 태세를 갖추기 전에 나는 그를 말에서 낚아챘고 그를 말과 같이 내리쳤다"고 회상하거나, 그 후 그의 성으로 와 자신의 부인을 찾는 데서 보이는 그러한 기사로서의 삶에 수사 마르틴은 열광한다. 마르틴은 엘리자베스 부인의 건강을 위해 축배를 들고 두 눈에 맺힌 눈물을 훔

---

123 역주: 1막 2장을 가리킨다.

친다. ─ 그러나 루터는 이러한 세속적인 사상들과 더불어 출발하지 않았으며 오히려 경건한 수도사로서 아우구스티누스에게서 완전히 다른 깊이의 종교관과 확신을 길어 왔다. 그와 비슷하게 바로 다음의 장면에서는 특히 바제도[124]가 제기했던 당대의 교육적 상황들이 뒤따른다. 당시에 이야기되기를 예를 들어 아이들은 뭔지도 모를 것을 많이 배웠지만, 올바른 방법은 보는 것과 경험하는 것을 통해 그들에게 실물을 가르치는 데 있다는 것이다. 이제 카를은 그의 아버지에게 괴테의 유년기에 유행했던 바와 꼭 같이 외우는 식으로 말한다: "야크트하우젠은 야크트에 있는 마을과 성이며, 이백 년 전부터 베를리힝겐 가문에 유산이자 재산으로 속해 왔습니다". 하지만 괴츠가 "너는 베를리힝겐 공을 아느냐?"고 물었을 때 소년은 그를 빤히 쳐다보면서도 외워서 알 뿐인 자신의 아버지의 정체를 알아보지 못한다. 괴츠는 자신이 강과 마을과 성이 무엇이라 불리는지 알기 전에 모든 샛길, 도로, 그리고 여울들을 알았음을 역설한다. 이것은 소재 자체와 관련이 없는 생경한 사족이다. 반면 이제 소재 특유의 깊이가 파악될 수도 있었을 법한 곳에서는, 예컨대 괴츠와 바이스링겐의 대화에서 보듯이, 시대에 관한 차가운 산문적 반성들만이 나타난다.

이와 비슷하게, 내용 자체에서 비롯하지 않은 개별적 특징들을 끼워 넣은 경우를 우리는 『친화력』[125]에서도 발견한다: 공원시설, 활인화活人畵, 진자운동, 금속의 느낌, 두통, 화학에서 끌어온 화학적 친화력의 모든 그림이 이런 종류의 것이다. 물론 그러한 것들은 하나의 특정한 산문적 시대 속을 유영하는 소설에서는, [385] 특히 괴테의 경우처럼 솜씨와 아취雅趣를 갖추고 사

---

124 Johann Bernhard Basedow(1723~1790), 독일의 교육학자. 종교나 국적에 관계없이 모든 사람을 사랑하여 그 행복을 증진하는 입장에서 교육개혁을 실천하였고 학교교육의 무종파성과 국가 관리를 주장하였다.
125 역주: 괴테의 1809년 작품.

용된다면 차라리 허용될 수 있으며, 게다가 예술작품은 그 시대의 문화로부터 완전히 자유로울 수도 없는 것이다. 그러나 이 문화 자체를 반영한다는 것과 자료들을 표현의 본래적 내용과 무관하게 외적으로 찾고 결합한다는 것은 별개의 일이다. 예술가 및 예술작품의 진정한 독창성은 내적으로 참된 내용의 이성원리에 의해 영활을 얻었을 경우 비로소 나타난다. 예술가가 이러한 객관적 이성을 내적, 외적인 면에서 공히 이질적 특칭성들과 뒤섞거나 오염시킴이 없이 완전히 자신의 것으로 만들었을 경우, 오직 이 경우 그는 형상화된 대상 속에 자기 자신의 가장 참된 주관성도 역시 부여하는바, 이것은 내적으로 스스로 완결된 예술작품을 위해 다만 살아 있는 경유지로서 있고자 하는 주관성이다. 까닭인즉 모든 참된 시작詩作, 사유 그리고 행동에 있어 진정한 자유는 실체적인 것이 하나의 내면적 힘으로서 주재함을 허락하는바, 이 힘은 동시에 주관적 사유와 의지 자체의 가장 고유한 힘이기도 하므로, 양자의 완성된 화해 속에는 어떠한 분규도 더 이상 남아 있을 수 없는 것이다. 그리하여 예술의 독창성은 각종의 우연한 특수성들을 소화함이 사실이지만, 그러나 그러한 특수성들을 흡수하는 유일한 이유는 예술가가 오직 사태로만 채워진 그의 천재의 영감이 행하는 행진과 약동을 완전히 좇아갈 수 있기 위함이자 또한 임의와 공허한 자의 대신 자신의 참된 자아를 진리에 따라 실행된 그의 사태 속에 표현할 수 있기 위함이다. 어떠한 기법도 갖지 않는다는 것이 예부터 유일하게 위대한 기법이었으며, 또한 오직 이런 의미에서만 호메로스, 소포클레스, 라파엘로, 셰익스피어는 독창적이라고 불릴 수 있는 것이다.

제2부

예술미의 특수한 형식들을 향한
이상의 전개

[389] 이제껏 1부에서 고찰했던 바는 예술적 이상으로서의 미 이념의 현실에 관한 것이다. 그러나 우리가 아무리 많은 측면들을 참작하여 이상적 예술작품의 개념을 전개했다고 하더라도, 그 모든 규정들은 단지 이상적 예술작품 일반과 관계될 뿐이었다. 그런데 이념이 본질적 차별성들의 총체성이듯 미의 이념도 역시 마찬가지인데, 이 차별성들은 자체로서 부각되고 현실화되어야만 한다. 우리는 이러한 현실화를 예술의 특수한 형식들이라고 통칭할 수 있을 터, 이 형식들은 이상의 개념에 내재하는 것, 예술을 통해 실존하게 되는 것의 전개이다. 이러한 예술형식들은 이상의 여러 종種차들인 것으로 이야기되지만, 이 경우 우리는 '종'을 단어의 일상적 의미로 취급해서는 안 된다. 즉 종은 여기서 특수성들이 외부로부터 보편적 유類로서의 이상에 다가와 그것을 변양시킨 결과가 아니며, 또한 미 이념과 예술적 이상 자체의 좀 더 구체적인 여러 규정들 이외에는 어떤 것도 표현해서는 안 될 것이다. 고로 표현의 보편성은 여기서 외적으로 규정되지 않고, 표현 자체에 즉해서 그 고유한 개념을 통해 규정되니, 이로써 바로 이 개념이 예술의 특수한 형상양식들의 총체로 펼쳐지는 것이다.

좀 더 자세히 살펴보면, 미의 실현과 전개로서의 예술형식들은 이념 속에서 그 근원을 발견하니, 이념은 그들을 통해 표현과 실제를 얻고자 매진하며, 또한 이념의 대자존재가 단지 그 추상적 규정성에 준하는가 아니면 구체적 총체성에 준하는가에 따라 이념은 다른 실제적 형상으로 현상하기도 한다. 왜냐하면 무릇 이념은 자신의 고유한 활동을 통해 독자적으로 스스로를 전개함으로써만 참되게 이념으로 존재하기 때문이며, 또한 이상으로서의 이념은 직접 현상이자 [390] 그 현상과 동일한 미의 이념이므로 이상이 그 전개 과정에서 밟아 가는 모든 특수한 단계에서도 각각의 내적 규정성에는 하나의 또 다른 실제적 형상형식이 직접 결부되어 있기 때문이다. 그러므로 우리가 이러한 전개의 진행 과정을 이념 내면의 내적 진행 과정으로 간주하는가 아니면 이념이 자신에게 현존재를 부여하는 형상의 진행 과정으로 간주하는가는 다를 바 없는 것이다. 이 두 측면은 각각 상대 측면과 직접 결부되어 있는 것이다. 그러므로 내용으로서의 이념의 완성은 못지않게 형식의 완성으로서도 현상한다. 그리고 그 역도 마찬가지이니, 이념이 외적 현상에 대한 내적 의미를 형성하고 또 그러한 현상 속에서 스스로 실제적이 되는 한, 예술형상의 결함들은 똑같이 이념의 결함으로도 나타난다. 그러므로 우리는 여기서 일차적으로 참된 이상과 비교해서 아직은 부적절한 예술형식들과 만나지만, 이것은 사람들이 흔히 실패한 예술작품들, 어떠한 것도 표현하지 않거나 혹은 표현해야 할 것을 표현할 능력이 없는 예술작품들을 논할 때 상용하는 방식과는 달라야 하며, 각 단계의 이념의 내용은 특수한 예술형식들 속에서 스스로에게 특정한 형상을 부여하며, 이념의 내용은 그때그때 이 형상에 적합하며, 또한 형상의 결함이나 완벽함은 다만 상대적으로 참되지 않거나 혹은 참된 이념의 규정성에서 ―이념은 스스로가 이러한 규정성으로서 대자적으로 존재한다― 기인할 뿐이다. 왜냐하면 내용은, 진정으로 아름다운 형상을 발견할 수 있으려면, 그 이전에 내적으로 참되고 구체적이어야만 하기 때문이다.

이미 일반적 분류의 장에서도 보았듯이, 우리는 이러한 관계에서 예술의 세 가지 주요 형식들을 고찰해야만 한다.

첫째는 상징적 예술형식이다. 이 속에서 이념은 아직 자신의 진정한 예술표현을 탐색하고 있는바, 까닭인즉 이념은 그 내면 자체에서 여전히 추상적, 비규정적이며, 그리하여 적절한 현상을 즉자적, 내적으로 갖지 않으며, 오히려 자연과 인간사들 속에 있는, 그 자신에게 외적인 외형물과 대립하는 자신을 발견하기 때문이다. 상징적 예술형식은 이제 이러한 대상성 속에서 자신의 고유한 추상들을 [391] 직접 예감하거나 혹은 자신의 비규정적인 보편성을 억지로 구체적인 현존재 속으로 밀어 넣으며, 그런 까닭에 그것은 현전하는 형상들을 변질시키고 왜곡한다. 그것은 그러한 형상들을 단지 자의적으로 포착할 따름이며, 따라서 의미와 형상의 완벽한 동일화에 이르는 대신 다만 하나의 변죽에, 아직은 추상적인 양자의 조화에 그칠 뿐이므로, 양자는 이러한 실행되어 있지도, 실행될 수도 없는 상호 형성 속에서 그들의 친근성 이외에도 그들의 상호 외면성, 이질성 그리고 부적합성도 마찬가지로 노정한다.

그러나 둘째, 이념은 그 개념상 보편적 사상의 추상과 비규정성에 머물지 않으니, 내면 자체에서 자유롭고 무한한 주관성으로 존재하며 또한 그러한 주관성의 현실성을 정신으로서 파악한다. 이제 자유로운 주관으로서의 정신은 내적으로 그리고 자신을 통하여 규정되어 있으며 또한, 자신의 개념에서도 그러하지만, 이러한 자기규정 속에 그에게 적합한 외적 형상을 지니는바, 이 속에서 정신은 그에게 즉자대자적으로 속하는 자신의 실제와 일치할 수 있다. 두 번째 예술형식인 고전적 예술형식은 내용과 형식이 딱 들어맞는 이러한 통일 속에서 정초된다. 하지만 고전적 예술형식의 완성이 실현되더라도 예술대상이 되는 정신은 아직 완전히 절대적인 정신, 즉 오직 정신성과 내면성 자체에서 자신의 적합한 현존재를 발견하는 정신이 아니라, 그 자체가 아직은 특수한 정신이며 따라서 추상과 결부되어 있는 정신이다. 그러므로 고전적 예술을 형상화하는 자유로운 주관은 본질상 보편적인 것으로, 따라서 내면과 외면의 모든 우연성 및 단순한 특칭성들로부터 해방된 것으로 현상하긴 하겠으나, 그러나 동시에 즉자적으로 특수화된 보편성만을 내용으로 갖는 것으로서 현상한다. 왜냐하면 그 외형이 외적이며 전반적으로 규정된 특수한 형상이기 때문이며, [내용과의] 완성된 융합을 기함에 있어서도 그 자체가 다시 하나의 규정된, 그런 까닭에 제한된 내용만을 그 속에 표현할 수 있기 때문이며, 또한 역으로도 마찬가지이니, 내면 자체로서 특수한 정신만이 유일하게 [392] 외적인 현상으로 완전히 부상하고 또 그 현상과 불가분의 통일로 결합될 수 있기 때문이다.

예술은 정신적 개별성으로서의 이념이 그 육체적 실제와 직접적으로 완벽하게 조화되도록 하며, 그리하여 이제 일차적으로는 외적 현존재가 더 이상 그것이 표현해야 할 의미에 대립하는 독자성을 유지하지 못하며, 또한 역으로 내면은 가시적으로 표출된 그 형상 속에서 오로지 자신만을 보여 주고 또 그 속에서 자신에게 긍정적으로 연관하는바, 그런 한도에서 예술은 여기서 자신의 고유한 개념을 달성하였던 것이다.

그런데 셋째, 미의 이념이 절대적 정신으로, 이로써 정신 중에서도 그 자체로서 자유로운 정신으로 파악된다면, 이념은 자신의 참된 현존재를 오로지 내면에 정신으로서 갖는 관계로 더 이상 외면성 속에서 완벽하게 실현될 수 없다. 그 이념은 따라서 앞서 말한 내면성과 외적 현상의 고전적 통일을 해체하며 또한 그로부터 벗어나 자신 속으로 비상하여 되돌아간다. 이 사실이 낭만적 예술형식의 기본 유형을 제공하는바, 그 내용은 자유로운 정신성으로 인하여 표현이 외면성과 육체성 속에서 보여 줄 수 있는 것보다 더욱 많은 것을 요구하는 까닭에 낭만적 예술형식에서는 형상이 상대적으로 무차별적인 외면성이 되며, 그리하여 낭만적 예술은 내용과 형식의 분리를 상징적 예술과는 반대되는 면에서 새로이 도입한다.

그런즉슨 상징적 예술은 내적 의미와 외적 형상의 예의 완성된 통일을 추구하고, 고전적 예술은 감각적 가시화를 위해 이 통일을 실체적 개별성의 표현 속에서 발견하며, 또한 낭만적 예술의 탁월한 정신성은 그것을 초극한다.

제1편

상징적 예술형식

서론
상징 일반에 관하여

우리가 여기서 사용하는 의미에서의 상징은 개념 및 역사적 현상의 면에서 예술의 출발을 이루며 그런고로 언필칭 전예술前藝術로서 간주될 뿐이니, 이것은 주로 동방에 속하며 또한 갖가지의 이행, 변형 그리고 매개들을 거친 후 비로소 고전적 예술형식인 이상의 순수한 현실성으로 건너온다. 그러므로 우리는 독자적 고유성을 갖는 상징, 즉 예술관 및 표현상의 확고한 전형을 제공하는 상징과 다만 하나의 단순한, 그 자체로 비독자적인 형식으로 격하된 종류의 상징을 처음부터 즉각 구분해야 한다. 이 두 번째 방식은 고전적 예술형식이나 낭만적 예술형식에서도 발견되며, 마찬가지로 상징적 예술의 개별적 측면들이 고전적 이상의 현상을 취할 수도, 혹은 낭만적 예술의 시작을 드러낼 수도 있다. 하지만 이 경우 그런 식으로 여기도 속하고 저기도 속하는 부분들은 시종여일 부차적 형태나 개별적 특징들에만 관계할 뿐, 전체 예술작품들의 고유한 영혼과 그것들을 규정하는 본성을 형성하지는 못한다.

이에 반해 상징의 고유한 형식이 독자적으로 형성되는 곳에서는 상징이 일반적으로 숭고성의 특징을 갖는다. 왜냐하면 여기서 형상화되는 이념은 일단은 내적 척도를 갖지 못하는, 그리고 자유로이 내적으로 규정되어 있지 않은 것에 불과하기 때문이며 그리하여 구체적 현상들 속에서는 이러한 추상과 보편성에 완벽하게 상응하는 여하한 특정 형식도 발견될 수 없기 때문이다. [394] 그런데 이러한 불일치를 지닌 이념은 외적 현존재 속에서 작품화되거나 혹은 그것을 완전히 품는 대신 그것을 초월한다. 현상의 규정성을 넘어가는 이러한 초월성이 숭고의 일반적 특징을 이룬다.

우리는 이제 상징이 무엇인가를 일단 형식적인 점과 관련하여 개략적으로나마 설명해야 한다.

상징 일반은 직관에 대해 직접 현전하거나 혹은 주어진 외적 실존이되, 이 실존은 그 자체로서, 직접 마주하는 바대로 받아들여져서는 안 되고, 더 나아간 한층 보편적인 의미에서 이해되어야 한다. 따라서 상징의 경우에는 첫째, 의미, 그다음으로는 의미의 표현이라는 두 가지가 곧바로 구분된다. 의미는 내용에 상관없이 표상이나 혹은 대상으로 존재하며, 표현은 감각적 실존이나 일종의 이미지로 존재한다.

1. 그런데 상징은 일단 하나의 기호이다. 그러나 단순한 기호의 경우에는 의미와 그 표현의 상호 관계가 극히 자의적인 결합에 지나지 않는다. 이 경우 이러한 표현, 이러한 감각적 사물 혹은 이미지는 그 자신을 나타내기보다는 차라리 그것과 전혀 고유한 공통성이 없는, 그에 이질적인 내용을 우리의 표상 앞에 가져온다. 예를 들어 보자. 여러 언어들에서 말소리는 모종의 표상, 감흥 등등의 기호이다. 그러나 한 언어가 갖는 대부분의 말소리는 내용의 면에서 그것을 통해 표현되는 표상들과 우연하게 —원래의 관계가 다른 성격이었다는 사실이 역사적 발전을 통하여 드러난다손 쳐도— 결합되어 있다. 그리고 언어들의 상이성은 동일한 표상이 상이한 말소리를 통해 표현된다는 점에서 주로 성립한다. 개인이나 배가 국적을 나타내기 위해 [395] 모표帽標나 깃발에 사용하는 국기 색들les couleurs은 그러한 기호의 또 다른 예이다. 그러한 색도 역시 그 의미, 즉 그것을 통해 표상되는 국가와 공통성을 가질 만한 어떠한 특질도 내포하지 않는다. 그러나 우리는 예술적 상징을 의미와 기호의 그러한 무차별성이라는 뜻으로 봐서는 안 된다. 왜냐하면 예술은 무릇 바로 의미와 형상의 연관성, 친근성 그리고 양자의 구체적인 상호 이입에서 성립하기 때문이다.

2. 따라서 단순한 기호와 상징이라고 불릴 만한 기호는 별개이다. 예를 들어 사자는 위엄의 상징으로, 여우는 교활의 상징으로, 원은 영원성의 상

징으로, 삼각형은 삼위일체의 상징으로 간주된다. 사자나 여우는 그들이 표현한다고 일컬어지는 바로 그 의미의 속성을 자체적으로 지닌다. 원도 역시 직선이나 혹은 자신에게로 되돌아오지 않는 여타의 선이 갖는 무한정성이나 자의적인 한정성을 ―이러한 한정성은 일정하게 제한된 시간 선분에도 마찬가지로 속한다― 보이지 않는다. 그리고 종교가 이해하는 바의 신의 규정들을 수로 세어 본다면, 전체로서의 삼각형은 신의 이념에서 드러나는 것과 동일한 수효의 변과 각을 갖는다.

따라서 이러한 종류의 상징에서는 목전의 감각적 실존들이 그들을 사용하여 서술, 표현하려는 그 의미를 이미 그들의 고유한 현존재 속에 지니고 있다. 그러므로 이렇듯 한 걸음 더 나아간 의미에서 보면, 상징은 단순한 무차별적 기호가 아니라 그것이 드러내야 할 표상의 내용을 그 외면성 속에 갖는 기호이다. 그러나 동시에 상징을 통해 의식되는 것은 이러한 구체적 개별 사물이 아니라 다만 그 속에 있는 앞서 말한 의미의 보편적 특질, 바로 그것일 뿐이다.

3. 나아가 세 번째로 언급되어야 할 바는, 상징은 [396] 단순 외적이며 형식적인 기호와 달리 그 의미에 완전히 부적합해서는 안 되지만 그렇다고 역으로, 상징으로 머물려면, 전적으로 적합해서도 안 된다는 사실이다. 왜냐하면 의미로 존재하는 내용과 그 표시를 위해 사용되는 형상이 일면 아무리 하나의 속성에서 일치한다고 해도, 그럼에도 다른 일면 상징적 형상은 그 자체로서 그것이 일단 의미했던 앞의 공통적인 특질과 철저히 무관한 여타의 규정들도 역시 포함하며, 또한 내용도 마찬가지로 강함, 교활함과 같이 단순히 추상적일 필요는 없고 그 나름대로 또다시 고유한 ―상징의 의미를 형성하는 앞의 속성과는 다른, 그리고 상징적 형상이 갖는 기타의 고유한 성질과는 더더욱 다른― 특질들을 포함할 수 있는 구체적인 것일 수 있기 때문이다. ― 예를 들어 사자는 강한 것만이 아니고, 여우는 교

활한 것만이 아니며, 무엇보다 특히 신은 숫자나 수학적 도형이나 동물형상에서 파악될 수 있는 것과는 전혀 다른 속성들을 지닌다. 그러므로 내용은 그것을 표상케 하는 형상에 대해 무차별적으로도 머물며 또한 그런 만큼 내용이 구성하는 추상적 규정성도 무수히 많은 다른 실존들 및 형태들 속에 현전할 수 있는 것이다. 이와 마찬가지로 한 구체적 내용은 다수의 규정들을 자신에 즉해 갖는바, 동일한 규정을 갖는 또 다른 형상화들이 그것들을 표현할 수도 있는 것이다. 어떤 하나의 내용을 상징적으로 표현하는 외적 실존에 대해서도 완전히 같은 언급이 가능하다. 구체적 현존재로서의 외적 실존도 역시 자신이 그 상징일 수 있는 다수의 규정들을 포함한다. 가령 강함의 가장 그럴듯한 상징은 물론 사자이지만 황소나 뿔도 역시 강함을 상징하며, 또한 역으로 황소는 다시 다수의 다른 상징적 의미들을 갖기도 하는 것이다. 그런데 그야말로 무수한 것은 신의 표상을 위해 상징으로 사용되는 형태 내지 형상물들이다.

[397] 이제 이로부터 상징은 그 고유한 개념에 따를 때 본질적으로 모호하게[이중 의미적으로] 머문다는 사실이 결과한다.

a) 하나의 형상은 종종 친소 관계들을 통해 다수의 의미를 상징할 수 있다. 그리고 이러한 의미들 중에서 그 형상이 어떤 특정한 내용을 지시하도록 되어 있는가에 관해서도 애매한 점이 없지 않지만, 이 문제를 차치하더라도 무릇 상징을 볼 때는 첫째, 한 형상이 상징으로 간주될 수 있는가 없는가에 관한 의문이 즉각 일게 된다.

일단 우리의 목전에 있는 것은 거지반 그 자체로서는 직접적 실존의 표상만을 줄 뿐인 하나의 형상이나 그림이다. 예컨대 하나의 사자, 하나의 독수리, 하나의 색채 등은 그 스스로를 표상시키며 또한 독자적으로 충분한 것으로서 간주될 수 있다. 그러므로 앞에 있는 그림 속의 한 마리 사자가 오로지 자신만을 표현, 의미하는가 아니면 그 밖에도 무언가 그 이상의 것도 ─즉 단순한 강함이라는 보다 추상적인 내용이나 혹은 영웅, 계절 또는 경작이라는 보다 구체적인 내용도─ 역시 묘사, 지시하도록 되어 있는가에 관한 물음, 그리고 그러한 그림이 말하자면 본래의 모습을 의미하는지, 본래적이지 않은 점을 의미하기도 하는지, 아니면 혹 본래의 모습과는 완전히 다른 것을 의미하는지에 관한 물음이 생긴다. 예컨대 후자에 해당하는 것은 언어의 상징적인 표현들, 즉 'begreifen'이나 'schließen'[126] 등과 같은 단어들의 경우이다. 이러한 단어들이 정신적 활동을 지시할 경우, 우리는 'Begreifen'이나 'Schließen'이 갖는 감각적 행위들을 함께 연상함이 없이, 오로지 정신적 활동이라는 의미만을 직접 염두에 둔다. 그러나 사자 그림의 경우에는 사자가 상징으로서 가질 수 있는 의미뿐만 아니라 그 감각적 형상과 실존 자체도 역시 우리의 눈앞에 있게 된다.

따라서 그러한 물음은 의미와 그 형상이라는 두 측면이 각각 분명하게 거명됨과 아울러 그들의 관계가 언표됨으로써 비로소 그치게 된다. 그러나 이때 우리 앞에 놓인 구체적 실존은 더 이상 단어의 본래적 의미에서의 상징이 아니라 하나의 단순한 이미지이며, [398] 또한 이미지와 의미의 관계는 비유 내지 직유라는 숙지의 형식을 갖게 된다. 즉 직유의 경우 우리에게는 보편적 표상과 구체적 이미지라는 두 가지가 떠오른다. 이에 반해서 반성이 보편적 표상들을 독자적으로 견지하고 그리하여 그들을 또한 그 자체로서 보여 주는 데까지 아직 미치지 못했다면, 보편적 의미가 표현되어야 할 감각적인 유관 형상도 역시 아직 이러한 의미에서 분리되어 생각되지 않고 양자는 여전히 직접 하나 속에서 생각된다. 우리가 뒤에서 보게 될 바와 같

---

126 역주: begreifen은 원래 '손아귀에 쥐다(파악하다)'는 뜻이지만 '이해하다'라는 상징적 의미를 갖게 되었으며, schließen은 원래 '닫다'라는 뜻이지만 논의를 닫는다는 의미에서 '추론하다'라는 상징적 의미를 갖게 되었다. 즉 이 단어들은 본래의 의미와는 완전히 다른 의미도 역시 지니는 것이다.

이 이 사실이 상징과 비유의 차이를 낳는다. 예컨대 카를 모어는 지는 해를 보면서 "저렇게 한 영웅이 스러지는구나!"[127]라고 절규한다. 여기에서는 의미가 감각적 묘사로부터 분명하게 분리되어 있는 동시에 이미지에 의미가 첨가되어 있다. 비유의 또 다른 사례들에서는 이러한 분리와 연관성이 비록 그처럼 분명하게는 부각되지 않고 한층 더 직접적인 관계에 머물러 있는 것이 사실이지만, 이 경우 이미 이야기가 갖는 그 밖의 연관성, 맥락 그리고 기타의 정황들로부터 밝혀져야만 하는 것이 있으니, 그것은 이미지가 그 자체로서 충분한 것이어서는 안 되며, 모호하게 남아서는 안 되는 이러저러한 규정된 의미가 그와 함께 생각된다는 점이다. 가령 루터가 "견고한 성채는 우리의 신이다"라고 말할 때나 혹은 "수천의 돛을 달고 대양을 향해 하는 자는 젊은이요, 구조된 보트 위에서 조용히 항구로 들어가는 자는 노인이다"라고 이야기할 때, 성채가 가호加護를 의미하며 대양과 수천의 돛의 이미지가 희망과 계획의 세계를 의미하고 보트와 항구의 이미지가 제한된 목적과 소유, 조그맣고 안전한 장소를 의미한다는 점에는 의심의 여지가 없다. 마찬가지로 『구약성서』에서 "신이여, 그들의 주둥이에서 그들의 이빨들을 부수어 주소서, 주여, 젊은 사자들의 어금니들을 짓부서뜨리소서!"라고 이야기할 때, 우리는 즉시 이빨, 주둥이, 젊은 사자의 어금니들이 그 자체로서 의미되는 것이 아니라 다만 [399] 이미지와 감각적 직관들로서 의미되고 있음을 인식하는바, 이러한 이미지와 직관들은 본래적이지 않은 것으로 이해될 수 있으며 또한 그 경우에는 오로지 그들의 의미만이 문제시될 뿐이다.

그런데 비유에서처럼 어떤 의미가 그 자체로서 표현되어 있지 않거나 혹

---

127 역주: 실러의 작품 『군도』 제3막 제2장에 나오는 대사이다.

은 하여간에 불분명할 경우, 특히 이 경우에 한해서 그 의미를 갖는 이미지가 상징으로 불린다면, 그럴수록 더더욱 상징 그 자체에는 모호함이 나타난다. 이 불확실성으로 인해 감각적 이미지와 의미의 결합은 타성적이며 다소간 관습적인 것이 되며 또 이를 통해 단순한 기호에서는 불가피하게 요구되는 애매성이 본연의 상징으로부터 제거된다. 이에 반해 비유는 오로지 임시의 목적을 위해 고안된 것이자 자신의 의미 자체를 스스로 수반하는 까닭에 그 자체로서 분명한 개별적 표현으로 보임이 사실이다. 그러나 특정한 상징이 예의 관습적 표상의 권역에 처해 있는 사람들에게 아무리 습관적으로 분명하더라도, 그것은 같은 권역에서 움직이지 않거나 혹은 그러한 권역이 과거지사가 되어 버린 그 밖의 다른 모든 사람들에게는 전혀 다른 방식으로 관계한다. 그들에게 일단 주어지는 것은 직접적인 감각적 표현일 뿐이니, 그들이 자신 앞에 놓여 있는 것으로 만족해야 하는가 아니면 그와 더불어 또 다른 표상과 사상들에 의존해야 하는가는 매번 그들에게 애매하게 남아 있다. 가령 우리가 기독교 교회 안에서 벽면의 돌출부에 있는 삼각형을 볼 경우 이로부터 우리는 여기서 문제시되는 것이 단순한 삼각형으로서의 이 도형의 감각적 직관이 아니라 그것이 갖는 의미임을 즉시 인식한다. 반면 다른 장소에서는 같은 도형이 삼위일체의 상징이나 기호로서 간주되어서는 안 되리라는 사실이 마찬가지로 분명하다. 같은 습관과 지식을 갖지 않는 또 다른 비기독교적 민족들은 이러한 관계에서는 혼란에 빠질 것이며 또한 심지어 우리 자신들조차도 하나의 삼각형을 그냥 삼각형으로 볼 것인가 혹은 상징적으로 볼 것인가를 정함에 있어 한결같이 [400] 확신할 수 있는 것은 아니다.

b) 이러한 불확실성의 관점에서 보면 우리가 만나는 제한된 사례들뿐만 아니라 대단히 확장된 예술영역들, 우리 앞에 놓인 어마어마한 소재의 내용, 즉 거의 모든 동방예술의 내용이 문제시된다. 따라서 고대 페르시아, 인

도, 이집트의 형상들과 조형물들의 세계로 처음 입문할 경우, 우리는 제대로 확신을 갖지 못한다. 우리는 과제들에 눌려 갈팡질팡하는 자신을 느낀다. 이러한 조형물들은 그 자체만으로는 우리에게 말을 건네지 않으며 또한 그들을 직접 본다고 한들 기쁨이나 만족을 얻는 것도 아니니, 그들 스스로는 우리에게 그러한 직접적 직관을 넘어 이 이미지들보다 무언가 한층 더 넓고 깊은 점을 갖는 그들의 의미로 나아갈 것을 요구한다. 이에 비해 예컨대 동화와 같은 다른 산물들에서는 우리는 그것들이 이미지들 및 우연하고 기묘한 연결들을 갖는 단순한 유희임을 첫눈에 알아본다. 왜냐하면 어린아이들은 그러한 피상적인 이미지들, 그 얄팍하고 느슨한 유희 그리고 산만한 구성으로 만족해하기 때문이다. 그러나 여러 민족들은 설령 그들이 유아기에 있다고 해도 보다 본질적인 내용을 요구했으며, 실제로 우리는 인도와 이집트인들의 예술형상들에서도 그것을 발견한다. 비록 그들의 수수께끼 같은 조형물들에서 설명은 다만 암시될 뿐이고 그 풀이는 대단히 어렵지만 말이다. 그런데 의미와 직접적 예술표현이 그렇게 불일치할 경우 얼마나 많은 것을 예술의 결함이나 판타지 자체의 비순수성 및 무이념성의 탓으로 돌릴 수 있을 것인가? 또한 반대로 비교적 순수하고 정확한 형상화가 그 자체로서 한층 깊은 의미를 표현할 능력이 없다고 한들, 그리고 환상적이며 그로테스크한 것이 차라리 한층 더 포괄적인 표상을 목적으로 만들어졌다고 한들 그런 성격을 갖는 것이 얼마나 많을 것인가? 바로 이 점은 처음에는 매우 광범위한 영역에서 불확실한 것으로 나타날 수 있다.

[401] 심지어 고전적 예술영역에서도 여기저기에서 비슷한 불확실성이 나타난다. 비록 예술의 고전성이 본성상 상징적이 아니며 오히려 내면 자체로서 철저히 명석판명하다는 점에서 성립하지만 말이다. 즉 고전적 이상이 명석한 소이所以는 그것이 예술의 참된 내용인 실체적 주관성을 파악하고 더불어 그 자신에 즉해 그러한 순수한 내용 이외에는 어떠한 것도 언표

하지 않는 바로 그 참된 형상도 또한 발견한다는 점, 이로써 양 측면이 완전히 상응하는 까닭에 의의와 의미가 외적 형상 가운데 실제로 들어 있는 것 이외의 다른 어떤 것으로 존재하지 않는다는 점에 있다. 반면 상징적 예술이나 비유 등등도 하나의 의미를 위해 이미지를 제공하지만, 여기서 이미지가 제시하는 것은 그 의미가 제시하는 것과 항상 무언가 다른 것이다. 그러나 고전적 예술도 역시 모호한 측면을 갖는바, 까닭인즉 고대인들의 신화적 형상물의 경우 신화야말로 도대체가 한가롭게 지어낸 설화라고 해서 우리가 외적 형상들 그 자체에 머물러 그것들을 단지 행복한 판타지의 고매한 유희로서 경탄해야만 할지 혹은 우리가 여전히 더욱 넓고 깊은 의미를 물어야만 할지가 애매하게 나타날 수 있기 때문이다. 이 후자의 요구가 의심스럽게 보일 경우는 주로 그러한 설화의 내용이 신적 존재 자신의 삶과 활동을 다루는 때이니, 까닭인즉 우리에게 전달된 이야기들을 보면 그것들이 절대자에게는 전적으로 걸맞지 않은, 마냥 부적절하고 몰취미한 창작으로 간주될 경우가 있기 때문이다. 가령 우리가 헤라클레스의 12행적에 관해 읽거나 혹은 심지어 제우스가 헤파이스토스를 올림포스에서 렘노스섬으로 던져서 불칸[헤파이스토스]이 이로 인해 절름발이가 되었다는 이야기를 들을 경우, 우리는 이것이 판타지의 동화적 이미지에 지나지 않는다고 믿는다. 마찬가지로 주피터의 수많은 애정행각들은 우리에게 단지 자의적으로 지어낸 것으로 보일 수 있다. 그러나 역으로 그러한 설화들이 바로 최고의 신성에 의해 이야기되는 까닭에, 신화가 직접 제공하는 의미와는 또 다른 한층 더 넓은 [402] 의미가 그 아래 숨어 있으리라는 것도 마찬가지로 다시 그럴듯하다.

따라서 이런 관계에서는 특히 두 가지의 대립적 표상이 통용된다. 하나의 표상은 신화를 단순히 외적인, 신에 견주어 걸맞지 않을 법한 이야기들, 즉 아무리 그 자체로 보면 혹 고상하고, 사랑스럽고, 흥미롭고, 심지어는 대단히 아름다울 수 있을지라도 한층 깊은 의미의 더 나아간 설명을 위해서는 어떠한 동기도 유발하지 못할 법한 이야기들로 간주한다. 그러므로 신화는 단순히 역사적으로 —그것이 현전하는 형상에 따라— 고찰될 수 있을 터, 이유인즉 신화는 예술적 측면에서 보면 형상들, 이미지들, 신들 및 그들의 행위와 사건들이 그 자체로서 충분한 것으로 나타날뿐더러 의미들이 강조됨으로써 자체적으로 이미 설명되며, 역사적 기원의 면에서 보면 지역적 단초들, 사제와 예술가와 시인들의 자의, 역사적 사건들 및 이국적 이야기와 전통들에서 발전되어 나왔기 때문이다. 이에 반해 또 다른 견해는 신화적 형상과 이야기들이 갖는 외적일 뿐인 요인들에 만족하려 하지 않으니, 그 안에는 심층의 보편적 의미가 자리함을, 또한 은폐되어 있음에도 불구하고 그것을 인식하는 일이 신화의 학적 고찰로서의 신화학이 갖는 본연의 사명임을 주창하며, 그리하여 신화는 상징적으로 이해되어야 마땅하다는 것이다. 신화가 아무리 외관상 괴이하거나 우스꽝스럽거나 그로테스크하거나 등등으로 보일지라도, 또한 판타지의 우연적, 외적 자의가 제아무리 개입되더라도, 그럼에도 신화는 정신으로부터 산출된 것으로서 의미를, 즉 신의 본성에 관한 보편적 사상들과 철학적 명제들을 내포하는바, 여기서 상징적이라 함은 다만 이 점을 가리킬 뿐이다.

특히 크로이처[128]는 최근 이러한 의미에서 다시 작업을 시작하였는데, 그는 자신의 저서[129]에서 [403] 고대 민족들의 신화적 표상을 상투적 방식으로 외적, 산문적인 면에서 검토하거나 예술적 가치의 면에서 검토하지 않고, 그 속에서 의미들의 내적 이성원리를 추구했다. 이 경우 그가 전제로 삼

128 역주: 크로이처(1771~1858)는 헤겔이 하이델베르크 대학에 재직하던 시절의 동료였다.
129 Friedrich Creuzer, 『고대 민족들의, 특히 그리스인들의 상징과 신화(Symbolik und Mythologie der alten Völker, besonders der Griechen)』, 전 4권, 1810~1812.

고 따르는 것은, 신화와 전설들이 인간의 정신에서 그 원천을 구했다는 점, 정신은 신에 관한 자신의 표상들과 유희할 수 있지만 종교의 관심과 더불어 한층 높은 영역을 답사한다는 점, 여기서는 이성이, 비록 처음에는 자신의 내면을 적절하게 드러내지 못하는 결함을 지니긴 해도, 형상의 고안자가 된다는 점이다. 이러한 가정은 어느 모로 보나 참이다: 종교의 원천은 자신의 진리를 탐색하며 예감하는 정신에서, 그리고 그것을 진리의 내용과 한층 긴밀하게 혹은 한층 광범위하게 연관된 형상으로 의식하는 정신에서 발견된다. 그런데 이성원리가 형상들을 고안할진대, 이성원리를 인식하려는 욕구도 역시 발생한다. 인간에게 진정으로 값진 것은 이 인식이 유일하다. 이것을 도외시하는 자가 얻는 것은 외적 지식의 무더기에 불과하다. 이에 반해 우리가 신화적 표상들의 내적 진리를 향해 파고든다면, 우리는 이 경우 또 다른 측면, 즉 상상력의 우연과 자의라든가 지역성地域性 등을 백안시하지 않고 여러 신화들을 정당화할 수 있다. 그런데 인간의 정신적 이미지와 형상들을 정당화하는 것은 하나의 고귀한 —역사적 외면성들의 단순한 수집보다 한층 고귀한— 작업이다. 그런데도 크로이처에게는 비난이 빗발친다. 즉 사람들은 그가 신플라톤주의자들의 선례에 따라 그러한 한층 광범위한 의미들을 신화들 속으로 끌어들여 설명했다는 둥, 그러한 사상들이 신화들 속에 실제로 들어 있다는 것은 역사적으로 터무니없음에도 그러한 사상들을 발견하려면 신화들을 필히 끌어들여야 한다는 둥, 그리고 심지어는 이 점이 그러한 사상들로부터 역사적으로 증명되었다는 둥 주장한다는 것이다. 왜냐하면 그러한 사상들은 당대의 전체적 문화에는 어울리지 않았을지도 모르며 또한 민족, 시인 그리고 사제들은 [404] —비록 우리가 다른 측면에서는 다시금 사제들의 위대한 비밀의 지혜라는 것에 관해 빈번히 말하기는 하지만— 그것들에 관해 몰랐을 수도 있었기 때문이란 것이다. 이 후자의 점은 물론 전적으로 옳다. 민족, 시인 그리고 사제들은 사실 그들의 신화적 표상이 근거하는 보편적 사상을 보편성의 형식으로 소유하지 않았으며 그리하여 그것들을 의도적으로 상징적 형상으로 감쌀 수밖에 없었을지도 모른다. 그런데 크로이처도 역시 이 점을 주장하는 것이 아니다. 고대인들이 신화에서 생각했던 것이 우리가 지금 신화에서 보는 것과 다르긴 해도, 이로부터 결코 그들의 표상이 즉자적으로 상징이 아니며, 따라서 있는 그대로 받아들여야 한다는 점이 결과하는 것은 아니다. 왜냐하면 신화를 짓던 시절의 민족들은 매우 시적인 상태에서 살았으며 그리하여 그들의 가장 깊은 내면에서 의식되는 것은 사상의 형식을 띠는 대신 보편적, 추상적 표상들과 구체적 이미지들이 분리되지 않는 판타지의 형상을 띠었기 때문이다. 이것이 실제로도 그러하다는 점을 우리는 본질적으로 견지하고 또 수용해야 한다. 비록 그러한 [크로이처식의] 상징적 설명방식에 —어원학의 경우도 그렇지만— 단지 인위적일 뿐인 우스꽝스러운 조합이 종종 끼어들긴 하지만 말이다.

c) 그런데 우리가 신들의 이야기 및 끊임없이 샘솟는 시적 판타지의 광범위한 형상물들과 더불어 신화가 이성적 내용과 깊은 종교적 표상들을 포함한다는 견해에 동의한다고 해도, 그럼에도 상징적 예술형식과 관련하여 과연 일체의 신화와 예술이 상징적으로 이해될 수 있을까 하는 물음이 생긴다. 예컨대 프리드리히 폰 슐레겔이 어떠한 예술표현에서든 알레고리가 발견된다고 주장했듯이 말이다. 모든 예술작품과 모든 신화적 형상에는 하나의 보편적 사상이 근거하므로 그 각각은 상징적 내지 알레고리적인 것으로 이해된다는 것이며, [405] 또한 이 경우 보편성 속에서 부각된 사상은 그 자체로서 그러한 작품, 그러한 표상의 본래적 의미를 설명한다는 것이다. 이러한 취급방식도 마찬가지로 최근 대단히 상투적인 것이 되었다. 그리하여 사람들은 예컨대 단테의 최신판에서 —그에게서 다양한 알레고리가 나타나는 것은 물론 사실이지만— 모든 노래를 시종일관 알레고리로만 설명

하고자 했으며 또한 고대의 시인들에 관한 하이네[130]의 판본도 역시 주석들에서 개개 은유들의 일반적 의의를 추상적 오성규정들로 밝히고자 시도한다. 왜냐하면 특히 오성은 상징과 알레고리로 다가가기 위해 급히 서두르기 때문이다. 즉 위의 상징적 설명은 보편적인 것 자체만을 밝히려 할 뿐 예술형식과는 무관하며, 또한 오성은 이미지와 의미를 분리하고 또 이를 통해 예술형식을 파괴한다. 여기서 우리가 고찰하는 것은 상징적 예술형식이며, 이 경우 우리는 신화와 예술의 전 영역으로 향하는 상징성의 그러한 확장을 안중에 두는 것이 결코 아니다. 왜냐하면 우리의 노력은 예술형상들이 이러한 의미에서 어느 정도까지 상징적 혹은 알레고리적으로 해석될 법한지를 밝히려는 것이 아니라 역으로 상징성이 자체로서 어느 정도까지 예술형식으로 간주될 수 있는지를 물어야 하기 때문이다. 우리가 밝히고자 원하는 바는 의미와 그 형상의 예술관계, 특히 고전적 내지 낭만적 표현양식과 구분되는 상징적 예술관계이다. 그러므로 우리의 과제는 전 예술영역에 걸치는 상징성의 예의 확장이 아니라 거꾸로 즉자 그 자체로서 본연의 상징으로 표현되는 것, 그리하여 상징적으로 간주될 수 있는 것의 범위를 분명하게 제한하는 일이다. 이러한 의미에서 우리는 위에서 예술이상이 상징적, 고전적 그리고 낭만적 형식으로 분류됨을 이미 언급하였다.

[406] 즉 우리가 의미하는 바의 상징성은 막연한 보편적, 추상적 표상들 대신 자유로운 개성이 표현의 내용과 형식을 형성하는 지점에서 곧바로 그친다. 왜냐하면 그러한 주체는 자체로서 의미를 이루는 것이자 또 스스로를 해명하는 것이기 때문이다. 그 주체는 그가 감응하고 사색하고 행동하고 실행하는 것, 그의 고유성, 행위, 성격으로 스스로 존재한다. 그리고 그가

---

130 Christian Gottlob Heyne(1729~1812), 고전 문헌학자. 칼라일(Carlyle)은 그의 생애와 작품들에 관한 흥미로운 에세이를 썼었다.

정신적, 감각적으로 현상하는 전 영역은 주체가 갖는 의미 이외의 다른 어떠한 의미도 갖지 않는바, 주체는 이러한 그의 확장과 전개 속에서 오로지 자기 자신만을 자신의 모든 객관성을 위한 주재자로서 가시화한다. 의미와 감각적 표현, 내적인 것과 외적인 것, 사실과 이미지는 이 경우 더 이상 서로 구분되는 것, 본연의 상징성에서처럼 단순히 연관된 것으로 보이는 것이 아니라 하나의 전체로서 나타나는바, 이러한 전체에서는 더 이상 현상이 다른 어떤 본질을, 본질이 다른 어떤 현상을 자신의 바깥이나 자신의 옆에 두지 않는다. 표명되어야 할 것과 표명된 것이 구체적인 통일로 지양되어 있다. 이러한 의미에서 그리스의 신들은 —그리스의 예술이 그들을 자유로운, 내면에서 독자적으로 완결된 개인들로 표현하는 한— 자족적인 존재이지 상징적인 것으로 간주되어서는 안 된다. 정녕 예술에서는 제우스, 아폴로, 아테네의 행위들이 오로지 이 개인들에게만 속하며 또한 그들의 권능과 열정 이외의 다른 어떤 것을 표현해서는 안 된다. 이제 만일 내적으로 자유로운 그러한 주체들에서 하나의 보편적 개념을 그들의 의미로서 추상화하고 또 그것을 전 개별 현상의 설명으로서 특수자 옆에 병치한다면, 이 형상들의 예술적 요소는 고려에서 제외되고 파괴된다. 그러므로 예술가들도 역시 모든 예술작품과 그 신화적 인물들을 그렇듯 상징적으로 해석하는 방식에 만족할 수 없었다. 왜냐하면 방금 언급한 종류의 예술표현에서 여전히 실제로 상징적 암시나 알레고리 따위로 잔존하는 것이 있다면, 그것은 부차적인 것이며 그런고로 명명백백하게 단순한 부속물이나 징표로 [407] 격하된 것이기 때문인바, 예컨대 독수리는 제우스의 곁에 있으며 황소는 복음사가 누가를 따라다니지만, 반면 이집트인들은 성우聖牛 아피스[131]를

---

131 역주: 아피스(Apis)는 이집트 신화에 나오는 신성한 황소 하피(Hapi)의 그리스 이름이다. 멤피스의 프타(Ptah) 신은 황소의 형상을 띠고 지상에 내려와 아피스가 되었으며, 아피스가 죽었을 때 파라오의

신성 자체로 보았던 것이다.

그런데 자유로운 주관성의 이러한 예술적 현상의 경우에는 주체로 표상되는 것이 현실적인 개성과 주관성도 역시 갖는지, 아니면 다만 단순한 의인화로서의 그 공허한 가상만을 자체에 지니는지를 구분하기가 어렵다. 후자의 경우 인격성이란 피상적 형식에 불과한바, 이 형식은 특수한 행위이든 신체적 형상이든 간에 인격성이 갖는 본연의 내면을 표현하지 않으며 이로써 인격성의 현상이 갖는 전 외면성을 인격성 자신의 외면성인 것으로 관철하지도 못하고, 외적 실제에 대해 이러한 인격성과 주관성 자체가 아닌 또 다른 내면성을 그 의미로서 갖는다.

이 사실이 상징적 예술을 구획하는 주요 지점이다.

그러니까 이제 상징적 예술을 고찰함에 있어 우리의 관심이 향하는 바는 예술의 내적 성립 과정 —이 과정이 참된 예술을 향해 전개되는 이상의 개념에서 파생되는 한에서— 및 이와 함께 일련의 상징적 예술의 단계들을 참된 예술로 향하는 단계들로서 인식하는 일이다. 그런데 종교와 예술이 아무리 밀접하게 관계한다고 해도, 그럼에도 우리는 상징들 자체와 종교를 넓은 의미에서 상징적 혹은 알레고리적인 표상들을 함유하는 것으로 취급해서는 안 되며, 그들을 예술 자체에 속하게끔 만드는 요인만을 그들에게서 고찰해야 한다. 종교적 측면은 신화의 역사에 위임되어야 하는 것이다.

죽음에 비견되는 커다란 명예가 봉헌되었다. 아피스는 또한 죽음을 주재하는 신인 오시리스(Osiris)와 연관되어 있다. 한 신화에 따르면 아피스는 오시리스의 아내인 이시스(Isis)가 오시리스의 시신을 찾는 데 도움을 주었다고 한다. 고대 이집트인들은 황소의 다산과 생식력이 사자(死者)에게 전해져서 그가 환생하게끔 보장해 준다고 믿었다.

분류

이제 상징적 예술형식의 좀 더 상세한 분류를 위해서는 무엇보다 그 내부의 발전이 거쳐 가는 경계점들을 확정해야 한다.

[408] 이미 언급한 바와 같이 우리는 처음에는 단지 추상적인, 아직 즉자 그 자체로서 본질적으로 개별화되지 않은 의미들을 볼 뿐이며 또한 이와 직접적으로 결부된 형상화는 적절하면서도 적절하지 않은 까닭에, 일반적으로 이 전체 영역은 무릇 처음에는 전前예술을 이룬다. 그러므로 첫 번째 경계의 영역은 예술적 직관과 표현 일반의 유리遊離이다. [이 영역과] 대립하는 경계는 상징적 예술의 진리인 본격적 예술을 우리에게 제공하며, 이를 위해 [전예술로서의] 상징적 예술은 지양된다.

우리가 상징적 예술의 첫 번째 출현을 주관의 면에서 논하고자 할 경우, 우리는 예술직관뿐만 아니라 종교적 직관도 역시, 혹은 차라리 양자가 함께, 그리고 심지어 학문적 연구마저도 경이에서 출발하였다는 앞의 언급을 기억할 수 있다. 아직 어떤 것도 놀라워하지 않는 인간은 여전히 무지와 몽매 속에서 살아간다. 그는 아직 대상들 및 그 직접적, 개별적 실존으로부터 독자적으로 분리되지도 풀려나지도 않은 까닭에, 어떤 것도 그에게 흥미를 주거나 또는 그에 대하여 존재하지 않는다. 그런데 다른 한편 어떤 것도 더 이상 놀라워하지 않는 자는 그 스스로가 전체 외면성을 분명히 알고 있다고 ―그것이 일반인의 계몽이 갖는 추상적, 오성적 방식이든 혹은 절대적, 정신적 자유와 보편성이라는 고귀하고 한층 더 깊은 의식에 의하든 간에― 간주하며, 이로써 대상들과 그 현존재들을 그것들에 대한 정신적, 자의식적 통찰로 바꾸었다고 본다. 이에 반해 경이는 극히 직접적인 일차적 자연과의 관계나 단지 실천적일 뿐인 일차적 욕구와의 관계로부터 풀려난 인간이 자연과 그의 고유한 특칭적 실존에서 정신적으로 물러나 이제 사물들에서 보편자, 즉자적 존재자, 상존常存자를 탐색하고 발견하는 곳에서 오로지 나타난다. 이 경우 비로소 그에게는 자연대상들이 하나의 타자이되 그에 대해 존재해야 하는 타자이며 또한 그 속에서 그는 스스로를, 사상과 이성을 재발견하고자 노력한다는 사실이 눈에 띈다. 왜냐하면 [409] 한층 고차적인 것의 예감과 외면적인 것의 의식은 아직 분리되지 않았으되 동시에 자연적 사물들과 정신 사이에는 하나의 모순이 현전하기 때문인바, 이 모순 속에서 대상들은 [정신을] 끌어당기는 만큼이나 배척하는 것으로 밝혀지며 또한 이러한 모순의 감정이 그 모순을 제거하려는 충동과 더불어 곧 경이를 산출한다.

이제 이러한 상태의 일차적 산물은 인간이 자연과 대상성 일반을 원인으로서 자신에게 대립시키고 또 그것을 권능으로서 숭배한다는 점, 그러나 한층 고차적, 본질적, 보편적인 것에 관한 주관적 감응을 자신에게 외적인 것으로 만들어 그것을 객관적인 것으로 관조하려는 욕구도 역시 만족시킨다는 점에서 성립한다. 이러한 통일 속에는 개체적 자연대상들, 그것도 특히 바다, 강, 산, 별자리와 같은 기본적 대상들이 그 개체적 직접성 속에서 수용되지 않고 표상으로 고양된다는 사실, 그리고 그것들이 표상에 대해 보편적, 즉자대자적 실존의 형식을 얻는다는 사실이 직접 현전한다.

예술은 이러한 표상들의 보편성과 본질적 즉자존재를 직접적 의식이 다시 볼 수 있도록 이미지로 포착한다는 점, 그리고 그것들을 대상적 형식의 이미지로 정신에게 제출한다는 점에서 시작한다. 그러므로 자연숭배나 물신숭배와 같은 자연물들에 대한 직접적 공경은 아직 예술이 아니다.

객관적 측면에서 살펴보면 예술의 출발은 종교와 매우 밀접하게 관계한다. 최초의 예술들은 신화적 성격을 갖는다. 종교에서 의식화되는 것은, 극히 추상적이며 아주 빈약한 규정들에 따르는 경우라고 해도, 절대자 일반이다. 절대자에 가장 가까운 현시는 자연의 현상들인바, 인간은 그 실존에서 절대자를 예감하며 따라서 그것을 자연대상의 형식으로 가시화한다. 예술은 이러한 노력에서 처음 발원한다. [410] 하지만 이 관계에서조차 인간이 단지 실제로 현전하는 대상들에서 직접적으로 절대자를 보고 또한 이러한 식의 신성의 실제로서 자족하는 경우에는 예술이 등장하지 않는다. 오히려 예술은 의식이 자신에게 절대적인 것을 즉자 자체로서 외적인 것의 형태로 파악하고 아울러 이러한 다소간 적합, 혹은 부적합한 결합에서 객관적인 것을 자력으로 산출하는 경우에 비로소 등장한다. 왜냐하면 예술에 속하는 것은 정신을 통해 파악된 실체적 내용이며, 또한 이 내용은 비록 외적으로 현상하되 단순히 직접적으로 현전하는 외면성이 아닌, 정신을 통해 비로소 산출된 외면성으로, 즉 앞의 내용을 자신 속에 담고 표현하는 실존으로서의 외면성으로 현상하기 때문이다. 그러나 종교적 표상들을 좀 더 자세히 형상화하는 최초의 통역자로서는 예술이 유일하다. 왜냐하면 대상세계의 산문적 고찰이 타당하려면, 정신적 자의식으로서의 인간의 내면은 직접성으로부터 자신을 해방시키는 투쟁을 거쳐야만 하며 또한 객체성을 한갓된 외면성으로 수용할 줄 아는 이러한 자유 속에서 직접성에 대치해야만 하기 때문이다. 하지만 이러한 분리는 한참 지난 단계의 일이다. 이에 반해 진리의 일차적인 앎은 자연에로의 단순한 비정신적 매몰과 그로부터 철저히 해방된 정신성 사이의 한 중간상태인 것으로 드러난다. 이러한 중간상태에서 정신은 자신의 표상들을 자연물의 형상으로 눈앞에 가져오는데, 까닭인즉 정신은 아직 좀 더 높은 형식을 쟁취하지는 못하였으되 이 결합 속에서 양측면들이 서로 어우러지도록 노력하기 때문이다. 이러한 중간상태가 일반적으로 산문적 오성과 대비되는 시와 예술의 입장이다. 그러므로 완벽하게 산문적인 의식도 역시 주관적·정신적 자유의 원칙이 로마 세계에서와 같이 추상적 형식으로 현실화되거나, 후일 근대의 기독교적 세계에서와 같이 진정 구체적인 형식으로 현실화되는 곳에서 비로소 출현한다.

둘째, 상징적 예술형식이 도달하고자 애쓰는, 그리고 그 도달과 더불어 상징적 예술형식이 해체되는 종착점은 [411] 고전적 예술이다. 고전적 예술은 참된 예술현상을 성취하는 것이지만 최초의 예술형식일 수는 없다. 그것은 상징적 예술형식의 다양한 매개 및 이행의 단계들을 전제로서 갖는다. 왜냐하면 그에 적합한 내용은 정신적 개별성인데, 이것은 여러 층위의 매개와 이행들을 거친 후 비로소 절대자 및 진리의 내용이자 형식으로 의식화될 수 있기 때문이다. 출발을 이루는 것은 의미의 면에서 늘 추상적이며 비규정적이다. 하지만 정신적 개별성은 본질상 즉자적으로 그리고 대자 자체로서 구체적이어야 한다. 그것은 자기규정적인 개념에 적합한 현실성으로서, 이러한 개념은 추상적 측면들의 ―이들의 매개가 개념이다― 일면적 발전이 선행된 연후 겨우 파악될 수 있다. 이러한 과정들을 거쳤다면, 개념은 동시에 총체성으로서의 그 본연의 등장을 통해 예의 추상들에 종지부를 찍는다. 이것이 고전적 예술의 경우이다. 자기규정적인 개념은 그에 적합한 특수한 현존재를 자발적으로 산출하며 이와 마찬가지로 정신적 주관성은 그 형상을 (그것도 적합한 형상을) 자신에 즉해 갖는 까닭에, 고전적 예술은 단지 상징화만을 일삼는 숭고 위주의 예술의 예비시도들을 마감한다. 예술을 위해 이러한 참된 내용이, 이로써 참된 형상이 발견되었다면, 이 두 가지를 향한 탐색과 노력은 ―상징적 예술형식의 결함은 바로 이 점에 있는데― 즉각 종료된다.

우리가 이러한 경계에 도달하지 못한 상징적 예술의 보다 상세한 분류원칙을 물을진대, 상징적 예술 일반은, 순정한 의미와 그에 상응하는 형상화양식을 향해 겨우 씨름할 뿐인 한도에서, 여전히 참된 예술에 역행하는 내용과 그 내용에 동질적이지 않은 형식의 투쟁으로 존재한다. 왜냐하면 양 측면은 동일성으로 묶이긴 했으나, 그럼에도 서로 합치하거나 예술의 참된 개념과 일치하지 않으며 따라서 다시 이러한 결함 있는 합일로부터 벗어나고자 마찬가지로 애쓰기 때문이다. 이 점을 고려하면 모든 상징적 예술은 의미와 형상의 [412] 지속적인 적합성 투쟁인 것으로 이해되며 또한 상이한 단계들은 상징적 예술의 상이한 종류들이 아니라 하나의 같은 모순의 여러 국면이자 양태들인 것이다.

하지만 일단 이러한 투쟁은 처음에는 다만 즉자적으로 현전할 뿐이다. 즉 하나로 정립되고 억지로 합쳐진 양 측면의 부적합성이 아직 예술적 의식 자체에 대해 형성된 것은 아니니, 까닭인즉 이 의식은 그것이 포착하는 의미의 보편적 본성을 대자적으로 알지 못하며 또한 참된 형상의 완결된 현존재를 독립적으로 파악할 줄도 모르고 따라서 양자의 차이를 안중에 두는 대신 그들의 직접적 동일성에서 출발하기 때문이다. 그러므로 시작을 이루는 상징성은 예술의 의미내용과 시도된 그 상징적 표현이 아직 분리되지 않은 채 이러한 모순적 결합 속에서 발효하는 수수께끼 같은 통일성이다. 그것은 즉 본연의, 의식화되지 않은, 원초적인 상징성인바, 그 형상화들은 아직 상징으로서 정립되지 못한 상태에 있다.

이에 반해 그 끝은 상징적 예술의 소멸이며 자기해체인바, 까닭인즉 지금까지 즉자적으로 존재하던 투쟁이 이제는 예술적으로 의식화되었으며 이로써 상징화는 대자적으로 명료한 의미와 그와 결부된 감각적 이미지의 의식적 단절로 변하되, 이러한 분리 속에서 동시에 명백한 연관 지음으로 머물기 때문이니, 이 연관 지음은 직접적 동일성으로 현상하는 대신 이전에는 의식되지 않던 차별성도 마찬가지로 부각시키는 것으로서, 즉 오로지 양자의 단순한 비교로서 나타난다. ― 이것이 상징으로서 인식된 상징의 국면이다: 즉 의미는 대자적으로 보편성에 따라 알려지고 표상되며, 의미의 구체적 현상은 명백히 하나의 단순한 이미지로 격하되고 또한 예술적 가시화를 기하기 위해 의미와 비교된다.

전자의 시작과 후자의 끝의 중간에는 숭고한 예술이 있다. 의미는 여기서 처음으로 대자적으로 존재하는 정신적 보편성으로서 [413] 구체적 현존재로부터 분리되며 또한 이것을 자신에게 부정적, 외적인 것, 자신에게 봉사하는 것으로서 공표하는바, 비록 의미가 자신의 표현을 위해 자신에게 외적, 부정적인 바로 이것 이외에는 다른 어떤 것도 갖지 못하지만, 의미는 그 속에서 자신을 표현하기 위해 그것을 독자적으로 존립하도록 두지 않고 오히려 내면 그 자체에서 결함을 갖는 것이자 지양되어야 할 것으로서 정립해야 한다.

의미의 이러한 숭고성의 광채는 개념적인 면에서 본격적인 비교에 선행하는바, 까닭인즉 자연적 내지 기타 현상들의 구체적 개체성은, 의미와 친근한, 그럼에도 의미로부터 구분되는 현상들의 분명한 분리와 선택적인 비교가 ―이것들이 의미의 이미지를 제공할 터인데― 분명히 드러나기 이전에는, 일단은 부정적으로 취급되고 또한 절대적 의미의 도달 불가능한 권위를 위한 장식과 치장으로 사용되어야 하기 때문이다.

이상 약술한 세 가지의 주요 단계들은 이제 다시 자체 내에서 다음과 같이 좀 더 세분된다.

1. 무의식적 상징성

A. 첫 번째 단계는 그 자체가 아직 진정한 상징으로 불릴 수도 없고, 예술에 본격적으로 산입되지도 않으며, 겨우 양자로 향하는 길을 닦을 뿐인바, 정신적 의미로서의 절대자와 그와 불가분한 감각적 현존재의 ―자연적 형상의― 직접적, 실체적 통일이 이것이다.

B. 두 번째 단계는 본격적인 상징으로의 이행을 형성한다. 왜냐하면 앞의 일차적 통일은 해체되기 시작하며, 그리하여 보편적 의미들을 독자적으로 개체적 자연현상들 너머로 끌어올리지만, 그럼에도 그것은 이러한 표

상된 보편성을 갖는 것에 못지않게 다시 구체적 자연대상들의 형식 속에서 의식화될 수 있어야 하기 때문이다. 두 번째 단계는 자연적인 것과 정신적인 것의 차이에 머무르며, 또한 자연적인 것을 정신화하고 정신적인 것을 감각화하려는 이중의 노력을 우선적으로 기울인다. 이 단계에서는 상징적 예술의 온갖 환상과 혼란, 갖가지 발효와 마구잡이로 [414] 헝클어진 뒤범벅이 나타나는바, 이 예술은 자신의 이미지와 형상의 부적합성을 어렴풋이 느끼지만 그 교정에 도움이 되는 것은 양적 숭고성을 향한 형상들의 무지막지한 왜곡이 전부이다. 그러므로 우리는 이 단계에서 순정한 미의 예술작품들과 조우하지 못하며, 노골적 허구, 황당함 그리고 불가사의로 가득찬 세계 속에서 살아간다.

C. 의미와 그 감각적 표현의 이러한 분쟁을 통해 우리는 셋째, 본격적 상징의 입장에 도달하는데, 상징적 예술작품의 완전한 특성도 이 입장 위에서 비로소 전개된다. 여기서 형식과 형상들은 더 이상 감각적으로 현존하는 것이 아니다. 즉 그것들은 ─ 첫 번째 단계가 그렇듯이 ─ 절대자의 현존재로서 예술을 통해 산출되지 않고 절대자와 직접적으로 합치하지 않으며, 또한 ─ 두 번째 단계가 그렇듯이 ─ 의미들의 보편성에 대한 그것들의 차이가 특수한 자연대상들 내지 사건들을 판타지의 측면에서 마구잡이로 확장함으로써 지양될 수 있는 것도 아니다. 오히려 지금 상징적 형상으로서 가시화되는 것은 예술을 통해 산출된 형상물인데, 이것은 한편 그 고유성 속에서 표상되지만, 다른 한편 이 개체화된 대상뿐만 아니라 그와 결부될 수 있는, 그리고 그 속에서 인식될 수 있는 그 너머의 보편적 의미도 역시 천명해야 할지니, 이 형상들은 그 속에 주입된 내면의 추정을 요구하는 하나의 과제로서 우리 앞에 있다.

우리는 일반적으로 전제할 수 있건대, 아직 본래적 단계에 머무는 상징의 이러한 보다 규정된 형식들은 모든 민족의 종교적 세계관에서 나타나며, 또한 우리는 이와 관련하여 역사적 요소도 함께 환기할 것이다. 그러나 역사적 구분이 아주 엄격하게 획정될 수는 없을 터, [415] 왜냐하면 개별적 이해방식들과 형상화양식들은 무릇 예술형식들의 종류에 따라 서로 섞이며, 그리하여 우리가 한 민족의 세계관에 대한 기본 전형으로 간주하는 형식이 그 이전, 이후의 민족들에게도 역시, 비록 부차적이고 개별적이기는 할망정, 재발견될 수 있기 때문이다. 그러나 본질적으로 첫째 단계에 대한 좀 더 구체적인 관점들과 전거들은 고대 페르시아의 종교에서, 둘째 단계에 대해서는 인도에서, 셋째 단계에 대해서는 이집트에서 발견된다.

2. 숭고함의 상징성

특수한 감각적 형상으로 인해 지금까지 다소간 불명료했던 의미는 이상 거론된 경로를 통해 드디어 자유롭게 드러나게 되었으며, 이로써 그 자체가 명료하게 의식된다. 이를 통해 본연의 상징적 관계는 해체되었으며, 또한 절대적 의미가 모든 현상계의 만물을 관류하는 보편적 실체로서 파악됨으로써 ―숭고함의 상징성으로서의― 실체성의 예술이 단지 상징적-환상적일 뿐인 암시, 왜곡 그리고 수수께끼의 자리를 대신한다.

이 점에서는 주로 두 가지의 입장이 구분되는데, 그 근거는 절대자 및 신성으로서의 실체가 현상의 유한성에 대해 갖는 여러 관계들 속에서 발견된다. 즉 이 관계는 긍정적 그리고 부정적이라는 이중의 의미를 가질 수 있지만, 이 두 형식들에서 모두 사물들을 빌려 가시화되어야 할 것은 ―표출되어야 할 것은 항상 보편적 실체인 까닭에― 그들의 특칭적인 형상과 의미가 아니라 그들의 보편적인 영혼과 이 실체에 대한 입장이다.

A. 첫 번째 단계에서는 이 관계가 다음과 같이 이해된다: 즉 여하한 특칭성으로부터도 해방된 일자이자 만물로서의 실체는 특정한 현상들을 산출

하고 생동케 하는 영혼으로서 그들에게 내재하며, 이제 [416] 이러한 내재성으로 인해 그들에게서 긍정적으로 현재하는 것으로 직관되며, 또한 자신을 떠나 만물에 내재하는 이 본질성 속으로 즐겨 침잠하는 주관에 의해 파악되고 표현된다. 이것이 숭고한 범신론의 예술을 제공하는바, 이 범신론은 이미 인도에서 그 단초들이 발견되며, 다음으로는 모하메드교[이슬람교]와 그 신비의 예술에서 가장 찬란하게 발전되었고, 마지막으로 기독교적인 몇몇 신비의 현상들에서 한층 더 심오한 주관적 방식으로 재발견된다.

B. 이에 반해 본격적인 숭고성의 부정적 관계를 우리는 헤브라이 시문학에서 찾아야 할 터이니, 이 숭고성의 시는 하늘과 땅을 다스리는 형상 없는 주의 모든 창조를 오로지 그의 권능의 우유성偶有性으로서, 그의 지배의 전령으로서, 그의 위대함의 찬미와 장식으로서 사용하고, 또한 이러한 봉사 가운데서 최고의 찬란함 자체를 부정적으로 정립함으로써만 주를 기리고 찬양할 수 있을지니, 까닭인즉 그 시는 최고 존재의 위력과 지배를 적절하게 보여 줄 충분한 긍정적 표현을 찾을 수 없기 때문이며, 또한 피조물의 ─이 피조물은 자신을 하잘것없이 여기는 감정 속에서만, 그리고 자신을 그렇게 정립함으로써만 그 자신과 그 의미에 부합한다─ 예속을 통해서만 긍정적인 만족에 도달하기 때문이다.

3. 비유적 예술형식의 의식화된 상징성

그 단순성 속에서 독자적으로 인지된 의미의 이러한 독립화로 인해 의미와 의미에 대해 부적절한 것으로 정립된 현상은 이미 즉자적으로 분리된다. 그럼에도 불구하고 상징적 예술은 이러한 현실적 분열의 내부에서 형상과 의미가 내적 친화성의 관계를 맺을 것을 요구하는바, 이 경우 이러한 관계 맺음은 의미나 형상에서 직접 기인하는 것이 아니라, 오히려 어떤 주관적 제3자에서 비롯하니, 이 제3자는 주관적 관점에 따라 양자에서 유사성의 측면들을 발견하며 또한 이에 의지하여 [417] 그 자체로 명석한 의미를 유관한 개별적 이미지를 통해 가시화하고 또 해명한다.

그럴진대 이 경우에는 이미지가 종래와 같이 유일한 표현으로서 있는 대신 그저 하나의 단순한 장식으로서 있을 뿐이며, 이를 통해 이미지와 의미는 서로 스며드는 대신 —본연의 상징적 예술에서는 이것이 불완전하게나마 있었다— 서로 대립함으로써 미의 개념에 해당하지 않는 하나의 관계가 생겨난다. 따라서 이러한 형식에 근거하는 예술작품들은 하급의 것으로 머물며, 그 내용은 절대자 자체가 아니라 모종의 다른 제한된 상태나 사건일 수밖에 없는바, 이로 인해 여기에 속하는 형식들은 대개 부수적인 것으로 가끔 이용될 뿐이다.

하지만 좀 더 상세히 보자면 이 장도 역시 세 가지의 큰 단계로 구분되어야 할 것이다.

A. 첫 번째 단계에 속하는 것으로는 우화, 비유담, 교훈담의 표현방식이 있는데, 이러한 것들에서는 이 전체 영역의 특징을 형성하는 형상과 의미의 분리가 아직 분명하게 정립되어 있지 않고, 비유의 주관적 측면이 아직 부각되어 있지 않으니, 결과적으로 지배적 요소로 남는 것은 개체적, 구체적 현상의 표현이며 보편적 의미는 이 현상에 빗대어 설명된다.

B. 이에 반해 두 번째 단계에서는 보편적 의미가 독자적으로 설명적 형상을 —이것은 여전히 단순한 속성이나 자의적으로 선택된 이미지로 나타날 뿐이다— 지배하게 된다. 여기에 속하는 것으로는 알레고리, 은유, 비유가 있다.

C. 마지막으로 세 번째 단계는 지금까지 상징 속에서 상대적 이질성에도 불구하고 직접적으로 통일되어 있던 측면들, 혹은 독립적으로 갈라져 있음에도 불구하고 연관되어 있던 측면들의 완전한 분열을 전면에 등장시킨다.

예컨대 교훈시에서는 산문적 보편성에 따라 그 자체로서 인지된 내용에 대해 예술형상이 철저히 외적인 것으로서 나타나며, 다른 한편 [418] 소위 서술시beschreibende Poesie에서는 그 자체로서 외적인 것이 단순한 외면성에 따라 이해되고 또 서술된다. 하지만 이로써 상징적 결합과 관계는 사라지고 없으니, 우리는 한층 진전된, 예술의 개념에 진정 상응하는, 형식과 내용의 합일로 눈을 돌려야 할 것이다.

제1장
무의식적 상징성

이제 좀 더 상세한 고찰을 위해 상징적 예술의 특수한 발전 단계들로 다가가야 하는데, 우리는 예술 자체의 이념으로부터 출현하는 예술의 시작과 더불어 그것을 시작할 것이다. 이미 보았듯이, 이 시작을 이루는 것은 상징적 예술형식에 속하는 형상, 그것도 단순한 이미지나 비유로서 의식되거나 정립되지 않은 직접적 형상이다 ― 무의식적 상징성. 그런데 이러한 무의식적 상징성이 즉자적으로나 우리의 고찰에 대해서나 모두 본격적인 상징적 특성을 얻으려면, 사전에 우선 상징적 예술 자체의 개념을 통해 규정된 몇 가지의 전제들이 수용되어야 한다.

좀 더 상세한 출발점은 다음과 같이 정해진다. 한편으로 상징은 보편적, 정신적 의미와 그에 적합 내지 부적합한 감각적 형상의 직접적 통일, 즉 그 불일치가 아직 의식화되지 않은 통일에 근거한다. 그러나 다른 한편 그 결합은 이미 판타지와 예술을 통해 형상화된 것이지, 단순히 직접적으로 현전하는 신의 현실성으로 이해되어서는 안 된다. 왜냐하면 상징적인 것이 예술에 통용되려면, 그것은 보편적 의미가 직접적 자연현재로부터 분리됨으로써 비로소 성립하며, 또한 이 자연의 현존재 속에서 절대자가 직관되기는 해도, 그러나 이제는 판타지에 의해 현실적으로 현재하는 것으로서 직관되기 때문이다.

[419] 따라서 상징적인 것의 생성을 위한 일차적 전제는 절대자와 현상계에 속하는 그 실존의 직접적 통일성이다. 그러나 이것은 예술을 통해 산출되지 않은, 오히려 예술의 개입 없이 실제적 자연대상들 및 인간 행동들 속에서 발견되는 바로 그 통일성이다.

A
의미와 형상의 직접적 통일

이런 식의 직접적 동일성으로 직관된 신성은 자연 및 인간의 모습을 갖는 그의 현존재와 하나인 것으로 의식되는바, 이러한 동일성에서는 자연자체가 있는 그대로 수용되지도, 또한 절대자가 자체로서 자연으로부터 떨어져 독립되지도 않았으며, 고로 내면적인 것은 현상계 속의 그 직접적 현실로부터 아직 독자적으로 의미로서 분리되어 있지 않았으니, 그런 까닭에 아직은 내면적인 것과 외면적인 것, 의미와 형상의 차이를 본격적으로 논할 수 없다. 그러므로 여기에서 의미가 언급된다면, 그것은 우리의 반성인바, 이 반성이 우리에게 등장하는 까닭은, 정신적, 내면적인 것에 대한 직접적 직관으로서의 형식을 전반적으로 무언가 외적인 것으로 간주해야 할 필요가 있고, 또한 그 이해를 도모하고자 이를 뚫고 들어가 내면, 영혼 그리고 의미를 들여다보아야 할 필요가 있기 때문이다. 하지만 그런 까닭에 우리는 그러한 일반적인 직관들의 경우에는 그것을 처음 파악한 민족들이 내면 자체를 내면이자 의미로서 안중에 두었는지 혹은 직관 속에 간직된 외적 표현의 의미를 다만 우리가 인식할 뿐인지를 본질적으로 구분해야만 한다.

말인즉슨 이러한 최초의 통일성의 경우에는 영혼과 육체, 개념과 실제 사이에 [우리가 인식하는 식의] 그러한 차이가 없다. 육체적이며 감각적인 것, 자연적이며 인간적인 것은 혹여 그와 구분될지도 모를 의미의 표현이 아닌 것이다. 현상하는 것은 그 자체가 절대자의 직접적 현실성이자 현재인 것으로 이해되는바, 이러한 절대자는 대자적으로 있지도, 그렇다고 다른 독립적 실존을 갖지도 않으니, [420] 그가 갖는 것은 다만 신 혹은 신적인 것으로서 존재하는 한 대상의 직접적 현재에 불과하다. 예컨대 라마교의 제식에서는 개인적, 현실적인 이 한 사람이 직접 신으로 의식되고 추앙받으며 또한 다른 자연종교들에서는 태양, 산, 강, 달, 황소나 원숭이 등의 개별 동물들이 직접적인 신적 실존으로 간주되고 숭앙된다. 기독교적 직관에서도 여전히, 심오하기는 해도, 비슷한 것이 여러 관계에서 나타난다. 예를 들어 가톨릭의 교리에 따르면 성스러운 빵은 신의 현실적 육체이고, 포도주는 신의 현실적 피이며, 그리스도는 직접적으로 그 속에 현재한다. 또한 심지어 루터의 믿음에 따를 때도 신심 깊은 향유를 통해 빵과 포도주는 현실적 육체와 피로 변화한다. 이러한 신비로운 동일성에는 단순 상징적인 것이 전혀 포함되어 있지 않으니, 그것은 칼뱅주의 교리가 정신적인 것을 독자적으로 감각적인 것에서 분리하고 그리하여 외적인 것을 그와 구분되는 의미의 단순한 암시로 간주함으로써 비로소 나타난다. 기적을 행하는 마리아의 이미지에서도 역시 신성의 힘은 직접 그 속에 현재하는 것으로 작용하며, 혹여 이미지를 통해 순수 상징적인 것으로서 암시되는 것은 아니다.

그러나 우리가 그러한 극히 직접적인 통일성의 직관을 철두철미 발견하는 곳은 고대 페르시아 민족의 삶과 종교인데, 그들의 생각과 제도들은 『젠드아베스타(Zend-Avesta)』[132]에 의해 전승되고 있다.

1. 조로아스터교

조로아스터교는 말하자면 빛의 자연적 실존, 태양, 성좌, 화광과 화염을 절대자로 간주하되 이러한 신성을 빛과 구분하지 않으니, 빛이 마치 신성의 단순한 표현이자 모상이라도 되는 양, 혹은 그 감각적 이미지라도 되는 양 여긴다. 신성, 의미는 그 현존재인 빛들로부터 분리되지 않고 있다. [421] 왜냐하면 빛이 아무리 선과 정당성이라는 의미에서, 그리고 이로써 축복으로 가득하고 삶을 보호하며 생명을 확산하는 것이라는 의미에서 수용될지언정, 그것은 말하자면 선의 단순한 이미지로 여겨지는 것이 아니라 선이 스스로 빛인 것이다. 빛의 대립의 경우에도 사정은 마찬가지이니, 어두움과 암흑이 곧 불순이자 위해이며, 악이며 파괴자이며 저승사자이다.

좀 더 자세히 보면 이러한 직관은 다음과 같이 특화되고 분화된다.

a) 첫째, 내적 순광純光으로서의 신성과 그에 대립적인 어두움 및 불순은 인격화되어 오르무즈드와 아흐리만[아리만]으로 불리지만,[133] 그러나 이러한 인격화는 극히 피상적으로 머문다. 오르무즈드는 유대인들의 신과 달리 내적으로 자유로운 비감성적 주체가 아니며 또한 실로 인격적이며 자의식적인 정신으로 표상되는 기독교의 신과 달리 진정 정신적이지도 인격적이지도 않다. 오르무즈드가 아무리 왕, 위대한 정신, 심판관 등등으로 불린다고 해도 그는 빛과 빛들로서의 감각적 현존재에서 분리되지 않고 있다. 그는 온갖 특수한 실존들을 갖는 보편자이니, 이 실존들 속에는 빛이, 그리고 이와 함께 신성과 순수함이 실재하지만, 그는 정신적 보편성이자 그 대자

---

132 역주: 『젠드아베스타』는 조로아스터교의 경전인 『아베스타』의 주역서(註譯書)이며, 젠드는 '전승(傳承)'을 뜻한다.

133 역주: 오르무즈드(Ormuzd)와 아흐리만(Ahriman)은 조로아스터교의 두 신으로서 각각 선과 악을 대변한다.

존재로서 일체의 현존하는 것으로부터 벗어나 내면으로 환원되어 독자적으로 있는 것은 아니다. 마치 유類가 종種과 개체 속에 머물듯이 그는 실존하는 특수성과 개별성들 속에 머물고 있다. 이러한 보편자로서의 그는 모든 특수자들에 앞선 우선권을 가지며 또한 제일인자, 최고위자, 금빛 찬란한 왕 중 왕, 가장 순수한 자, 가장 뛰어난 자이지만, 아흐리만이 온갖 어둡고 사악하며 유해하고 병적인 것 속에 그의 실존을 갖듯이 그는 자신의 실존을 다만 온갖 빛과 순수함 속에 가질 뿐이다.

b) 그러므로 이러한 직관은 즉시 빛의 왕국과 어두움의 왕국 그리고 양자의 투쟁이라는 다음 단계의 생각으로 확장된다. 오르무즈드의 왕국에는 우선 신적인 추앙을 누리는 천상칠광天上七光으로서의 암샤스판드[아메샤 스펜태]들이 있으니, [422] 까닭인즉 그들은 빛의 본질적인 특수한 실존들이기 때문이며 또한 그런 관계로 순수하고 위대한 천상종족으로서 신성 자체의 현존재를 이루기 때문이다. 오르무즈드 역시 이러한 암샤스판드의 일원인바, 각각의 암샤스판드는 자신의 관장하에 축복을 내리고 은혜를 베푸는 자신의 날을 갖는다. 좀 더 개별적으로 보면 그들 밑에는 이제드들과 페르베르들이[134] 있는바, 이들은 오르무즈드 자신과 같이 인격화되어 있지만 좀 더 상세한 인간적 형상을 직관에 대해 갖는 것은 아니니, 그리하여 직관에 대해 본질적으로 남는 것은 정신적 혹은 육체적 주관성이 아니라 빛, 밝음, 광채, 광휘, 발광發光으로서의 현존재이다. ― 그런데 이와 마찬가지로 외적으로 스스로 빛 내지 발광체로 존재하지 않는 개별적 자연물들도 역시, 그러니까 동물, 식물 및 정신성과 육체성의 면에서 본 인간세계의 형상들, 즉 개

---

134 역주: 이제드(Ized)는 야자타(Yazata)를, 페르베르(Ferwer)는 프라바쉬(Fravashi)를 가리킨다. 야자타는 아흐리만과 그 휘하 마귀의 세력을 진압하기 위한 천사계급의 존재이며 프라바쉬는 모든 존재들에 내재하는 발전을 가능케 하는 힘이다.

별적 행위와 상태들, 모든 공적인 삶, 일곱 위인에 의해 옹위되는 왕, 지고 지순한 자로서 모범을 보이고 보살핌을 베풀어야 할 수장들에 의한 신분과 도시와 지역들의 분화, 한마디로 일체의 현실성도 역시 오르무즈드의 실존 으로서 간주된다. 왜냐하면 성장과 생명과 보존력을 보유, 확장하는 일체 의 것은 빛과 순수함의 현존재이자 이로써 오르무즈드의 현존재이기 때문 이다. 모든 개별적인 진리, 선, 사랑, 정의, 관용, 일체의 개별적인 생명체, 일체의 개별적인 선행과 보호는 조로아스터에 의해 내적으로 밝은 것이자 신적인 것으로 간주된다. 오르무즈드의 왕국은 실제로 현전하는 순수함이 자 빛남이지만, 이 경우에는 오르무즈드 자신에게서 빛과 선, 정신적 특질 과 감각적 특질이 직접 합치하듯 자연의 현상과 정신의 현상 사이에 어떠 한 구분도 없다. 따라서 조로아스터에게는 피조물의 광채가 정신, 힘 그리 고 각종 생명 고무현상들의 —즉 이 현상들이 긍정적 보존 및 내면 자체로 해악적인 일체의 것의 제거를 지향하는 한— 총체이다. 동물과 인간과 식 물들에서 실재이자 선으로 있는 것, 그것은 빛이며 또한 [423] 이러한 광성光 性의 척도와 성질에 따라 만물이 갖는 광채의 높낮이가 결정된다.

그런데 아흐리만의 왕국에서도 역시 동일한 분류와 차등화가 일어나는 데, 다만 이 구역에서는 정신적으로 저열하고 자연적으로 사악한 것, 무릇 파괴적이며 적극 부정적인 것이 현실화되고 지배권을 행사한다. 그러나 아 흐리만의 권능은 확장되어서 안 될지니, 그리하여 아흐리만의 왕국을 멸하 고 쳐부수어 만물 가운데에 오로지 오르무즈드만이 살아 있고 현재하며 지 배하게끔 전체 세계의 목적이 정립된다.

c) 모든 인간의 삶은 이러한 유일의 목적에 헌정되어야 한다. 모든 개개 인의 과업은 심신을 스스로 세정하고, 이러한 축복을 전파하며, 아흐리만 및 인간적, 자연적 상태와 행동들에 있는 그의 현존재를 퇴치함에 본질을 둘 따름이다. 그러므로 최고의 성스러운 의무는 오르무즈드의 창조를 찬양

하고, 이 빛에서 발원한, 내적으로 순수한 모든 것을 사랑하고 숭배하며 또한 그것을 기꺼워하게끔 자신을 만드는 일이다. 오르무즈드는 모든 숭배의 처음이자 끝이다. 따라서 파시교도[135]는 생각함과 말함에 있어서 무엇보다 오르무즈드를 청하고 그를 향해 기도해야만 한다. 모든 순수함의 세계가 빛나도록 만든 존재를 찬양한 연후 파시교도의 기도는 다음으로 권위, 존엄 그리고 완전성의 단계에 따라 특수한 사물들로 향해야 한다. 왜냐하면, 파시교도는 말하는바, 그러한 사물들이 선하고 순수하다면 오르무즈드는 그들 속에 있으며 그들을 자신의 순수한 아들로서 사랑하니, 오르무즈드가 그들을 기뻐함은 마치 만물이 그를 통해 새롭고 순수하게 출현했기에 세계의 시작에서 그가 기뻐함과 같기 때문이다. 그리하여 기도는 먼저 오르무즈드가 가장 가깝게 각인된, 그의 왕좌를 둘러싸고 그의 지배를 촉진하는 제일인자이자 가장 빛나는 자들인 암샤스판드들로 향한다. 이러한 천상의 정령들에 대한 기도는 그들의 고유성과 임무에 정확히 연관되어 있으며 또한 그들이 별자리일 경우에는 그들이 나타나는 시각에 연관되어 있다. 태양은 낮 동안 청함을 받는데, [424] 그것도 떠오르는가, 한낮의 하늘에 걸려 있는가, 혹은 저무는가에 따라 각각 다른 청함을 받는다. 아침부터 정오까지 파시교도가 특히 드리는 청은 "오르무즈드여, 그 광채가 높이 솟아오르소서"라는 것이며, 저녁에 드리는 기도는 "태양이여, 오르무즈드와 모든 이제드들의 보호를 받아 그 삶의 경로를 완성하소서"라는 것이다. 그러나 주된 경배를 받는 것은 미트라스[136]인바, 그는 대지와 사막의 잉태자로서 모든 자연 위로 영양營養의 즙을 뿌리며 또한 강력한 전사로서 분쟁과 전쟁과 불

---

135 역주: 파시교(Parsismus)는 조로아스터교의 한 종파이다.
136 역주: 미트라스(Mithras)는 고대 페르시아의 만물을 품은 빛과 태양의 신으로, 맹세의 대상이다. 미트라(Mithra)로 불리기도 한다.

화와 파괴의 데바들[137]에 맞서는 평화의 근원자이다.

　나아가 파시교도는 전반적으로 단조로운 그의 찬양 기도에서 이상들, 인간 속에 있는 지순하고 가장 참된 것, 순수한 인간정신으로서의 페르베르들 —그들이 어느 지역에서 살든 혹은 살았든 간에— 같은 존재를 부각한다. 특히 기도되는 대상은 조로아스터의 순수한 정신이지만, 다음으로는 신분, 도시, 지역의 수장들에게도 기도가 드려지며 또한 모든 인간의 정신들은 지금도 이미 굳건하게 결합된 것으로 간주되지만, 언젠가 고로트만[138] 안에서 더욱더 하나가 될, 활기찬 빛의 사회의 마디들로서 간주된다. 마지막으로 동물, 산, 나무들도 역시 오르무즈드를 안중에 두고 빠짐없이 청함을 받는다. 그들의 선한 점, 그들이 인간에게 보여 주는 봉사는 찬양되며, 특히 그들 종種의 최초나 최고는 오르무즈드의 현존재로서 숭앙받는다. 이러한 기도 이외에도 『젠드아베스타』는 사상과 언행에 있어 선과 순수함의 실천적 실행을 촉구한다. 파시교도는 내적, 외적 인간으로서의 그의 모든 태도에 있어, 마치 오르무즈드, 암샤스판드, 이제드, 조로아스터 그리고 모든 선한 인간들의 행동양식이 그렇듯, 빛처럼 존재해야 한다. 왜냐하면 이들은 빛 속에서 살며, 살았고, 또한 이들의 모든 행동들은 빛이기 때문이다. 그러므로 각자는 이들의 모범을 안중에 두어야 하며 이들의 사례를 따라야 한다. 인간이 그의 삶과 업적에서 선과 빛의 순수함을 표현할수록 그만큼 더 그에게는 천상의 정령들이 가까이 존재한다. 이제드들이 만물을 자비로이 축복하고, 생명을 불어넣고, 기름지고 친근하게 만들듯이, [425] 그도 역시 자연을 정화하고, 찬양하고, 모든 곳에 생명의 빛과 기쁨에 찬 결

137　역주: 데바(Deva)는 원래 인도와 고대 페르시아에서 신으로 숭앙받았지만, 조로아스터교에 의해 그 의미가 악령으로 바뀌었다. 이러한 악령은 '대바(Daeva)'로 불리기도 한다.

138　역주: 고로트만(Gorotman)은 노래의 집, 즉 천당을 의미한다.

실이 퍼지도록 시도한다. 이러한 의미에서 그는 배고픈 자들을 먹이며, 아픈 자들을 돌보며, 목마른 자에게는 생명수를, 떠돌이에게는 안식처를 제공하며, 대지에게 순수한 씨앗을 주며, 깨끗한 수로를 파며, 사막에 나무를 심으며, 그가 할 수 있는 곳에서 성장을 촉진하며, 생명 있는 존재의 육성과 결실을 위해, 불의 순수한 광채를 위해 마음을 쓰며, 죽어 불결한 동물들을 치우며, 혼인을 장려하며, 또한 대지의 이제드인 성 사판도마드[139] 그녀 자신은 그것을 기뻐하며, 대바와 다르반드들[140]이 퍼뜨리고자 애쓰는 해악을 막는다.

2. 조로아스터교의 비상징적 전형

이러한 기본 관점들에서는 우리가 상징적 예술이라고 불렀던 것이 아직 전혀 보이지 않는다. 한편으로 빛은 물론 자연적 현존재자이며, 다른 한편으로 선, 가득한 축복, 보호자의 의미를 지니는 까닭에 우리는 빛의 실제적 실존이 이러한 보편적인, 자연과 인간 세계를 관류하는 의미를 위한 하나의 유사 이미지일 뿐이라고 말할 수 있을지도 모른다. 그러나 파시교도들 자신의 관점에서 보면 실존과 그 의미의 분리는 잘못된 것이니, 까닭인즉 그들에게는 바로 빛이 빛으로서 선이며 또한 모든 특수한 선, 생명체, 실제 사물에서 빛으로서 현존하며 작용한다는 식으로 이해되기 때문이다. 보편적이며 신적인 것이 여러 차이를 갖는 특수한 현세의 현실성을 통해 실현되는 것은 사실이지만, 그렇더라도 이렇듯 특수화, 개별화된 그 현존재 속에서도 의미와 형상의 실체적, 불가분적 통일성은 여전히 온존하며 또한

---

139 역주: 사판도마드(Sapandomad)는 정의의 정령이다.
140 역주: 다르반드(Darwand)는 사악한 정령이다.

이러한 통일성의 상이성은 의미로서의 의미와 그 현시의 차이에 관계하는 것이 아니라, 다만 예를 들어 성좌, 식물, 인간적 사념과 행동들과 같은 현존하는 대상들의 상이성에 관계할 뿐으로서, [426] 신적인 것은 이러한 대상들에서 빛이나 어둠으로서 현전하는 것으로 직관된다.

물론 더 나아간 표상들에서는 몇몇 상징적 단초들을 향한 발전이 보이지만, 이러한 단초들은 전체 직관방식 본연의 유형을 제공하는 것이 아니며, 다만 이례적인 성과로 간주될 뿐이다. 예를 들어 오르무즈드는 언젠가 총애하는 잠시드에 대해 다음과 같이 말한다: "비벵함의 아들이자 성스러운 페르베르인 잠시드는 내 앞에서 대단했었다. 그의 손은 내게서 날과 손잡이가 금으로 된 단도를 가져갔다. 그것으로 잠시드는 삼백 곳의 땅을 표시했다. 그는 땅의 왕국을 그의 황금판과 단도로써 나누었고 '사판도마드여, 기뻐하라'라고 말했다. 그는 가축과 야생동물과 인간에게 기도와 더불어 성어聖語를 베풀었다. 그리하여 그의 지나감은 이 땅들에게 행운과 축복이 되었으며 가축과 야생동물과 인간이 큰 무리를 지어 모였다." 그런데 여기에서 단도와 대지의 분할은 하나의 이미지이며, 경작이 그 의미로서 간주될 수 있다. 경작은 아직 그 자체로서 정신적인 활동이 아니나 그렇다고 그저 순전히 자연적인 것도 아닌바, 그것은 숙고와 오성과 경험에서 유래하는 인간의 일반적인, 그의 모든 삶의 관계에 스민 노동이다. 그런데 대지를 단도로 나누는 그 행동이 경작을 가리킨다는 사실은 비록 잠시드의 순례라는 표상의 어디에도 분명히 언급되지 않으며 또한 어떠한 비옥함과 결실도 이 나눔과 결부되어 언급되지 않지만, 그렇더라도 이러한 개별적 행동에는 이렇듯 땅을 갈아엎고 고르는 행동 이상의 것이 동시에 들어 있는 듯 보이는 까닭에, 그 점에서 무언가 상징적인 시사점을 찾을 수 있는 것이다. 특히 후일 미트라스 숭배의 형성에서도 나타나지만, 좀 더 상세한 표상들의 경우에도 사정은 비슷하니, 여기서 어린 미트라스는 석양의 동굴 속에서 황소의 머리를 공중에 처들고 [427] 그 목에 단도를 꽂는데 그 사이에 뱀이 그 피를 핥고 전갈이 그 생식기를 물고 있다. 사람들은 이 상징적인 표현을 때로는 천문학적으로, 때로는 그 밖의 방식으로 설명했다. 하지만 천문학적 연관성들이 아무리 함께 작용한다고는 해도, 좀 더 보편적이며 좀 더 깊게 보자면 황소는 자연적 원리 일반으로 간주될 수 있으니, 정신적 존재인 인간은 이에 대해 승리를 구가하는 것이다. 그러나 이 이야기 속에 자연에 대한 정신의 이러한 승리와 같은 반전이 포함되어 있다는 사실, 이 사실을 중재자를 뜻하는 미트라스라는 이름도 역시 암시하는바, 자연을 넘어서는 상승이 이미 민족들의 염원이 되었던 후기에는 특히 그랬다.

그런데 이미 말했듯이 고대 파시교도들의 직관에서는 그러한 상징들이 다만 부차적으로 나타날 뿐, 전체 직관방식의 일관된 원칙을 형성하는 것은 아니다.

『젠드아베스타』가 정하는 제의는 더더욱 상징적 성격을 갖지 않는다. 우리는 여기에서 가령 별들의 교차운행을 찬양, 모방할 법한 상징적 춤이나, 혹은 오로지 보편적 표상들을 암시하는 이미지로만 간주되는 기타의 행위들을 발견하지 못하며, 파시교도에게 종교적 의무로 부과된 일체의 행동들은 내적, 외적인 면에서 순정함의 현실적 전파를 목표로 하는 과업들인바, 이것들은 모든 인간과 자연대상들에서 오르무즈드의 지배를 실현하는 보편적 목적의 ―그러니까 이러한 행위 자체에서 그저 암시되는 데 그치지 않고 그에 의해 철두철미 달성되는 목적의― 합목적적 수행으로서 표출된다.

3. 조로아스터교의 비예술적 해석과 표현

이제 이러한 모든 직관에서 상징성의 유형이 빠져 있듯이, 거기에는 또한 예술성 본연의 성격도 [428] 결여되어 있다. 우리는 그 표상방식을 일반적으로 시적이라고 부를 수는 있다. 까닭인즉 개별적 자연대상들과 개별적·인간적 사념, 상태, 행동, 행위들은 그 직접적인, 이로써 우연하고 산문적인 무의미성으로 받아들여지지 않고 그들의 본성상 빛으로서의 절대자에 비추어 직관되기 때문이며, 역으로 자연과 인간의 구체적 현실성이 갖는 보편적 본질성도 역시 비실존적이며 비형상적인 보편성으로 이해되는 것이 아니라 후자의 보편자와 전자의 개별자는 직접 하나인 것으로 표상, 언표되기 때문이다. 그러한 부류의 직관은 아름답고 폭넓고 위대한 것으로 간주되어도 좋을 것이며, 또한 저열하고 무의미한 우상숭배에 견준다면 이렇듯 내적으로 순수하고 보편적인 것으로서의 빛은 무엇보다 선과 진에 적합한 것이다. 그러나 시정詩情은 여기에서 완전히 일반적인 상태에 머물며 또한 예술 및 예술작품으로 화하지 않는다. 왜냐하면 선과 신성이 내적으로 규정되지 않았으며 이 내용의 형상과 형식이 정신으로부터 산출되지 않았기 때문이다. 이미 보았듯, 현존하는 것 자체가, 즉 태양, 성좌, 실제의 식물, 동물, 인간, 실존하는 불이 이미 그 직접성으로서 절대자에 적합한 형상으로 파악되는 것이다. 감각적 묘사는 예술이 요구하는 바처럼 정신으로부터 형성 내지 형태화되거나 고안된 것이 아니며, 외적인 현존재에서 직접 적합한 표현을 발견, 언표한다. 또 다른 측면에서 보면 개별자가 그 자신의 실재와는 무관하게 표상을 통해, 예컨대 이제드들, 페르베르들, 개별적 인간들의 수호신들로 고정되어 있는 것이 사실이다. 그러나 [개별자의 실재와 표상 간의] 이러한 초기적 분리 속에 들어 있는 시적 고안은 극히 미약한 종류의 것인바, 까닭인즉 그 차이는 완전히 형식적으로 머물러서 정령, 페르베르, 이제드는 고유의 형태를 가져도 혹은 갖도록 되어도 안 되기 때문이며, 한편으로는 단지 [일상적 개인의 내용과] 완전히 동일한 내용만을, 다른 한편으로는 단지 [429] 이미 실존하는 개인이 소유하는, 자체로는 비어 있는 단순한 주관성의 형식만을 갖기 때문이다. 판타지는 여기서 내적으로 한결 풍부한 개성이 갖는 또 다른, 좀 더 심오한 의미나 그 독자적인 형식을 생산하지 않는다. 그리고 한 걸음 더 나아가 설령 우리가 특수한 실존들이 보편적 표상들과 유類들로 ―이 유들에게는 표상을 통해 하나의 현실적 실존이 그에 적합한 것으로 주어진다― 통합되어 있음을 볼 경우라도, 동일한 종과 유에 속하는 개체들의 시발이자 기초로서의 포괄적, 본질적인 통일성을 향한 다수성의 이러한 고양도 역시 또다시 다만 모호한 의미에서만 판타지의 활동일 뿐 시와 예술의 본격적 작품이 아니다. 예를 들어 바흐람의 성화는 그런 식으로 본질적인 불로 있으며 또한 마찬가지로 여러 물들 중에서는 모든 물들에 선행하는 하나의 물이 있는 것이다.[141] 홈은 모든 나무들 중에서 최초의 가장 순수하고 가장 강인한 나무, 즉 불사의 생명수액을 가득히 뿜어내는 근원수根源樹로 간주된다. 산들 중에는 신성한 산인 엘부르즈[142]가 모든 대지의 최초의 싹으로 생각되는바, 이 싹은 광채 속에 서 있으니, 빛을 인식하였던 인간의 수호자들이 이 광채로부터 출현하고 또한 태양, 달, 그리고 별들이 그곳에서 안식을 구한다. 그러나 전체적으로 보편자는 실제 현전하는 특수한 사물들과 직접적으로 통일된 것으로 직관되며, 또한 보편적 표

---

141 역주: Knox의 영역본은 이 구절의 의미를 다음과 같은 요지로 설명한다(*Hegel's Aesthetics: Lectures on Fine Art*, Vol. I, Oxford University Press, 1975, p.330). 예컨대 추상적 관념으로서의 개인 그 자체는 아직 구체적 개인이 아니다. 개별적 인간의 수호신인 페르베르가 출현하는 순간 이 관념의 의미와 형태는 분화되기 시작한다. 그런데 페르베르는 내용이나 형식의 면에서 개인과 구분되지 않는다. 페르베르는 내용, 즉 일반적 성격의 면에서는 추상적 개인에 불과하며 또한 형식의 면에서는 개인의 주관성과 같은 종류의 주관성을 갖는다. 그러므로 여기서는 추상적 개성 이상의 깊은 의미나 추상적 주관성 이상의 훌륭한 형식을 갖춘 시가 창조되지 않는다. 이러한 사정은 다른 사태에도 마찬가지로 적용된다. 예컨대 표상이나 유로서의 언덕이라는 관념이 있고 그 아래에 실제 언덕들이 포섭된다면, 그리하여 특수한 언덕이 그 유의 실제적 구체화인 것으로 간주될 수 있다면 이는 사유의 진보로 볼 수 있을 것이다. 그러나 하늘을 떠받친다고 하는 신화 속의 산인 엘부르즈는 관념이나 유로서의 산일 뿐 아니라 실재하는 산이기도 하며 바흐람의 불도 역시 본질적인 불이면서도 실재하는 불이다. 이렇듯 보편자는 특수자들로 분화되는 관념으로서 존재하는 것이 아니라 단순히 특수자의 일원으로서 직접 현재한다.

142 역주: 원문에서는 Albordsch로 표현되어 있지만 이것은 엘부르즈와 같은 이름이다.

상들은 다만 어쩌다가 특수한 이미지들을 통해 감각화될 뿐이다.

제의는 여전히 한층 산문적인 관점에서 만물 속에서의 오르무즈드의 실제적 실현과 지배를 목적으로 삼으며 또한 만물의 이러한 적합성과 순수성만을 요구할 뿐, 이로부터 이른바 직접적 생명력 속에서 실존하는 예술작품을 전혀 만들지 않으니, 이는 그리스에서 전사나 역사들 등의 잘 단련된 신체성을 작품으로 표현할 줄 알았던 것과 사뭇 다르다.

이러한 모든 측면 및 관계들에 비추어 볼 때 정신적 보편성과 감각적 실제의 최초의 통일은 예술에서 상징성의 기초를 형성할 뿐인데, 그런들 그 자체가 이미 제대로 상징적인 것은 아니며 또한 예술작품을 [430] 성립시키는 것도 아니다. 그러므로 이러한 다음 단계의 목표에 도달하기 위해서는 방금 고찰한 최초의 통일성에서 벗어나 의미와 그 형상의 차이 및 투쟁으로 나아갈 것이 요구된다.

B
판타지적 상징성

이에 반해 의식이 절대자와 외적으로 지각된 그 현존재의 동일성을 직접적으로 직관하는 국면에서 벗어날 경우, 우리 앞에 있는 본질적 규정은 지금까지 통일되었던 측면들의 분할, 즉 의미와 형상의 투쟁이니, 이 투쟁은 분리된 것들의 상호 형성을 통해 분열을 판타지적으로 다시 치유하려는 시도를 직접적으로 촉발한다.

예술의 본격적 필요성은 이 시도와 더불어 비로소 발생한다. 왜냐하면 표상이 현전하는 실제에서 더 이상 단순 직접적으로 직관되지 않는 한 내용을 이 현존재로부터 분리시켜 대자적으로 확립한다면, 이로써 정신에게는 정신으로부터 생산된 새로운 방식의 풍부한 판타지를 통해 보편적 표상들을 직관적, 지각적으로 형상화하고 또 이 활동 속에서 예술작품들을 산출해야 하는 과제가 제기되기 때문이다. 그런데 우리가 아직 처해 있는 첫 번째 국면에서는 이 과제가 단지 상징적으로만 해결될 수 있는 까닭에, 마치 우리가 이 시점에서 이미 본격적 상징의 기반 위에 있는 양 비칠 수도 있겠다. 그렇지만 이것은 사실이 아니다.

우리가 처음 만나는 것은 발효하는 판타지의 형상화인데, 이것은 마구잡이 판타지의 불안정함 속에서 그저 상징적 예술의 진정한 중심으로 다가갈 수 있는 길을 표시할 뿐이다. 즉 의미와 표현형식 간의 차이 및 관계가 처음 드러날 경우에는 분리와 결합 모두가 아직 혼돈의 상태에 있다. 이러한 혼돈이 필연적인 까닭은 [431] 구분되는 측면들 각각이 아직 하나의 총체성으로 발전하지 않았기 때문이다. 이 총체성은 상대 측면의 기본 규정을 형성하는 계기를 내포하는 것이며, 진정으로 적합한 통일성과 화해는 이를 통해 비로소 성립 가능하다. 예를 들어 총체성을 갖는 정신은 자신으로부터 외적 현상의 측면을 규정하며, 마찬가지로 내적 총체성에 적합한 현상은 그 자체가 정신성의 외적 실존일 따름이다. 그러나 정신에 의해 파악된 의미들과 현전하는 세계로서의 현상들 간의 이 첫 번째 분리의 경우에는 의미들이 구체적 정신성의 의미가 아니라 추상일 뿐이며 또한 그 표현도 역시 정신화된 것이 아닌 까닭에 추상적 외면성 내지 감각성에 그칠 뿐이다. 그러므로 분할과 통일의 압박은 감각적 개별성으로부터 직접 보편적 의미를 향해 대중없이 헤매는, 그리고 의식 속에 내적으로 포착된 것에 대해 감각적 형상화라는 그저 대립적일 뿐인 형식만을 발견할 줄 아는 비틀거림이다. 이러한 모순은 상호 저항하는 요소들을 참으로 통일하는 것으로 일컬어지지만 이 요소들은 한 측면으로부터 대립된 측면으로 밀려가며 또한 후자로부터 전자로 다시 밀려올 뿐이니, 모순은 그저 끊임없이 오락가락할 뿐인데도 해결을 위한 이러한 노력의 단조로운 진자운동과 발효 속에서 이미 안정이 발견된 것으로 믿는다. 그러므로 진정한 만족 대신 바로 모순 그 자체가 참된 통일인 양, 이로써 가장 불완전한 통일이 정녕 예술에 상응하는 것인 양 이야기되고 있다. 따라서 우리는 참된 미를 이 혼탁한 혼란의 분야에서 찾아서는 아니 될 것이다. 왜냐하면 우리가 한 극단에서 다른 극단으로 부단히 급작스럽게 건너뛰는 와중에 발견하는 것은 한편으로는 보편적 의미들의 폭과 힘이 감각적인 것의 개체성 및 그 기초적 현상과 완전히 부적절하게 묶인다는 점이며, 다른 한편으로는 [건너뜀이] 극히 보편적인 것에서 시작할 경우에는 역으로 이것이 [432] 극히 감각적인 현재의 한가운데로 후안무치하게 밀려들어 온다는 점이기 때문이다. 그리고 이러한 부적합성의 느낌이 아무리 의식화되더라도, 판타지는 여기서 다만 왜곡을 통해 자신을 구할 줄 알 뿐이니, 까닭인즉 판타지는 특수한 형상들을 분명하게 한정된 그 특수성 너머로 마구 내몰고, 그것들을 확대하며, 비규정적인 것으로 변형하며, 무지막지한 것으로 쳐올리며, 서로 잡아 뜯어내며, 이를 통해 화해의 노력 속에서 정작 화해가 결여된 그 반대를 보여 주기 때문이다.

이러한 최초의, 아직은 매우 거친 판타지와 예술의 시도들은 특히 고대 인도인들에게서 발견된다. 그들의 주된 결함은, 이 단계의 개념이 그러하듯, 의미들 그 자체의 명석한 파악도, 현전하는 현실의 고유한 형태와 함의의 파악도 할 수 없다는 점에 있다. 그리하여 인도인들은 인물과 사건들의 역사적 이해에도 역시 무능력한 것으로 밝혀진바, 까닭인즉 역사적 고찰에는 발생한 사건 자체를 그 현실적 형상과 경험적 매개, 근거, 목적 그리고 원인들 속에서 수용, 이해하는 냉정함이 속하기 때문이다. 만사를 순전한 절대성과 신성으로 환원하는, 그리고 극히 일상적이며 감각적인 것에서 판타지를 통해 창출된 신들의 현재와 현실을 보려는 인도인들의 충동은 이러한 산문적 사려에 역행한다. 그리하여 질서, 오성 그리고 일상적 의식과 산문의 고착성이 전혀 고려되지 않은 채 남는 까닭에, 유한성과 절대성이 대중없이 뒤섞인 혼돈 속에서 인도인들도 역시 일체의 내실과 위대한 대담성에도 불구하고 하나의 극단을 다른 하나의 극단으로 직접 전도顚倒, 왜곡하기 위해 지극한 내면성과 심오함에서 극히 범용한 현재로 건너뛰는 판타지의 무지막지한 무분별로 빠지고 말았다.

이러한 상취常醉의 상태, 이러한 착란과 도착倒錯의 보다 분명한 특징들을 위해 우리는 여기서 [433] 종교적 표상들 그 자체를 검토할 필요는 없으며 다만 이러한 직관방식을 예술에 속하게 만드는 주요 계기들만을 검토하는 것이면 족하다. 다음과 같은 것들이 그 요점이다.

1. 인도인들의 브라만 이해

인도인들 의식의 한 극단은 내적인 순수 보편자, 무차별자, 그리하여 완벽한 비규정자로 있는 절대성의 의식이다. 이러한 지독한 추상은 특수한 내용도 갖지 못하고 구체적 인격으로도 표상되지 않는 까닭에 어떤 면에서든 직관이 무릇 형상화할 수 있는 소재가 아닌 것으로 밝혀진다. 왜냐하면 이러한 최상위의 신성 일반으로서의 브라만은 감관과 지각에서 철저하게 벗어나 있음은 물론, 실로 사유의 객체도 ―사유에는 대상 속에서 자신을 발견하기 위해 자신에게 대상을 정립하는 자의식이 속하는 까닭에― 결코 되지 않기 때문이다. 모든 이해는 이미 자아와 객체의 동일화, 이러한 이해의 외부에 분리된 채로 있는 것들의 화합이다. 내가 이해하지 못하는 것, 인식하지 못하는 것은 나에게 이질적인 것이자 타자로서 머무는 것이다. 그러나 인도인들에게 있어 인간적 자아와 브라만의 통일은 이러한 극단적 추상 자체를 향한 끊임없는 나선형의 상승일 따름이니, 여기서는 인간이 그에 도달하기 전에 모든 구체적 내용과 자의식이 몰락될 수밖에 없다. 그러므로 인도인은 인간정신이 이러한 통일을 의식한다는 의미에서는 브라만과의 화해나 동일성을 알지 못하며, 그에게서 통일이란 바로 의식과 자의식이, 이와 더불어 일체의 세계내용과 고유한 인격성의 내실이 완전히 사라진다고 하는 점에서 성립한다. 절대적으로 둔감해지기 위한 비움과 없앰이 인간을 최상위의 신 자체로, 즉 브라만으로 만드는 최고의 상태로 간주되는 것이다.

[434] 일면 브라만으로서의, 그리고 일면 내면이 무뎌지고 절멸된 자가 갖는 순수 이론적, 내적 제의로서의 이러한 추상은 인간이 감당하기 힘든 어려움에 속하며 또한 판타지와 예술의 대상이 될 수도 없다. 왜냐하면 판타지와 예술은, 이러한 목표로 향하는 길을 묘사할 경우에도, 짐짓 비교적 다양한 형상물들 속에서 산책할 기회를 얻어야 하기 때문이다.

2. 인도적 판타지의 감성, 무척도성, 그리고 인격화

그러나 역으로 인도의 직관은 이러한 초감성으로부터 극히 조야한 감성으로 직접 건너뛰기도 한다. 하지만 양 측면의 직접적인, 이로써 평화로운 동일성이 지양되고 대신 동일성 내부의 차이가 기본 전형이 된 까닭에, 이러한 모순은 우리를 아무런 매개 없이 극단적 유한자로부터 끌어내어 신성 속으로, 신성으로부터 또다시 극단적 유한자 속으로 밀쳐 넣으니, 우리는 한 측면과 다른 한 측면의 이러한 상호 변환에서 생기는 형상들 아래서 살아가는바, 이는 마치 형상의 규정성을 고정하고 싶어도 그것이 꾸준하게 있는 것이 아니라 갑자기 반대의 것으로 변하기도 하고 혹은 턱없이 커졌다가 가뭇없이 사라지기도 하는 마계魔界에서 사는 것과 진배없다.

인도의 예술이 현상하는 일반적 양태로는 다음과 같은 것들이 있다.

a) 한편으로 표상은 절대자라는 거창한 내용을 직접적 감각성과 개별성 안으로 밀어 넣으니, 이 일상적인 개별자 자체가 그 내용을 자체적으로 완벽히 표현한다는 것이며 또한 그러한 것으로 직관에 대해 존재한다는 것이다. 예컨대 『라마야나』에서는 라마의 친구이자 원숭이들의 제후인 하누마트가 한 주인공인데 그는 용감무쌍한 행동들을 실행에 옮긴다. 인도에서는 무릇 원숭이가 신으로 숭앙받으며 또한 완전한 원숭이 도시가 있다. 이 하나의 개별적 원숭이로서의 [435] 원숭이에서 절대자의 무한한 내용이 놀랍게도 나타나며 또한 신성시된다. 암소 사발라의 경우도 마찬가지이니, 사발라는 『라마야나』에서든 비스바미트라의 속죄의 에피소드에서든 무진장의 힘을 갖는 것으로 나타난다. 더욱이 인도의 어떤 가문들에서는 절대자 자체가 이 하나의 현실적 인간으로서, 하지만 매우 무디고 단조로운 인간으로서, 직접 살아 있고 현재하면서도 신으로서 추앙받는 인간으로서 무위의 생활을 한다. 우리는 라마교에서도 같은 것을 발견하니, 여기서도 역시 개별적 인간이 현재하는 신으로서 최상의 경배를 누린다. 그러나 인도에서는 이러한 경배가 단지 한 사람에게만 배타적으로 주어지는 것이 아니라 모든 브라만이 이미 브라만 카스트에서 탄생했다는 이유로 애초부터 브라만으로 간주되며 또한 인간을 신과 동일시하는, 정신을 통한 재탄생을 감각적 탄생을 통해 자연적으로 이미 실현하고 있으니, 고로 지극한 신성 자체의 정점이 현존재의 극히 평범한 감각적 현실성으로 직접 퇴행하고 있다. 왜냐하면 비록 브라만들에게는 『베다』를 읽고 이를 통해 신성의 심연에 대한 통찰을 얻는 것이 가장 성스러운 의무로 주어져 있다고는 하나, 그에 못지않게 이 의무는 ―브라만의 활동에서 신성을 얻지 않더라도― 최대한의 비정신성이면 충족되기 때문이다. 그리스인들이 에로스를 가장 오래된 신으로서 거론하는 것과 비슷하게 생식과 출산은 인도인들이 묘사하는 가장 보편적 관계들 중의 하나이다. 그런데 이러한 생식은 신적인 행위로서 또

다시 매우 감각적으로 다양하게 묘사되며 또한 남성과 여성의 생식기들은 지극히 신성한 것으로 간주된다. 이와 마찬가지로 신성이 아무리 그 자체로서 신성을 유지하면서 현실성으로 진입한다고는 하나, 그것은 극히 평범하게 일상성으로 끌려들고 있다. 예를 들어 『라마야나』의 도입부는 브라마가 『라마야나』의 신화를 노래한 발미키에게로 어떻게 오는가를 이야기하고 있다. 발미키는 그를 완전히 인도인들이 일상에서 하듯이 맞이하고 치하하며, [436] 의자를 내밀고, 물과 과일을 가져다주니, 브라마는 실제로 앉아서 그의 주인장도 역시 같은 행동을 할 것을 권한다. 마침내 브라마가 발미키에게 『라마야나』를 지을 것을 명할 때까지 그들은 그렇게 오랜 시간 앉아 있다.

그런데 이것 또한 마찬가지로 아직 본연의 상징적 이해는 아닌바, 까닭인즉 비록 여기서는, 상징이 보통 요구하듯, 형상들이 현전하는 것에서 취해지고 또한 한층 일반적인 의미들에 적용되기는 하지만, 그럼에도 여기서는 또 다른 한 측면, 즉 특수한 존재들이 직관에 대해 절대적인 의미로서 실제로 존재하는 것이 아니라 다만 그것을 암시해야 할 뿐이라는 측면이 결여되어 있기 때문이다. 인도의 판타지에서는 원숭이, 암소, 개별적 브라만 등등이 신성과 유관한 상징으로 있는 것이 아니라 신성 자체로서, 신성과 일치하는 현존재로서 간주되고 또 묘사된다.

그런데 여기에는 모순이 들어 있으며, 이로 인해 인도의 예술은 두 번째 방식의 이해로 이행한다. 왜냐하면 한편으로는 순전히 비감성적인 것, 절대자 그 자체, 오롯한 의미가 참된 신성으로서 파악되지만 다른 한편으로는 감각적 현존재를 갖는 구체적 현실의 개체성들도 판타지에 의해 직접 신적 현상으로서 간주되기 때문이다. 때로는 그러한 것들이 절대자의 특수한 측면들만을 표현한다고 이야기되지만, 이마저도 —즉 직접적, 개체적인 것이 이 특정한 보편성에 적합한 현존재로서 묘사될 경우마저도— 그것은 이러한 자신의 내용에 정녕 부적합한 것이며 또한 여기서 이미 의미가 자신의 보편성 속에서 파악되고 있음에도 이 보편성을 갖는 의미가 판타지에 의해 극히 감각적, 개체적인 것과 직접적으로 동일시될수록, 그것은 자신의 내용과 그만큼 더 치열하게 모순을 이룬다.

b) 이미 위에서 암시했듯이 인도의 예술은 이러한 분열의 일차적 해결책을 그 형상물들의 과장성에서 찾는다. 감각적 형상들 자체가 보편성을 얻기 위해 개별적 형상들은 거대하고 기괴한 것으로 마구 [437] 늘어난다. 왜냐하면 개별적 형상은 그 자신이나 특수한 현상으로서의 그 고유한 의미보다는 자신의 외부에 있는 하나의 보편적 의미를 표현해야 하며 그리하여 이제 자신을 벗어나 기형적인 것으로 대중없이 찢기기 전에는 직관에 만족을 주지 못하기 때문이다. 그럴진대 여기서는 무엇보다 공간적 형상과 시간적 무한정성의 면에서 크기의 무절제한 과장과 많은 머리나 다수의 팔 등과 같은 동일한 규정성의 중첩이 있으며 또한 이러한 것을 통해 의미들의 폭과 보편성을 달성하려는 노력이 행해진다. 예컨대 알이 새를 감싸고 있다. 이 개체적 존재는 이제 만물의 보편적 생명을 품는 세계란世界卵이라는 무한정한 표상으로 확대되니, 그 알 속에서 생식의 신인 브라마는 그의 생각만으로써 알이 반쪽으로 갈라질 때까지 미동도 없이 창조의 해를 보낸다. 이제 자연대상들 이외에 개인들이나 인간적 사건들도 마찬가지로 실제적인 신적 행동이라는 의미로 고양되니, 신적인 것과 인간적인 것은 독자적으로 고정될 수 없고, 양자는 늘 서로 간에 오락가락 혼란스럽게 현상한다. 여기에는 특히 신들의 현신이, 주로 보존의 신인 비슈누의 현신이 ―그의 행동들은 위대한 서사시들의 주요 내용을 제공한다― 속한다. 이러한 체현들 속에서 신성은 세속의 현상으로 직접 이행한다. 예를 들어 라마(혹은 라마찬드라)는 비슈누의 제7현신이다. 개별적 욕구, 행위, 상황, 형상 그리고 행동양식들의 면에서 볼 때 이러한 시들은 그 내용을 부분적으로 실제로 있었

던 사건들에서, 즉 새로운 상태의 질서와 합법성을 정초할 만큼 강력했던 옛 군주들의 행적들에서 취하며, 그리하여 사람들은 현실에 확고하게 기초하는 인간사의 한가운데에 있다. 그런가 하면 역으로 일체의 것은 [438] 재차 확대되고, 안개처럼 확산되고, 보편자로 건너뛰니, 사람들은 겨우 얻은 기반을 다시 상실하여 그들이 어디에 있는지를 알 수 없게 된다. 『샤쿤탈라』에서도 정황은 비슷하다. 처음에 우리가 보는 것은 만사가 인간적으로 합당하게 진행되는, 지극히 부드럽고 향기로운 사랑의 세계이나, 연이어 우리는 갑자기 이 완전한 구체적 현실성에서 떨어져 인드라의 하늘에 걸린 구름 위로 오르니, 여기서는 만사가 변화하여 그 특정한 권역에서 벗어나 브라만과 연관된 자연생명의 보편적 의미로, 그리고 혹독한 고행을 통해 인간에게 부여되는, 자연신들을 능가하는 힘의 보편적 의미로 확대된다.

이러한 표현방식도 본격적, 상징적인 것으로 불릴 수는 없다. 왜냐하면 본격적 상징은 직접적 현존재를 그 보편성의 의미에 준해 직관하려 하지 않고 대상의 유관 특질들에서 의미를 지시할 뿐이며, 그런 관계로 사용되는 특정 형상의 규정성을 있는 그대로 두기 때문이다. 그런데 인도 예술이 보편성과 개별적 존재를 구분하기는 해도, 그것은 판타지를 통한 양자의 직접적 통일을 여전히 요구하며, 그렇기 때문에 현존재자를 그 제한성에서 떼어 내고, 감각적인 면에서조차 비규정적인 것으로 확대하고, 무릇 변형, 왜곡해야만 한다. 그러므로 규정성의 이러한 해체, 그리고 지고의 의미내용이 제한적인, 그리하여 이 내용의 힘을 즉자대자적으로 내포하거나 표현하지 못하는 사물, 현상, 사건, 행동들에 매번 주입됨으로써 야기되는 혼란, ― 이 속에서 우리가 발견하는 것은 본연의 상징성이 아니라 외려 숭고성의 기미이다. 즉 추후 [제2장에서] 알게 될 바와 같이, 숭고에서는 유한한 현상이 절대자를 직관하도록 표현하지만, 그 내용의 달성은 불가능하다는 점이 [439] 현상 자체에서 반드시 드러나야 하는 것이다. 예를 들어 영원성의 경우가 그렇다. 영원성을 시간적으로 표현할 경우에는 그 표상이 숭고하게 되어야 하는바, 까닭인즉 여하한 큰 수數도 한결같이 불충분하며 또한 끝없이 증대되어야만 하기 때문이다. 신에 관해 "당신 앞에서는 천 년이 하루입니다"라고 언명할 때도 마찬가지이다. 인도 예술은 이렇듯 그리고 이와 유사하게 숭고성의 음조를 울리기 시작하는 많은 것들을 포함하고 있다. 하지만 그러한 거친 형상화에 머무는 인도의 판타지는 자신이 보여 주는 현상들의 부정정립을 완성하지 못하고 또한 예의 무한정성과 무제약성을 통해 정녕 절대자와 그 형상화 간의 차이 및 모순이 종식, 소멸되었다고 믿는바, 이 점에서 인도의 판타지와 본연의 숭고성 사이에는 큰 차이가 성립한다. ― 이렇듯 과장된 판타지가 진정 상징적이며 숭고한 것이라고 간주될 수 없듯이 그것은 또한 진정 아름다운 것도 아니다. 왜냐하면 그러한 판타지가, 주로 인간사 그 자체를 묘사할 경우, 사랑스러움과 온화함, 다정한 이미지들과 부드러운 감응들, 매우 찬란한 자연묘사, 사랑과 순진무구의 비할 바 없이 매력적인 천진난만한 특징들, 그뿐만 아니라 위대함과 고상함을 다량 제공하는 것은 사실이지만, 그러나 역으로 보편적인 근본 의미들에 관해 보자면, 정신적인 것은 늘 그렇듯 또다시 완전히 감각적으로 남으며, 극히 범상한 것이 지고의 것과 나란히 서 있고, 규정성은 파괴되어 숭고함이 단순한 무한정성으로 있고, 또한 신화에 속하는 것이 대부분 뒤숭숭하게 두리번대는 상상력과 비오성적 형상화 재능의 공상으로만 나아가기 때문이다.

c) 이제 마지막으로 이 단계에서 발견되는 가장 순수한 방식의 표현은 인격화와 인간적 형상 일반이다. 하지만 여기서는 의미가 아직 자유로운 정신적 주관성으로서 파악되지 않고, 그 보편성에서 취해진 일종의 추상적 규정성을 포함하거나 아니면 예컨대 강, 산, 성좌, 해의 삶과 같은 단순한 자연성을 [440] 포함하는 관계로, 이러한 종류의 내용표현으로서 이용되는

것은 사뭇 인간적 형상의 존엄에 못 미친다. 왜냐하면 인간의 신체와 인간적 행동 및 사건들의 형식은 그 참된 규정에 준한다면 정신의 구체적인 내적 의미내용만을 표명할 뿐이니, 정신은 이러한 그의 실제 속에서 자신 곁에 존재하며 또한 그 실제에 즉해 단지 하나의 상징이나 외적 기호만을 갖는 것이 아니기 때문이다.

그러므로 한편, 인격화를 통해 표현되어야 할 의미가 정신성과 자연성 모두에 속해야 할진대, 이 단계의 인격화는 의미의 추상으로 인해 [앞의 단계와] 마찬가지로 여전히 피상적으로 머물며 또한 좀 더 상세한 가시화를 위해 기타의 형상화를 여전히 잡다하게 필요로 하는바, 인격화는 이러한 것들과 뒤섞이고 이를 통해 그 자체가 불순하게 된다.

다른 한편으로 보자면 여기서 의미를 지시하는 것은 주관성과 그 형상이 아니라 주관성의 표출들, 행동들 등등이다. 왜냐하면 보편적 의미들은 보다 규정적인 특수화를 통해 특정 내용과 연관될 수 있는데, 이것은 행위와 행동들에 비로소 들어 있기 때문이다. 그러나 이 경우에도 의미의 주체가 주관이 아니라 단지 주관의 표출에 그친다는 결함, 그리고 사건과 행동들이 주관의 실제이자 주관의 자기실현적 현존재로 있는 대신 그 내용과 의미를 여타의 곳에서 구한다는 혼란이 다시 나타난다. 따라서 일련의 그러한 행위들이 내용의 표현에 봉사하며 또한 내용에서 비롯하는 전후관계와 결말을 자체적으로 가질 수는 있지만, 이 결말은 그에 못지않게 인격화와 인간화를 통해 다시 단절되며 또 때로는 지양된다. 왜냐하면 주관화는 거꾸로 자의적 행동과 표출들로도 이끌리며, 그리하여 유의미한 것과 무의미한 것이 뒤죽박죽 섞이며, 또한 이는, 판타지가 그것들의 의미와 그 형상들을 확고부동하게 관계 맺을 능력이 없으면 없을수록 더욱더 그렇기 [441] 때문이다. ― 그렇다고 단순 자연적인 것을 유일한 내용으로 취한다면, 그것은 나름대로 인간적 형상을 지닐 만큼 가치 있지 않으며, 또한 단지 정신적 표현에만 적합한 인간적 형상이라면, 그것은 나름대로 단순 자연적인 것을 표현할 능력이 없다.

이 모든 점에서 이러한 인격화는 참된 것일 수 없으니, 까닭인즉 예술의 진리는 진리 일반이 그렇듯 내면과 외면, 개념과 실제의 조화를 요구하기 때문이다. 그리스 신화가 혹해와 스카만드로스강조차 의인화하며, 강의 신, 님프, 숲의 요정들을 등장시키며, 또한 무릇 자연을 다각도로 인간적 신들의 내용으로 만드는 것이 사실이기는 하다. 하지만 그리스 신화는 인격화를 단지 형식적, 피상적으로만 남겨 두지 않고, 단순한 자연의미가 물러가고 반면 그러한 자연내용을 내포한 인간적 요소가 현저하게 드러나는 개인들을 그로부터 형성한다. 그러나 인도 예술은 자연성과 인간성의 그로테스크한 혼합에 머물러 어떠한 측면도 정당성을 얻지 못하며 양자는 서로를 왜곡한다.

이러한 인격화들도 역시 일반적으로 제대로 상징적인 것은 아니다. 왜냐하면 그것들이 한층 규정된 의미내용을 상징적으로 표현한다지만, 형식적 피상성으로 인해 그 의미내용과 하등 본질적 관계를 맺지 않으며 또한 하등 밀접한 친근성을 갖지 않기 때문이다. 그러나 동시에 인격화와 혼합되어 나타나는 특수한 기타의 형상화와 속성들을 ―이것들은 신들에게 속하는 한층 규정된 특질들을 표현해야 한다― 고려할 때 상징적 표현을 향한 노력은 시작되고 있다. 하지만 이 경우 인격화는 상징적 표현이라기보다는 차라리 일반적으로 포괄적인 형식에 머물 뿐이다.

여기에 속하는 비교적 중요한 관점들과 관련하여 우선적으로 언급할 것은 [442] 삼신일체三神一體인 트리무르티이다. 여기에는 첫째, 생성의 행위, 세계 창조자, 신들의 주인 등등을 뜻하는 브라마가 속한다. 한편으로 브라마는 최고의 존재인 (중성으로서의) 브라만과 구분되며 또한 그 최초의 적자嫡子이지만, 다른 한편 그는 또다시 이러한 추상적 신성과 일치하는바, 대관절 인도인들에게서는 차이의 경계들이 고정될 수 있는 것이 아니라 때로는 말소되며 또 때로는 상호 이행하는 것이다. 이제 그 형상을 좀 더 자세히 보자면, 그것은 상징적 요소를 다량 지닌다: 그는 네 개의 머리와 네 개의 손, 홀笏, 반지 등등으로써 묘사된다. 색은 태양을 암시하는 붉은빛을 띠는바, 까닭인즉 이 신들은 늘 보편적인 자연의미를 동시에 내포하며 또한 이 의미가 그들 속에서 인격화되기 때문이다. 트리무르티의 두 번째 신은 보존의 신인 비슈누이며 세 번째 신은 파괴의 신인 시바이다. 이러한 신들을 위한 상징은 무수히 많다. 왜냐하면 그들은 그 의미의 보편성에도 불구하고 무한히 많은 개별 작용들을 ―이것이 제아무리 각양각색으로 뒤죽박죽 발효하고 또한 종종 극히 꺼림칙한 형상들로 나타나기는 해도― 포용하기 때문인바, 이 작용들은 부분적으로는 특수한, 대개는 기본적인 자연현상들과 관계하며 ―예컨대 비슈누는 불의 특질과 관계한다(Wilson의 Lexicon, s. v. 2)[143]―, 부분적으로는 정신적 현상들과도 관계한다.

여기서는 정신성이 본연의 결정적 의미를 형성하지 않는 까닭에, 이러한 삼신일체에서 정신적 형상의 진리가 아직 등장하지 않음은 명백하다. 즉 만일 세 번째 신이 구체적 통일성이자 구분과 이중화에서 벗어나는 자기에로의 회귀였더라면, 정신은 이러한 삼원三元의 신으로 있었을 것이다. 왜냐하면 참된 표상에 비추어 본다면 신은 이러한 능동적인 절대적 구분과 통일로서의 ―이것이 [443] 정신의 개념을 형성한다― 정신이기 때문이다. 그러나 트리무르티에서는 세 번째 신이 가령 구체적 총체성 같은 것으로 존재하지 않고, 그 자체가 단지 다른 두 측면들에 대하는 하나의 측면일 따름이며 그리하여 그 또한 하나의 추상이니, 그것은 자기 속으로의 회귀가 아

---

143 Horace Hayman Wilson, *Dictionary in Sanscrit and English*, Kalkutta, 1819.

니라 그저 타자로의 이행, 변신, 생성과 파괴일 뿐이다. 그러므로 우리는 그러한 최초의 이성 예감에서 벌써 최고의 진리를 재발견하려는 짓거리를, 그리고 이러한 조짐에서 —이것이 리듬의 면에서는 물론 그리스도교의 주요 표상을 이루는 삼원성을 포함하지만— 이미 그리스도교의 삼위일체성을 인식하려 하는 짓거리를 극히 삼가야만 한다.

인도의 판타지는 이제 브라만과 트리무르티에서 시작하여 여러 형상의 무수한 신들을 향해 환상적으로 더욱 나아간다. 왜냐하면 본질적으로 신성으로서 파악되는 예의 보편적 의미들이 수천수만의 현상들로 다시 모습을 드러내니, 이제 이러한 현상들은 그 자체가 여러 신들로서 인격화, 상징화되며 또한 판타지의 비규정성과 뒤죽박죽의 불안정성으로 인해 —이 판타지는 고안을 함에 있어 매사를 그 본성에 따라 취급하는 법이 없으며 또한 여하한 것도 제자리에 있도록 두지 않는다— 명료한 이해에 크게 방해되기 때문이다. 이러한 하위의 신들의 정점에는 천공天空의 신인 인드라가 있는데, 이들에게 좀 더 자세한 내용을 부여하는 것은 무엇보다 일반적인 자연력들, 즉 여러 계기의 작용과 변화 그리고 이롭거나 해로운, 보존적이거나 파괴적인 영향을 갖는 성좌, 강, 산들이다.

그런데 인도의 판타지와 예술의 주요 대상들 중 하나는 신과 만물의 생성, 즉 신통기神統記와 우주발생론이다. 왜냐하면 이 판타지는 무릇 극히 비감성적인 것을 외적 현상의 한가운데로 끌어들이는, 그리고 거꾸로 극히 자연적, 감성적인 것을 다시 극단적 추상을 통해 소멸시키는 끊임없는 과정 속에서 파악되기 때문이다. 지고의 신성에서 비롯하는 신들의 기원과 [444] 특수한 사물들, 산수山水들, 인간적 사건들에 배어 있는 브라마, 비슈누, 시바의 작용과 현존재도 비슷한 식으로 묘사된다. 그럴진대 동일한 내용이 한편으로는 그 자체로서 특수한 신들의 형상을 얻을 수 있지만 다른 한편 이 신들은 다시 최상위 신들의 보편적 의미들 속으로 상승한다. 그런 식의 신통기와 우주발생론은 무수하며 또한 무궁무진하게 다양하다. 그러므로 인도인들이 세계의 창조와 만물의 생성을 이러이러하게 생각했다고 말한다면, 이것은 항상 그렇듯 한 부류 혹은 한 특정 작품에만 타당할 뿐이니, 까닭인즉 다른 곳에서는 그것이 항상 거듭 달리 보이기 때문이다. 이 민족의 판타지는 이미지와 형상을 꾸밈에 있어 마를 날이 없다.

창세기를 꿰는 골자는 정신적 창조의 표상이 아니라 끊임없이 반복되는 자연적 생식의 가시화이다. 이러한 직관방식을 숙지한다면, 우리는 무치無恥가 극단으로 치닫고 믿을 수 없을 정도로 감각화됨으로써 우리의 수치감을 매우 당혹스럽게 만드는 표현들을 이해하는 열쇠를 얻는다. 이러한 방식의 이해를 위해 뛰어난 실례를 제공하는 것은 『라마야나』에 나오는 유명한 일화인 강가의 출신 내력이다. 그 일화는 라마가 우연히 갠지스로 올 때를 이야기하고 있다. 얼음으로 덮인 겨울 산의 왕자 히마반은 가냘픈 메나와의 사이에서 두 딸을 얻는데, 강가가 큰딸이고 아름다운 우마가 작은딸이다. 신들은, 특히 인드라는 그들이 성스러운 의식을 지낼 수 있도록 강가를 그들에게로 보낼 것을 그녀의 아버지에게 부탁했으며, 히마반은 그들의 구인求人에 흔쾌히 응하여서 강가는 축복받은 신들에게로 올라간다. 이제 우마의 다음 이야기가 뒤따르니, 그녀는 복종과 참회의 많은 경이로운 행동들을 실행한 후 루드라, 즉 시바를 남편으로 맞는다. 이 혼인으로 인해 [445] 불모의 황량한 산들이 생긴다. 시바는 백 년 동안이나 쉬지 않고 우마를 껴안고 누워 있었기에, 시바의 정력에 소스라치게 놀라고 앞으로 태어날 아이에 대한 공포로 가득 찬 신들은 시바에게 그의 힘을 땅에 쏟을 것을 부탁한다. 이 장면이 예의와 부끄러움을 일체 도외시한 까닭에 영국인 번역자[찰스 윌킨스 경]는 이를 말 그대로 옮길 수 없었다. 시바는 신들의 청에도 귀를 기울이며 우주를 파괴시키지 않기 위해 더 이상의 생식生殖을 그만두고 자신의 정자를 대지 위에 뿌린다. 불에 의해 수태된 이 대지에서 인도를 타타르 지방에서 갈라놓는 흰 산이 생긴다. 그러나 우마는 이로 인해 분노하며 모든 남편들을 저주한다. 이것은 어찌 보면 우리의 판타지와 모든 지성에 역행하는 끔찍하고 기괴한 장면들이어서, 이 장면들은 그것이 무슨 뜻인지를 실제로 서술하는 대신 다만 넌지시 일러 줄 뿐이다. 슐레겔은 이 부분의 에피소드를 번역하지 않고 다만 강가가 어떻게 땅으로 다시 내려왔는지를 설명할 뿐이다. 이것은 다음과 같은 수순을 밟아 일어났다. 라마의 조상인 사가는 한 불량한 아들을 두었으나, 두 번째 부인으로부터는 호리병박에서 태어난 육만 명의 아들을 두었는데 이들은 숙성된 버터를 먹으며 항아리 속에서 강한 남자로 양육되었다. 그러던 어느 날 사가가 준마 한 마리를 제물로 쓰려 했는데 비슈누가 뱀의 모습으로 나타나 그에게서 그것을 빼앗는다. 그러자 사가는 그 육만 명을 내보낸다. 그들이 무진장의 노력과 많은 수색 끝에 비슈누에게 접근했을 때 비슈누의 입김은 그들을 태워 재로 만든다. 지루한 기다림 끝에 드디어 사가의 손자이자 아사만자의 아들인 광선자光線子 안수만이 육만 명의 삼촌들과 제물로 쓰려던 말을 되찾으려고 출동한다. 또한 그는 준마와 시바 그리고 잿더미를 실제로 마주친다. 그러나 조왕鳥王 가루다가 나타나 만일 성스러운 강가의 강이 하늘로부터 내려와 잿더미 위를 흐르지 않는다면 그의 친척들은 다시 삶을 얻지 못할 것이라고 일러 준다. 그러자 불굴의 안수만은 삼만 이천 년 동안 히마반의 상봉에서 혹독한 고초를 겪어 낸다. 헛일이었다. [446] 그 자신의 고행도 그의 아들 드윌리파의 삼만 년에 걸친 고행도 조금치의 도움이 되지 못한다. 그 위대한 과업은 드윌리파의 아들인 훌륭한 바기라타에 와서 다시 천년의 고행을 행한 후 비로소 성공한다. 이제 강가가 곤두박질로 내려온다. 하지만 시바는 그녀가 땅을 박살 내지 못하도록 그의 머리를 낮추고 자신의 곱슬머리에서 물이 흐르도록 한다. 그러자 강가를 이 곱슬머리에서 해방시켜 계속 흘러가도록 만들기 위해 바기라타에게는 다시 새로운 고행들이 요구된다. 드디어 강가는 여섯 물줄기로 흐르며 바기라타는 일곱 번째의 강줄기를 엄청난 고난을 치른 후 육만 명의 삼촌들로 인도하니 이들은 하늘로 올라간다. 그리고 한편 바기라타 자신은 그의 백성을 그 후로도 오랫동안 평화로이 다스린다.

또 다른 신통기, 예컨대 스칸디나비아와 그리스의 신통기도 역시 인도의 신통기와 비슷하다. 이 모든 것의 주요 범주는 낳음과 태어남이다. 그러나 어떤 것도 그토록 거칠게, 또한 그 형상화의 대부분이 그토록 자의적이며 부적절한 고안으로 엎치락뒤치락하지 않는다. 특히 헤시오도스의 신통기는 훨씬 더 분명하고 규정적이어서, 그 의미가 한층 현저하게 나타나며 또한 형상이나 외형은 다만 의미 외적인 것으로 현상할 뿐임을 보여 주는 까닭에, 우리는 언제나 우리가 어디에 있는지를 알며 또한 그 의미를 명료하게 인식한다. 그 신통기는 카오스, 에레보스, 에로스 그리고 가이아와 더불어 시작한다. 가이아는 그녀 홀로 우라노스를 낳으며, 그와 함께 산맥과 흑해 등등을 만들며 또한 크로노스, 키클롭스 그리고 백수百手거인들도 역시 낳는데 우라노스는 이들을 태어나는 족족 타르타로스에 가둔다. 가이아는 크로노스에게 우라노스의 거세를 사주하며 또 성공시킨다. 피는 땅에 고이고 그로부터 에리니에스들과 거인들이 자라난다. 거세된 남근은 바다가 받으며, 바다의 거품에서 퀴테레이아[아프로디테]가 솟아난다. 이 모든 것은 한층 확실, 명료하게 집약되어 있으며 또한 단순한 자연신들의 권역에 머물러 있지 않다.

3. 정화관과 속죄관 [447]

우리가 현 시점에서 찾는 것이 본격적 상징으로의 이행 지점이라면, 우리는 그 단초들을 이미 인도의 판타지에서도 발견할 수 있다. 즉 인도의 판타지가 제아무리 분망하게 감각적 현상을 다신담多神談으로 짜낸다고 해도, 그리고 다른 어떤 민족도 그처럼 분방하기 그지없는 다신담을 개진할 필요를 못 느꼈다고 하더라도, 인도의 판타지는 다른 한편으로는 잡다한 직관과 이야기 속에서 앞서 본 최고신의 정신적 추상을 언제나 거듭 염두에 두는데, 이 추상과 비교한다면 개체적인 것, 감각적인 것, 현상적인 것은 비非신적이며 부적합하며 따라서 부정적으로 정립되어 있고 또한 지양되어야 하는 것으로 이해된다. 왜냐하면, 처음부터 말한 바이지만, 한 측면에서 다른 한 측면으로의 바로 이 변환이 인도식 직관의 독특한 전형과 진정되지 않는 화해의 부재를 형성하기 때문이다. 그렇기 때문에 인도의 예술은 감각적인 것의 자기지양을, 그리고 정신적 추상과 내적 침잠의 힘을 더할 나위없이 여러 가지로 형상화함에 있어 지칠 줄을 몰랐다. 여기에는 장기간의 참회와 심오한 명상이 속하며, 이에 관해서는 『라마야나』나 『마하바라타』와 같은 최고最古의 서사시들뿐만 아니라 그 밖의 많은 시편들이 본보기를 제공한다. 그러한 참회들이 종종 명예욕에서 혹은 적어도 브라만의 힘을 얻으려는 따위의 특정 목적들에서 ―이 목적들이 브라만과의 최고의 궁극적인 통일을 가져오는 것은 아니며 또한 세속성과 유한성의 말살로 이어지는 것도 아니다― 행해지는 것이 사실이다. 그러나 동시에 인도인들의 직관에는 일체의 특정, 유한한 것으로부터 점차 멀어지는 지속적 명상과 참회가 특정 신분에 속한 탄생 및 한갓 자연적인 것이나 자연신들이 갖는 폭력을 [448] 상회한다는 사실이 늘 들어 있다. 그런 연유로 특히 신들의 우두머리인 인드라는 엄격한 참회자들을 적대시하여 그들을 유혹하고자 시도하거나 혹은, 그 유혹이 실효를 거두지 못하면, 온 하늘이 혼란에 빠질 것이라는 이유로 상위 신들에게 조력을 청한다.

그러한 참회와 그 다양한 종류, 단계, 정도를 서술함에 있어 인도의 예술은, 각양각색의 신들을 서술할 때도 그렇지만, 대단히 창의력이 풍부하며 또한 그러한 창의 작업을 아주 진지하게 행한다.

이 사실은 우리가 앞으로 살펴보게 될 지점을 형성한다.

C
본격적 상징

아름다운 예술에서뿐만 아니라 상징적 예술에서도 그것이 형상화하려는 의미는 —인도 예술의 경우와 달리— 그 외적 현존재 속에서 일체의 분리와 구분 이전의 일차적, 직접적 통일성으로부터 단순히 벗어나는 것이 아니다. 오히려 그것은 필연적으로 직접적, 감각적 형상으로부터 자유롭게, 그리고 대자적으로 된다. 이러한 해방은 감각적, 자연적 요소가 그 자체로는 부정적인 것으로 지양되어야 하며 또한 지양되어 있는 것으로 파악되고 직관되는 한에서만 일어날 수 있다.

하지만 앞으로는 자연적 요소의 소멸이자 자기지양으로서 현상하는 부정성이 사물들 일반의 절대적 의미로서, 신성의 계기로서 수용되고 형상화되어야 함이 필수적이다. — 그런데 이렇게 되면 우리는 다음과 같은 이유로 이미 인도의 예술을 떠난다. 인도의 판타지에 기실 부정적인 것에 대한 직관이 없는 것은 아니다. 시바는 파괴자이며, 생산자 인드라는 죽으며, 게다가 무서운 거인 칼라로 인격화되는 말살자 시간은 전 세계와 모든 신을 —심지어 트리무르티마저도— 파괴하는데, 개인이 최상위의 신과 동일화되려면 [449] 자신과 그의 모든 지식 및 의지를 소멸시켜야 하는 것과 마찬가지로 트리무르티도 브라만 속으로 사라진다: 그러나 이러한 직관들에서는 부정적인 것이 한편으로는 단지 하나의 변신이나 변화에 그치며, 다른 한편으로는 단지 추상으로 있을 뿐인바, 이 추상은 규정적인 것을 제거하여 비규정적 보편성으로, 이로써 공허하고 극히 내용 없는 보편성으로 우리를 몰고 간다. 이에 반해 신성의 실체는 형상의 변형, 이행, 다신제로의 발전, 최상위의 신을 향한 다신제의 재再지양 속에서 확고부동하게 하나의 같은 것으로 남는다. 이 유일의 신은 이러한 일자로서 부정적인 것을 자신의 고유한, 자신의 개념에 필연적으로 속하는 규정성으로 내포하는데, 이러한 신은 앞의 [추상적] 보편성이 아니다. 이와 비슷하게 파시교도의 직관에서도 파괴를 초래하며 해악을 끼치는 것은 오르무즈드의 외부에, 즉 아흐리만에게 있으며 또한 이를 통해 일자의 신인 오르무즈드 그 자신에게 할애된 계기로서 속하지 않는 대립과 투쟁만을 야기할 뿐이다.

그러므로 이제 우리가 이룩해야 할 좀 더 구체적인 발전은 부정적인 것이 한편으로는 의식을 통해 그 자체로 절대적인 것으로 확정되지만 다른 한편으로는 오직 신성의 한 계기로서만 간주된다는 점, 그러나 단지 참된 절대성의 외부에 있는 하나의 또 다른 신에 속하는 계기가 아니라 절대자에 귀속하는 계기로서 간주된다는 점에서 성립하는바, 그리하여 참된 신은 자기 자신의 부정否定 형성으로서 현상하며, 이를 통해 부정적인 것을 자신에게 내재하는 자신의 규정으로서 갖는다.

이러한 진전된 생각을 통해 절대자는 처음으로 자신의 규정성을 자신 속에 갖는 것, 즉 내적으로 구체적인 것이 되며 또한 이로써 하나의 내적 통일성이 되니, 이 통일성의 계기들은 하나의 동일한 신의 상이한 규정들인 것으로 직관에 나타난다. 바로 이것이 내적인 절대적 의미의 규정성을 향한 욕구인바, 여기서는 주로 그 일차적 만족을 다룰 것이다. 종래의 의미들은 그 추상성으로 인하여 모름지기 비규정적인 것으로, 그리하여 비형상적인 것으로 남아 있었거나 혹은, 그것들이 역으로 규정성으로 [450] 나아갈 경우에는, 자연 현존재와 직접적으로 합치되었거나 또는 결코 안녕과 화해에 이르지 않는 형상화의 투쟁으로 빠졌다. 이러한 진퇴양난의 결함은 이제 민족적 직관의 내적 사고 과정과 외적 경과에 따라 다음과 같이 시정된다.

첫째, 절대자의 모든 내적 규정은 이미 표현을 향한 외출의 시작이며, 이를 통해 내적인 것과 외적인 것 사이에는 한층 긴밀한 유대가 맺어진다. 왜냐하면 모든 규정은 내적 분별이기 때문이다. 그런데 외적인 것 자체는 늘 규정되고 구분되어 있다. 그러므로 외적인 것이 지금까지 고찰해 온 단계들에서보다 한층 더 의미에 상응하도록 나타나게끔 만드는 하나의 측면이 현전한다. 그러나 절대자의 최초의 내적 규정성과 부정은 정신으로서의 정신의 자유로운 자기규정일 수 없으며 다만 그 자체가 직접적 부정으로 있을 따름이다. 직접적인, 이로써 가장 포괄적인 양태의 자연적 부정은 죽음이다. 그리하여 이제 절대자는 그 자신의 고유한 개념에 속하는 규정으로서의 이러한 부정적 양태 속으로 들어가 소멸과 죽음의 길을 걸어야 하는 것으로 파악된다. 그러므로 우리는 죽음과 고통의 찬양이 민족들의 의식 속에서 일단은 소멸해 가는 감각적인 것의 죽음으로 부상함을 본다. 자연적 요소의 죽음은 절대자의 삶의 필수 부분으로서 의식된다. 하지만 절대자는 이러한 죽음의 계기를 겪어야 하는 까닭에 한편으로는 생기生起하여 하나의 현존재를 가져야 하나, 다른 한편으로는 죽음의 절멸에 머물지 않고 그로부터 내적으로 한층 높은 양태의 긍정적 통일성으로 복원된다. 그러므로 여기서는 죽는다는 것이 말하자면 의미의 전부가 아니라 다만 그 한 측면으로서만 간주되며 또한 절대자가 자신의 직접적 실존의 지양이자 일과적, 소멸적인 것으로서 파악되는 것은 사실이지만, 역으로 부정적인 것의 이러한 과정을 통해 자신 속으로의 회귀이자 부활로서, 내적-영원자이며-또한-신적인-존재In-sich-Ewig-und-Göttlich-sein로서 [451] 파악되기도 하는 것이다. 왜냐하면 죽음은 이중화된 의미를 갖기 때문이다: 죽음은 한편으로는 자연적인 것이 그야말로 직접적으로 소멸하는 것이지만 다른 한편으로는 단순 자연성의 죽음이자 이로써 한층 상위의 정신성의 탄생이니, 정신성에서 단순 자연성이 절멸됨으로써 정신은 이 계기를 자신의 본질에 속하는 것으로서 즉자적으로 갖는다.

하지만 둘째, 이제 그런 까닭에 자연형상의 직접성과 감각적 실존은 더 이상 자연형상에서 간취되는 의미와 합치하는 양 이해될 수는 없으니, 까닭인즉 외적인 것의 의미는 실제적 현존재의 면에서 사멸, 지양된다는 점에서 성립하기 때문이다.

이와 비슷하게 셋째, 의미와 형상 사이의 단순한 투쟁과 인도에서 환상적인 것을 산출했던 판타지의 발효는 잦아든다. 의미는 이 시점에서도 여전히 현전의 실제로부터 해방된 순수한 자기통일성 속에 있지 않으며 또한 완전히 정화된 명료성을 갖는 의미로서 의식되지도 않는 까닭에, 그것은 혹 자신이 가시화된 형상과 대립할 경우도 있다. 그러나 반대로 ─이 하나의 개체적 동물상, 이 하나의 인간적 인격화, 이 하나의 사건, 이 하나의 행위로서의─ 개체적 형상도 역시 절대자에게 직접적으로 적합한 실존을 가시화할 수 없다. 이러한 저열한 동일성은 앞의 완전한 해방이 아직 달성되어 있지 않은 바로 그만큼 이미 극복되어 있기도 한 것이다. 우리가 위에서 이미 본격적 상징으로 지칭했던 그 표현방식이 양자의 자리를 차지한다. 한편으로 이제는 본격적 상징의 출현이 가능하니, 까닭인즉 내면적인 것, 의미로서 파악된 것이 더 이상 인도의 예술에서처럼 단지 오락가락하여 때로는 마구잡이로 직접 외면성 속으로 가라앉거나 때로는 외면성에서 벗어나 추상의 고독 속으로 물러가거나 하지 않고, 마냥 자연적일 뿐인 실제에 맞서 독자적으로 자신의 정립을 시작하기 때문이다. 다른 한편 이제 상징은 형상화를 얻어야만 한다. 왜냐하면 비록 완벽하게 상징에 [452] 속하는 의미가 자연적인 것의 부정성이란 계기를 자신의 내용으로서 갖기는 하지만, 참된 내면은 이제야 자연적인 것에서 벗어나기 시작한 관계로 스스로가 아직 외적 현상방식과 얽혀 있는바, 내면의 명료한 보편성이 외적 형상 없이 벌써 독자적으로 의식화될 수는 없는 일이기 때문이다.

무릇 상징적 예술의 근본 의미와 그 개념에 어울리는 형상화방식은 특정 자연형식들이나 인간 행위들이 그 개별화된 고유성 속에서 단지 자기 자신만을 표현, 의미해서는 안 되며 또한 그것들 속에 직접적으로 현전하는 것으로 직관되는 신성이 거기서 의식화되어서도 안 된다는 양태를 갖는다. 그것들의 특정 현존재의 특수한 형상은 그것들과 친화적이며 비교적 포괄적인 의미를 암시하는 특질들을 가질 따름이다. 그러므로 생성, 성장, 몰락, 죽음으로부터의 소생이라는 바로 그런 일반적 삶의 변증법은 이 점에서도 본격적인 상징적 형식을 위한 적절한 내용을 형성하는바, 까닭인즉 이러한 과정을 그들 실존의 근거로서 갖는, 따라서 그러한 의미들의 가시화와 암시를 위해 사용될 수 있는 현상들이 자연적, 정신적 삶의 거의 전 영역에서 발견되기 때문이다. 왜냐하면 그 두 측면 사이에는 사실상 하나의 현실적 친화성이 발생하기 때문이다. 그리하여 식물들은 씨앗에서 나오며, 싹을 틔우며, 성장하며, 개화하며, 열매를 맺으며, 열매는 썩어 또다시 새로운 씨앗을 낳는다. 이와 비슷하게 해는 겨울에 낮게 뜨다가, 봄에 높이 올라가, 여름에 하늘 마루에 다다르며, 이제 그 위대한 축복을 내리거나 혹은 파괴력을 행사하고, 그런 후 다시 가라앉는다. 유년기, 청소년기, 장년기, 노년기라는 상이한 연령대도 역시 그 같은 일반적 과정을 표현한다. 그러나 좀 더 상세하게 열거해 보자면 특히 여기서는 [453] 예컨대 나일강과 같은 특수한 지역들까지도 들 수 있다. 이제 이러한 한층 더 근본적인 친화성의 특징들, 그리고 의미와 그 표현의 한층 더 가까운 상응, 이것들을 통하여 단순 판타지적인 것은 제거되며, 그런 한에서 상징작용을 하는 형상들의 적합성 및 부적합성과 관련하여 그 신중한 선택이 나타나니 예의 불안정한 비틀거림은 한층 지성적인 차분함으로 안정된다.

그러므로 우리는 첫 번째 단계에서 발견했던 바의 비교적 화해된 통일성이 다시 등장함을 보지만, 그러나 다른 점은 의미와 그 실제 현존재의 동일성이 더 이상 직접적 동일성이 아니라 차이로부터 산출된 동일성이라는 사실, 또한 그리하여 그것은 현전하는 합일이 아니라 정신으로부터 생산된 합일이라는 사실이다. 내면 일반은 여기에서 독자성으로 벋어 나가 자신을 의식하기 시작하고, 자연적인 것에서 자신의 대응상對應像, Gegenbild을 구하며, 또한 자연적인 것도 나름대로는 정신적인 것의 삶과 운명에서 같은 대응상을 구한다. 하나의 측면에서 다른 하나의 측면을 재인식하려는, 그리고 외적 형상과 내면을 결합함으로써 외적 형상을 통해 내면을, 내면을 통해 외형들의 의미를 직관하고 상상하려는 이러한 욕구에서 이제 상징적 예술을 향한 거대한 충동이 발현한다. 여기서 내면은 자유롭게 되었으나 하나의 충동을 보유하고 있다. 즉 그것은 자신의 본질성이라고 할 만한 것을 실제적 형상으로 표상하려는 충동이자, 이러한 표상 자체를 외적으로도 작품화하려는 충동인바, 본격적인 예술충동, 특히 조형예술의 충동은 여기에서 비로소 출발한다. 요컨대 이를 통해 정신적 활동에서 기인하는 내면에는 단순히 현전할 뿐만 아니라 정신에 의해 창안되기도 한 현상이 처음으로 필히 부여된다. 이 경우 판타지는 하나의 이차적 형상을 그리는바, 이 형상은 그 자체로서 목적으로 간주되는 것이 아니라 다만 그와 친화적인 하나의 의미를 가시화하기 위해 사용되며 따라서 이 의미에 종속한다.

그런데 우리들은 혹 이 관계를 [454] 의미란 그로부터 의식이 출발하는 것인 양, 그리고 그런 후 비로소 의식은 자신의 표상을 표현하기 위해 친화적인 형상들을 돌아보는 양 생각할지도 모른다. 그러나 진정으로 상징적인 예술의 길은 이것이 아니다. 왜냐하면 상징적 예술의 특징은 의미를 아직 모든 외면성에서 독립적으로, 즉자대자적으로 파악하지 못한다는 점에서 성립하기 때문이다. 그렇기는커녕 상징적 예술은 자연과 정신 속에 현전하는 구체적 현존재에서 출발하며, 연후 비로소 그것을 의미들의 보편성으로 확대한다. 그리고 이 보편성의 내용도 마찬가지로, 비록 다소 제한적이고 대략적인 것에 그치더라도, 나름대로 그러한 실제적 실존을 내포한다. 그러나 동시에 상징적 예술이 이러한 객체들을 굳이 장악하는 까닭은 다만 그것들로부터 판타지적으로 하나의 형상을 창조하기 위함이며, 또한 의식으로 하여금 이 특수한 실제에서 예의 보편성을 관조하고 표상하도록 만들기 위함이다. 그러므로 상징적인 것으로서의 예술형상들은 아직 정신에 진정으로 적합한 형식들을 갖추고 있지 못하니, 까닭인즉 정신은 여기에서 스스로에게 아직 내적으로 명쾌하지 못하며 이로써 아직 자유로운 정신이 아니기 때문이다. 그럼에도 [그것들은] 오로지 자신만을 표현하기 위해 선택된 형상들이 아니며, 적어도 한층 깊이 놓인 포괄적 의미들을 암시하려 한다는 사실을 자신에 즉해 곧바로 보여 주는 형상들이다. 단순 자연적, 감각적인 것은 자기 자신을 보여 주는 반면, 상징적 예술작품은 자연현상이나 인간적 형태들을 눈앞에 보여 줄지언정 이를 벗어나 즉시 제3의 것을 —즉 제시된 형상들과 내적으로 정당하게 친화적이며 또한 그것들과 본질적으로 연관하는 것을— 암시한다. 그런데 구체적 형상과 그 보편적 의미 사이의 관계는 다양할 수가 있어서 때로는 외적인, 이로써 불투명한 관계일 수도 있고 또 때로는, 가령 상징화되어야 할 보편성이 실제로 구체적 현상의 본질적 요소를 이룰 경우, 근본적인 관계일 수도 있다. 만일 후자일 경우라면, 상징의 이해는 더욱 수월해진다.

이 점에서 가장 추상적인 표현은 수數이다. [455] 하지만 수는 의미 자체가 수의 규정성을 내포하는 경우에만 명쾌한 암시로 사용될 수 있다. 예컨대 이집트 건축에서는 종종 7과 12라는 수가 나타나는데, 까닭인즉 7은 행성의 수이고, 12는 달의 수효나 풍부한 결실을 맺기 위해 나일강 물이 상승해야 하는 피트의 수효이기 때문이다. 이 경우 그러한 수는 모든 자연적 삶을

관장하는 힘들로서 숭앙받아야 하는 위대한 기본적 관계들을 나타내는 수
규정인 까닭에 신성시된다. 그런 한에서 열두 계단이나 일곱 기둥들은 상
징적이다. 그와 같은 수의 상징은 훨씬 발전되었음 직한 신화들에도 들어
있다. 가령 헤라클레스의 12공업功業은 일 년 열두 달로부터도 유래한 듯 보
이니, 그가 한편으로는 철저히 인간적으로 개인화된 영웅으로 등장하지만,
다른 한편으로는 상징화된 자연 의미를 자신 속에 지니기도 하며, 또한 황
도黃道의 인격화이기도 한 까닭이다.

　나아가 상징적 공간형상화는 이미 한층 더 구체적이다: 미로들은 행성들
의 운행을 상징하며, 또한 얽히고설킨 미로에서의 춤들은 위대한 기본 물체
들의 [즉 4원소의] 운동을 상징적으로 모사하는 한층 신비로운 의미를 갖는다.

　다음으로는 동물의 형상들이 한 단계 상위의 상징을 제공하지만 가장 완
벽한 것은 인간의 신체형식이니, 이 단계에서 정신은 도대체가 이미 단순
자연성에서 벗어나 자신의 한층 더 독자적인 실존을 향해 형상화되기 시작
한 관계로 인간 신체는 여기에서 벌써 더욱 고차적이며 적절하게 다듬어져
나타난다.

　이것이 본격적 상징의 일반 개념 및 그 상징을 표현하는 예술의 필연성
을 형성한다. 이제 이 단계의 직관들을 좀 더 구체적으로 언급하려면, 우리
는 정신의 이러한 최초의 자기 속으로의 침잠이 나타나는 오리엔트에서 벗
어나 서방으로 더욱 눈길을 돌려야 한다.

　이러한 입장을 특징짓는 일반적 상징으로서는 [456] 자신의 몸을 불사르지
만 분사焚死의 재로부터 다시 소생하는 불사조의 이미지가 으뜸일 것이다.
헤로도토스는 적어도 모사본으로 이 새를 이집트에서 보았다고 이야기하
거니와, 실제로도 역시 상징적 예술형식의 중심을 제공하는 사람들은 이집
트인들이다. 하지만 우리가 좀 더 상세한 고찰로 나아가기 전에 우리는 모
든 면에 걸쳐서 완벽하게 작업된 그러한 상징으로의 이행을 이루는 몇몇의

또 다른 신화들을 접할 수 있다. 아도니스, 그의 죽음, 그와 그의 장례식을 둘러싼 아프로디테의 비탄 등에 관한 신화들이 이것으로서, 이 직관들의 본향은 시리아 해변이다. 퀴벨레 여신에 대한 프리기아인들[144]의 숭배도 같은 의미를 가지며, 카스토르와 폴룩스, 케레스[데메테르]와 페르세포네의 신화에서도 비슷한 의미가 울린다.

여기서는 특히 이미 앞에서 언급한 부정적인 것의 계기, 즉 신적인 것에 절대적으로 근거를 두는 자연성의 죽음이 의미로서 부각되며 또한 그 자체로서 가시화되어 있다. 그러므로 신의 죽음에 관한 장례, 상실에 대한 과장된 비탄이 있지만, 이 상실은 재발견, 부활, 소생을 통하여 재차 보상되어 이제는 또한 환희의 축제들이 뒤이어 나타날 수도 있는 것이다. 이 경우 이러한 보편적 의미는 다시금 좀 더 규정된 자연적 의의를 갖는다. 태양은 겨울에는 힘을 잃지만, 봄에는 태양이, 더불어 자연이 다시 소생하니, 태양은 죽고 재탄생한다. 그러니까 여기서는 인간적 사안으로서 인격화된 신성이 자연의 삶 속에서 그 의미를 발견하는바, 이러한 삶은 이 경우 다른 면으로는 정신적인 것과 자연적인 것에 공유된 부정적인 것 일반의 본질성을 위한 상징인 것이다.

그러나 우리는 상징적 예술의 역작에 대한 완벽한 사례를, 그 독특한 내용의 면에서든 형식의 면에서든, 이집트에서 찾아야만 한다. 상징의 나라인 이집트는 정신의 자기해독自己解讀이라는 정신적 과제를, [457] 그 해독을 실제로 달성하지는 못한 채 스스로 제기한다. 과제들이 미결로 남아 있으니 이에 따라 우리가 줄 수 있는 해결책도 역시 이집트 예술과 상징적 작품

144 역주: 헤로도토스의 『역사』에 따르면, 이집트의 왕 프사메티코스는 최고(最古)의 민족이 어느 민족인지를 가리기 위해 평범한 가정에서 갓 태어난 아기 두 명을 무작위로 선발하여 양치기에게 맡기고 전혀 말을 가르치지 않은 채 양육한 결과 아이들이 '베코스'라는 빵을 의미하는 프리기아어를 처음 하는 것을 보고 프리기아인들이 최고의 민족임을 판정하였다고 한다.

들의 수수께끼를 이집트인들 스스로가 풀지 못한 이 하나의 과제로서 이해한다는 점에서 성립할 뿐이다. 이렇듯 여기서는 정신이 여전히 외면성 속에서 자신을 찾고, 연후 그것에서 다시 벗어나고자 노력하며, 또한 자신 스스로로부터 자신의 본질을 자연현상들을 통해 생산하며 자연을 정신의 형상을 통해 생산하되 이 모든 것을 사상이 아닌 직관을 위해 자신에게 생산하고자 지침 없는 근면으로 노력하는 까닭에, 당시까지의 민족들 중에서는 이집트인들이 진정한 예술의 민족이다. 그러나 그들의 작품들은 비밀스럽고 침묵하고 반향이 없으며 움직임이 없으니, 까닭인즉 여기서 정신은 스스로가 자신의 고유한 내적 삶을 아직 진정으로 발견하지 못했으며 또한 맑고 밝은 정신의 언어를 아직 말할 줄 모르기 때문이다. 이집트를 특징짓는 것은 예술을 통해 이 씨름을 그토록 무언의 방식으로 자신에게 가시화하려는, 그리고 내면을 형상화하며 자신의 내면 및 내면 일반을 단지 외적인 친화적 형상들을 통해 의식화하려는, 채울 길 없는 충동과 중압감이다. 이 경이로운 나라의 민족은 농경의 민족이었을 뿐만 아니라 건설의 민족이기도 하였으니, 이들은 방방곡곡 땅을 뒤덮고 운하와 호수들을 파며 또한 예술의 본능을 갖고 거대한 구조물들을 비단 지상에 세웠을 뿐만 아니라 이에 견줄 만한 엄청 큰 차원의 거창한 건축물들을 땅속으로도 힘차게 건립했다. 헤로도토스가 이미 이야기했듯, 그러한 기념비적 건축물들의 건립은 민족적 과업의 하나이자 귀족들의 주업 중 하나였다. 인도인들의 건축물도 거창한 것이 사실이지만, 그러나 이집트 이외의 어디에서도 그것이 이렇듯 무궁무진하게 발견되는 것은 아니다.

1. 죽음에 대한 이집트의 관점과 그 표현. 피라미드들 [458]

이제 이집트 예술관의 특수한 측면들에 관해 보자면, 우리는 여기서 처음으로 내면이 현존재의 직접성에 맞서 독자적으로 견지됨을, 그것도 생명력의 부정태, 즉 죽음으로서 견지됨을 발견한다. 그것은 즉 오르무즈드에 대립하는 아흐리만처럼 사악이나 사멸과 같은 추상적 부정으로 있지 않고 자체가 구체적 형상을 갖는다.

a) 인도인은 단지 극히 공허한 추상으로까지만 상승할 따름이니, 이로써 이것은 일체의 구체성에 대립하는, 그러나 마찬가지로 부정적일 뿐인 추상이다. 이집트에서는 인도인들의 그러한 식의 브라만으로의 전화轉化가 나타나지 않으며, 비가시계는 이집트인들의 경우 한층 더 충실한 의미를 갖게 되어 죽음이 생명력 있는 것 자체의 내용을 획득한다. 직접적 실존이 탈취된 죽음은 그럼에도 생과의 이별 속에서 생명력 있는 것에 대한 자신의 연계를 유지하며 또한 이러한 구체적 형상으로 독립하고 보존된다. 이집트인들이 고양이, 개, 매, 사향살쾡이, 곰, 늑대들을(헤로도토스의 『역사』 제2권, 67),[145] 무엇보다 특히 사자死者들을(『역사』 제2권, 86~90) 방부 처리하고 숭배했다는 사실은 잘 알려져 있다. 이집트인들의 경우 사자들에게 명예로운 것은 매장이 아니라 시신으로 영구 보존되는 것이다.

b) 그러나 나아가 이집트인들은 사자들의 이러한 직접적인, 그리고 여전히 자연적이기도 한 존속에 머물지 않는다. 자연적으로 보존되는 것은 생각 속에서도 존속하는 것으로 이해된다. 헤로도토스는 이집트인들에 관해 말하기를, 그들은 인간의 영혼이 불멸함을 가르친 최초의 사람들이었다고 한다. 그러므로 순수 자연적이지 않은 것이 대자적으로 독립성을 얻는 까닭에, 그들에게는 자연적인 것과 정신적인 것의 해결책이 최초로 이렇듯 한층 고차적 방식으로 나타난다. 영혼의 불멸성과 정신의 자유는 매우 가

---

145 역주: 헤로도토스는 방부 처리에 관해서는 오직 고양이만을 언급하지만, 모든 동물이 신성시되었다는 언급도 한다.

까이 놓여 있는 것이니, 까닭인즉 자아는 현존재의 자연성에서 벗어난 것이자 또한 자기기인적인 것으로서 파악되기 때문이다. 이러한 자기지自己知가 곧 [459] 자유의 원리이다. 이집트인들이 자유로운 정신의 개념에 완벽하게 달통했다고 말할 수는 없으며 또한 우리가 이집트인들의 이러한 믿음을 보면서 영혼의 불멸성을 파악하는 우리들의 방식을 생각할 필요는 없지만, 그럼에도 이집트인들은 삶에서 실존적으로 분리된 것을 외적으로뿐만 아니라 그들의 생각 속에서도 견지하는 직관을 벌써 갖추고 있었으며 이로써, 그들이 단지 자유의 왕국의 문턱에만 도달했다고는 하나, 의식의 해방으로 향하는 이행을 이미 이룩했다. — 이러한 직관은 이제 그들에게서, 직접 실제적인 것의 현재에 대비하여, 망자亡者들의 독자적 왕국으로 확장되었다. 보이지 않는 자의 이 국가에서 오시리스가 아만테스로서[146] 관장하는 한 망자재판이 열린다. 그런데 사람들 사이에서도 역시 망자재판이 열렸고 또한 예컨대 한 왕이 서거한 후에는 누구든 자신의 불만을 토로할 수 있었으니, 똑같은 것이 직접적인 현실에서도 다시 나타나는 것이다.

c) 나아가 우리가 이러한 표상을 표현하는 상징적 예술형상에 관해 묻는다면, 우리는 그것을 이집트 건축의 주요 형상물들에서 찾아야 할 것이다. 여기에는 지상과 지하의 건축이라는 이중의 건축이 있다: 하나는 성심성의껏 잘 다듬어진 지하 미로, 찬연하고 광대한 지하 동굴, 수십 분 길이의 복도들, 상형문자로 뒤덮인 방들 등이며, 또한 그 위에는 피라미드들을 필두로 예의 놀라운 구조물들이 지어졌다. 피라미드들의 규정과 의미에 관해서는 수백 년간 많은 가설들이 시도되었지만, 오늘날에는 그것들이 왕들 혹은 예컨대 아피스나 고양이, 따오기 등과 같은 신성한 동물들의 묘혈을 둘

---

146 역주: 아만테스는 그리스어 하데스에 해당하는 이집트어로서 명계(冥界)와 명계의 여신을 모두 뜻하는데, 여기서는 명계의 의미로 사용되는 것으로 보인다.

러싸기 위한 것이었다는 사실이 확실시된다. 이렇듯 피라미드들은 상징적 예술 자체의 단순한 원형을 우리에게 보여 준다. 그것들은 내면을 은닉한 거대한 수정水晶이니, 예술을 통해 생산된 외형물로서의 이 수정에서 피라미드들은 [460] 단순 자연성에서 분리된 내면을 위하여, 그리고 내면과의 관계 속에서만 존재한다는 사실이 밝혀진다. 그러나 여기에서 의미를 형성하는 죽음과 비가시적인 것의 이 영역은 참된 예술의 의미내용에 속하는 다만 하나의, 그것도 형식적일 뿐인 측면, 즉 직접적 현존재에서 떠나 있다는 측면만을 가지며, 그리하여 우선은 하데스일 뿐 아직 생명력이 아니다. 즉 그것은 비록 감각적인 것 그 자체에서 벗어나 있더라도 마찬가지로 자신 속에서 현존하는, 그리고 이를 통해 내적으로 자유롭고 살아 있는 정신이 아닌 것이다. — 그러므로 그런 유의 내면을 위한 형상은 그 내면의 규정된 내용에 대해 이에 못지않게 여전히 매우 외적인 형식이자 덮개로서 머문다.

내면이 은폐되어 고요히 정지하고 있는 그런 유의 외적 환경이 피라미드들인 것이다.

2. 동물숭배와 동물가면

이제 내면이 무릇 외적으로 현전하는 것으로 가시화되어야 할진대, 이집트인들은 그 이면에서 황소, 고양이 등등의 많은 살아 있는 동물들을 신의 현존재로 숭앙하기도 한다. 살아 있는 유기체는 내면을 갖는 까닭에 생명체는 비유기적 외물보다 한층 고차적인바, 이 내면은 외적 형상을 통해 암시되지만 하나의 내면으로서, 이로써 비밀스러운 것으로서 머문다. 그리하여 여기서 동물숭배는 비밀스러운 내면의 직관으로서 —이 내면은 생명인 까닭에 단순 외적인 것을 지배하는 한층 높은 힘이다— 이해되어야 한다.

물론 우리에게는 참된 정신성 대신 개와 고양이 같은 동물들을 신성시하는 것이 언제나 달갑지 않은 일이다. — 그런데 이러한 경배는 그 자체로 보면 전혀 상징적인 것이 아니니, 까닭인즉 이 경우에는 예컨대 아피스와 같은 살아 있는 현실적 동물 자체가 신의 실존으로 경배되었기 때문이다. 그러나 이집트인들은 동물형상을 상징적으로도 이용했다. 이 경우에는 동물형상이 더 이상 그 자체로서 타당하지 않으며, 무언가 좀 더 보편적인 것을 표현하기 위해 격하되었다. 특히 방부 처리 작업의 묘사에서 나타나는 [461] 동물가면들이 이러한 것으로는 가장 소박한 경우인데, 이 일에서 사체를 가르고 내장을 들어내는 인물들은 동물가면을 쓰고 있는 것으로 그려진다. 여기서 즉시 드러나는 것은 그러한 동물 머리가 그 자체보다는 그와 구분되는, 동시에 한층 더 보편적인 의미를 표시할 것이라는 사실이다. 나아가 다음으로는 동물형상이 인간형상과 혼합되어 사용된다. 미네르바의 형상으로 간주되는, 사자의 머리를 한 인간의 모습들이 발견되며, 새매의 머리들도 보이고, 아몬[147]의 머리들에는 뿔들이 남아 있다. 여기서는 상징적 연관성들이 명약관화하다. 비슷한 의미에서 이집트인들의 상형문자도 대개는 상징적이니, 까닭인즉 그것은 실제 대상들의 모사를 통해 —이 대상들이 표현하는 것은 자기 자신이 아니라 그와 친화적인 보편성이다— 의미들을 알리고자 시도하든가, 더욱 빈번하게는, 이 문자가 소위 음소音素의 면에서, 첫 글자가 표현되어야 할 소리와 발음상 같은 소리를 갖는 한 대상을 도해함으로써, 개별 글자들을 지시하든가 하기 때문이다.

---

147 역주: 이집트 신왕국시대의 테베에서 최고의 신으로 숭배되었으며, 후일 태양신 라(Ra)와 결합하여 아문라(Amun-Ra) 또는 아몬라라고 불렸다. 아몬신은 초기에는 숫양의 머리를 한 반인반수의 동물로, 후일에는 턱수염을 늘어뜨린 남성의 모습으로 표현된다.

3. 완전한 상징: 멤논, 이시스와 오시리스, 스핑크스

무릇 이집트에서는 거의 모든 형상이 상징이자 상형이다. 그것들은 자기 스스로를 의미하는 대신 자신과 친화적인, 이로써 연관이 있는 제3의 것을 지시한다. 하지만 본격적 상징들은 이 관계가 보다 근본적이고 깊을 때 비로소 완전하게 성립한다. 이와 관련하여 나는 종종 회자되곤 하는 아래의 관점들만을 간략히 언급하고자 한다.

a) 한편에서는 이집트의 미신이 동물형상에서 신비로운 내면성을 예감하며, 마찬가지로 다른 한편에서는 [462] 주관성의 내면이 여전히 인간형상의 외부에 있는 까닭에 자유미로의 발전이 불가능하게끔 표현되어 있음을 본다. 특히 진기한 것은 예의 멤논 거상巨像들이다. 이것들은 자신 안에 고요히 머물며, 움직임이 없으며, 두 팔은 몸에 붙이고, 두 발은 나란히 모으며, 경직되고 뻣뻣하고 활기가 없으며, 또한 태양을 향해 마주 서 있으니, 그들을 어루만져 영혼과 소리를 불어넣는다고 하는 빛을 기다리기 위함이다. 적어도 헤로도토스는 말하기를, 멤논 거상들은 일출시 스스로 소리를 내었다고 한다.[148] 좀 더 수준 높은 비판은 이 사실을 의심했지만, 최근 프랑스인과 영국인들이 소리가 난다는 것을 재확인했던바, 그 울림이 여타의 장치들에 의해 발생하지 않을진대 예의 석상들의 소리는, 광물질들이 물속에서 바삭바삭 소리를 내듯이, 이슬과 새벽 한기에 의해, 다음으로는 그 위로 쏟아지는 태양빛에 의해 작은 균열들이 발생, 소멸을 반복함으로써 생기는 것으로 설명된다. 그러나 이 거상들에게는 하나의 의미가 상징으로서 부여될 수 있으니, 그들은 정신적 영혼을 자유롭게 자신 속에 갖지 못하며

---

148 역주: 헤겔의 이 기억은 오류에 근거하고 있다. 그의 전거는 아마도 그러한 조상(彫像)을 언급하는 타키투스의 『연대기』, ii, 61인 것으로 보인다.

따라서 척도와 미가 내포된 내면에서 활기를 취한다기보다는 이를 위해 외부로부터 빛을 필요로 하며 이 빛이 비로소 그들에게서 영혼의 소리를 꼬드긴다는 것이다. 이에 반해 인간의 음성은 외부의 자극 없이 고유한 감응과 고유한 정신으로부터 울린다. 마치 내면이 자신을 스스로부터 형상화할 때 무릇 예술의 정점이 성립하듯 말이다. 그러나 인간적 형상의 내면은 이집트에서는 아직 무언無言으로 있으니, 그 영활의 면에서는 다만 자연적 계기가 고려될 뿐이다.

b) 더 나아간 상징적 표상방식은 이시스와 오시리스이다. 오시리스는 만들어지고 태어나고 티폰에 의해 살해되지만 이시스는 흩어진 사지를 찾고 발견하고 모아서 매장한다. 그런데 이러한 신 이야기는 우선은 단순한 자연의미들만을 내용으로서 갖는다. 오시리스는 한편으로는 태양이자 그의 이야기는 [463] 태양 순환의 상징이며, 다른 한편으로는 전체 이집트에 풍요를 가져온다는 나일강의 상승과 하강이다. 왜냐하면 이집트에서는 흔히 일년 내내 강우가 없으며, 나일강의 범람이 비로소 대지를 적시기 때문이다. 나일강은 동계에는 강바닥에 얕게 흐르다가 하지부터(헤로도토스 II, 19) 백일간 불어 둑을 넘어 멀리 대지 위로 흐른다. 물은 종국에는 사막의 열기와 열풍으로 인해 다시 증발하여 강바닥으로 되돌아간다. 그러면 힘들이지 않고도 경작이 가능하고 아주 풍성한 채소가 쑥쑥 자라며 만물이 싹트고 성장한다. 태양과 나일강, 그 약해짐과 강해짐은 이집트 토양의 자연력들이며, 이집트인은 인간적으로 형상화된 이시스와 오시리스의 이야기 속에서 이것들을 상징적으로 가시화한다. 그런가 하면 또한, 십이신의 숫자가 달과 결부되어 있듯이, 계절의 순환과 결부된 수대獸帶의 상징적 표현도 여기에 속한다. 그러나 역으로 오시리스는 인간적인 것 자체를 의미하기도 한다. 오시리스는 경작, 농지 및 재산 분할, 법률들 등의 정초자로서 신성시되며, 그런 까닭에 그의 경배는 인륜적, 사법적인 것과 매우 긴밀하게 공동의 장

을 갖는 인간적, 정신적 활동들과도 마찬가지로 연관한다. 그뿐만 아니라 그는 죽음의 재판관이기도 하며 이를 통해 단순한 자연적 삶에서 완전히 떨어져 나간 하나의 의미를 얻는바, 이 의미에서는 내면적, 정신적인 것 자체가 인간적 형상의 내용이 되며 이로써 이 형상은 고유한 내면을 표현하기 시작하는 관계로 상징적인 것은 여기에서 그치기 시작한다. 그러나 이러한 정신적 과정은 그에 못지않게 또다시 외적인 자연적 삶을 의미내용으로서 취하며 또한 그것을 외적으로 인지하게끔 만든다: 예컨대 사원들에서는 계단의 수, 층수, 기둥들의 수가 그렇고, 미궁들에서는 복도, 미로, 방들의 다양성이 그렇다. 이렇듯 오시리스는 다양한 계기들을 갖는 그의 과정과 변신 속에서 자연적인 삶으로도, [464] 정신적인 삶으로도 존재하니, 상징적 형상들은 한편으로는 자연요소들을 위한 상징이자 다른 한편으로는 자연상태 자체가 다시 오롯이 정신적 행위 및 그 변화의 상징으로서 있는 것이다. 그럴진대 인간형상도 역시 여기서는 [멤논 거상들의 경우와 같이] 단순 인격화에 머물지는 않으니, 이유인즉 여기서는 자연적인 것이 한편으로는 고유한 의미로서 현상하되 다른 한편으로는 그 자체가 또다시 정신의 상징이 될 뿐이며, 또한 무릇 내면이 자연관의 밖으로 벗어나고자 조바심을 내는 이 영역에서는 그것이 [내면의] 하위에 속할 수 있기 때문이다. 하여간 인간의 신체형식이 완전히 다른 형성을 지니며 이를 통해 이미 내면적, 정신적인 것 속으로 침잠하려는 노력을 보여 주는 것은 사실이지만, 이 노력은 정신적인 것 내면의 자유라는 자신의 고유 목표를 제대로 달성하지 못한다. 형상들은 거대하고, 엄숙하고, 경직된 채로 머문다. 다리들은 밝은 명료함과 자유가 없으며, 팔과 머리는 우아함과 생동적인 움직임이 없이 그 밖의 신체에 밀착해 있다. 팔과 발들을 떼어 놓고 신체에 운동성을 부여했던 기술은 다이달로스[149]에게 처음 속하는 것이다.

이제 예의 교차상징성으로 인하여 이집트에서는 상징이 동시에 상징들의 전체이기도 하며, 그리하여 일단 의미로서 등장하는 것이 다시 연관된 영역의 상징으로도 역시 사용된다. 상징적인 것은 의미와 형상을 뒤섞고, 실제로 다중적인 것을 예고하거나 암시하며, 또한 이를 통해 이미 내적 주관성으로 다가가되, 이 주관성은 많은 방향으로 향할 수 있는바, 상징적인 것의 이러한 다의적 결합은 이 형상들의 —비록 이것들의 설명이 다의성으로 인해 물론 난항을 겪기 하지만— 장점인 것이다.

사실상 거의 모든 형상은 직접적으로 상징인 듯 보이며, 그런 까닭에 그러한 의미를 해독함에 있어서 오늘날 우리들은 분명 과오를 범하곤 한다. [465] 우리는 그 의미를 우리의 방식으로 설명하려 들지만, 과연 이집트의 직관에 대해서도 그 방식에 따라 의미가 의미로서 명쾌하게 이해될지는 모를 일이다. 그러나 우리가 시작하자마자 보았듯이 이집트의 상징들은 함축적으로는 많은 것을 포함하지만 명시적으로는 그렇지 않다. 스스로에게 명쾌해지려는 작업들이 있긴 했지만, 그것은 즉자대자적으로 판명한 것을 구하려는 씨름에 머물고 있다. 이러한 의미에서 우리가 이집트의 예술작품들에서 목도하는 것은 그것들이 수수께끼를 포함한다는 사실이며, 또한 부분적으로는 그 올바른 해독이 비단 우리뿐만 아니라 대개의 경우 그 해독을 자임했던 여러 사람들에게도 성공적이지 않다는 사실이다.

c) 그러므로 이집트 예술작품들의 비밀스러운 상징성은 수수께끼, 그것도 객관적 수수께끼 그 자체이다. 이집트 정신의 이러한 고유한 의미를 위한 상징으로서 우리는 스핑크스를 들 수 있다. 그것은 말하자면 상징적인 것 자체의 상징이다. 우리는 이집트에서 수백 기가 일렬로 늘어설 정도로

---

149 역주: 아테네의 조각가이자 건축가로서 스스로 움직이는 조상을 만들었다고 전해진다. 그는 또한 미노스왕을 위해 크레타에 미궁을 건설하기도 했다. 예를 들어, 아폴로도로스의 『연대기』 III, xv. 8, 에우리피데스의 『헤쿠바』, 836 이하 등에 이 이야기가 전한다.

수없이 많은 스핑크스상들을 보는데, 이 상들은 잘 다듬은 매우 굳은 암석으로 되었으며 상형문자들로 뒤덮여 있으며 카이로 근처에 있는 것은 사자 발톱만으로도 성인의 키가 될 정도로 거대하다. 누워 있는 동물 몸통이 있고, 여기에 상체로서 인간의 신체가, 종종 양≢ 머리도 있지만 대개는 여성의 머리가 치솟아 있다. 동물적인 것의 둔중한 강력함에서 인간의 정신이 돌출하고자 애쓰는데, 이 정신은 아직 자신의 타자와 혼합되고 연계된 채 머물러야 하는 까닭에 자신의 고유한 자유 및 운동하는 형상의 완벽한 표현에는 이르지 못하고 있다. 자의식적 정신성을 향한 이러한 충동, 자신에게 유일하게 알맞은 실제에서 자신을 스스로 파악하는 대신 그저 자신과 친화적인 것에서 자신을 직관하며 또한 마찬가지로 자신에게 이질적인 것에서 자신을 의식하는 정신성을 향한 충동이 상징적인 것 일반으로 존재하니, 이것은 이 정점에 이르러 수수께끼로 화한다.

그 자체가 다시 상징적이라고 해석될 수 있는 그리스 신화에서 스핑크스가 수수께끼를 내는 괴물로 등장하는 것도 이러한 의미에서이다. 스핑크스는 [466] 아침에는 네 다리로, 낮에는 두 다리로, 저녁에는 세 다리로 걷는 자가 누구인가 하는 잘 알려진 수수께끼를 묻는다. 오이디푸스는 그것이 사람일 것이라는 간단한 해답을 발견했으며, 스핑크스를 바위에서 떨어뜨렸다. "너 자신을 알라"라는 그리스의 유명한 명구銘句150가 인간에게 외치듯, 상징의 해독은 즉자대자적 의미, 즉 정신 가운데 놓여 있다. 의식의 빛은 명료성이며, 이 명료성은 자신의 구체적 내용을 의식 자체에 속한 적절한 형상을 통하여 밝게 내비치게끔 만들어 자신의 현존재에서 오로지 자신만을 계시한다.

---

150 역주: "너 자신을 알라"라는 말은 델피의 아폴로 신전에 새겨진 글귀였다. 플라톤, 『프로타고라스』, 343B.

제2장
숭고의 상징성

상징적 예술의 목표는 수수께끼 없는 명료성, 즉 자신을 자신에게 적합하게 형상화하는 자기기인적 정신의 명료성이다. 그리고 이 명료성은 의미가 우선 전체 현상계와 분리되어 그 자체로서 의식화됨으로써만 달성될 수 있다. 왜냐하면 고대 파시교도들의 경우에는 양자의 통일성이 직접적으로 직관됨으로써 예술의 부재가 야기되었으며, 인도인들의 판타지적 상징성은 [양자의] 분리와 그 분리에도 불구하고 요구되었던 직접적 결합 사이의 모순에 의해 야기되었으며, 그런가 하면 이집트인들의 경우에도 내면적인 것, 즉자대자적 의미를 갖는 것이 현상적인 것으로부터 분리되어 자유롭게 인식될 가능성이 여전히 결여되어 있으며 또한 이것이 상징적인 것의 수수께끼 같은 어둠에 근거를 제공했기 때문이다.

이제 즉자대자적 존재자가 감각적 현재로부터, 외적인 것의 경험적 개체성으로부터 정화되어야 할진대, 그 첫 번째의 결정적 정화 내지 분명한 이탈은 숭고에서 발견된다. 숭고는 절대자를 일체의 직접적 실존 너머로 고양시키며, 이를 통해 일단은 추상적인 —적어도 정신적인 것의 기초가 되는— 해방을 성취한다. 왜냐하면 [467] 이렇듯 고양된 의미가 아직 구체적 정신성으로 이해되지는 않더라도, 하여간 그것은 본성상 유한한 현상들에서 자신의 참된 표현을 발견할 수 없는 내면으로서, 내적으로 존재하는 자기 기인적 내면으로서 간주되기 때문이다.

칸트는 숭고와 미를 대단히 흥미롭게 구분했으며 또한 이에 관한 『판단력 비판』 제1부 20절 이하의 상론은 갖가지 장광설에도 불구하고, 그리고 기본적으로 모든 규정을 주관적인 것으로, 즉 심정, 상상력, 이성 등등의 능력으로 환원시킴에도 불구하고, 한결같이 흥미를 끌고 있다. 일반론적으로 볼 때 이러한 환원은, 우리가 우리 속의 자연을 능가하며, 이를 통해 우리 밖의 자연을 능가한다는 사실을 의식하는 한, 숭고가 —칸트 스스로가 표현하듯— 자연의 사물들에 포함되지 않고 오로지 우리의 심정에 포함된다는 그 관계에서는 정당한 것으로 인식되어야 한다. 이러한 의미에서 칸트는 "본격적 숭고는 여하한 감각적 형식에도 포함될 수 없으며 다만 이성 이념들에만 부합하는바, 이 이념들은, 비록 그들에게 적합한 표현이 불가능하더라도, 바로 이러한 부적합성이 감각적으로 표현됨으로써 활성화되고 또 심정에 환기된다"(『판단력 비판』 제3판, 23절 77쪽)고 생각한다. 숭고 일반은 무한자를 표현하려는 시도, 그러나 이 표현에 어울림 직한 대상을 현상의 영역에서 발견하지 못하는 시도이다. 무한자는, 대상성의 전 복합체에서 벗어나 독자적으로 비가시적, 비형상적 의미로서 정립되고 내면화된다는 바로 그 이유로 인해, 그 무한성에 따르는 진술이 불가능한 것으로, 그리고 유한자를 통한 일체의 표현을 능가하는 것으로 머문다.

이제 여기에서 의미가 획득하는 첫 번째 내용은 그 의미가 현상들의 총체성과는 대조적으로 내적으로 실체적인 일자, 스스로가 순수한 사상으로서 오로지 순수한 사상에 대해서만 존재하는 일자라는 사실이다. 그렇기 때문에 [468] 이 실체는 지금은 외적인 것에 기대어 자신을 형상화할 수 없게 되며, 그런 한에서 본연의 상징적 성격은 사라진다. 그런데 이 내적으로 하나인 것이 혹여 가시화된다면, 이는 오로지 그것이 실체로서 파악될 뿐만 아니라 만물의 창조적 권능으로서도 파악되어야 하며 따라서 만물에 즉해 자신을 계시하고 현상시키며 이로써 만물에 대해 하나의 긍정적 관계를 맺음으로써만 가능하다. 그러나 동시에 일자의 규정에서는 실체가 개별 현상들 자체 및 그들의 총계를 능가한다는 사실이 마찬가지로 표현되기도 하니, 무릇 이를 통해 좀 더 정합적인 과정을 거치면서 예의 긍정적 관계는 부정적 관계로, 즉 특칭적이며 그런 까닭에 또한 실체에 부적합하여 그 속에서 소멸해 가는 현상체로부터 정화되는 관계로 변모한다.

자신이 드러내는 것 자체를 통해 자신이 다시 소멸되며 그리하여 내용의 드러남이 드러내기의 지양으로 나타나는 이러한 형상화가 숭고성이니, 이로써 우리는 숭고성을, 칸트가 그리하듯, 심정과 그 이성이념이라는 단순한 주관적 요소 속으로 떼밀어서는 안 되며, 오히려 그것이 표현 가능한 내용으로서의 절대적 실체 속에 자리매김하는 것으로서 이해해야만 한다.

이제 숭고의 예술형식의 분류도 마찬가지로 방금 시사된 관계, 즉 현상계에 대해 의미로서의 실체가 갖는 이중적 관계에서 얻어진다.

한편으로는 긍정적이며 다른 한편으로는 부정적인 이러한 연관성의 공통점은 개별 현상에 즉해 표현되어야 하는 실체가 이 현상 너머로 고양된다는 점에 있으니, 까닭인즉 비록 실체가 오직 현상적 요소 일반과의 관계에서만 언표 가능할지라도, 그것은 실체이자 본질성인 까닭에 내면 자체로서는 비형상적이며 또한 구체적 가시화에 접근할 수 없기 때문이다.

[469] 첫 번째 지적한 긍정적 이해방식으로서는 범신론적 예술을 들 수 있는데, 이것은 때로는 인도에서 때로는 모하메드교적인 페르시아 후기 시인들의 자유와 신비주의에서 나타나며 또한 그리스도교적 서구에서도, 사상과 심정이 한층 심오한 내면성을 얻었음에도 불구하고, 재발견된다.

일반론적으로 볼 때 이 단계에서는 실체가 일체의 우연한 피조물들에 내재하는 것으로서 직관되니, 이 우연자들은 따라서 아직 절대자의 찬양을 위해 소용되는 단순한 장식으로서 격하되어 있다기보다는, 비록 그 모든 개체들에서 오로지 일자와 신성만이 표상되고 떠올라야 마땅하다손 쳐도, 내재하는 실체를 통해 스스로를 긍정적으로 보존하니, 이로써 또한 시인은, 즉 만물에서 이 일자를 간취하고 경탄하며 사물들이 그러하듯 자기 자신도 역시 이 직관 속으로 침잠시키는 시인은 그가 만물과 결합시키는 실체에 대한 하나의 긍정적 관계를 간직할 수 있는 것이다.

우리는 두 번째 지적한 이해방식, 즉 유일신의 권능과 영광의 부정적 찬미를 헤브라이 시문학에서 본격적 숭고로서 조우한다. 헤브라이 시문학은 피조현상들에서 절대자의 긍정적 내재성을 들어 올리고 유일의 실체를 대자적으로 세계주主로서 한쪽에 정립하니, 전체 피조물들은 이 실체에 마주 서 있으며 또한 신과의 관계에서는 내적으로 무력한 소멸자로서 정립된다. 이제 일자의 권능과 지혜가 자연사물과 인간적 운명의 유한성을 통해 표현되어야 한다손 쳐도 이 시점에서 우리가 발견하는 것은 더 이상 인도풍의 대중없는 기형으로의 왜곡이 아니니, 현존하는 것은 그 일체의 휘황찬란함에도 불구하고 신적 본질과 영속성에 비교한다면 다만 하나의 봉사적 우유성이자 일과적 가상으로 표현될 뿐이라는 사실을 통해 신의 숭고성은 한층 더 가시화에 근접한다.

A
예술의 범신론 [470]

오늘날 사람들은 범신론이란 말만 들어도 매우 조잡스러운 오해를 하곤 한다. 왜냐하면 한편으로 현대적 의미에서의 '모든 것'(범凡)이란 지극히 경험적인 개별성 속에 있는 각각의 모든 것을 뜻하기 때문이다. 예컨대 이 색, 그러저러한 크기, 그런 형태, 그런 무게 등등의 그 모든 속성의 면에서 본 이 깡통, 혹은 저 집, 책, 동물, 저 책상, 의자, 난로, 새털구름 따위가 그것이다. 이제 금일의 많은 신학자들이 철학은 모든 것을 신으로 만든다고 주장할진대, 방금 접했던 단어의 의미에서 보자면 철학에 부담을 주는 이 사실과 그것을 빌미로 철학에 대해 제기되는 불평은 완전히 잘못된 것이다. 범신론에 대한 그런 식의 생각은 오직 미친 머리들에서나 생길 뿐이니, 그것은 심지어 [북미 대륙의] 이로쿼이 인디언들이나 에스키모들의 종교를 포함한 여하한 종교나 여하한 철학에서도 발견되지 않는다. 그러니까 이른바 범신론에 담겨 있는 '모든 것'의 개념은 이러저러한 개체성의 모음이 아니라 오히려 전소(全素)이라는, 즉 유일 실체성이라는 의미에서의 모든 것이니, 이 유일 실체성은 개체성들에 내재하지만 개체성 및 그 경험적 실제의 사상捨象을 수반하는바, 여기서 강조되고 의미되는 것은 개체적인 것 자체가 아니라 보편적 영혼 내지, 좀 더 대중적으로 표현하자면, 이러한 개체적인 것에서조차 하나의 현재를 갖는 참된 탁월함이다.

이것이 범신론의 본격적 의미를 이루며 또한 여기서 우리는 오직 이 의미에서만 범신론에 관해 논해야 한다. 범신론은 특히 동방에 속하니, 동방은 신성의 절대적 통일성에 관한 사상과 만물에 관한 사상이 이러한 통일성 가운데 있는 것으로서 이해한다. 이제 일즉전一即소, Einheit und All으로서의 신성은 신성이 현재한다고 이야기되는 하나하나의 개체성들이 다시 사라짐으로써 오로지 의식될 수 있다. 그러니까 한편으로 여기서는 신성이 극히 다양한 대상들에 내재하는 것으로서, 그것도 좀 더 자세히 보면, 상이한 실존들 사이에서, 그리고 그들 속에서 [471] 가장 탁월하고 특출한 것으로서 표상되지만, 다른 한편 일자가 이것이자 다른 것으로, 그리고 또다시 다른 것으로 있으며 또한 모든 것 속을 주유周遊하는 관계로, 바로 이 때문에 개체성들과 특수성들은 지양되고 사라지는 것으로서 현상하니, 까닭인즉 모든 각각의 개체가 일자인 것은 아니며 오히려 전체적 개체성들이 —이것들은 직관적으로 보면 전체성 속에서 사라진다— 일자이기 때문이다. 왜냐하면 일자가 예컨대 삶이라면 그것은 다시 죽음이기도 하며 이로써 반드시 삶만은 아니며, 그런고로 삶, 태양 혹은 바다가 삶, 태양 혹은 바다로서 신적인 것 내지 일자를 형성하는 것은 아니기 때문이다. 그러나 동시에 여기서는, 본격적 숭고성에서와 달리, 우연적인 것이 아직 분명하게 부정적, 봉사적인 것으로서 정립되어 있지 않고, 반대로 실체는 모든 특수한 것들 속에서 이 하나의 일자로 있는 관계로, 즉자적으로 하나의 특수하고 우연적인 것이 된다. 하지만 역으로 이 개체적인 것은 스스로가 우연적인 것이 되며, 실체는 그 너머로 올라가 숭고한 것이 된다. 왜냐하면 개체적인 것도 마찬가지로 변화하며 또한 판타지는 실체를 하나의 특정 현존재에 제한하는 대신 다른 규정성으로 계속 진행하기 위하여 각각의 규정성을 넘어가고 또한 그것을 폐기하기 때문이다.

따라서 그러한 직관방식은 시문학을 통해서만 예술적으로 언표될 뿐 조형예술들을 통해서는 불가능하다. 왜냐하면 규정되고 개체적인 것은 그 실존 속에 현전하는 실체를 향해 마땅히 지양되어야 하지만, 조형예술들은 그것을 현존하며 고정된 것으로서 가시화하기 때문이다. 범신론이 순수하게 존재하는 곳에서는 어떠한 조형예술도 그 표현방식에 적절하지 않다.

1. 인도의 시문학

우리는 그러한 범신론적 시문학의 첫 번째 사례로서 판타지적 요소 이외에 이 측면도 역시 멋지게 육성했던 인도의 시문학을 다시 거론할 수 있다.

[472] 이미 보았듯이 인도인들은 최상위의 신성으로서 매우 추상적인 보

편성과 통일성을 갖는다: 이것들은 트리무르티, 인드라 등등의 특정 신들로 이어지지만, 특정 신을 고수하지 않고 하위의 신들을 다시 상위의 신들로, 상위의 신들을 브라만으로 되돌아가게끔 한다. 이미 이 점에서 이 보편자가 만물의 유일한 자기동일적 근거를 형성한다는 사실이 드러난다. 그리고 인도인들이 그들의 시문학에서 이중의 노력, 즉 이미 개별 실존의 감성이 보편적 의미에 적합하게 현상하도록 개별 실존을 과장하거나 아니면 역으로 유일한 추상에 대비해서 일체의 규정성을 부정적으로 포기하려는 노력을 보여 주는 것은 물론이지만, 그럼에도 다른 한편 그들에게서도 역시 방금 시사된 범신론, 즉 직관상으로 생멸生滅을 반복하는 개별자에서 신적 요소의 내재성을 부각시키는 범신론의 비교적 순수한 표현양식이 나타난다. 사람들은 혹 이러한 이해방식에서 파시교도들을 다루면서 접했던 순수 사상과 감성 간의 직접적 통일과 비슷한 점을 재발견하려 들지도 모른다. 그러나 파시교도들의 경우에는 대자적으로 견지되는 최고의 일자가 그 자체로서 하나의 자연적인 것, 즉 빛인 데 반해 인도인들의 경우 일자인 브라만은 오로지 비형상적 일자인바, 이 일자가 세계현상의 무한한 다양성으로 변형됨으로써 비로소 범신론적 표현양식을 유발하는 것이다.

그리하여 예컨대 『바가바드 기타』 7장 4절 이하에서는 크리슈나[151]에 관해 다음과 같이 이야기된다: "흙, 물과 바람, 공기와 불, 정신, 지성 그리고 자아는 나의 여덟 가지 본질력이니라. 하지만 그대여, 나에게서 현세를 생기 있게 하고 세계를 버티는 또 다른 한층 높은 본질을 인식할지어다. 만물은 그 속에 원천을 두니, 그리하여 그대 알지어다, 나는 이 전 우주의 원천이며 절멸이기도 하니라. 나의 밖에 더 높은 것은 없으며, 진주 구슬들이 끈

---

151 역주: 크리슈나는 세계의 유지를 담당하는 비슈누의 여덟 번째 화신이다.

에 꿰어 있듯 나에게 이 우주가 달려 있으며, 나는 흐르는 물속의 맛이며, 나는 태양과 달 속의 광채며, [473] 성전[즉 『베다』] 속의 신비로운 낱말[즉 'Om' 혹은 'Aum': 힌두교의 절대자의 상징]이며, 남성 속의 남성성이며, 대지 속의 순수 향香이며, 불꽃 속의 광채며, 모든 존재들 속의 생명이며, 고행자 안의 고행 이며, 생명체 안의 생명력이며, 현자 안의 지혜며, 광명체 안의 광채이니라. 순정純正하거나 빛나거나 어두운 본성들은 어떤 것이든 내게서 비롯하며, 내가 그들 속에 있지 않고 그들이 내 속에 있느니라. 이 세 가지 속성들의 기만을 통해 전 세계가 미혹되어 불변의 나를 곡해하나, 신적 기만인 마야 조차도 나의 기만이니 넘어서기 어려울 것이니라. 하지만 나를 따르는 자 들은 기만을 넘어 나아가리라." 여기서는 현전하는 것의 내재성이라는 관 점에서뿐만 아니라 개체의 초월이라는 관계에서도 지극히 대단한 실체적 통일성이 엄청 놀랍도록 이야기되고 있다.

비슷한 식으로 크리슈나는 10장 21절 이하에서 자신이 형형색색의 모든 존재들 가운데서 언제나 "별들 중 나는 빛나는 태양이며, 달들의 무리 중 달 이며, 성서들 중 송가집이며, 감관들[152] 중 의근意根이며, 산의 정상들 중 메 루[153]이며, 동물들 중 사자이며, 글자들 중 나는 [첫 글자인] 모음 '아'이며, 계 절들 중 꽃피는 봄이며" 등등으로 가장 탁월한 자임을 말하고 있다.

그런데 가장 탁월한 자임을 알리는 이러한 열거나 그저 하나의 같은 것 을 거듭거듭 가시화하는 형상들의 단순 치환은, 우선은 아무리 풍부한 판 타지가 그 안에서도 펼쳐지는 것으로 보인다고 해도, 그럼에도 내용의 바 로 이러한 유사성으로 인해 극히 단조롭고도 전체적으로 공허하며 지루한

---

152 역주: 여기서는 육식(六識)을 낳는 여섯 가지 근원, 곧 안(眼)·이(耳)·비(鼻)·설(舌)·신(身)·의(意)를 가리 킨다.
153 역주: 메루는 묘고(妙高)·묘광(妙光)의 의미를 갖는 산스크리트어 수메루(Sumeru)의 약어인바, 이것이 불교에 도입되어 수미산으로 되었다.

것으로 머문다.

2. 모하메드교의 시문학

동방의 범신론은 둘째, 특히 페르시아인들의 모하메드교에서 한층 고차적으로, 그리고 주관적인 면에서 한층 자유롭게 발전되었다.

[474] 그런데 여기서는 주로 시적 주관의 면에서 하나의 독특한 관계가 나타난다.

a) 즉 시인은 만물에서 신적 요소를 간취하고자 열망하거니와 또한 그것을 실제로 간취함으로써 이제 그는 반대급부로 자신의 고유한 자아마저도 포기하지만, 그런 만큼 확장, 해방된 자신의 자아에서 신적 요소의 내재성을 그에 못지않게 이해하며 이를 통해 그에게서는 동방 고유의 예의 명랑한 내적 감정, 예의 자유로운 행복, 예의 삼매三昧의 열락이 자라나니, 그는 고유의 특칭성에서 풀려나 철두철미 영원절대의 경지로 침잠하며 또한 만물에서 신성의 이미지와 현재를 인식, 감응한다. 신성의 그러한 자기관류와 신 안에서 지복을 누리는 그러한 도취된 삶은 신비주의에 접경한다. 무엇보다 이 점에서는 잘랄-에드-딘 루미[154]가 칭송을 받을 만하니, 뤼케르트[155]는 그에 관해 자신의 놀라운 표현력을 동원하여 ―그는 이 능력 덕택에 어휘들과 각운들을 페르시아인들이 한 것과 마찬가지로 매우 예술성이 풍부하면서도 자유롭게 다룰 수 있었다― 극히 아름다운 시구들을 우리에게 전달해 주었다. 인간은 무제한의 헌신을 통해 자신의 자아와 신을 동일시하며 또한 그를, 그 일자를 전 우주공간에서 간취하며 매사를 그와 연관 짓고 그에게

---

154 역주: Jalāl ad-Dīn Mohammad Rūmī(1207~1273), 이슬람 신비주의자 시인.
155 역주: F. Rückert(1788~1866), 시인이자 동방학자.

로 환원시키는바, 여기서 중심점을 이루는 것은 신을 향한 사랑이니, 이 중심점은 아주 멀리까지 모든 측면과 지역에 걸쳐 확장된다.

b) 이제 나아가, 본격적 숭고에서는 최상의 대상들과 가장 탁월한 형상들이 신을 모든 피조물의 주인으로서 찬양하려는 단지 그 목적에서 우리의 목전에 놓이는 까닭에 그것들은 그저 신의 단순한 장식물로서 사용되며 또한 일자의 찬란함과 영광을 선포하기 위해 소용될 뿐이라면, 이에 반해 범신론에서는, 곧 보게 될 바와 같이, 대상들에 내재하는 신적 요소로 인하여 세속적, 자연적, 그리고 인간적 현존재 자체가 고유하면서도 한층 독자적인 찬연함으로 고양된다. 정신적인 것이 자연현상들과 인간관계들 속에서 자신의 삶을 산다는 것은 그것들 자체에 생명과 정신이 깃들게 하는 것이며, [475] 또한 재차 시인이 노래하는 대상들에 대해 시인의 주관적 감응과 영혼이 갖는 독특한 관계를 정초하는 일이다. 이러한 영활의 찬란함으로 채워질 때 심정은 자신 속에서 고요하고 독립적이며, 자유롭고 독자적이며, 폭넓게 존재한다. 또한 심정은 자신과의 이러한 긍정적 동일성을 이룩함으로써 이제 똑같은 고요한 통일성을 위해 사물들의 영혼 속으로 들어가 상상하고 살아가기도 하며 자연대상들 및 그들의 광채, 연인, 주막과 더불어, 무릇 찬양과 사랑을 받을 만한 일체의 것과 더불어 비할 바 없는 지복과 즐거움의 깊은 감정으로 성장한다.

서양에서는 낭만적 깊은 감정의 심정이 이와 비슷한 몰입의 삶을 보여주기는 하지만, 그것은 전체적으로, 특히 북유럽에서는 차라리 불행하며, 부자유스러우며, 동경에 찬 채로 있거나 혹은 하여간 한층 주관적으로 자신 속에 갇힌 채 머무르며, 이로써 이기적, 감상적인 것으로 변한다. 그러한 억눌리고 혼탁한 깊은 감정은 특히 야만 민족들의 민요들에서 언표된다. 이에 반해 자유롭고 행복한 깊은 감정은 동방의 사람들에게, 주로 모하메드교의 페르시아인들에게 고유한 것인바, 이들은 열린 자세로 기꺼이 그들의 전체 자신을 신뿐만 아니라 일체의 칭송받을 만한 것에 헌납하되 이러한 헌납 속에서 바로 자유로운 실체성을 유지하니, 그들은 주위의 세계와 관계해서도 이러한 실체성을 보존할 줄 안다. 그리하여 우리가 열정의 백열에서 보는 것은 극도로 확장된 감정의 열락과 솔직함이며 또한 이를 통해 찬란하고 화려한 무진장의 이미지에도 불구하고 기쁨과 아름다움과 행복의 한결같은 음조가 울리는 것이다. 동방의 사람들은 고난과 불행을 맞아 그것을 피할 수 없는 운명의 심판으로 받아들이며 또한 그 경우 중압감, 과민 혹은 욕구불만의 우울함이 없이 내적으로 안정된 상태를 유지한다. 하피스의 시들에서 우리는 사랑하는 여인, 주막 등등에 대한 불평불만을 한껏 보지만, 그럼에도 그는 고통 속에서도 행복할 때처럼 근심 없이 머문다. 예컨대 언젠가 그는 다음과 같이 말한다:

> [476] 친구의 현재가 너를 밝힘을
> 감사하는 마음으로
> 초와 같이 고통 속에서 타거라
> 그리고 만족할지어다.

초는 웃기와 울기를 가르친다, 초는 뜨거운 눈물 속에서 녹으면서도 동시에 불꽃을 통한 명랑한 광채에 웃음 짓는다. 초는 자신을 태우면서 명랑한 광채를 퍼뜨린다. 이것은 이 전체 시문학의 일반적 특성이기도 하다.

페르시아인들은 몇몇의 보다 특수한 이미지들을 거론하기 위해 꽃과 보석들을 많이 차용하지만 무엇보다 장미와 밤꾀꼬리를 차용한다. 특히 그들에게는 밤꾀꼬리가 흔히 장미의 신랑으로 표현된다. 밤꾀꼬리의 사랑과 장미의 이러한 영활은 예컨대 하피스에게서 자주 나타난다. 그는 "장미여, 그대 미의 여왕임을 감사히 여겨 밤꾀꼬리의 사랑에 거만하지 마소서"라고 읊는다. 그는 스스로 자신의 고유한 심정의 밤꾀꼬리에 대해 이야기하는 것이다. 반면 우리의 시들에서 장미, 밤꾀꼬리, 포도주 등이 거론될 경우 이는 완전히 다른, 산문적 의미에서 나타나니, "장미의 화환을 쓰고" 등으로 장미가 장식으로 소용되거나, 밤꾀꼬리를 듣고 그에 따라 감응하거나, 와인을 마시면서 그것을 근심 파괴자라고 부른다. 그러나 페르시아인들의 경우에는 장미가 이미지, 단순 장식물, 혹은 상징이 아니며, 시인에게는 그 자체가 영혼으로, 사랑스러운 신부로 보이니, 시인은 자신의 정신과 더불어 장미의 영혼 속으로 침잠한다.

최근의 페르시아 시들도 같은 특성의 찬란한 범신론을 여전히 보여 준다. 예컨대 폰 하머[156] 씨는 샤Schah의 여러 선물들 중에서 샤의 행적을 삼만삼천의 이행연구二行聯句에 담고 있는 한 편의 시에 관해 보고하였는데, 그것은 1819년 카이저 프란츠에게 전달되었으며 또한 샤는 그 궁정시인에게 자신의 이름을 수여하였다.

[477] c) 괴테 역시 비교적 불투명한 청년기 시들 및 그 집중화된 감정과는 대조적으로 후년에는 이러한 넉넉하고 근심 없는 명랑성에 감싸였으며 또한 말년에 이르면 동방의 입김에 감화되어 가없는 지복으로 가득한 시적 혈기의 백열 속에서 이러한 감정의 자유로 건너갔으니, 이 자유는 논쟁적 상황에서조차 극히 아름다운 평온함을 잃지 않는다. 그의 『서동시집』[157]의 노래들은 유희적이지 않고 무의미한 사교적 염사艶事도 아니며 대단히 자유롭고 헌신적인 감정에서 출현했다. 그는 스스로 줄라이카에게 부치는 노래[158]에서 이 감정을 시적 진주들이라고 부르니:

---

156 Joseph von Hammer-Purgstall(1774~1856), 동방학자.
157 역주: 괴테는 83세까지 살았는데, 이 책을 펴낼 당시(1813)에는 64세였다.
158 『서동시집(Der West-östliche Divan)』, 「줄라이카의 책(Buch Suleika)」.

시적 진주들이여,

날 위해 그대 정열의

격렬한 큰 파도가

삶의 황량한 해변에

이들을 흩뿌렸네.

예민한 손가락들에 읽히고

보석 같은 금장식들로 엮였으니,

그는 연인에게 이들을 걸어 달라고 외친다.

걸어 주오 이들을 당신 목에,

당신 가슴에!

수줍은 조개에서 성숙한

알라의 빗방울들을.

그러한 시들을 위해 필요했던 것은 온갖 질풍들 속에서 극대치로 확장된 자기확신의 감각, 심정의 깊이와 청년다움, 그리고

삶의 충동들의 세계이니,

이 세계는 그 가득 찬 노도 속에서

벌써 예감했느니 꾀꼬리의 사랑들과

영혼을 일깨우는 노래를.[159]

---

159 *Der West-östliche Divan*, 「티무르의 책(Buch des Timur)」, "줄라이카에게".

3. 기독교적 신비주의 [478]

이제 주관이 자신을 신과의 통일성 속에서, 또한 신을 주관적 의식 속의 현재로서 감응한다면, 이러한 주관과 관계하여 부각되는 범신론적 통일성은 무릇 신비주의를 낳으며, 또한 이것은 기독교의 내부에서도 위와 같이 비교적 주관적인 방식으로 발전하였다. 나는 그 실례로서 다만 앙겔루스 실레시우스Angelus Silesius를 들고자 하는바, 그는 매우 대담하고 깊은 직관과 감응으로써 사물들 속 신의 실체적 현존재 및 자아와 신, 그리고 신과 인간적 주관성의 통일을 놀랍도록 신비로운 표현력을 동원하여 언급하였다.[160] 반면 동방 고유의 범신론은 이보다는 일체의 현상들 가운데 있는 유일 실체의 직관 및 주관의 헌신을 오로지 강조하는바, 이 주관은 이를 통해 의식의 지극한 확장을 기하며 또한 유한자로부터의 완전한 해방을 통해 찬란하기 그지없는 세계로의 부상扶桑이라는 지복을 달성한다.

B

숭고성의 예술

그런데 전체 우주의 진정한 의미로 이해되는 유일의 실체는 유전流轉하는 현상들 속에 있는 그 현재와 현실성으로부터 벗어나 순수한 내면성이자 실

---

160 역주: 예를 들어 그는 "내가 신의 본성 속에 포함되어 있듯 신은 나의 본성 속에 포함되어 있다"고 말한다(R. A. Vaughan, *Hours with the Mystics* 제2권, 1895, 5쪽 이하). 앙겔루스 실레시우스는 아마도 Johannes Scheffler(1624~1677)의 다른 이름인 듯하다.

체적 힘으로서 자신 속으로 회귀할 경우에만, 또한 이를 통해 유한성에 대립하는 것으로 이해될 경우에만 참되게 실체로서 정립되어 있다. 세속적, 자연적인 것과 대조적으로 신의 본질을 모름지기 정신적이며 비형상적인 것으로 간주하는 이 직관을 통해 비로소 정신적인 것은 감성과 자연성으로부터 완전히 벗어나 유한자 속의 현존재를 떨쳐 내게 된다. 그렇지만 절대적 실체가 현상계에서 벗어나 내면을 향해 반성되었더라도, 그것은 역으로 현상계와의 관계를 지속한다. 이 관계는 현재로서는 위에서 시사된 부정적 측면, 곧 모든 세속적 영역은 [479] 그 현상의 충만함, 힘, 그리고 찬란함에도 불구하고 실체와 관계해서는 분명 내적으로 부정적일 뿐인 것, 신에 의해 창조된 것, 신의 권능에 예속된 것, 그리고 신에게 봉사하는 것으로 정립되어 있다는 측면을 간직한다. 그러므로 세계는 신의 계시로서 간주될 수 있으며 또한 피조물은 여하한 존재의 권리나 자기연관적 권리를 즉자적으로 갖지 않지만, 그럼에도 불구하고 신 자신은 그것이 독자적으로 있도록 허용하고 또 그것에 존립을 부여하는 선의善意이다. 하지만 유한자의 존립은 비실체적이며 또한 창조물은 —만일 그것이 신과 대립한다면— 덧없고 무기력한 것이어서 자신의 정의를 창조자의 선의 속에서 동시에 공표해야 하니, 이 정의에 의해 즉자적으로 부정적인 것은 무기력한 것이며, 이로써 유일한 권능자로서의 실체가 현실적인 것이라는 사실이 나타난다. 예술이 이러한 관계를 자신의 내용 및 형식의 근본관계로서 표명할 경우 그것은 본격적 숭고라는 예술형식을 낳는다. 이상의 미와 숭고는 잘 구분될 수 있다. 왜냐하면 이상에서는 내면이 외적 실제를 관류하고 외적 실제의 내면으로 있어, 양 측면은 상호 적합하게, 그리하여 바로 상호 삼투하는 식으로 현상하기 때문이다. 반면 숭고에서는 실체를 가시화하는 외적 현존재가 실체에 대립하는 것으로 격하되니, 까닭인즉 그 자체로서는 비형상적인 유일한 신을, 즉 어떠한 세속적 유한자를 통해서도 자신의 긍정적 본질에 알맞게 표현되지 않는 신을 예술을 통해 가시화하자면 이러한 격하와 예속이 유일무이의 방식이기 때문이다. 내면이 외적인 것에서 현상하지 않고 그것을 초월하며 그리하여 우리가 바로 이러한 초월존재 및 초월행超越行 이외의 어떤 것도 표현할 수 없는 한, 숭고는 외적인 것을 단지 예속된 것으로서 현상케 하는 하나의 독자성 속에 그 의미를 전제한다.

상징에서는 형상이 주된 관심사였다. 형상이 하나의 의미를 가졌다고는 하나, 그것을 완벽하게 표현할 수가 없었다. 이 시점에서는 이러한 상징과 [480] 그 불분명한 내용에 의미 자체와 그 명료한 이해가 대립하니, 그리하여 예술작품은 이제 만물의 의미를 뜻하는 순수한 본질의 주조물이 되지만, 이 본질은 상징에서는 즉자적으로 현존했던 형상과 의미의 부적합성을 세속적인 것 속에서 일체의 세속적인 것을 초월하는 신 자체의 의미인 것으로서 정립하며 그럼으로써 이러한 즉자대자적인 명료한 의미 이외의 어떤 것도 언표해서는 안 될 예술작품 속에서 숭고화된다. 따라서 상징적 예술 일반이 신적인 것을 그 생산을 위한 의미내용으로 취하는 한 우리는 그것을 성스러운 예술이라고 부를 수 있지만, 성스러운 예술 그 자체, 유일하게 성스러운 예술로 불려야만 할 것은 오로지 신에게만 영예를 돌리는 숭고성의 예술이다.

여기서 내용은 전체적으로 그 근본 의미의 면에서 본격적 상징에서보다 더욱 제한적이니, 까닭인즉 본격적 상징은 정신적인 것을 추구하는 노력에 머무르며 또한 그 상호 관계의 면에서 정신적인 것을 자연형상물들로, 그리고 자연적인 것을 정신의 반향들로 변형시킴에 있어 넓은 외연을 갖기 때문이다.

이러한 종류의 숭고성이 갖는 최초의 근원적 규정을 우리는 특히 유대교의 직관 및 그 성스러운 시문학에서 발견한다. 왜냐하면 여기서는 신에 관해 어떠한 충분한 이미지도 초안할 수 없는 관계로 조형예술은 등장할 수 없고 다만 어휘를 통해 표현되는 표상의 시문학만이 등장할 수 있기 때문이다.

이 단계를 좀 더 자세히 고찰해 보면 다음과 같은 일반적 관점들이 드러난다.

1. 세계의 창조주로서의 신

이러한 시문학의 가장 보편적인 내용은 신인데, 그는 자신을 섬기는 세계의 주인이되 외적인 것에서 구현되는 대신 세계 현존재로부터 벗어나 고독한 통일성 속에서 칩거한다. [481] 그러므로 여기서는 본격적 상징예술에서는 아직 하나로 결합되어 있던 것이 신이라는 추상적 대자존재와 세계라는 구체적 현존재의 두 측면으로 분할된다.

a) 유일 실체의 이러한 순수 대자존재로서의 신 자체는 내적으로 형상이 없으며 또한 이러한 추상 속에서 취해지는 까닭에 가시화될 수 없다. 그러므로 이 단계에서 판타지가 포착할 수 있는 내용은 예술에 의한 그에 걸맞은 형상적 표현을 금지하는 까닭에 순수한 본질성에 따르는 신적 내용이 아니다. 따라서 유일하게 남는 내용은 신과 그에 의해 창조된 세계의 관계이다.

b) 신은 우주의 창조자이다. 이것은 숭고성 자체의 가장 순수한 표현이다. 즉 최초로 이 시점에서 신에 의한 만물의 출산이나 단순한 자연적 출현이라는 생각이 사라지고 정신적 권능과 행위에서 비롯하는 창조라는 사상이 자리 잡는다. 이미 롱기누스는 어느 모로나 인상적인 숭고성의 예를 인용한다. "빛이 있으라(!)라고 신이 말했다. 그리고 빛이 있었다." 유일 실체인 주는 현시로 나아가되 그 산출방식은 지극히 순수하며, 그 자체가 비육체적, 정령적인 현시이다: 즉 그것은 말씀, 관념적 권능으로서의 사상의 현

시이니, 현존재에 대한 이 권능의 명령에 의해 이제 현존재자도 역시 실제로 묵종하도록 직접적으로 정립되어 있다.

c) 하지만 신은 창조된 세계를 가령 자신의 실제와 같은 것으로 간주하여 그리로 이행하는 것이 아니라 그 세계에 대립하여 자신 속에 물러난 채 머무는데, 이러한 대립과 더불어 고착된 이원론이 정초되는 것은 아니다. 왜냐하면 산출된 것은 그의 작품이며, 이 작품은 그에 대립하여 모종의 독자성을 갖는 것이 아니라 단지 그의 지혜, 선의 그리고 정당성 일반의 증거로서 현존하기 때문이다. 유일자는 만물을 초월하는 주이니 그가 자연물들에서 보는 것은 자신의 현재가 아니라 다만 무기력한 우유성들인바, 이 우유성들은 그들 속에서 본질을 그저 비치게 할 뿐 그것이 현상하도록 만들지는 못한다. 이것이 신의 측면에서 본 숭고성을 형성한다.

2. 신에게서 벗어난 유한한 세계 [482]

이제 이렇게 하여 유일신이 한편으로는 구체적 세계현상들로부터 분리되어 그 자체로서 고정되나 다른 한편으로는 현존재자의 외면성이 유한자로 규정되어 경시되는 까닭에, 이제는 자연적 실존뿐만 아니라 인간적 실존도 역시 새로운 위상을 얻는바, 즉 신적인 것의 서술은 인간 실존의 유한성이 인간 실존 자체에서 드러남으로써만 가능하다는 것이다.

a) 그러므로 이 시점에서 처음으로 자연과 인간형상은 신에게서 벗어나 산문적으로 우리 앞에 현전한다. 그리스인들이 이야기하기를 아르고 선의 원정에서 영웅들이 헬레스폰트 해협을 통과할 때 전에는 가위처럼 쨍강거리며 열렸다 닫혔다 하는 바위들이 갑자기 땅에 영원히 뿌리박힌 듯 서 있었다고 한다. 여기서는 숭고성의 성스러운 시에서와 비슷하게 유한자의 오성적 규정성이 무한한 본질의 대안對岸에 고정되는 반면, 상징적 직관에서

는 유한자가 완전히 신적인 것으로 돌변하거나 신적인 것이 자신으로부터 벗어나 유한자로 향하거나 하는 까닭에 어떤 것도 제자리를 유지하지 못한다. 예컨대 우리가 고대 인도의 시들에서『구약성서』로 눈길을 돌릴 경우, 우리는 단번에 전혀 다른 지반 위에 처하게 되는데, 이 지반이 보여 주는 상태들, 사건들, 행동과 성격들이 제아무리 낯설고 또한 우리의 그것들과는 다르다고 해도 그것은 우리로 하여금 친밀감을 갖도록 만든다. 우리는 도취와 혼돈의 세계에서 벗어나 관계들의 세계로 진입하니, 아주 자연스레 보이는, 그리고 그 굳은 가부장적 성격들의 규정성과 진리가 우리에게 완전히 이해 가능한, 그럴싸한 인물들을 목도한다.

b) 사물의 자연적 과정을 파악할 줄 아는, 그리고 자연의 법칙을 표명하는 이러한 직관에 대하여 이제는 기적이 또한 최초로 그 자리를 얻는다. 인도의 예술에서는 모든 것이 기적이며 그리하여 어떤 것도 더 이상 기적적이지 않다. [483] 오성적 관계가 항상 중단되는, 그리고 만물이 자신의 자리에서 떨어져 나와 광적으로 존재하는 지반에서는, 어떠한 기적도 등장할 수 없다. 왜냐하면 기적적인 것은 오성적 귀결 및 명료한 일상적 의식을 전제하며, 비로소 이 의식이 이제 한층 높은 권능을 통해 결과하는 이러한 일상적 관계의 중단을 기적이라고 부르기 때문이다. 하지만 그러한 기적들이 숭고성 고유의 특수한 표현은 아니니, 까닭인즉 비단 이러한 중단뿐만 아니라 자연현상들의 일상적 과정도 마찬가지로 신의 의지 및 자연의 복종을 통해 야기되기 때문이다.

c) 이에 반해 모든 창조된 세계 전반은 유한하고 제한적이고 스스로를 유지, 보존하지 못하는 것으로 현상하며 이러한 이유로 단지 신의 찬양을 위한 찬란한 부속품으로서 간주되므로, 우리는 이 사실에서 본격적인 숭고성을 찾아야만 한다.

3. 인간적 개인

이 단계에서 인간적 개인은 이렇듯 사물들의 허무성을 인정하고 또한 신을 고양, 찬양함으로써 그의 고유한 명예, 위안 그리고 만족을 추구한다.

a) 이 점에서 우리에게 순정한 숭고성의 고전적 실례를 제공하는 것은 어느 시대에나 하나의 전범으로서 제시되는 『구약성서』의 시편이니, 여기서는 신에 관한 인간의 종교적 표상이 영혼의 강력한 고양과 더불어 찬란하게 표현되고 있다. 만물은 오직 신의 권능을 통해 존재, 성립하며 또한 이 권능을 찬양하고 자신의 비실체적 허무성을 표명하기 위해 현존할 뿐이므로 세상의 그 어떤 것도 독자성을 요구해서는 안 된다. 따라서 우리가 실체성의 판타지와 그 범신론에서 하나의 무한 확대를 발견했었다면, 여기서는 [484] 신의 유일 권능을 반포하기 위해 일체의 것을 단념하는 심정의 고양능력을 경탄해야만 하는 것이다. 특히 이 점에서는 시편 104편이 장엄한 힘을 발한다. "빛은 주께서 걸치신 옷이며, 주는 하늘로부터 양탄자처럼 펼쳐지시며, 등등." ― 빛, 하늘, 구름, 바람결은 여기에서 즉자대자적으로 존재하지 않으며 다만 외적인 의복, 신의 섬김에 쓰이는 전차 혹은 사자使者일 따름이다. 만물에 질서를 부여한 신의 지혜는 계속 찬양된다: 깊은 곳에서 발원하는 샘들, 골짜기 사이를 흐르는, 그 곁에 천상의 새들이 앉아 나뭇가지 아래서 노래하는 물들, 풀, 인간의 가슴을 기쁘게 하는 포도주 그리고 주께서 심은 레바논의 삼나무들, 무수한 생물들이 군생하며 주께서 만든 고래들이 그 안에서 장난치는 바다가 그것이다. ―그리고 신은 자신이 창조한 것을 보존하기도 하지만, 그러나― "주께서 자신의 얼굴을 숨기시니 그들은 두려워하며, 주께서 그들의 숨을 거두시니 그들은 멸하여 먼지로 돌아가도다." 인간의 허무성은 신의 사람 모세의 기도인 시편 90편에서 좀 더 분명하게 표명되니, 예컨대: "주께서는 그들이 큰물처럼 쓸려 가게 하시며,

곧 시들어 … 저녁이면 잘려 말라 버릴 풀처럼 잠으로 있게 하시나이다. 우리가 그렇듯 사라짐은 주의 분노를, 우리가 그렇듯 갑자기 다해야 함은 주의 격노를 자아냅니다."

b) 그러므로 동시에 인간의 편에서는 그의 유한성 및 넘지 못할 신과의 거리에 대한 느낌이 숭고성과 결부된다.

α) 따라서 근원적으로 이 국면에서는 불멸不滅의 표상이 나타나지 않는 바, 까닭인즉 이 표상은 개인적 자아, 영혼, 인간적 정신이 즉자대자적 존재자라는 전제를 포함하기 때문이다. 숭고성에서는 오직 유일자만이 소멸하지 않으며 또한 그에 대비하여 그 밖의 모든 것은 생성, 소멸하는 것으로, 그러나 내적으로 자유롭거나 무한하지 않은 것으로 간주된다.

[485] β) 나아가 이를 통해 인간은 자신을 신에 비한 자신이 몰가치함을 이해하며, 주에 대한 공포, 주의 분노 앞에 선 전율에서 인간의 고양이 일어나며, 또한 우리는 허무성에 관한 고통이 폐부를 찌르는 듯 절절하게 묘사됨을, 그리고 신을 향한 영혼의 외침이 가슴 깊은 곳에서 우러나는 탄식, 고뇌, 회한 속에서 묘사됨을 발견한다.

γ) 이에 반해 만일 개인이 신에 대한 자신의 유한성에 집착한다면 억지로 의도된 이러한 유한성은 사악이 되니, 이것은 위해이자 죄로서 오직 자연적, 인간적인 것에만 귀속할 뿐이며, 고통이나 부정적인 것 일반이 그렇듯 내적으로 구분 없는 유일 실체 속에 자리 잡을 수는 없는 일이다.

c) 하지만 셋째, 이러한 허무성에도 불구하고 인간은 여기에서 한층 더 자유롭고 독자적인 위상을 얻는다. 왜냐하면 한편에서는 신의 실체적 평온 및 불변성과 더불어 그의 의지 및 인간에 대한 의지의 계율이라는 관점에서 율법이 성립하며 다른 한편에서는 그 고양 속에 동시에 인간적인 것과 신적인 것, 유한한 것과 절대적인 것의 완전하고도 명료한 구분이 들어 있는바, 이와 더불어 선과 악의 판단 및 전자 혹은 후자를 위한 결단이 주관

자체에게 위임되기 때문이다. 따라서 절대자에 대한 관계 및 그에 대한 인간의 적합성 내지 부적합성도 역시 개인과 그의 고유한 태도 및 행동에 귀속하는 한 측면을 갖는다. 동시에 이를 통해 개인은 그의 올바른 행동과 율법의 추종에서 신에 대한 하나의 긍정적 관계를 발견하며 또한 무릇 그의 현존재의 외적인 긍정적 혹은 부정적 상태를 ―예컨대 번창, 향유, 만족, 혹은 고통, 불행, 압박을― 율법에 대한 그의 내면적 순종이나 반항과 연관 지어야 하며 그것을 은총이나 보상으로 혹은 시험이나 벌로서 받아들여야만 한다.

제3장
비유적 예술형식의 의식화된 상징성 [486]

숭고성은 본격적, 무의식적 상징화와 구분되는 것이다. 숭고성을 통해 출현하는 것은 내면성에 따라 그 자체로서 의식화된 의미 및 그와 구분되는 구체적 현상의 분리에, 직간접적으로 두드러지는 양자의 비상응성에 본질을 두는데, 후자의 경우에는 보편자로서의 의미가 개체적 현실 및 그 특수성을 현저히 능가한다. 그러나 범신론의 판타지나 숭고성에서는 만물의 본격적 내용, 그 유일 보편의 실체가 창조된 [비록 그 본질에 적합하게 창조된 것은 아니지만] 현존재와 무관하게 독자적으로 가시화될 수 없었다. 하지만 이 관계는 실체 자체에 속하는 것이었으니, 실체는 그 우유성들의 부정성에 즉해서 자신의 지혜, 선의, 권능 그리고 정당성을 증명했었다. 그러므로 적어도 전반적으로 보면 의미와 형상의 관계는 여기서도 여전히 본질적, 필연적인 종류의 것이며 또한 상호 결합된 두 측면들은 여전히 문자 그대로의 의미에서 상호 외적인 것이 아니다. 그러나 이러한 외면성은 상징성에 즉자적으로 현전하며 그런 까닭에 또한 정립되어야 하는 것인바, 우리는 이 점을 상징적 예술의 마지막 장에서 고찰할 형식들을 통해 밝힐 것이다. 우리는 이것을 의식화된 상징성으로, 그것도 좀 더 자세히는 비유적 예술형식으로 부를 수 있다.

우리는 즉 의미가 대자적으로 의식될 뿐만 아니라 그것을 표현하는 외적 양태와 분명히 차별적으로 정립되어 있는 경우를 의식화된 상징성으로 이해할 수 있다. 의미가 그렇듯 대자적으로 진술된다면, 이 경우 본질적으로 그것은 ─숭고성의 경우가 그렇듯─ 그런 식으로 그에게 부여된 형상 속에서 현상하지 않으며 또한 형상의 의미로도 현상하지 않는다. 그러나 양자 상호 간의 관계는 [487] 이전 단계와는 달리 모름지기 의미 자체에서 정초된 관계에 더 이상 머물지 않고 얼마간은 우연적인 연결이 되며, 이것은 시인의 주관성, 외적 현존재로 침잠하는 그의 정신, 그의 재치, 그의 창작 일반에 속하니, 시인은 때로는 감각적 현상에서 즐겨 출발하고 그것과 친화적인 정신적 의미를 스스로 상상해 낼 수도 있으며 또 때로는 현실적이거나 혹은 다만 상대적일 뿐인 내적 표상에서 더욱 출발점을 취하고 그것을 그리려는 목적을 갖거나 또는 심지어 단지 하나의 이미지를 비슷한 규정들을 내포하는 다른 하나의 이미지와 관계 지으려고 기도할 수도 있는 것이다.

그러므로 이러한 종류의 결합은 주관이 이제는 내용으로 받아들인 자신의 의미들의 내적 본질뿐만 아니라 외적 현상들의 본성도 역시 알고 있다는 사실, 주관이 그 본질을 보다 상세하게 가시화하기 위하여 이 본성을 비유적으로 사용하며 또한 그들 사이에서 발견된 유사성으로 인해 양자를 이렇듯 의식화된 의도를 갖고 병치시킨다는 사실을 통해 소박하고 무의식적일 뿐인 상징성과 즉각 구분된다. 그러나 현 단계와 숭고성의 차이는 의미와 그 구체적 형상의 분리 및 동행이 한편으로 정도의 차이는 있지만 예술작품 자체에서 분명히 드러나되 다른 한편 숭고한 관계가 완전히 사라진다는 점에서 찾을 수 있다. 왜냐하면 내용으로 취해지는 것은 더 이상 절대자 자체가 아니라 규정되고 제한된 모모한 의미이기 때문이며, 또한 의미와 그 구상화를 의도적으로 분리하는 가운데 무의식적 상징성이 나름대로 목표했던 바를 의식화된 비유를 통해 행하는 하나의 관계가 산출되기 때문이다.

그러나 내용의 면에서 절대자, 즉 유일의 주主는 더 이상 의미로서 이해될 수 없으니, 까닭인즉 이미 구체적 현존재와 개념의 분리 및 양자의 병치관계를 ―비록 이것이 비유적일 뿐이더라도― 통해 예술의식에게는, 그것이 이러한 형식을 [488] 최후의 본격적 형식으로 파악하는 한도에서, 유한성이 즉각 정립되기 때문이다. 이에 반해 성시聖詩에서는 신이 만물 중의 유일한 의미체이니 그와 대비하면 만물은 일과적이며 허무한 것으로서 나타난다. 그런데 즉자 그 자체로 제한되고 유한한 것에서 의미가 자신과 비슷한 이미지 및 직유를 발견하려면 ―지금 우리가 주목하는 단계에서는 내용 외적임은 물론이거니와 시인에 의해 다만 자의적으로 선별되었을 뿐인 이미지가 내용과의 유사성들로 인해 비교적 적절한 것으로 간주되는 이상― 의미 자체는 그만큼 더 제한된 종류의 것이어야 한다. 그러므로 숭고성으로부터 비유적 예술형식에 여전히 남겨진 것은 각각의 이미지가 사태와 의미 자체를 그와 적합한 현실성에 의거하여 표현하기보다는 그저 그것의 한 이미지와 직유를 제공한다는 단지 그 특징뿐이다.

이를 통해 전체 예술작품들의 기본 전형의 하나인 이러한 종류의 상징화는 종속적 장르에 머문다. 왜냐하면 형상은 직접적, 감각적 현존재와 사건의 서술에서 성립할 뿐이며, 또한 의미는 이 서술과 분명하게 구분되기 때문이다. 그러나 하나의 소재로부터 형성된, 그리고 그 형상화 속에서 하나의 분리되지 않은 전체로서 존재하는 예술작품들에서 그러한 비유는 말하자면 단지 부수적인 것으로, 예컨대 고전적, 낭만적 예술의 진정한 산물들의 경우가 그렇듯, 장식이나 부가물인 것으로 여겨질 뿐이다. 그러므로 이 전체 단계는 숭고성의 근거였던, 의미와 외적 실제의 분리를 내포함은 물론 구체적 현상이 자신과 친화적인 보편적 의미를 암시한다는 점 또한 내포하며, 이를 빌미로 이 단계는 앞의 두 단계의 통일로서 간주되지만, 그럼에도 불구하고 이 통일은 한 단계 높은 예술형식과 같은 것이 아니라 오히려 명료하되 진부한 이해이니, 이 이해는 내용에 있어 제한되고 형식에 있어 다소 산문적이며, 신비스럽게 발효하는 본격적 상징의 심연으로부터 벗어나며, 또한 [489] 숭고성의 정점에서 내려와 일상적 의식으로 전락하는 것이다.

이제 이 국면을 좀 더 구체적으로 분류하자면, 의미를 대자적으로 전제하고 또 그와 대조적으로 하나의 감각적 혹은 이미지적 형상을 그것과 연관시키는 이러한 비유의 국면을 구분함에 있어 의미를 주안점으로, 형상화를 단순한 외피이자 외면성으로 간주하는 관계가 거의 일관적으로 발견되는 것이 사실이지만, 그러나 양 측면들 중 때로는 전자의 측면을 때로는 후자의 측면을 먼저 제시함으로써 그로부터 출발점을 구하는 좀 더 진전된 차이도 동시에 나타난다. 이리하여 형상화가 그 자체로 외적, 직접적, 자연적 사건이나 현상으로 있고 나서 그로부터 하나의 보편적 의미가 제시되기도 하며 혹은 의미가 하여간 그 자체로서 도입되어 있고 나서 비로소 그것을 위해 어떤 다른 곳에서 외적으로 하나의 형상화가 선택되기도 하는 것이다.

우리는 이와 연관해서 두 가지의 주요 단계를 구분할 수 있다.

A. 첫째 단계에서는 구체적 현상이 ―그것이 자연에서 유래했든 아니면 인간적 관심사, 사건, 행동에서 유래했든 간에― 한편으로는 출발점을, 다른 한편으로는 중요하고 본질적인 서술의 요소를 형성한다. 구체적 현상은 그것이 포함, 암시하는 좀 더 보편적인 의미를 위해 상술될 뿐이며 또한 의미와 친화적인 개별 상태나 사건 속에서 의미를 가시화하려는 목적에 부합되는 한도에서 전개될 뿐이다. 그러나 주관적 행위로서의 개별 사례와 보편적 의미 사이의 비유가 아직 분명하게 드러나는 것은 아니며, 또한 전체

적 서술은 비유의 치장이 없더라도 그 자체로서 독립적인 한 작품에 덧붙은 단순한 장식물로서 있고자 하지 않으며, 오히려 자체가 이미 하나의 전체를 제공하는 듯한 허세와 더불어 등장한다. 여기에 속하는 장르로서는 우화Fabel, 비유담Parabel, 교훈담Apolog, 속담Sprichtwort, 변신담Metamorphose 등이 있다.

[490] B. 이에 반해 둘째 단계에서는 의미가 의식이 마주치는 제일의第一義이며 또한 의미의 구체적 가시화는 단순한 들러리나 곁다리로 있어 그 자체로서는 하등 독자성을 갖지 못하고 의미에 완전히 종속된 것으로서 현상하니, 그리하여 이때는 어떤 다른 것이 아닌 바로 이 이미지를 끄집어내는 주관적 자의의 비유가 좀 더 자세하게 드러난다. 이러한 표현방식은 대개 독자적 예술작품이 될 수 없으며, 그런 관계로 그 형식들을 다른 예술형상물들에 단순한 첨가물로서 합병시키는 것에 만족해야만 한다. 여기에는 수수께끼, 알레고리, 은유, 이미지, 그리고 직유가 주요 장르로서 열거된다.

C. 마지막으로 셋째, 우리는 교훈시와 서술시를 첨언할 수 있을 터, 왜냐하면 이 장르의 시들에서는 의식이 지적으로 명료하게 파악하는 바에 따르는, 대상들의 보편적 본성의 그 단순한 노정과 그 구체적 현상의 묘사가 각각 독립적이 되며 또한 이로써 그 통일과 진정한 일체 속에서 비로소 참된 예술작품들을 성립케 하는 것이 완전히 분리되어 전개되기 때문이다.

그런데 예술작품을 이루는 두 계기의 [즉 의미와 형상의] 분리는 비유의 전 권역에 위치하는 여러 형식들이 거의 예외 없이 오직 언어예술에만 속한다는 사실을 수반하니, 까닭인즉 의미와 형상의 그러한 독립을 언표할 수 있는 것은 시가 유일한 반면 조형예술들은 외적 형상 자체에서 그 내면을 두루 알리는 것을 과제로 삼기 때문이다.

A
외적인 것에서 출발하는 비유들

우리는 이러한 첫 단계의 비유적 예술형식에 해당하는 여러 장르의 시들을 특정한 주 장르들에 편입시키고자 할 때마다 [491] 번번이 당혹해하며 또한 많은 애로를 겪는다. 그것들은 예술의 순수 필연적 측면을 하등 보여 주지 못하는 열등한 중간 장르들이다. 이는 미적인 것에서뿐만 아니라 일정한 동물류 및 기타 자연현상들을 다루는 자연과학들에서도 마찬가지이다. 이 두 영역에서의 어려움은 예술과 자연의 개념 자체가 스스로를 분류하고 또 자신의 차별성들을 정립한다는 점에서 기인한다. 이 차별성들은 개념의 차별성들이니 진정 개념에 알맞은, 그리하여 개념적 파악이 가능한 차별성들이기도 한데, 앞의 이행 단계들은 여기에는 편입되지 않을 터, 그들은 하나의 주 단계에서 나오되 다음 단계에는 도달하지 못하는 결함 있는 형식들에 불과하기 때문이다. 이것은 개념의 잘못이 아니며 또한, 우리가 혹여 사태 자체의 개념 계기들 대신 그러한 부수적 종류들을 구분 및 분류의 근거로 삼으려 할 경우에는, 정작 개념에 부적합한 것이 합당한 개념 전개의 양태나 되는 듯 간주될 것이다. 그러나 진정한 분류는 오로지 진정한 개념에서 나와야 옳으니, 중간 종의 형성물들은 그 자체로서 확고한 본연의 형식들이 스스로를 해체하여 다른 형식들로 이행하기 시작하는 곳에서만 자리 잡을 수 있다. 우리들의 과정에 비추어 본다면 상징적 예술형식과 관계하는 이곳이 바로 그 경우이다.

그런데 위에서 시사된 장르들이 상징적 예술형식이라는 전前예술에 속하는 까닭은 그것들이 무릇 불완전하며 이로써 참된 예술의 단순한 탐색이기 —즉 참된 양식의 형상화를 위한 요소들을 내포하되 그것들의 유한성, 분리, 그리고 단순 관계만을 이해하며 그리하여 저급한 것으로 머무는 탐색이기― 때문이다. 그러므로 여기서 우화, 교훈담, 비유담 등이 언급된다고 할 때, 우리가 이러한 장르들을 다루는 까닭은 그것들이 조형예술들뿐만 아니라 음악으로부터도 구분되는 본격적 예술로서의 시문학에 속하기 때문이 아니라 그것들이 [492] 예술의 일반적 형식과 하나의 관계를 맺으며 그들의 특수한 성격이 오직 이 관계로부터 해명될 뿐 서사시, 서정시, 그리고 극시로서의 시예술의 본격적 유類 개념으로부터는 해명되지 않는다는 견해에 따르기 때문이다.

우리는 이제 저 장르들을 좀 더 상세히 분류하여 우선 우화를 다루고 다음으로 비유담, 교훈담, 속담을, 끝으로 변신담을 다룰 것이다.

1. 우화

지금까지는 줄곧 하나의 분명한 의미와 그 형상의 관계가 갖는 형식적 요소만을 언급해 왔으므로, 이제는 이러한 형상화방식에 알맞은 것으로 입증된 내용도 또한 거론해야 할 것이다.

현 단계에서는 숭고성과 대조적으로 절대자와 일자가 더 이상 피조물들의 허무함과 하찮음을 통해 그 분할되지 않은 권능 속에서 가시화되지 않으며 오히려 우리는 의식의 유한성의 단계에, 이로써 또한 내용의 유한성의 단계에 처해 있다는 점이 핵심임을 우리는 이미 살펴보았다. 반대로 우리가 본격적 상징을 ―비유적 예술형식은 본격적 상징의 측면도 마찬가지로 수용한다― 돌아본다면, 이미 이집트의 상징예술에서 보았듯이 그 전까지는 늘 직접적, 자연적일 뿐인 형상에 대립하는 내면이 정신적인 것으로 존재한다. 그런데 그러한 자연적인 것이 독자적인 것으로서 용인, 표상되는 관계로, 정신적인 것도 역시 유한하게 규정된 것, 즉 인간 및 그의 유한한 목적들로 존재한다. 그리고 자연적인 것은 인간의 최선과 효용을 위해 이러한 목적들, 그 암시와 계시에 대해 하나의 ―비록 이론적일 뿐이긴 해도― 연관성을 갖는다. 그러므로 이제 자연현상들, 뇌우, 새의 비상, 내장의 성질 등등은 페르시아인, 인도인, 혹은 이집트인들의 직관에서와는 전혀 다른 의미로 [493] 수용되니, 이들에게서는 신적인 것이 자연적인 것과 통일되어 있되, 아직 인간이 자연 속에서 신들로 가득 찬 세계 속을 거닌다는 식으로, 또한 그 자신의 행동은 그의 행위에서 이러한 동일성을 드러내는 가운데 성립한다는 식으로 통일되어 있다. 그럴진대 이러한 행동은, 그것이 신적인 것의 자연존재에 적합한 한, 그 자체가 인간 속에서 신적인 것을 계시, 산출하는 것으로서 현상한다. 그러나 인간이 자신 속으로 회귀한 경우라면, 또한 그의 자유의 예감과 더불어 자신을 내면에서 하나로 응축하는 경우라면, 그는 자신의 개별성 속에서 스스로가 목적이 될 것이다. 그는 자신의 고유 의지에 따라 행동하고, 행위하고, 노동하며, 고유한 자기 본위의 삶을 영위하며 또한 자기 자신 속에서 자연적인 것과 외적 관계에 있는 목적들의 본질성을 느낀다. 그러므로 이제 자연은 그를 위주로 개체화되고 그에게 봉사하며, 그는 신적인 것과 관계하여 자연에서 더 이상 절대자의 직관을 얻지 않고 자연을 하나의 수단으로서 간주할 뿐이며, 이 수단을 통해 신들은 자신을 인간 목적들의 최선으로 인식시키니, 까닭인즉 신들은 자연을 매체로 삼아 그들의 의지를 인간정신에 노정하며 또한 인간으로 하여금 이러한 의지 자체를 해명하도록 만들기 때문이다. 고로 여기서는 절대적인 것과 자연적인 것의 동일성이 인간적 목적들을 위주로 전제된다. 그런데 이러한 종류의 상징주의는 아직 예술에 속하지 않고 종교적으로 머문다. 왜냐하면 특수한 계획들과 관계한 개개인들의 관심에서든 혹은 공동의 행동을 염두에 둔 전체 민족의 관심에서든 간에, 오로지 실천적 목적들을 위해 자연적 사건들을 그렇게 해석하는 자는 예언자이기 때문이다. 이에 반해 시는 실천적 상황과 관계들도 역시 좀 더 보편적이고 이론적인 형식 속에서 인식하고 언표해야만 하는 것이다.

그러나 여기에는 하나의 특수한 관계나 과정을 포함하는 자연현상과 사건이 속해야만 할 것인바, 그 과정은 인간적 행동거지의 국면에서 본 보편적 의미의 상징으로서, [494] 인륜적 교훈과 좌우명을 위한 상징으로서, 그러니까 인간사에서, 즉 의지의 문제에서 일의 자초지종의 마땅한 방식에 관한 반성을 내용으로 삼는 의미의 상징으로서 간주될 수 있어야 한다. 여기서는 인간에게 자연사건들 및 그 종교적 해석을 통해 자신의 내면성을 계시하는 것이 더 이상 신적 의지가 아니라 오히려 자연적 사건들의 극히 일상적인 과정이다. 이 과정은 조목조목 서술됨으로써 이로부터 인륜적 명제, 훈계, 교훈, 좌우명이 인간적 방식으로 추출되며, 이러한 반성의 대상이 되며, 또한 직관에게 제공된다.

이것이 우리가 여기에서 이솝 우화에 부여할 수 있는 위치이다.

a) 즉 이솝 우화의 원형은 개체적, 자연적인 사물들 일반 사이에서, 대개는 동물들 사이에서 ―이들의 충동은 살아 있는 인간을 움직이는 삶의 욕구와 동일한 욕구에서 기원한다― 벌어지는 자연적 관계나 사건들에 대한 그런 식의 이해이다. 이를 통해 이러한 관계나 사건은 좀 더 일반적인 규정들로 이해한다면 인간적 삶의 권역에서도 나타날 수 있는, 그리고 이로써 비로소 인간에 대해 하나의 의미성을 보유하는 속성을 갖는다.

이러한 규정에 따를 때 진정한 이솝 우화는 무생물계와 생물계의 모종의 상태나 동물세계의 사건에 대한 서술인바, 이러한 사건은 혹여 자의적으로 고안된 것이 아니며, 충실한 관찰에 따라 그것이 실제로 현전하는 그대로 수용되며, 그런 후 인간 현존재와 관계해서, 그것도 좀 더 자세히 보자면, 인간 현존재의 실천적 측면, 영리함 및 행위의 인륜성과 관계해서 하나의 일반적인 가르침이 그로부터 추출되게끔 그렇게 다시 이야기로 꾸며진 것이다. 그러므로 첫 번째의 요구사항은 소위 도덕을 전해야 할 특정 사례가 단순히 고안된 것만은 아니라는 점, 그리고 특히 [495] 그것이 그러한 현상들이 실제로 자연에서 존재하는 방식에 어긋나지 않게 고안되어 있다는 점에서 찾을 수 있다. 다음으로 좀 더 자세히 보자면 둘째, 이야기가 보고해야하는 것은 이미 그 자체가 보편화된 사례가 아니라, 구체적 개체성에 따르는 하나의 현실적 사건으로서의 사례, 나름대로는 외적 실제의 면에서 모든 사건의 전형이 되는 사례이다.

마지막으로 셋째, 우화의 이러한 본래 형식은 —가르침의 목적, 보편적이며 유용한 의미들의 부각 등은 후일의 추가사항일 뿐 애초에 의도된 것으로 보이지 않는 까닭에— 우화에 최대한 소박함을 부여한다. 그러므로 소위 이솝 우화들 중에서 가장 매력적인 우화는 앞서 거론한 규정에 상응하는 것들일 터이고, 또한 한편으로는 동물들의 본능에 근거하고 다른 한편으로는 기타 자연적 관계를 표현하며 또 다른 한편으로는 단지 자의적인 표상에 의해 조합됨이 없이 일반적으로 그 자체로서 발생할 수 있는, 언필칭 행위들이나 관계 및 사건들을 이야기하는 것들일 터이다. 그런데 이 경우 오늘날 형태의 이솝 우화들에 추가된 "이 이야기의 교훈은 …이다fabula docet"라는 부분은 묘사를 훼손하거나 혹은 종종 가당치 않은 것이어서 오히려 반대의 교훈이, 혹은 더 좋고 더 많은 교훈이 추출될 가능성도 다분했음을 쉬이 알 수 있다.

이솝 우화의 이러한 본래적 개념을 밝힐 목적으로 여기서 몇 가지 실례를 들어도 좋겠다.

예를 들어 참나무와 갈대가 폭풍 속에 서 있는데, 약한 갈대는 휠 뿐이고 강한 참나무는 부러진다. 이는 강한 폭풍이 일면 실제로 빈번히 일어남 직한 사례이다. 도덕적으로 보자면, 누항陋巷의 인간의 반대편에는 높은 자리의 굽힐 줄 모르는 인간이 있는데, 전자는 열악한 환경 속에서 적응력을 발

휘하여 자신을 보존할 줄 아는 반면 후자는 완고와 오만으로 인해 파멸한
다. ― 파에드루스[161]에 의해 전래된 제비의 우화도 마찬가지이다. [496] 농부
는 새잡이 그물의 끈으로 이용되는 아마의 씨를 뿌리며, 제비들은 이것을
다른 새들과 함께 보고 있다. 조심성 있는 제비들은 그것을 피해 날아가지
만, 다른 새들은 제비를 믿지 않는다: 그들은 안일하게 거기에 머물러 있다
가 포획된다. 여기에도 역시 실제 자연현상이 그 저변에 있다. 제비들은 가
을철이 되면 남방으로 날아가며 그런 까닭에 새잡이 철에는 그곳에 없다
는 것이 주지의 사실이다. 박쥐의 우화에 관해서도 비슷한 것이 이야기되
니, 박쥐가 주야로 경멸당하는 이유는 낮에도 밤에도 속하지 않는 까닭이
다. ― 지금도 역시 가령 경건한 사람이라면 일체의 현상으로부터 유익한
교훈을 끌어낼 줄 아는 것과 마찬가지로, 그러한 산문적인 실제 사례들에
는 인간사를 암시하는 보다 일반적인 해석이 부여된다. 하지만 본래의 자
연현상이 매번 즉각적으로 눈에 띌 필요는 없다. 예를 들어 여우와 갈까마
귀 우화[162]에서는 실제 사실이 완전히 빠졌다고 할 수는 없어도 첫눈에 인식
되지 않는다. 왜냐하면 갈까마귀나 까마귀 종류는 낯선 대상들, 사람들, 동
물들이 앞에서 움직이는 것을 보면 깍깍 울기 시작하기 때문이다. 행인들
에게서 털실을 뜯어내거나 쉴 자리를 찾는 여우에게 상처를 입히는 가시덤
불의 우화나, 뱀을 가슴에 품어 따뜻하게 만드는 농부의 우화 등등에도 비
슷한 자연관계들이 깔려 있다. 다른 우화들은 동물들 사이에서 기타 발생
함 직한 사건들을 묘사한다: 예를 들어 새끼 여우를 잡아먹은 독수리가 그

---

161 역주: Phaedrus. 1세기경 초기 로마 제국의 우화작가로서 다섯 권의 우화집을 출간했으며, 그중 몇몇
     우화는 이솝 우화에서 끌어온 것이다.
162 역주: 갈까마귀가 훔친 치즈 조각을 높은 나뭇가지에 앉아 먹고 있는데, 이를 탐낸 여우는 갈까마귀의
     아름다운 목소리를 칭찬하며, 이에 속은 갈까마귀는 울다가 그만 치즈를 떨어뜨려 결국은 여우의 차
     지가 되었다는 내용.

뒤 훔친 제수용 고기에 숯불을 묻혀 와 둥지가 타게 되는 첫 번째 이솝 우화
가 그렇다.[163] 마지막으로 풍뎅이, 독수리, 제우스의 우화[164]와 같은 또 다른
우화들은 고대의 신화적 특색들을 포함하는바, 여기서는 독수리와 풍뎅이
가 각각 다른 시기에 알을 낳는다는 자연사적 환경이 ―이것이 정말 맞는
지는 미결로 남겨 두겠다― 나오는 동시에 성聖투구풍뎅이의 분명한 전통
적 중요성도 볼 수 있는데, [497] 이러한 중요성은, 아리스토파네스에게서 더
욱 잘 나타나는 바이지만, 이미 희극적인 국면으로 진입한 듯 보인다. 그런
데 이 우화들 중 몇몇이 이솝 자신에게서 유래하는지를 완벽하게 확인하는
일은 어쨌든 여기서는 이미 다음의 이유로 생략될 터, 이솝의 것인가 아니
면 이솝의 것으로 여겨지게 만들 요량으로 그들에게 일반적으로 고대의 색
채를 부여했는가를 밝힐 수 있는 우화는, 예컨대 마지막에 말한 풍뎅이와
독수리의 우화 등속은, 주지하듯이 거의 없다.

　　이솝 자신은 못생긴 곱사등이 노예였다고 전한다. 그는 프리기아로 거주
를 옮겼는데, 이 지역에서는 사람들이 직접적 상징성과 자연적인 것에 대
한 예속으로부터 떠나 정신적인 것과 자기 자신에 대해 파악하기 시작하는
이행이 이루어지고 있었다. 그런 만큼 그는 인도인이나 이집트인과 달리
동물적, 자연적인 것을 그 자체가 고귀한 신적인 것이라고는 전혀 간주하
지 않으며, 산문적인 눈에서 그 관계들을 그저 인간적 행동거지를 표상하
는 데 소용되는 것으로서 취급할 뿐이다. 그럼에도 그의 착상들은 그저 재

163　역주: 그리하여 새끼 독수리들이 둥지 밖으로 떨어져 여우가 그것을 먹어 치웠다는 내용.
164　역주: 독수리에게 쫓기는 산토끼가 풍뎅이에게 피신하여 구해달라고 애원한다. 풍뎅이는 독수리에게
　　애원자를 잡아먹지 말라고 빌지만 독수리는 풍뎅이를 밀치고 산토끼를 잡아먹는데, 이로 인해 애원자
　　들의 보호자인 제우스에게 죄를 짓는다. 다음 희생을 막기 위해 풍뎅이는 독수리의 알을 파괴하고 독
　　수리는 급기야 제우스의 무릎에 알을 낳는다. 풍뎅이는 똥 덩어리를 알처럼 만들어 제우스의 무릎에
　　마찬가지로 쌓아 둔다. 제우스는 그것을 알과 함께 떨어낸다. 마침내 제우스는 독수리 종족의 멸종을
　　막기 위해 풍뎅이가 없는 시간을 골라 독수리가 알을 낳도록 조정했다는 내용.

기발랄할 뿐, 정신의 에너지, 통찰과 실체적 직관의 깊이가 없으며, 시와 철학이 없다. 그의 안목과 교훈들은 실로 함축적이며 영리한 것으로 입증되지만, 자유로운 형상들을 자유로운 정신으로부터 창조하는 대신 단지 주어진 목전의 소재들, 동물들의 특정한 본능과 충동들, 소소한 일상의 사건들에서 앞으로 원용할 수 있는 모종의 측면을 얻을 뿐이며, 말하자면 그저 자잘한 고민에 머물러 있는바, 까닭인즉 그는 자신의 교훈들을 내놓고 말할 처지가 아니며 언제나 풀려 있는 수수께끼 같은 것 속에 은닉하여 이해시킬 수밖에 없기 때문이다. 노예에게서 산문이 시작하니, 이 전체 장르가 산문적이다.

그럼에도 불구하고 이 오래된 창안들은 거의 모든 민족과 시대들을 거쳐 왔으며 또한, 무릇 그 문학에서 우화를 아는 어떤 국가가 다수의 우화시인들을 소유하는 것을 제아무리 자랑거리로 여기더라도, 그들의 시는 [498] 대개 당대의 시대적 취향으로 번안된, 앞서 말한 최초의 착상들의 재생일 뿐이다. 게다가 이 우화시인들이 전래된 원줄기에 추가하였던 고안들은 앞서의 원본들에 비해 훨씬 뒤처지는 것이었다.

b) 그런데 이솝 우화들 중에는 창안과 제작의 면에서 크게 미흡한 우화들이, 그러나 무엇보다 단지 교훈의 목적을 위해서만 창안되어 동물이나 신들은 그저 외피에 속할 뿐인 우화들이 다수 발견된다. 하지만 그런 것들조차도, 가령 현대의 우화들이 그렇듯이, 동물의 본성을 과격하게 변형시키는 일과는 거리가 멀다: 예컨대 페펠[165]의 햄스터 우화들에서 보면, 한 햄스터는 가을에 비축식량을 모았는데 다른 햄스터는 그러한 조심성을 무시하여 그 결과 구걸과 배고픔의 나락으로 떨어질 수밖에 없었다. 혹은 여우, 사

---

165 Gottlieb Konrad Pfeffel(1736~1809), 독일의 우화시인.

냥개 그리고 스라소니의 우화에서 이야기되기를 그들이 교활함, 섬세한 후 각 그리고 날카로운 시력과 같은 일면적 재능들을 갖고 주피터 앞에 서서 그들의 자연재능이 균일하게 분배될 것을 원했는데, 그것이 허락된 후에는 "여우는 바보가 되며 사냥개는 더 이상 사냥을 할 수 없으며 스라소니는 백 내장을 얻는다." 햄스터가 열매를 모으지 않는다거나 이 세 종류의 다른 동 물들이 우연적이든 자연적이든 그러한 특성들의 균등분배에 이른다는 사 실은 자연에 철두철미 반하는 것이며 따라서 맥 빠진 이야기다. 그러므로 이러한 우화들보다 더 나은 것은 개미와 베짱이의 우화이며 또한 다시 이 것보다 더 나은 것은 멋들어진 뿔과 날렵한 정강이를 가진 수사슴의 우화 이다.

사람들은 그런 부류의 우화들을 염두에 두면서 우화에서는 도대체가 교 훈이 우선하는 양, 그리하여 얘기된 일화는 그 자체가 단순한 외피이자 교 훈을 위하여 전적으로 꾸민 사건인 양 생각하는 데 또한 익숙해 있다. 그러 나 특히 서술된 사건이 특정 동물들의 자연특성의 면에 전혀 들어맞지 않 을 경우, [499] 그러한 외피들은 지극히 김빠진 것이자 없는 것보다 못한 고안 들이다. 왜냐하면 어차피 기존하는 형상물에 그 직접적 의미 이외에 좀 더 일반적인 또 하나의 의미를 부여함으로써만 우화의 함축이 성립하기 때문 이다. — 인간 대신 동물들이 행위하고 말한다는 점에서 우화의 본질이 찾 아짐을 전제로 사람들은 나아가 무엇이 이 바꾸기를 매력적으로 만드는가 를 물었다. 원숭이나 개의 희극에서는 조련 솜씨의 볼거리를 제외하면 동 물적 본성과 무대에서의 인간적 행동의 대조가 유일한 관심거리로 남는다. 하지만 반대로 우화에서는 그러한 희극에서보다 더욱 많은 혹은 무언가 다 른 것이 있어야 할 터이나 그러한 [페펠류의] 인간의 동물복장에는 매력적 인 점이 많이 들어 있을 수 없다. 그리하여 브라이팅어[166]는 놀라움을 그러 한 희극의 본연의 매력으로 거론하지만, 본래의 우화에서는 말하는 동물들의 등장이 비일상적인 것이나 놀라운 것 따위로 처리되지 않는다. 그런 이유로 레싱도 역시 동물들의 도입은 간단명료한 표현을 위해 큰 이득을 보장한다고 생각하는바, 그들의 잘 알려진 속성은 ―여우의 간지, 사자의 관후寬厚, 늑대의 탐식과 폭력성은― 간사스러움, 관후 따위의 추상들 대신 한 특정 이미지를 즉각 표상시키는 까닭이다. 하지만 이러한 이득은 단순한 외피라는 진부한 관계에서 본질적인 것은 아무것도 변화시키지 않으며 또한 인간 대신 동물을 올리는 것은 전체적으로 심지어 불리하기까지 하니, 까닭인즉 이 경우 동물형상은 그 예지叡智와 관계해서 의미를 설명하는 가면이자 또한 그것을 항상 감추는 가면으로 남기 때문이다. ― 그렇다면 이러한 종류의 가장 위대한 우화로서는 여우 라이네케의 옛이야기가 있겠으나, 그러나 이 이야기는 본연의 우화 그 자체가 아니다.

c) 즉 우리는 [500] 다음과 같은 우화의 취급방식을 세 번째 단계로서 여기에 잇댈 수는 있지만, 그리되면 우리는 우화의 권역을 이미 넘어서기 시작한다. 무릇 우화의 함축은, 비록 동물성과 자연성이 그 고유한 실존 양태에서 퇴출되지 않더라도, 잡다한 자연현상들에서 인간적 행위와 태도에 관한 일반적 반성을 예증할 만한 사례들을 찾는다는 점에서 성립한다. 그러나 그 밖의 점에서는 이른바 도덕이라는 것과 개별적 사례를 조합하고 관계 짓는 것이 단지 자의와 주관적 위트의 사안에 그치며, 그런 까닭에 즉자적으로 단지 익살의 사안에 그친다. 이 측면은 이제 이 세 번째 단계에서 분명하게 드러난다. 우화형식이 익살을 위해 채택된다. 괴테는 이런 식으로 우아하고 함축적인 많은 시들을 지었다. 예를 들어 「짖는 녀석Der Kläffer」이라

---

166 Johann Jakob Breitinger(1701~1776), 스위스의 저술가. 그는 자신의 『비판적 시(*Kritische Dichtkunst*)』(Zürich und Leipzig, 1740) 제7장에서 괴테가 바이마르 무대에서 개들의 공연을 금지시켰다고 쓰고 있다.

는 제목의 시에는 다음과 같은 구절이 있다:

> 우리는 사방팔방 말을 타고 간다
> 즐거움과 일거리들을 찾아서.
> 그런데 언제나 짖어대는 녀석이 뒤따라와
> 있는 힘껏 멍멍댄다.
> 스피츠는 우리의 개집에서 나와
> 시종일관 우리를 따라다니려 하는데,
> 녀석이 큰소리로 멍멍댐은
> 우리가 말을 타고 감을 증명할 뿐이다.

그런데 여기에 속하는 사실이 있으니, 즉 사용된 자연형상들은 이솝 우화에서 그렇듯이 그들의 고유한 특성에 맞게끔 제시된다는 것이며 또한 그들의 행동거지에서 동물의 그것들과 아주 친화적인 인간적 상태, 정열, 성격적 특징들을 전개한다는 것이다. 앞서 언급한 여우 라이네케가 이 부류인데, 그것은 본연의 우화라기보다는 약간 동화적인 것이다. 무질서와 무법의 시대가 제공하는 내용은 사악, 심약, 비열, 폭력과 파렴치이며, 종교적으로는 무신앙이며, 세속적으로는 허울뿐인 지배와 정의이니, 간계, 영악스러움 그리고 이기심이 매사에서 승리를 구가한다. [501] 특히 독일에서 전개되었던 바의 중세의 상태들이 그렇다. 세도 있는 신하들은 비록 왕 앞에서는 다소간 존경을 표하지만 각자는 내심 제멋대로 굴며 약탈하고 살인하고 약자들을 억누르고 왕을 속이고 왕비의 총애를 얻을 줄 아니, 전체는 그저 함께 모여 있음에 불과하다. 이것은 인간적 내용이되, 이를테면 추상적 명제 같은 것에서 성립하는 내용이 아니라 상황과 성격들의 총체성에서 성립하는, 그리고 사악함을 빌미로 동물적 본성의 형식으로 전개되며 또한 그 본성에 딱 들어맞는 것으로 증명되는 내용이다. 그러므로 한편으로 이 내용이 공공연하게 동물적인 것에 이입되어 있음을 본다고 해서, 다른 한편으로 [내용에 우화라는] 옷을 입히기가 말하자면 단순히 내용과 유관한 개별적 사례로서 현상하는 대신 이러한 단칭성에서 벗어나 세상이 굴러가는 대강의 이치를 보여 주는 모종의 보편성을 획득한다고 해서 안 될 것은 전혀 없다. 익살의 요소는 이제 이러한 옷 입히기 자체에서 성립한다. 옷 입히기는 동물의 야비함에서 인간의 야비함을 제대로 보여 주거니와 단순 동물적인 것에서 다량의 매우 유쾌한 특징들과 독특한 이야기들을 부각하기도 하여 그 결과 우리는 지독한 쓰라림에도 불구하고 악의적이지 않은, 현실적이며 진지하게 생각된 익살을 보게 되니, 이로써 옷 입히기의 익살과 농담이 사태의 쓰디쓴 진지성과 혼합되는 것이다.

2. 비유담, 속담, 교훈담

a. 비유담

비유담Parabel은 사건들을 일상적 삶의 권역에서 취하는 점에서 우화와 일반적으로 친근하지만, 그 바탕에는 한층 높고 한층 보편적인 의미가 깔려 있으며 또한 이 의미를 자체로서는 일상적인 사건들을 통해 이해시키고 가시화하려는 목적을 갖는다.

[502] 그러나 동시에 비유담은 그러한 사건 소재들을 자연이나 동물세계가 아닌, 누구나 잘 아는 인간의 행동거지에서 찾는다는 점에서, 그리고 특칭성의 면에서 일단 사소한 것으로 나타나는 선별된 개개의 사례가 한층 높은 의미를 암시하도록 만들며 이로써 그것을 좀 더 보편적인 관심으로 확장시킨다는 점에서 우화와 구분된다.

이를 통해 이제 내용의 면에서는 의미의 범위와 그 포괄적 중요성이 확대, 심화될 수 있으며, 반면 형식의 면에서도 마찬가지로 의도적 비유를 행하며 보편적 교훈을 제시하는 주관성이 한층 높은 등급에서 드러나기 시작한다.

우리는 키루스[167]가(헤로도토스 I, 126) 페르시아인들을 모반에 가담시키기 위해 사용했던 방책을, 매우 실천적인 목적과 결부되어 있기는 하지만, 비유담으로 간주할 수 있다. 그는 페르시아인들에게 낫을 지참하고 한 특정 장소에 모이라는 편지를 썼다. 그곳에서 첫날 그는 가시덤불로 덮인 들판을 힘들여 깔끔하게 치도록 시켰다. 그러나 이튿날에는 휴식을 주고 목욕을 시킨 후 그들을 초원으로 데려가서 고기와 포도주를 풍성하게 내놓았다. 그들이 대접을 받고 기분이 고조되었을 때, 그는 어떤 날이 그들에게 즐거운지를, 어제인지 아니면 오늘인지를 묻는다. 모든 이들은 신고辛苦의 날이 아닌 적이 거의 없었던 지난날보다는 좋은 것만을 가져왔던 오늘을 택한다. 그러자 키루스는 외친다: "그대들이 나를 따르려 한다면 오늘과 닮은 좋은 날들이 거듭 생길 것이다. 그러나 그대들이 나를 따르려 하지 않는다면 그대들을 기다리는 것은 어제와 닮은 무수한 노동들이다."

이와 비슷한 종류이되, 의미의 면에서 가장 심오한 관심과 가장 광범위한 보편성을 갖는 것은 복음서에서 발견되는 비유담이다. 예를 들어 파종하는 사람의 비유담, 즉 그 자체로는 사소한 내용을 지니며 [503] 오직 천국의 교리와의 비교를 통해서만 중요성을 얻을 뿐인 이야기가 그것이다. 이 비유담들에 포함된 의미는 철저히 종교적인 교훈인데, 그러한 의미가 표상되는 인간적 사건 소재들은, 이솝 우화에서 동물적인 것이 그 의미를 형성하는 인간적인 것에 대해 관계하듯, 대강 그런 식으로 이 교훈에 대해 관계한다.

---

167 역주: 키루스 2세(재위 B.C. 559~529), 당시 강력하던 메디아를 멸망시키고 페르시아를 대제국으로 키운 왕.

그 같은 범위의 내용으로는 보카치오의 유명한 이야기가 있는데, 레싱은 『현자 나탄』에서 이것을 그의 세 반지의 비유담을 위해 이용한다.[168] 그 자체로 보면 여기서도 역시 이야기는 아주 일상적인 것이지만, 극히 광범위한 내용을, 즉 유대교, 모하메드교 그리고 기독교라는 세 종교의 차이와 순수성을 가리키고 있다. 이 국면에 속하는 최근의 출판물들을 환기해 보자면, 괴테의 비유담들이 그와 꼭 같은 사례이다. 일례로 한 용감한 요리사가 사냥 실력을 과시하기 위해 길을 떠났다가 토끼 대신 수고양이를 쐈는데 그것이 토끼 고기인 양 인공 향료를 듬뿍 쳐서 사람들에게 내놓았다는 내용의 『고양이 파이』는 뉴턴을 빗대고 있다. 이 수학자의 실패한 물리학이 저 요리사가 헛되이 토끼 파이로 만들려던 고양이보다는 그래도 약간 나은 것이지만 말이다. ― 괴테의 이러한 비유담들은, 그가 우화의 방식으로 지었던 것들이 그렇듯, 종종 익살맞은 어조를 지니며, 이를 통해 그는 삶의 고달픔에서 해방된 자신의 영혼을 저술하였다.

b. 속담

이제 이 권역의 중간 단계를 형성하는 것은 속담이다. 즉 속담들은 펼쳐놓고 보면 때로는 우화로, 때로는 교훈담으로 된다. 그것들은 거지반 일상적인 인간사에 출처를 두는, 그러나 연후 보편적 의미로 받아들일 수 있는

---

168 역주: 1779년 간행되었고 1783년 베를린에서 초연되었다. 제3차 십자군 원정 당시 예루살렘의 통치자이던 술탄이 현자로 추앙받는 나탄을 시험하기 위해 그에게 이슬람교, 유대교, 그리스도교 중에 어떤 종교가 가장 진실한 것인지 묻는다. 이에 나탄은 신이나 인간의 은총을 가져다주는 신기한 반지 이야기를 들려준다. 그 반지를 소유한 아버지가 똑같은 모양의 반지 두 개를 더 만들어 세 아들에게 하나씩 나누어 주는데, 그가 죽은 후 진짜와 가짜를 가리기 위해 법정 분쟁이 일어난다. 재판관은 반지의 진위를 가릴 수 없음을 알고 세 사람에게 반지를 소유한 사람은 신의 축복을 받을 것이므로 신에게 사랑을 받는 행동을 하여 자신의 반지가 진짜라는 것을 증명하라고 권한다. 이 희곡은 『데카메론』의 「세 개의 반지」에서 소재를 취하였으며, 유대교, 이슬람교, 그리스도교 간의 사랑과 이해가 필요하다는 점을 주장한다.

개별 사례를 제시한다. 예를 들자면 "한 손은 다른 손을 씻는다"[169]라든가, "각자는 자신의 문 앞을 쓸라"[170] "다른 사람에게 무덤을 파는 자는 자신이 그 속에 떨어진다"[171] "네가 내게 소시지를 구워 주면 나는 네게 갈증을 풀어 주마"[172] 등이 그것이다. 격언들도 또한 여기에 속하는데, [504] 여기서도 다시 괴테는 근래 무한한 우미優美와 종종 위대한 깊이를 갖는 많은 격언들을 지었다.

이것은 보편적 의미와 구체적 현상이 서로 엇갈리고 대립하는 방식의 비유들이 아니라, 전자는 직접 후자와 더불어 표현된다.

c. 교훈담

셋째, 교훈담Apolog은 일종의 비유담으로 간주될 수 있다. 그러나 이것은 보편적 의미의 가시화를 위해 개별 사례를 단지 직유로만 사용하는 비유담이 아니라, 오히려 개별 사례 속에 실제로 포함된 보편적인 ―하지만 오직 하나의 개별적 실례로서만 이야기되는― 명제를 이 외피 자체에서 이끌어 내고 언표하는 비유담이다.

괴테의 「신과 바야데레Der Gott und die Bajadere」[173]는 이러한 의미에서 교훈담으로 불릴 수 있다. 우리는 여기에서 참회하는 막달레나의 기독교적 이야기가 인도의 표상방식으로 각색되어 있음을 발견한다: 바야데레는 동일한 겸손, 동일하게 강인한 사랑과 믿음을 보여 주며, 신은 그녀를 시험대에 올리고 그녀는 그것을 완전히 견뎌 내어 결국 고양과 화해에 이른다. ― 교훈

---

169 역주: 선행은 선행을 부른다는 뜻.
170 역주: 각자가 자신의 몫을 충실히 하면 마을 전체가 깨끗해진다는 뜻.
171 역주: 자승자박의 뜻.
172 역주: 가는 정 오는 정의 뜻.
173 역주: 1797년 작. 바야데레는 힌두교 신전에서 춤추는 인도의 여성 무희이자 매춘부이다.

담에서는, 예를 들어 「보물 캐는 사람Schatzgräber」[174]에서와 같이, 그 결말이 단순한 비유 없이 교훈 자체를 제공하는 방향으로 이야기가 진행된다:

낮에는 노동, 밤에는 손님들,
힘겨운 일주일들, 즐거운 축제들
너의 미래의 주문呪文이도다.

3. 변신담들

우리가 우화, 비유담, 속담 그리고 교훈담과 대비하여 언급해야 할 제3의 것은 변신담들이다. 이것들은 기실 상징적-신화적 종류에 속하지만, 동시에 [505] 바위, 동물, 꽃, 샘과 같이 자연적으로 현존하는 것에 대해 강등되고 처벌받은 정신적 존재라는 의미를 부여함으로써 정신적인 것과 자연적인 것을 분명하게 대립시키고 있다: 예컨대 필로멜라, 피에리데스, 나르시스, 아레투사[175]는 과오, 열정, 범죄로 인해 무한한 업보와 끝없는 고통으로 떨어지며 정신적 삶의 자유를 상실하고 단순 자연적인 존재로 변했던 것이다.

그러니까 한편 여기서는 자연적인 것이 단지 외적, 산문적으로 단순한

---

174 역주: 이 작품 및 「신과 바야데레」는 모두 괴테의 발라드이다.
175 역주: 이들은 모두 그리스 신화에 나오는 변신담의 주인공들이다. 필로멜라는 언니 프로크네의 남편인 테레우스가 그녀를 범한 후 말을 하지 못하도록 혀를 자르자 언니와 공모하여 그의 자식을 요리하여 먹인다. 이에 분노한 테레우스가 쫓아오자 언니와 함께 피신하던 중 필로멜라는 제비로, 프로크네는 밤꾀꼬리로, 테레우스는 오디새로 변한다. 피에리데스는 피에로스의 아홉 딸들을 가리키는데, 수가 많음에 오만해진 이들은 뮤즈와 노래시합을 벌여 패배하지만 이를 인정하지 않은 벌로 까막까치로 변한다. 나르시스는 에코를 비롯한 모든 님프들의 사랑을 거절하는데 이를 전해 들은 보복의 여신 네메시스에게 벌을 받아 수선화로 변하였다. 아레투사는 강의 신의 구애를 피해 도망가던 중 아르테미스가 그녀를 구름 속에 숨겨 주었으나 결국 샘으로 변한다.

산, 샘, 나무로서 간주되는 것이 아니며, 정신에서 출발하는 행위나 사건에 속하는 내용이 그것에 부여된다. 바위는 단순히 돌이 아니라 그녀의 아이들을 위해 우는 니오베이다.[176] 다른 한편 이러한 인간적 행동은 일종의 업보이며 또한 단순한 자연현상으로의 변신은 정신적 존재의 강등으로 간주될 수 있다.

그러므로 우리는 인간 개인들과 신들이 자연물로 변하는 이러한 변신담들을 본격적, 무의식적 상징과 명확하게 구분해야 한다. 이집트에서는 신성이 동물적 삶의 비밀스러운 폐쇄적 내면성에서 직접적으로 직관되며, 무의식적 상징성이 형식적으로든 내용적으로든 아직 정신적인 것으로 해방되지 못한 직관방식인 까닭에, 본격적 상징은 하나의 자연형상으로 존재하되 이 형상은 자신보다 광범위한 친화적 의미와 —비록 이 형상이 그 의미에 실제로 적합한 현존재를 이루지는 않더라도— 직접적으로 결합되어 있다. 이에 반해 변신담들은 정신적인 것과 자연적인 것을 본질적으로 구분하며 또한 이 점에서 상징적-신화적인 것에서 벗어나 본격적-신화적인 것으로 진입하는 이행을 이루는바, 이 경우 후자는 신화의 이야기들 속에서 자연의 구체적 현존재, 태양, 바다, 강들, 꽃들, 열매, 대지에서 시작하되 이후 이 단순 자연적인 것을 분명히 절제切除하는 가운데서 파악되니, 까닭인즉 그것은 자연현상들의 내적 의미내용을 추출하여 [506] 그것을 내적, 외적인 면에서 인간적으로 형상화된 신들 및 정신화된 힘으로서 예술에 적합하게 개별화하기 때문이다. 호메로스와 헤시오도스도 이런 식으로 처음 그리스인들에게 그들의 신화를, 그것도 신들의 단순한 의미로서의 신화나 도덕

---

176 역주: 니오베는 아이들이 많음을 뻐기며 아폴로와 아르테미스의 어머니인 레토를 가리켜 무자식이라고 헐뜯었다. 이를 전해들은 아폴로와 아르테미스가 그녀의 아이들을 모두 살해하자 슬픔에 겨운 니오베는 바위로 변하여 지금까지도 물줄기가 부딪힐 때마다 아이들을 위해 울고 있다.

적, 신체적, 신학적 혹은 사변적 교설로서의 신화가 아니라 신화 그 자체를, 인간적 형상화 속에 깃든 정신적 종교의 출발을 선사하였다.[177]

오비디우스의 『변신담』에는[178] 최근 취급되는 신화적 소재 이외에도 매우 이질적인 소재들이 혼재해 있다. 즉 이 형식의 특수 입장은 신화적 서술 일반의 일종으로서 딱 맞게 이해될 법한 변신담들 이외에도, 통상 상징적인 것으로, 혹은 심지어 이미 완전히 신화적인 것으로 받아들여지는 그러한 형상들의 이야기가 변신담으로 변형되어 나타나는 곳에서, 그리고 보통은 통일되어 있는 것이 의미와 형상의 대립으로 옮겨 가 그 하나가 다른 하나로 이행하는 곳에서 특히 부각된다. 그렇듯 예컨대 프리기아적, 이집트적 상징으로서의 늑대는 자신의 내재적 의미에서 벗어나 그 의미가 하나의 선행적 실존을, 설령 태양의 실존까지는 아닐지라도 한 왕의 실존을 지시하며 또한 늑대의 실존은 그러한 인간적 실존이 행하는 행동의 결과로서 표상된다.[179] 또한 피에리데스의 노래에서도 역시 이집트의 신들인 숫양과 고양이는 그 자체가 제우스와 아프로디테 등과 같은 그리스 신화의 신들이 겁이 나서 숨어들었던 동물형상들인 것으로 표상된다. 그런데 피에리데스 자신들은 그들이 노래로써 감히 뮤즈의 경쟁상대가 되려 했던 벌로 까막까치로 변하였다.

다른 한편 변신담들은 그 의미를 형성하는 내용이 보다 세밀한 규정을 내포하는 까닭에 우화와도 구분되어야 한다. 즉 도덕적 명제와 자연적 사

---

177 역주: 헤겔은 이 내용을 헤로도토스의 『역사』(II. 53)에서 발췌하였다.
178 역주: 오비디우스(B.C. 43~A.D. 17), 고대 로마의 시인. 그의 대표작 『변신담(Metamorphoses)』은 신화를 서사시의 형식으로 집대성한 작품이다.
179 역주: 이것은 오비디우스의 『변신담』에서 나오는 아르카디아의 왕 뤼카온의 이야기를 가리키고 있다. 뤼카온은 인간의 모습을 하고 나타난 제우스가 정말로 신인지를 판별할 심산으로 인육을 그의 앞에 내었다가 그의 분노를 사서 늑대로 변한다.

건을 순진하게 결합하는 우화는 이 결합을 통해 자연적인 것에서 [507] 정신과 구분되는 단순 자연적 가치를 드러내지 않으며, 또한 그럼으로써 비로소 그 가치를 의미 속에 끌어들이기 때문이다. 비록 예컨대 그들의 본능이 이전에 저질렀던 일들의 불행으로부터 설명되는 박쥐, 가시나무, 그리고 갈매기의 마흔두 번째 우화처럼 조금만 바꾸면 변신담으로 되었을 몇몇의 이솝 우화들이 있기는 하지만 말이다.[180]

이로써 우리는 현전하는 구체적 현상에서 출발점을 취하고 이어 그 속에서 직관되는 한층 광범위한 의미를 향해 나아가는 비유적 예술형식의 이 첫 번째 권역을 답사하였다.

B
이미지를 형성함에 있어
의미에서 출발하는 비유들

의식에서는 의미와 형상의 분리가 전제된 형식이며, 양자의 관계는 그 형식 내에서 진행되어야 한다. 그러므로 양 측면의 독자성으로 인해 반성들, 감응들, 격률들은 외적으로 실존하는 것에서뿐만 아니라 역으로 내적으로

---

180 역주: 타우흐니츠(Tauchnitz)판에 의하면 이 우화의 내용은 다음과 같다. 박쥐, 가시나무, 그리고 갈매기가 함께 장사를 하기로 결정하고, 박쥐는 은을 빌리고 가시나무는 옷을 내놓고 갈매기는 반 페니의 구리 주화를 내었다. 그들은 함께 항해를 떠났다가 배가 좌초한다. 그들은 구조되었으나 물건들을 잃고 말았다. 그 후 박쥐는 빚쟁이가 두려워 밤에만 나오며 갈매기는 구리 주화가 표류하여 올지도 모른다는 희망에서 해변을 떠나지 않으며 가시나무는 그 자신의 옷을 찾을지도 모른다는 희망에서 길손들의 옷을 잡고 놓아주지 않는다.

현전하는 것, 보편적 표상들에서도 마찬가지로 시작될 수 있고 또 그래야 한다. 왜냐하면 이 내면적 요소는 외적 사물들의 이미지들과 마찬가지로 의식에 현전하는 것이며, 외적인 것에 대해 독자성을 견지하며, 또한 자기 자신에서 출발하기 때문이다. 이제 의미가 이런 식으로 출발점이 된다면, 표현과 실제는 구체적 세계에서 취한 수단으로, 그것도 추상적 내용으로서의 의미를 표상, 직관하고 감각적으로 규정하기 위한 수단으로 나타난다.

앞서 이미 보았듯이, 한 측면과 상대 측면이 서로에 대해 무차별적이라면, 그런 식으로 정립된 양자의 관계는 즉자적으로나 대자적으로나 필연적 공속共屬관계가 아니며, 따라서 그 연관성은 사태 자체에 객관적으로 포함되지 않으며, 그런 까닭에 무언가 [508] 주관적으로 제작된 것이자 이 주관적 성격을 더 이상 숨기기는커녕 외려 표현방식을 통해 인식되게끔 만드는 것이다. 절대적 형상은 내용과 형식, 영혼과 육체의 관계를 구체적 영활로서, 즉 영혼뿐만 아니라 육체에도, 내용뿐만 아니라 형식에도 즉자대자적으로 정초되어 있는 양자의 통일로서 갖는다. 그러나 지금은 양 측면의 분리가 전제이며, 따라서 그들의 병합은 의미 외적인 형상을 통해 의미에 단지 주관적으로 생명을 부여할 뿐이며 또한 그 밖의 표상들, 감응들, 정신의 사상들에 대한 의미의 관계를 통해 실제적 현존재에 대해 그 또한 주관적인 해석을 가할 뿐이다. 사정이 그러한즉 이 형식들에서 주로 나타나는 것은 제작자로서의 시인의 주관적 예술인데, 완전한 예술작품들에서는 특히 이 측면에서 사태 및 그 필연적 형상화에 속하는 것과 시인이 장식과 치장으로 덧붙인 것이 구분된다. 시인의 성가聲價는 쉽게 인식할 수 있는 이러한 첨가물들, 특히 이미지, 직유, 알레고리, 은유들 덕분에 최고조에 오른다는 이야기를 우리는 일상적으로 들을 수 있는데, 이 경우 일부의 찬사는 말하자면 시인을 드러내게 하고 그의 고유한 주관적 창안능력을 주목하게 만들었던 명민함과 기민함으로도 재차 소급되어야 할 터이다. 하지만, 이미 언급된 바이지만, 여기에 속하는 형식들은 단순한 곁다리로서 ─비록 우리는 이전의 시 이론들에서 이러한 부속물들이 특히 시적 구성요소로서 취급되는 경우를 발견하지만[181]─ 진정한 예술작품을 스쳐 지나가야 한다.

그런데 결합되어야 할 두 측면은 처음에는 물론 서로에 대해 무차별적인데 그럼에도 이 경우 [두 측면의] 주관적 관계 짓기와 비유하기의 정당성을 위해 형상의 내용은 의미가 내포하는 것과 같은 관계와 성질들을 자신 속에 엇비슷하게 가져야 할 것이니, 까닭인즉 이러한 유사성의 포착이 의미를 [509] 정녕 이 특정 형상과 연계시키는, 그리고 후자를 매개로 전자를 이미지화하는 유일한 근거이기 때문이다.

구체적 현상에서 출발하여 그로부터 하나의 보편성이 추출되는 것이 아니라 거꾸로 이 보편성 자체에서 출발하여 그것이 하나의 이미지로 반영되어야 하는 이상, 의미는 이제 현실적으로도 본연의 목적으로서 드러나 비친다는 지위, 그리고 이미지를 자신의 가시화 수단으로서 지배한다는 지위를 드디어 얻는다.

이 권역에서 거론 가능한 특수 장르들을 논의할 수 있는 세목으로서 우리는 다음의 것들을 들 수 있다:

첫째, 우리는 이전 단계와 가장 친족적인 것으로서 수수께끼를 언급해야 한다.

둘째는 알레고리인데, 여기서는 주로 외적 형상에 대한 추상적 의미의 지배가 드러난다.

셋째는 은유, 이미지 그리고 직유라는 본격적 비유이다.

---

181 역주: 이 구절과 관계해서는 특히 아리스토텔레스의 『시학』(1458~1459)을 참조할 것.

1. 수수께끼

보편적 의미는 외면성을 통해 가시화되어야 할 터인데, [본격적 상징에서는] 외면성과 외면성을 통해 묘사되어야 할 의미가 여전히 상이한 것으로 머무니, 그런 한도에서 본격적 상징은 즉자적으로 수수께끼의 성격을 띠며 따라서 형상이 어떤 의미로 취해져야 할지가 의문거리에 속한다. 그러나 수수께끼는 의식화된 상징에 속하며, 또한 본격적 상징과 지체 없이 구분된다. 왜냐하면 수수께끼의 의미는 그 고안자에 의해 명약관화하게 의식되며, 의미를 감추는 형상을 통해 추정되어야 하며, 그리하여 이러한 반+감추기를 위해 그러한 형상이 의도적으로 선택되기 때문이다. 본격적 상징들이 이전이나 이후나 풀리지 않은 과제들인 반면 수수께끼는 즉자대자적으로 풀려 있는 것이니, 이런 연유로 [510] 해답이 먼저 주어진 후 수수께끼가 주어지는 편이 훨씬 좋다는 산초 판자[182]의 말도 십분 옳다고 하겠다.

a) 따라서 수수께끼의 고안에서 출발점이 되는 일차적 요소는 의식된 의의와 그 의미이다.

b) 그렇긴 하나 둘째, 보통 알고 있는 외적 세계의 개체적 성격 특징들과 속성들이 —이것들은 자연과 외면성 일반에서처럼 상호 외재적으로 산재한다— 생뚱맞게, 그래서 의외라고 여길 정도로 연계된다. 그러므로 그것들에는 주관적, 포괄적 통일성이 결여되어 있으며 또한 의도적으로 그것들을 늘어놓고 연결 짓는 것은 그 자체가 즉자대자적으로 어떠한 의미도 갖지 못한다. 비록 다른 한편 그것들이 하나의 통일성을 지시하고, 이 통일성과의 관계에서는 얼핏 극히 이질적으로 보이는 특징들이 그럼에도 다시 의

---

182 역주: Sancho Panza. 세르반테스(Miguel de Cervantes)의 『돈키호테(*Don Quixote*)』에서 돈키호테의 시종으로 등장하는 인물.

의와 의미를 얻기는 하지만 말이다.

c) 이 통일성이, 즉 그렇듯 산재하는 술어들의 주어가 바로 단순한 표상이자 해답이니, 외견상 혼돈을 일으키는 이 위장을 벗어나 해답을 인식 내지 추정하는 것이 수수께끼의 과제를 형성한다. 이 점에서 수수께끼는 의식화된 상징의 위트로서, 이것은 위트의 예리한 감각과 조합의 기민성을 시험대에 올리며 또한 그 서술방식은 자체가 수수께끼의 해답의 추정으로 이어지는 까닭에 스스로를 통해 스스로가 파괴되도록 한다.

그러므로 수수께끼는 주로 언어예술에 속하지만 조형예술, 건축, 정원술, 회화에서도 한자리를 차지할 수 있다. 역사적 현상의 면에서 수수께끼는 특히 동방에, 즉 비교적 무딘 상징에서 의식화된 지혜와 보편성으로 나아가는 중간기 내지 이행기에 속한다. 모든 민족과 시대는 그러한 과제를 흥겨워했다. 중세에도 역시, 예컨대 아라비아인들과 스칸디나비아인들의 경우나 바르트부르크에서 열린 가요제에 출품된 독일 시의 경우 수수께끼는 하나의 중요한 역할을 한다. 최근에는 수수께끼가 그보다는 오락과 [511] 단순한 사회적 위트 및 농담으로 격하되어 있다.

우리는 말장난이나 주어진 어떤 상태, 사건, 대상에 관한 짧막한 풍자시로 발전한 재치 만점의 놀라운 착상들의 무한히 넓은 분야를 수수께끼와 연계할 수 있다. 여기서는 한편으로 어떤 무차별적인 객체가, 다른 한편으로 주관적인 착상이 있는데, 이 착상은 전에는 현전하는 대상에서 나타나지 않았던, 그리고 새로운 의미성을 통해 그 대상을 또 달리 조명하는 한 측면이나 관계를 매우 예리하게 부각한다.

2. 알레고리

의미의 보편성에서 출발하는 이 권역에서 수수께끼에 대립하는 것은 알레고리이다. 알레고리도 역시 한 보편적 표상의 특정 성질들을 그와 가까운 감각적, 구체적 대상들의 성질들을 통해 좀 더 자세히 가시화하고자 시도하지만, 그러나 반#감추기나 수수께끼적인 과제 때문이 아니라 완전한 명료성이라는 정반대의 목적에서 그리하는 것이니, 알레고리가 이용하는 외면성은 그 속에서 현상해야 할 의미에 대해 가능한 한 최대의 투명성을 가져야 한다.

a) 그러므로 알레고리의 일차적 소임은 인간세계와 자연계에서 유래하는 보편적, 추상적 상태들이나 성질들을 ―종교, 사랑, 정의, 분규, 명예, 전쟁, 평화, 춘하추동, 죽음, 명성을― 의인화하여 하나의 주관으로서 파악하는 점에서 성립한다. 그러나 이러한 주관성은 내용의 면에서든 외적 형상의 면에서든 정녕 자체로는 하나의 주관이나 개인이 아니며 주관성의 빈 형식만을 유지하는, [512] 언필칭 그저 문법상의 주어라고나 할 보편성의 추상에 그친다. 알레고리적 존재에 인간의 형상이 제아무리 부여되더라도, 그것은 그리스 신, 성자, 혹은 어떤 현실적 주관의 구체적 개별성에는 이르지 못할 터, 까닭인즉 그것은 주관성과 의미의 추상을 일치시키기 위해 일체의 특정한 개별성이 그로부터 사라지게끔 주관성을 공동空洞화해야만 하기 때문이다. 그러므로 사람들이 알레고리는 썰렁하고 속이 비었다는 둥, 그 의미가 오성적으로 추상화되는 탓에 고안의 면에서도 구체적 직관의, 마음 깊은 곳에서 나온 판타지의 사안이라기보다는 오성의 사안이라는 둥 수군대는 것도 일리가 있다고 하겠다. 베르길리우스와 같은 시인들이 특히 알레고리적 존재와 관계하였던 이유는 그들이 호메로스의 신들과 같은 개별 신들을 창조할 줄 몰랐기 때문이다.

b) 그러나 둘째, 알레고리의 추상화된 의미들은 동시에 규정적 의미들이며 또한 이러한 규정성을 통해 비로소 인식 가능한데, 일차로 그저 일반적으로만 의인화된 표상에는 그러한 특수성들의 표현이 직접 들어 있지 않은

관계로 이제 그 표현은 주어를 설명하는 술어들로서 독자적으로 주어 옆에 들어서야만 한다. 주어와 술어, 보편성과 특수성의 이러한 분리는 알레고리가 갖는 썰렁함의 두 번째 측면이다. 이제 좀 더 규정적인 것을 묘사하는 성질들의 예시는, 하나의 의미가 구체적 현존재에서 현실성을 얻을 경우, 그 의미를 통해 출현하는 표현들, 효과들, 결과들에서 유래하거나 혹은 그 의미의 현실적 실현을 위해 사용되는 도구나 수단들에서 유래한다. 예컨대 전투와 전쟁은 무기, 창, 대포, 전고戰鼓, 기치旗幟를 통해, 사계는 특히 봄, 여름, 가을의 좋은 영향 아래서 영그는 꽃과 과일들을 통해 묘사된다. 그런데 그러한 대상들도 역시 마치 정의가 천평칭과 눈가리개를 통해 그려지고, [513] 죽음이 모래시계와 큰 낫을 통해 그려지듯 또다시 그저 상징적일 뿐인 관계를 가질 수도 있을 것이다. 그런데 알레고리에서는 의미가 지배적 요소이며 또한 상세한 예시는 그 자체가 단순한 추상일뿐더러 의미에도 또한 추상적으로 종속되는 관계로, 그러한 규정성의 형상은 여기서는 그저 단순한 속성으로서의 가치만을 얻는다.

c) 이렇듯 알레고리는 양면에 걸쳐 모두 황량하다. 그 일반적 의인화는 공허하며 규정적 외면성은 그 자체로서는 어떤 의미도 더 이상 갖지 않는 단순한 기호이다. 그리고 잡다한 속성들을 자신 속에 포괄해야 할 중심점은 주관적 통일성의 힘, 즉 그 자신의 실제적 현존재 속에서 자기 자신을 형상화하고 또한 자신을 자신에게 연관시키는 통일성의 힘을 갖지 않으며 하나의 단순한 추상적 형식이 되는바, 속성으로 격하된 예의 특수성들로써 이를 채우는 것은 이 형식에 대해 무언가 외적인 것으로 머문다. 그러므로 알레고리는 그 추상들 및 그들의 관계를 독립성을 갖는 것으로 의인화하지만 이러한 독립성도 역시 올바른 진지함은 아니니, 그런즉슨 즉자대자적으로 독립적인 것에는 단연코 알레고리적 존재의 형식이 부여되어서는 아니 될 터이다. 예컨대 고대인들의 디케[183]를 알레고리로 부를 수는 없다. 그녀

는 보편적 필연성, 영원한 정의, 권능을 지니는 보편적 주체, 자연과 정신적 삶의 관계의 절대적 실체성이며 이로써 절대적인 독립적 존재 그 자체이니 개인들은, 인간뿐만 아니라 신들도 역시, 그에 따라야만 하는 것이다. 이미 위에서 언급했듯, 프리드리히 폰 슐레겔 씨가 개개의 예술작품은 하나의 알레고리이어야만 한다고 말했다지만, 이 발언은 개개의 예술작품이 하나의 보편적 이념을, 그리고 자신 속에 참된 의미를 포함해야 함을 의미할 경우에 한해서만 참이다. 이에 반해 우리가 여기서 알레고리라고 불렀던 것은 내용에 있어서나 형식에 있어서나 종속적인, 예술의 개념에 불완전하게 상응하는 하나의 표현방식일 따름이다. 왜냐하면 인간사와 분규, 관계, 상황은 그 각각이 일종의 보편성을 내포하며 [514] 이것은 또한 보편성으로서 밖으로 우러나기도 하지만, 우리는 그러한 추상들을 어차피 이미 의식 속에 갖고 있으며 게다가 알레고리가 유일하게 도달하는 추상들의 산문적 보편성 및 그 외적 묘사는 예술에서 중요치 않은 것이다.

빈켈만도 역시 알레고리에 관해 한 미숙한 작품[184]을 썼는데, 거기에서 그는 다량의 알레고리들을 수집하고 있으나 대개는 상징과 알레고리를 혼동하고 있다.

알레고리적 표현이 나타나는 예술 장르들 중에서 시가 그러한 수단들에서 도피처를 구하는 것은 옳지 않으며, 반면 조각은, 주로 현대의 조각은 ―이것은 추상화적 기법을 다양하게 허용하며 또한 표현되는 개인이 처한 다양한 관계들의 좀 더 상세한 묘사를 위해 알레고리적 형태들을 사용해야만 한다― 여간해서는 그러한 수단들 없이 잘될 도리가 없다. 예컨대

---

183 역주: 그리스 신화에 나오는 법의 여신. 디케는 한 손에는 저울을, 다른 손에는 칼을 쥐고 있으며 천으로 눈을 가리고 있다.

184 *Versuch einer Allegorie, besonders für die Kunst*(Dresden, 1766).

우리는 여기 베를린에 건립된 블뤼허의 기념비[185]에서 명성과 승리의 천재를 보는데, 이 알레고리적 요소는 해방전쟁을 일반적으로 다룰 때는 예컨대 군대의 출정, 행진, 개선凱旋과 같은 일련의 개별적 장면들을 통해 기피되기도 한다. 그러나 전반적으로 사람들은 인물상의 경우 단순한 조상彫像을 알레고리들로 두르고 다양화함으로써 도움을 얻는다. 반면 고대인들은 예컨대 조각한 석관 위에 잠, 죽음 등과 같은 보편적, 신화적 묘사들을 더욱 사용하였다.

알레고리는, 비록 알레고리로서는 본격적인 낭만적 예술이 전혀 아니지만, 대체로 고대의 예술에 속하기보다 중세의 낭만적 예술에 속한다. 이 시대에 알레고리적 이해가 종종 나타나는 까닭은 다음과 같이 설명된다. 한편으로 중세는 사랑과 명예라는 주관적 목적들을 지니는, [515] 그리고 서약, 순례, 모험을 행하는 특칭적 개별성을 그 내용으로 삼는다. 이러한 수많은 개인과 사건들의 다양성은 우연적, 자의적 충돌과 해결의 고안 및 전개를 위한 넓은 유희공간을 판타지에게 제공한다. 이제 각양각색의 세속적 모험들에는 삶의 관계들 및 상태들이라는 보편적 요소가 대면하니, 이것은 고대인들의 경우와 달리 독립적 신들로 개별화되어 있지 않으며, 그리하여 당연지사로 자체로서 그 보편성 속에 고립된 채 예의 특수한 인물들, 그들의 특칭적 형상들 및 사건들 곁에 나란히 위치한다. 이제 예술가가 그러한 보편성을 표상하고 또한 그것에 전술한 우연적 형식의 옷을 입히기보다 그것이 보편성으로서 부각될 것을 원한다면, 그에게 유일하게 남는 것은 알레고리적 표현방식이다. 종교적 영역에서도 사정은 마찬가지이다. 마리아, 그리스도, 사도들의 행적과 운명, 참회와 순교의 성자들은 여기서도 역시 완

---

185 역주: 라우흐(Christian Daniel Rauch)가 만든 프로이센의 장군 블뤼허(Gebhard Leberecht von Blücher, 1742~1819)의 기념 조각을 가리키는 것으로 보인다.

전히 특정 개인임에 틀림없다. 그러나 기독교는 이와 똑같이 보편적, 정신적 본질성들과 관계를 갖기도 하는데, 정녕 이 본질성들은 예컨대 사랑, 믿음, 희망과 같은 보편적 관계들로서 표현되어야 할 터이기 때문에 살아 있는 현실적 인격의 규정성으로 구현되지 않는다. 대체로 기독교의 진리와 교설들은 종교적으로 그 자체로서 잘 알려져 있으며 또한 시의 주 관심사도 역시 이 가르침들을 보편적 가르침으로 부각시킨다는 점, 보편적 진리로서의 진리가 의식되고 신봉된다는 점에서 성립한다. 그럴진대 구체적 표현은 부차적인 것이자 내용 자체에 외적인 것으로 머물 수밖에 없으니, 이러한 필요를 가장 손쉽고도 가장 적합하게 충족하는 형식이 알레고리이다. 단테는 『신곡』에서 알레고리를 이러한 의미로 누차 사용한다. 예를 들어 신학은 그에게서 연인인 베아트리체의 이미지와 융합되어 나타난다. 그러나 이 의인화는 —이 점이 그것의 아름다움을 이루는데— 본격적 알레고리와 [516] 그의 청년기 연인의 변용變容 사이를 오간다. 그는 아홉 살에 그녀를 처음 보았다. 그에게 그녀는 필멸必滅하는 인간의 딸이 아니라 신의 딸로 비쳤다. 그의 불같은 이탈리아인 기질은 그녀를 향한 열정으로 타올라 결코 다시는 꺼지지 않았다. 그녀가 그의 안에서 시예술의 천재를 일깨웠듯이, 그는 그녀의 요절로 인해 평생의 연인을 잃은 후 필생의 주 작품에서 말하자면 그의 가슴의 이 내적, 주관적 종교에 저 경이로운 기념비를 세웠던 것이다.

3. 은유, 이미지, 직유

수수께끼와 알레고리에 이은 제3의 권역은 이미지적인 것 일반이다. 수수께끼는 아직 그 자체로 인식되는 의미를 감추고 있으며 또한 비록 이질적이며 멀리 떨어져 있기는 해도 친족적인 성격 특징들로 옷을 입히는 것이 여전히 주 과제였다. 반면 알레고리는 의미의 명료성을 너무도 유일무이의 목적으로 삼는 관계로, 의인화와 그 속성들은 단순한 외적 기호로 격하되어 나타난다. 이제 이미지적인 것은 알레고리의 후자의 명료성과 수수께끼의 전자의 즐거움을 결합한다. 그것은 명료하게 의식되는 의미를 친족적인 외면성의 형상으로 가시화하는데, 이를 통해 성립하는 것은 일차로 해독을 요하는 과제가 아니라 하나의 이미지성이니, 표상된 의미는 이 이미지성을 통해 완전히 밝게 비쳐 나며 또한 그 본질이 무엇인지를 즉시 알린다.

a. 은유

첫째, 은유에 관해 살펴보자. 은유는 그 자체로서 명료한 의미를 그와 비유 가능한 구체적 현실의 유사 현상 속에서 표현하며, 그런 한에서 즉자적으로 이미 하나의 직유로서 간주될 수 있다. 그러나 비유 그 자체에서는 본격적 의미와 이미지 양자가 [517] 확실히 서로 갈리는 반면, 은유에서는 이 분리가 비록 즉자적으로는 현전한다고 해도 아직 정립되지 않고 있다. 그런 까닭에 벌써 아리스토텔레스도 역시 비유의 경우에는 "~처럼"이란 말이 덧붙는데 은유의 경우에는 이것이 없다고 하여 비유와 은유를 구분한다. 즉 은유적 표현은 단지 그 하나의 측면인 이미지만을 일컫는 것이다. 그러나 이미지가 사용되는 문맥 속에는 의도되는 본래의 의미가 근사하게 들어 있으니, 그것은 말하자면 이미지로부터 즉각 분리되는 것이 아니라 직접적으로 동시에 주어져 있다고 할 것이다. "이 뺨들의 봄날"이나 "눈물의 호수"와 같은 말을 들을 때, 우리는 이 표현을 있는 그대로 받아들이지 않고 하나의 이미지에 불과한 것으로 ―그 의미는 문맥에 의해 우리에게 마찬가지로 분명하게 지시된다― 필히 간주해야 한다. 상징이나 알레고리에서는 뜻과 외적 형상의 관계가 그렇게 직접적이고 필연적인 것은 아니다. 전문가, 감정가, 학자들은 이집트 계단이나 수백의 다른 경우들에 부설된 아홉 층계참에 관해서 겨우 모종의 상징적 의미를 발견할 수 있을 뿐이며 또한 역으로 그런 것이 없는 관계로 그것을 찾는 것이 불필요할 듯 보이는 곳에서도 그들은 신비롭고 상징적인 그 무언가를 뒤지고 발견한다. 이러한 일이 신플라톤주의자들과 단테의 주석가들뿐만 아니라 친애하는 친구 크로이처에게서조차 종종 일어났지만 말이다.

α) 은유의 범위와 그 형식의 다양함은 무한하되 그 규정은 단순하다. 은유는 매우 간략하게 그려진 비유인바, 까닭인즉 은유는 이미지와 의미를 서로 대립시키는 대신 오직 이미지만을 제시하며, 그러하되 이미지가 갖는 본연의 의의를 제거하며, 또한 이미지가 나타나는 문맥을 통해 실제로 생각된 의미가, 비록 분명하게 언급되지 않더라도, 이미지 자체 속에서 곧바로 명백하게 인식되게끔 만들기 때문이다.

그런데 그런 식으로 이미지화된 의의는 오직 문맥으로부터 밝혀지는 까닭에 은유로 표현되는 의미는 독립적 예술표현이 아니라 [518] 다만 부수적 예술표현의 가치를 요구할 수 있을 뿐이며, 그리하여 은유는 그 정도가 높다고 해도 여전히 그 자체로서 독립적인 예술작품의 외적 장식으로서만 등장할 수 있다.

β) 은유적인 것은 주로 언어적 표현에 적용되는바, 우리는 이것을 아래의 측면에 따라 고찰할 것이다.

αα) 첫째, 각각의 언어는 이미 그 자체에서 다량의 은유를 지닌다. 은유가 성립하는 까닭은 우선은 무언가 전적으로 감각적일 뿐인 것을 의미하는 낱말이 정신적인 것으로 이행하기 때문이다. "포착하다, 파악하다" 등과 같이 무릇 인식과 관계하는 많은 단어들이 본래 의미는 완전히 감각적인 내용을 갖는데[186] 차후 이 내용은 멀어지고 정신적 의미로 교체된다. 첫 번째

---

186 역주: 포착하다(fassen), 파악하다(begreifen)는 모두 일차적으로는 손아귀에 쥔다는 감각적 의미를 갖
     는 낱말이다.

의의는 감각적이고 두 번째 의의는 정신적이다.

ββ) 그러나 관습을 통해 비본래적 표현에서 본래적 표현으로 변해 가는 그러한 단어의 사용에서 은유적인 것은 점차 사라지는데, 까닭인즉 이 경우에는 이미지에서 오직 의미만을 포착하는 능숙함으로 인해 이미지와 의미가 더 이상 구분되지 않으며 또한 이미지는 구체적 직관 대신에 오로지 추상적 의미 자체를 직접 우리에게 제공하기 때문이다. 예를 들어 우리가 "파악하다"를 정신적 의미에서 취할 경우, 우리는 이때 손을 사용하는 감각적 쥠에 대해서는 전혀 생각하지 않는다. 살아 있는 언어들의 경우에는 현실적 은유들과 닳도록 사용되어 이미 본래적 표현들이 되어 버린 은유들 사이의 구분이 쉽게 확정된다. 이에 반해 사어死語들의 경우에는 단순한 어원학이 최종적 결단을 내릴 수 없는 까닭에 이러한 구분이 곤란하다. 왜냐하면 사어들의 경우에는 최초의 본뜻과 그 언어적 변모 일반이 문제시되지 않으며, 오히려 무엇보다 문제시되는 것은 매우 회화적인 묘사 내지 가시화를 담았던 것으로 보이는 한 단어가 정신적인 것을 위해 사용됨으로써 그 최초의 감각적 의미와 그 의미에 대한 기억을 [519] 언어 자체의 삶 속에서 이미 상실하지나 않았는지, 그리고 정신적 의미를 위해 폐기하지나 않았는지의 여부이기 때문이다.

γγ) 이것이 맞는다면, 시적 판타지를 통해 처음으로 분명해지는 새로운 은유들을 고안하는 것은 필수적이다. 이러한 고안의 주 업무는 첫째, 한층 높은 권역의 현상, 행동, 상태들을 가시적으로 한층 낮은 영역의 내용으로 전이하고 이러한 보다 종속적인 종류의 의미들을 한층 높은 종류의 형상과 이미지 속에서 표현하는 가운데 성립한다. 예를 들어 유기적인 것은 즉자 그 자체로서 비유기적인 것보다 높은 가치를 지니며 또한 죽은 것을 살아 있는 것의 현상 속에서 보여 주는 것은 표현의 격을 높인다. 그리하여 벌써 피르다우시는 "내 칼의 예리함은 사자의 골을 먹어 치우고 용감한 자의 검

은 피를 마신다"라고 말했다.[187] — 자연적이며 감각적인 것이 정신적 현상들의 형식으로 이미지화되며 이로써 격이 높아지고 고상해질진대, 한층 높은 등급에서도 같은 것이 나타난다. 이러한 의미에서 "웃음 짓는 들판들", "분노의 홍수"에 관해 말하거나 또는 칼데론처럼 "배의 무거운 짐 때문에 파도가 한숨짓는다"라고 말하는 것은 우리에게 아주 익숙하다. 여기서는 오직 인간에게만 속하는 것이 자연적인 것의 표현을 위해 사용된다. 로마의 시인들도 역시 이러한 종류의 은유들을 사용하니, 예컨대 베르길리우스는(『농경가 *Georgica*』 III, 132) "탈곡으로 탈곡마당이 무겁게 신음할 때 Cum graviter tunsis gemit area frugibus"라고 말한다.

다음으로 둘째, 반대로 정신적인 것이 마찬가지로 자연대상의 이미지를 통해 직관에 다가오기도 한다.

하지만 즉자대자적으로 생명 없는 것이 가당찮게 인격화된 것으로 현상하거나 또는 그것에 그러한 정신적 행동들이 정말 진지하게 부여된다면, 그런 이미지화들은 까딱하면 어색한 것, 억지스럽거나 우스꽝스러운 것으로 변질된다. 특히 이탈리아인들이 그러한 떠버리 짓거리에 간여했고, [520] 또한 예컨대 『리처드 2세』에서(4막 2장) 왕으로 하여금 아내와의 이별에 임하여 다음의 대사를 말하도록 한 것을 보면 셰익스피어도 역시 그로부터 완전히 자유롭지는 못하다: "무감각한 불더미들조차 움직이는 그대 혀의 힘겨운 발음을 공감할 것이며, 동정으로 붉은 목 놓아 울 것이니, 일부는 재로 일부는 숯검정으로 적법한 왕의 폐위를 애도할 것이오."

γ) 마지막으로 은유적인 것의 목적과 관심에 관해 보자면, 본래의 단어는 그 자체로서 이해 가능한 표현이며 은유는 또 다른 표현인 까닭에, 무엇 때

---

187 역주: 피르다우시(920?~1020?)는 이란의 시인으로 25년에 걸쳐 약 6만 구(句)의 방대한 『샤나마』를 완성하였다

문에 이러한 이중의 표현인가, 혹은 같은 말이지만, 무엇 때문에 내적으로 이러한 이중성으로 존재하는 은유적 표현인가 하는 의문이 생긴다. 은유는 한층 생생한 시적 묘사 때문에 사용된다고들 통상 이야기하며, 게다가 이 생생함은 특히 하이네의 추천이기도 하다. 생생함은 특정한 표상 가능성으로서의 가시성에서 성립하니, 이것은 항상 일반적인 낱말의 단순한 비규정성을 들어내고 그것을 이미지성을 통하여 감각화한다. 물론 은유가 통상의 본래적 표현들보다 더욱 큰 생생함을 내포하는 것은 사실이다. 그러나 참된 삶이 개별화된, 혹은 병렬적으로 벌여 놓은 은유들에서 추구될 필요는 없으니, 은유의 이미지성이 가시적 명료함과 한층 높은 규정성을 다행스럽게도 한꺼번에 표현하는 하나의 관계를 종종 내포함은 사실이지만 그에 못지않게 그것은 또한, 각각의 세부 계기들이 그 자체로서 독립적으로 이미지화될 경우, 거의 전체를 이룰 수 없으며 또한 개체적인 것의 비중을 통해 전체를 질식시키기도 한다.

그러므로 —앞으로 비유를 다루면서 더욱 상론할 테지만— 은유적 어법 일반의 의의와 목적으로 간주될 수 있는 것은 단순하고 일상적이고 밋밋한 것에 만족하지 않고 타자로 나아가 상이한 것에 머물기 위해, [521] 그리고 이중적인 것을 하나로 묶기 위해 자신을 그 너머로 위치시키는 정신과 심정의 욕구이자 힘이다. 이러한 묶기는 그 자체가 또다시 다중의 근거를 갖는다.

αα) 첫째의 근거는 강화이니, 내면 자체에서 충만하고 감동받은 심정과 열정은 한편으로는 이 힘을 감각적으로 확대하고 가시화하고자 하기 때문이며, 다른 한편으로는 사면팔방에 걸친 자기 분출과 다양한 표상들 속에서의 자기 견지堅持를 이와 동일한 운동을 통해, 즉 다양한 친족적 현상들로의 외출과 극히 상이한 종류의 이미지들 속에서의 자기운동을 통해 표현하고자 하기 때문이다. — 예컨대 칼데론의 「십자가에 부치는 기도Andacht zum Kreuz」에서 율리아는 방금 살해당한 오빠의 시신을 살피던 중 그녀의 애인

이며 리자르도의 살해자인 에우제비오가 그녀 앞에 서자 다음과 같이 말한다:

여기 죄 없는 피 앞에서 나는
기꺼이 눈을 감고 싶은데,
그 피는 **보랏빛 카네이션**에 스미며
복수를 **외치는군요.**
당신에게서 흐르는 눈물을 통해
당신은 용서받았다고 믿고 싶은데,
상처들이 눈들이군요.
아니 거짓말이라고는 모르는 **입들**이군요. 등등

율리아가 드디어 그에게 자신을 격하게 바치려고 하자 에우제비오는 그녀의 눈길에 놀라 훨씬 더 격하게 움츠러들면서 외친다:

당신의 두 눈에 이는 것은 **불꽃**이며
당신 한숨의 입김은 **불타고** 있군요.
한마디 한마디는 **화산**이고
올올이 머리카락은 **번개의 섬광**이며
모든 낱말은 **죽음**이고
당신의 모든 애무는 **지옥**이군요.
내 안에 그 두려움을 자아내는 것은
당신 가슴에 보이는 십자가, 그 놀라운 상징이군요.

이것은 직접 보이는 것에 곧바로 다른 하나의 이미지를 대체하는 심정의 운동인데 그 운동의 격렬함을 항상 새롭게 표현하는 방식을 이처럼 찾고 발견하는 일은 거의 끝이 없을 수도 있다.

ββ) 정신의 내적 운동이 정신을 친족적 대상들의 직관 속으로 침잠시킬 경우, 정신은 외물 속에서 자신을 추구하며 외물을 정신화하며 그리고 이제는 자신과 자신의 열정을 미로 형상화하는 까닭에 외물을 능가하는 자신의 고귀함을 표현하는 힘도 역시 증명하며, 그런 한에서 동시에 그 대상들의 외면성에서 벗어나고자 하는데, 은유의 두 번째 근거는 이 점에 있다.

γγ) 그러나 마찬가지로 셋째, 은유적 표현은 우리에게 대상 고유의 형상도, 아예 이미지가 없는 의미도 제시하지 못하는, 무엇보다 친족적인 구체적 직관을 요구하는 판타지의 몽롱할 뿐인 쾌감으로부터 출현할 수 있다. 혹은 그것은 주관적 자의의 위트로부터 출현할 수 있는데, 이 위트는 통상적인 것에서 벗어나고자 일견 극히 이종異種의 것에서 친족적인 특징들을 찾아내고 그리하여 매우 멀리 떨어져 있는 것을 조합하는 일에 놀랍도록 성공하기 전에는 충족되지 않는 짜릿한 자극에 몰두한다.

이 경우 본래적 표현과 은유적 표현의 경중을 통해 구분되는 것은 산문적 문체와 시적 문체가 아니라 고대적 문체와 현대적 문체라는 점을 언급할 수 있다. 플라톤과 아리스토텔레스 같은 그리스 철학자들, 투키디데스와 데모스테네스와 같은 위대한 역사가 및 연설가들, 뿐만 아니라 호메로스와 소포클레스 같은 위대한 시인들도 역시, 비록 그들에게서도 직유가 나타나긴 하지만, 그럼에도 전체적으로 거의 시종일관 본래적 표현에 머물고 있다. 그들의 조형적 엄격함과 견실함은 은유적 표현이 포함하는 바의 그러한 혼합을 용인하지 않으며 또한 도처에서 소위 표현의 꽃들이란 것을 끌어모을 요량으로 원의原義 및 단순하게 완결, 완성된 주형鑄型에서 벗어나 동분서주하는 것이 그들에게는 허용되지 않는다. [523] 그러나 은유는 사태와 의미에 직접 속하지 않는, 따라서 그로부터 떨어져 친소원근親疎遠近의 것으로 건너가기도 하는 이미지들을 환기하여 함께 묶는 까닭에, 늘 표상 과정의 중단이자 상시적 분산이다. 고대인들은 산문에서는 그들 언어의 무한한 명료성과 유연성의 덕택으로, 시에서는 평정하면서도 완벽하게 형상화된 그들의 언어감각의 덕택으로 지나치게 잦은 은유의 사용에서 거리를 둘 수 있었다.

이에 반해 한편으로 특히 동방은, 무엇보다 후기 모하메드교의 시는 그리고 다른 한편으로 현대의 시는 비본래적 표현을 사용하며 심지어 그것을 간구한다. 예컨대 셰익스피어의 어투는 대단히 은유적이다. 현란한 문체를 사랑하는 스페인인들도 역시 이 점에서는 매우 몰취미한 과장과 반복으로 잘못 빠져들었다. 장 파울도 마찬가지이다. 괴테의 균형 잡힌 명료한 가시성은 이보다 덜하다. 그러나 실러는 산문에서조차 이미지와 은유들을 매우 풍부하게 사용하고 있는데, 그의 경우 이것은 철학 본연의 사상적 표현을 통하지 않고 심오한 개념들을 표상에 대해 언표하려는 노력에서 유래한다. 그러하기에 그의 작품에서는 내면의 이성적, 사변적 통일성이 현전하는 삶에서 그에 대응하는 이미지를 보고 또 발견하는 것이다.

b. 이미지

이미지는 은유와 직유라는 두 측면 사이에 놓일 수 있다. 왜냐하면 이미지는 정녕 하나의 상세한 은유에 불과할 정도로 은유와 매우 친근하며, 또한 이로써 다시 직유와 대단히 유사한 것이 되기 때문이다. 다만 [이미지와 직유의] 차이가 있다면 이미지적인 것 자체에서는 의미가 대자적으로 제시되거나 또는 그와 분명히 비교되는 구체적 외면성과 대조를 이루지 않는다는 점이다. 특히 이미지가 성립하는 경우는 [524] 그 자체로 보면 외려 독자적인 두 현상들 내지 상태들이 하나로 정립되고, 그리하여 하나의 상태가 제공하는 의미가 또 다른 상태의 이미지를 통해 파악 가능하게 되는 때이다. 그러므로 여기서 일차적 근본규정을 형성하는 것은 의미와 그 이미지가 추출되는 상이한 국면들의 대자존재 및 그들의 분리이다. 그리고 이들에게 공통적인 속성들, 관계들 등등은 상징에서와 달리 비규정적이며 보편적인 것 내지 실체적인 것 자체로서 있는 것이 아니라 이편에서든 저편에서든 간에 확실하게 규정된 구체적 실존으로서 있다.

α) 이 점에서 이미지는 상태들, 행동들, 산물들, 존재방식들 등등의 전 과정을 자신의 의미로 삼으며 또한 의미 그 자체를 이미지 자신의 내부에서 언어화하지 않고, 그 의미를 독자적이면서도 친족적인 권역의 유사 과정을 통해 가시화한다. 이러한 종류로서는 예컨대 괴테의 시 「마호메트의 노래」가 있다. 여기서는 제목이 이미 공지하는바, 청춘의 신선함으로 절벽을 넘어 깊은 곳으로 낙하하고, 물거품 이는 샘들 및 시내들과 함께 평야로 나가고, 형제시내들을 받아들이고, 땅들에게 이름을 지어 주고, 자신의 슬하에서 커 가는 도시들을 바라보는 한 석천石泉의 이미지에서, 급기야는 기쁨에 겨워 이 모든 영광들, 그의 형제들, 그의 보물들, 그의 아이들을 그를 기다리는 창조자의 품으로 데려가는 이미지에서, 즉 도도한 물길의 이 광활하고 찬란한 이미지에서 마호메트의 의연한 등장이, 그의 설교의 거침없는 전파가, 모든 민족들을 유일 신앙으로 수용하려는 의도가 적절히 묘사되고 있다. 때로는 신랄한, 때로는 재미난 말들을 대중과 작가들에게 부치는 괴테와 실러의 많은 2행 풍자시들Xenien도 역시 비슷한 종류이다. 예를 들어

> 우리는 초석硝石, 숯, 그리고 유황을 조용히 반죽했다,
>
> 대롱에 구멍을 뚫었다. 이제는 불꽃도 또한 즐기라![188]

---

188 역주: 이 시는 『시연감(Musen-Almanach)』(1797)에 발표된 괴테와 실러의 2행시들 중 29번째 시 「광고 포스터(Affiche)」로서 원문은 다음과 같다. "Stille kneteten wir Salpeter, Kohlen und Schwefel, /

[525] 몇몇은 빛나는 구슬처럼 올라가고 다른 것들은 점화된다,
많은 것들을 우리는 그저 눈요기로 장난삼아 던지기도 한다.[189]

이 2행시들의 많은 것들은 중하류 시정배들[즉 작가들]에게는 실로 소이화전燒夷火箭이자 골칫거리였으니, 오랫동안 거들먹대며 목청을 돋웠던 그들이 호되게 질책당하고 전신에 찬물을 뒤집어썼을 때 이를 기뻐했던 양질의 대중들은 무한한 환희를 느꼈다.

β) 하지만 벌써 이 후자의 사례들에서 이미지적인 것의 관점에서 부각될 수 있는 두 번째 측면이 보인다. 즉 여기서 내용은 행위하고, 대상들을 산출하고, 여러 상태들을 몸소 겪는 하나의 주관인데, 지금 그것은 주관으로서의 주관이 아니라 그것이 행하고 작용하는 것, 그것과 만나서 이미지화되는 것에 관계하는 주관일 뿐이다. 반면 주관으로서의 주관 자체는 이미지 없이 도입되며, 또한 그것의 본래적 행위와 관계들이 비본래적[즉 은유적] 표현의 형식을 얻을 뿐이다. 이미지 일반의 경우가 그렇듯, 여기서도 역시 전체 의미는 외피와 분리되어 있지 않으며 대자적으로 드러나는 것이 있다면 주관이 유일하다. 그런가 하면 주관의 규정된 내용은 즉각 이미지적 형상을 얻는 관계로 주관은 마치 스스로가 대상과 행위들의 이러한 이미지적 실존을 성립시키는 것인 양 표상된다. 분명하게 거명된 주관에 은유적인 것이 귀속된다. 사람들은 본래적인 것과 비본래적인 것의 이러한 혼합을 종종 질타했지만 이 질타의 근거들은 미약하다.

γ) 특히 동방의 사람들은 서로 전적으로 독립적인 존재들을 하나의 이미

Bohrten Röhren, gefall' nun das Feuerwerk auch."
189 역주: 이 시는 위의 시에 이은 30번째 시 「기분전환용(Zur Abwechslung)」이다. 원문은 다음과 같다. "Einige steigen als leuchtende Kugeln und andere zünden. / Manche auch werfen wir nur spielend, das Aug zu erfreun."

지로 얽고 묶음으로써 이러한 종류의 이미지적인 것을 아주 대담하게 사용한다. 예컨대 하피스는 언젠가 말했다: "세계의 운행은 피 묻은 검이며, 떨어지는 핏방울들은 왕관들이다." 또한 다른 곳에서 말하기를: "태양의 검劍은 붉은 여명 속에 밤의 피를 쏟아 내니, 밤을 도와 승리를 쟁취하였도다." 또한 세간에서 말하기를, [526] "말Wort의 신부新婦들의 머리를 말아 올린 이래로, 누구도 아직 하피스만큼 사상의 뺨들에서 베일을 벗기지는 못했다"고 한다. 이 이미지의 의미는 다음인 듯하다: (예를 들어 클롭슈토크가 말을 사상의 쌍둥이라고 부르는 것처럼) 말의 신부는 사상인데, 사람들이 이 신부를 곱슬곱슬 말아 올린 말들로 치장한 이래로 어느 누구도 하피스만큼 유능하게 그렇듯 치장된 사상의 적나라한 아름다움을 명쾌하게 드러내지는 못했다.

c. 직유

우리는 이 마지막 종류의 이미지에서 직접 직유로 나아갈 수 있다. 왜냐하면 거기서는 이미지의 주체가 거명되며, 그럼으로써 이미지의 도움 없이 의미를 독립적으로 언표하는 작업이 이미 시작되기 때문이다. 그럼에도 이미지와 직유는 구분된다. 이미지는 모든 것을 전적으로 이미지적 형식으로 묘사할 뿐이지만, 직유에서는 이미지가 사상捨象되더라도 그것이 의미 자체로서 하나의 독자적 표현양식을 얻을 수 있으니, 이를 통해 의미는 자신의 이미지 곁에 자리하며 또 이미지는 의미를 직유하게 된다. 은유와 이미지는 의미들을 가시화하지만 그것들을 언표하지는 않으며, 그런 까닭에 은유와 이미지들이 나타나는 관계만이 그것들이 과연 무엇을 이야기하는지를 공표한다. 반면 직유에서는 이미지와 의미의 양 측면이 ―때로는 이미지가, 때로는 의미가 덜 상세하게 혹은 더 상세하게 나타나지만― 완전히 나뉘며, 각각은 독자적으로 제시되며, 연후 비로소 이 분리 속에서 그 내용의 유사성으로 인해 서로 연관된다.

이 점에서 직유는 동일한 내용을 중복된 형식으로, 심지어 삼중 사중의 중복된 형식으로 표현하며, 그런 한도에서 직유는 때로는 한가로운 반복으로 불린다. 또 때로는, 직유에서는 의미가 이미 대자적으로 현존하며 또한 이해의 도모를 위해 기타의 다른 형상화방식이 불필요한 까닭에, 직유는 지루할 경우가 다반사인 과잉으로 불린다. [527] 그러므로 비유 일반을 취급함에 있어서 우리는 직유의 경우 단순 직유나 복합 직유를 사용하는 본질적 관심과 목적이 무엇인가를 이미지와 은유의 경우보다 더욱 묻게 된다. 왜냐하면 그것들은 보통 생각하는 바와 달리 단순한 생동성이나 보다 큰 명료성을 목적으로 사용되는 것이 아니기 때문이다. 그와는 반대로 직유는 너무도 자주 시를 볼품없고 둔탁하게 만들며 또한 단순한 이미지나 은유도 역시 굳이 의미를 병기하지 않더라도 같은 명료성을 가질 수 있는 것이다.

시인의 주관적 판타지가 아무리 자신이 언표하려는 내용을 그 추상적 보편성에 따라 대자적으로 의식하고 그것을 이러한 보편성 속에서 표현한다 손 쳐도, 그럼에도 그 판타지는 내용을 위해 구체적 형상을 찾아낼 것을, 그리고 그 의미에 준해 표상된 것을 감각적 현상으로도 가시화할 것을 재촉받는 자신의 모습도 마찬가지로 발견하는 까닭에, 우리는 이 사실에 맞춰 직유 본연의 목적을 설정해야만 한다. 이 측면에서 보면, 어떤 하나의 대상이 ―그것이 개체적, 감각적 객체든 하나의 규정된 상태이든 하나의 보편적 의미이든 간에― 앞에 있을 경우 판타지는 그것을 다루면서 외적 연관성의 면에서 멀리 떨어진 것을 결합하는 힘, 이로써 한 내용에 대한 관심 속으로 각양각색의 것들을 끌어들이는 힘, 정신의 노동을 통해 주어진 소재에 다양한 현상들의 세계를 연쇄시키는 힘을 증명하는바, 직유는 이미지나 은유와 마찬가지로 이러한 판타지의 대담성을 표현한다. 형상들을 고안하는, 그리고 함축적 관계와 결합을 통해 이질적인 것도 역시 한데 묶는 판타지 일반의 이러한 권능이 직유의 근거에도 또한 놓여 있는 것이다.

α) 이제 첫째, 이미지의 이러한 다채로움에서 판타지의 대담성 이외에 어떤 다른 것이 제시되지 않더라도, 비유의 쾌감은 오로지 그 자체로 인하여 만족을 줄 수 있다. 이것은 말하자면 상상력의 광희狂喜인바, 특히 [528] 남국적인 평안함과 한가로움에 젖은 동방인들의 경우 이 광희는 그들 심상의 풍부함과 찬란함에서 다른 목적 없이 기쁨을 얻고 또한 듣는 이를 같은 한가로움에 탐닉하도록 유혹하지만, 때때로 그것은 시인의 경이로운 힘을 통해 놀라움을 주기도 하니, 이 힘으로써 시인은 극히 다채로운 표상들 속을 거닐고 단순한 위트보다 더욱 영감이 깃든 결합의 위트를 표현한다. 칼데론도 역시 특히 위대하고 찬란한 행렬과 행사들을 묘사할 때, 군마와 기수들의 아름다움을 서술할 때, 혹은 그가 매번 "날개 없는 새, 지느러미 없는 물고기"라고 부르는 배들에 관해 이야기할 때, 이런 식의 비유들을 많이 행한다.

β) 그러나 둘째, 좀 더 자세히 보면 비유들은 하나의 동일한 대상에 천착하며, 또한 이를 통해 이 대상은 일련의 멀리 떨어진 다른 표상들의 실체적 중심점이 된다. 즉 이 표상들이 암시, 묘사됨으로써 비유되는 내용에 대해서 한층 커다란 관심이 객관화되는 것이다.

이러한 천착은 여러 근거를 가질 수 있다.

αα) 첫 번째 근거로서 들 수 있는 것은 내용에 잠기는 심정의 자기침잠이다. 심정은 내용으로부터 영감을 받으며 또한 내용은 심정이 그것에 대한 지속적 관심에서 벗어날 수 없을 만큼 내면에 확실히 자리 잡는다. 이 점에서는 위에서 범신론을 기화로 이미 다루었던 동서방 시문학의 본질적 차이가 즉각 다시 역설된다. 동방인의 침잠은 덜 자기중심적이며, 따라서 허심탄회하다. 그의 열망은 그의 비유의 대상에서 얻는 객관적 기쁨에 머물며, 따라서 보다 이론적이다. 그를 둘러싼, 그리고 그가 알고 사랑하는 일체의 것에서 그의 감각과 정신을 사로잡고 그를 채우는 어떤 이미지를 보기 위

해 그는 자유로운 심정으로 주위를 둘러본다. 그저 주관적일 뿐인 일체의 집착에서 해방된, 일체의 병적인 것으로부터 치유된 판타지는 대상 자체의 비유적 표상에서, 특히 그 대상이 비할 바 없이 찬란한 극치의 아름다움과 [529] 비교됨으로써 찬양되고 격이 높아지고 미화될 경우, 만족을 얻는다. 이에 반해 서양인은 한층 주관적이며 또한 한탄과 고통에 매여 불평불만이 한층 잦다.

다음으로 이러한 천착은 감응들의, 그중에서도 특히 사랑의 관심사이니, 사랑은 그 고통과 기쁨의 대상에 즐거워하며 또한 내적으로 이러한 감응들에서 헤어날 수 없거니와, 지침 없이 자신의 대상을 거듭 새롭게 묘사한다. 연인들은 소망, 희망, 그리고 변화무쌍한 환상들을 특히 많이 갖는다. 그러한 환상들도 역시 직유에 속한다고 할 것이니, 감응이 전 영혼을 점하고 그에 스미어 그 자체가 비유를 낳으면 낳을수록 무릇 사랑은 그만큼 더 일찍이 그러한 직유에 도달한다. 사랑을 채우는 것은 예를 들어 연인의 개별적인 아름다운 대상, 입, 눈, 머리카락 등이다. 이제 인간의 정신은 활동적이고 동요하며 또한 특히 기쁨과 고통은 죽거나 정지해 있는 것이 아니라 부단히 움직이는 것이다: 이것은 부산한 운동이되, 마음이 자기세계의 중심점으로 삼는 하나의 감응에 기타 일체의 질료들을 연관 짓는 운동이다. 여기에서 비유의 관심사는 감응 자체에 놓여 있다. 이러한 감응의 경험은 자연의 다른 대상들도 마찬가지로 아름답게 혹은 고통스럽게 경험토록 하며, 이로 인해 그것들을 자신의 고유한 내용 권역으로 비유적으로 끌어들이며, 이를 통해 자신의 내용을 확장하고 일반화한다.

그런데 만일 직유의 대상이 전적으로 개체적, 감각적이며 게다가 유사한 감각적 현상들과 연관된다면, 특히 이러한 종류의 번다한 비유들은 전혀 심오하지 않은 반성과 거의 육성되지 않은 감응에 속하며 그리하여 단순 외적인 질료에 부유浮游하는 다양성은 그 속에서 정신적 연관성이 발견될 수 없는 까닭에 우리에게 볼품없이 보이기 십상이며 또한 [530] 그다지 흥미를 끌지 못한다. 이런 것은 예컨대 아가서[솔로몬의 송가] 제4장(1~6절)에서 보인다: "아는가, 나의 연인이여, 그대 아름다워라! 아는가, 그대가 아름다운 것을! 그대 눈은 비둘기 눈과 같아라. 그대 머리카락은 길르앗산에 누운 염소 무리 같아라. 그대 치아들은 세척조洗滌槽에서 나온 털 깎인 양 떼 같으니, 그 모두는 쌍생아를 잉태하여 불임인 것은 전무하도다. 그대 입술은 주홍빛 실과 같고 그대 말씨는 사랑스러우며 머리 갈래 사이의 그대 뺨은 석류 속과 같도다. 그대 목은 흉장胸墻으로 지은 다비드의 탑과 같으니, 거기에는 용사들의 수천 방패와 갖가지 무기가 걸려 있도다. 그대 두 가슴은 한낮이 식고 그림자가 흐려질 때까지 장미꽃들 아래서 풀을 뜯는 두 마리의 어린 쌍둥이 노루 같도다."

오시안의 시라고 불리는 많은 시들에서도 같은 따분함이 발견되는바, 예를 들자면 다음의 구절이 있다: "그대는 히스꽃 속의 눈과 같아라. 그대 머리카락은 바위를 감돌아 석양빛과 마주하여 빛나는 크롬라 언덕의 안개 같아라. 그대 두 팔은 위대한 핀갈 전당의 두 기둥과 같아라."[190]

오비디우스는 폴리페무스로 하여금, 철저히 웅변조이지만, 비슷한 식으로 말하게 한다(『변신담』 13권, 789~807행): "오 갈라테이아, 그대는 눈 덮인 쥐똥나무 잎사귀보다 더욱 희도다. 초원보다 더욱 피어나며, 긴 느릅나무보

---

190 역주: 오시안(Ossian)은 3세기경에 살았던 고대 켈트족의 전설적인 시인이자 용사이다. 그의 시는 우울하고 낭만적인 정서를 담고 있으며 18세기 후반 낭만파 시인들에게 큰 영향을 끼쳤다. 그의 부친인 영웅 핀갈이나 크프린을 노래한 시를 썼다고 전해진다. 오시안이라는 이름은 영국 시인 J. 맥퍼슨이 그의 시들을 영역하여 『고지방수집 고대시가 단장(高地方蒐集古代詩歌斷章)』(1760), 『핀갈』(1762), 『테모라』(1763) 등 3권을 발표함으로써 알려졌다. 이 시들은 독일의 헤르더, 괴테, 실러, 영국의 워즈워스, 프랑스의 샤토브리앙 등 낭만파 시인에게 큰 영향을 끼쳤다. 위의 시는 맥퍼슨이 번역하여 펴낸 『오시안 시집(The Poems of Ossian)』(London, 1785) 중 제1권 『핀갈』의 제1편에 수록되어 있는데, 맥퍼슨은 크롬라를 얼스터 해변에 있는 한 언덕으로 본다.

다 더욱 가늘도다. 유리보다 더욱 빛나며, 연약한 어린 염소보다 더욱 스스럼없도다. 해수에 끝없이 닦인 조개보다 더욱 매끈하며, 겨울 해와 여름 그늘보다 더욱 사랑스럽도다. 과실보다 더욱 고상하며, 키 큰 플라타너스보다 더욱 고매하도다." — 6운각의 시 19수가 모두 이런 식이니, 말솜씨로서는 훌륭하지만 묘사하는 바는 거의 관심을 끌지 못하는 별 흥미 없는 감응이다.

그러한 천착이 서정적 감응 그 자체에 더욱 적합하며 또한 그것이 사태 자체를 통해 적절하게 유발되지 않는다면 극의 전개를 심대하게 저해하기는 해도, 칼데론에게서도 이런 식의 비유들의 실례가 다수 발견된다. 예를 들어 [531] 운명의 질곡에 빠진 돈 후안은 그가 따라갔던 베일 쓴 여인의 아름다움을 장황하게 서술하면서 그 어름에 다음과 같이 말한다:

그럼에도 비록 가끔이지만
밝디밝은 광채의 손이
보이지 않는 저 베일의
검은 장막을 헤치고 나오니,
백합과 장미의 공작부인이었으며
눈들의 광채에 노예처럼 경의를 표하는 자
검은 아프리카인이었네.

이에 반해 한층 심오하게 감동받은 심정이 이미지와 직유들로 표현되어 감응의 내적, 정신적인 연계들을 노정하는 경우에는 심정이 스스로 가령 하나의 외적 자연경관 같은 것이 되거나 혹은 그러한 자연경관이 정신적 내용의 반영으로 되는 까닭에 사정이 전혀 다르다. — 이 면에서도 오시안의 작품으로 이야기되는 시들에서는, 비록 여기서 직유되는 대상들의 영역이 빈약하며 또한 대개 구름, 안개, 폭풍우, 나무, 시내, 샘, 태양, 엉겅퀴 혹은 풀에 한정되어 있기는 하지만, 많은 이미지와 비유들이 보인다. 예를 들어 오시안은 다음과 같이 말한다: "오 핀갈, 현재는 즐겁도다! 사냥꾼은 한철 내내 태양이 없음을 애달파하였는데 이제 그 모습이 구름들 사이에서 보이노니, 현재는 크롬라 언덕에 뜬 태양 같도다." 또한 다른 곳에서 말하기를: "오시안 지금 한 목소리를 듣지 않았느냐? 아니면 그것은 지나간 한낮의 목소리이던가? 석양이 그러하듯 지나간 시절들의 기억이 종종 나의 영혼으로 들어온다." 오시안은 마찬가지로 이야기하기를: "노랫말들은 유쾌하며 지난 시절의 이야기들은 즐겁다고 쿠툴린은 말했다. 그것들은 태양이 능선에서 희미하게 가물거리고 연못이 계곡에서 잔잔하고 푸를 때 노루언덕 위에 맺힌 고요한 아침 이슬과 같도다." — 이 같은 감응들과 그 직유들에서도 하나의 천착이 보이는데, 이것은 이 시들에서 유형적으로 [532] 슬픔과 고통스러운 기억에 매여 기진맥진해 가는 늙은이를 표현한다. 우울하고 심약한 감응은 대체로 쉽사리 비유로 이행한다. 그 같은 영혼이 의도하는 것, 그의 관심을 이루는 것은 멀리 지나간 것이며, 벌써 그로 인해 일반적으로 그는 자신을 북돋우는 대신 다른 것에 마음을 두어야 할 지경에 이른다. [오시안의] 많은 비유들은 이로써 이러한 주관적 분위기에, 또한 그 분위기가 필히 머물게 되는 좁은 권역 및 대개는 음울하게 나타나는 표상들에 상응한다.

　하지만 반대로 열정이 그 동요에도 불구하고 하나의 내용에 집중되는 한, 열정도 역시 주위의 외적 세계에서 그 내면의 반영을 발견하기 위해 이미지와 비유들을 —이것들 모두는 오롯이 하나의 동일한 대상에 대한 착상들이다— 두루 섭렵할 수 있다. 예컨대 이러한 종류로는 『로미오와 줄리엣』에 나오는 줄리엣의 독백이 있는데, 거기서 그녀는 밤을 향해 외친다:

　　　오라 밤이여! — 오세요, 로미오, 그대 밤 속의 낮이여!

그대는 밤의 날개 위에서 쉴 거예요

신선한 눈이 까마귀의 등에서 쉬듯이. ―

오라 부드럽고 사랑스러운 밤이여! 와서

내게 나의 로미오를 다오! 그리고 언젠가 그가 죽으면,

그를 받아 작은 별들로 나눠 다오:

그는 하늘의 얼굴을 아름답게 할 것이며,

그리하여 온 세상이 밤과 사랑에 빠질 것이니

그러면 누구도 더 이상 허영에 찬 태양을 경모하지 않으리. ― 등등.

ββ) 이것은 일관되게 거의 서정적인, 내용에 침잠하는 감응의 직유들인데, 여기에는 예컨대 호메로스에게서 종종 발견되는 바의 서사적 직유가 대립한다. 후자의 경우 비유적 표현을 위해 특정 대상에 천착하는 시인의 관심은 한편으로 우리가 사건들의 결말, 영웅들의 개개의 상황들 및 행동들을 고려할 때 품는 실천적 호기심, 기대, 희망 그리고 공포와 같은 것들 너머로, 또한 [533] 원인, 작용 그리고 결과의 관계 너머로 우리를 이끌며, 그가 이론적 고찰을 위해 우리 앞에 제시하는, 마치 조각품들과 같은 고요하고 조형적인 형상에 우리의 주의력을 묶어 둔다. 이 고요함, 눈앞에 펼쳐지는 것에 대한 단순 실천적인 관심의 이러한 철회는 대상을 비유하는 일체의 것이 다른 분야에서 연유하면 할수록 그만큼 더 효과적이다. 다른 한편 직유에서 보이는 천착은 그 이상의 의의를 갖는바, 그것은 이른바 중복적인 묘사를 통해 하나의 특정 대상을 중요한 것으로 돋보이게 하며 또한 그것이 노래와 사건들의 흐름과 더불어 일순에 종적 없이 사라지지 않게끔 만든다. 그리하여 예컨대 호메로스는(『일리아드』 20권, 164~175행) 아이네아스에 맞서 전의에 불타 일어서는 아킬레우스에 관해 다음과 같이 말한다: "그는 굶주린 사자처럼 다가오는데, 사람들은 이 사자를 죽이려 하고 전 민중은 그리

로 모였다. 사자는 처음에는 마치 경멸하듯이 어슬렁거렸으나, 싸움에 굶주린 한 젊은이가 창을 들어 그를 맞췄을 때 입에 거품을 물고 포효하며 돌아서고, 가슴에서는 그의 강한 심장이 신음을 토하며, 꼬리로 양쪽 옆구리와 엉덩이를 치면서 스스로 전의를 드높인다. 그는 위협적인 눈빛으로 용맹스럽게 돌진하니, 과연 그는 어떤 한 사람을 잡을 것인가 아니면 스스로가 첫 번째 살육에서 살해될 것인가: 힘과 담대한 용기는 그렇듯 아킬레우스를 북돋우어 아이네아스라는 오만한 영웅에게로 다가가도록 만들었다." — 판다로스가 메넬라오스를 향해 쏜 화살을 팔라스가 빗나가게 했을 때 호메로스는(『일리아드』 4권, 130행 이하) 그녀에 관해서도 비슷하게 말한다: "그녀는 그를 잊은 게 아니었으니, 마치 어머니가 단잠에 빠진 아들에게서 파리를 쫓듯 죽음의 화살을 빗나가게 하였다." 그리고 이어 화살이 그럼에도 메넬라오스에게 상처를 입혔을 때 호메로스는 말한다(141~146행): "많은 기병들이 갖기를 원했던, 하지만 [534] 왕으로서는 상으로 줄 요량으로 창고에 보관하던, 군마에게는 장식품이자 기병에게는 명성인 일거양득의 상아를 마이오니아나 카리아의 여인이 말 재갈용으로 자줏빛으로 물들이듯이, 그렇게 메넬라오스에게는 허벅지 위로 피가 흘렀다" 등등.

γ) 직유의 세 번째 근거는, 판타지의 단순한 분방함 및 자기침잠적인 감응, 혹은 주요 대상들에 비유적으로 천착하는 상상력과 대조적으로, 주로 극시에서 부각된다. 드라마는 투쟁적 열정, 행동, 파토스, 행위, 내면에서 원하는 것의 실행을 내용으로 삼는다. 드라마는 그 내용을 가령 서사시와는 달리 과거 사건들의 형식으로 서술하지 않으며, 시인이 제3자로서 끼어들지 않게 하기 위해 우리에게 개인들 자신을 가시화하고, 그들로 하여금 그들의 감응들을 그들 고유의 감응들로 표현케 하고, 그들의 행위들을 우리 눈앞에서 성취케 한다. 이제 이러한 점에서는 마치 극시가 열정들을 발설할 때 최대의 자연성을 요구하는 양, 그리고 고통, 공포, 기쁨에서 보이는

열정의 격렬함은 이 자연성을 위해 직유를 허락할 수 없는 양 보인다. 감응의 폭풍 속에서, 행위를 위한 각고의 노력 속에서 행위하는 개인들에게 은유, 이미지, 직유들을 많이 사용하여 말하게 함은 말 그대로 완전히 부자연스러운 것으로, 또한 그런 까닭에 저해적인 것으로 간주될 수 있다. 왜냐하면 비유를 통해 우리들은 현재의 상황 및 그 안에서 행위하고 감응하는 개인들로부터 멀어져 외적인 것, 이질적인 것, 상황 자체에 직접 속하지 않는 것으로 이끌리며, 게다가 특히 주고받는 대화의 톤이 이를 통해 거북하고 성가신 단절을 겪기 때문이다. 그럴진대 독일에서는 젊은 심정들이 프랑스의 수사학적 취미의 사슬에서 해방되고자 노력했던 시절에조차 사람들은 스페인인, 이탈리아인, 프랑스인들을 단순한 기예가로서 간주했다. 왜냐하면 그들은 격렬한 [535] 열정과 그 자연표현이 모름지기 주가 되어야 할 경우도 자신들의 주관적 상상력, 위트, 관습적 예법, 유려한 말솜씨를 드라마의 등장인물들의 입에 올렸기 때문이다. 그러므로 우리는 이 자연성의 원칙에 합당하게 그 시절의 많은 드라마에서는 고상하고, 고양되고, 이미지가 풍부하며 직유로 가득 찬 어법 대신에 감응의 외침, 느낌표, 줄표 등을 발견한다. 비슷한 의미에서 영국의 비평가들도 역시 셰익스피어의 중복적인 다양한 비유들을 힐난하였으니, 왜냐하면 모든 비유들에는 반성의 휴지休止가 속하는데 격렬한 감정으로 인해 그러한 휴지를 위한 공간이 거의 제공될 수 없을 것으로 보이는 장면에서도 그는 극도의 고통스러운 충동에 빠진 등장인물들에게 종종 이러한 비유를 부여했기 때문이다. 물론 셰익스피어의 경우 이미지와 비유들이 종종 거북살스러우며 중첩적인 것이 사실이다. 그러나 전체적으로 드라마에서도 역시 직유에 하나의 본질적인 위치와 작용이 허락될 수 있다.

만일 감응이 그 대상에 빠져들어 그로부터 헤어나지 못하고 한자리에 머문다면, 행위의 실천적 영역에서 직유들이 갖는 목적은 개인이 단지 직접적으로 그의 특정한 상황, 감응, 열정에 빠져들 뿐만 아니라 높고 고결한 본성으로서 그 위에 서 있기도 하며 또한 그로부터 벗어날 수도 있음을 보여 주는 데 있다. 열정은 영혼을 자신 속에 제한하고 묶어 두며 한정된 집중상태로 좁히며, 또한 이를 통해 영혼을 침묵하게 하거나 외마디밖에 외칠 줄 모르게 만들거나 천방지축 날뛰게 만든다. 그러나 심정의 위대함, 정신의 힘은 그러한 제한성 너머로 스스로를 고양하며 또한 영혼을 움직였던 특정한 파토스 위로 떠올라 아름답고 조용한 고요에 잠긴다. 직유들은 바로 이러한 영혼의 해방을 표현하지만, 처음에는 완전히 형식적인 것에 그친다. 왜냐하면 스스로 자신의 고통과 번뇌마저도 객관화할 수 있는 깊은 태연함과 강인함만이 자신을 다른 것과 비교할 수 있으며, 또한 이를 통해 이질적인 대상들에서 자신을 이론적으로 직관할 수 있으며, 혹은 자신에 관한 극히 두려운 냉소 속에서조차 자신의 절멸을 외부의 일인 양 대처할 수 있으며, [536] 그러면서도 고요하고 확고하게 자기 자신 안에 머물 수 있기 때문이다. 우리가 보았듯이, 서사시에서는 천착하여 그린 듯한 비유들을 통해 청자에게 예술이 요구하는 이론적 고요함을 전달하고자 열망하는 자가 시인이었지만, 반면 극시에서는 행위하는 인물들이 자신의 내면을 스스로 대상으로 삼으며, 이것을 그리고 형상화하는 일을 강렬하게 지속하며, 또한 이를 통해 그들 사념의 고귀함과 그들 심정의 힘을 우리에게 전달하는바, 그런 까닭에 그들은 스스로가 시인이자 예술가로서 현상한다. 왜냐하면 여기서 제 3의 것 내지 외적인 것으로의 이러한 침잠은 단순 실천적 관심이나 감응의 직접성으로부터의 내면의 해방이자 자유로운 이론적 형상화를 위한 것이기 때문이니, 이를 통해 우리가 첫 번째 단계에서 발견하는 바의 비유를 위한 비유는 이제 단순한 편견의 극복이자 열정의 폭력으로부터의 해방으로서 등장할 수 있으며, 또 그런 한도에서 한층 깊이 있게 재생산된다.

이러한 해방의 과정은 다음의 주요 사항들로 구분되는바, 이를 위해 가장 많은 전거들을 제공하는 인물이 특히 셰익스피어이다.

αα) 한 심정이 큰 불행과 맞닥뜨려 가장 깊은 내면에서 흔들릴 경우, 그리고 이 불가피한 운명의 고통이 이제 실제로 나타날 경우, 전율, 고통, 상심을 직접 부르짖고 이를 통해 한숨을 돌린다면 그것은 평범한 인물의 방식일 것이다. 강인하고 고결한 정신은 비탄 자체를 되누르고, 고통을 가두며, 또한 이를 통해 스스로 역경을 깊이 느끼면서도 여전히 표상 속에서 그와 멀리 떨어진 대상과 관계하는, 그리고 이 떨어진 대상에 빗대어 그의 고유한 운명을 이미지로 표현하는 자유를 간직한다. 이 경우 인간은 자신의 고통을 극복한다. 그는 전체 자아의 면에서 고통과 하나가 아님은 물론이거니와 그로부터 구분되어 있기도 하며, 또한 이로 인해 자신의 감응과 연관된, 그것과 친족적인 객체로서의 제3의 것에 천착할 수 있는 것이다. 예컨대 [537] 셰익스피어의 『헨리 4세』에서 늙은 노텀버랜드는 퍼시의 죽음을 알리러 온 전령에게 그의 아들과 동생의 안부를 물었으나 아무런 답변도 얻지 못하자 쓰디쓴 고통에 사로잡혀 다음과 같이 외친다[『헨리 4세』, 2부 1막 1장]:

너 떨고 있구나, 그리고 창백한 네 뺨은
너의 전언을 네 입보다 더욱 잘 말하고 있구나.
생기 없고, 정신이 나가고, 흐리멍덩하고, 죽을상을 짓고,
고통에 감긴 한 남자가
한밤에 프리암의 장막을 걷고
그의 트로이가 반소되었음을 말하려 했으나
프리암이 그의 혀보다 먼저 화재를 알았던 것과 꼭 같이
나는 네가 퍼시의 일을 보고하기 전에 그의 죽음을 알았노라.

그러나 특히 리처드 2세가 행복한 젊은 날들의 경솔을 속죄해야 할 때,

그가 보인 심정은 어떠한가. 그 심정은 아무리 고통에 휩싸이더라도 그럼에도 항상 그것을 새로운 비유들로 제시하는 힘을 간직하고 있지 아니한가. 그가 슬픔을 언제나 적절한 이미지들로써 객관적으로 표현하고 이러한 표출의 유희 속에서 고통을 그만큼 더 깊숙이 간직한다는 것, 이것이 바로 리처드의 슬픔이 갖는 감동적이며 천진스러운 요소이다. 헨리가 그에게서 왕관을 요구했을 때 그는 대답하기를[『리처드 2세』, 4막 1장]:

여기 있소, 종형, 왕관을 잡으시오.
이쪽은 나의 손으로, 저쪽은 그대의 손으로 ….
이제 이 금관은 교대로 물을 긷는 두 개의 두레박이 달린
깊은 우물과 같소.
빈 두레박은 늘 공중에서 춤추며
다른 두레박은 내려가, 보이지 않은 채 물로 가득 차 있소.
내려가 눈물로 가득 찬 두레박이 나일지니
그대가 높은 곳에 올라 있는 동안 나는 슬픔을 마신다오.

ββ) 여기에 대해 그의 관심, 그의 고통 및 운명과 이미 하나된 등장인물이 비유를 통하여 이러한 직접적 통일로부터 해방되고자 시도한다는 사실에서, 또한 그가 직유들에 여전히 능함을 보여 줌으로써 그 해방을 실제로 분명히 한다는 사실에서 성립하는 또 하나의 측면이 있다. 예를 들어 『헨리 8세』에서 캐서린 여왕은 그녀의 남편에게 버림받고 깊은 슬픔에 잠겨 다음과 같이 외친다[『헨리 8세』, 3막 1장]:

[538] 나는 세상에서 가장 불행한 여인이구나! …
나를 위한 어떠한 동정도, 친구도, 희망도 없는,

날 위해 울어 줄 친척도 없는,

나에게 거의 무덤조차 허락하지 않는

왕국에서 난파한 여인이구나! 백합처럼,

한때는 들판의 여왕으로 꽃피웠던 백합처럼,

나는 고개를 숙이고 사라지겠지.

『줄리어스 시저』에서 브루투스는 카시우스를 격분시키려고 노력하지만 허사였는데, 이에 격노한 브루투스가 그에게 던지는 말은 한층 더 탁월하다[『줄리어스 시저』, 4막 3장]:

오 카시우스! 잔뜩 당하여 성마른 불꽃을 보이다가

곧장 식는 자여,

그대는 부싯돌이 불을 품듯 빤짝 화내는

양의 짝이나 되시오.

이 장면에서 브루투스가 직유로의 이행을 찾을 수 있다는 사실은 그가 스스로 분노를 자신 속에 되누르고 그로부터 벗어나기 시작했음을 이미 증명한다.

셰익스피어는 주로 그의 범죄적인 등장인물들에게 범죄와 불행의 장면 모두에서 정신의 위대함을 부여함으로써 동시에 그들을 다시 그들의 사악한 열정 너머로 끌어올리며 또한 프랑스인들과는 달리 범죄를 저지르겠다는 말을 스스로에게 되뇔 뿐인 추상에 그들을 머무르게 하지 않고 오히려 그들 스스로를 전혀 다른 이질적 형상으로 가시화시킬 수 있는 판타지의 이러한 힘을 그들에게 부여한다. 예컨대 맥베스는 그의 시간이 울릴 때, 다음과 같은 유명한 말을 한다[『멕베스』, 5막 5장]:

꺼지어라, 꺼지어라, 짧은 촛불이여!
삶은 걸어 다니는 그림자일 뿐,
무대 위에서 자신의 시간을 활보하며 안달하다가
더 이상 아무 소리도 들리지 않는 가여운 연기자일 뿐. 삶은
바보가 들려주는, 소리와 분노로 가득 찬,
아무것도 의미하지 않는 이야기여라.

― 『헨리 8세』에서 생애의 마지막에 자신의 지위에서 추락하여 다음과 같이 외치는 울시 추기경의 경우도 마찬가지이다[『헨리 8세』, 3막 2장]:

안녕히! 나의 모든 위대함이여, 영원히 안녕히!
이것이 인간의 운명인가: 오늘 그는 희망의 연한 잎사귀를 틔우고,
내일은 꽃을 피워 찬란한 영광이 그를 두텁게 휘감도다.
[539] 사흘째는 서리가, 그의 뿌리를 갉아먹는 죽음의 서리가 내리니,
선하고 순한 그가 이제 확신에 차 그의 위대함의 성장을 생각할 때
그는 몰락하리라, 내가 그랬듯이.

YY) 이 경우 이러한 객관화와 비유적 표현에는 등장인물이 자신의 고통과 몰락을 달래는 내면의 평온과 의연함이 동시에 들어 있다. 클레오파트라는 이미 치명적인 아프리카 코브라를 가슴에 얹고서 카르미안에게 다음과 같이 말한다[『안토니우스와 클레오파트라』, 5막 2장]:

조용히 해라, 조용히 해라!
자면서 유모의 젖을 빠는 젖먹이가 내 가슴에서 보이지 않느냐? …
향유처럼 달콤하고 공기처럼 부드럽고 또한 정겹게

— 뱀이 물어 사지가 노곤하게 풀리니 죽음은 자신에게 속아 자신을 잠인 양 여긴다. — 이 이미지는 자체가 이러한 비유들의 부드럽고도 진정제적인 성향을 나타내는 이미지로 간주될 수 있다.

C
상징적 예술형식의 소멸

우리가 상징적 예술형식 전반을 파악한 바로는, 거기서는 의미와 표현이 상호 침투하지만 서로를 완벽하게 내적으로 형성하지는 못하였다. 무의식적 상징예술에서는 이를 통해 현전하는 내용과 형식의 부적합성이 즉자적으로 남아 있었고, 이에 반해 숭고성에서는 그것이 부적합성으로서 공개적으로 등장하였으니, 절대적 의미, 신뿐만 아니라 그 외적 실제, 세계도 역시 분명하게 이 부정적 관계 속에서 묘사되었다. 그러나 역으로 이 모든 형식들에서는 상징성의 또 다른 측면도, 즉 의미와 의미가 현상하는 외적 세계의 친족성도 못지않게 지배적이었다. 즉 양자는 의미가 아직 그 구체적 현존재에 대립하지 않는 근원적 상징에서는 서로 배타적이며, 신을 부적합한 방식으로나마 표현하기 위하여 자연현상들, 신의 민족의 사건들과 행동들을 필요로 했던 숭고성에서는 서로 본질적 관계에 있으며, [540] 비유적 예술형식에서는 주관적인, 이로써 자의적인 관계에 있다. 그러나 비록 이 자의가 특히 은유, 이미지 그리고 직유 속에 완벽하게 현존한다고 해도, 그것이 의미와 이미지의 유사성이라는 바로 그 근거에서 비유를 행하는 한, 그리고 그 주된 측면을 형성하는 것이 외면성이 아니라 바로 주관적 행위를 통해 야기된 관계, 즉 한편으로는 내적 감응, 직관, 표상들과 다른 한편으로는 그와 친족적인 형상화들의 관계인 한, 자의는 여기에서도 말하자면 의미와 의미를 위해 사용된 이미지의 친족성 뒤에 가려진다. 그렇긴 해도 내용과 예술형상을 상호 근접하도록 만드는 것이 사태 자체의 개념이 아니라 단지 자의일 뿐이라면, 양자는 또한 서로 완전히 외적인 것으로도 정립될 수 있으니, 이리되면 그들의 결합은 비관계적인 짜 맞추기이자 다른 측면을 통한 한 측면의 단순한 덧칠이 된다. 그러므로 우리는 여기서 부록으로서 다음과 같은 부차적 예술형식들, 즉 진정한 예술에 속한 계기들의 그러한 완전한 분열로부터 출현하며 또한 이러한 무관계성 속에서 상징예술의 자기파괴를 드러내는 예술형식들을 다루어야만 한다.

이 단계의 일반적 입장에 따르자면 한편으로는 그 자체로서 틀에 박혀 발전된, 그러나 형상이 결여된 의미가 있는데, 이에 대해서는 단지 외적이고 자의적인 장식만이 예술형식으로서 잔존할 뿐이다. 다른 한편으로는 외면성 그 자체가 있는바, 이것은 본질적, 내면적 의미와 동일성을 이루도록 매개되는 대신 단지 이 내면에 대립하는 독자성 가운데서, 그리하여 그 현상의 단순한 외면성 가운데서 수용되고 서술될 뿐이다. 이 점이 교훈시 didaktische Poesie와 서술시beschreibende Poesie의 추상적 차이를 낳는데, 이 차이는 적어도 교훈성을 고려할 때 오로지 시예술에 의해서만 견지될 수 있는바, 까닭인즉 의미를 그 추상적 보편성에 따라 표상할 수 있는 것은 시예술이 유일하기 때문이다.

그런데 예술의 개념은 의미와 형상의 분리가 아니라 양자의 [541] 동일화에 있는 까닭에, 이 단계에서도 상이한 측면들의 완전한 엇갈림뿐만 아니라 그 관계 맺음도 마찬가지로 표명된다. 하지만 이 관계 맺음은 상징예술의 초극 이후에는 더 이상 그 자체가 상징적 종류일 수 없으며, 따라서 종래의 모든 형식들이 극복할 수 없었던 상징예술의 본래적인 성격을, 즉 형식과 내용의 부적합성과 독립성을 지양하고자 시도한다. 그러나 하나로 되어야 할 측면들의 전제된 분리로 인하여 이 시도는 여기에서 단순한 당위로 머물 수밖에 없으니, 이 당위의 요구들을 충족하는 일은 한층 완성된 예술형식에게, 즉 고전적 예술형식에게 유보된다. ─ 그 이행을 좀 더 상세하게 살펴볼 목적으로 우리는 이제 이 마지막 예술형식들을 간략하게 살펴볼 것이다.

1. 교훈시

하나의 의미가 아무리 내면 그 자체로서 구체적이며 일관적인 전체를 형성하더라도, 그것이 독자적으로 의미로서 이해되어 그 자체가 형상화되지 않고 그저 겉만을 예술적 장식들로 치장하는 경우에는 교훈시가 생겨난다. 교훈시는 예술 본연의 형식들에 속할 수 없다. 왜냐하면 교훈시에서는 한편으로는 독자적으로 기존 틀에 박혀 의미로서 발전된 내용이 그에 걸맞은 산문적 형식을 갖기 때문이며, 다른 한편으로는 ─ 이 내용이 이미 사전에 의식에 산문적으로 완전히 각인되어 있으며 또한 이 산문적 측면에 따라, 즉 내용의 보편적, 추상적 의미성에 따라, 그리고 오직 그 의미성의 관점에서, 오성적 통찰 및 반성을 위한 교훈을 목적으로 표현되어야 하는 까닭에 ─ 예술적이긴 하되 내용에 극히 외적으로 부가될 수밖에 없는 형상이 있기 때문이다. 그러므로 이 외적 관계에서는, 교훈시에서도 역시 그렇지만, 예술이 오직 [542] ─ 예컨대 운율, 평측平仄, 일화들의 삽입, 이미지, 직유, 부수적 감정폭발, 비교적 급한 진행, 신속한 이행 등등의─ 외적 측면들에만 해당할 뿐이니, 이것들은 내용 그 자체에 스미지 않고 다만 그 상대적 생명력을 통해 교훈의 엄숙함과 팍팍함을 생기 돌게 하고 또한 삶을 한층 유쾌하게 만들기 위해 내용에 첨가물로서 부수된다. 즉자 그 자체로서 산문적으로 형성되어 있는 것에 시적 변형을 가함은 부당한 일이며 또한 다만 시적 겉옷을 덧입히는 것에 불과하다. 마치 예컨대 정원술이 대개의 경우 이미 자연을 통해 자체적으로 주어진, 즉자 그 자체로서는 아름답지 않은 지대의 단순한 외적인 정돈이듯이, 혹은 마치 건축술이 산문적 형편과 과업들에 맞게 설치된 장소의 합목적성을 치장과 외적 장식을 통해 쾌적하게 만들듯이 말이다.

예컨대 초창기의 그리스 철학은 이런 식으로 교훈시의 형식을 채택했으니, 헤시오도스 역시 그 실례로서 인용되어도 무방할 것이다. 비록 본연의 산문적인 이해는 오성이 자신의 반성, 추론, 대상의 분류 등에 정통하여 이 입장에서 재미있고 기품 있게 교훈을 주고자 할 경우 비로소 제대로 부각되지만 말이다. 에피쿠로스학파의 자연철학의 면에서는 루크레티우스가, 농경 지침들의 면에서는 베르길리우스가 대단한 숙련성에도 불구하고 순정한 자유로운 예술형상이 될 수는 없는 그러한 이해의 사례들을 제공한다. 현금 독일에서는 교훈시가 더 이상 애호되지 않으나, 델리유[191]는 그의 초기 시들 「정원, 또는 풍경 미화의 예술」(1782)과 「전원의 사람」(1800) 이외에도 자기磁氣, 전기 등을 차례로 다루는 물리학 개론으로서의 교훈시를 금세기에 프랑스인들에게 선사하였다.

2. 서술시 [543]

상징적 예술형식의 소멸에 속하는 두 번째 형식은 교훈적인 것과 대조를 이룬다. 그 출발점은 틀에 박힌 의식에 속하는 의미에서 얻어지는 대신, 외적인 것 그 자체, 자연환경, 건물, 계절, 하루의 시간들, 그리고 그들의 외적 형상들에서 얻어진다. 교훈시에서는 내용이 본질상 형상 없는 보편성에

---

191 역주: Jacques Delille(1738~1813), 프랑스의 시인.

머물러 있다면 여기서는 반대로 외적 질료가 정신성의 의미들이 스며 있지 않은 개체성과 외적 현상 속에서 독립적으로 있는바, 이것은 이제 나름대로 일상적 의식에 보이는 바에 따라 표현, 묘사, 서술된다. 그러한 감각적 내용은 전적으로 참된 예술의 한 측면에만, 즉 그 외적 현존재에만 속하는바, 예술에서는 이것이 정신의 실제로서, 주위 세계를 토대로 삼는 개성과 그 행위 및 사건들의 실제로서 등장할 권리를 가질 뿐이지 정신으로부터 분리된 단순한 외면성으로서 독자적으로 등장할 권리를 갖는 것은 아니다.

3. 고대의 경구

그렇다면 교훈과 서술도 역시 예술을 완전히 소멸시킬지도 모를 이 일면성에 갇혀서는 안 될 것이며, 그런즉 우리는 외적 실제가 내적으로 파악된 의미와 관계하고, 추상적-보편적인 것이 그 구체적 현상과 다시 관계하는 것을 마찬가지로 본다.

a) 이러한 관점에서 우리는 이미 교훈시를 언급하였다. 교훈시는 외적 상태와 개체적 현상들을 묘사하지 않거나 신화 등등의 예들을 일화로서 이야기하지 않고서는 거의 성공할 수 없다. 그러나 정신적-보편적인 것과 외적-개체적인 것의 그러한 평행을 통해 정립되는 것은 완전하게 형성된 통일이 아니라 극히 부차적인 관계, [544] 더욱이 총체적 내용 및 그 전체적 예술형식에는 전혀 해당하지 않으며 기껏 개체적 측면과 특징들에 해당하는 관계에 불과하다.

b) 대개 그런 식의 연관성은 거지반 서술시에서 나타나는바, 서술시는 시골 자연의 광경, 하루의 시간 변화, 한 해의 자연적 구분, 숲으로 덮인 언덕, 호수, 속삭이는 시내, 교회 묘지, 안온한 마을, 고요하고 아늑한 오두막 등이 일으킬 수 있는 감응들로써 묘사를 행하기 때문이다. 그러므로 교훈시

에서도 그렇지만 서술시에서도 역시 일화들이, 특히 예컨대 감동적인 감정과 달콤한 우수의 묘사나 혹은 인생의 별로 중요치 않은 권역에서 끌어온 자잘한 사건들의 묘사가 생기를 돌게 하는 장식들로서 삽입된다. 그러나 정신적 감응과 외적 자연현상의 이러한 관계는 여기서도 여전히 극히 외적일 수 있다. 왜냐하면 자연의 지형은 그 자체로서 독자적으로 현존하는 것으로 전제되며, 인간이 비록 그리로 다가가 거기에서 이러저러한 것을 감응하더라도 달빛, 수풀들, 계곡들의 외적 형상과 그 내적 감상感傷은 피차 외적으로 머물기 때문이다. 이 경우 나는 자연의 해석자, 찬미자가 아니라 다만 이 기회에 이러저러하게 생기된 나의 내면과 현전하는 대상성의 극히 막연한 조화만을 감응한다. 이것은 특히 우리 독일인들에게 매우 애호되는 형식으로서 일면 자연을 묘사하며 일면 그에 병행하여 누군가에게는 그러한 자연풍경들에서 바로 아름다운 감정과 심정의 분출이 떠오르도록 만드는 것이다. 이것은 누구든지 갈 수 있는 공도公道이다. 클롭슈토크의 다수의 송가들조차도 이러한 음조를 읊조린다.

c) 그러므로 우리는 셋째, 분리가 전제된 양 측면의 한층 깊은 관계에 관해 물어야 할 터이니, 그것은 고대의 경구에서 발견될 수 있다.

α) 경구의 근원적 본질은 이미 [545] 비명碑銘을[192] 뜻하는 그 이름이 말하고 있다. 물론 여기서도 역시 한편으로는 대상이 있고, 다른 한편으로는 무언가가 대상에 관해 이야기된다. 그러나 아주 오래된 경구들에서 ―헤로도토스는 이미 그것들 중 몇몇을 보존해 주었다― 우리가 얻는 것은 어떤 감수성이 수반된 객체의 묘사가 아니다. 거기서는 사태 자체가 두 가지 방식

---

192 역주: 그리스어 ἐπίγραμμα(epigramma)는 비석 '위에 새긴 글(Auf-schrift)', 즉 비명을 뜻한다. 헤겔은 여기서 비명이 비석과 비문을 하나로 묶은 것이라는 사실에 빗대어 경구의 종합적 특성을 설명하려는 듯하다.

으로, 즉 일단은 외적 실존으로 다음으로는 그 의미 및 설명으로 존재하되, 이 두 가지는 경구로서 아주 예리하면서도 적확한 특징들로 압착되어 있다. 하지만 그리스인들 사이에서조차 후기의 경구는 이러한 근원적 성격을 상실하였으며 또한 점차 개체적 사건들, 예술작품들 그리고 인물들에 관해 약술하는 창의적이고, 재치 있고, 유쾌하고, 감동적인 착상들을 견지하고 기록하는 방향으로 나아갔는데, 이러한 착상들은 대상 자체보다는 대상과 관련된 의미 있는 주관적 관계들을 드러낸다.

β) 이제 이러한 서술방식에서 대상 자체가 덜 나타날수록, 이를 통해 그 것은 그만큼 더 불완전해진다. 이 점에서는 비교적 최근의 예술형식들도 부수적으로 언급될 수 있다. 예컨대 티크의 소설들에서는 종종 특수한 예술작품이나 예술가들, 특정 화랑이나 음악이 중요하게 다루어지며, 어떤 짧은 소설들은 거기에 접맥하기도 한다. 그런데 독자가 보거나 듣지 못하는 이 특정 그림들과 이 특정 음악들을 시인이 보거나 듣게끔 만들 수는 없는 일이며 또한, 전체 형식이 바로 그러한 대상들을 위주로 삼을 경우, 그것은 이 측면으로 인하여 결함 있는 것으로 남는다. 큰 규모의 소설들도 사정은 마찬가지이니, 사람들은 거기서도 역시, 예컨대 빌헬름 하인제의 『호헨탈의 힐데가르트』에서 음악이 그렇듯,[193] 전체 예술들과 그 매우 아름다운 작품들을 본격적인 내용으로 취택했다. 그런데 전체 예술작품이 그 본질적 대상을 적절하게 서술할 능력이 없다면, 그것은 기본 성격의 면에서 부적절한 형식을 보유하는 셈이다.

[546] γ) 앞서 거론한 결함들로부터 발생하는 요구는 단 하나, 즉 외적 현상과 그 의미, 사태와 그 정신적 해명이 앞의 경우와는 달리 철저한 분리로 서

---

193 역주: Johann Jakob Wilhelm Heinse(1746~1803), 독일의 저술가이자 학자. *Hildegard von Hohenthal*은 1795년 작품이다.

로 어긋나서도, 혹은 그들의 합일이 하나의 상징적인 결합 내지 숭고하며 비유적인 결합에 머물러서도 안 된다는 점이다. 그러므로 순정한 표현은 사태가 그 외적 현상을 통해, 그리고 그 현상 속에서 자신의 정신적 내용을 설명하는 오직 그곳에서만 찾아질 것이다. 왜냐하면 거기서는 정신적인 것이 자신의 실제 속에서 완전하게 전개되며 이로써 신체적, 외적인 것이 오로지 정신적, 내적인 것 자체의 적절한 해명으로 존재하기 때문이다.

그러나 이 과제의 완전한 충족을 고찰하려면 우리는 상징적 예술형식에 이별을 고해야만 하니, 까닭인즉 상징예술의 특성은 의미의 영혼이 그 육체적인 형상과 어디까지나 불완전하게 통일된다는 바로 그 점에서 성립하기 때문이다.